美しい日本語の辞典

小学館辞典編集部編

小学館

13　うこんいろ
（鬱金色）

14　うすいろ
（薄色）

15　うすずみいろ
（薄墨色）

16　うるみしゅ
（潤朱）

17　えどむらさき
（江戸紫）

18　えびいろ
（海老色・葡萄色）

19　えびぞめ
（葡萄染）

20　えびちゃ
（海老茶・葡萄茶）

21　えんじ
（臙脂・燕脂）

22　おうちいろ
（楝色・樗色）

23　カーキー

24　かきいろ
（柿色）

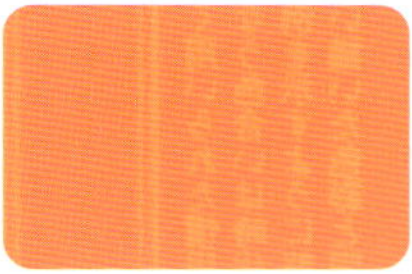

25　かちいろ
（褐色・搗色・勝色）

26　かばいろ
（蒲色・樺色）

27　かばちゃ
（蒲茶・樺茶）

28 かめのぞき
（瓶覗・甕覗）

29 からくれない
（韓紅・唐紅）

30 かりやすいろ
（刈安色）

31 かんぞういろ
（萱草色）

32 きいろ
（黄色）

33 ききょういろ
（桔梗色）

34 きくじん
（麴塵）

35 きつねいろ
（狐色）

36 きはだいろ
（黄蘗色）

37 きんいろ
（金色）

38 くちなし
（梔子・支子）

39 くちばいろ
（朽葉色）

40 くりいろ
（栗色）

41 くるみいろ
（胡桃色）

42 くろ
（黒）

43 くろつるばみ（黒橡）

44 くわぞめ（桑染）

45 ぐんじょういろ（群青色）

46 けしむらさき（滅紫）

47 こういろ（香色）

48 こうじいろ（柑子色）

49 こうばいいろ（紅梅色）

50 こきいろ（濃色）

51 こけいろ（苔色）

52 こだいむらさき（古代紫）

53 こはくいろ（琥珀色）

54 こんいろ（紺色）

55 こんじょう（紺青）

56 さくらいろ（桜色）

57 しおんいろ（紫苑色）

58 しゅいろ
（朱色）

59 しょうじょうひ
（猩々緋）

60 しろ
（白）

61 すおう
（蘇芳・蘇方・蘇枋）

62 すすたけいろ
（煤竹色）

63 すみいろ
（墨色）

64 せいじいろ
（青磁色）

65 ぞうげいろ
（象牙色）

66 そお
（赭・朱）

67 そひ
（纁）

68 そらいろ
（空色）

69 たいこう
（退紅・褪紅）

70 だいだいいろ
（橙色）

71 たまごいろ
（卵色・玉子色）

72 ちぐさいろ
（千草色）

73 ちゃいろ
（茶色）

74 ちょうじいろ
（丁子色・丁字色）

75 つゆくさいろ
（露草色）

76 ときいろ
（鴇色）

77 ときわいろ
（常磐色・常盤色）

78 とくさいろ
（木賊色）

79 とびいろ
（鳶色）

80 とりのこいろ
（鳥の子色）

81 なでしこいろ
（撫子色）

82 なんどいろ
（納戸色）

83 にいろ
（丹色）

84 にびいろ・にぶいろ
（鈍色）

85 ねずみいろ
（鼠色）

86 ねりいろ
（練色）

87 はじいろ
（黄櫨色・櫨色）

88 はだいろ
（肌色）

89 はないろ
（花色）

90 はなだいろ
（縹色・花田色）

91 ばらいろ
（薔薇色）

92 ひいろ
（緋色）

93 びゃくろく
（白緑）

94 ひわいろ
（鶸色）

95 ひわだいろ
（檜皮色）

96 ふじいろ
（藤色）

97 ふたあい
（二藍）

98 ベージュ

99 べにいろ
（紅色）

100 べんがらいろ
（弁柄色・紅殻色）

101 まつばいろ
（松葉色）

102 みずあさぎ
（水浅葱）

103 みずいろ
（水色）

104 みどり
（緑・翠）

105 みるいろ
（海松色・水松色）

106 むらさき
（紫）

107 もえぎ
（萌黄・萌木）

108 もくらん
（木蘭）

109 ももいろ
（桃色）

110 やなぎいろ
（柳色）

111 やなぎちゃ
（柳茶）

112 やまばといろ
（山鳩色）

113 やまぶきいろ
（山吹色）

114 らくだいろ
（駱駝色）

115 りきゅうちゃ
（利休茶）

116 るりいろ
（瑠璃色）

117 ろくしょういろ
（緑青色）

はじめに

ことばは時代とともに新しく生まれ、また失われていく運命にあるものです。しかし、日本人が長年にわたって育んできたことばの中には、このまま消滅させてしまうにはあまりにも惜しいことばが数多くあります。特に、明治・大正・昭和の各時代までごく当たり前のように使われてきたことばの中には、日本人独特の心情が籠められたことばが少なくありません。この辞典は、このようなつい先頃まで使われてきた美しい日本語を「後世に残したい日本語」「自然を友として—雨・風・雲・雪・空の名前」「擬音語・擬態語」の項目別に集大成したものです。また、カラー口絵には代表的な日本の色名一一七色を収めました。

この辞典が、美しい日本語、味わい深い日本語、懐かしい日本語、日本人として忘れてはいけない日本語を再確認するきっかけとなると同時に、日本語が大きく変化しているこの時代にあって、こうしたことばを次世代に伝えるためのよすがとなれば幸いです。

二〇〇六年二月

小学館辞典編集部

目次

はじめに 1
この辞典の使い方 3
後世に残したい日本語 5
自然を友として
雨の名前 291
風の名前 314
雲の名前 343
雪の名前 364
空の名前 376
擬音語・擬態語 391
五十音引き索引 478

この辞典の使い方

本書は、美しい日本語、味わい深い日本語、懐かしい日本語を「後世に残したい日本語」「自然を友として—雨・風・雲・雪・空の名前」「擬音語・擬態語」の項目別に集大成したものです。

【後世に残したい日本語】

◇日本人として知っておきたい懐かしい日本語約２１００語を精選して五十音順に収録し、わかりやすく解説しました。適宜、古典から現代までの著名な文学作品や狂言、歌舞伎、浄瑠璃、落語などの用例を添えました。

【自然を友として—雨・風・雲・雪・空の名前】

◇「雨の名前（約四〇〇語）」「風の名前（約四七〇語）」「雲の名前（約二八〇語）」「雪の名前（約一七〇語）」「空の名前（約二一〇語）」など自然と深い関わりのある美しい日本語をそれぞれ五十音順に配列し、わかりやすい解説とともに和歌・俳句を中心に著名な文学作品の用例を添えて収録しました。

◇季語として使われる語には、語釈のあとに《季・秋》のようにその季を示しました。

【擬音語・擬態語】

◇日本語を特色づけていることば「擬音語・擬態語」を「あいまい」「すべる」「ぬれる」「眠る」「笑う」など、様子・状態別に分類して示しました。

【カラー口絵「日本の色」】

◇古典に現れる伝統色や近代以降に広く用いられた慣用色など日本の代表的な色名一一七色を、色名の五十音順に配列しました。

【用例文について】

◆用例文は語釈のあとに＊印をつけて示しました。

◆本書に収めた用例文は、古典から現代にいたるまでの著名な作品からのもの、または広く知られた文章や詩歌であるようつとめました。

◆出典には成立年、または刊行年を出来るだけ示しました。

◆作品によっては、狂言、歌舞伎、滑稽本、浄瑠璃、落語などのジャンルを示したものもあります。

◆各用例では、巻数・部立・章題・歌番号などを出来るだけ詳しく示しました。

◆和歌・俳諧などのうち編纂形態のものについては、用例文の末尾に作者の姓名・俳号などを付記しました。

◆近・現代の作品にはその作者の姓名を付記しました。

【本文執筆】浅田秀子　神田龍之介　児島さくよ
鈴木芳明　牧野昭仁　村山のぞみ　吉田暁子
【装丁】清水　肇（プリグラフィックス）
【本文デザイン・ＤＴＰ】名久井直子　河添英貴
【口絵監修】永田泰弘（カラープランニングセンター）

〔編集〕神永　曉
〔制作〕森川和勇・粕谷裕次・池田　靖
〔宣伝〕下河原哲夫
〔販売〕栗原　弘

後世に残したい日本語

懐かしい日本語、日本人として忘れてはいけない日本語、そんな日本語二一〇〇語を集めました。ここに収めた日本語は、つい最近まで日常会話の中で頻繁に使われていたものであり、また、今なお年配者同士の会話には時折聞かれるものばかりです。日本人が長い年月をかけて育んできた、こうした美しいことばを会話や文章に織り交ぜることによって、表現をより豊かにすることができるでしょう。日本語が大きく変化している今だからこそ、私たちには次世代にこうしたことばを伝えていく義務があると思われます。ことばの使用例として文学作品などから適宜用例を添えました。昔の人がいかに効果的にこのようなことばを使ったか味わっていただきたいと思います。

【あ】

相合傘《あいあいがさ》

一本の傘を二人でさすこと。多くは男女の仲が親密であることをいう。また、その姿から、傘の略画の左右に男女の名を並べて、恋仲の男女をひやかす落書き。かつては最も多い落書きの一つで、わざわざ自分から好きな異性の名前と自分の名前を書く図々しい輩《やから》もいた。＊すみだ川〔1909〕〈永井荷風〉二「皆《みん》なから近所の板塀や土蔵の壁に相々傘《あひあひがさ》をかかれて囃《はや》された」

合縁奇縁《あいえんきえん》**・相縁奇縁**

「合縁」は、親子、夫婦、師弟など互いに気心がよく合う縁。「奇縁」は、不思議な因縁。また、思いがけないめぐりあわせ。人と人とが互いに和合するのもしないのも、すべて因縁によるということ。特に男女、夫婦、友人などの巡り合いについていう。

愛想《あいそ》

他人によい感じを与えるような態度、かわいらしい顔つき、やさしいもの言い、応対の仕方などをいう。また、他人の機嫌をとるような、ちょっとした態度やもの言い、さらにはおせじの意味もある。「愛想笑い」はお世辞笑いのことである。「あいそが尽きる」「あいそを尽かす」「あいそもこそも尽き果てる」という言い方で、すっかりいやになる、見限るという意味でも使われる。他人に対する親しみの気持ちは具体的な物品となり、「おあいそ」の形で他に対する茶菓などのもてなしや、心付けなど気をきかして与える金品もいう。「おあいそ」といえば、飲食店などで客に請求する勘定やその勘定書の意味でも使われるが、これはもと関西の語。「あいそづかし」の略で、これを見るとあいそが尽きるからだという。↓おあいそ。

相成《あいな》**る**

「なる」の改まった言い方。「あい」は接頭語。「いかが相成りましょうか」「五万円に相成ります」「いたくお世話に相成りました」などと、改まった場での物言いとなる。

合《あ》いの手《て》
会話や物事の進行の間にさしはさむちょっとしたことばや物事。元来は、邦楽で、歌と歌との間に楽器だけで演奏する部分をいい、さらに歌や音曲の間にはさむ手拍子や掛声をいった。＊吾輩は猫である〔1905～06〕〈夏目漱石〉六「折々大きな声で相の手を入れて居る」

逢《あ》い引《び》き
愛し合っている男女が示し合わせて会うこと。特に男女が人目をしのんで会うことをいう。かつてラフマニノフ作曲のピアノ協奏曲第二番を効果的に使ったデビッド・リーン監督、シリア・ジョンソン、トレバー・ハワード主演の「逢びき」（一九四五年）という映画があった。＊真景累ケ淵〔1869頃〕〈三遊亭円朝〉三九「作蔵に少し銭を遣れば自由に媾曳《あひびき》が出来まするが」

愛別離苦《あいべつりく》
仏教で八苦の一つ。親子・兄弟姉妹・夫婦など愛する人と別れる苦しみ。元来は仏教語であるが、江戸時代になると恋する男女の間に関して使われるなど、仏教思想との直接的な関連のあまりない例も見られるようになる。

相棒《あいぼう》
いっしょに物事をする相手、また、いつも行動を共にする仲間をいう。元来は、駕籠《かご》や、もっこなどの前後をかつぐ相手の人をいった。

相身互《あいみたが》い
同じ悪い境遇や身分の人が、互いに同情し合い、また助け合うこと。また、そのような間柄の者。「武士は相身互い」などといった。＊俳諧・おらが春〔1819〕「喧嘩すなあひみたがひの渡り鳥」

阿吽《あうん》の呼吸《こきゅう》
「阿吽」は、密教の言語観で初めと終わりの意。「阿」は悉曇《しったん》一二母音の最初の音で開口音、「吽」は最後の閉口音をいう。寺院山門の仁王や狛犬《こまいぬ》などの一対に見られる、一方は口を開き、一方は口を閉じている相はそれを現したもの。「阿吽の呼吸」は、吐く息と吸う息、呼吸の出入りのことで、相撲の仕切りなど、二人以上がいっしょにある物事をするときの、相互の微妙な調子、気持、また、それがぴったり一致することをいう。

あえか
古くは、容姿や気持などが弱々しいさま、かよわくなよなよとしたさまをいい、ふつう若い女性に関して用いられた。明治三〇年代になって与謝野晶子などにより、自然の景物や光、音、声、夢、希望などのはかなげで美しいさまに対して、短歌などで使われるようになって広まった。＊晶子新集〔1917〕〈与謝野晶子〉「冬枯の木立あえかになまめかし後《うしろ》に朝の歩み寄る時」

青息吐息《あおいきといき》
「青息」は、苦しみ嘆いた時につくた

め息。「吐息」はため息を吐くこと。苦しみ困った時に吐くため息。また、それが出るような様子。＊浄瑠璃・菅原伝授手習鑑〔1746〕四「物も得いはず青息吐息《あをいきといき》、五色の息を一時《いっとき》に、ほっと吹出す計《ばかり》也」

青臭《あおくさ》い
青草のような匂いがすることから、未熟である、経験が足りないさまをいう。＊彼岸過迄〔1912〕〈夏目漱石〉報告・一四「何で学校を出た許《ばかり》の青《あを》臭《くさ》い自分が、夫程《それほど》苦になるのか」

青二才《あおにさい》
「青」は未熟の意、「二才」は若者の意の「新背《にいせ》」の変化した語。年が若く、経験に乏しい男性を卑しめていうことば。＊雁〔1911～13〕〈森鷗外〉一五「乳臭い青二才《あをにさい》にも、旦那と云ってお辞儀をする」

青《あお》は藍《あい》より出《い》でて藍《あい》より青《あお》し
教えを受けた人が教えた人より優れること。弟子が師よりまさっていること。青色の染料は藍から取るが、原料の藍よりも青いの意から。「荀子・勧学」の「学は以て已《や》むべからず。青は藍より出でて藍より青く、氷《こおり》は水これを為して、水より寒《つめた》し」から出たことば。出藍《しゅつらん》の誉れ。

足《あ》掻《が》く
馬、牛などが地面を掻くように足を動かすこと。人間に関して使うと、目的に向かってじたばたしてもがき苦しむことや、あくせく気をもんで働くことを意味することが多い。＊浮雲〔1887～89〕〈二葉亭四迷〉一・二「坐して食へば山も空しの諺に漏れず、次第次第に貯蓄《たくはへ》の手薄になる所から足《あ》掻《が》き出したが」

赤提灯《あかちょうちん》
赤い紙を張った提灯のことだが、赤い提灯を看板に出した店つまり大衆向けの一杯飲み屋のことをさすことが多い。類似のことばに「縄のれん」があり、こちらは、多くの縄を結びたらして作ったのれんが店先にかかっているところから、居酒屋や飲み屋をさしていう。

暁《あかつき》
もとは夜半過ぎから夜明け近くのまだ暗いころまでをさしていた。古典などに見られる通い婚の習俗では、男が女のもとから帰らねばならないのがこの時間帯で、「あかつきの別れ」という言い方もできた。現在では、明け方のやや明るくなった時分をいう。また、物事が実現したその時という意味でも使う。

赤《あか》っ恥《ぱじ》
「あかはじ（赤恥）」の変化した語。「恥」を強めた言い方で、大勢の前でかかされる恥のこと。＊西洋道中膝栗毛〔1870～76〕〈仮名垣魯文〉初・上「よくも亭主に、赤《あか》っ恥《ぱぢ》をかかせたな」

購《あがな》う
罪滅ぼしのために金、物品などを出すこと。埋め合わせをする。「購う」と書くと、何かを代償として別のあるものを手に入れるという意味になる。＊読本・春雨物語〔1808〕宮木が塚「御罪の事は、五佰くゎんの馬買ひてあがなひたまへば」

垢抜《あかぬ》ける
容姿、態度、技芸などが洗練されて素人離れしていることをさして使う。都会風にすっきりと洗練されていること。洒脱でさっぱりした感じである。垢が抜ける。技芸の拙劣未熟な状態を「垢」にたとえる記述は室町時代、世阿彌の能楽論書『風姿花伝』に見え、容姿、態度、趣味などの洗練された状態を「垢の抜けた」という句で表現したことが、すでに「日葡辞書」に載せられている。

赤《あか》の他人《たにん》
全く縁のない他人。何のかかわりもない他人。「あかの」の語源は諸説あるがよくわからない。＊俳諧・おらが春〔1819〕「花の陰あかの他人はなかりけり」

赤札《あかふだ》
赤色の札。特に、特価品、売約済みなどを示すための赤い札をいう。そこから、「赤札つき」といえば、娘の婚約がきまっていることや、芸妓などがきまった旦那を持っていること、また、その娘や芸妓のことをさす。

赤巻紙《あかまきがみ》青巻紙《あおまきがみ》黄巻紙《きまきがみ》
早口ことばの一種。

上《あ》がり花《ばな》
遊里、料理屋などの用語で、入れての煎茶《せんちゃ》のこと。また、一般に、茶をいう。でばな。あがり。芸者・遊女などが客がなくて暇であることをいう「茶を引く」の茶を忌み、客が「あがる」（登楼する）ようにと縁起を祝って言いはじめた語。

秋風《あきかぜ》が吹《ふ》く
男女の愛情がさめることをいう。「秋風が立つ」といっても同じ。「秋」に「飽き」をかけることは、和歌の世界では平安時代の『古今和歌集』以来の伝統がある。

商《あきな》う
売り買いする。商売する。「秋」に接尾語の「なふ」がついてできた語とする説によれば、秋に産物の交易が行われたところからの語ということになる。

秋《あき》の扇《おうぎ》
秋になり、不用となった扇。秋の季語。また、漢の成帝の宮女、班婕妤《はんしょうよ》が君寵の衰えたわが身を秋の扇にたとえて詩を作った「文選‐怨歌行」の故事から、男の愛を失った女のたとえにも使う。

秋《あき》の日《ひ》は釣瓶《つるべ》落《お》とし
秋の日は沈み始めると、たちまち落ちることのたとえ。縄や竿の先につけて井戸の水をくみ上げる桶である釣瓶を井戸に落とすと、急速に垂直に落ちていくところからのことば。秋の日の鉈《なた》落としともいう。

商人《あきんど》
「あきびと」の変化した語で、商売を業とする人のこと。「あきんどに系図なし」（商人の出世は、家柄によらず、商売の手腕によるの意）、「あきんどと屏風は曲がらねば世に立たず」（商人は自分の感情を抑えて客の意を迎えなければ成功しないの意）、「あきんどの空値《そらね》」（商人のつける値段には駆け引きが多い、また、信用しがたいの意）など、商人にまつわる諺は多い。

灰《あ》汁《く》

植物のなかにふくまれる、渋味・えぐみのもとになる成分のこと。また、人の性質や文章などに感じられる、一種のしぶとさやしつこさ、嫌味のこともいう。「あくが強い」といえば、反感を買うような強い個性があること、「あくが抜ける」といえば、人の性質が洗練されていやみがなくなり、さっぱりとすることをいう。

悪《あく》態《たい》

悪口を言いののしること。また、その悪口。にくまれぐち。「悪態をつく」の形でよくつかう。京都市祇園の白朮祭《おけらまつり》のように、祭の参詣人が互いに悪口を言い合い、言い勝った者が福運を得るとされる祭りを「悪態祭」といい、全国に類例が多い。

悪《あく》太《た》郎《ろう》

あらあらしい男や、いたずらをする男の子をののしっていう語。同題の狂言は、乱暴者の悪太郎が酔って寝ているうちに伯父に坊主にされ、出家の覚悟をきめて、来あわせた僧と念仏をとなえるという筋。プロ野球巨人軍で活躍した堀内恒夫投手の現役時代のあだなはこれだった。

あくどい

ものごとが度を超えていていやな感じを受ける場合に用いる。色、味、やり方などがしつこく、どぎついさま。特に人間に関して使うと、やり方や性格などがどぎつくたちの悪い、悪辣《あくらつ》なさまをいう。＊堕落論〔1946〕〈坂口安吾〉「人前で平気で女と戯れる悪どい男であった」

悪《あく》党《とう》

悪事をはたらく者の集団。後には一人の場合にもいうようになり、人をののしって呼ぶのに使うことばとなった。「小《こ》悪党」などとも使う。日本史学の用語としては、鎌倉末から室町時代前期に活発な動きを示した、荘園の反領主的な武士・荘民とその集団をさす。＊渚〔1907〕〈国木田独歩〉「畜生！　恩知らず、悪党《あくたう》、馬鹿親爺！」

胡《あ》坐《ぐら》

両足を組んですわること。また、そのさま。「あぐらをかく」といえば、あぐらの姿勢で楽に座るの意から転じて、その立場や状態にあっていい気になることをいう。「胡坐鼻」といえば、あぐらをかいたように横に広がっている鼻のことをさす。

揚《あ》げ足《あし》

もとは相撲や柔道のことばで、宙に浮き上がった足のことをいう。それをとらえて相手を倒すことを「揚げ足を取る」といい、転じて、相手の言いそこないや言葉じりをとらえてなじったり皮肉ったりするという意

後世

味になった。そうすることやその人を「揚げ足とり」という。

上《あ》げ膳《ぜん》据《す》え膳《ぜん》

食膳を整えて人に供し（据え膳）、食事が済んでから、膳を取り下げる（上げ膳）こと。転じて、他人に働かせて自分はなにも手を下さないことや、そのような境遇をいう。

曙《あけぼの》

夜がほのぼのと明けはじめる頃。暁の終わり頃で、朝ぼらけに先立つ時間をさすという。また、新しい時代や新しい芸術運動などが始まること。＊枕草子〔10C終〕一・春はあけぼの「春はあけぼの。やうやうしろくなり行く、山ぎは少しあかりて」

明《あ》けやらぬ

夜がすっかり明けきれない、の意。俊恵法師の「よもすがら物思ふころは明けやらぬ閨のひまさへつれなかりけり」は『百人一首』にとられて有名。

あこがれる

もとは「あくがる」で、本来いるべき場所を離れてさまようことをいった。転じて、心が対象にひかれてさまよい出て行くような感じ、すなわち、何かに心がひかれて思いこがれることをいうようになった。「あこがれの的」といえば、理想として思いを寄せる対象のこと。

阿漕《あこぎ》

もとは三重県津市の地名。伊勢の神宮に供える魚をとるための禁漁地であったのに、ある漁夫がたびたび密漁を行ってとらえられたという伝説がある。そこから転じて、たび重なることや、どこまでもむさぼり、しつこくずうずうしいさまをいう語になった。

嘲《あざけ》る

ばかにして悪く言ったり笑ったりすること。「あざ」は「あざわらう」の「あざ」と同じ。

浅《あさ》はか

考えが不十分なさま。思慮が足りないさま。また、心持などが浅薄なさま。考えに深みのないさま。＊雪中梅〔1886〕〈末広鉄腸〉下・七「返す返すも浅慮《あさはか》の至り」

朝《あさ》ぼらけ

「あけぼの」と並んで、夜が明ける時分の視覚的な明るさを表す語。「あけぼの」が、「枕草子‐一・春はあけぼの」以降春との結びつきが多いのに対し、「あさぼらけ」は秋冬と結びつくことが多い。なお、夜明けの暗さを表す語に「あけぐれ」がある。

朝《あさ》まだき

朝、まだ夜が明けきらない時。早朝。「まだき」はその時間にはまだ早いの意。＊拾遺和歌集〔1005～07頃か〕春・二九「あさまだきおきてぞ見つる梅の花夜のまの風の後めたさに〈元良親王〉」

朝飯前《あさめしまえ》

朝飯前の空腹のときにでも、あるいはそれぐらいの短い時間でもできるような容易なこと。＊黒潮〔1902

〜05〕〈徳富蘆花〉一三・三「其中に飛び込むで一頭角を抽くは、四年後の晋《すすむ》には朝飯前である」

足《あし》が出《で》る

予算、または収入を超えた支出になること。赤字になること。または、隠したことが現れること。後者の意味では「足が付く」ともいう。ちなみに、金銭のことを「お足」ともいうのは、人が足で歩くように世の中に流通するからだという。

あしらう

「あえしらう」の変化した語。応対すること。現在では、「冷たくあしらう」「鼻であしらう」などの言い方で、いいかげんに他を待遇するの意を表すことが多い。また、景物、料理、装飾などで、物を取り合わせる、配合する意を表す。＊多情多恨〔1896〕〈尾崎紅葉〉後・五・二「処々唐松を地色で配《あしら》ってある」

足《あし》を洗《あら》う

汚れた足を洗うように、悪事や好ましくない職業の世界から抜け出ることにいう。現代では、煩わしい仕事などをやめる場合にも用いる。ちなみに、あることをし始める場合は「手を染める」という。＊破戒〔1906〕〈島崎藤村〉一三・四「何時《いつ》まで政界に泳いで居る積りは無いのです。一日も早く足を洗ひたいと」

与《あずか》って力《ちから》がある

物事が完成したり、ある事態に立ち至ったりした場合、そうさせたいくつかの要因の中で、あることが特に有力な助けとなったことを述べる表現。有力に寄与する。＊ヰタ・セクスアリス〔1909〕〈森鷗外〉「彼が漢学の素養があって、いつも机の上に韓非子を置いてゐたのも、与って力があったのだらう」

梓《あずさ》に上《のぼ》す

「梓に鏤《ちりば》む」「梓に刻む」ともいう。書物を版木に彫りつけること。本を発行する。上梓《じょうし》する。昔、中国で、梓の木を版木に用いたところからきたことば。「しにのぼす」とも読む。

あずまや

四阿・東屋・阿舎などと書く。「あづま」の屋の意で、もと、田舎風の家をいうといわれる。庭園や公園内に、休憩、眺望のため、あるいは園内の一点景として設けられる小さな建物。屋根は四方を葺《ふ》きおろした方形《ほうぎょう》造り、寄棟《よせむね》造りになっている。壁がないものもある。

徒桜《あだざくら》

はかなく散る桜。また、はかないもののたとえ。親鸞聖人の歌とされる「あすありと思ふ心のあだ桜《ざくら》夜は嵐の吹ぬものかは」が有名。桜はあだな（かりそめではかない）もので今日咲いていても明日はもう散っているかもしれない、という発想は古く、しばらくぶりに訪れてきた在原業平に向かって「はかないものと有名な桜だけれども、一年にほんのたまにしか来ないあなたのような人のことも、ちゃんと待ちつけてこうして咲いているじゃありませんか」とある人が詠みかけ、業平が「私が今日来なかったら、明日は散っていたに違いない」と応じた歌のやりとりが『古今和歌集』や『伊勢物語』に見える。

あだっぽい

女が、色っぽく、なまめかしい様子である。あだな様子である。「婀娜っぽい」「仇っぽい」などと書く。＊平凡〔1907〕〈二葉亭四迷〉五九「美しいといふよりは仇っぽくて、男殺しといふのは斯ういふ人を謂ふのかと思はれた」

徒情《あだなさけ》

かりそめの、はかない愛情。また、一時の気まぐれな親切。＊浄瑠璃・芳野の内裡〔1708〕四「わらはがつよき執心《しゅうしん》は思ひきれ共、いやましにとどまりがたきあだなさけ、こよひはぜひにと御床に忍びてみれば」

徒花《あだばな》

咲いても実を結ばない花。むだ花。転じて、みせかけだけで実《じつ》を伴わない物事、予測される結果を伴わないで終わることにたとえていう。「減税の公約もあだ花でしかなかった」「『青年実業家』の多くはバブルの時代に咲いたあだ花であった」などと使う。

あたぼう

当然そうあるべきこと、あたりまえのことを意味する近世の俗語。あたりき。「ぼう」は人を親しみまたは嘲っていう「坊」の意か。「あたりまえだ、べらぼうめ」の略とする説もある。「んなこたああたぼうよ」などと使う。江戸っ子の心意気を感じさせることばである。

あだやおろそか

軽々しく、粗末にするさま。なみたいてい。いいかげん。多く「あだやおろそかに」の形で下に打消の語を伴って用いる。＊浮雲〔1887～89〕〈二葉亭四迷〉一・六「ギャット産れてから是までにするにア仇や疎《おろそ》かな事《こっ》ぢゃア有りません」

あたら

すぐれたもの、りっぱなもの、価値あるものに対して、それが失われたり、欠けたり、無視されたりして、むなしく終わってしまうのは残念だという感情を表す。体言のすぐ前に置かれ、連体詞のようなはたらきをもつ一方、独立語としての性格も強い。「あたら花を散らす」といえば、惜しまれる人が若死にしたのにいう。

新《あたら》しき酒《さけ》は新《あたら》しき皮袋《かわぶくろ》に

新しい思想は新しい形式で表現せよの意。『新約聖書』マタイ伝に見えることば。これをもじって、外見は古めかしいけれども内実は新しいもののことを、「古い皮袋に新しい酒を盛ったよう」といったりもする。

あたりきしゃりきくるまひき

「あたりまえ（当前）」をしゃれていう。近世以後、職人などが用いるぞんざいな語。「しゃりき」は「車力」、すなわち荷車ひきの意か。「りき」の音を繰り返して語呂《ごろ》をよくするために添えた語。「あたりき、しゃりき、けつの穴ばりき」とも、「けつの穴ブリキ」とも、節をつけていう。

当《あた》り前《まえ》

道理から考えて、そうあるべきこと。また、そのさま。もとは共同労働の収穫を分配するときの一人あたりの受けるべき配当のことをいった。それを受け取ることは当然の権利であるところから「当然」の意味になったという。また、「当たり前の人間になりたい」などと、ふつうであること、ありふれていることの意味でも使う。

当《あ》たりめ

鯣《するめ》をいう。「するめ」の「する」が「すりへらしてなくす」意の動詞と同音であるのをきらって、商家、興行界などでいう語。このように本来の語の縁起の悪さをきらって代用として用いることばを「忌言葉《いみことば》」といい、他に「ありのみ（梨のこと）」「お開き（終わりのこと）」などがある。

あたりを払《はら》う

他を近くに寄せつけないこと。そこから、美麗、威厳などで周囲を威圧するさま、堂々としているさまに使う。＊平家物語〔13C前〕一一・能登殿最期「鎧の草摺かなぐりすて、胴ばかりきて大童《おほわらは》になり、大手をひろげて立たれたり。凡《およそ》あたりをはらてぞ見えたりける」

あちゃらか

深い意味もない、こっけいなしぐさや、にぎやかなふるまいで観客を笑わせる芝居。オペラを換骨奪胎したもので、昭和の初年流行した。どたばた喜劇。ナンセンス喜劇。「あちら（西洋）か（化）」の変化した語という。＊古川ロッパ日記‐昭和九年〔1934〕五月三〇日「アチャラカにして笑はすには余りリアルだし、まじめにやっちゃ笑はせようもなし、いやんなる」

厚《あつ》かましい

恥知らずで遠慮がない。ずうずうしい。厚顔である。「厚皮《あつかわ》な」の形で用いられる形容動詞と意味が共通するが、両者のつながりははっきりしていない。あるいは、「やかまし」「せせかまし」「ねだりがまし」「色がまし」などへの類推・牽引を想定しうるか。

圧巻《あっかん》

書物の中でいちばんすぐれた箇所。他を圧倒するほどすぐれた詩文。昔、中国の科挙（官吏登用試験）で、及第者のうちの最優秀者の答案を他の答案の上に載せたところから。現在では、物事の全体の中で最もすぐれた部分の意で使うことが多い。「今日の試合、圧巻は七回表のピッチングだった」など。

あっけらかん

ぽかんとしているさま、放心状態にあるさまや、あるべき物事がなく、空虚な感じがするさまを表す。また、ある人物に、常識的・道徳的に考えれば当然あるはずの屈託やためらい、恥じらいといった感情がなく、平然としているさまを表す。＊自弔の鐘〔1975〕〈野坂昭如〉あっけらかん「『何かわるいことしてみませんか』『わるいことねえ、やってみてもいいけど、どんなことがありますか』京野、しごくあっけらかんといった」

暑《あつ》さ寒《さむ》さも彼岸《ひがん》まで
残暑のきびしさも秋の彼岸ともなればめっきり衰え、余寒のきびしさも春の彼岸頃にはいちだんと薄らぐものだの意。暑い寒いも彼岸まで。「彼岸」は仏教語で、ここでは春分・秋分の日の前後七日間にわたり行われる彼岸会《ひがんえ》のころのことをいう。

羹《あつもの》に懲《こ》りて膾《なます》〔韲《あえもの》〕を吹《ふ》く
一度の失敗にこりて、必要以上の用心をするたとえ。熱かった吸い物にこりて、膾や韲物のような冷たい料理も吹いてさます意から。出典は「楚辞‐九章」から。＊虞美人草〔1907〕〈夏目漱石〉一五「羹《あつもの》に懲《こ》りて膾《なます》を吹《ふ》くは、株《しゅ》を守って兎《うさぎ》を待つと、等しく一様の大律《たいりつ》に支配せらる」

当《あ》て馬《うま》
めす馬の発情の有無をしらべるために、おす馬を近づけてみること。また、そのおす馬。転じて、相手の様子を探るために仮の者を表面に出すこと。また、その者。＊秋の一夜〔1954〕〈中野重治〉「選挙に木村を立ててアテ馬に使う」

後釜《あとがま》
かまどに、残り火があるうちに次の釜をかけること。また、その釜。転じて、前人の退いたあとの地位。また、その地位につく人。後任。特に後妻をいうことも多い。「後釜に据える」「後釜に納まる」などの形でよく使う。

後《あと》の白波《しらなみ》
舟の航跡として残る白波のことで、はかない情趣、また、はかないもののたとえ。「万葉集‐三・三五一」の沙彌満誓《しゃみまんせい》の歌の異伝である、「拾遺和歌集‐哀傷・一三二七」の「世の中を何にたとへむ朝ぼらけ漕ぎゆく舟のあとのしら浪」による表現。

穴《あな》があったら入《はい》りたい
穴に身を隠してしまいたいほどの恥ずかしさを感じているさま。失敗などをして、強い恥ずかしさを感じていることを表す表現。

穴場《あなば》
人が見過ごしているよい場所。よい行楽地や店などで人にあまり知られていないところをいう。＊青べか物語〔1960〕〈山本周五郎〉水汲みばか「釣りの穴場を知っている点では」

あに図《はか》らんや
思いがけないことには、の意。「あに…や」は「どうして…しようか、いや、…しない」という反語の意を表す。次に来る文で表現される事態が予想外の時に使う。＊落語・お節徳三郎恋の仮名文〔1889〕〈禽語楼小さん〉「今まで好《い》いお天気と思ひきや豈図《あにはか》らんやズイと曇って来やした」

痘痕《あばた》も靨《えくぼ》
ほれていると相手の欠点も欠点とは

見えないで、長所のように見えるものだということ。また、ひいき目で見れば醜いものも美しく見える意にいう。好きになると相手のあばた（天然痘が治ったあと皮膚に残る跡）でもえくぼのように見える意から。ちなみに天然痘は、高熱とともに赤い発疹が出て膿疱《のうほう》となり、後にそれが瘢痕《はんこん》化してあばたになる病気だが、WHO（世界保健機関）によって、一九七九年に根絶が宣言された。

あばら屋《や》

荒れ果てた家。廃屋。破れ屋。自分の家をへりくだって言う際にも用いる。「あばら」は隙間の多いさまをいう古語。＊爛〔1913〕〈徳田秋声〉六「ごらんの通りの廃屋《あばらや》で、…私も悉《すっ》皆《かり》零落《おちぶ》れてしまひましたよ」

阿《あ》鼻《び》叫《きょう》喚《かん》

非常な惨苦に陥って、号泣し救いを求めるさま。「阿鼻」「叫喚」はともに仏教でいう八大地獄の一つ。そのうち阿鼻地獄は無間《むげん》地獄ともいい、生前最も重い罪を犯した者が落とされるという最悪の地獄で、そこに落ちた者の泣き叫ぶさまからきたことば。＊黒い雨〔1965〕〈井伏鱒二〉「幾十万にも及ぶ広島在住の無辜《むこ》の民を一瞬にして阿鼻叫喚の地獄に晒《さら》したということであります」

油《あぶら》がみへ火《ひ》の付《つ》いたよう

ものをよくしゃべるさま。油に火の付いたよう。ちなみに、「あぶらがみに水《みず》を注《そそ》ぐよう」といえば、油紙に水をかけても吸い込まないではじいてしまうことから、他人の言うことを全然聞き入れず、取り合わないことのたとえ。両方兼ね備えると始末に悪い。

油照《あぶらで》り

風がなく、薄日がじりじりと照りつけて蒸し暑い天候。八月前半に多い。あぶらひでり。夏の季語。＊家族会議〔1935〕〈横光利一〉「家中ではここが一番涼しいので、油照りのじりじりした暑中は、多く泰子はここにゐた」

油《あぶら》を売《う》る

仕事を怠けてむだ話をする。また、仕事の途中で時間をつぶして怠ける。江戸時代、髪油を売り歩く者が婦女を相手に話し込みながら商ったところから。＊滑稽本・浮世床〔1813〜23〕初・上「すてきと油《あぶら》を売《うっ》たぜ」

油《あぶら》を絞《しぼ》る

人の失敗や欠点を厳しく叱ってこらしめる。ぎゅうぎゅうという目に会わせる。とっちめる。あぶらを取る。油を取る時、しめ木にかけて押しつぶすところから。「先生に絞られた」などと、単に「絞る」のかたちでも使う。＊生〔1908〕〈田山花袋〉三二「それで、娘は母親からしたたか油を絞られて居るのである」

雨足《あまあし》が早《はや》い

雨が降りながら通り過ぎていく速度が速いこと。「雨足」単独では、地上に降り注ぐ雨が白い糸筋のように見えるさまや、積乱雲などから雨が降っているのを遠くから見たときに雲が筋になって落ちているように見える部分のことをさす。杜甫、白居易等の唐詩に用いられる「雨脚」を日本で訓読し、平安時代の仮名文学で「あめのあし」という語形が生まれ、それが後世変化したもの。

天翔《あまかけ》る

神、霊魂、鳥などが天空を飛びかける。＊「細雪」の褒貶〔1950〕〈山本健吉〉「氏にあっては、芸術上の理想とは、実生活上の理想を離れて天駆《あまが》けるものではない」

数多《あまた》

数量の多いさま。数多く。たくさん。「あまる」「あます」などの語幹「あま」と同語源だとする説もある。具体的にどの程度の人数かは決まっておらず、一、二にとどまらないという程度からかなり多くの数をさす場合までさまざまである。＊源氏物語〔1001～14頃〕桐壺「女御更衣あまたさぶらひ給ひける中に」

天津少女《あまつおとめ》

天上に住むと考えられる少女。転じて、天女のように美しく舞うところから五節《ごせち》の舞姫のことをもいう。宝塚歌劇団には日本舞踊を得意としたスター天津乙女(1905 - 80)がおり、彼女にちなんだ同名のバラの品種もある。また、椿の品種名でもある。＊浮世草子・好色一代男〔1682〕七・一「其時の風情《ふせい》天津《あまつ》乙女の妹などと是をいふべし」

あまつさえ

物事や状況がそれだけでおさまらないで、さらによけいに加わる意を表す。その上。おまけに。「あまりさえ→あまっさえ→あまつさえ」と変化してできた語。＊天草本平家物語〔1592〕一・九「クヮングン　ミナ　ウチ　ホロボサレ、amassaye(アマッサエ)　タイシャウグン　リショウケイ　マデ　イケドラレタ」

遍《あまね》く

すべてにわたって広く。一般に。形容詞「あまねし」の連用形の副詞化。

天邪鬼《あまのじゃく》

何事でも人の意に逆らった行動ばかりをすること。また、そのような人、さま。民話「瓜子姫」などに悪戯な悪役として登場する鬼のことでもある。記紀や万葉集などに登場する女神、天探女《あまのさぐめ》が他者の邪念を探ってそそのかしたことから、人の意向に逆らう邪悪な鬼のことや、素直でない心理を表すことばに転じたか。気分をそこねてひねくれることを「天邪鬼を出す」という。また、仏像で、仁王や四天王の足下に踏みつけられている小悪鬼や、毘沙門《びしゃもん》の鎧の腹についている鬼面の名でもある。＊世相〔1946〕〈織田作之助〉二「この小説もまた『風俗壊乱』の理由で闇に葬られるかも知れないと思ったが、手錠をはめられた江戸時代の戯作者のことを思へば、いっそ天邪鬼な快感があった」

雨宿《あまやど》り

雨にあった時、軒下や木陰などに休んで晴れるのを待つこと。人形浄瑠璃「妹背山婦女庭訓《いもせやまおんなていきん》」で久我之助《こがのすけ》と雛鳥《ひなどり》が雨宿りを機に恋仲となったり、能の「邯鄲《かんたん》」で盧生が長い人生を夢に見たのは雨宿りした昼寝の際のことであるなど、物語の展開に一役買うことも少なくない。江戸の画家英一蝶《はなぶさいっちょう》の「雨宿り図屏風」は名品として知られる。

雨夜《あまよ》の品定《しなさだ》め

『源氏物語』帚木《ははきぎ》巻で、夏の雨の夜に、物忌み〔＝夢見の悪いときや、けがれに触れたとき、また、暦の凶日などに、家にこもるなどして身を慎むこと〕のため宿直《とのい》していた光源氏のもとへ、頭中将《とうのちゅうじょう》、左馬頭《ひだりのうまのかみ》、藤《とう》式部丞《しきぶのじょう》が来て、女性の品評をし、理想像を論じ、さらに各自の体験談を語ったのをいう。転じて、人の品評をすること。

肖《あやか》る

感化されて、同様な状態になる。似る。多くは、しあわせな人や力あるものに似て、自分もしあわせに、力づよくなるなど、良い状態についていう。＊虎明本狂言・財宝〔室町末〜近世初〕「此年になりまらすれ共、名がござなひ程に、お年にも、御くわほうにもあやかるやうに、三人の者共に、名を付て下されひ」

綾取《あやど》る

「あや」は感動した際に発する語。感動を起こさせる不可思議なもの、美しいものをもさして、美しい文様や、ことばの技巧などをもいう。「あやどる」はその「あや」からきた動詞で、たすきなどを十文字に結ぶことや、模様や文章などを美しく飾ることをいう。

奇《あや》に

感動詞「あや」に助詞「に」がついてできた語。ことばに表せないほど、また、理解できないほどの感動をいう。なんとも不思議に。とくに「めもあやに」のかたちで、まばゆいほど美しく立派なさまにいう。＊古事記〔712〕中・歌謡「この御酒《みき》の 御酒の 阿夜邇《アヤニ》 転楽《うただの》し」

文目《あやめ》

物事の論理的な筋道。また、物事を順序立てて考えること。分別。「あやめも知らず」などと下に打消の意の語を伴うことが多い。また、視覚に関する語意もあるが、それについては→文目《あやめ》も分《わ》かず。＊古今和歌集〔905〜914〕恋一・四六九「ほととぎすなくやさ月のあやめぐさあやめもしらぬ恋もする哉〈よみ人しらず〉」

文目《あやめ》も分《わ》かず

暗かったりして、物の模様や形などをはっきり識別できない。物の区別がわからない。「あやめ」は一般に、視覚などによって識別すべき模様や物のかたち。物の区別。とくに、綾織物の織り目。また、模様。「あやめもつかず」ともいう。＊当世書生気質〔1885〜86〕〈坪内逍遙〉八「あたりをしばしば見回せども、文目《あやめ》もわかぬ暗《やみ》の夜なれば」

あらあらかしこ

粗略で意を尽くさず恐れ入るの意。女性の手紙文または女性あての手紙文の末尾に書き添える語。あらあらかしく。＊内地雑居未来之夢〔1886〕〈坪内逍遙〉六「まづは用事のみあらあらかしこ」

洗《あら》い出《だ》す

洗って下地を出す。転じて、隠れていた形や事情をあきらかにする。＊天国の記録〔1930〕〈下村千秋〉三「ずらかりもんだからね、警察へ行ったらそいつを洗ひ出されるのが恐いんでせう」

抗《あらが》う

相手の言うことを否定して自分の考えを言い張る。言い争う。また、力ずくで張り合う。争う。抵抗する。＊徒然草〔1331頃〕七三「わがため面目あるやうに言はれぬるそらごとは、人いたくあらがはず」＊風立ちぬ〔1936～38〕〈堀辰雄〉冬「抗《あらが》ひがたい運命の前にしづかに頭を項低《うなだ》れたまま」

あらたか

神仏の霊験や薬のききめなどが著しく現れるさま。＊真景累ケ淵〔1869頃〕〈三遊亭円朝〉八六「尤も有験《あらたか》な観音様だと聞いてをりますから」＊うもれ木〔1892〕〈樋口一葉〉二「霊験あらたかなりと人もいふ、白金の清正公に日参の」

あられもない

そうあってはならない。ふさわしくない。似合わしくない。特に、女性の身づくろいや態度、ふるまいが、女性として適当でない場合などに多く用いる。＊浄瑠璃・平家女護島〔1719〕二「女の丸裸、〈略〉若布荒布《わかめあらめ》あられもない裸身《はだかみ》に、鱧《はも》がぬら付ぼらがこそぐるかざみがつめる」

有明《ありあけ》

陰暦十六夜以後、月がまだ天にありながら夜の明けかけること。また、そのころ。恋歌では男女が共に過ごした夜が明ける時分をいい、男が女の許から帰る頃、また女が男を待ち明かした頃に出る月とともに詠むことが多い。四季歌では、しばしば秋歌の題材となり、特に長月と結びつく例が多い。俳諧では秋の季語で、月として扱われる。

蟻《あり》が鯛《たい》なら芋《いも》むしゃ鯨《くじら》

いわゆる付け足しことば（「むだ口」ともいう）の一種。感謝すべきの意の「ありがたい」を「蟻が鯛」の意に取り、アリのような小さいものがタイなら、同じく小さいイモムシはクジラに当たるだろう、としゃれたもの。類似のものに「蟻がとうなら芋むしゃはたち」がある。

有体《ありてい》

ありのままであること。偽りや飾りのないさま。ありよう。＊真景累ケ淵〔1869頃〕〈三遊亭円朝〉六八「有体《ありてい》に申すから其手を放して下さい」

蟻《あり》の子《こ》一匹《いっぴき》逃《の》がさない

どんな小さいものも見逃さない、と

いうこと。警戒の厳しいさまや封鎖が厳重であるようすをいう。類似の慣用句に「蟻のはいでる所もない」があり、「蟻のはいでるところ」はほんのわずかな隙間のことで、のがれでるわずかな隙間もないさまをいう。

ありのすさび

ある(生きている)という状態にまかせていること。あるにまかせてすること。生きているのに慣れて、なんとも思わないこと。いいかげんに過ごすこと。「すさび」は、心のおもむくのにまかせること。後藤宙外の同題の処女作(一八九五年発表)は、深刻小説の代表作の一つとして知られる。

亜流《ありゅう》

第一流の人に追随する二流の人。他のまねをするだけで、独創的でなく、劣っていること。また、その人。追随者。末流。エピゴーネン。「亜」は「次《つぐ》」、第二位の意。＊北村透谷〔1934〕〈唐木順三〉「封建的伝統の個人への圧迫、封建的戯作者的文学の亜流、それが若い透谷の眼にありありとうつった」

ある時《とき》ばらいの催促《さいそく》無《な》し

返済の期限を決めないで金がある時に払うことにして、なければそのままで催促はしないこと。最もゆるやかな貸し借り。

あるまじき

あるべきでない。当然あってはならない。不都合である。とんでもない。あるまじい。ラ変動詞「あり(有)」の連体形に打消推量の助動詞「まじ」の連体形が付いたもの。「…にあるまじき」のかたちでよく使う。反対は「あるべき」。＊源氏物語〔1001～14頃〕桐壺「かかる折にも、あるまじき恥もこそと心づかひして〔＝(自分が病気で退出するような)時にもとんでもない不面目があってはいけないと心配りをして〕」

あれかし

あってほしいものだ。してほしい。ラ変動詞「あり」の命令形に、助詞「かし」が付いたもの。「前途に幸あれかし」などと使う。また、あってほしいという気持でいることをいう。＊黒潮〔1902～05〕〈徳富蘆花〉八・二「他の失敗をあれがしに待って居《を》ることは」

あわよくば

間《ま》がよければ。よい機会があったら。うまくゆけば。「あわよくばごちそうになれるかもしれない」などと、本来えられる以上の利益を予想する場合に使うことが多い。＊安愚楽鍋〔1871～72〕〈仮名垣魯文〉三・上「あはよくば芸妓《ふるねこ》〔＝年老いた芸妓〕の尻尾を持上て枕金の小釣〔＝つり銭〕をとるかさもなくば」

安堵《あんど》

心の落ち着くこと。安心すること。また、中世、幕府や戦国大名が御家人・家臣の所領の領有を承認すること。特に、親から受けついだ所領の承認を本領安堵という。「堵」は垣の意で、本来、垣の内に安んじて居ること、土地に安心して住むことをいった。

塩梅《あんばい》

程よく配置したり処置したりすること。また、物事のほどあいやようす。とくに、食物の味加減を調えること。また、その味加減。および、よい味加減であること。「いいあんばいだ」などと使い、また、「あんばいする」と動詞にも使う。程よく排列する意の「あんばい（安排・按排）」と、塩と梅の酢で食物の味加減を調える意の「えんばい（塩梅）」とが、中世末期から近世初頭にかけて混同されて使われた語とされる。現代では「按配する」「按排する」と、サ変動詞の語幹として使われるとき以外には「塩梅」と書かれるのが普通になった。

【い】

いい面《つら》**の皮**《かわ》

とんだ恥さらし。いい迷惑。かさねがさねわりの悪い目にあって、ばかばかしいくらいだ。他人の不幸やしくじりを冷たく批評し、また自分が他から受けた損失について自嘲していう。

許嫁《いいなずけ》

親同士の意見で、幼い時から婚約している男女。また、夫あるいは妻になると決まった人。婚約者。フィアンセ。「いいなずけは国を隔てても悋気《りんき》する」とは、許嫁は相手を将来の配偶者だと思っているから、遠い他国にいる相手にも嫉妬《しっと》するものだの意。＊俳諧・鷹筑波〔1638〕二「をし鴨のめをとや池のいひ名付〈久重〉」

いかがわしい

疑問に思われるさま。疑わしく、正体がはっきりしないさま。また、下品であったり、道徳上、風紀上好ましくないさまにもいう。＊文学の根本問題〔1958～59〕〈中島健蔵〉五「文学作品の中に、固定した理想型のような人物があらわれるや否や、読者は、いかがわしく、キナくさい作為をかぎ出してしまう」＊新西洋事情〔1975〕〈深田祐介〉日本「業者思想」欧州に死す「そこはいかがわしいクラブになっていて、壮年男性の巨大な尻と正面衝突しそうになった」

いかばかり

どれほど。どんなにか。いったいどのくらい。＊竹取物語〔9C末～10C初〕「おほくの人の身をいたづらになしてあはざなる〔＝大勢の男の身をだめにして、それでも結婚しない〕かくやひめは、いかばかりの女ぞ」＊多情多恨〔1896〕〈尾崎紅葉〉後・一二「其胸の切なさは幾許《いかばかり》かと思遣っては」

いがみあう

獣が互いにいきりたち、ほえたりかみついたりしあう。転じて、人が互いに敵意を持つ。争い合う。喧嘩する。＊浮雲〔1887～89〕〈二葉亭四迷〉三・一七「顔を視れば闘《いが》み合ふ事にしてゐた母子《おやこ》ゆゑ」

いかもの食《ぐ》い

普通の人の食べないようなものを好んで、または、わざと食べること。また、その人。転じて一般に、普通の人と違った趣味、または嗜好《しこう》をもつことをもいう。類似のことばに「げてもの食い」があり、「いかもの」は、いかがわしいもの、まがいもの、「げてもの食い」の「げてもの」は、普通には異様と見られているもののこと。

怒《いか》り心頭《しんとう》に発《はっ》する

怒りがむらむらと湧いてくること。「心頭」は、胸のあたり、心の意。＊合巻・雷太郎強悪物語〔1806〕前「元よりたんきの雷太郎、いかりしんとうにおこりて」

遺憾《いかん》（に思《おも》う）

思い通りにいかないで、心残りなこと。また、そのさま。残念。釈明にも非難にも使える便利なことば。＊吾輩は猫である〔1905〜06〕〈夏目漱石〉五「逐一之を読者に報知するの能力と根気のないのは甚だ遺憾である」

いかんせん

なすべき手段、方法に絶望を感じ、残念な気持で迷う意を表す。どうしようにも。残念にも。「いかにせむ」の変化したもの。＊吾輩は猫である〔1905〜06〕〈夏目漱石〉五「如何せん誘はれてもそんな心が出ないから仕方がない」

粋《いき》

気風、容姿、身なりなどがさっぱりとし、洗練されていて、しゃれた色気をもっていること。主として江戸時代後期以降発展した一種の美的理念。粋《すい》。また、人情に通じていて、物分りのよいこと。花柳界の事情に通じていることにもいう。「粋筋《いきすじ》」といえば、花柳界などの粋な方面や、男女の情事に関する方面をいう。

生《い》き馬《うま》の目《め》を抜《ぬ》く

生きている馬の目を抜き取るほど、事をするのにすばやいさまをいう。特に、すばしこくずるくて、油断がならないことのたとえ。＊滑稽本・東海道中膝栗毛〔1802〜09〕三・上「へへごうはらな。生馬《いきぬま》の目をぬきやアがった」

意気地《いきじ》

自分の意志や面目などをどこまでも守り通そうとする気持。このことばが変化して「意気地《いくじ》」ができた。＊浮世草子・好色訓蒙図彙〔1686〕上・人倫「衆生にえんうすき御かたは、あげせんもさだまらず、はりもいきぢもさたなし」

幾《いく》ばく

どれほど。どれくらい。特に、それがわずかである場合に用いる。「余命幾ばくもない」「幾ばくかの金を包む」などと使う。＊万葉集〔8C後〕九・一八〇七「幾時《いくばく》も生けらじものを」〈虫麻呂歌集〉＊伊勢物語〔10C前〕七八「御随身、舎人して取りにつかはす。いくばくもなくて持て来ぬ」

いけず
意地の悪いこと。心がねじけていること。たちが悪いこと。また、その人やそのさま。いかず。関西地方の方言。＊大阪の宿〔1925〕〈水上滝太郎〉八・六「あの人酔ははったら、何時もあのやうにいけずしやはりまんのか」

いけずうずうしい
小憎らしいほどずうずうしい。いやになるほど厚かましい。＊卒塔婆小町〔1952〕〈三島由紀夫〉「五組の前後をいけ図々しくひろひつつ、中央のベンチに近づき」

いけぞんざい
ひどくなげやりにするさま。雑であるさま。粗末なさま。また、ひじょうに乱暴なさま。ひどく無礼なさま。ひどく無作法なさま。＊あらくれ〔1915〕〈徳田秋声〉六二「仕事がいけぞんざいだと云って、如何《どう》かすると物差で伯母に手を打《ぶ》たれたりした」

いざ鎌倉《かまくら》
さあ一大事が起こった、の意。中世鎌倉幕府の頃、大事件が起これば諸国の武士が鎌倉に召集されたところからいう。直接の出典としては、謡曲「鉢の木」で、佐野源左衛門常世が、宿を貸した回国の僧、実は執権北条時頼に向かって語る、「自然鎌倉に御大事あらば、〈略〉一番に馳せ参じ着到に付き」ということばが考えられる。

居酒屋《いざかや》
店先で気楽に酒を飲ませる酒屋。また、安酒を飲ませる店。もと、味見に飲ませたものが一杯売りとなり、のち、簡単な料理を提供するようになったもの。なお、ゾラに、貧しい労働者たちの悲惨を描く同題の長編小説(原題 L'Assommoir)があり、仏蘭西自然主義文学の先駆とされる。＊滑稽本・東海道中膝栗毛・発端〔1814〕「居酒屋《ゐざかや》へはよったが、居飯《ゐめし》屋《や》へはよらなんだ」

潔《いさぎよ》しとせず
あることを自分の考え、信念に照らして好ましいと思わない。不満に思って受け入れない。＊虞美人草〔1907〕〈夏目漱石〉一一「相手に合槌《あひづち》を打つ事を屑《いさぎよし》とせざる時に」

些《いささ》か
ほんの少し。わずか。名詞的にも用いる。現代ではやや改まった文語的な表現として用いられる。「聊か」とも書く。＊徒然草〔1331頃〕一二三「昔の人はいささかの事をも、いみじく自讃したるなり」

勇《いさ》み足《あし》
相撲で、相手を土俵際に追いつめながら、勢いあまって自分から土俵の外へ足を踏み出すこと。足を踏み出したほうは負けになる。転じて、物事を行う際に、調子にのりすぎて目的をはずれたり、仕損じたりすること。＊白く塗りたる墓〔1970〕〈高橋和巳〉三「そういうことがなけりゃ、若い記者の勇み足ということですむ」

勇《いさ》み肌《はだ》
威勢がよく、強者をくじき弱者をいたわる任侠の気風。おとこ気ある侠客的な気性。また、その人。伝法肌。ちなみに、江戸の町火消しとして知られるいろは四十八組が誕生する顛末を描いた映画のタイトルが「勇み肌千両男」(一九五八年)であった。＊滑稽本・東海道中膝栗毛〔1802～09〕四・下「三人づれの旅人、是もゑどもの〔＝江戸者〕と見へて、すこしいさみ肌のまき舌にて」

十六夜《いざよい》
「いざよいの月(陰暦十六日の夜に出る月)」の略。特に、陰暦八月十六日の月。満月に比べると翌晩十六日の月はやや遅く出るところから、「いざよい」(とどこおる意の動詞「いざよう」の名詞形)と呼んだもの。秋の季語。ちなみに鎌倉時代の阿仏尼の日記『十六夜日記』は、作者の旅立ちの日付が十月十六日だったところからの書名。＊源氏物語〔1001～14頃〕葵「かのいさよひのさやかならざりし秋の事など」

漁《いさり》火《び》
夜、魚を漁船の方へ誘い集めるために燃やすたいまつ、かがり火の類。今日では集魚灯など電気照明に変わってしまった。＊万葉集〔8C後〕一二・三一六九「能登の海に釣する海人《あま》の射去火《いざりひ》の光にいませ月待ちがてり〈作者未詳〉」

石部《いしべ》金吉《きんきち》
道徳的に堅固で、金銭や女色に心を迷わされない人。また、物堅くきまじめ過ぎて、融通のきかない人。男女間の情愛などを解しない人。石と金と二つの堅いものを並べた擬人名。かたぞう。さらなる上手の堅物を「いしべきんきち金兜《かなかぶと》」と呼ぶ。石部金吉に金《かね》のかぶとをかぶせたような人の意。＊浄瑠璃・神霊矢口渡〔1770〕三「旦那様は石部《いしべ》金吉。女護が島へやって置いても気遣ひの気の字もない」

衣《い》食《しょく》足《た》りて礼節《れいせつ》を知《し》る
生活にこと欠かなくなって、人は初めて礼儀に心を向ける余裕ができるの意。「管子・牧民」によることば。

いすかの嘴《はし》
物事がくい違って思うようにならないこと。イスカ(鳥の一種)の上下のくちばしが左右にくい違って合わないところからいう。しかし、当のいすかにしてみれば、くいちがったくちばしこそ松かさの中の種子をついばむのに適しているのであり、別に思うようにならないわけではない。

居《い》住《ず》まい
すわっている姿勢。また、その態度。いざま。「いずまいを正す(直《ただ》す)」のかたちで、きちんとした姿勢ですわりなおす意に使うことが多い。↓たたずまい。＊浮雲〔1887～89〕〈二葉亭四迷〉二・一二「吃驚《びっくり》した面相《かほつき》をして些《すこ》し飛上って居住居《ゐずまゐ》を直ほした」

いずれ菖蒲《あやめ》か杜若《かきつばた》
どれもすぐれていて選択に迷うことにいう。アヤメもカキツバタも同科の花で区別しにくいところから。単に「いずれあやめ」ともいい、こちらは源頼政《みなもとのよりまさ》がぬえ退治のほうびに菖蒲前《あやめのまえ》という美女を賜わるに当たって、同じような美女一二人の中から菖蒲前を選ぶよう命じられた時よんだ和歌「五月雨に沢辺の真薦水越て何れ菖蒲《あやめ》と引ぞ煩ふ〔太平記・二一〕」によるという。

居候《いそうろう》
他人の家に身を寄せ、養ってもらっていること。また、その人。「いそうろう三杯目にはそっと出し」は居候の肩身の狭さをたくみに言いあてた川柳としてよく知られている。＊浮雲〔1887～89〕〈二葉亭四迷〉一・二「昨日までは叔父の家とは言ひながら食客《ゐさふらふ》の悲しさには」

いそしむ
物事を毎日規則的に励み行う。＊苦の世界〔1918～21〕〈宇野浩二〉一・四「労働にいそしんでゐる」

磯《いそ》の鮑《あわび》の片思《かたおも》い
相手はまったく無関心なのに、こちらだけ恋い慕っている状態をいう。片思い。あわびの貝は二枚貝の片方のように見えるところから「かた」を導く序となっている。念のためにいうと、あわびは巻貝の一種であって二枚貝のかたわれではない。

いたいけ
子どもなどの幼くてかわいらしいさま。また、弱弱しくいじらしいさま。「痛き気」の変化で、胸が痛むほどかわいいの意。「いとけない」と混同して「いたいけない」ともいう。＊鳥影〔1908〕〈石川啄木〉五・三「水近い礫《こいし》の間には可憐《いたいけ》な撫子《なでしこ》が処々に咲いた」

いたく
程度のはなはだしいさま。ひどく。はなはだしく。ずいぶん。形容詞「いたい」の連用形から。＊竹取物語〔9C末～10C初〕「八月十五日ばかりの月に出で居て、かぐや姫いといたく泣き給ふ」

痛《いた》くもない腹《はら》を探《さぐ》られる
痛みもないのに腹を触診されるように、やましいところもないのに人に疑われることをいう。単に「腹を探る」といえば、人の意中をうかがう意になる。

頂《いただ》き立《だ》ち
御馳走になってすぐその席を立つこと。＊蓼喰ふ虫〔1928～29〕〈谷崎潤一郎〉三「それではあの、頂き立ちで甚だ勝手なんですが」

いたたまれない
「いたたまらない」とも言った。つまり「居た堪らない」の意で、それ以上その場にじっとしていられないことをいう。＊虞美人草〔1907〕〈夏目漱石〉一二「焦慮《じれった》いが高じて、布団の上に坐《ゐ》たたまれないからである」

鼬《いたち》ごっこ
子供の遊戯の一つ。何人かで向かい

合って、互いに「いたちごっこ、ねずみごっこ」と唱えながら、相手の手の甲をつまみながら順次にその手を重ねてゆく遊び。転じて、互いに同じようなことをしあって、なかなか埒《らち》があかないこと。愚かしい繰り返しをすること。

韋駄天《いだてん》
仏教で、僧あるいは寺院の守護神。もとバラモン教の神で、シバ神またはアグニ神の子とされたものが仏教に取り入れられた。身に甲冑《かっちゅう》を着け、合掌した両腕に宝剣を持つ姿で描かれる。釈迦の涅槃《ねはん》の後、捷疾鬼《しょうしつき》が仏舎利から歯を盗み去ったとき、この神が追いかけて取り戻したという俗説があるように、非常な速さで駆け、魔鬼を排除するとされるところから、足の速いことや人をもいう。

板《いた》に付《つ》く
その仕事に物慣れている様子。また、服装、態度などがよく似合う様子にいう。「いた」は舞台の意で、もともと役者が経験を積んで、芸が舞台にしっくりと調和することをいった。＊鉛筆ぐらし〔1951〕〈扇谷正造〉背広・三「背広が少しイタにつき始めた。（ということは新聞記者らしくなって来たということだが）」

後世

痛《いた》み入《い》る
他人から寄せられた親切、好意、手厚い待遇などを、自分にはもったいないこととして心に深くすまないと思う。恐縮する。恐れ入る。また、うまく意表をつかれて、やられたと心に強く感じたり、あつかましい態度などにあきれたりするさま。

至《いた》り
動詞「いたる（至）」からできたことば。「～の至り」のかたちで、物事のきわまるところ、極致の意や、物事のなりゆきや結果の意を表す。「若気の至り」などと、よく使う。＊吾輩は猫である〔1905～06〕〈夏目漱石〉二「残念の至に存候」

一衣帯水《いちいたいすい》
「衣帯」は帯のこと。よって、一すじの帯を引いたような狭い水の流れや海峡、また、そのような水によって隔てられていることをいう。「いちい－たいすい」と切って読まれることも多いが、正しくは「いちいたい－すい」。＊さざなみ軍記〔1938〕〈井伏鱒二〉「一衣帯水をなしてゐるその対岸の島には、岡の麓に民家が一軒もなかった」

一隅《いちぐう》を照《て》らす
自分の今いる場所で精一杯の努力を傾けること。「一隅」は片すみの意。最澄が『山家学生式』（八一八～八一九年）の中で、金銀財宝ではなく、自分の持ち場で全力を尽くすことのできる人こそ国の宝である、と説いたところからきたことば。

一言居士《いちげんこじ》
何事にも、自分の意見を一つ言わないと、気のすまない人。「居士」は男子の法名につける称号、または在俗のまま仏門に仕える男子の称号で、全体で「一言抉《こじ》る」（一言抗議する）を人名になぞらえたもの。

一期一会《いちごいちえ》

一生に一度会うこと。また、一生に一度限りであること。安土桃山時代の茶人で、千利休の弟子であった宗二の著「山上宗二記 - 茶湯者覚悟十体」にある「一期に一度の会」に由来し、茶室での交会の心構え、態度を示す語句だったが、後、一般に、人との出会いを大切にするという意の語として用いるようになった。

一言半句《いちごんはんく》

ちょっとしたことば。「いちごん」を強調した語で、多く否定文に用いる。「片言隻句《へんげんせっく》」「一言隻句」「一言一句」「一言半辞」など、同意のことばは多い。「一言半句も解し得ない」

一助《いちじょ》

少しの助け。何かの足し。＊人情本・春色梅児誉美〔1832～33〕初・二齣「邪見の匹夫をして、心をやわらぐ一助《いちじょ》とならんか」

一途《いちず》

他のことを顧みないで、一つの方針または事柄に向かってゆくこと。また、その方針や事柄、およびそのさま。いい意味でも悪い意味でも使える点で、いい意味にしか使えない「ひたむき」とは異なる。＊雲のゆき来〔1965〕〈中村真一郎〉一二「年齢は次第に、そのような一途な憎悪感を消磨させて行くものです」

一日千金《いちにちせんきん》

一日が千金に価するほどたいせつであるということ。また、一日に千金もの多くの金銭が消費されることにもいう。蘇東坡「春夜詩」の「春宵一刻価千金」によることば。井原西鶴『世間胸算用』（一六九二年）は、一年間の収支決算を迫られる大晦日における町人の生態を描き出した傑作だが、その副題が「大晦日《おおつごもり》は一日千金」である。

逸早《いちはや》く

機会をのがさないで真っ先に。他に先がけてすばやく。＊田舎教師〔1909〕〈田山花袋〉四四「交通の衝《しょう》に当った町々では、逸《いち》早く国旗を建てて此兵士達を見送った」

一木一草《いちぼくいっそう》

一本の木、一本の草。また、ほんのわずかな草木。＊桐の花〔1913〕〈北原白秋〉桐の花とカステラ「一木一草の感覚にも静かに涙さしぐむ品格のゆかしさが」＊腕くらべ〔1916～17〕〈永井荷風〉一二「庭中の一木一草も皆これ祖先の詩興を動した形見とて」

一枚看板《いちまいかんばん》

もと上方歌舞伎で、劇場の前に掲げる大きな飾り看板のことをいった。そこから転じて、一座の中心となっている役者、集団のうちで他に誇りうる中心人物の意となった。それがふたりなら「二枚看板」となる。また、たった一つのとりえの意にも使う。＊にごりえ〔1895〕〈樋口一葉〉一「お力といふのは此家の一枚看板《いちまいかんばん》」

一抹《いちまつ》
「一抹の」で「ほんのすこしの」の意を表すことが多い。もとは、絵の具などを一筆塗り付けてぼかすこと、つまり、「ひとはけ」の意であった。＊舞姫〔1890〕〈森鷗外〉「此恨は初め一抹の雲の如く我心を掠めて」

一目《いちもく》置《お》く
囲碁で、対局する者の間に優劣がある場合、弱い方が先に一目を置いて勝負すること。そこから転じて、相手の能力を認め、評価し、敬意を表することをいう。囲碁では「一目置く」のは弱い方であるが、後者の意味では、能力が上の者が同等以下の者の能力を認める場合にも使える。＊或る女〔1919〕〈有島武郎〉前・一八「それでも一座は事務長には一目置いてゐるらしく」

一揖《いちゆう》
軽く会釈をすること。ちょっとおじぎをすること。「揖」は会釈の意。＊思出の記〔1900～01〕〈徳冨蘆花〉六・一九「『左様なら』鈴江君は一揖し、お敏君も黙って一礼した」

一陽来復《いちようらいふく》
冬が去り春が来ること。新年が来ること。また、悪い事が続いたあと、ようやく好運に向かうことにもいい、この意味では縁起をかついで「一陽来福」と書くこともある。もとは、陰が窮まって陽にかえることで、陰暦一一月または冬至をいう。冬の季語。＊古都〔1942〕〈坂口安吾〉「一陽来復を希ふ人生の落武者が稲荷のまはりにしがない生計を営んで」

一翼《いちよく》を担《にな》う
一つの役割を分担する。「一翼」は一つのつばさ、転じて、一つの役割のこと。＊新西洋事情〔1975〕〈深田祐介〉日本「業者思想」欧州に死す「ステレオ機器の欧州市場進出を軌道に乗せるキャンペーンの一翼をになって、キュータロー氏は月の半分は旅枕という生活を送ったんですが」

一縷《いちる》
一本の糸すじ。また、そのように細くわずかなもの。転じて、きわめてわずかなつながり、おぼつかないさま、絶えようとするさまなどのたとえにも用いる。「一縷の望み（希望）」の形で使われることも多い。＊小春〔1900〕〈国木田独歩〉四「元越山の半腹から真直に立上る一縷の青煙」＊家〔1910～11〕〈島崎藤村〉下・六「一縷の希望を夫に繋ぎながら」

一蓮托生《いちれんたくしょう》
最後まで行動、運命を共にすること。もとは仏教で、死後、極楽浄土で同じ蓮華《れんげ》の上に生まれることをいった。この発想は早く『源氏物語』鈴虫巻で、光源氏が女三宮に「はちす葉をおなじうてなと契おきて…」と詠みかけているところなどに表れているが、「一蓮托生」という語がすでにあったかどうかは確認できない。＊浄瑠璃・心中宵庚申〔1722〕下「一れんたくしゃうの閨《ねや》のお同行とじゃれてきげんを取りければ」

一介《いっかい》
わずかなこと。少しばかりのこと。また、一人《ひとり》。とくに、価値のない、つまらないひとりの意。「一芥」とも書く。多く「一介の」のかたちで用いられる。＊思出の記〔1900～01〕〈徳富蘆花〉一〇・六「同家の恩義に一芥の報《むくい》も出来ず」

一家言《いっかげん》
その人独自の意見、主張。また、ひとかどの見識のある意見、論説。「一家言ある」「一家言を吐く」などと使う。ちなみに、学問、芸術などで独立した一流派を作り上げることを「一家を成す(立てる)」という。

一喝《いっかつ》
大声でしかりつけること。どなりつけること。禅宗で悟りを得させるために用いる叱咤《しった》のことば「喝《かつ》」から。＊読本・雨月物語〔1776〕青頭巾「『作麼生《そもさん》何《なんの》所為ぞ』と、一喝《いっかつ》して他《かれ》が頭を撃給へば」＊富岡先生〔1902〕〈国木田独歩〉二「『大馬鹿者！』と大声に一喝《いっかつ》した」

いっかな
「如何《いか》な」を強調したかたち。体言にかかって、どのような、どんな、の意を表す。また、打消しのことばとともに使われて、どのようにしても、どうしても、の意を表す。＊黒潮〔1902～05〕〈徳富蘆花〉一・九・二「道子が歩むとすれば、袂を啣《くわ》へて、いっかな放さぬ」

一掬《いっきく》**の涙**《なみだ》
「一掬」は「一すくい」の意であるから、「両手ですくうほどのたくさんの涙」の意。しかし、少しの涙、わずかな涙の意にも使われている。＊柳橋新誌〔1874〕〈成島柳北〉二「言終って一掬の紅涙自家の膝上に向ひ滴々揮ひ来る」

一騎当千《いっきとうせん》
一人で千人の敵に対抗できるほど強いこと。一人当千。転じて、人並み以上の技術や経験のあること。＊太平記〔14C後〕五・大塔宮熊野落事「其の勢僅か三十二人、是皆一騎《き》当《たう》千の兵とはいへ共」

慈《いつく》**しむ**
愛情を持って大切にすること。深い愛情をそそぎ大切にあつかう。心を込めて養い育てる。神仏、君主、父母などの上位者が、人間、臣民、子女などの下位者に対するときの感情というニュアンスがある。

いっこく者《もの》
がんこで片意地な人、怒りやすい人のこと。「いっこく」が短い時間(一刻)のことで、せっかちな者という意味からきたとする説や、「一国者」の意で、一国だけを知って他国を知らない者のこととする説などがある。

一糸《いっし》**乱**《みだ》**れぬ**
秩序正しく整然としているさまをいう。「一糸」は一本の糸で、わずかなもののたとえ。＊セルロイドの塔〔1959〕〈三浦朱門〉八「何もかも整然として、一糸乱れず動いているので」

一宿一飯《いっしゅくいっぱん》
一晩泊めてもらい、一度食事をふるまわれること。旅の途上などで通りがかりにちょっと世話になること。博徒《ばくと》の間の仁義では生涯の恩義とされていた。ちなみに、富司純子の出世作は東映映画「緋牡丹博徒」シリーズ第二作「緋牡丹博徒　一宿一飯」(一九六八年)であった(当時は藤純子)。

一生懸命《いっしょうけんめい》
命がけで事に当たるさま。一身に骨折るさま。本来は「一所懸命」で、中世の武士が一か所の所領に命をかけ生活の頼みとしたことをいったが、江戸時代に入って町人主体の貨幣経済の時代になると、土地領有がそれほど切実なものとは感じられなくなるなどして、ことばが変わってしまったのである。

一炊《いっすい》**の夢**《ゆめ》
人生の栄華のはかないことのたとえ。唐の盧生《ろせい》が、身を立てるために楚国へ向かう途中、趙《ちょう》の都邯鄲《かんたん》で道士呂翁から枕を借りて眠り、夢に栄枯盛衰を体験するが、目覚めてみるとたきかけの粟飯《あわめし》がまだたき上がってもいないほどわずかの時間にすぎなかったという、沈既済の「枕中記」の故事から。黄粱《こうりょう》の夢。盧生の夢。邯鄲の夢枕。

一世一代《いっせいちだい》
「一世」も「一代」も人の一生をいう語で、一生のうち、ただ一度であること、またとないようなことをいう。とくに、能・歌舞伎の役者が、引退などを前に、以後再びその芸を演じない決心で、りっぱな舞台をつとめること。また、その舞台。

一張羅《いっちょうら》
所有している衣服の中で、たった一着きりの上等のもの。また、かけがえのない一枚きりの衣服。＊滑稽本・浮世風呂〔1809～13〕二・上「なけ無し一《い》ッてうらを着殺《きごろし》に着切て仕まふだ」

一丁字《いっていじ・いっちょうじ》**を識**《し》**らず**
全く文字が読めないこと。無学であること。「(目に)一丁字もない」ともいう。「丁」は「个《か》」の字の篆書《てんしょ》から誤ったもの。「个」は個・箇に同じなので、「一丁字」とは「一文字」のこと。＊門〔1910〕〈夏目漱石〉二〇「会って見ると、丸で一丁字もない小廝《こもの》の様に丁寧であった」

一天《いってん》**にわかにかき曇**《くも》**る**
空全体がとつぜん曇り、暗くなること。龍神など超自然的な存在の力の発動による急速な天候の変化にいうことが多い。＊歌舞伎・鳴神〔1742か〕「あら不思議や一天俄にかきくもり」

一杯《いっぱい》**食**《く》**わす**
うまくだます。たくらんだ相手に思いがけない飲食物を一杯食わせる意からか。だまされる側からの表現「一杯食う(食らう)」もよく使う。＊滑稽本・東海道中膝栗毛・発端〔1814〕「皆おれが自作の狂言で、ふたりを頼んで、女房にいっぱいくわせ追出《おいだ》したも」

いでたち

もと「出で立ち」の意で、旅立ち、出発のこと。その際の身支度の意をも表し、転じて、一般に身なり、服装をいう。＊謡曲・鞍馬天狗〔1480頃〕「さても沙那王がいでたちには、肌には薄花桜の単《ひとえ》に、顕紋紗《けんもんしゃ》の直垂の」

愛《いと》しい

かわいそうだ。ふびんである。痛わしい。転じて、かわいい。慕わしい。頼りなげであったり、もろい感じを受けたりして、愛情を注ぎたくなる気持を抱かせるさまにいう。「いとほし」から「いとをし」「いとうし」を経て、中世末に「いとし」となったもの。＊人情本・春色梅児誉美〔1832～33〕後・八齣「私《わたい》はなんといはれてもいいが、いとしいかわいい丹さんに疵《きず》がついちゃア」

井戸端会議《いどばたかいぎ》

共同井戸の回りで、水くみ、洗濯などをしながら、女性たちが人のうわさや世間話に花を咲かせることをからかい半分にいった語。現在では共同井戸はあまり見られなくなったので、主婦たちが家事のあいまに集まってするおしゃべりをいうことばになった。

いとはん

良家の娘をいう関西地方の語。「嬢さん」とも書く。「いとさん（幼様）」の変化した語で、明治以降用いられるようになった。ちなみに、良家の息子は「ぼんぼん」という。＊卍〔1928～30〕〈谷崎潤一郎〉四「あんたの方が破談になって、市会議員のいとはんもよろこんではるやろなあ」

田舎《いなか》の学問《がくもん》より京《きょう》の昼寝《ひるね》

田舎にいて勉学するよりも、都にいて昼寝している方がまさっているの意。都では自然と見聞を広めることができることのたとえ。

稲妻《いなずま》

雷雨のとき、空中電気の放電によってひらめく電光。雷鳴が聞こえないで、電光だけがひらめく場合にもいう。「稲の夫《つま》」の意で、いなびかりが稲穂を実らせると信じられていたところからの名。古く「いなつるび」（「つるび」は交配の意）ともいったのも同じ発想による。雷は夏の季語だが、稲妻は秋の季語。現代仮名遣いが「いなづま」でないのは、もはや語源意識が薄れていると考えられているため。

いなせ

勇み肌でいきな若者。また、その様子。威勢がよくさっぱりした気風の若者。また、その気風。新吉原に勇み肌で美声の地回りがいて、その男がうたって歩いた小唄の文句、「いなせとも、なきその心から、帰らしゃんせと、ほれた情」から、粋なことをイナセといったとも、江戸日本橋の魚河岸の若者たちがイナ（鯔）の背のように髷を結んだことからともいうが、未詳。

否《いな》めない
否定することができない。断れない。「いなめない事実」「唐突の感があるのはいなめない」などと使う。「いなむ」の可能動詞「いなめる」の未然形に打消の助動詞「ない」の付いたもの。某男性アイドルグループのヒット曲の歌詞に「もともと何処吹く他人だから価値観は否めない」とあったのは、「価値観に違いがあるのは否めない」とでも言うべきところ。

否《いな》や
「…や否や」のかたちで、「…かどうか」「…するかしないか」と問いかける気持を表したり、「…するとすぐ」の意を表したりする。また、「否や」単独で「不承知」「異議」の意を表すこともある。＊読本・椿説弓張月〔1807～11〕残・弁略「この両説は土俗の口碑に伝る所、是不《しかるやいなや》をしらず」＊歌舞伎・三人吉三廓初買〔1860〕二幕「むむ、夜がつまったにべんべんと、義理立するも面倒だ、いなやを云はず此金は、志し故貰って置かう」

犬《いぬ》が西《にし》向《む》きゃ尾《お》は東《ひがし》
あたりまえであることのたとえ。同様のことわざに、「雨が降る日は天気が悪い」などもある。

犬《いぬ》の川端《かわばた》歩《ある》き
食べ物などあまり落ちていない川端を、犬がえさをあさって歩くように、定まった目的もなく、何かにありつこうとしてうろつくこと。外出して、途中で何か食べたいと思いながら食べずにすましてしまうことにもいう。この意味では、単に「犬川」ともいう。また、どんなに奔走しても得るところがないことにもいう。

いの一番《いちばん》
まっさき。一番最初。「いろは」で順番をつけたもののうちの第一番目の意から。＊坊っちゃん〔1906〕〈夏目漱石〉二「陸《をか》へ着いた時も、いの一番に飛び上がって」

命《いのち》あっての物種《ものだね》
命があって初めて何事もなし得る、命がなくなればおしまいだの意。「命は物種」ともいう。「物種」は物事のもとになるもの。＊歌舞伎・網模様燈籠菊桐（小猿七之助）〔1857〕五幕「命あっての物種と逃げる所を」

衣鉢《いはつ》を継《つ》ぐ
師からその道の奥義を受け継ぐことや、前人の事業などを受け継ぐことをいう。「衣鉢」は、仏教で、法を継ぐ証拠として師僧から伝える袈裟《けさ》と鉢のことをいう。＊夜明け前〔1932～35〕〈島崎藤村〉第一部・上・一・一「伏見屋の金兵衛は、この惣右衛門の衣鉢を継いだのである」

意表《いひょう》
考えに入れていないさま。意外なこと。思いの外。案外。また、そのおどろき。意表外。意想外。「表」は外の意。「意表を突く」「意表に出る」などと使う。＊それから〔1909〕

〈夏目漱石〉一六「平岡の問は実に意表に、無邪気に、代助の胸に応《こた》へた」

威《い》風《ふう》堂《どう》々《どう》

威厳のある様子が立派なさま。気勢が大いに盛んなさま。イギリスの作曲家エルガー（1857‐1934）の同題の行進曲はCMなどにもしばしば用いられている。＊虞美人草〔1907〕〈夏目漱石〉一八「血が退いて肉が落ちた孤堂先生の顔に比べると威風堂々たるものである」

いぶし銀《ぎん》

いぶしをかけた銀、すなわち、硫黄の煙で表面にすす色をつけた銀。また、その色であるくすんで渋みのある銀色のこと。転じて、一見地味であるが、実際は力があったり、魅力があったりするものにいう。「いぶし銀の演技」などと使う。

今《いま》しも

ちょうど今。たった今。今まさに。「し」は副助詞、「も」は係助詞で、ともに強調のはたらきをする。「今しもあれ」も同じ意味。＊田舎教師〔1909〕〈田山花袋〉一五「庫裡《くり》の入口に車をつけて、今しも下りようとする処であった」

未《いま》だし

まだその時でない。時期尚早である。まだ早い。未熟である。「いまだ」を形容詞化したもの。現在では「いまだしの感がある」のように、終止形を体言的に用いることがある。＊ブラリひょうたん〔1950〕〈高田保〉拍手「だから拍手をさせるのは未だしの芸で、拍手をさせぬのが名人だとなる」

居《い》待《まち》月《づき》

陰暦一八日の月。一説に、一七日の月とする。秋の季語として特に八月一八日の月をいう。出るのをすわって待つ月の意（古語の「居る」はすわっているの意）。月の出は立待月《たちまちづき》よりも遅く、寝待月《ねまちづき》よりも早い。↓立待月・寝待月。

今《いま》業《なり》平《ひら》

現代の世の業平ともいうべき美男。六歌仙のひとり在原業平《ありわらのなりひら》（825‐880）は、『日本三代実録』に残る薨卒伝（死亡記事）で「体貌閑麗」（＝容姿端麗）とされ、『伊勢物語』の主人公として多くの女性と浮名を流したところから、美男子の典型とされていた。ちなみに、女性版は「今小町《いまこまち》」（＝小町は小野小町のこと）という。

忌《い》み言葉《ことば》

忌み慎んで言わないことば。宗教上の理由、または不吉な意味を連想させる発音によって、使うのをきらうことば。斎宮での「仏」「経」「僧」、婚礼の時の「去る」「帰る」、正月の三が日の「坊主」「箒《ほうき》」「ねずみ」などの類。また、その代用として用いる言葉のことをもいう。たとえば斎宮で「仏」を「中子《なかご》」、民間で「剃《そ》る」「葦《あし》」「梨《なし》」を「あたる」「よし」「ありの実」などという類。山での忌み言葉を「山言葉」といい、同様に「沖言葉」「正月言葉」「夜言葉」などがある。

いみじくも
まことにうまく。適切にも。巧みにも。まさに。よくも。他人の発言をほめて「いみじくももうしたり」(よくぞ言った、の意)などと使う。形容詞「いみじ」の連用形に助詞「も」の付いたもの。

いやが上《うえ》にも
あるがうえにますます。すでにそうであるうえにいよいよ。なおそのうえに。「いや」は「弥」と書いて、いちだんと、ますます、の意。＊星座〔1922〕〈有島武郎〉「何所とも知れない深さに沈んで行くやうなおぬいの心をいやが上にも脅かした」

彌栄《いやさか》を祈《いの》る
ますます栄えることを祈る。「彌栄を祈って乾杯」などと、特に慶事のあいさつに使うことば。

いやしくも
かりにも。かりそめにも。また、表面では卑下して、ほんとうは自負心をもっている気持を表し、不相応にも、柄でもないのに、の意をも表す。後に打消の語を伴うと、いいかげんにも、おろそかにも、の意になる。＊平家物語〔13C前〕三・医師問答「重盛いやしくも九卿《きうけい》〔＝公卿〕に列して三台《さんたい》〔＝大臣の位〕にのぼる」

畏友《いゆう》
尊敬している友人。また、友達に対する敬称。＊河童〔1927〕〈芥川龍之介〉一五「モンテエニュの如きは予が畏友の一人なり」

入相《いりあい》
太陽の沈む頃。たそがれどき。暮れ方。日没。このころに寺で勤行《ごんぎょう》の合図につき鳴らす鐘を「入相の鐘」という、主に世の無常を感じさせるものとして和歌の世界などで親しまれてきた。＊新古今和歌集〔1205〕春下・一一六「山里の春の夕暮きてみれば入相の鐘に花ぞ散りける〈能因〉」

色男《いろおとこ》金《かね》と力《ちから》はなかりけり
女に好かれるような美男子には、とかく金と腕力がない意。色男をからかっていう。＊漫才読本〔1936〕〈横山エンタツ〉恋の学問「『色男、金と力はなかりけり』『情けない色男や』」

色好《いろごの》み
好んで異性との交情にふけること。恋愛、情事にまつわる情趣をよく解すること。また、その人。平安時代には、和歌や音楽に堪能で、異性への恋に一途に生きる人を意味し、男女ともに用いられた。ほぼ同義の「すきもの」が、平安時代においては風流一般に関して概して肯定的に用いられるのに対して、「いろごのみ」は次第に否定的なニュアンスを強めていく。→すきもの。

色《いろ》の白《しろ》いは七難《しちなん》隠《かく》す
色白の女性は、あれこれ欠点があっても、目立たないの意。＊滑稽本・浮世風呂〔1809〜13〕三・下「まだしも色白だから七難も隠すけれど」

いろはにこんぺいとう
ことばあそびの一種。「いろはにこんぺいとう、こんぺいとうは甘い、甘いはお砂糖、お砂糖は白い、白いは兎、兎は跳ねる…」などとことばを尻取りしていって、最後は「…消えるは電気、電気は光る、光るはおやじのはげ頭」などと納めるが、時代や地域によってことばには出入りがある。

色《いろ》めき立《た》つ

もともと、戦いに敗れる気配が現れ、動揺し始めることをいったが、広く緊張・興奮した様子がみなぎるさまをいうようになった。＊菊池君〔1908〕〈石川啄木〉二「一座は色めき立って囂囂《わやわや》と騒ぐので」

色《いろ》をつける

ちょっとした気持を添えること。祝儀を出したり、値引きしたり、景品を付けたり、少し多めに賃金を支払ったりすることをいう。＊彼岸過迄〔1912〕〈夏目漱石〉停留所・二〇「打っ切ら棒で愛嬌が足りない気がするので、少し色を着ける為に」

色《いろ》をなす

顔色を変えて怒る。＊吾輩は猫である〔1905～06〕〈夏目漱石〉九「只他《ひと》の吾を吾と思はぬ時に於て怫然《ふつぜん》として色を作す」

曰《いわ》く言《い》い難《がた》し

簡単には説明しにくい。ことばでは言い表せないと言うほかはない。説明を求められて「言い難し」と答えたという「孟子‐公孫丑・上」の「敢へて問ふ、何をか浩然の気と謂ふや、曰く、言ひ難きなり」のことばから。＊春迺屋漫筆〔1891〕〈坪内逍遙〉をかし・五「そも『コック』とは何の隠語ぞ曰くいひがたし」

鰯《いわし》の頭《あたま・かしら》も信心《しんじん》から

イワシの頭のようにつまらないものも、それを信仰する人には大事であること。信仰心が不思議な力を持つたとえ。また、頑迷に信じこんだ人をからかっても用いる。焼いたイワシの頭はにおいが強く、鬼を退散させる力があると信じられ、節分の夜、柊《ひいらぎ》にさして門や窓にさす習俗がある。

言《い》わずもがな

ことばに表さないほうがいいと思われること。また、言うまでもないこと。わかりきっていて今さら言う必要のないこと。「もが」は願望の意を表す助詞。「な」は感動の助詞。「言わでもの事」ともいう。＊忘れえぬ人々〔1898〕〈国木田独歩〉「露店が並むで立食の客を待ってゐる。売ってゐる品《もの》は言はずもがなで、喰ってゐる人は大概船頭船方の類にきまってゐる」

いわんや

以下のことは言う必要があろうか、いうまでもなく、自明のことであるという意味を表す。なおさら。まして。「いわんや…をや（においてをや）」などの形式でも使う。＊伊勢物語〔10C前〕一〇七「されど、若ければ、文もをさをさしからず、ことばもいひ知らず、いはむや歌はよまざりければ」＊平家物語〔13C前〕七・

木曾山門牒状「近境の源氏猶参候せず。況や遠境においてをや」

引導《いんどう》を渡《わた》す
葬式に際し、導師の僧が棺の前で、死者がさとりを開くよう説ききかせること。転じて、また、縁を切ること、相手に最終的な宣告をして諦めさせることなどにいう。＊明暗〔1916〕〈夏目漱石〉一二二「津田は最後の引導を渡すより外に途《みち》がなくなった」

【う】

有為《うい》
仏教で、因（直接の原因）、縁（間接的条件）の和合によって作られている恒常でないもの。また、そういう現象。そのようなものである有為が常に移り変わることをいうのが「有為転変」である。いろは歌の一節「うゐのおくやま」は無常のこの世を越えにくい山にたとえたものという。

初孫《ういまご》
その人にとって初めての孫。はつまご。＊雑俳・柳多留‐一二九〔1834〕「初孫《うい》はかわゆし産だやつにくし」

うがった
隠れた事情や細かい事実、また、世態や人情の機微をうまく指摘しているさま。また、そのようなさまを目ざしながら、考えすぎなどのためにかえってわかりにくかったり的を外したりしているさまを「うがちすぎ」という。＊吾輩は猫である〔1905～06〕〈夏目漱石〉三「『何でも自分の嫌いな事を月並と云ふんでせう』と細君は我知らず穿った事を云ふ」

浮《う》き足立《あしだ》つ
不安や不満を感じて逃げ出しそうになる。逃げ腰になる。また、そわそわして落ち着かなくなる。「浮き足」はかかとが地につかないさま。＊形〔1919～22頃か〕〈菊池寛〉「猩々緋の武者の前には、戦はずして浮足立った敵陣が」

浮《う》き名《な》
男女間の情事のうわさ。艶聞《えんぶん》。「浮名を流す」「浮名が立つ」などと使う。平安時代は「憂き名」で、つらいいやな評判の意であったが、室町末期から「浮き名」と捉えられるようになり、浮ついた評判ということから艶聞の意に使われるようになった。＊浮世草子・好色五人女〔1686〕三・一「爰に大経師の美婦とて浮名《うきな》の立つづき、都に情の山をうごかし」

憂《う》き身《み》をやつす
労苦もいやがることなく、身のやせるほど熱中する。一所懸命にうちこむ。とくに、無益なことに夢中になるの意では、「浮き身」と書くことが多い。耽溺《たんでき》する。＊談義本・世間万病回春〔1771〕一・論流行学文病「詩文章にうき身をやつして」＊家〔1910～11〕〈島崎藤村〉下・五「紅白粉に浮身を窶《やつ》すものの」

ウグイス嬢《じょう》
野球場や劇場、また、宣伝カーなどの、女性のアナウンサーをいう。ウグイスのような美声の意から。

鶯《うぐいす》鳴《な》かせたこともある

今は梅干し婆《ばばあ》といわれる年寄りだが、かつては、梅の花が美しく、色香もあって、鶯をとめて鳴かせるように、異性を騒がせたこともあった、の意。

有卦《うけ》に入《い》る

よい運命にめぐり合わせる。調子にのる。幸運をつかむ。「有卦」は陰陽道で吉報へ向かう縁起のよい年回り。七年続くという。＊歌舞伎・助六廓夜桜〔1779〕「女は氏なうて玉の輿。こなたは有卦に入ったらう」

烏《う》合《ごう》の衆《しゅう》

カラスの群れのように、規律も統一もなく寄り集まっている群集、または兵隊。＊大塩平八郎〔1914〕〈森鷗外〉七「切角発散した鹿台《ろくだい》〔＝為政者などが人民から納めさせた財貨を蓄えている蔵〕の財を、徒に烏合の衆の攫《つか》み取るに任せたからである」

有《う》象《ぞう》無《む》象《ぞう》

種々雑多なくだらない人間や物。ろくでもない連中。「象」はかたちで人を卑しめていう語。仏教で、存在するものとしないもの、またはかたちのあるものとかたちのないものなどをいう「有相無相」からきたことばという。＊雑俳・川柳評万句合-宝暦一三〔1763〕満二「やせ世帯うぞうむぞうにうんざりし」

うそつきは泥《どろ》棒《ぼう》の始《はじ》まり

平気でうそを言う者は、盗みをするのも恥じなくなるということ。「嘘は盗人の始まり」「嘘は盗みの基」とも。

うそぶく

現代では、強がりをいったり大きなことをいったりする意で使うことが多い。ほかに、てれかくしにそらとぼけたり、開き直ったり得意になったりして相手を無視するような態度をとることにも使う。また、詩歌などを低い声で口ずさんだり口笛を吹いたりすることや、鳥や獣がなどが鳴き声をあげることにも使う。「嘯く」とも書く。

嘘《うそ》も方《ほう》便《べん》

場合によってはうそも手段として必要である意。方便は、もともとは仏教で、仏が衆生を悟りに導くために用いるさまざまの便宜的な手立てをさしていった。出典は、ある長者が燃えさかる家から子供たちを助け出すために、それぞれが好む羊車、鹿車、牛車を与えようと約束し、逃げ出して来たあとにそれぞれに大白《だいびゃく》牛車《ごしゃ》を与えたという、「法華経-譬喩品」の「三車火宅」のたとえ話に見る説が有力である。

うたかた

水の上に浮いているあわ。水あわ。転じて、はかなく消えやすい物事のたとえにいう。森鷗外に『うたかたの記』があり、『舞姫』と同じくドイツを舞台にした文語調の小品である。「泡沫」とも書く。＊方丈記〔1212〕「よどみに浮かぶうたかたは、かつ消えかつ結びて久しくとどまりたるためしなし」

うたた
状態がどんどん進行していっそうはなはだしくなる意を表す。多くは、そのことに否定的、批判的な気持を伴う。いよいよ。ますます。なおいっそう。「転た」とも書く。＊破戒〔1906〕〈島崎藤村〉五・二「今また斯の人が同じ病苦に呻吟すると聞いては、うたた同情の念に堪へない」

うだつが上《あ》がらない
いつも上から押えつけられて、出世ができない。運が悪くてよい境遇に恵まれない。「うだつ」とは、梁の上に立てて棟木を支える柱あるいは民家で屋根の両端を一段高く造った部分をいう「うだち」の転で、棟上げができない意から現在の意に転じたという。

内弁慶《うちべんけい》
家の中ではいばりちらすが、外へ出ては全く意気地がないこと。また、そういう人。弁慶は源義経に従って武名を馳せた法師で、強者または強がる者のたとえ。「内弁慶外味噌（すばり・菜虫・鼠）」などともいう。＊自己解説〔1954〕〈桑原武夫〉「内弁慶だったので、小学入学当初は連日泣かされた」

内股膏薬《うちまたごうやく》
内股に張った膏薬が右側の足にも左側にも張り付くように、一定の意見・主張もなく、都合しだいで、あちらこちらと付き従うこと。また、そういう人。膏薬は、薬品をあぶらにまぜて練った外用薬のこと。紙片または布片に塗って患部にはる。ふたまたごうやく。またぐらごうやく。

空蝉《うつせみ》
この世に生きている人。また、この世。この語を「空蝉」と表記したところから、蝉の抜け殻のこともさすようになった。『源氏物語』第三帖は「空蝉」と題し、光源氏に迫られて抜け殻のように上着だけを残して去った女君の物語である。この女君をも「空蝉」と呼ぶ。＊万葉集〔8C後〕一・一三「古昔《いにしへ》も　然《しか》にあれこそ　虚蝉《うつせみ》も　妻を争ふらしき〈天智天皇〉」

現《うつつ》を抜《ぬ》かす
ある物事に心を奪われて、夢中になる。気をとられてうっとりとなる。否定的なニュアンスを伴うことが多い。＊滑稽本・東海道中膝栗毛〔1802～09〕六・上「衣裳ははなやぎたる女のよそほひに、うつつぬかして見とれ行くうち」

移《うつ》り香《が》
物に移り残った香。残香。遺薫。＊古今和歌集〔905～914〕雑上・八七六「蝉のはのよるの衣はうすけれどうつりがこくもにほひぬるかな〈紀友則〉」

腕《うで》を撫《ぶ》す
十分に腕前を発揮できる機会を待ち望む。「撫す」はなでさすること。＊ブウランジェ将軍の悲劇〔1935～36〕〈大仏次郎〉シュネブレ事件・四

「軍部内にては、腕を撫して戦争を待望すること久し」

優曇華《うどんげ》

「うどんはらげ（優曇波羅華）」の略。クワ科のイチジク属の一種。ヒマラヤ、インド、セイロン島などに分布する。花は小形で壺状の花托に包まれ、外からは見えないため、仏教では、三千年に一度花を開くとする。その時に転輪聖王《てんりんじょうおう》が出現するという。転じて、仏にあいがたいことや、一般にきわめてまれなことのたとえに用いる。また、昆虫のクサカゲロウが他の物に産みつけた卵の俗称でもある。二センチメートルくらいの白い糸状をした柄の先に丸い卵をつけたものを、一箇所にかためて産みつけるので花のように見え、吉凶の前兆とされる。この意味では夏の季語。

鰻登《うなぎのぼり》

停滞することなく、登っていくこと。気温、物価の上昇や出世の早い場合にもいう。つかんだウナギが手からすべり抜けようとして上へ上へとのぼることからとも、ウナギが水の少ないところでも遡るところからともいう。

うなだれる

心配、落胆、悲しみ、恥ずかしさなどのために気持が沈み込んで、頭を前に低く垂れる。物思い、そのほか物事にふけっているときなど、首を前に傾ける。「うなじ（項）」をたれるの意から。＊露団々〔1889〕〈幸田露伴〉二「何事に魂をや奪れけむ、孫を失ひたる老人の如くうな垂《だ》れて坐せるが」

うねくる

上下や左右にくりかえし曲る。うねりくねる。＊明暗〔1916〕〈夏目漱石〉六六「お延の心にこんな交み入った蟠《わだか》まりが蜿蜒《うねく》ってゐやうと思ふ筈がなかった」

卯《う》の花《はな》くたし

陰暦四月の中・下旬に降り続く長雨が卯の花をくさらすこと。「くたし」は腐らす意の動詞「くたす（腐）」の連用形の名詞化。転じて、五月雨《さみだれ》に先立って降る長雨のこともいう。万葉集の「春されば卯の花具多思《グタシ》わが越えし」（八・一八九九）から生まれた語。うのはなくだし。夏の季語。

鵜《う》の目《め》、鷹《たか》の目《め》

鵜が魚をあさり、鷹が鳥を求める時の目つきのように、鋭く物を捜し出そうとする目つき。また、そのようなさま。＊談義本・根無草〔1763～69〕前・三「何がな珍しき物見出さんと、鵜《う》の目鷹《たか》の目にてさがし求むれば」

初心《うぶ》

性情のすなおなさま。また、世間の物事を十分に知っていないさま。世馴れぬさま。とくに、男女の情に通じていないさま。もともと、生まれたときのままであるさまをいい、自然のままで、人手が加わっていないことや、できあがったときのままで、傷やよごれのないさまにもいう。＊

破戒〔1906〕〈島崎藤村〉二一・七「未だ初心《うぶ》で複雑《こみい》った社会《よのなか》のことは一向解らない」＊其面影〔1906〕〈二葉亭四迷〉二五「余り小夜が初心《うぶ》なので、故《わざ》と然うしてお調戯《からかひ》なすったのかも知れぬ」

うべなるかな
もっともなことであるなあ。本当にそうだよ。むべなるかな、ともいう。「うべ（むべ）」は、肯定したり満足して得心したりする意を表す。＊俳諧・おらが春〔1819〕「母は死顔にすがりて、よよよよと泣もむべなるかな」

味酒《うまざけ》
味の良い酒。上等の酒。美酒。味酒。＊若菜集〔1897〕〈島崎藤村〉春の歌「ああよしさらば美酒《うまざけ》に　うたひあかさん春の夜を」

倦《う》まず弛《たゆ》まず
いやになったりなまけたりしないで。＊銀の匙〔1913～15〕〈中勘助〉後・三「それでもかまはず倦《う》まず撓《たゆ》まずつづけるうちに」

馬《うま》の骨《ほね》
素姓のわからない者をあざけっていう語。同じ意味で「牛の骨」ともいった。＊雑俳・柳多留‐一〇〔1775〕「若殿は馬のほねから御たん生」

馬《うま》の耳《みみ》に念仏《ねんぶつ》
いくら言って聞かせても聞き入れようとせず、ききめのないことや、高尚なことを聞いても理解できないことのたとえ。馬にありがたい念仏を聞かせても無駄であるところから。類語に、「犬に論語」「馬に経文」などがある。

有無《うむ》を言《い》わせず
承知、不承知の答えもさせない。いやおうなしに。むりやりに。うむない。＊浄瑠璃・新版歌祭文（お染久松）〔1780〕長町「たため、たためと三人が、有無《うむ》を言さず引立つる」

梅《うめ》は酸《す》い酸《す》い十三年《じゅうさんねん》
→桃栗三年柿八年《ももくりさんねんかきはちねん》

烏有《うゆう》
何もないこと。皆無。また、架空。「烏有《いずくんぞ》らんや」の意。「烏有に帰す」のかたちでよく使われ、すっかりなくなること、だめになること、とくに、火災で滅びることをいう。中国前漢時代の司馬相如は、「子虚賦」のなかの登場人物に「烏有先生」の名を与え、これが虚構の人物であることを示している。

うらうら
春の日光が美しくのどかなさま。「と」や「に」を伴う場合が多い。春の季語。＊万葉集〔8C後〕一九・四二九二「宇良宇良《ウラウラ》に照れる春日にひばりあがり心悲しもひとりし思へば」〈大伴家持〉

うらなり
瓜などの、のびたつるの末の方になった実。つやがなく、味も落ちる。対義語は「もとなり」。転じて、顔が長く青白くて元気のない人。夏目漱石の『坊っちゃん』のなかに、このあだ名で呼ばれる人物が登場する。

うらむらくは
恨めしいことには。残念なことには。＊小説神髄〔1885～86〕〈坪内逍遙〉下・文体論「唯憾《うらむ》らくは世に其不便を除くの法なし」

裏目《うらめ》に出《で》る
よいようにと思ってやったことが予期に反して不都合な結果になる。＊地を潤すもの〔1976〕〈曾野綾子〉三・三「それが、裏目に出ることもあれば、表目に出ることもあるだろうけど」

うらやむ
他者がすぐれているのを見て、自分もそうなりたいと願う。「人もうらやむ」のかたちで、他人が羨望するほど理想的な、の意に使うことも多い。＊徒然草〔1331頃〕八五「人の賢を見てうらやむは尋常《よのつね》なり」

売《う》り家《いえ》と唐様《からよう》で書《か》く三代目《さんだいめ》
初代が苦労して築いた家や財産も、三代目が受け継ぐころになると遊芸などで身を持ち崩し没落して、ついに自分の家を売り家に出すようになる。その売家札の字が唐様で、しゃれている。遊芸におぼれて商売をるすにした生活がしのばれる、という意の川柳。唐様は、書道で、中国の書風を模した書体のこと。ふつう、江戸中期に流行した、明風の書体をいう。

瓜実顔《うりざねがお》
瓜の種に似た、色白、中高《なかだか》で、いくらか長い顔。多く美人の顔の一つの型として用いられる。＊浮雲〔1887～89〕〈二葉亭四迷〉一・四「年は鬼もといふ十八の娘盛り、瓜実顔《うりざねがほ》で富士額」

胡乱《うろん》
不確実であること。不誠実であること。あやしく疑わしいこと。合点がゆかず、ふに落ちないこと。また、そのさま。そういう人物のことを「胡乱者《もの》」という。「う」「ろん」ともに「胡」「乱」の唐音。もともと、乱雑なさまをあらわし、「胡乱座」（禅寺の法会などで、僧の席次によらず乱雑に席に着くこと）などのことばにはその意味が残っている。＊吾輩は猫である〔1905～06〕〈夏目漱石〉九「酔漢漫《みだ》りに胡乱の言辞を弄して」

上《うわ》の空《そら》
よそに心が奪われて、あることに注意が向かないこと。そのような心の状態を「空」で表す表現はすでに『万葉集』に「心空なり土は踏めども」（一一・二五四一）などとあり、それを強調したことばか。

蟒《うわばみ》
巨大なヘビの俗称。特に熱帯産のニシキヘビ類をさす。大蛇。おろち。『古事記』に登場するヤマタノオロチなど、大蛇は酒を好むとされるところから転じて、よく酒を飲む人をもいう。＊俳諧・蕪村句集〔1784〕夏「蟒の鼾も合歓の葉陰哉」

上前《うわまえ》をはねる
取り次いで支払う代金の一部、口銭などをかすめ取る。ぴんはねする。

「上前」は仕事や売買などの仲介者が取る代金・賃金の一部のこと。＊坊っちゃん〔1906〕〈夏目漱石〉八「其男の月給の上前《うはまへ》を跳ねるなんて」

雲霞《うんか》
大衆、兵士など、人の多く群がり集まるさまを雲や霞がわきおこるさまにたとえていう。「雲霞のごとし」のかたちでよく使う。＊月暈〔1953〕〈島尾敏雄〉「青空を覆ってあのへんてこな機械がウンカのようにやって来るかも分らない」

蘊蓄《うんちく》**・薀蓄**
「蘊」「薀」はともに積む意で、十分研究してたくわえた学問、技芸などの深い知識のこと。そのありったけを発揮・披露することを「蘊蓄を傾ける」という。＊風景の中の関係〔1960〕〈吉行淳之介〉「男は、温泉についての蘊蓄をかたむけはじめた」

【え】

えげつない
人に度を過ごして迷惑、不快の感じを与えるさま。特に、言い方や、やり方が露骨でいやらしい。ずうずうしく無遠慮である。思いやりがなく残酷である。もと、関西地方の方言であった。＊卍〔1928〜30〕〈谷崎潤一郎〉一五「それにしたかて外に何とかうそのつきやうもあるやないか、あんまりやり方がエゲツない」

似非《えせ》
見かけはそれらしく見えるが、実はそうではないことを表す。まやかしの。にせの。似ているが違う。「えせもの（似非者）」「えせもの（似非物）」など。「似非」のほかに「似而非」とも書くが、ともに「似て非なり」の意から。＊鉄幹子〔1901〕〈与謝野鉄幹〉落花吹面「似非《えせ》と野暮《こけ》とは我らが禁句」

絵空事《えそらごと》
現実にはありもしないようなこと。大げさな話や奇麗事などにいう。絵には誇張、美化などの作意が加わるものであり、描かれた絵とその対象となった実物とは違っているところから。

得《え》**たり賢**《かしこ》**し**
自分の思う通りにことが運んだようなときに、満足して発することば。うまくいった。しめた。＊天草本伊曾保物語〔1593〕パストルと狼の事「ヲウカミ yetaricaxicoxito（エタリカシコシト）ソコヲ　ニゲサッタ」

得《え》**たりやおう**
相手をうまく仕止めたときや、自分に好都合なときなどに勇んで発することば。えたりおう。＊謡曲・鵺〔1435頃〕「心中に祈念してよっ引きひょうど放つ矢に、手応へしてはたと当たる。得たりやおうと矢叫びして」

衣紋《えもん》**を繕**《つくろ》**う**
えりをかき合わせるなどして着くずれを直す。きちんとした着付けで着物を身につける。衣紋は、装束をき

後世

ちんと着ることやその方法、または、着物の胸の前で合わせる部分、襟もとのこと。江戸新吉原の日本堤から大門に至る間にあった坂を衣紋坂と呼んだのは、この坂で、遊客がみな衣紋を繕ったところからの呼称。＊風姿花伝〔1400～02頃〕二「出物ならでは〔＝扮装した舞台上の姿以外に〕、神といふ事はあるまじければ、衣裳を飾りて、ゑもんをつくろひてすべし」

えり足《あし》

首筋の左右の髪の生え際が下へ延びているところ。首のうしろの髪の生え際が円くなっているのは「坊主えり」といっていやがり、左右に長く足のように生え際の延びて見えるのをよいとした。そのため、中央の髪をそり、白粉を塗って足を目立たせることが多かった。

襟《えり》につく

利益を目当てに金持ちや権力のある者などにこびへつらうこと。金持ちは重ね着して襟が厚かったところから。「えりあしに付く」「えりもとに付く」「えりを見る」などともいう。＊滑稽本・東海道中膝栗毛〔1802～09〕八・下「隠居さんは、ちょちんで餅をつく。おやまはお客のゑりにつく。げい子にゃ又してもあしがつく」

襟《えり》を正《ただ》す

姿勢や服装をきちんと直す。また、気持を引き締めて物事に当たるという態度を示す。姿勢を正す。＊虞美人草〔1907〕〈夏目漱石〉一九「悲劇は喜劇より偉大である。〈略〉巫山戯《ふざけ》たるものが急に襟《えり》を正《ただ》すから偉大なのである」

鴛鴦《えんおう》の契《ちぎ》り

むつまじい夫婦の関係。鴛・鴦はそれぞれオシドリの雄・雌をさす。オシドリは決してつがいが離れないといわれるところからきたことば。ただし、実際のオシドリは毎年新たに相手を選ぶという。

えんがちょ

汚れたもの、淫猥なもの、忌避すべきものなどをいう俗語。＊青べか物語〔1960〕〈山本周五郎〉繁あね「げんがとは東京付近でいうえんが、またはえんがちょ、つまりけがれたというほどの意味であるが」

えんこする

すわる意の幼児語。幼児などがしりをつき足を投げ出してすわること。また、乗り物などが故障し、止まって動かなくなることを表す俗語。＊雑俳・柳多留・三四〔1806〕「ゑんこして居なよと娘雛をたて」＊麦と兵隊〔1938〕〈火野葦平〉五月六日「車はエンコするわ、敗残兵でも出て来たといふ日には恰好がつかん」

宛然《えんぜん》

そっくりそのままであるさま。よく似ているさま。よく当てはまるさま。和語の「さながら」にあたり、「宛然」と書いてそう読む場合もある。＊金色夜叉〔1897～98〕〈尾崎紅葉〉後・

四「宛然俎板に上れる魚の如く、空しく他の為すに委するのみなる仕合を」

婉然《えんぜん》

しとやかで美しいさま。しなやかなさま。＊忘却の河〔1963〕〈福永武彦〉三「その微笑は魅惑的で、ああいうふうなのを婉然とでも形容するのかと」

嫣然《えんぜん》

にっこりと笑うさま。多く、美しい女性についていう。＊花柳春話〔1878～79〕〈織田純一郎訳〉二「女の年未だ二八に盈《み》たざれども、顔色嫣然として玉を欺き」

縁《えん》は異《い》なもの味《あじ》なもの

男女の縁はどこでどう結びつくのか、常識を越えた、不思議でおもしろいものだ、の意。これをもじった「縁は汚いもの」ということばもあり、男女・夫婦の結びつきは、互いの利欲・肉欲などをともなっていることをいう。「縁は雪隠《せっちん》の踏み板よりむさい」とも。

艶福家《えんぷくか》

「艶福」とは多くの異性から愛されること。よって「艶福家」とは多くの異性から愛される人、の意だが、ほとんどの場合男性について、女から愛され、かわいがられる男の意で用いる。女にもてる人。

閻魔《えんま》さまに舌《した》を抜《ぬ》かれるぞ

「閻魔」は仏教で、死者の霊魂を支配し、生前の行いを審判して、それにより賞罰を与えるという地獄の王。生前嘘をついていると、死んでから閻魔王の裁きを受けて舌を抜かれることになるぞ、と子供などを戒めたことば。

縁《えん》を結《むす》ぶ

仏教語としては「結縁《けちえん》」すなわち仏道と縁をつなぐこと。一般的には、夫婦、養子などの縁組をすること。「縁を組む」ともいう。この意味の対義語が「縁を切る」であり、これは親子・夫婦などの関係に限らず、一般的にある事柄との関係をなくすることにもいう。

【お】

おあいそ

「あいそう（愛想）」の丁寧語で、実のあるもてなしをすること。そのようなもてなし。また、飲食店などで勘定をすることや、その勘定書の意にも使う。これは「あいそづかし」の略で、勘定書を見るとあいそが尽きるの意からという。「おあいそを言う」といえば、人の喜ぶようなことを言うこと。また、そのことば。

お生憎様《あいにくさま》

「あいにく」を丁寧にいう語。相手の期待に応じられない時、断わりに言う語。または、皮肉に言う語。おきのどくさま。＊吾輩は猫である〔1905～06〕〈夏目漱石〉二「今日はトチメンボーは御生憎様でメンチボーなら御二人前すぐに出来ます」

お足許《あしもと》の悪《わる》いところ
雨が降るなどして歩きにくいなかをやってきた苦労をねぎらうために客にかけることば。あとに「ようこそお越しくださいました」などと続ける。「お足許の悪い中」ともいう。

お医者様《いしゃさま》でも草津《くさつ》の湯《ゆ》でも
恋の病というものは、名医にかかろうと、万病に効くという草津温泉の湯につかろうと、治りはしないということ。「草津の湯」を「有馬の湯」とすることもある。草津温泉は、日本武尊や行基が開いたとの伝えがあるほど歴史も古く、江戸中期以降には性病治癒や子宝を授かることに効能があるとされたことなどから、代表的な湯治場と考えられたものであろう。「お医者さまでも神さまでも惚れた病は治らせぬ」とも。

おいそれと
必要に応じて、簡単に事をするさまを表す語。簡単に。すぐに。右から左に。「おい」と呼びかけられて「それ」と応じるさまから。下に打消の語を伴うことが多い。＊多情多恨〔1896〕〈尾崎紅葉〉前・八・二「これは至極好い立案《おもひつき》だ。然し先方《さき》でも然やうでございますかと応《おい》それとは受けまいぜ」

おいちょかぶ
カブ賭博のこと。カルタ賭博の一種。札二枚、または三枚の合計した末尾の数を争うもの。九になる場合を最高の勝ちとし、以下八、七、六と順位が続き、一〇は零と見なされるが、他にいくつかの役上りがある。ポルトガル人のもたらした天正ガルタで、九の数を「カブ」、八の数を「オイチョ」と呼んだところからこの名がある。

追風《おいて》
舟や人などが進もうとする方向へ吹く風。進んでいるものの背後から吹く風。順風。おいかぜ。「て」は「はやて」などにも見える、風の意のことば。「追風に帆《ほ》を揚《あ》げる」といえば、機会に恵まれて自分の力を存分に発揮することや、物事が快調に進行することのたとえ。

置《お》いてきぼり
後に残るものを見捨てて、立ち去ること。置き去りにすること。置き去りにされることを「置いてきぼりを食う」という。「置いてけぼり」の変化した語で、江戸本所にあった池の名に由来するという。この池で釣をすると、水中から「置いてけ、置いてけ」と呼ぶ声がし、魚を全部返すまでこの声がやまないという。

おいとまする
退出すること。帰って行くこと。「それでは、おいとまします」のように辞去の際のあいさつに使う。「おいとま」は人が離れ去ることを意味する「いとま」の尊敬・丁寧語。

お色直《いろなお》し
結婚式が終わって宴に移る時や、宴の途中に、式服から他の色模様のあるものに着替えることをいう。もともと「色直し」とは、白色の衣服から色のある衣服に着替えることで、結婚の式後新婦が白い衣服から色物に着替え、あわせて室内の調度・装飾なども白色から常の色に改めることや、出産後百一日目に産婦と赤子とがそれまで着ていた白小袖をぬいで色物に着替えること、吉原で八朔の紋日《もんび》に白無垢《むく》を着ることなどさまざまな場合にいった。

負《お》うた子《こ》に浅瀬《あさせ》を教《おそ》わる

時には自分よりも未熟な者に教えられることもあるものだということ。負うた子に教えられる。

横着《おうちゃく》

ずうずうしいこと、ずるいことや、そのさま。また、怠けてすべきことをしないさま、骨惜しみをするさま。ずうずうしいことを押し通すのは「横着を極《き》める」。＊吾輩は猫である〔1905～06〕〈夏目漱石〉五「一匹もとった事はありません。本当に横着な図々図々敷い猫ですよ」

逢魔《おうま》が時《どき》

暮方の薄暗い時刻を、不吉なことが起こりやすい時刻として表現したことば。もと「大禍《おおまが》時」で、大きな禍《わざわい》の起こる時刻の意。そこから、「逢魔が時」と書かれるようになった。＊みだれ髪〔1901〕〈与謝野晶子〉臙脂紫「売りし琴にむつびの曲をのせしひびき逢魔がどきの黒百合折れぬ」

大《おお》つごもり

一年の最終の日。一二月のみそか。「つごもり」は「月ごもり」の転じたもので、「月立《つい》ち」の対。おおみそか。大歳《おおとし》。冬の季語。ちなみに樋口一葉に明治二七年（一八九四）発表の同名の短編小説があり、貧しさゆえに主人の金を盗む女性を描いている。

大盤《おおばん》ぶるまい

気前よく御馳走や祝儀などをすること。盛大なもてなし。もとは「椀飯《わんばん》」がなまった「椀飯《おうばん》」であったが、そこから転じて「大盤」の字をあてるようになったもの。

大風呂敷《おおぶろしき》を広《ひろ》げる

現実の状況に釣り合わないような誇大なことをいったり計画したりすること。＊当世書生気質〔1885～86〕〈坪内逍遙〉序「予ちかごろ『小説神髄』と言へる書《ふみ》を著して大風呂敷をひろげぬ」

大見得《おおみえ》を切《き》る

歌舞伎で、役者が感情または動作の高揚される頂点に達したとき、一瞬動きを停止して、あるポーズをつくる演技をすることを「見得を切る」といい、その特に際だったもののこと。転じて、意識して大げさな表情や言動をして、自信のほどを示し、相手を圧倒すること。

大向《おおむ》こう

劇場で、舞台から見て正面に当たる観客席後方の料金の安い立ち見の場所。一幕見の観覧席。向こう桟敷の後方にあるところからいう。また、演壇などから見た正面。その席の観客のことにもいう。この中には芝居好きの目の肥えた観客が多かったところから、転じて芝居通《つう》の人。また、一般大衆の見物人。文学などの読者や批評家などについても、比喩的にいう。「大向こうをうならせる」といえば、劇場の「大向こう」にいる観客に感嘆の声を出させること。芝居通や大衆の賞賛を博すること。

おおわらわ

事に臨んでいっしょうけんめいに活動するさま。夢中になって事をすること。もともと、髪の結びが解けて乱れ垂れることを、児童の髪型「わらわがみ」になぞらえていったことば。＊月は東に〔1970～71〕〈安岡章太郎〉二「検査のすんだ荷物を大《おお》童《わらわ》でスーツケースに詰めこんで」

お蚕《かいこ》ぐるみ

絹物の衣服ばかりを身にまとっていること。何不自由なく育てられること、または、ぜいたくな生活をいう。この場合、お蚕は絹の異称。＊塩原多助一代記〔1885〕〈三遊亭円朝〉四「江戸育の娘といふ者は、幼《ちい》さい中から絹布《おかいこ》ぐるみ」

おかず

飯の菜《さい》。副食物。お菜。もと、女房詞。数々とり合わせる意から。＊滑稽本・東海道中膝栗毛〔1802～09〕八・中「おかずとも拾文のなら茶屋へはいり」

おかちん

餅をいう女房詞。かちん。転じて、仲のよい若夫婦や友達同士を、くっついて離れない餅にたとえていう。＊滑稽本・浮世風呂〔1809～13〕三・下「おかちんをあべ川にいたして、去る所でいただきましたから」

お門違《かどちが》い

物事のまちがった方向を目ざすこと。見当ちがい。まちがった家に行く意から。＊黴〔1911〕〈徳田秋声〉三〇「笹村は此処へ来る度に、お門違の世界へでも踏込むやうな気がしてゐた」

岡《おか》ぼれ

親しい交際もない相手や他人の愛人を、わきからひそかに恋い慕うこと。また、その相手。「おか」は傍、局外の意。「岡ぼれも三年」といえば、岡惚れも、思い続ければやがて報われるということ。「石の上にも三年」にかけていう。＊暗夜行路〔1921～37〕〈志賀直哉〉一・二「こちらは私の昔の岡惚れにそりゃよく似ていらっしゃるわ」

お釜《かま》を起《お》こす

身代を起こすこと。財産を作ること。かまどを築く意から。＊当世商人気質〔1886〕〈饗庭篁村〉五・一「秀吉も木下藤吉郎といひし頃にはマサカに太閤殿下と称せらるるまでにお釜を起さうとは思ひもよらざりしならん」

おかめ

お多福の仮面。丸顔で鼻が低く、おでこで、ほおの高い女の仮面。お多福。また、それに似た顔の女。醜女をあざけっていう場合が多い。「おかめ蕎麦」は、そばの上に種物をおかめの面のように並べるところからいう。

岡目八目《おかめはちもく》
局外から観察する者のほうが、当事者よりかえって物事の真相や利害得失がはっきりわかることのたとえ。局外から他人の囲碁を見ると、打っている人よりも八目分ほど形勢がよくわかる意から。

岡《おか》焼《や》き
はたで嫉妬すること。他人の仲がよいのを、関係のない者がねたむこと。「おかやきもち」の略。＊腕くらべ〔1916～17〕〈永井荷風〉九「岡焼したって始まらないわね」

お冠《かんむり》
きげんが悪いこと。怒っているさま。「冠を曲げる」からきたとも言う。＊今年竹〔1919～27〕〈里見弴〉夏霜枯・四「なんだか今夜はひどくお冠だね」

おきゃん
若い女が活発すぎて軽はずみなこと。また、そのような娘。おてんば。「きゃん」は「侠」の唐音。もとなった「きゃん」は近世中期以降の洒落本、滑稽本などに例が見られる江戸の俗語で、男女ともに用いられた。＊坊っちゃん〔1906〕〈夏目漱石〉七「マドンナも余っ程気の知れないおきゃんだ」

お口《くち》直《なお》し
「口直し」は、まずいものやにがい薬などを飲食した後、その味を消すために別の物を飲食して、前の味を消すこと。また、そのための飲食物。単にデザートのことをいう場合もある。比喩的に、いやな目にあった時などに、何か他のことをして気分を変えることの意にも用いる。「お口直し」はそういったものを勧めるときのへりくだった言い方で、「お口直しにどうぞ」などと使う。

お口《くち》汚《よご》し
飲食物が粗末であったり少量で満足を与えなかったりすること。他人に食物をすすめる時などに、へりくだったいい方として用いる。＊若い人〔1933～37〕〈石坂洋次郎〉上・一六「ほんの御口汚ごしでございます」

奥《おく》手《て》
植物などの生長、成熟が遅い種類。「晩生」とも書く。成熟が早いものは「早生《わせ》」、中くらいのものは「中手」という。特に稲の場合は晩稲《おくて》・早稲《わせ》・中稲《なかて》と書き、晩稲は秋の季語である。また、転じて、人の成長がおそいこと。また、その人。＊烈婦！ます女自叙伝〔1971〕〈井上ひさし〉三「いかに晩生《おくて》のわたしにも、すべてが理解できた」

おくびにもださない
心に深く隠していて、口に出しては言わず、それらしい様子も見せないことのたとえ。「おくび」は、胃のなかにたまったガスが口から外へ出ること、すなわち、げっぷ。そぶりにも見せない。おくびにも見せない。＊爛〔1913〕〈徳田秋声〉七「母親だなんてことは、曖にも出しやしなかったの」

奥床《おくゆか》しい
深い心づかいが見えて、なんとなく慕わしい。深い思慮があるように見える。上品で深みがあり、心ひかれる。語源的には「奥ゆかし」で、「ゆかし」は「行かし」、すなわち、心がひかれる意。その奥にあるものに心がひかれ、その先が見たい、という気持から現代のような意味になった。＊破戒〔1906〕〈島崎藤村〉七・二「何となく人格《ひとがら》の奥床しい女は、先輩の細君であった」

お蔵入《くらい》り
上演予定の歌舞伎狂言、または映画などが上演取り止めになること。品物が使われずに蔵にしまいこまれたままになる、の意から。転じて、計画が実行に移されなくなること。＊壺中庵異聞〔1974〕〈富岡多恵子〉七「或る出版元に渡してあったのが、ずっとオクラ入りしていた」

おけらになる
所持金が全然なくなること。また、その人。もと、博徒・すり仲間の隠語。お手上げの状態を昆虫のオケラが両手を上げ広げた格好になぞらえたものとする説や、博打に負けて身ぐるみはがされた状態を裸虫といい、それを螻蛄になぞらえたとする説など、語源に関しては諸説ある。＊漫才読本〔1936〕〈横山エンタツ〉自序伝「失敗して、オケラ（文なしのことです）になって帰って来いよう―」

おこがましい
さしでがましい。なまいきである。思い上がっている。しゃくにさわる。自分自身についても他人についても使うことができる。もと、おろかであることを意味する「おこ」からきて、「ばかげている」の意を表すことばであったが、江戸時代以降現代のような意味に転じたらしい。

お先棒《さきぼう》を担《かつ》ぐ
軽々しく人の手先となって行動すること。駕籠などを二人で担ぐとき、先の方の棒を担ぐ者のことを先棒ということから。＊記念碑〔1955〕〈堀田善衛〉「名の通った舞踊家まで米鬼宣伝のお先棒をかついでいる」

おさつ
「さつまいも」をいう女性語。＊滑稽本・浮世風呂〔1809～13〕二・上「お杉さん、何をお持だね、お薩《さつ》か、ヲヲ、能物《いいもの》をお持だぞ」

おざなり
いいかげんに物事をすること。その場のがれで誠意のないさま。まにあわせ。語形も意味もよく似たことばに「なおざり」があるので注意が必要。↓なおざり。＊雑俳・柳多留・五八〔1811〕「お座なりに芸子調子を合はせてる」

おさんどん
台所で働く下女の通称。また、その仕事。炊事。おさん。＊滑稽本・浮世風呂〔1809～13〕三・上「去年まで居たお三どんは、〈略〉久しく辛抱もしたらうが」＊或る女〔1919〕〈有島武郎〉前・一二「おさんどんといふ仕事が女にあるといふ事を」

お仕着《しき》せ
型どおりに物事が行われること。そうするように習慣化していること。また、その物。おきまり。もと、時候に応じて主人から奉公人、客から遊女などへ衣服を与えることや、その衣服のこと。季節ごとに与える意から「四季施」とも当てた。「押し着せ」と書くのは誤り。

お下地《したじ》
「しょうゆ」の丁寧語。「したじ」は、もと煮物や吸物に使うためにだしにしょうゆで味をつけたもの。

お湿《しめ》り
降雨のこと。雨を待ち望んでいる時や、望んでいて適度の降雨があった時にいう。「これでは、お湿り程度だ」のように、期待したほど雨が降らない場合にも用いる。

おじゃが
「じゃがいも」をいう女性語。

お釈迦様《しゃかさま》でも気《き》がつくまい
誰も気がつかないだろうということを強調したたとえ。「お釈迦様でもご存知あるまい」とも。釈迦など悟りを開いた人物はあらゆるものを見通す神通力をもつとされる。＊歌舞伎・与話情浮名横櫛（切られ与三）〔1853〕四幕「死んだと思ったお富とは、お釈迦さまでも気がつくめえ」

お釈迦《しゃか》になる
ものが役に立たなくなること。阿彌陀の像を鋳るはずのものが、釈迦の像を鋳てしまったという話から、鋳物、製鉄関係者の間で用いられ始めたことばという説がある。「お釈迦にする」とも言う。

おしゃま
子供が人前をはばからないで、ませたふるまいをすること。また、そのような子や、そのさま。多く女の子について、可愛がる気持を含んで用いられる。＊爛〔1913〕〈徳田秋声〉五三「最近の一夏で滅切《めっきり》おしゃまさんになった静子の様子も、変って来た自分の身のうへの心地を、お今の目に際立たせて見せた」

おしゃれ
みなりや化粧などを、洗練された、気のきいたものにしようと心を配ること。また、その人や、そのさま。「おしゃれをする」「おしゃれな人」など。華やかに装うことを意味する「洒落《しゃれ》」から来ている。物、場所などが洗練されて気がきいているさまにもいう。「おしゃれなかばん」など。類語の「おめかし」は、外出や人と会う際に着飾ることをいい、「おめかしする」とはいえても「おめかしな人」などとはいえない。

おじゃん
物事が不成功に終わること。駄目《だめ》になること。「じゃん」は駄目になる意の「じゃみ」の変化とする説や、火事が鎮火した時鳴らす半鐘のジャンジャンという音に由来し、終了の意を表すなどの説がある。＊落語・火焔太鼓〔1907〕〈初代三遊亭遊三〉「ドンと占《し》めた太鼓の儲《まう》けが半鐘でおヂャンになったといふ、御笑ひのお話でございます」

お相伴《しょうばん》

正客の相手となって、いっしょに接待を受けること。「お相伴にあずかる」などという。また比喩的に、他とのつりあい、物事の行きがかりなどのためにいっしょにつき合うこと。＊二人女房〔1891～92〕〈尾崎紅葉〉中・六「気に障って一同《みんな》に八当りのお相伴をさせるのかも知れぬ」

おしろい

顔や肌に塗って色白に美しく見せる化粧料。粉白粉、水白粉、練り白粉、紙白粉などの種類がある。古くはシロキモノといい、それが中世になって、シロイモノとイ音便化し、女性語としてオを付けてオシロイモノとし、モノを略してオシロイとなったか。オシロイバナの略称として用いられることもあり、その場合は秋の季語。＊発心集〔1216頃か〕四・玄賓係念亜相室事「粉《をしろい》を施し、たき物をうつせど、誰かは偽れるかざりとしらざる」

お裾分《すそわ》け

人からもらった品物や利益の一部分を他人に分けてやること。また、その物。＊婦系図〔1907〕〈泉鏡花〉後・三二「其の、遍く御施しに成らうと云ふ如露の水を一雫、一滴で可《よ》うございます、私の方へお配分《すそわけ》なすってくださるわけには参りませんか」

お草草《そうそう》

あわただしく粗略なこと。「お草草でした」「お草草さまでした」などとあいさつことばとして使うことが多い。＊今年竹〔1919～27〕〈里見弴〉たちぎき・八「さやうなら、どうもお匆々様でございました」

遅《おそ》かりし由良助《ゆらのすけ》

待ち兼ねたという場合、または、時機を逃して用をなさない場合などにしゃれていう。歌舞伎の「仮名手本忠臣蔵」で、待ちかねていた判官が、腹に刀を突き立てた直後にやっと到着した大星由良之助に言ったことばから。

お粗末《そまつ》さまでした

相手に提供した労力や物を謙遜していうあいさつのことば。「お粗末」は、上等でないことを冷やかしたり謙遜、自嘲の気持をこめていう語。＊大道無門〔1926〕〈里見弴〉隠家・二「『お粗末様でございました』『どうも、御苦労様』」

恐《おそ》れ入谷《いりや》の鬼子母神《きしもじん》

「おそれいる（恐入）」の「入る」を、地名の「入谷」にかけ、同地にある鬼子母神とつづけたしゃれ。入谷は現在の東京都台東区北部にある。鬼子母神は仏教の女神で、千人の子供を持ちいつも他人の子供を殺して食べていたが、釈迦の教化を受けて産生と保育の神となったもの。今なお同地の真源寺に祀られている。

お平《たい》らに
人に楽にすわるようにすすめるときにいうことば。「お平ら」は、足をくずして、楽にすわること。＊珍太郎日記〔1921〕〈佐々木邦〉三「皆遠慮がなくて、お平らにと言はれるまでもなく直ぐに胡座《あぐら》をかいて了ふ」

おたふく
丸顔で、ひたいが高く、ほおがふくれ、鼻の低い女の顔の面。また、そのような醜い顔の女。多くは女をあざけっていう。「お多福」「阿多福」とも書く。おかめ。

おためごかし
表面は相手のためにするように見せかけて、その実は自分の利益をはかること。「おためごかしの親切」などと使う。御為尽《おためずく》。「おためごかしを言う」

小《お》田《だ》原《わら》評定《ひょうじょう》
いつになってもきまらない会議、相談。天正一八年（一五九〇）豊臣秀吉が小田原城の北条氏を攻めた際、城中で和戦の意見が対立し、いたずらに日時を送ったところから。小田原談合、小田原咄などともいう。

おだを上《あ》げる
何人か集まって得意になって勝手なことを言う。むだ話に気炎をあげる。語源はよくわからない。＊負け犬〔1953〕〈井上友一郎〉「変な屋台や飲み屋を覗いて、ろくでもない顔馴染とおだをあげるのも止さうと思った」

おたんちん
人をあざける語。のろま。まぬけ。特に、寛政・享和（一七八九～一八〇四）頃、江戸新吉原では、好いている客をさす「ねこ」に対し、いやな客をさしていった。＊吾輩は猫である〔1905～06〕〈夏目漱石〉五「夫だから貴様はオタンチン、パレオロガスだと云ふんだ」

おちゃっぴい
女の子がおしゃべりで出しゃばりなさま。年齢に似合わないでませているさま。また、そういう少女。はねっかえり。客が付かなくてお茶ばかり挽いている暇な女郎をいう「おちゃひき（御茶挽）」が変化した語であろう。＊随筆・守貞漫稿〔1837～53〕一九「発才と云こと今も京坂婦女の優ならざるを『はっさひ』と云江戸にて『おちゃっぴい』と云」

お茶《ちゃ》の子《こ》さいさい
物事が容易にすらすらとできるという意にいう。「お茶の子」は茶菓子のことで、腹にたまらず気軽に食べられるところから、容易にできることのたとえ。「さいさい」は俗謡のはやしことば「のんこさいさい」をもじったもの。＊浮雲〔1887～89〕〈二葉亭四迷〉二・一二「況んや叔母の意見に負《そむ》く位の事は朝飯前の仕事、お茶の子さいさいとも思はない」

お茶目《ちゃめ》
無邪気な面白いいたずらをすること。子どもっぽくふざけて、人を笑わせるさま。また、その人や特にそうした性質の子ども。茶目。そのような性質を「茶目っ気《け》」という。「茶」はこの場合ちゃかすこと、おどけること。「目」は当て字で、「めかす」の略とする説などがある。＊人間失格〔1948〕〈太宰治〉第一の手記「自分の本性は、そんなお茶目さんなどとは、凡そ対《たい》蹠《せき》的なものでした」

お茶《ちゃ》を挽《ひ》く

芸妓や娼妓などがお客がなくて暇なことにいう。客のない遊女に茶を挽かせたところからという。＊滑稽本・風来六部集〔1780〕序「時に遇ざれば孔子もお茶を引きたまひ」

お中食《ちゅうじき》

朝食と夕食との間にとる食事。古代の日本では現在とは異なり朝食と夕食の二食であり、昼の食事は間食として意識された。後には次第に三食が一般化したことにより、朝食、夕食に対して昼にとる食事ということで、同音の「昼食」とも表記されるようになったか。また、茶会に出す食事のこともいう。

乙《おつ》

普通と違って、一種のしゃれた情趣があるさま。もともと、十干のうち甲に次ぐ二番目のこと。それが音楽用語としては音声や楽器の音で甲《かん》に対して一段と低く下がるものをいうところから、上記の意味に転じたともいう。＊ロッパ食談〔1955〕〈古川緑波〉下司味礼讃「これがオツだと仰有って、天ぷらを載っけたお茶漬け、天茶といふ奴を食べる」

お遣《つか》い物《もの》

「進物」の丁寧な言い方。「進物」は、祝事や季節の挨拶《あいさつ》など、社交上の慣例として贈る物品。＊不思議な鏡〔1912〕〈森鷗外〉二「お遣物がなかなかあるのよ。御婚礼が三つ」

おっかない

強力なもの、害を加えそうなもの、また、危険なことや望ましくない結果が起こりそうなことなどに対して、こわいと感じる。うかつに手を出せないと感じる。また、数量がすこぶる多かったり、見かけや表現などが大げさであるさま。語源は不明だが、古くは東国方言であった。＊坑夫〔1908〕〈夏目漱石〉「思ったよりも急に暗くなる。何だか足元がおっかなくなり出したには降参した」

お次《つぎ》の方《かた》

続く人を敬い丁寧にいうことば。「お次の方どうぞ」などと使う。

億劫《おっくう》がる

わずらわしくて気が進まないと思う。めんどうくさいと思う。また、そのような態度をとる。めんどくさがる。「億劫」はもともと「おくこう」で、きわめて長い時間である「劫」の億倍の時間をいった。「劫」は一般に、天人が方四十里の大石を薄衣で百年に一度払い、石を摩滅しても終わらない長い時間といい、また、方四十里の城に芥子《けし》を満たして、百年に一度、一粒ずつとり去り芥子はなくなっても終らない長い時間という。

おっつかっつ
差異が少なくほとんど程度が同じであるさま。優劣がないさま。「お(追)っつすが(縋)っつ(＝追いつ縋りつ)」、または「おつかつ(乙甲)」の変化したものという。＊吾輩は猫である〔1905～06〕〈夏目漱石〉一〇「見ると年頃は十七八、雪江さんと追っつ返っつの書生である」

おっと合点《がってん》承知《しょうち》の助《すけ》
承知した、引き受けたとの気持を即座に答える時に発することば。承知していることを人名になぞらえていう。

押《お》っ取《と》り刀《がたな》
危急の場合、刀を腰にさすひまもなく、手に持ったままでいること。また、その刀。特に、急いで駆けつけることの形容に用いる。「押っ取り鍬」「押っ取り袴」などのことばもあった。

おつむ
頭のこと。主に幼児語として用いられる。頭をいう女性語「おつむり」の略で、「つむり」は頭のこと。＊童謡・靴が鳴る〔1919〕〈清水かつら〉「花をつんでは、お頭《つむ》にさせば、みんな可愛い、うさぎになって」

おつむてんてん
幼児が両手で自分の頭を軽くうつ戯れ。頭てんてん。

おてしょ
浅い小さい皿。もと女性語。手塩皿。「てしょ」は「てしお(手塩)」の変化した語。「手塩」は、古く、好みに応じて適当に用いるようにめいめいの食膳にそえた少量の塩。あるいは食膳の不浄を払うものとして備えられた少量の塩。

お手数《てすう》ですが
てまひまかけることになる人をねぎらうことば。「お手数ですがもう一度おいでください」などと使う。

お手許《てもと》
「てもと(手許)」をいう尊敬・丁寧語。「お手許の冊子をご覧ください」などと使う。また特に、料理屋などで箸《はし》をいうことば。食膳のうちで最も手許に近いところにあるところからいう。

お手《て》やわらかに
試合などを始める時にいうあいさつのことば。加減して、やさしく取りあつかってくださいの意。＊正雪の二代目〔1927〕〈岡本綺堂〉一・二「『貴公はこのごろ大分上達したさうだから、遠慮なしに思ひ切って撃ち込むぞ』『お手柔かにねがひます』」

おでん
「でん」は田楽《でんがく》の略。豆腐の串焼きが、田楽《でんがく》で高足〔＝十字架のような形の棒の横木に両足をのせて飛びはねるもの〕に乗っておどるさまに似ているところからという。田楽豆腐のこと。特に、焼いた豆腐に木の芽味噌《みそ》をぬって食べる木の芽田楽をいうこともある。また、蒟蒻、豆腐、芋、はんぺん、がんもどきなどを煮込みにしたものもいう。関東煮《かんとうだき》。こちらは冬の季語。

お天道《てんとう》さまに申《もう》し訳《わけ》ない
不道徳なことをしていることを恥じ入る気持を表すことば。「お天道さま」は、敬い親しむ気持をこめて太陽を呼ぶ語。

おてんば
つつしみやはじらいに乏しく、活発に動きまわること。また、そのさま。特に、そういう女性をいう。「お転婆」と書くのは当て字。小説家の佐々木邦《くに》に『おてんば娘日記』（一九〇九年）がある。＊高野聖〔1900〕〈泉鏡花〉一六「まあ、女がこんなお転婆をいたしまして、川へ落こちたら何うしませう」

お通《とお》し
酒のさかなとして初めに出す簡単な食べ物。おとおしもの。つきだし。注文されないのに出され、料金を取られるのがふつう。＊白鳥の歌〔1954〕〈井伏鱒二〉「阿佐ケ谷の飲屋で、お通しに出たマタタビの塩漬」

侠気《おとこぎ》
男らしい気性。義侠《ぎきょう》心に富んだ気性。また、そういう気性をそなえているさま。ちなみに、「女気《おんなぎ》」は女らしい気性のことで、やさしいしとやかな心持ちをいう。＊いさなとり〔1891〕〈幸田露伴〉一「貧賤《まづしき》をあはれむ侠気《をとこぎ》つよく」

男坂《おとこざか》
高い所にある神社、仏閣などに通じる二つの坂道、階段のうち、傾斜の急なほうの坂や階段。東京は芝の愛宕神社前の男坂の石段は、武芸講談『寛永三馬術』の曲垣《まがき》平九郎の話でよく知られている。↔女坂《おんなざか》。

男前《おとこまえ》
男として風采のよい様子。好男子。男ぶり。「男前より気前」といえば、男は容貌よりも気性がたいせつであるということ。＊黒潮〔1902〜05〕〈徳富蘆花〉三・一「自分自身も、当世の紳士として、加之斯《しかもこの》男前で、芸妓買はず、妾置かず」

お土砂《どしゃ》をかける
お世辞を言うなどして相手の心をやわらげる。お土砂は加持祈祷に用いる砂のことで、これをかけると死体の硬直がなおるというところから。また、「土砂をかけたよう」といえば、急に態度が柔らぎ、弱々しくなるさまのこと。

おととい来《き》やがれ
もう二度と来るな。不可能なことをいって、いやな虫を捨てたり、人をののしり追い返すときにいう。「おととい失せろ」とも。また、「おととい来《き》ましょ」といえば、二度と来るものかの意。

おどろおどろしい
耳目を驚かすようなさまにいう。ぎょうぎょうしくおおげさなさまや、音声などが人を驚かすように大きく騒々しいさま、また、異様で気味悪いさまなどを表す。

驚《おどろ》き桃《もも》の木《き》山椒《さんしょ》の木《き》
これは驚いたという気持を表すとき

に言う。「おどろき」の「き」に「木」をかけて、後に木の名前を続けて語呂《ごろ》を合わせたもの。いわゆる付け足しことば(「むだ口」ともいう)の一種。
おどろき桃の木。

同《おな》じ穴《あな》のムジナ

一見別のもののようでも実は同類であることのたとえ。多く悪人にいうことわざ。同じ穴に住んでいるキツネ、タヌキ、ムジナの意で、いずれも人をばかすものであるところから。同類の悪党。一つ穴の狐。＊いやな感じ〔1960〜63〕〈高見順〉二・五「奴らと同じ穴のムジナである政治家なども一刀両断で抹殺せねばならぬ」

鬼《おに》の霍乱《かくらん》

ふだん非常に丈夫な人が、めずらしく病気にかかることのたとえ。「霍乱」は「きかくりょうらん(揮霍撩乱)〔＝もがいて手を激しく振り回す意〕」の略で、暑気あたりによって起きる諸病の総称。現在では普通、日射病をさすが、古くは、多く、吐いたりくだしたりする症状のものをいう。

十八番《おはこ》

とっておきの、得意とする芸。転じて、その人がよくやる動作やよく口にすることば。また、その人のくせ。十八番《じゅうはちばん》。「箱書き付き〔＝立派なものとして目利きによって承認された得意芸〕」の意と、江戸中期に言われ始めた、当たり狂言を「十八番《じゅうはちばん》」と呼ぶ言い方が重なり、さらに七代目市川団十郎が市川家の得意な芸を「歌舞伎十八番《じゅうはちばん》」として公表したことに由来するか。

お運《はこ》び(を)いただく

「来てもらう」「行ってもらう」のより丁重な言い方。「おいで(を)いただく」「お越し(を)いただく」よりもいっそう敬意が重く、改まった感じになる。「お運び」は足を運ぶことを敬意をこめて言ったもの。

お鉢《はち》が回《まわ》る

順番がまわってくる。人が多いと飯《めし》櫃《びつ》がなかなか回ってこないからという。＊滑稽本・浮世床〔1813〜23〕初・下「おれが番か、ありがたい。やっとの事でお鉢が廻って来た」

お早《はよ》うお帰《かえ》り

出かける人にかけるあいさつのことば。関西地方の方言。標準語の「いってらっしゃい」にあたる。「早く帰っていらっしゃい」の意から。

お早《はよ》うございます

朝はじめて会った時の、あいさつのことば。形容詞「おはやい」の連用形「おはやく」の変化した「お早う」をより丁寧に言ったもの。

お払《はら》い箱《ばこ》

使用人を解雇したり、不用品を捨てたりすること。「お払い箱になる」「お払い箱にする」などと使う。もと、中世から近世にかけて、伊勢の御師《おし・おんし》が、毎年地方の檀那《だんな》に配ったお祓のお札や薬種、暦などを入れた箱のことで、毎年新しいお札が来て古いお札は不用となるところから「祓《はらい》」

を「払《はらい》」にかけた洒落《しゃれ》。＊雁〔1911～13〕〈森鷗外〉五「筆尖《ふでさき》で旨い事をすりゃあ、お店《たな》ものだって、お払箱にならあ」

尾羽《おは》を打《う》ち枯《か》らす
おちぶれてみすぼらしい姿になる。零落する。尾も羽もなし。鷹の尾羽の傷ついたみすぼらしいさまから。尾羽打ち枯れる。

お日柄《ひがら》
暦の上で行事・仕事などをする日としてのよしあしをいう「日柄」を丁寧に言う語。「本日はお日柄もよく」などと、行事の開始に当たってのあいさつなどに使うことが多い。

お引《ひ》き回《まわ》しのほど
改まった席でのあいさつや書簡のなかで、「お引き回しのほど、なにとぞよろしくお願い申し上げます」などと使い、目上の相手に指導や愛顧を頼むことば。「お引き回し」は指図してあれこれ働かすこと、転じて、目をかけることを、その動作主を敬っていう語。「…のほど」は表現を婉曲にするのに用いる語。

お膝《ひざ》送《おく》り
すわった姿勢でいざって順に座をつめる意の「ひざ送り」を丁寧にいう語。＊西洋道中膝栗毛〔1870～76〕〈仮名垣魯文〉六・上「少々ヅツお膝をくりで高座のそばへおつめなさい」

お膝《ひざ》を崩《くず》して
相手に、きちんとした姿勢をくずして、楽にすわるように勧めることば。

おひゃらかす
内心ではからかいの気持をもちながら、表面ではほめたてるようにすることにいう。また、おだてる。ひやかす。からかう。単に「おひゃる」とも。＊歌舞伎・御摂曾我閏正月（め組の喧嘩）〔1822〕二幕「そいつは本にか。コレお梅どん、よく人をおひゃらかすの」

尾鰭《おひれ》
さかなの尾とひれのことで、転じて、話題に付け加えられる事柄。また、よく体裁の整った、立派な外貌。「尾鰭が付く（を付ける）」といえば前者の意で、話に事実以上のさまざまのことが付け加わる（を付け加える）こと。「尾鰭が有る」といえば後者の意で、世間に対して面目を施すことができること。貫禄がつくこと。また、「尾鰭に付く」といえば、人の言動に追従すること。

お福《ふく》わけ
もらい物などを他人に分けてやること。おすそわけ。＊歌舞伎・裏表柳団画（柳沢騒動）〔1875〕五幕「何れからの御進物かお福分けに一反づつ頂戴したいものでござんす」

おぼこ
まだ世間のことをよく知らないために、すれていない男子や娘。また、女が、まだ男との肉体関係を知らないこと。男に接したことのない女。→生娘《きむすめ》。

思《おぼ》し召《め》し
「思う」の尊敬語「思し召す」の名詞化。

お考え。お気持。ご意向。「神の思し召し」などと使う。また、異性を恋い慕う気持。支払いの際に額を定めないで払う人の考えに任せることにもいう。＊東京年中行事〔1911〕〈若月紫蘭〉一月暦「値段を聞くと、番僧さんが『思召《おぼしめし》で宜しう御座います』と云ふ」＊行人〔1912～13〕〈夏目漱石〉帰ってから・一三「其女が君に覚召《おぼしめし》があると悟ったのは何ういふ機《はずみ》だと聞いたらね」

朧月夜《おぼろづきよ》

おぼろにかすんでいる月。また、おぼろ月の出ている夜。おぼろづくよ。朧夜。春の季語。平安前期の歌人・大江千里が白居易の『白氏文集』の詩句を踏まえて詠んだ歌「照りもせず曇りもはてぬ春の夜のおぼろ月夜にしくものぞなき」（新古今和歌集・春上・五五）は有名。『源氏物語』において、光源氏の政敵の娘でありながら彼と関係をもち、彼が失脚して須磨に退去する直接のきっかけを作った女性を朧月夜尚侍《おぼろづきよのないしのかみ》と呼ぶのは、この女性が始めて光源氏に出会ったとき、大江千里のこの歌の下の句を口ずさみながら現れたことによる。

おませ

年齢のわりに大人びている、の意の動詞「ませる」の名詞化。また、そのさまや、その子供。早熟。＊縮図〔1941〕〈徳田秋声〉山荘・二「自身で手際よく問題を処理したお早熟《ませ》もあった」

おまんまの食《く》い上《あ》げ

生活ができなくなること。生計の道を失うこと。「おまんま」はめし、食事をいう幼児語。「食い上げ」は、もと、扶持米を取りあげられること。また、その結果、食べること、生活していくことができなくなること。

御御足《おみあし》

ある人を敬って、その足をいう女性語。おみあ。＊浄瑠璃・伊賀越道中双六〔1783〕六「折悪ふ湯も沸ず、水でなりと御み足を」

おみ御付《おつ》け

味噌《みそ》汁をいう丁寧語。「おみ」は味噌の丁寧語「御味」とも、「御《お》」「御《み》」を重ねたともいう。「御付け」はもと女房詞で、本膳で飯に並べて付ける意から、吸い物の汁のことをいった。

御御折《おみお》り

折詰《おりづめ》の丁寧語。料理屋などでいう。「折り」は薄い板で作った容器をさす。

御神酒徳利《おみきどっくり》

お神酒を入れて神前に供えるのに用いる一対の徳利。白紙を折りたたんでそれぞれの口にさす。転じて、同じ姿をした一対の人や物のたとえ。また、いつも一緒にいる仲のよい二人、夫婦または愛人などが連れだっているさまにもいう。おみきどくり。

おみそれしました

評価を誤って軽く見ていました、と相手にわびる気持を表していう語。「おみそれ」は漢字を当てるなら「御見逸れ」で、見そこなうことや見忘れることを謙遜して言う挨拶語。

お土産《みや》
「お土産《みやげ》」の女性・幼児語。＊虎寛本狂言・素襖落〔室町末～近世初〕「扨《さて》おみやを上ませう。〈略〉おく様へはいせおしろい、稚子様がたへは愛らしう笙のふえを上ませう」

おめざ
目をさました幼児に与える菓子。「お目覚め」の略。おめざまし。＊歌舞伎・日本晴伊賀報讐〔実録伊賀越〕〔1880〕六幕「『此の餅花は坊っちゃんの』『お目ざに買って参りました』」

お召《め》しになる
呼び寄せること、乗ること、着ることなどをいう尊敬語。「大臣をお召しになる」「お車をお召しになる」「晴れ着をお召しになる」など。

お目玉《めだま》
しかられること。おこごと。御目。「お目玉を食う（もらう・頂戴する）」の形でよく使う。「大目玉」ともいい、こちらだとよりひどくしかられる感じがするらしい。＊当世書生気質〔1885～86〕〈坪内逍遙〉三「却ってお眼玉を食ふばかりサ」

お目《め》もじ
お目にかかることをいう女性語。女房詞のうち、ある語の頭の一音ないし二音に「もじ」という語を付けた、いわゆる「文字ことば」の一種。＊山吹〔1944〕〈室生犀星〉二「ひと夜お目もじしたばかりにすぎませぬ」

思《おも》い立《た》ったが吉日《きちじつ》
何事かをしようという考えが起きたら迷わず、ただちに着手するがよい。暦を見て吉日を選ぶまでもなく、思い立った日を吉日として、ことを行え。善は急げ。同じことを裏からいったものに「思い立つ日に人神《にんじん》なし」がある。「人神」は、暦の上で忌む日の一つ。

思《おも》い半《なか》ばに過《す》ぐ
考えてみて思い当たることが多い。おおよそのことは推測できる。「易経・繋辞・下」の「知者その彖辞《たんじ》を観れば、すなはち思ひ半ばに過ぎん」から。「彖辞」は『易経』のおのおのの卦《か》の表す意味を解説した総論部分のこと。

面差《おもざ》し
顔つき。顔だち。顔のようす。おもかげ。おもよう。「差し」は動詞「差す」の連用形から来た語で、名詞に付いて、その物の姿、状態、様子をいう。「まなざし」など。＊青春〔1905～06〕〈小栗風葉〉秋・一六「面容《おもざし》は稍変りたれ、石膏の如き其の死顔を打戍《うちまも》れば」

お持《も》たせ
人が持ってきた贈り物、手土産《てみやげ》を、それを持ってきた人を敬っていう語。多く、それを持ってきた客にすすめるときに用いる。「お持たせで恐縮ですが」など。「おもたせもの（御持物）」の略。お手土産。

御許《おもと》に
手紙の脇付《わきづ》けの一種で、女性が用いる。御許《おんもと》に。

面映《おもはゆ》い

あることをしたり、されたりする場合に、面と向かってそうするのがなんとなく恥ずかしいさまをいう。相手と顔を合わせるとまぶしく感じるの意から。きまりが悪い。てれくさい。＊平家物語〔13C前〕二・教訓状「あの姿に腹巻を着て向はん事、おもばゆうはづかしうや思はれけん」

小止《おや》みない
雨や雪などの降り続くさまが少しの止み間もない。また、物事が引き続いて、少しもやむ時がない。間断ない。＊堤中納言物語〔11C中～13C頃〕はいずみ「道すがらをやみなく泣かせ給へる」

折《お》り紙《がみ》付《つ》き
鑑定結果を証明する折り紙が付いていること。転じて、そのように、事物の価値や人物の力量、資格などが、保証するに足りるという定評のあること。また、武芸や技芸などで、一定の資格を得た人。悪い意味にもいうことがある。

おりから
本来「折柄」で、今は「折から」と書くことが多い。「おりから…する」「おりからの…」で、ちょうどその時…する、ちょうどその時の…、の意。「おりから降り出した雨」「折からの雨」など。また、「…のおりから」で、「…の場合であるから」「…の時節柄」の気持を表す。これは手紙の中で用いることが多い。「気候不順の折柄、…」など。

おりしも
「しも」は強調。「おりしも…する」「…しようとするおりしも」で、ちょうどその時…する、…しようとするちょうどその時、の意を表す。「折しも雨が降り始める」

折節《おりふし》
何かが行われる、また何かの状態にあるちょうどその時。また、その場合場合の意。「おりふしの花、紅葉」など、季節・時節の意のやや古めかしい語としても使う。時々、ときたまの意としても用いる。「折節の思いを日記にしたためる」「折節の挨拶」「折節桜が満開で」「折節駅で会う人」

女坂《おんなざか》
高い所にある神社、仏閣などに通じる二筋の坂道や階段のうち、傾斜のなだらかなほうの坂や階段。⇔男坂《おとこざか》。

御《おん》の字《じ》
特にすぐれたもの。また、そのような人。御の字を付けたいほどのものの意の江戸初期の遊里語から。転じて、非常に結構なこと。きわめて満足なこと。＊歌舞伎・天衣紛上野初花〔河内山〕〔1881〕五幕「割に合はうが合ふめえが、二十両なら御の字だ」

乳母日傘《おんばひがさ》
幼児を大切にして、乳母《うば》をつけ、外出にも日傘をさしかけること。転じて一般に、幼児が大切に育てられることにいう。おんばひからかさ。＊

後世

歌舞伎・三人吉三廓初買〔1860〕三幕「お乳《んば》日傘《ひがさ》でそやされた、お坊育ちのわんぱくが異名になった此吉三」

御身《おんみ》
おからだ。ご身分。「時節柄御身御大切に」などと使う。また、軽い敬意を持つ二人称の代名詞の、やや古めかしい言い方としても使う。現在の「あなた」にあたる。

【か】

甲斐甲斐《かいがい》しい
手ぎわよく、効果が上がるように見えるさま。また、労を惜しまないさま。＊当世書生気質〔1885〜86〕〈坪内逍遙〉四「お芳一人が甲斐々々しく、勝手元から看病まで、いと実意《まめやか》にたち働き」

会議《かいぎ》は踊《おど》る
会議がなかなかまとまらないさまや、実りの少ないさまをいう。一八一四〜一五年、ナポレオン戦争後の国際関係の処理のため開かれたウィーン会議において、各国代表が舞踏会に明け暮れて会議が遅々として進まなかったのを、世間が「会議は踊る、されど進まず」と評したところから。エリック・シャレル監督に同会議を題材にした同題のドイツ映画（一九三一年）がある。

諧謔《かいぎゃく》
おどけた滑稽なことば、また、おどけた滑稽なことを意味する文章語。「諧」「謔」はいずれもたわむれ、冗談の意。＊都会の憂鬱〔1923〕〈佐藤春夫〉「そんな風に、一流の苦い諧謔を弄することもあった」

懐郷《かいきょう》
故郷をなつかしく思うこと。ふるさとをしのぶこと。望郷。故郷を離れている者が、その故郷をなつかしく、思い悩む病的な精神状態すなわちホームシックを懐郷病という。＊重右衛門の最後〔1902〕〈田山花袋〉「ああ帰りたい、帰りたいと山県は懐郷の情に堪へないやうに幾度もいふ」

かいぐりかいぐりとっとのめ
幼児の遊戯である「かいぐり」で唱える文句。「かいぐり」は、「かいぐりかいぐり」と唱えながら、両手を胸の前でくるくる回し、「とっとのめ」で右手の指先で左の手のひらをつく幼児の遊戯。また、それに似た動作。「ちょうちちょうちあわわ」に続けていうこともある。

邂逅《かいこう》
思いがけなく出会うこと、めぐりあうことをいう文章語。「邂」「逅」ともばったり出会う意。＊吾輩は猫である〔1905〜06〕〈夏目漱石〉七「丸で化物《ばけもの》に邂逅した様だ」

骸骨《がいこつ》を乞《こ》う
官を退くことをこう。仕官中主君に捧げた身の残骸を乞い受ける意から。辞職を願い出る。致仕を乞う。

快哉《かいさい》を叫《さけ》ぶ
大いに痛快がること。「快哉」はここちよいことかなの意。＊吾輩は猫である〔1905～06〕〈夏目漱石〉七「此の時心中には一寸《ちょっと》快哉を呼んだが、学校教員たる主人の言動としては」

膾炙《かいしゃ》

物事が多くの人びとに言いはやされて、広く知れわたること。「人口に膾炙する」の形で用いられる。多く「膾」はなます、「炙」はあぶりもののことで、なますやあぶりものは、どんな人にも賞味されるところから。＊花柳春話〔1878～79〕〈織田純一郎訳〉三七「偶々一書を著はして姓名忽ち人口に膾炙《くわいしゃ》し」

鎧袖一触《がいしゅういっしょく》

よろいの袖で一触れすること。一回払いのけること。転じて、簡単に相手をやっつけること。たやすく負かすこと。

海恕《かいじょ》

海のように広い心で、ゆるすことの文章語。多く、手紙などで、相手にそれを願って、「御海恕」の形で用いる。海容。

甲斐性《かいしょう》

働きがあって頼もしい気性。かいがいしい性質。かいしょ。これのない人物をののしって「甲斐性無し」という。＊苦の世界〔1918～21〕〈宇野浩二〉一・五「なにもかもあなたに甲斐性がないからのことだわ」

回状《かいじょう》

順次回覧されて用件を伝える文書。回文。回報。回章。＊枯菊の影〔1907〕〈寺田寅彦〉「四五日前役所で忘年会の廻状がまはった」

快男児《かいだんじ》

気性のさっぱりした、元気で気持のいい男。快漢。好漢。快男子。サイレント時代のアメリカの活劇スター、ダグラス・フェアバンクスが「快男児」と呼ばれた。

快刀乱麻《かいとうらんま》

もつれた物事、紛糾した物事を、みごとに処理することのたとえ。「快刀乱麻を断つ」の略。もつれた麻をよく切れる刀で断ち切る意から。＊山吹〔1944〕〈室生犀星〉三「快刀乱麻の勢ひはつひに佐からやがて次の検非違使の別当になる日の近きを人びとに思はしめた」

海容《かいよう》

海が広くて何物でも受け容《い》れるように寛大な心で相手の罪やあやまちを許すこと。現代では「御海容」の形で相手の許しを願う気持で使う書簡の用語となっている。海恕。＊細雪〔1943～48〕〈谷崎潤一郎〉下・一六「斯様な型破りの手紙を差上げる失礼を幾重にもお海容下されたい」

隗《かい》**より始**《はじ》**めよ**

中国の戦国時代、郭隗《かくかい》が燕の昭王に賢者を用いる法を聞かれた時にこう答えたという「戦国策 - 燕策」にみえる故事から。「賢者を招きたいならば、まず自分のようなつまらない者をも優遇せよ、そうすればよりすぐれた人材が次々と集まってくるであろう」という意。転じて、遠大な計画も、まず手近なところから着手せよの意にいう。また、物事はまず言い出した者から、やり始めるべきだとの意でも用いられる。

偕老同穴《かいろうどうけつ》

夫婦が、最後まで連れそいとげること。夫婦の契りの堅いこと。「同穴」は、死んで穴を同じくして葬られること。また、カイメンの一種の名。胃腔内に雌雄一対のドウケツエビがすむことから、はじめエビをカイロウドウケツと呼んだが、後にカイメンの名となった。＊吾輩は猫である〔1905～06〕〈夏目漱石〉四「主人が偕老同穴を契った夫人の脳天の真中には真丸な大きな禿がある」

がえんずる

承諾する。ひきうける。うけがう。うべなう。ふつうは打消の助動詞「ず」を伴い、「がえんぜず」の形で承諾しないの意に用いられる。「肯んずる」とも書く。＊夜明け前〔1932～35〕〈島崎藤村〉第一部・下・一二・五「慶喜は〈略〉前将軍の後継者たることを肯《がえん》じなかった人である」

顔《かお》に紅葉《もみじ》を散《ち》らす

恥ずかしさや怒りなどのために顔を赤らめることをしゃれていう語。顔に火を焚く。＊御伽草子・物くさ太郎〔室町末〕「女房是を見て、あさまし、いかにせんと、涙ぐみて、かほにもみぢをひき散らして」

がき

仏教で、生前犯した罪の報いによって六道《りくどう》の一つの餓鬼道《がきどう》に落ちた亡者をいう。やせこけて腹だけふくれた姿のものが有名。転じて、飲食をむさぼったり、物惜しみしたりする人を卑しめ、ののしる語として用いる。また特に、食い意地がはっているところから、子供を卑しめていう。

蝸牛角上《かぎゅうかくじょう》の争《あらそ》い

小国同士が争うこと。つまらぬことにこだわって争うこと。「荘子‐則陽篇」の、カタツムリの左の角に位置する触氏と、右の角に位置する蛮氏とが互いに地を争い戦ったという寓話から。蝸角の争い。蛮触の争い。かたつむりの角争い。

かくて

こうこうで。これこれで。このような状態で。このようにして。かくして。副詞「かく」に助詞「て」の付いてできたもの。＊読本・椿説弓張月〔1807～11〕前・一二回「かくて為朝は、使庁《しちょう》へわたされ給ひて、謀反のやうを問るれども」

岳父《がくふ》

妻の父を敬っていう文章語。しゅうと。岳翁。＊魚玄機〔1915〕〈森鷗外〉「或る日岳父《がくふ》が壻の家に来て李を面責し」

香《かぐわ》しい

かおりが高い。においがよい。「芳《かんば》しい」よりは穏やかで、上品な香りにいう。転じて、心がひかれる。好ましく思う。「香《か》」に、すぐれている意の形容詞「くはし」が付いてできたもの。＊万葉集〔8C後〕一八・四一二〇「見まく欲り思ひしなへに〔＝会いたいと思っていたらちょうどそのとき」蘰《かづら》懸け香具波之《カグハシ》君を相見つるかも〈大伴家持〉」

雅兄《がけい》
風流の道で、尊敬している人。「雅」は風流の意。また、男性の書簡文などに多く用いられて、相手の男性を敬愛していうことば。大兄。尊兄。

陰膳《かげぜん》
旅行などで不在の人が飢えないように祈って、留守宅でその人のために供える食事。家族と同じ食事を床の間やその人のふだんの食事の時の席に出し、皆が食べ終わると下げる。＊雑俳・柳多留‐九〔1774〕「品川に居るにかげぜん三日すへ」

駆《か》け出《だ》し
物事をやり始めたばかりで慣れていないこと。初心、未熟であること。また、そういう人。もと、山伏が峰入りの修行を終えて山から出ることを、「かけいで」また「かけで」といい、そういうときの山伏は、身に霊力がみなぎっていると考えられていたが、そのことが忘れられ、山から出たばかりということに重点がおかれるようになったところからきたことば。

掛《か》け値《ね》なし
物を売るときに実際より高い値段をつけることがないこと。「掛け値無しの値段」など。転じて、物事を誇張して言わないこと。「掛け値のない話」など。＊女工哀史〔1925〕〈細井和喜蔵〉一六・五三「その根性悪さと来ては全く『鬼婆』といふ形容が掛値なしに当て嵌まるやうなのがゐる」

架《か》け橋《はし》
谷をまたいで懸け渡した橋。粗末な板や材木、蔦《つた》などで、仮に作ってあるものをいう場合が多い。また、崖《がけ》に沿った険しい道に、板などを棚のように掛け渡して道としたもの。桟道。転じて、両者の間にあって両者の関係や交渉をとりもつこと。また、その人や物。なかだち。また、目的を遂げるための段階、道筋をなすもの。＊招魂祭一景〔1921〕〈川端康成〉「夢と現との架け橋なんぞ信じはしない」

華甲《かこう》
数え年六一歳の称。「華」の字を分解すると、六つの十と一とになり、「甲」は「甲子」の略で、十干と十二支のそれぞれの最初をさすところから。還暦。ほんけがえり。

かこつ
あまり関係のないことをむりに結びつけて理由とする。他のせいにする。口実とする。かこつける。また、心が満たされないのを何かのせいにして恨み嘆く。ぐちを言う。嘆いて訴える。＊古今和歌集〔905～914〕仮名序「秋の夜のながきをかこてれば」

籠《かご》に乗《の》る人《ひと》担《かつ》ぐ人《ひと》
人間の運命や境遇、身分などがさまざまであることをいう。駕籠に乗る身分の人もあれば、その駕籠をかつぐ人もある、というところから。この後に「そのまた草鞋《わらじ》を作る人」と続けることもある。

風《かざ》上《かみ》

風の吹いて来る方向。転じて、他人の模範となるような立場。かざうえ。「(…の)風上に置けない」といえば、卑劣な人間を憎しみののしっていう語。風上に置くと臭気がひどくて困るというところから。面よごしである。鼻持ちならない。

がさつ

ことばや動作が下品で荒っぽいことやそのようなさま。粗野。また、音や雰囲気など、洗練されたところがなく、荒く雑なことやそのようなさま。＊桐の花〔1913〕〈北原白秋〉白猫「時折は粗雑《がさつ》に四肢で引っ掻きちらす悪戯《いたずら》な爪の響」

笠《かさ》に着《き》る

権勢のある者をたのんで威張る。また、自分の側の権威を利用して他人に圧力を加える。＊お目出たき人〔1911〕〈武者小路実篤〉一二「世に自己一個の経験を笠にきて総ての若者が自分の踏んだ道をその通りふむときめて」

風《かざ》花《ばな》

空が曇り、吹き出した風にまじって舞い落ちる雪片やあられ、みぞれなどをいう。また、降雪地から遠く風に乗って飛来したかと思われる雪片。かざはな。冬の季語。ちなみに、中村汀女が主宰した俳句誌名が『風花《かざはな》』であった。

河《か》岸《し》

川の岸で、特に舟から人や荷物の上げ下ろしをするところ。海や湖の岸にもいう。また、そこに立つ市《いち》。魚市場。雑喉場《ざこば》。あるいは、江戸新吉原を囲むお歯黒どぶに沿って東西の溝に面した通りにある遊女屋を「河岸見世《みせ》」と言ったが、その略。郭内でも下級の店が多かった。また、「河岸を変える」といえば、飲食したり遊んだりする場所を変えるのにいう。

かしこ

「おそれ多く存じます」の意で、手紙の結びに用いて相手に敬意を表す語。男女ともに用いたが、後世は女性が用いる。おそれ多いの意の形容詞「かしこい」の語幹から。あらあらかしこ。めでたくかしく。かしく。早々かしこ。

かしこまりました

相手を高めて、「承知した」「わかった」という意を、丁寧に表す挨拶のことば。つつしんで言いつけをお受けする意から。＊滑稽本・東海道中膝栗毛〔1802～09〕三・上「『川ごし人足を頼むぞ』『ハイかしこまりました。御同勢はおいくたり』」

火《か》事《じ》場《ば》の馬《ば》鹿《か》力《ぢから》

火災の起こっている場所で発揮される、平時では考えられないほどの強い力のこと。危急の際や差し迫った事情のあるときに、ふだんよりもずっと高い能力が発揮されることのたとえにいう。

鹿《か》島《しま》立《だ》ち

旅に出かけること。旅立ち。出立。
語源は鹿島・香取の二神が、天孫降臨に先立ち、鹿島を発《た》って国土を平定した故事によるとする説、防人《さきもり》や武士が旅立ちの前日、途中の安全を鹿島の阿須波《あすは》明神に祈った習慣によるとする説などがある。

牙城《がじょう》 城内で大将のいる所。城の本丸。一般に、強敵のたてこもったり、組織の中心となったりする根拠地。ねじろ。「牙」は「牙旗」の意で大将の旗のこと。＊厭世詩家と女性〔1892〕〈北村透谷〉「想世界の敗将をして立籠らしむる牙城となるは即ち恋愛なり」

華燭《かしょく》 はなやかな灯火。美しく彩色したろうそく。また、「華燭の典」の略称としても用いられる。「華燭の典」は、婚礼の儀式の美称。

臥薪嘗胆《がしんしょうたん》 仇を報いたり、目的を成し遂げたりするために、艱難辛苦をすること。
中国の春秋時代、越《えつ》との戦争で敗死した呉王闔廬《こうりょ》の子の夫差は、父の仇を忘れないために薪の中に臥して身を苦しめ、ついに越王の勾践《こうせん》を降伏させた。一方勾践はゆるされると、苦い胆を室にかけてそれをなめては敗戦の恨みを思い出して、ついに夫差を破ってその恨みを晴らしたという「十八史略・春秋戦国・呉」にみえる故事から。

霞《かすみ》を食《く》う 仙人などが超人間的な力を得て存在することをたとえていう。また、浮世ばなれした人の生活をたとえていう。

風《かぜ》薫《かお》る 初夏に風がさわやかに吹く。「風薫る五月」などという。夏の季語。また一般に、花や草の香りを含んで風がさわやかに吹く。多く、和歌でいう。＊俳諧・芭蕉庵小文庫〔1696〕「風かほる羽織は襟もつくろはず〈芭蕉〉」

風《かぜ》の吹《ふ》きまわし その時の模様次第で、一定しないことにいう。物事のはずみ、加減、具合。拍子。＊別れ霜〔1892〕〈樋口一葉〉五「お珍らしやお高さま、今日の御入来は如何《どう》いふ風の吹きまはしか」

風《かぜ》光《ひか》る 春の日光のうららと照る中を、微風が吹き渡る。春の季語。＊虚子俳句集〔1935〕〈高浜虚子〉明治三六年四月「装束をつけて端居や風光る」

片《かた》方《え》 あるものからはずれた場所をいう。かたわら。かたはし。そば。はた。また、中央からはずれているところとして、地方、田舎。＊良人の自白〔1904～06〕〈木下尚江〉続・一・一「傍《かたへ》の若い婦人《をんな》が肩を叩いて」

片《かた》男《お》波《なみ》 高い波、低い波のうち、高い波をいう。男波。「万葉集-六・九一九」の「和歌の浦に潮満ち来れば潟《かた》を無み葦辺をさして鶴《たづ》鳴き渡る〈山部赤人〉」の

後世

「潟《かた》を無《な》み」をもじった語。この歌が詠まれた和歌山市和歌浦《わかのうら》にある砂嘴《さし》の名にもなっている。

片陰《かたかげ》

一方が物陰になって人から見えなくなっている所。また、日光の当たらない所。日陰。また、夕方、日陰が広い範囲にできること。俳句では、炎暑の午後の日陰をさす夏の季語。かたかげり。

片恋《かたこい》

一方の側からだけ異性を恋しく思うこと。自分を思ってくれない人を恋すること。一方的な恋。片思い。反対語は「諸恋《もろごい》」。ちなみに、二葉亭四迷の翻訳小説『片恋』は、明治二九年（一八九六）刊、原作はツルゲーネフの『アーシャ』。

かたじけない

分に過ぎた恩恵や好意、親切を受けて、ありがたくうれしいという気持を表す古風な語。手紙などで用いる。

固唾《かたず》

事の成り行きを心配して、緊張する時などに口中にたまるつば。唾液腺に分布する交感神経が興奮すると粘り気の強いつばが分泌される。「かたずをのむ」の形で用い、事の成り行きを見守って緊張している様子にいう。＊浄瑠璃・心中天の網島〔1720〕下「一門一家親兄弟が、固唾を呑んで臓腑をもむとはよも知るまい」

片便り《かただより》

先方から持って来られた便りに対して、その返事を持ち帰る人がおらず、ことづけようのない手紙。片便《かたびん》宜《ぎ》。また、こちらからは便りをするが、先方からは返事がこないこと。＊山家集〔12C後〕中「やまがつの荒《あら》野をしめて住みそむるかただよりなる恋もするかな」

片肌《かたはだ》を脱《ぬ》ぐ

着物の片袖を脱いで肩の辺の肌を出す。転じて、他人の仕事に協力する。助力する。片腕を貸す。力仕事をする時にそのようにするところから。

片腹痛《かたはらいた》い

おかしくてたまらない。笑止千万である。相手を軽蔑、嘲笑する時に使う。本来は、傍《かたわ》らで見ていて心が痛む意を表したが、「かたはら」が「片腹」と意識されるようになってこの語ができた。＊腕くらべ〔1916〜17〕〈永井荷風〉二〇「何かと云ふとすぐに演舌口調で弁じ立てる、それが唯片腹いたくて成らないのである」

がたぴし

造りが悪かったり、古くなったりした木造の家具、建具などの立てる音を表す語。混雑したり、ぶつかり合ったりしてやかましく立てる音にもいう。転じて、人と人との関係、組織の管理、機械の整備などが、うまくいかないで円滑さを欠くさまを表す語としても使う。

片棒《かたぼう》を担《かつ》ぐ

ある企てや仕事に加わってその一部を受け持って協力する。あまりいい意味では使われない。荷担する。責任を分担する。駕籠《かご》の先棒か後棒かのどちらか一方をかつぐということから。↓お先棒《さきぼう》を担《かつ》ぐ。＊落語・出刃包丁〔1898〕〈四代目柳亭左楽〉「銭が儲かるのだ、片棒担ぐ気は無いかい…」

語《かた》るに落《お》ちる
問いつめられると用心してなかなか白状しないことも、自分勝手にしゃべらせると、人は案外白状してしまうものである。話やその他の表現の内に、隠している本心がつい出てしまう。「落ちる」は、ここでは白状すること。「問うに落ちず語るに落ちる」の略。

花鳥風月《かちょうふうげつ》
自然の美しい風物。また、それを鑑賞したり、材料にして詩歌などを創作したりする風雅の遊び。＊風姿花伝〔1400～02頃〕二「源平などの名のある人の事を花鳥風月に作り寄せて」

喝采《かっさい》を浴《あ》びる
多くの人から感心され、ほめそやされること。「喝采」は、もと中国で、かけ声をかけて、さいころを投げることをいったところから。喝采を取る。喝采を博する。

渇《かっ》しても盗泉《とうせん》の水《みず》を飲《の》まず
いくら苦しく困っていても、少しでも不正、不義に汚れることをきらい、身を慎むこと。悪木盗泉《あくぼくとうせん》。中国の孔子が盗泉という所を通った時、のどがかわいていたが、その地名の悪さをきらってそこの水を飲まなかったという故事から。

合従連衡《がっしょうれんこう》
中国の戦国時代に唱えられた外交政策。「合従」は、戦国七雄のうち南北に連なる六国が連合し、西方の秦に対抗するもので、「連衡」は、秦が魏など六国とそれぞれ同盟を結ぶこと。転じて、はかりごとを巧みにめぐらした外交政策をいう。地方と地方が、あるいは同業者などが連合する場合にもいう。

闊達《かったつ》
度量が大きく物事にこだわらないさま。知見にとどこおりがなく自在なさま。「自由闊達」「闊達自在」などとよく使う。＊こゝろ〔1914〕〈夏目漱石〉下・四「闊達な叔父とは余程の懸隔がありました」

買《か》って出《で》る
指図されたり頼まれたりしたわけでもないのに、自分から進んで引き受ける。＊蓼喰ふ虫〔1928～29〕〈谷崎潤一郎〉一一「『さあ来い』と云ひながら喧嘩を買って出たのである」

合点《がってん》
和歌、連歌、俳諧などを批評する際に、よしとするものに点をつけること。また、その点。転じて、相手の言い分などを承知すること。なるほどと納得すること。「合点がいく」などという（打消しを伴って用いられることが多い）。「がてん」とも。

喝破《かっぱ》

大声でしかりつけること。また、誤りを正し、真実を説き明かすこと。物事を見抜いてはっきりいうこと。＊文芸上の自然主義〔1908〕〈島村抱月〉三「詩に特殊の辞法無く、特殊の人生無しと喝破し」

割烹《かっぽう》
食物の調理をすること。料理。また、和風の料理屋のこと。割烹店。「割」はさく、「烹」は煮るの意。

刮目《かつもく》**してみる**
目をこすってよく見ること。注意して見ること。また、今までの先入観を捨てて新しい目で相手を見直すこと。めざましい進歩や変化を示した者に対していう。「刮目に値する」「刮目して待つ」

合点《がてん》
↓合点《がってん》

家督《かとく》
家を継ぐべき子、あととりのこと。また、相続すべき家の跡目。家名や家産のこと。「家督を譲る」などというのはこの意味。

門松《かどまつ》**は冥土**《めいど》**の旅**《たび》**の一里塚**《いちりづか》
正月の門松はめでたいものとされているが、門松を飾るたびに一つずつ年をとり、死に近づくので、死への道の一里塚のようなものだの意。「めでたくもありめでたくもなし」とつづく一休宗純作という歌から。

かどわかす
人をむりやりに、または、だまして他へ連れ去る。誘拐《ゆうかい》する。＊浄瑠璃・神霊矢口渡〔1770〕四「小娘をかどはかし神奈川へ飯盛に売った事」

鼎《かなえ》**の軽重**《けいちょう・けいじゅう》**を問**《と》**う**
統治者を軽んじて、これを滅ぼして天下を取ろうとすること。転じて、その人の実力を疑って、地位をくつがえし奪おうとすること。また、その人の価値、能力を疑うことにいう。周の定王の時、楚の荘王が周室の伝国の宝器である九鼎《きゅうてい》の大小、軽重を問うたという「春秋左伝・宣公三年」の故事から。鼎は三本足のついた鍋型の金属器で、煮炊きに用いるが、儀礼に使用されるところから身分を示すものでもあった。

金切《かなき》**り声**《ごえ》
金属を切るとき出る音のように鋭くかん高い声。多く、女性の悲鳴などに言う。＊伊豆の踊子〔1926〕〈川端康成〉二「女の金切声が時々稲妻のやうに闇夜に鋭く通った」

金釘流《かなくぎりゅう》
金釘のように、細くてひょろひょろしたり、妙に折れ曲がったりしている下手な字を、流派にみたててあざけっていう語。金釘様。金釘の折れ。＊乳姉妹〔1903〕〈菊池幽芳〉一五「女学生あがりなどは兎角金釘流《かなくぎりう》に無茶苦茶な字を書くが」

かなでる
琴などの弦楽器を弾く。音楽を奏する。また、音楽を奏するように、さまざまな情趣や様相を表現する。＊俳句《く》の世界〔1954〕〈山本健吉〉四「挙《あげ》句（最後の句）に至るまでの間に、場面・情趣の豊かな変化を奏《かな》でて行く」

金棒引《かなぼうひ》き

金棒を引き鳴らして、警固、夜番などをすること。また、その人。かなぼう。また、それが金棒を引き鳴らして大声で「火の用心」などと町中にふれあるくところから転じて、ちょっとしたうわさを大げさに言い、ふれあるく人。かなぼう。

かばかり

これぐらい。これほど。これだけ。これっぽかし。程度をはなはだしいと捉えていうこともあれば、たいしたことはないと捉えていうこともある。＊徒然草〔1331頃〕五二「極楽寺・高良などを拝みて、かばかりと心得て帰りにけり」

禍福《かふく》は糾《あざな》える縄《なわ》の如《ごと》し

わざわいが福になり、福がわざわいのもとになったりして、この世の幸不幸はなわをより合わせたように表裏をなすものであるの意。「史記・南越伝」から。

かぶりを振る

頭を左右に振って、否定、または不承知をあらわす。「かぶり」は頭の古い言い方。＊其面影〔1906〕〈二葉亭四迷〉一五「哲也は頭振《かぶり》を振って、『いや、其様《そん》な事は有るまい』」

画餅《がべい》に帰《き》す

考えや計画などが失敗に終わって、すっかりだめになる。むだぼねおりになる。絵にかいた餅は食べられないところから。画餅に属す。＊羽鳥千尋〔1912〕〈森鷗外〉「兼ねて種々計画した事もあったが、それは画餅に帰した」

壁新聞《かべしんぶん》

職場、教室、駅、休憩所など、人の多く集まる場所の壁にはりつける新聞の一種。主張、ニュース、漫画、写真などを編集し、新聞に似た体裁を持つ。

壁《かべ》に耳《みみ》あり障子《しょうじ》に目《め》あり

どこでだれに聞かれているか、見られているかわからないということで、秘密などの露見しやすいことのたとえ。

果報《かほう》

仏教で、前世での善悪さまざまの所為が原因となって、現世でその結果として受けるさまざまな報いのこと。転じて、報いがよいこと。幸福なさま。幸運。＊虎明本狂言・抜殻〔室町末〜近世初〕「しうをもった者もおほけれ共、わたくしほどくゎほうなものはござらぬ」

鎌鼬《かまいたち》

突然皮膚が裂けて、鋭利な鎌で切ったような切り傷ができる現象。気候の変動で空中に真空部分が生じたとき、これに触れた人体内の空気が、一時に平均を保とうとするために起こるといわれる。昔は目に見えないイタチのしわざと考えられたところからいう。越後の七不思議の一つに数えられ、信越地方に多い現象。冬の季語。

蝦蟇口《がまぐち》

口金のついた袋形の銭入れ。「蝦蟇」はヒキガエルのこと。開いた形が、ヒキガエルが口をあけた形に似ているところから。

かまける

あることに気を取られて、心をわずらわす。他をなおざりにして、あることだけにかかわる。＊オリンポスの果実〔1940〕〈田中英光〉六「大抵のひとが暑さにかまけて、昼寝でもしてゐるか、涼しい船室を選んで麻雀でも闘はしてゐるのに」

かまとと

わかりきっていることなのに知らないようなふりをすること。また、その人。世慣れていないふうに見せるのを目的とする。特に、女性がうぶなふりをして甘えたりすること。また、その女性。「かまぼこは魚《とと》からできているのか」と尋ねたところからという。近世末に上方の遊里で用い始めた語。

かまびすしい

（音や声が）やかましい。さわがしい。かしましい。かまみすし。＊方丈記〔1212〕「波の音、常にかまびすしく、しほ風ことにはげし」

かまをかける

自分が知りたいと思っていることを、相手が不用意にしゃべるように、たくみにさそいをかけること。また、それとなく気を引いてみること。＊道草〔1915〕〈夏目漱石〉四三「彼女はいろいろな鎌を掛けて、それ以上の事実を釣り出さうとした」

雷《かみなり》さんにへそをとられるぞ

裸でいることや腹を出していることを戒めたことば。「雷さん」は雷神のこと。雲の上におり、虎の皮のふんどしをしめ、連鼓を背負ってこれを打ち鳴らす神で、人間のへそを好み、へそを出していると取りに来ると言い伝えられている。

神《かみ》は細部《さいぶ》に宿《やど》り給《たま》う

細かい部分にこそ真理を見出すことができる、の意。西洋の格言に由来することば。細部まで作りこまれた作品などを嘆賞することばとしても使う。

神《かみ》も仏《ほとけ》もあるものか

慈悲を垂れて下さる神も仏もないの意で、世間の無慈悲、薄情や、境遇の非運なことのたとえ。＊怪談牡丹燈籠〔1884〕〈三遊亭円朝〉一三「主人の為に仇を討ふと思ったに却って主人を殺すとは、神も仏もない事か」

がむしゃら

一つのことにめちゃくちゃに突き進むこと。むこうみずに打ち込むこと。「我武者羅」などと当てる。「がむしゃらに仕事（勉強）をする」＊吾輩は猫である〔1905～06〕〈夏目漱石〉七「我無洒落《がむしゃら》に向ってくるのは余程無教育な野蛮的蟷螂《かまきり》である」

かもじ

髪のことをいう女房詞。特に、婦人の添え髪。いれがみ。母、または、妻の意にもいう。「髪《かみ》」「髢《かずら》」「母《かか》」など「か」で始まることばの後半を略し、

「文字」を添えた、いわゆる文字ことばの一種。＊浮世草子・好色一代女〔1686〕三・四「是見よと引ほどき給へば、かもじいくつか落て地髪は十筋右衛門〔＝頭髪のない人をからかっていった語〕と」

下問《かもん》を恥《は》じず
目下の者に問い尋ねることを恥と思わないということから、人にものを尋ねるのは恥ずかしいことではない、の意に使う。

からきし
否定表現、または否定的な意味を含むことばを伴って、能力がないことを強く表すくだけた言い方。人間の性質について用いられることが多い。まるっきり。てんで。全然。からっきし。からきり。＊義血侠血〔1894〕〈泉鏡花〉二「私なんぞは徹頭徹尾《からきし》意気地は無い」

烏天狗《からすてんぐ》
想像上の怪物。つばさがあり、烏のくちばしのような口をしている天狗。山伏が法会の延年舞において、烏の顔をかたどった迦楼羅《かるら》面をつけたところに由来するという。

烏《からす》の濡《ぬ》れ羽色《ばいろ》
水にぬれた烏の羽のように、黒くつやのある髪の毛のさまをいうことば。烏羽色《からすばいろ》。

空茶《からちゃ》でごめんなさい
突然の訪問客に対して、菓子がなくて茶だけ出すことをわびて言うあいさつのことば。

からっ穴《けつ》
まったく何もないこと。無一物。特に、財布の中に一文もないこと。まったく金のないこと。一文なし。おけら。「給料日前でからっけつだ」などと使う。空《から》の穴《あな》の意の「からけつ」の変化した語。

がらっぱち
言動が粗野で、落着きのないこと、また、そのような人をいう俗語。＊門三味線〔1895〕〈斎藤緑雨〉九「手前《てめえ》のやうなもの呼で下さるは難有けれど、がらっぱちの此方徒等《こちとら》が稼業に読書きも碌々《ろくろく》させず」

からっぺた
非常にへたなことをいう俗語。「空《から》下手《へた》」の変化した語。＊怪談牡丹燈籠〔1884〕〈三遊亭円朝〉一五「源次郎は、剣術は極下手《からっぺた》にて」

搦《から》め手《て》
相手の正面以外の、手うすなところや注意をはらっていない面。「搦め手から攻める」といえば、相手や物事に正面から挑まず、その関係者などに接触して物事を有利に運ぼうとすること。もと、城の裏門のこと。また、そこを攻める軍勢。この意味の反対語は「大手」で、東京の大手町は江戸城大手門前にあるところからの地名。

唐様《からよう》
中国風であること。また、そのようなもの。書道でいえば、中国の書風を模した書体。ふつう、江戸中期に流行した、明風の書体をいう。建築でいえば、鎌倉時代、宋から伝えられた禅宗寺院の建築様式。「売り家と唐様《からよう》で書《か》く三代目《さんだいめ》」↔和様《わよう》。

我利我利亡者《がりがりもうじゃ》
ただ自分の利益ばかりを追い求めて、他への思いやりなどのまったくない者をののしっていう語。我利我利坊主。＊金色夜叉〔1897～98〕〈尾崎紅葉〉中・六「許多《おほく》のガリガリ亡者は論外として、間貫一に於ては何ぞ目的が有るのだらう」

仮初め《かりそ》
永久でないこと。ほんの一時のさま。また、実意なくおろそかなこと。いいかげんなさま。あるいは、ちょっとしたさま、ふとしたさまにいう。「仮初人」といえば、ふと知り合った、ゆきずりの人のこと。「仮初めの恋」はゆきずりの恋。「仮初めにも…するな(しょうか)」のかたちで、打消しや反語を強めるためにも使う。

借りてきた猫《か》《ねこ》
ふだんとは違って、たいへんおとなしくしている様子をいう。＊真理の春〔1930〕〈細田民樹〉島の噴煙・一四「容作と初実は、借りてきた猫のやうにして、おそるおそるその建物に入ってみた」

雁の使い《かり》《つか》
便りを伝える使いとしての雁。転じて、手紙、消息。中国、前漢の蘇武が匈奴にとらわれた時、雁の足に手紙をつけて都に届けたという「漢書-蘇武伝」の故事から。「雁の玉章《たまずさ》」「雁の土産《つと》」「かりがねの使い」などともいう。秋の季語。

画龍点睛《がりょうてんせい》
物事の眼目、中心となる大切なところ。最後にほんのわずかな、しかしたいせつな部分を付け加えて、物事を完全に仕上げることのたとえにいう。「画龍点睛を欠く」といえば、全体としてはよくできているにもかかわらず、肝心なところが不十分であることのたとえ。中国の張僧繇《ちょうそうよう》が、金陵の安楽寺の壁に龍《りゅう》の絵をえがき、最後に睛《ひとみ》を書き入れたら、たちまち龍が天に飛び去ったという「歴代名画記-七」の故事から。

枯れ尾花《か》《おばな》
枯れすすきの穂。冬の季語。「幽霊の正体見たり枯れ尾花」ということばが有名。幽霊のように見えたものは実は枯れ尾花に過ぎなかったの意で、恐ろしげに見えるものでも実際はたいしたことはないことのたとえ。＊浮雲〔1887～89〕〈二葉亭四迷〉二・七「昇は花で言へば今を春辺と咲誇る桜の身、此方《こっち》は日蔭の枯尾花」

枯れ木も山の賑わい《か》《き》《やま》《にぎ》
つまらないものでも無いよりはましであることのたとえ。枯れた木でも山に趣を添える意から。＊今年竹〔1919～27〕〈里見弴〉小さな命・八「なんのお役にも立つまいけど、枯木も山の賑ひだ」

枯れ薄《か》《すすき》
枯れたススキ。特に、冬枯れのススキ。冬の季語。わびしい風情を感じさせる景物として、野口雨情作詞の

「船頭小唄」にも歌われている。

苛斂誅求《かれんちゅうきゅう》
税金などをきびしく取り立てること。むごい取り立て。「苛斂」は苛酷に取り立てる、「誅求」は責め求めるの意。＊江戸から東京へ〔1921〕〈矢田挿雲〉六・三「其年から米一石につき二升の増税を課し、大豆小豆に至るまで苛斂誅求を極めたので百姓等塗炭の苦しみに陥ち」

可愛《かわい》**い子**《こ》**には旅**《たび》**をさせよ**
子どもがかわいければ、甘やかさないで世の中の辛さを経験させるべきだということ。思う子に旅をさせよ。＊銀の匙〔1913～15〕〈中勘助〉後・一六「可愛い子には旅をさせろといふ昔風の父の思ひつきから」

かわきり
物事のしはじめ。ある行動をする、その第一着手。手始め。もと、最初にすえる灸《きゅう》のことで、「かわきりの一《ひと》灸《ひ》」は最初にすえる灸をいい、何事も最初は苦痛であることのたとえに用いる。また、「かわきりの閻魔《えんま》」といえば、皮切の灸をすえる時の、苦痛をこらえて、恐ろしい様子をした閻魔の顔で、恐ろしい顔をいっそう恐ろしくしていることの形容。

彼誰時《かわたれどき》
夜明け、または夕暮れどきの薄暗い時分。「かわたれ」は「彼《か》は誰《たれ》」で、人の見分けがつきにくいの意。夕方を「たそがれどき」として、「かわたれどき」を特に、明け方にいうことが多い。かれわたそどき。＊万葉集〔8C後〕二〇・四三八四「あかときの加《カ》波《ハ》多《タ》例《レ》等《ド》枳《キ》に島蔭《しまかぎ》を漕ぎにし船のたづき知らずも〈他田日奉得大理〉」

川《かわ》**の字**《じ》**に寝**《ね》**る**
三人が並んで川の字の形に寝る様子をいう語。夫婦円満で、子を中にして寝ること。川の字形《なり》。＊雑俳・柳多留・初〔1765〕「子が出来て川の字形りに寝る夫婦」

厠《かわや》
大小便を排泄する所。便所。後架。雪隠《せっちん》。はばかり。ちょうずば。東司《とうす》。母屋のそばに建てた側屋《かわや》の意、または、川に掛け渡して作った川屋の意からいうか。＊行人〔1912～13〕〈夏目漱石〉塵労・二八「別々に行動するのは、まあ厠に上《のぼ》る時位なものなのですから」

駕《が》**を枉**《ま》**げる**
貴人がわざわざ訪れる。枉駕。来訪することをいう尊敬語。枉駕《おうが》。「駕」は、のりもの。特に、かご、または馬がひく車。＊読本・椿説弓張月〔1807～11〕続・三五回「わが君、駕を枉て、この海辺に到来《いたり》給へども」

閑雲野鶴《かんうんやかく》
静かに浮かんでいる雲と野に遊ぶ鶴。何の束縛もうけず、悠々と自然に親しんで暮らすことのたとえ。＊天地有情〔1899〕〈土井晩翠〉星落秋風五丈原「閑雲野鶴空濶《ひろ》く風に嘯《うそ》ぶく身はひとり」

巻《かん》**措**《お》**くあたわず**
書物を読むのを途中で止めることが

できない、の意。読書に熱中しているさまをいう語。

願掛《がんか》け
神仏に物事がかなうように願い祈ること。また、その願いがかなうように断ち物をしたりすること。願立て。立願《りゅうがん》。

鑑《かんが》みる
手本、先例などとくらべ合せて考える。また、手本、先例などに従う。あるいは、他の例とくらべ合せて考える。のっとる。鏡や水などに映してみる意の「かがみる」の変化した語。＊浄瑠璃・蘆屋道満大内鑑〔1734〕四「此書を考《かんがみ》道をひらきふたたび帰洛いたされよ」

干戈《かんか》を交《まじ》える
交戦すること。干はたて、戈はほこ。類語に、「干戈に訴える」〔＝武力でことを解決する〕、「干戈を動かす」〔＝戦争を始める〕、「干戈を収める」「干戈を箱に入れ弓を袋に入る」〔＝戦乱が静まり、太平になる〕などがある。
＊煤煙〔1909〕〈森田草平〉三「忽ち仲違ひして父子干戈を交へ、長良川を挟んで陣するに至った」

侃々諤々《かんかんがくがく》
遠慮なく直言すること。大いに議論すること。また、そのさま。侃諤《かんがく》。「諤」はありのままに正しく言う意。ちなみに、音のよく似た「喧々囂々《けんけんごうごう》」は、多くの人が口やかましく騒ぎたてるさま。＊兆民文集〔1888～91〕〈中江兆民〉「喉頭の筋を張りて侃々諤々抗議するよりも、翻然引退の態を示して反て其志を伸ぶるを得べき深謀なる歟」

汗顔《かんがん》の至《いた》り
まことにもって恥ずかしい、の意。「汗顔」は恥じて顔に冷汗をかくこと、「…の至り」は「…の極致」の意。＊花間鶯〔1887～88〕〈末広鉄腸〉上・二「粗酒粗肴にて汗顔の至りでは御座居ますが」

雁首《がんくび》
キセルの、タバコをつめる部分。古くは、長くうねって雁《がん》の首に似ていたところから。また、俗に、人の首、頭をいう。「雁首をそろえて〔ならべて〕」といえば、多くの人が同時に何かをするさまをいう。＊滑稽本・浮世風呂〔1809～13〕前・上「ハア松之丞どの、雁首のう打傾《うつかたげ》て、まじいりまじいり見て居っけヱ」

管見《かんけん》
竹の管《くだ》を通して見るの意から、見識が狭いこと。あることについての視野が狭いこと。自分の知識や見解、意見などをへりくだっていう語。「管見によれば」「管見の限りでは」「管見を述べる」などとよく使う。

眼光紙背《がんこうしはい》に徹《てっ》す
書物を読んで、字句の解釈だけでなく、その深意までもつかみとる。読解力がするどいことにいう。書かれている紙の裏まで見とおすの意から。眼光紙背に徹《とお》る。＊女工哀史〔1925〕〈細井和喜蔵〉七・一九「心眼を開いて一読三読眼光紙背に透るまでお読み下さい」

閑古鳥《かんこどり》 鳥「かっこう（郭公）」の異名。夏の季語。またその鳴きようから、もの淋しいさまのたとえにいう。「閑古鳥が鳴く（歌う）」といえば、生活が貧しくてぴいぴいしていることのたとえにいう。また、商売などのはやらないさまをいう。

莞爾《かんじ》 にっこりほほえんでいるさま。莞然。多く「と」を伴って用いる。＊思出の記〔1900～01〕〈徳富蘆花〉三・三「尤も伯父は莞爾として笑って居た」

雁字搦め《がんじがらめ》 糸、ひも、縄などを縦横に何回も巻きつけること。転じて、まったく身動きのとれない状態・心境。「がんじ」は副詞で、動かないように堅く締めるさま。「雁字」はあて字か。＊森鷗外〔1954〕〈高橋義孝〉九「規矩と拘束とタブーとにがんじがらめになった徳川期の封建社会である」

感謝《かんしゃ》感激《かんげき》雨《あめ》あられ 強い感謝の思いをあらわす語。戦前に使われた、雨やあられのように弾丸がさかんに降りそそぐさまをいう「乱射乱撃雨あられ」のもじりだといわれる。

含羞《がんしゅう》 恥ずかしがること、はにかむことをいう文章語。ちなみに、触ると葉を閉じるオジギソウは、漢名を含羞草《がんしゅうそう》という。また、中原中也の詩集『在りし日の歌』の巻頭を飾るのは、「含羞《はぢらひ》」と題する詩である。＊八十八夜〔1939〕〈太宰治〉「きざな、あさはかな気取りである。含羞でもあった」

冠省《かんしょう》 手紙で、時候の挨拶などの前文を省略すること。また、その時に書くことば。かんせい。これに対応する手紙の結語は、「草々」「匆々《そうそう》」「不一」など。

勘定《かんじょう》 金銭や物の数量を数えること。計算すること。そこから、代金を支払うことや、その代金の意にもなる。飲食店を出る際、代金精算を頼むために「お勘定をお願いします」などと使う。また、利害、損得などを予測して計算することをも意味し、「勘定に入れる」などと使う。

寒心《かんしん》 恐ろしさにぞっとすること。心が恐れおののくこと。きもをひやすこと。「寒心に堪えない」といえば、多く、考え方、行動などのもたらす今後の情況を憂えて用いられる。＊学問のすゝめ〔1872～76〕〈福沢諭吉〉四・学者の職分を論ず「苟《いやしく》も此国に生れて日本人の名ある者は、これに寒心せざるを得んや」

頑是無い《がんぜない》 物事の道理が分からない。わきまえがない。聞き分けがない。分別がない。多く、幼少の者のさまにいう。また、子供などが、無邪気であるさま。あどけない。＊婉という女〔1960〕〈大原富枝〉四「それは病んで頑是ない子供のようになっている母上が、この日頃毎日のように繰返すことであった」

間然《かんぜん》するところが無《な》い

少しも非難するところがない。非の打ち所がない。「間」は、口をはさむべきすきまのこと。＊吾輩は猫である〔1905～06〕〈夏目漱石〉七「双方共色の黒い点に於て間然する所なき迄に発達して居る」

勧善懲悪《かんぜんちょうあく》

善行を賞し勧め、悪行を戒め懲らすこと。勧懲。江戸末期の戯作者、曲亭馬琴は、これを文学的原理として標榜した。また、江戸末期から明治にかけて活躍した歌舞伎作者、河竹黙阿弥には、『勧善懲悪覗機関《かんぜんちょうあくのぞきからくり》』（一八六二年）、『勧善懲悪孝子誉《かんぜんちょうあくこうしのほまれ》』（一八七七年）、などの作品がある。＊小説神髄〔1885～86〕〈坪内逍遙〉上・小説の変遷「ひたすら勧善懲悪をば小説稗史の主眼とこころえ、彼の本尊たる人情をば疎漏に写すはをかしからずや」

肝胆相照《かんたんあいて》らす

互いに心の底まで打ち明けて親しく交わる。互いに心の中まで理解し合って親密に交際する。「肝胆」は肝臓と胆嚢。転じて、心の中。心の底。＊吾輩は猫である〔1905～06〕〈夏目漱石〉一一「夫から僕は爺さんと大に肝胆相照らして、二週間の間面白く逗留して」

邯鄲《かんたん》の夢《ゆめ》

↓一炊《いっすい》の夢《ゆめ》

干天《かんてん》の慈雨《じう》

待ち望むものがかなえられること、困難なときに救いに恵まれることのたとえ。「干天《ひでりつづき》」に降る待望の雨の意から。「干天」は「旱天」の書き換え。＊遅過ぎた日記〔1954〕〈長与善郎〉マニラの停戦協定に思ふ・八月二三日「今日鮭カン詰一人当り五箇づつの配給がある。〈略〉何しろ之も旱天の慈雨で、一同大喜び」

芳《かんば》しい

かおりが高い。においがよい。木の香やバラの花のような、かなり強烈なよい香りが満ちあふれるさま。また、ほまれが高い。評判がよい。好ましい。望ましい。この意味では、現代では下に打消の語を伴って、あまりはかばかしくない、思わしくないの意となることが多い。「術後の病状が芳しくない」「芳しくない成績」「芳しい成果は得られなかった」などと使う。「かぐわしい（芳）」の変化した語。

顔《かんばせ》

かおつき。かお。容貌。また、体面。名誉。「かおばせ」の変化した語。和文系の「顔つき」にくらべて、漢文訓読調の堅い感じの語。＊俳諧・奥の細道〔1693～94頃〕松島「其気色、窅然《えうぜん》として美人の顔《かんばせ》を粧ふ」

汗馬《かんば》の労《ろう》

戦場で活躍した功労。戦功。馬に汗

をかかせてかけまわった働きの意から。転じて、物事をまとめる時などに、かけずりまわる苦労をたとえていう。＊文明論之概略〔1875〕〈福沢諭吉〉二・四「天皇の意を以て尊氏が汗馬の労を賞したるに非ず」

眼福《がんぷく》

貴重なものや珍しいもの、美しいものなどを見ることのできた幸福。また、そういう幸福に会うこと。「眼福にあずかる」「眼福を得る」などと使う。目の保養。＊骨董〔1926〕〈幸田露伴〉「其鼎をためつすがめつ熟視し、〈略〉斯様《かう》いふ奇品に面した眼福を喜び謝したりして帰った」

完膚《かんぷ》**なきまで**

無傷の部分がないほどに。徹底的に。残るところなく。「完膚」は、傷の無い完全の皮膚。転じて、傷の無い箇所、痛手を受けてない部分のこと。＊テニヤンの末日〔1948〕〈中山義秀〉六「飛行場は日夜の砲爆で完膚ないまでに掘りかへされてゐた」

後世

雁風呂《がんぶろ》

浜べに落ちている木を拾い集めて風呂をたく風習。雁は海上で羽を休めるために木片をくわえて渡ってき、陸に着くとそれを海岸に落としていく。そして、春に再びその木をくわえて北方に帰ると思われていたところから、雁の去ったあとに浜べに残った木は死んだ雁のものとし、その木を集めて供養のために風呂をわかして諸人にふるまったという。青森県は津軽の外ケ浜の習俗と伝えられる。雁供養《がんくよう・かりくよう》。春の季語。＊虚子句集〔1915〕〈高浜虚子〉春「雁風呂や海荒るる日は焚かぬなり」

閑話休題《かんわきゅうだい》

本筋からはずれて語られていた話やむだ話をやめにすること。話を本筋にもどすときの合図の語として用いることが多い。それはさておき。さて。＊苦の世界〔1918～21〕〈宇野浩二〉一・一「閑話休題、さぞ、笛ふき君、この暑いのにつらいだらう」

【き】

利《き》**いた風**《ふう》

いかにもその道に通じているように見せるさま。知ったかぶり。半可通《はんかつう》。また、わかったようなことを言って生意気なさま。耳にして事情を知っている意で、「聞いた風」と書くこともある。＊坊っちゃん〔1906〕〈夏目漱石〉六「利いた風な事をぬかす野郎だ」

生一本《きいっぽん》

純粋でまじりけがないこと。また、そのもの。「灘《なだ》の生一本」などのように酒についてもいうことが多い。また、生来の純心で、物事にまっすぐに打ち込んでいく性質。天真で、策略を用いないこと、邪心などのないこと。また、そのさま。＊今年竹〔1919～27〕〈里見弴〉水神・九「ものの考へ方が誇張される青年らしい未熟さは、生一本な志村の性分からは、容易に抜け切れないものだった」

忌諱《きい》に触《ふ》れる
目上の人や主人などが忌み嫌っていることを言ったり行ったりして、その人のきげんをそこなう。「諱」の読みは正しくは「き」で、「い」は慣用読み。＊花間鶯〔1887～88〕〈末広鉄腸〉中・三「夫れ等のことが其の筋の忌諱に触れしにや」

気宇壮大《きうそうだい》
心意気が雄大であること。度量が広く立派であること。また、そのさま。＊しん女語りぐさ〔1965〕〈唐木順三〉五「大灯国師の気宇壮大な書、後醍醐、花園両帝の王者の書も展観されるだらう」

既往《きおう》は咎《とが》めず
過ぎ去った出来事についてとやかく咎め立てするよりは、将来を慎むことが大切であるということ。「論語‐八佾」の「成事は説かず、遂事は諫めず、既往は咎めず」から。

気《き》が置《お》けない
相手に気づまりや遠慮を感じないさまをいう。「気が置けない」を「気が許せない」「油断できない」の意で用いるのは誤り。対して、「気が置ける」といえば、何となくうちとけられないこと。＊虚実〔1968～69〕〈中村光夫〉アニマル「環境や考へが似てゐるせゐか、〈略〉今では一番気のおけぬ友達であった」

気《き》が差《さ》す
ある気持や気分が現れる。なんとなく気になる。うしろめたい感じになる。気がとがめる。＊多情多恨〔1896〕〈尾崎紅葉〉前・五「已むを得ず書見は始めたが、気が侵《さ》して読むではゐられぬ」

机下《きか》
あなたのもと。おてもと。また、手紙の脇付けとして、敬って相手の名の左下に添えて書く語。案下。台下。相手の机の下に差し出すの意。＊悪魔〔1903〕〈国木田独歩〉八「武雄君足下、此一冊を君が机下《きか》に呈す」

奇貨《きか》とする
得難い機会だと思う、の意。「奇貨」は珍しい品物の意で、転じて、利用すれば思いがけない利益が得られるかもしれない事柄、事情、機会のこと。秦の相となった呂不韋《りょふい》が若くて商人だった頃、秦の太子安国君の子、子楚が趙に人質となって不自由な生活をしているのを見て、これをうまく利用しようと思ったという「史記‐呂不韋伝」の故事に由来する「奇貨居《お》くべし」も有名。

きかん坊《ぼう》
人に譲歩したり負けたりするのがきらいな激しい性質の子ども。また、腕白な子ども。「きかん」は「きかぬ」の変化したもの。＊暗夜行路〔1921～37〕〈志賀直哉〉序詞「実際私はきかん坊《ぼう》で我儘でもあった」

帰去来《ききょらい》
官職を辞し、郷里に帰るためにその地を去ること。また、それを望む心境。陶淵明の「帰去来辞」による語。「かえりなんいざ」と訓じ、「さあ帰ろう」と自らを促す意。＊陳述〔1929〕〈佐藤春夫〉「枕の下の虫の声を聞きつづけて、私は帰去来を感じました」

聞《き》くならく
聞くところによると。「聞道」「聞説」などを訓読したもの。「ならく」は伝聞・推定の助動詞「なり」のク語法。＊小説神髄〔1885～86〕〈坪内逍遙〉上・小説の主眼「聞説《きくならく》熱心なる油絵師は刑場なんどへも出張して〈略〉眼を注ぎて観察するとか」

菊日和《きくびより》
秋、菊の花が咲く頃の良い天気。秋の季語。＊川端茅舎句集〔1934〕「御空より発止と鵙《もず》や菊日和」

機嫌気《きげんき》づま
同意で同頭韻の語を重ねたもの。「きげん（機嫌）」に同じ。「機嫌気づまを取る」といえば、これまた「機嫌を取る」「褄を取る」の慣用から口調を整えていった語で、「きげん（機嫌）を取る」に同じ。＊滑稽本・浮世床〔1813～23〕二・下「其上に髪結といふものは場所をしやうが床を預らうが、人の機嫌気づまを取らねへきゃアなりやせん」

希覯本《きこうぼん》・稀覯本
古書や限定版など、世間に流布することがまれで、珍重される書物。めったに見られない本。珍本。

鬼哭啾啾《きこくしゅうしゅう》
浮かばれない霊魂の泣き声がもの哀しく凄い感じであるさまを表す語。＊江戸から東京へ〔1921〕〈矢田挿雲〉三・三「何千何百人か知れぬ無告の霊が鬼哭啾々として寄辺無きを弔はんものと」

聞《き》こし召《め》す
「聞く」の尊敬語。お聞きになる。また、「飲食する」の尊敬語。召しあがる。以上はやや古めかしい言い方で、近世以後には、酒類を飲むことを戯れていう語としても使う。＊婦系図〔1907〕〈泉鏡花〉前・二「例によって飲《き》こしめした、朝から赤ら顔のとろんとした目で」

ぎこちない
まだ十分に慣れていないために、また、感情などがその場にそぐわないために、動作や表現がたどたどしく、洗練されておらず不自然である。「ぎこつない」の変化した語。「ぎごちない」とも。＊或る女〔1919〕〈有島武郎〉前・一五「ぎこちない沈黙が暫くそこに続いた」

気骨《きこつ》
自分が正しいと信じていることは、どんな障害にも屈服しないで、貫き通そうとする強い心。気概。圧迫をはねのける、正義を貫くなどのような抽象的、精神的活動の際に表される強い気持をいう。＊社会百面相〔1902〕〈内田魯庵〉貧書生「苟《いやし》くも気骨のある丈夫の風上に置くもんぢゃないぞ」

騎虎《きこ》の勢《いきお》い

後世

虎に乗った者が、途中でおりることができないように、物事の勢いがさかんになって、行きがかり上、中止したり、あとへ引けなくなったりすることのたとえにいう。「隋書・独孤皇后紀」から。＊白く塗りたる墓〔1970〕〈高橋和巳〉九「騎虎の勢いで三崎は窓際の高木局長の方に寄っていった」

鬼才《きさい》

人間とは思われないほどのすぐれた才能。また、その持主。ちなみに、同音でよく似た意味の「奇才」は、世にまれな才能、また、その持ち主のこと。＊山月記〔1942〕〈中島敦〉「曾ての郷党の鬼才といはれた自分に、自尊心が無かったとは云はない」

気《き》さく

性質や人がらが、さっぱりしてこだわらないさま。気のおけないさま。＊朝の悲しみ〔1969〕〈清岡卓行〉四「古典音楽についての学者であることを感じさせないような気さくな態度で」

気散《きさん》じ

わだかまった気持を散らすこと。気晴らし。また、気苦労のないこと。気楽。のんき。＊滑稽本・東海道中膝栗毛〔1802～09〕三・下「げにも旅中の気さんじは、船中おもひおもひの雑談《ざうだん》」＊牛部屋の臭ひ〔1916〕〈正宗白鳥〉一「七年も其処で漁をして気散じに暮らしとったさうぢゃないか」

来《き》し方《かた》行《ゆ》く末《すえ》

過去と未来。きしかたゆくさき。こしかたゆくすえ。「来し方行く末を思う」

雉《きじ》も鳴《な》かずば撃《う》たれまい

無用の発言をしなければ、禍を招かずにすむことのたとえ。発情期の雄のキジはケン・ケーンと鋭く二声鳴く。自ら申し出て人柱となった男の娘が口をきかなくなり、鳴き声を上げたばかりキジが射られたのを見て、「ものいはじ父は長柄の人柱鳴かずば雉も射られざらまし」と詠んだというように、摂津長柄の人柱伝説や、その他の伝説と結びついてもいる。鳴かずば雉も打たれまい（とられまい）。鳥も鳴かずば打たれまい。鳴く虫はとらる。

汽車《きしゃ》は出《で》て行《ゆ》く煙《けむり》は残《のこ》る

俗謡の一節。「汽車は出て行く煙は残る　残るけむりは癪《しゃく》の種」と続く。信濃地方の民謡など、種々の俗謡に現れ、たとえば明治年間の「どんどん節」では、「蒸気ゃ出で行く　煙は残る　ドンドン　のこる煙が癪の種　サウヂャナイカドンドン」と歌われている。

気丈夫《きじょうぶ》

気が強くしっかりしていること。また、そのようす。気丈。「気丈夫な人」などと使う。また、心配がなく安全に思うこと。心丈夫。＊浮雲〔1887～89〕〈二葉亭四迷〉一・三「此頃は貴君といふ親友が出来たから、アノー大変気丈夫になりましたわ」

帰《き》心《しん》矢《や》の如《ごと》し
自宅や故郷に帰りたいと願う気持が、ひじょうに強い。まっすぐ早く帰りたいと思う心をいう。＊暗夜行路〔1921～37〕〈志賀直哉〉二・九「急に所謂帰心矢の如しといふ風な気持になって了った」

帰《き》省《せい》
休暇の時などに短期間郷里に帰ること。夏の季語。宮崎湖処子作の同題の小説は、明治二三年（一八九〇）民友社刊。亡父の一周忌に故郷に帰省したことが、紀行文、随筆、散文詩などの要素を含みながら語られ、故郷が都会の競争社会に疲れたものを優しく受けとめる理想郷として描かれる。

鬼《き》籍《せき》
死者の名や死亡年月日などを記しておく帳簿。過去帳。点鬼簿《てんきぼ》。「鬼《き》」は中国で、死者の霊魂のこと。死ぬことを「鬼籍に入る《い・はい》」という。死んで鬼籍に記入される意から。＊私のサハリン〔1972〕〈李恢成〉「すでに鬼籍に入った祖父を生者に仕立てて」

気《き》息《そく》奄《えん》々《えん》
息も絶え絶えなさま。いかにも苦しそうで、今にも死にそうなさま。また、比喩的に用いて、国家や家、また思想などが苦しい状態にあるさま。今にも滅びそうなさま。＊竹沢先生と云ふ人〔1924～25〕〈長与善郎〉竹沢先生の人生観・七「精神は物質の圧迫の下に気息奄々としてゐる」

危《き》殆《たい》に瀕《ひん》する
非常に危険な状態になる。危険にさらされる。＊独逸国に対する宣戦の詔書－大正三年〔1914〕八月二三日「極東の平和は正に危殆に瀕せり」

来《き》たか長《ちょう》さん待《ま》ってたホイ
俗謡の一節。たとえば追分節（高野辰之・大竹紫葉『俚謡集拾遺』付録「明治年間流行唄」所収。一九一五年刊）には、「碓氷峠の権現様よ、私が為めには守り神、スイ、来たか長さん待ってたホイ、お前ばかりが可愛うて、朝越なろかいなあ」と歌われている。待ちかねていた人物が現れたときの気持を表すために使われる。

着《き》た切《き》り雀《すずめ》
今着ている衣服だけで、他に着がえのないこと。着がえがなく、同じ衣服を着たままでいること。また、その人。舌切り雀との語呂合わせによるしゃれ。

几《き》帳《ちょう》面《めん》
かたに合っていて、厳格で折り目正しいこと。いいかげんでないさま。もと、几帳の柱のかどなどを、きざみ目を一筋入れて、半円形に削ったものをいった。＊雁〔1911～13〕〈森鷗外〉一五「家の中の事を生帳面にしたがる末造には」

生《きっ》粋《すい》
まじりけがなくすぐれていること。また、物事が純一で、まじりけがないこと。純粋。「きすい（生粋）」の変化した語。＊異端者の悲しみ〔1917〕〈谷崎潤一郎〉三「年が十六で、生粋の江戸っ子で」

吉《きっ》左《そ》右《う》

善い事の喜ぶべき通知。「吉報」の古い言い方。反対語は「悪左右《あくそう》」。また、いいか悪いか、どちらかの便りの意にも使う。「左右《そう》」は、知らせ、音信の意。

キツネにつままれる

狐にばかされる。また、前後の事情がさっぱりわからず、ぼんやりする。＊傷はまだ癒えていない〔1958〕〈中野好夫〉狐につままれたような再生「敗戦日本の再生振りには、どこか狐につままれたようなところさえある」

木《き》で鼻《はな》をくくったよう

無愛想にふるまう。冷淡にあしらう。木で鼻をかんだよう。「くくる」は「こする」意の「こくる」の誤用が慣用化した語。＊吾輩は猫である〔1905～06〕〈夏目漱石〉六「時の御奉行もさう木で鼻を括った様な挨拶も出来ず」

奇《き》天《て》烈《れつ》

非常に奇妙なさま。非常にふしぎなさま。珍妙なさま。「奇妙きてれつ」と重ねて、「奇妙」の意を強調することが多い。＊当世書生気質〔1885～86〕〈坪内逍遙〉一七「君がかいた端書についてネ、よっぽど奇的烈な間違があったぜ」

奇《き》特《とく》

非常に珍しく、不思議なさま。また、すぐれていてほめるべきさま。殊勝。感心。また、神仏などの不思議な力。霊験。奇蹟。古くは「きどく」と読んだ。＊徒然草〔1331頃〕七三「かくは言へど、仏神の奇特、権者の伝記、さのみ信ぜざるべきにもあらず〔＝そう一概に信じないで良いというわけではない〕」

きな臭《くさ》い

布、紙、わたなど、植物性のものが焦げるようなにおいがするさま。こげくさい。かんこくさい。かなくさい。「衣《きぬ》臭い」の意か。転じて、なんとなくあやしい。うさんくさい。また、何か事が起こりそうな気配がするさま。＊文学の根本問題〔1958～59〕〈中島健蔵〉五「読者は、いかがわしく、キナくさい作為をかぎ出してしまう」

気《き》に病《や》む

心にかけていろいろ心配する。苦労に思う。気に持つ。＊悠蔵が残したこと〔1966〕〈小川国夫〉「お父さん、随分気に病んだと思うわ」

後《きぬ》朝《ぎぬ》の別《わか》れ

一晩共寝した男女が、夜が明けて迎える別れ。「きぬぎぬ」は「衣《きぬ》」を重ねた語で、男女がふたりの衣を重ねてかけて寝たのが、翌朝別れる時それぞれ自分の衣をとって身につけた、その互いの衣。それに、共寝の翌朝という意味の漢字「後朝」をあてた。

木《き》の股《また》から生《う》まれる

人情を解しないこと。また、そのような人をたとえていう。木石。木から生まれる。＊雑俳・住吉みやげ

〔1708〕「木のまたで生れましたる遊女也」

木《き》の芽時《めどき》
早春、樹木の芽吹く頃。この時候には人の気持が動揺しやすいという。このめどき。＊空気頭〔1967〕〈藤枝静男〉「多分木の芽どきから新緑に移るころの」

気働《きばたら》き
時に応じて、心が敏速に働くこと。気が利くこと。気転。頓知。＊浮雲〔1887～89〕〈二葉亭四迷〉一・六「利口で気働らきが有って如才がなくって」

踵《きびす》を接《せっ》する
すきまなく並んだり続いたりしていることのたとえ。人々が次々と来たり、物事が、次々に起こってくること。「きびす」は、かかとのこと。＊文明論之概略〔1875〕〈福沢諭吉〉一・三「互に踵《きびす》を接《せっ》して先を争ふ可し」

驥尾《きび》に付《ふ》す
愚者でも、賢人について行けば、何かはやりとげることができる、というたとえ。すぐれた人につき従って行動をする。また、すぐれた人の行った仕事などを見習ってする。けんそんしていうことば。「蒼蠅《そうよう》驥尾に付して千里を致す」ということばから。「驥」は千里を走る駿馬のこと。

気《き》ぶっせい
気づまりなさま。けむったいさま。「気塞《きぶさ》い→気ぶっさい→気ぶっせい」と変化した語。＊門〔1910〕〈夏目漱石〉八「御米《よね》は小六と差向に膳に着くときの此気ぶっせいな心持が、何時《いつ》になったら消えるだろうと」

気骨《きぼね》が折《お》れる
気苦労が多い。気疲れがする。「気骨」は「きぼね」と読んで心遣い、気苦労のこと。「きこつ」と読むと別の語となる。＊十三夜〔1895〕〈樋口一葉〉上「兎《と》も角も原田の妻と名告《なの》って通るには気骨《きぼね》の折れる事もあらう」

きまりが悪《わる》い
物事に対する態度がきちんとしていないさま。しまりがつかない。また、なんとなく恥ずかしい気持を表す。この場合、「きまり」は、他に対する気持、面目の意。照れくさい。反対語は「きまりがよい」。＊当世書生気質〔1885～86〕〈坪内逍遙〉三「明るいうちから登楼するのも何だかきまりが悪いから」

奇《き》妙《みょう》奇《き》天《て》烈《れつ》
→奇天烈《きてれつ》

生娘《きむすめ》
まだ男と肉体的交渉のない娘。また、まだ世間をよく知らない純真な娘。おぼこ娘。処女。この語にならって「生息子《きむすこ》」という語も作られた。→おぼこ。＊高野聖〔1900〕〈泉鏡花〉一六「処女《きむすめ》の羞を含んで下を向いた」

肌理細《きめこま》やか
人の皮膚や物の表面が繊細でなめらかであるさま。転じて、ことをなすのに、配慮が細かい所まで行き届いているさま。「肌理細やかな作風」「肌理細やかにサービスする」などと使う。「きめ」はもと、木目《もくめ》のこと。

鬼《き》面《めん》人《ひと》を驚《おどろ》かす
見せかけの威勢を示して人を驚かすことのたとえ。こけ威《おど》しをする。＊作家と独断〔1947〕〈杉山英樹〉独断について「さういふ不分明な表現を選ぶことで、鬼面人を驚かす恰好をする」

肝《きも》いり
あれこれ世話をすること。斡旋《あっせん》すること。また、その人。「心づかいをする」意の「肝を煎る」から。＊頑な今日〔1963〕〈島尾敏雄〉「会合が市役所の肝入《きもい》りで催されることになっていて」

久闊《きゅうかつ》を叙《じょ》する
久しぶりのあいさつをする。無沙汰をわびる。久しぶりに友情をあたためる。久闊の情《じょう》を叙する。「久闊」は、長いこと人と会わなかったり、たよりをしなかったりすること。無沙汰《ぶさた》。「久闊を詫びる」という言い方もある。

鳩首《きゅうしゅ》
人々が集まって額を付け合うようにして、相談をすること。「鳩」は集めるの意。多く「鳩首密議」「鳩首協議」などのように下に語を伴って用いられる。＊故旧忘れ得べき〔1935～36〕〈高見順〉一〇「裁判所の臨時雇たちが鳩首の末、苦心惨憺してこしらへあげたに違いない『名文』」

牛耳《ぎゅうじ》る
古代中国の春秋戦国時代、諸侯が盟約するときに、盟主となるべき人が牛の耳をとってこれを割き、その血を順番にすすって誓い合ったというところから、団体・党派などの中心人物となって、その組織を自分の思い通りに動かすことを「牛耳を執る」という。その「牛耳」を動詞化してできた語。「牛耳を執る」と同じ意味で、やや俗なことば。＊明治大正見聞史〔1926〕〈生方敏郎〉明治時代の学生生活・三「白馬会は黒田清輝氏の牛耳ってゐた洋画の会で」

窮《きゅう》鼠《そ》猫《ねこ》を噛《か》む
弱い者でも絶体絶命の立場に追いつめられると往々にして強者に反撃する。必死の覚悟をきめれば、弱者も強者を苦しめる意のたとえ。追いつめられたネズミがネコにかみつく意。＊曾我物語〔南北朝頃〕五・呉越のたたかひの事「敵は小勢也といへども、心ざしを一にして、しかも、のがれぬ所をしれり。これや、きうそかへりてねこをくらひ、闘雀人をおそれずといふべきにや」

暁闇《ぎょうあん》
夜明け方のまだ暗いとき。また、そのやみ。あかつきやみ。＊若い人〔1933～37〕〈石坂洋次郎〉下・一「歴史の暁闇を打破ることに生甲斐を見出さうとする自分が」＊戈壁の匈奴〔1957〕〈司馬遼太郎〉「彼が最初に見たのは、暁闇の風を衝いてゆく十万の騎馬軍団と」

強記《きょうき》
記憶力のすぐれていること。よく記憶すること。書物を多く読んでいたり見聞が広かったりして物事をよく知っている意の「博覧」と合わせて、「博覧強記」のかたちで使われることが多い。

経木《きょうぎ》
杉、檜などを長方形に薄く削ったもの。元来経文を書くのに用いた。現在のように、菓子、魚などを包んだり、舟などの形にして食品を入れたりするのに用いるものは、嘉永五年（一八五二）に考案された。各地でまちまちの名で呼ばれていたが、第二次世界大戦中、公定価格を指定する必要上、厚経木、薄経木に全国統一された。かんなかけ。へぎ。

胸襟《きょうきん》**を開**《ひら》**く**
隠し立てをしないで、心の中に思っていることをすっかり話す。心の中をうちあける。胸臆《きょうおく》を開く。＊ふらんす物語〔1909〕〈永井荷風〉新嘉坡の数時間「若い人や学生と胸襟を開いて談ずるのが、何よりも愉快だ」

後世

矜持《きょうじ》
自分の能力をすぐれたものとして、他に誇ること。慣用で「きんじ」とも読む。自負。誇り。プライド。＊読書放浪〔1933〕〈内田魯庵〉銀座繁昌記・九「少くも新聞社の存在は銀座の光輝であると高く自ら矜持してゐた」

狭斜《きょうしゃ》
遊郭、芸者屋、待合などのある町。花柳街。遊里。色里。色町。狭斜の巷《ちまた》。もと、中国長安の道幅の狭い街の名で、そこに遊里があったところから。＊江戸繁昌記〔1832～36〕五・深川「深川の繁昌、狭斜を最と為す」

行水《ぎょうずい》
湯や水を入れたたらいなどの中で、簡単に体の汗などを洗い流すこと。また、その湯や水。「行水を使う」の形でも使う。夏の季語。また、「行水（の）名残《なごり》」は、秋のなかばも過ぎて、行水をやめることで、秋の季語。「烏《からす》の行水」は、入浴時間の短いことのたとえ。＊浮世草子・好色一代男〔1682〕七・六「行水の御裸身《はだかみ》みるに、久米の仙もこんな事成《なる》べし」

郷党《きょうとう》
自分の出身地。郷里。むらざと。また、そこに住む人。同郷の人々。郷里を同じくする仲間。「郷」は一万二千五百家、「党」は五百家からなる古代中国の行政区画。＊夜明け前〔1932～35〕〈島崎藤村〉第二部・下・一四・二「郷党に先んじて文明開化の空気を呼吸することも早かった」

梟雄《きょうゆう》
残忍で勇猛であること。あらあらしくて強いこと。また、そのような人。主として、悪者などの首領、かしらをいう。斎藤道三、松永久秀、北条早雲らを「戦国の三梟雄」と呼ぶ類（人物には、出入りがある）。「梟」は強くあらあらしいの意。

綺羅星《きらぼし》
夜空にきらきらと輝くたくさんの星。また、明るいものや立派な人などが数多く並んでいることのたとえに用いる。「綺羅、星のごとし」を続けてつくった語。「綺羅」は本来、美しい衣服のこと。＊車屋本謡曲・鉢木〔1545頃〕「のぼり集まるつはもの、きらほしのごとく祇候せり」

桐《きり》一《ひと》葉《は》
初秋に桐の一葉が散るのを見て、秋の到来を知ること。転じて、衰亡のきざしを表すたとえに用いる。桐の一葉。秋の季語。坪内逍遙に、豊臣氏の没落を主題にした同題の戯曲（一九〇四年初演）がある。

槿《きん》花《か》一朝《いっちょう》の夢《ゆめ》
栄華のはかないことのたとえ。つかのまの盛り。槿花一日(の栄)。「槿花」は木槿《むくげ》の花、また、朝顔の異称。ともに、朝に花を開いて夕方にはしぼむ。

金《きん》科《か》玉条《ぎょくじょう》
きわめて大切な法律。重要な規則。守るべききまり。現代では、自分の主張や立場を守るための、絶対のよりどころの意に用いる。「科条」は法律の意。＊ロシアに入る〔1924〕〈荒畑寒村〉露都で見聞した人・一「その演説中の一言は、殆んどキリスト教徒がバイブルを引照するが如く、共産党員によって金科玉条の如く引用せられてゐる」

金《きん》看《かん》板《ばん》
金文字を彫りこんだ目立つ看板。転じて、世間に誇らしげに示す主義や思想、または、その世界や組織などで筆頭に挙げられる人や物など。ちなみに、類語の「表《おもて》看板」は、劇場の正面に掲げる看板のこと。転じて、表面上の名目。↓一枚看板《いちまいかんばん》。

欣《きん》喜《き》雀躍《じゃくやく》
こおどりして喜ぶこと。大喜びすること。「合格通知を受け取って欣喜雀躍する」などと使う。

琴《きん》瑟《しつ》相《あい》和《わ》す
夫婦の仲がむつまじいことのたとえ。琴瑟相調《ととの》う。琴と瑟とを合奏してその音がよく合うところから。瑟は、二十五弦がふつうの大型の琴で、古くから琴との合奏に用いられた。＊助左衛門四代記〔1963〕〈有吉佐和子〉四・三「この夫婦仲は決して琴瑟相和したものではなかったから」

金《きん》字《じ》塔《とう》
金の字の形の塔。ピラミッドなどをいう。転じて、後世に長く残るようなすぐれた業績。＊フランスの百科辞典について〔1950〕〈渡辺一夫〉四「近代的な百科辞典のフランスに於ける最初の、ささやかな金字塔は、フュルチエールの手によって建てられた」

金《きん》城《じょう》湯《とう》池《ち》
きわめて守りの堅い城と堀。転じて、他から侵害されにくい所。金湯《きんとう》。金で造った城と熱湯をたたえた池との意。＊日本中世史〔1906〕〈原勝郎〉一・四章「唯此地たるや、主として源氏を奉戴せし東国武人の住せる武相豆三国の中央たるに近く、其地勢も亦金城湯池の要害なりとにはあらざれども」

錦上花《きんじょうはな》を添《そ》う
錦の上に花を置くように、美しい物の上に、さらに美しい物を加える。よい上にさらによいものを添える。

金子《きんす》
金の貨幣。また、広義では単に通貨のこと。「す」は「子」の唐宋音。もともとは、金貨の造られていなかった中世に、秤量貨幣として用いた金のことをいい、同様に秤量貨幣の銀を「銀子《ぎんす》」といった。＊夜明け前〔1932～35〕〈島崎藤村〉第一部・上・六・二「右百両の金子で、米、稗、大豆を買入れ」

琴線《きんせん》
琴やバイオリンなど、弦楽器の糸。転じて、物事に感動する心情を琴の糸にたとえていう。人間の心の奥深くにある感じやすい心情。感動し共鳴する心情。「心の琴線に触れる」のかたちでよく使う。＊抒情詩〔1897〕独歩吟〈国木田独歩〉序「当時火の如かりし自由の理想を詠出し、永く民心の琴線に触れしめたる者あらず」

金時《きんとき》の火事見舞《かじみま》い
顔の非常に赤いことのたとえ。顔の赤い金時が火事見舞に行ったら、熱気に当てられてますます赤くなるということから。金時は、坂田金時。いわゆる金太郎のことで、全身赤い肌をしていたとされる。「金時の醤油煮《だ》き」「猿の火事見舞い」も同じ意味。

銀流《ぎんなが》し
水銀に砥粉《とのこ》をまぜ、銅、真鍮《しんちゅう》などにすりつけて銀色にすること。また、そのようにしたもの。焼付け。転じて、外見はよいが、質の悪いもののたとえ。「銀流しは剥げ易い」といえば、外見がよくても質の悪いものは、一時は人をだますことができても、たちまち正体が現れるというたとえ。

【く】

食《く》い初《ぞ》め
生後一二〇日目（大阪は一〇〇日目）の小児に、食事を作って食べさせる祝いの儀式。小さな椀《わん》に、三〇センチメートル以上の箸で、実際には食べさせるまねだけをし、神棚や祖先の霊にその旨を報告し礼拝する。はしぞめ。はしたて。

ぐうたら
ぐずぐずして気力のないさま。なまけもの。ぐうたらな者その人。また、をさして「ぐうたら童子」「ぐうたら兵衛《べえ》」などともいう。→ずぼら。＊十三夜〔1895〕〈樋口一葉〉上「張も意気地もない愚《ぐ》うたらの奴《やつ》」

草《くさ》いきれ
夏、生い茂った草が強い日光に照りつけられて熱気を発すること。草いきり。夏の季語。＊俳諧・蕪村句集〔1784〕夏「草いきれ人死居ると札の立」＊暗夜行路〔1921～37〕〈志賀直哉〉三・一「草いきれのした地面からの温か味が気持悪く裾から登って来る」

腐《くさ》っても鯛《たい》
すぐれた価値のあるものは、いたんで駄目になったようでも、なお、その値打ちを保つということのたとえ。反対は「麒麟《きりん》も老いては駑馬《どば》に劣《おと》る」。

草葉《くさば》
草の葉。くさっぱ。「草葉色」といえば、草の葉の色のような青みがかった緑色。もえぎいろ。「草葉の陰《かげ》」といえば、墓の下のこと。あの世。黄泉。「草葉の玉」といえば、草の葉に置いた露を玉に見たてた語。草に置いた露。＊野菊の墓〔1906〕〈伊藤左千夫〉「今日は民子も定めて草葉の蔭で嬉しからう」

草《くさ》を結《むす》ぶ
草の葉や茎を結んで、生命の安全、旅の無事、幸運の持続などを願う上代の呪術的な習俗。また、道なき山野などを行く時、後から来る者への道しるべとして草で結び目をつくることや、旅寝をしたり、草庵を結ぶことにもいう。

奇《く》しき
不思議な。神秘な。「奇しき縁《えにし》」の形でよく使う。形容詞「くし」の連体形から。＊木の都〔1944〕〈織田作之助〉「皆学生好みの洋楽の名曲レコードであったのも、今にして想へば奇しき縁ですね」

櫛《くし》の歯《は》を挽《ひ》く
人の往来や物事などがひっきりなしに絶え間なく続くことのたとえ。櫛の歯は次々とひくようにしてけずり作るところからいう。櫛の歯の如し。＊曾我物語〔南北朝頃〕一・惟喬惟仁の位あらそひの事「右近の馬場より天台山平等坊の壇上へ、御使ひ馳せ重なる事、ただくしのはをひくが如し」

曲者《くせもの》
普通の人とどこか違ったところのある人物。変わりもの、変人や、なみなみでないものをいう。また、人間に限らず、あやしい物事に広く使い、泥棒や怪物、また、表面とは違って用心しなければならないものごとをさしていう。「あの愛想のよさが曲者なのだ」など。

管《くだ》を巻《ま》く
とりとめもないこと、また、不平などをくどくど言う。酩酊した状態などについていう。「くだ」は「くだくだしい」の「くだ」で、音が管に通じるところから「巻く」と続けたものという。＊雑俳・柳多留‐一七〔1782〕「あくるあさ女房はくだをまきもどし」

件《くだん》
「くだり（件）」の変化した語。ふつう、「くだんの」の形で連体詞的に用い、前に述べた、さっきの、例の、の意に用いる。「件の如し」は、書状、証文などの最後に書きしるす語句で、前に述べたとおりである、前記記載のとおりである、の意。多く「よって…くだんのごとし」の形で用いる。ちなみに、「如件」と書くことが多い。

内田百閒の小説『件《くだん》』は、人面牛身の怪物「件」を描いた短編。

口《くち》が奢《おご》る

美食に慣れて、食べ物にぜいたくになること。＊歌舞伎・戻橋脊御摂〔1813〕六立「油引かずの松葉煙草は昔の事、今ぢゃア誰も口《くち》が奢《おご》って、国府、酒むし丁子入り」

口《くち》さがない

他人のことについて、無節操に口悪く言いふらす傾向がある。批評がましく口うるさい。また、ことばに品位や節度がない。おしゃべりである。＊源氏物語〔1001～14頃〕行幸「くちさがなきものは世の人なりけり」

口《くち》三《じゃ》味《み》線《せん》

三味線の旋律を口で唱えること。第一弦、第二弦、第三弦の音をそれぞれトン、テン、チンで表すとか、それらを撥《ばち》ですくう音をロン、レン、ノンで表すとか、弦の区別や奏法や音色の区別を表すことができる。三味線の唱歌《しょうが》。転じて、「口三味線に乗せる」といえば、ことば巧みに言いまぎらして欺こうとすること。気をゆるさせてごまかす。口車に乗せる。＊浄瑠璃・冥途の飛脚〔1711頃〕上「くちじゃみせんにのせかけてものる様な男でない」

くちばしが黄色《きいろ》い

年が若くて経験が浅い。年若い人や未熟な人などをあざけっていう語。鳥類のひなはくちばしが黄色いことから。子どもっぽい。乳くさい。口脇黄ばむ。くちばしが青い。＊浄瑠璃・傾城反魂香〔1708頃〕上「口ばしのきな小すずめが、家老なみにつらなり」

口《くち》八丁《はっちょう》手《て》八丁《はっちょう》

しゃべることもすることも非常に達者であること。「八丁」は、八つの道具を使いこなすところから、巧者、達者の意。口も八丁手も八丁。＊或る死、或る生〔1939〕〈保高徳蔵〉五「春江の母は、春江から聞くと、女手一人で料理やをやってゐた、口八丁、手八丁のやり手で、物資本位のしたたか者で」

口幅《くちはば》ったい

身のほども考えないで大きなことを言うさまである。言うことが、えらそうに感じられるさまである。＊或る女〔1919〕〈有島武郎〉前・八「口幅ったいと思召すかも知れませんが、此二人だけは私縦令米国に居りましても立派に手塩にかけて御覧に入れますから」

口《くち》を糊《のり》する

やっと暮らしをたてる。貧しく生活する。「糊する」は粥《かゆ》をすするの意。口を餬《こ》す。＊高瀬舟〔1916〕〈森鷗外〉「骨を惜まずに働いて、やうやう口《くち》を糊《のり》することの出来るだけで満足した」

轡《くつわ》を並《なら》べる

くつわをはめた馬が首を並べて、いっしょに進む。転じて、二つ以上のものがいっしょに、または互角に物事を行う。＊真善美日本人〔1891〕

〈三宅雪嶺〉日本人の任務・三「各国の芸術と轡を駢べて相競はんと欲せば」

愚《ぐ》の骨頂《こっちょう》

この上なく愚かなこと。最もばかげたこと。「骨頂」は第一、最上の意。＊記念碑〔1955〕〈堀田善衛〉「親類も地主仲間も死物狂いになって反対したんだ、愚の骨頂だと云ってね」

首《くび》っ丈《たけ》

ある気持に強く支配されること。思いが深いこと。特に、異性などにすっかり惚れこんでしまうこと。また、そのさま。もとは「首丈《くびだけ》」で、首の丈まで深くはまるの意から。＊わかれ道〔1896〕〈樋口一葉〉中「質屋の禿頭《はげあたま》め、お京さんに首ったけで」

首《くび》っ引《び》き

もと、二人が向き合い、輪にしたひもを両者の首にかけわたして互いに引き合う遊戯をいった。狂言「首引《くびひき》」は鎮西八郎為朝が鬼たちとこの遊戯をするさまを描く。転じて、ずっと、ある一つの物と対して、それを放さないでいること。「辞書と首っ引き」のかたちでよく使い、あまり得意でない言語で書かれた原書などを読む際に、辞書を極めて頻繁に引くさまにいう。

くみしやすい

相手として扱いやすい。相手にして恐ろしくない。「くみやすい」は誤り。＊道草〔1915〕〈夏目漱石〉七八「与《くみ》し易《やす》い男だ」

雲《くも》を霞《かすみ》

いっさんに走って姿を隠すさまにいう。くもかすみ。＊義血侠血〔1894〕〈泉鏡花〉六「御者は真一文字に馬を飛して、雲《くも》を霞《かすみ》と走りければ」

燻《くゆ》らす

煙や匂いなどを立ちのぼらせる。くゆらかす。くゆらせる。＊大和物語〔947～957頃〕六〇「女の燃えたるかたをかきて、煙をいとおほくくゆらせて、かくなむ書きたりける」＊シベリヤ物語〔1950～54〕〈長谷川四郎〉人さまざま・三「自分では一番上等の巻煙草をくゆらしていた」

鞍《くら》替《が》え

それまでにしていたことをやめて、他のことをはじめること。職業などをかえること。もと、遊女や芸者などが他の遊女屋または遊里に勤めの場所をかえることをいった。＊夢の女〔1903〕〈永井荷風〉一一「寧《いっ》そ他の楼《うち》へ鞍替でも為様かと思始めたが」＊日本人のへそ〔1969〕〈井上ひさし〉二幕「反主流派から主流派へ鞍替えなさったろうが」

暮《く》れ方《がた》

暮れかかるころ。一日の終わり。また、年、年代、季節などの終わり。暮れつ方《かた》も同じ。＊曾我物語〔南北朝頃〕一二・母、二宮ゆきわかれし事「六十のくれがたに、念仏申して、つゐに往生しけるとぞきこえける」

暮《く》れなずむ

日が暮れそうで、なかなか暮れないでいる。＊真夏の死〔1952〕〈三島由紀夫〉「彼女はもう一度〈略〉暮れなづむ空の陶器のやうな澄明な青を見た」

黒文字《くろもじ》
クスノキ科の落葉低木。北海道渡島半島、本州、四国、九州の山地に生える。樹皮には黒色の斑紋がある。葉から黒文字油を採り香料とし、材には芳香があるので楊枝《ようじ》を作る。また、その楊枝のこと。単に、楊枝一般の別称にもいう。＊五重塔〔1891～92〕〈幸田露伴〉一「何心なくいたづらに黒文字《くろもじ》を舌端で嬲《なぶ》り躍らせなどして居し女」

くわばら
落雷を防ぐという呪文《じゅもん》。多くは「くわばら、くわばら」と重ねていう。菅原道真配流の後、度々落雷があったが、菅原家所領の桑原という地には一度も落ちなかったという言い伝えから、雷の鳴る時は桑原桑原といって呪言としたという説がある（『夏山雑談』『一挙博覧』）。一般に、いやな事を避けようとする時にも唱える。

薫陶《くんとう》
自己の徳で他人を感化すること。すぐれた人格で教え育て上げること。香《こう》をたいてかおりをしみこませ、粘《ねん》土《ど》をこね形をととのえて陶器を作る意から。＊助左衛門四代記〔1963〕〈有吉佐和子〉五・三「それにしてもくれぇまん先生の薫陶を受けた名残りは」

【け】

鯨飲馬食《げいいんばしょく》
鯨が水を飲むようにたくさん酒を飲み、馬が食べるようにたくさん食物を食べること。短時間に多量に飲んだり食べたりするさまのたとえ。牛飲馬食。

謦咳《けいがい》に接《せっ》する
尊敬する人に、直接話を聞く。直接、お目にかかる。面会すること、会うことの敬称。「謦」「咳」ともにせきの意で、せきばらいすること。＊金〔1926〕〈宮嶋資夫〉二五「安達の謦咳に接して、事業上の修養の資にしたい」

圭角《けいかく》がある
言語や動作などがかどだっていて、人と折り合わないこと。気性が鋭く円満でないこと。かどかどしいこと。圭角は、玉のとがったかど。反対は「圭角がとれる」でかどが取れて円満になる意。

炯眼《けいがん》
鋭く光った目。鋭い目つき、眼光。また、物の本質を見抜く鋭い眼力。物事を正確に認識、判断する力。慧《けい》眼《がん》。＊西行〔1942〕〈小林秀雄〉「流石に芭蕉の炯眼は、『其細き一筋』を看破してゐた」

稽古《けいこ》
修業。練習。特に武術、芸能などについていうことが多い。もと、「古《いにしえ》を稽《かんが》える」の意で、書物を読んで学

後世

問することにもいった。「稽古に神《じん》変《べん》あり」は、熱心に稽古すれば、能力以上の高い境地に達するものだの意。「稽古を付ける」は、武術、芸能などを修業する者に、直接教えて身につけさせること。＊風姿花伝〔1400～02頃〕序「見聞き及ぶ所のけいこの条条、大概注し置く処也」

鶏口《けいこう》となるも牛後《ぎゅうご》となるなかれ
大きな団体の成員になるよりは、小さな団体でも、そのかしらとなることのほうがよい、の意。中国戦国時代の縦横家の一人、蘇秦が諸侯を説得するのに用いたことで知られる。「史記‐蘇秦伝」「戦国策‐韓策・昭侯」から。

閨秀《けいしゅう》
才芸にすぐれた女性。「閨秀画家」「閨秀作家」などと使う。＊破垣〔1901〕〈内田魯庵〉二「明治の新教育を受けただけに閨秀の誉れ高く」

警世《けいせい》
人をいましめること。世間の人に警告を与えること。「警世の書」「警世家」などと使う。＊基督教思想の潮流〔1902〕〈植村正久〉「松村介石氏の警世も之につきて盛んに色めいて来たと承はる」

恵贈《けいぞう》
他人から金品や書籍などを贈られることを、贈る人を敬っていう語。「ご恵贈にあずかり、ありがとうございます」などと使う。恵投。恵与。ちなみに、「恵存《けいぞん》」は、保存してくだされば幸いの意で、人に贈り物、とくに自著を贈る場合などに、相手の名の脇に書きそえる語。

気圧《けお》される
勢いに押される。なんとなく気分的に圧倒される。＊浮世草子・好色五人女〔1686〕三・一「今朝から見尽せし美女ども、是にけをされて、其名ゆかしく尋けるに」＊雪国〔1935～47〕〈川端康成〉「なにか彼女に気押される甘い喜びにつつまれてゐたが」

逆旅《げきりょ》
はたご。やどや。旅館。また、旅をすること。旅。旅行。「げき」は「逆」の漢音で、迎えるの意。＊海道記〔1223頃〕萱津より矢矧「逆旅にして友なき哀には、なにとなく心細きそらに思ひしられて」

逆鱗《げきりん》
天子が怒ること。帝王が立腹すること。天皇の怒り。龍ののどもとにさかさに生じた一枚のうろこがあって、人が触れると怒って殺すという「韓非子‐説難」の故事から。転じて、目上の人が激怒すること。「逆鱗に触れる」のかたちでよく使う。＊思出の記〔1900～01〕〈徳富蘆花〉七・四「先生の逆鱗に触れたのであった」

怪訝《けげん》
わけが分からなくてなっとくがいかない様子。また、不思議に思うこと。あるいは、そのようなさま。多く「けげんな顔」の形で用いる。＊名張少女〔1905〕〈田山花袋〉四「帳場に坐って居た男が怪訝さうに自分の姿をじろじろ見て」

けじめ
差別や区別のこと。「けじめをつける」といえば、守るべき規範や道徳などに従って、行動や態度を明確にすること。それができないさまを「けじめがない」という。また、「けじめを食わす」といえば、他人に対して、自分とはっきり差別して扱うこと。人を卑しめて仲間はずれにすること。＊よじょう〔1952〕〈山本周五郎〉五「女たちにゃあけじめをくわされるし、どこへいっても鼻つまみだ」＊他人の顔〔1964〕〈安部公房〉白いノート「とにかく、けじめをつけるためにも、かぶり初めをしてみよう」

下《げ》足《そく》
足を下におろすこと。また、ぬいだ履《は》きもののこと。芝居、寄席などで、客がぬいだ履きものを預かる役目が「下足番」で、預かったしるしとして客に渡すのが「下足札《ふだ》」。すし屋などでイカの足を「げそ」と呼ぶのは、この「下足」の略。＊三四郎〔1908〕〈夏目漱石〉八「下《げ》足《そく》を受取って、出ると戸外は雨だ」

外《げ》題《だい》学《がく》問《もん》
いろいろの書物の名前だけは知っているが、その内容を知らないうわべだけの学問をあざけっていう語。本屋学問。「外題」は書物の表紙に貼《は》った短冊《たんざく》形の紙に書かれた表題。内題に対していう。転じて、書名のこと。

けだし
判断を下す時の、多分に確信的な推定の気持を表す語。多分。おそらく。思うに。けだしく。＊善財〔1949〕〈石川淳〉二「『春従春遊夜専夜』というふうに読めた。何のことか、たった七字の中に春といふ字が二つ遊といふ字が一つ夜といふ字が二つあるのだから、内容はけだし享楽主義だらう」

下《げ》駄《た》を預《あず》ける
ある問題について、その処理の方法や責任などを誰かに一任する。＊言語と文体〔1959〕〈江藤淳〉「もし幸にして究極の責任をとってくれるものが自分の上に存在し、そっちに下駄をあずけておいてもよいことになれば」

けちがつく
縁起の悪いことが起こる。よくないことが起こったために物事がうまく進まなくなる。また、「けちをつける」といえば、縁起の悪くなるようないやなことを言ったりしたりすること。また、欠点を見つけてけなすこと。難癖をつける。「仕事（商品）にけちをつける」などと使う。＊竹沢先生と云ふ人〔1924〜25〕〈長与善郎〉竹沢先生東京を去る・五「何だか先生の運命にケチが附き出したんではないか」

けちょんけちょん
徹底的にやりこめたりいためつけたりするさま。めちゃくちゃ。さんざん。こてんこてん。「けちょんけちょんにやられた」などと使う。

月下氷人《げっかひょうじん》

男女の縁をとりもつ人。媒酌人。なこうど。ともになこうどの意を持つ「月下老人」と「氷人」とが結合してできた語。「月下老人」は、唐の韋固《いご》が旅行先で月夜に会った老人から将来の妻を予言されたという「続幽怪録‐巻四」の故事から。「氷人」は、狐策《こさく》という男の、氷上から氷の下にいる人と話をしたという夢を晋人が判じて婚姻の媒酌人となることを予言し、その通り太守の息子の仲人をつとめることとなったという「晋書‐芸術伝」に見える故事から。

結構毛《けっこうけ》**だらけ猫灰**《ねこはい》**だらけ**

「結構」を茶化していうことば。「け」ではじまる語を重ね、さらに「毛だらけ」から猫を連想し、「だらけ」で終わるようにことばをつけたしたもの。「猫」がない形でも使う。＊露芝〔1921〕〈久保田万太郎〉四「『ええ。―ここで結構』『結構毛だらけ灰だらけか』」

結集《けっしゅう》

多くの人やものが集まって一つになること。多くの人やものを集めて一つにまとめること。また、その集まったもの。「努力」のような抽象的なものにも使うことができる。これに対して、漢字の順序が逆になった「集結」は、軍隊や警察など命令系統のはっきりした組織的な集まりに関して用いるのがふつう。

月旦《げったん》

もと、毎月のついたちの日のこと。中国、後漢の許劭《きょしょう》が従兄の靖と郷里の人々の人物評をし、毎月ついたちに品題を変えたという、「後漢書‐許劭伝」の故事から、「月旦評」という語が生まれた。それを略して「月旦」といえば人物評のことをさすようにもなった。＊引越やつれ〔1947〕〈井伏鱒二〉西南館「『あの奥さんは、たとへば裏長屋の九条姫だね』と月旦の言葉をもらしたことがある」

気取《けど》**る**

相手の気配や周囲の様子などから、表には現れていない本心、内意を察知する。感づく。＊青べか物語〔1960〕〈山本周五郎〉蜜柑の木「助なあこは自分の恋を秘し隠しにし、誰にも気《け》どられないように、最高の抑制を保ち続けていたが」

けなげ

困難や苦難などに立ち向かって、かいがいしく立派に振るまっており、それが立派でほめるべきさまであること。現代では、「一家を支えたけなげな少女」のように、年少者や力の弱い者について使うのがふつう。

下馬評《げばひょう》

責任のないところで種々の評をすること。また、その評判。世間の取りざた。下馬先で、主人を待っている間に、供奴《ともやっこ》たちがしあう批評やうわさ話の意から。「下馬先《さき》」は、社寺の門前、城門の前などで、下馬すべき場所。下馬札が立てられている場所。

閲《けみ》する
見る。調べ見る。改める。また、経る。過ごす。経過する。「けみ」は「検」の音から。＊俳諧・奥の細道〔1693～94頃〕壺の碑「疑なき千歳《せんざい》の記念《かたみ》、今眼前に古人の心を閲す〔＝今目の前に古人の心を見る思いがする〕」＊森鷗外〔1954〕〈高橋義孝〉三「この『己』はもう幾変遷を閲《けみ》して」

けれん
芸の本道からはずれ、見た目本位の奇抜さをねらった演出。放れ業《わざ》、早替わり、宙乗りなど。歌舞伎や人形浄瑠璃に多い。転じて、はったりやごまかしをいうこと。「けれんみ」は俗受けを狙ったはったりやごまかしの程度のことで、「けれんみたっぷりの演技」「けれんみのない演奏」などと使う。また「けれん師」は奇術的な演技を得意とする俳優、「けれん商売」ははったりやごまかしで客をひっかけるいかがわしい商売のこと。

狷介《けんかい》
自分の意志をかたく守って、他と妥協しないこと。人と相いれないこと。また、そのさま。狷狭。「狷」は意を曲げないこと。「介」はかたいこと。「狷介孤高」の形でもよく使い、自分の意志を固く守って、人々から離れ品格を高く保っていることをいう。

懸河《けんが》の弁《べん》
勢いよくすらすらとよどみのない弁舌。快弁。「懸河」は、傾斜が急で水が滝の落ちるように早く流れる川。＊経国美談〔1883～84〕〈矢野龍渓〉後・一四「旧典を引き故例に徴し滔々たる懸河の雄辯を振て斯国の外交委員を屈折せしかば」

剣《けん》が峰《みね》
火山の噴火口の周辺。主として富士山頂のものについていう。また相撲で、土俵の円周をかたち作る俵の最も高い部分のこと。土俵の周縁を富士山の火口壁に見立てたもの。転じて、少しの余裕もない、絶体絶命の状態。「剣が峰に立たされる」などと使う。

玄関《げんかん》
もと、玄妙な道に進み入る関門の意。奥深い禅門への入門や、端緒をいった。現代では、建物の正面などにある、その建物の正式な出入り口をいう。台所にある、正式でない出入り口「勝手口《かってぐち》」に対する。「玄関で茶漬《ちゃづ》けを食う」といえば、きわめていそがしいことや、ひどくせわしいことのたとえ。「玄関を張《は》る」といえば、玄関の構えだけを立派にするところから、外観を飾ること。見栄を張ること。

けんけん
片足で跳《と》びあるくこと。片足跳びの遊び。東京で生まれ育った高年層は「ちんちん」を使っていたが、近畿・中国・四国の瀬戸内地方に分布していた「けんけん」が、若者を中心に全国に急速に広まりつつある。＊絵合せ〔1970〕〈庄野潤三〉一「片足で『けんけん』をしながら走って行って」

乾坤一擲《けんこんいってき》
さいころを投げて、天が出るか地が出るかをかけること。自分の運命をかけるような大仕事、大勝負をすること。一擲乾坤を賭す。いちかばちか。＊人生劇場〔1933〕〈尾崎士郎〉青春篇・ハルピンへ！「常に乾坤一擲の勝負を夢みる夏村だけに」

言質《げんち》
あとで証拠となる約束のことば。「言質を取る」などと使う。「ち」は「質」の音の一つで、しちにおくこと、また、人じちなどの意に用いる。慣用で「げんしち」「げんしつ」とも読むが、本来は誤り。

剣突《けんつく》**を食**《く》**わせる**
頭ごなしにしかる。また、とがったことばつきで拒否する。けんのみを食わす。＊思出の記〔1900〜01〕〈徳富蘆花〉一〇・八「『わしが家には其《そ》様《う》云ふものは大嫌、〈略〉持って帰らっしゃい』と剣突喰はした可笑味」

喧伝《けんでん》
世に盛んに言いはやすこと。しきりに言いふらすこと。「広くご喧伝ください」などともいう。＊鼻〔1916〕〈芥川龍之介〉「鼻を粥の中へ落した話は、当時京都まで喧伝された」

捲土重来《けんどちょうらい》
一度失敗した者が、再び勢力を盛り返して来ること。一度負けた者が勢力を盛り返して攻め寄せること。けんどじゅうらい。「ちょう」は「重」の漢音。「捲土」は土煙をまき上げること。勢いのものすごいさま。＊戦国史記〔1957〕〈中山義秀〉一八「あの精悍な備後殿のこと、きっとまた捲土重来してまいるでおじゃろう」

現《げん》**なま**
現金をいう俗語。人の手当などに現金を与える意の近世上方語ショウ(生)の訓読ナマを金銭の意に用いたところから、現金を現ナマと重言していうようになったという。＊海の光〔1949〜56〕〈檀一雄〉四「ウィスキーを二本買い、残りの二万三千円を現ナマのまま伯父の手に差し出した」

剣呑《けんのん》
危険だと思うさま。また、どうなることかと不安であるさま。危険。「けんなん(険難)」の変化した語といい、「剣呑」はあて字。何事についても危険だ、不安だと思う性質を「剣呑性《しょう》」という。＊怪談牡丹燈籠〔1884〕〈三遊亭円朝〉一七「亭主が有っちゃア危険《けんのん》だから、貰ひ切て妾にしてお前の側へお置きヨ」

犬馬《けんば》**の齢**《よわい》
自分の年齢をへりくだっていう語。犬や馬がむだに年をとるように、なすこともなく年齢を重ねるの意。馬齢。馬歯。

犬馬《けんば》**の労**《ろう》
主君または他人のために力を尽くすことをへりくだっていう語。また、身を低くして、他人のために仕事をすることをもいう。犬や馬程度の働きの意。＊鳥獣戯話〔1960〜62〕〈花田清輝〉二・一「すすんで犬馬の労をとることをもあえて辞さない」

権柄《けんぺい》ずく

権勢にまかせて物を言ったり、ことを行ったりすること。また、そのさま。「ずく」は「尽く」。ちなみに、「権柄面《づら》」は権勢を誇示するような顔つき、「権柄眼《まなこ》」は権勢で相手を押えつけるような横柄な目つき。＊落語・玉の輿〔1894〕〈禽語楼小さん〉「殿様の御寵愛を傘に被て外の者に険柄《けんぺい》ヅクに当ったり無礼な事をして悪《にく》まれる様な事が有っちゃ、成ら無へ」

けんもほろろ

無愛想に人の頼みや相談事を拒絶して、取りつくしまもないさま。つっけんどんなさま。冷然としたさま。「けん」も「ほろろ」もキジの声。また、「ほろろ」はキジの羽音とも。「けん」は「けんつく」「けんどん」などの「けん」と掛けたもの。

験《げん》を担《かつ》ぐ

今後のできごとの吉凶に関わる迷信を気にして振舞うこと。連勝しているときはひげを剃らないとか家を出るときは必ず右足から踏み出すとかの類。「験」は、これから起こることがめでたいかどうかを知らせるしるし。前兆。「縁起」をひっくり返した「ぎえん」がなまったものとする説もあり、仮名書きにすることも多い。

妍《けん》を競《きそ》う

美しさ、優美さを競うこと。女性についていうことが多い。妍を争う。＊経国美談〔1883～84〕〈矢野龍渓〉後・一二「桜桃妍を競ふ」

言《げん》を俟《ま》たない

わかりきったことで、あらためて言うまでもない。「俟つ」は、必要とするの意。＊日本の下層社会〔1899〕〈横山源之助〉一・三「各種の工場に職工以外にして、尚工場に出入する人足多きや言を俟たず」

【こ】

小味《こあじ》

味のこまやかでよいこと。微妙で趣のある味。また、そのさま。「小味がある（いい）」などの形で、こまやかな味わいがある意でも用いる。また特に、取引相場で、相場の動きの幅が小さいが、売買におもしろみのあることにもいう。

恋風《こいかぜ》

恋の切なさが身にしみわたるのを、風にたとえていう語。小杉天外（1865 - 1952）に長編小説『魔風恋風《まかぜこいかぜ》』（一九〇三年発表）があり、帝国女子学院生萩原初野をめぐる恋愛悲劇を中心に、当時の男女学生の尖端的風俗を描いて、新聞小説として画期的な成功を収めた。

恋敵《こいがたき》

恋の競争相手。自分の恋愛を妨げたり、恋人を奪おうとしたりする人。＊一握の砂〔1910〕〈石川啄木〉忘れがたき人人・一「死にしとかこのごろ聞きぬ　恋がたき　才あまりある男なりしが」

小粋《こいき》

どことなく粋であること。少ししゃれたさま。さばけて洗練されているさま。小意気。＊あめりか物語〔1908〕〈永井荷風〉寝覚め「鳥渡《ちょっと》小綺麗《こいき》な下婢《めしつかひ》も居るが」

こいさん

「こいとさん」の略。末娘をいう語。下のお嬢さん。ふつう、目下の者が主家の末娘に対して用いる。多く関西方面でいう。↓いとはん。

恋路《こいじ》

恋を道にたとえた語。恋いつつおくる日々や恋の成り行きを道にたとえるとも、恋心は通うものであるところからともいう。歌では「泥《こひぢ》」と掛けることが多い。「恋路の念力《ねんりき》」といえば、恋に深く思いつめた力のこと。恋の一念。「恋路の闇」といえば、恋のために思慮分別を失うこと。＊浄瑠璃・用明天皇職人鑑〔1705〕道行「沖に恋路の恋路のまだいろはぶね、ほれてほの字の帆《ほ》が見ゆる」

希は《こいねがわく》

どうぞお願いだから。なにとぞ。命令もしくは希望の語を伴って、ひたすら願い頼むことを示す。本来、動詞「こいねがう」のク語法に助詞「は」の付いてできたもので、「願うことは」の意。願わくは。願わくば。＊当世書生気質〔1885～86〕〈坪内逍遥〉三「こひねがはくば君、一枚羽織を借《か》したまへ」

恋《こい》**のさや当**《あ》**て**

恋敵同士が争うこと。また、その争い。遊里で一人の傾城《けいせい》をめぐって恋敵の間柄にある二人の武士が、行きちがいに刀のさやを当てたことがもとで争いになるという、歌舞伎の趣向から。

恋文《こいぶみ》

恋い慕っている気持を述べた手紙。艶書《えんしょ》。懸想文《けそうぶみ》。艶文《つやぶみ》。恋の文《ふみ》。ラブレター。田中絹代の初監督作品（一九五三年）をはじめ、「向田邦子の恋文」（二〇〇四年）など、この語をタイトルに選ぶ映画やドラマは少なくない。

恋患《こいわずら》**い**

恋しく思うあまりに起こる、悩みや気分のふさぎ。恋病い。＊歌舞伎・東海道四谷怪談〔1825〕序幕「あのお嬢様は恋煩《こひわづら》ひだとよ。てめえを思ってゐるのぢゃアねえか」

紅一点《こういってん》

王安石の「詠柘榴詩」の「万緑叢中紅一点〔＝一面の緑の中の一輪の紅色の花〕」から、多くの同じような物の中で一つだけ異彩をはなつものをいうが、現在ではもっぱら、多数の男の中のただ一人の女の意で使われる。「陸上部の紅一点」「乗組員中の紅一点」など。

光陰矢《こういんや》**のごとし**

月日の過ぎるのは、飛ぶ矢のように早い。月日のたつのが早いことのたとえ。「光」は日、「陰」は月のこと。光陰流水のごとし。光陰に関守《せきもり》なし。

＊俳諧・毛吹草〔1638〕二「くはうゐんやのごとし　よめがしうとめになる」

甲乙《こうおつ》
年や日を表すのに用いられる十干（甲、乙、丙、丁、戊《ぼ》、己《き》、庚《こう》、辛《しん》、壬《じん》、癸《き》）の一番目と二番目。転じて、物事の第一位と第二位。「甲乙つけがたい」といえば、二つのものの優劣を判断するのが難しいこと。また、特に具体名を挙げずに物事をさすときに、「甲は…、乙は…」などと代名詞的にも使う。

口角《こうかく》泡《あわ》を飛《と》ばす
口からつばきを飛ばさんばかりに、勢いはげしく議論したりするさまにいう。「口角」は口の両脇の上下の唇が合う部分。転じて、話すこと。＊あめりか物語〔1908〕〈永井荷風〉春と秋「寄席へ出る女芸人の批評に口角泡を飛ばした事」

高《こう》歌《か》放《ほう》吟《ぎん》
あたりかまわず大きな声で詩歌をうたうこと。放歌高吟。＊彼の歩んだ道〔1965〕〈末川博〉五「別室には万年床の敷きっ放し。高歌放吟遠慮はいらない」

交誼《こうぎ》
親しいつきあい。心の通い合った交際。＊西洋事情〔1866～70〕〈福沢諭吉〉外・一「此時学校にミストル・ロビンソンなる者あり。殊にワットと金蘭の交誼を結びワットも亦この人に学て益を得ること多し」

好誼《こうぎ》
心からの親しみ。好意ある交際の気持。よしみ。＊路上〔1919〕〈芥川龍之介〉一七「どうだ。年来の好誼に免じて、一つ案内役を引き受けてくれないか」

厚誼《こうぎ》
深い親しみの気持。手厚いよしみ。＊西洋聞見録〔1869～71〕〈村田文夫〉前・上「邦俗の鄙言《ひげん》に人の厚誼を謝するとき某大明神と云ふことあり」

肯綮《こうけい》にあたる
物事の急所をつく。要点にぴたりとあたる。「肯綮」は、要点のこと。「肯」は骨についた肉、「綮」は筋肉と骨とを結ぶところ。料理の名人の庖《ほう》丁《てい》が梁の恵王の前で牛を料理した時、うまく肯綮に刃物をあて、肉を切り離したという「荘子‐養生主」の故事から。＊坊っちゃん〔1906〕〈夏目漱石〉六「実に肯綮に中った凱切な御考へで私は徹頭徹尾賛成致します」

膏血《こうけつ》を絞《しぼ》る
人民の労力や苦労して得た利益、財産をとりあげる。重い税を賦課することなどにいう。また、心身の苦労をつくして得る。苦労する。「膏血」は、人のあぶらと血。＊湯島詣〔1899〕〈泉鏡花〉一九「其の学費は、父が膏血を絞ったものであることはいふまでもないが」＊良人の自白〔1904～06〕〈木下尚江〉前・二七「『国家の公益、国権の拡張』などと云ふ看板を掛けて、人類の膏血を絞る政治屋」

巧《こう》言《げん》令《れい》色《しょく》鮮《すくな》し仁《じん》
ことば巧みで表情をとりつくろっている人は、かえって仁の心が欠けているものだの意。「論語‐学而」にみえる孔子の説いたことば。「令色」の「令」は「善」、「色」は顔色の意で、顔色をよくすること。こびへつらうさまにいう。

孝《こう》行《こう》をしたいときには親《おや》はなし
親の気持がわかるような年になって孝行がしたいと思っても、もう親は死んでしまっている。親が死んだ後で、孝行しておけばよかったと考えてくやむことが多いのをいう。↓風《ふう》樹《じゅ》の嘆《たん》。

後《こう》顧《こ》の憂《うれ》い
後に残る気づかい。あとの心配。＊良人の自白〔1904～06〕〈木下尚江〉前・一・四「多額納税者にも加へられようとする身分で、後顧の患《うれひ》が無いのだからネ」

嚆《こう》矢《し》とする
物事の初めであること。最初であること。「嚆矢」は、やじりに鏑《かぶら》を用いていて射ると音をたてて飛ぶ、いわゆる鏑矢《かぶらや》。昔、中国で、戦争の初めに鏑矢を射たところから。＊西洋聞見録〔1869～71〕〈村田文夫〉後・二「是を瓦斯灯の嚆矢とす」

好《こう》事《じ》門《もん》を出《い》でず
よい行いは、なかなか世間に伝わりにくい。こうずは門を出でず。「悪事千里を行く」と対になって使われることが多い。

後《こう》塵《じん》を拝《はい》する
地位や権力のある人を仰ぎ見て、うらやましく思うこと。また、他人に先んじられること。人の下風に立つこと。権力のある人にこびへつらう意で使うこともある。「後塵」は、車馬などが過ぎ去った後に立つ土ぼこり。＊百鬼園随筆〔1933〕〈内田百閒〉空中滑走「小生必ずしも著陸に際して、大人の後塵を拝するとは限らず」

好《こう》事《ず》家《か》
ものずきな人。また、風流を愛する人。＊文明論之概略〔1875〕〈福沢諭吉〉一・二「其状恰も好事家が古物を悦ぶが如し」＊虞美人草〔1907〕〈夏目漱石〉一〇「尤《もっと》も桜も好事家に云はせると百幾種とかあるさうだから」

後《こう》生《せい》畏《おそ》るべし
後から生まれてくる者は、これからどれほどの力量を示すかはかり知れないから、おそれなければならない。「論語‐子罕」に見えることば。＊黄表紙・心学早染艸〔1790〕上「これは見事だ。おれが子ながら、こうせいおそるべしだ」

浩《こう》然《ぜん》の気《き》を養《やしな》う
自らが天地の間に満ち広がると感じるような、公明正大でどこも恥じるところのないたくましい精神を育てること。転じて、のびのびとして解放された心持ちになることをいう。もと、「孟子‐公孫丑・上」にあることばで、そこでの「浩然の気」は、天地の間に満ち広がる、生命と活力のもととなる気のこと。＊吾輩は猫である〔1905～06〕〈夏目漱石〉一「吾輩はいつでも此所へ出て浩然の気を養ふのが例である」

紅灯《こうとう》の巷《ちまた》

花柳街。いろまち。また、遊郭、娯楽場、飲食店などの並ぶ歓楽街。はなやかなあかりのついている夜の街の意から。＊まんだん読本〔1932〕シャンパンを抜かう〈古川緑波〉「僕は、学校仲間に誘はれて、紅灯の巷って奴の味を覚えたんだ」

郷《ごう》に入《い》っては郷《ごう》に従《したが》え

その住むところの風俗や習慣に従うのが処世の法である。

業腹《ごうはら》

非常に腹の立つこと。しゃくにさわること。いまいましいこと。また、そのさま。業火《ごうか》が腹の中で燃える意。「業火」は、罪人を焼く地獄の火をいう仏教語。転じて、激しい炎のこと。＊歌舞伎・助六廓夜桜〔1779〕「業腹な奴等だ。亭主め、ふんばりめらをみんなここへ連れて来い」

口吻《こうふん》を洩《も》らす

ことばのはしばしからそれと想像できるようなものいいをする。それとわかるようなことばつきをする。「口吻」は、口さき、くちびる。転じて、話しぶり、くちぶり。＊田舎教師〔1909〕〈田山花袋〉三五「別に疑ふやうな口吻をも洩さなかった」＊世間知らず〔1912〕〈武者小路実篤〉二「芸者になりたいやうな口吻をもらす女なのだから」

紺屋《こうや》の白袴《しろばかま》

自分の技術が他人のためばかりに使われ、自身にまで及ばないことのたとえ。自分のことが後回しになること。また、いつでもできると思って放置しておき、結局はできなくて終わることのたとえにもいう。「紺屋」は染物屋のこと。類句に、「医者の不養生」がある。一説によると、昔、紺屋が多く白い袴をはいていたのは、染色の液を扱いながら白い袴に、しみ一つつけないという職人の意気を表したものだともいう。

甲羅《こうら》を経《へ》る

年功を積む。年数を経て老練になる。経験を重ねる。また、世間ずれしてあつかましくなる。「甲羅」を年功などという時の「功」にかけていう。劫《こう》臈《ろう》を経る。「甲羅が生《は》える」も同じ意味を表し、また、同じことを長く経験することにより要領よくなったりずるくなったりする意にも使う。

紅涙《こうるい》を絞《しぼ》る

悲しみの涙を流すこと。「観る人の紅涙をしぼる」などと使う。「紅涙」は血の涙で、悲しみが激しいあまり涙が血になるという誇張。「絞る」は、古文で泣くことを意味した「袖を絞る」「袖をしほる」（「しほる」は濡らす意）などの表現に基づく。

甲論《こうろん》乙駁《おつばく》

互いに論じ反論し合って議論がまとまらないこと。甲が論じ乙が反対する意。→甲乙《こうおつ》。＊愛国者たち〔1972〕

〈藤枝静男〉「それから甲論乙駁となって三時間にわたり」

呉越同舟《ごえつどうしゅう》

仲の悪い者同士、また、敵味方が、同じ場所にい合わせること。また、反目し合いながらも共通の困難や利害に対して協力し合うことのたとえ。「孫子‐九地」による語。「呉越」は、中国の春秋時代の呉国の人と越国の人のことで、両国はしばしば戦火を交えた。

小《こ》**金**《がね》

ある程度まとまった額の金銭。ちょっとした額の金。類語「小銭」もこの意味で使えるが、ごく小額の金銭、硬貨の意で使う方が一般的。それに対し、「小金」にはその意味はない。＊雑俳・水加減〔1817〕「小がねため・婆が冥途の旅用意」

ごきげんよう

久しぶりに出会った時、または別れる時などにいうあいさつのことば。相手の健康を祝ったり、また、それを祈る気持を意味する。「よう」は「よい」の連用形から。＊十三夜〔1895〕〈樋口一葉〉上「お父様《とっさん》もお母様《かっさん》も御《ご》機嫌《きげん》よう」

小《こ》**気**《き》**味**《み》**よい**

見たり聞いたりしていて気持がよい。痛快だ。物事の行われ方があざやかだったり、見た目が引き締まっていたりするときに使う。憎い相手の困ったり苦しんだりする様子を見聞きしたときにも使う。「いい気味だ」というのと同じ。＊二人女房〔1891～92〕〈尾崎紅葉〉上・一「眉毛は小《こ》気味《きみ》よく一文字に際立ち」＊或る女〔1919〕〈有島武郎〉前・二「葉子は〈略〉車内で彼から受けた侮辱に可なり小気味よく酬い得たといふ誇りを感じて」

故《こ》**旧**《きゅう》**忘**《わす》**れがたし**

旧友は、または、過去は忘れることができないということ。故旧忘れ得べき。高見順の小説『故旧忘れ得べき』（一九三六年刊）は、左翼運動に挫折した知識人の良心の呵責、虚無的な生活を描いた転向文学の傑作の一つ。タイトルは、主人公が仲間に「故旧忘れ得べき」を歌おうと呼びかける場面による。「蛍の光」の原曲にあたるスコットランド民謡の一節を訳したもの。

小《こ》**器用**《ぎよう》

ちょっと器用なさま。なんでもひととおりはうまくこなすさま。あまり高くは評価していない語感で用いる。＊浮雲〔1887～89〕〈二葉亭四迷〉一・六「また小器用《こぎよう》で、何一つ知らぬといふ事の無い代り、是一つ卓絶《すぐれ》て出来るといふ芸もない」

小《こ》**綺麗**《ぎれい》

ちょっときがきいていてきれいなさま。きちんとしていて気持がよいさま。あかぬけているさま。＊滑稽本・浮世風呂〔1809～13〕二・下「小ぎれいな男を亭主に持ちましたが」

小《こ》**首**《くび》**をかしげる**

首をちょっとかしげて考えをめぐら

す。また、不審がったり不思議に思ったりする。＊斜陽〔1947〕〈太宰治〉七「本当に不審のやうに少し小首をかしげて、しばらく僕の眼を見つづけてゐました」

極楽《ごくらく》とんぼ

楽天的で、現実生活にあまりこだわらない人や、職を持たないでぶらぶら遊び暮らしている者をあざけっていう語。「とんぼ」は、気楽で何もしない人の意。＊歌舞伎・菊模様法の燈籠（傾城玉菊）〔1857〕序幕「無芸大食何にもならねえぶらんさんの極楽《ごくらく》蜻蛉《とんぼ》で、部屋通りをごろつくが」

虚仮威《こけおど》し

実質はないのにちょっと見ると圧倒されるほど立派に見えるものの外見や、そう見せることをいう。＊自己の問題として見たる自然主義的思想〔1910〕〈安倍能成〉二「樗牛氏はこけ威しだといひ、浅薄だといひ、様々の難点を打つ人はあるけれども」

虚仮《こけ》にする

ばかにする。踏みつけにする。こけに踏む。こけにまわす。「虚仮」はもと仏教で、真実でないことをいう語。転じて、浅薄であることや、愚かであることをいう。＊金色の鼻〔1973〕〈古山高麗雄〉「桜川さんのやり方、あんまり僕をコケにしてると思うんですよ」

こけら落《お》とし

新築または改築された劇場で行われる初めての興行。新築落成を祝う最初の興行。新築、改築工事の最後に屋根や足組みなどの「杮《こけら》」を払い落としたところから。杮は、材木をけずる時にできるくず。こっぱ。＊断腸亭日乗〈永井荷風〉昭和一五年〔1940〕八月二九日「同劇場こけら落しは明治四十四年四月なりしと記憶せり」

沽券《こけん》にかかわる

品位や体面にさしつかえる。品位や体面が保てないとか傷つけられる場合にいう。「沽券」とは、売買契約を交した際に、売主から買主に与える証文。そこに物件の価格が記されていたことから、「価格」の意ともなり、さらに、品位、体面の意味をも持つようになった。＊入れ札〔1921〕〈菊池寛〉「国定村の忠次とも云はれた貸元が、乾分の一人も連れずに、顔を出すことは、沽券にかかはることだった」

糊口《ここう》をしのぐ

貧しく暮らす。やっと暮らしを立てて行く。「糊口」は粥《かゆ》をすること。転じて、暮らしを立てること。→口《くち》を糊《のり》する。＊異端者の悲しみ〔1917〕〈谷崎潤一郎〉一「八丁堀の一族は悉く彼の庇護を仰ぎながら、辛くも糊口を凌いで居た」

ここであったが百年目《ひゃくねんめ》

長年さがしていた敵《かたき》にめぐりあったときなどにいうことば。もう逃がさない、観念しろの意にも用いる。年貢の納め時。「百年目」は、運命のきわまる時。運のつき。

呱々《ここ》の声《こえ》を上《あ》げる

赤ん坊が産声をあげる。転じて、物事が新たに始まることにもいう。「新政府が呱々の声を上げる」などと使う。「呱々」は、乳児の鳴き声を表す語。＊雲は天才である〔1906〕〈石川啄木〉一「自分が呱々の声をあげて以来二十一年」

心祝《こころいわ》い
形式張らない心ばかりの祝い。内輪の祝いごとを謙遜していうのに使うことが多い。内祝い。＊妻〔1908～09〕〈田山花袋〉三八「勤は自分でも心祝の積で、手伝に来て居るお栄に晩酌の準備をして貰て居ると」

心配《こころくば》り
あれこれ気をくばること。心づかい。配慮。＊蟹工船〔1929〕〈小林多喜二〉五「然し妻でなかったら、矢張り気付かないやうな細かい心配りの分るものが入ってゐた」

心尽《こころづ》くし
相手のために心をこめてすること。また、そうする気持。「心づくしのもてなし」などと使う。古くは、物思いの限りを尽くすこと、心労のことだった。＊夜明け前〔1932～35〕〈島崎藤村〉第二部・上・四・四「お民が心づくしの手料理を味ふ口つきにも」

心《こころ》づけ
心にかけて金品を贈与すること。また、そのもの。祝儀。手当。現代では、感謝の気持や、よりよいサービスを求める気持を表すために与える少額の金銭をいう。チップ。＊朝飯〔1975〕〈中村光夫〉二「運転手にも助手にもいやな顔をされなかったのは父が心付をはずんでゐたからであらう」

心映《こころば》え
「映え」はもと「延《は》へ」で、外に伸ばすこと。つまり、心のはたらきを外におしおよぼしていくこと。そこから、ある対象を気づかう「思いやり」や、性格が外に表れた「気立て」の意となる。特に、心の持ち方が良い場合だけにいう。

心《こころ》ばせ
「ばせ」はもと「馳《は》せ」。つまり、心をある方向に動かすこと。そこから、心の動きの表れとしての「気立て」「たしなみ」の意となる。

ここを先途《せんど》と
ここが、勝敗、運命などを決するきわめて大事の場合であると、の意。ここを先《せん》。＊謡曲・夜討曾我〔1480頃〕「われら兄弟討たんとて、多くの勢は騒ぎあひて、ここを先途と見えたるぞや」

小賢《こざか》しい
利口ぶって出すぎた言動をすることや、卑劣なずるさをもっているさまをいう語。利口であることを意味する「賢《さか》しい」に接頭語の「こ」がついた語。

御自愛下《ごじあいくだ》さい
手紙の末文などで相手に向けて用い、自分の体に気をつけるように注意をうながすあいさつのことば。

腰折《こしお》れ文《ぶみ》

拙劣な詩文。へたな文章。腰折。自作の詩文をへりくだっていう場合にも使う。和歌の場合は「腰折れ歌」という。特に、和歌では第三句を「腰の句」というところから、上の句から下の句への続きが悪い歌のことを言うことが多い。＊源氏物語〔1001～14頃〕帚木「その者を師としてなん、わづかなるこしおれふみ作る事など、習ひ侍りしかば」

腰《こし》だめ
鉄砲を腰にあてがった状態。その姿勢から大体の見当で撃つこと。また、転じて、「腰だめで予算を立てる」のように、大体の見当で事をすること。また、そのさま。＊草のつるぎ〔1973〕〈野呂邦暢〉一「小銃を腰だめに構えて走る」

こじつける
むりに理由をつけて、筋の通ったようにする。むりに関係づける。むりやり理屈をとおす。似た語の「かこつける」は、「取材にかこつけて観光に行く」などと、一見それほど無理に見えない理由付けを示しておいて、実は別の理由、目的などがあるのをはっきりさせまいとするときに使う。＊他人の顔〔1964〕〈安部公房〉灰色のノート「あるいは後からこじつけた、想像だったかもしれない」

腰弁《こしべん》
「こしべんとう（腰弁当）」の略。腰に弁当をさげて出かけることや、その弁当のこと。転じて、毎日弁当を持って出勤するような下級役人や安月給取りをいう。江戸時代、勤番の下侍が袴の腰に弁当をさげて出仕したところから。ちなみに、森鷗外は一時期筆名「腰弁当」を用い、また、昭和の初期、東京都千代田区神田・丸ノ内付近一帯の道路は、関東大震災後急激に事業所が集中し、弁当を持った通勤者が増加したため、「腰弁街道」と呼ばれた。

小癪《こしゃく》
こざかしいこと。生意気なこと。また、ませていること。こましゃくれていること。「癪」は国字で、近代以前に、胸部や腹部に生じる疼痛（いわゆる「さしこみ」）をさして用いられた語。転じて、気に入らなくて、腹が立つさまをいう。＊いさなとり〔1891〕〈幸田露伴〉七〇「若い身で其様な小癪いふものでは無し」

御酒《ごしゅ》
飲む人、また、下さる人を敬って、その酒をいう語。おさけ。みき。酒を飲む人を「御酒家《ごしゅか》」、酒を飲んだときの機嫌、いわゆる一杯機嫌を「御酒機嫌」という。

小正月《こしょうがつ》
陰暦で、一月一日の大正月に対し、一月一五日の称。また、一月一四日から一六日までをいう。この日、繭玉《まゆだま》を飾ったりどんど焼きを行ったりする。新年の季語。小年《こどし》。二番正月。若年《わかどし》。

後生大事《ごしょうだいじ》
常に心をこめてつとめること。物事

を大切に保持すること。また、大げさに慎重なさまをからかっていうこともある。もと、来世の安楽を最も大切とすること、信心を忘れないことをいった。＊異端者の悲しみ〔1917〕〈谷崎潤一郎〉二「壊れた道具を後生大事に日本橋へ担ぎ込んで」

後生《ごしょう》だから
人におりいって事を頼みこむときに用いる語。お願いだから。「私の願いを聞き入れることはあなたの後生（来世）の安楽のためになることだから」の意からという。＊夢の女〔1903〕〈永井荷風〉九「後生だから其の辺まで一緒に来てお呉れな」

古色蒼然《こしょくそうぜん》
いかにも年月を経たように見えるさま。ふるびた色の現れているさま。＊当世書生気質〔1885～86〕〈坪内逍遙〉一二「上へ被《き》たる南部の袷《あはせ》は、古色蒼然として襟垢つきたり」

鼓吹《こすい》
意見や思想を盛んに主張して、相手に共鳴させようとすること。ひろく宣伝すること。ふきこむこと。「国粋主義思想を鼓吹した」などと使う。「鼓」は鼓を打ち鳴らすこと、「吹」は笛を吹くこと。＊田舎教師〔1909〕〈田山花袋〉四一「清三に其趣味を鼓吹した」

伍《ご》する
あるものと同等の位置に並ぶ。肩を並べる。仲間にはいる。＊当世書生気質〔1885～86〕〈坪内逍遙〉一二「千里の能ある駿足と雖も、之を知るの伯楽なければ、余義なく平凡の駑馬と伍して、我多々馬車を牽かざるを得ずだ」

姑息《こそく》
しばらくの間、息をつくこと。転じて、一時のまにあわせに物事をすること。また、そのさま。一時しのぎ。その場のがれ。現在では、「姑息なやり方で勝つ」などと、「卑怯」に近い意味で使われることもある。＊将来之日本〔1886〕〈徳富蘇峰〉四「去年サリスバリー侯内閣が姑息の手段を以て一時に彌縫《びほう》したるとはいへ」＊出家とその弟子〔1916～17〕〈倉田百三〉一・二「私はそれを姑息にも酔ひでごまかしました」

ご足労《そくろう》
相手を敬って、その人にわざわざ来てもらったり、行ってもらったりすることをいう語。「足労」は、足が疲れること。＊吾輩は猫である〔1905～06〕〈夏目漱石〉九「一寸御足労だが出てくれ玉へ」＊或日の大石内蔵助〔1917〕〈芥川龍之介〉「とんだ御足労を願って恐縮でございますな」

御託《ごたく》を並《なら》べる
自分勝手なことをえらそうに言う。または、つまらないことをくどくどと言いたてる。御託をあげる。御託をつく。「御託」は、神仏のお告げを意味する「御託宣」の略。それを告げる際の巫子《みこ》等の口振りがもったいぶった感じのものであるところから転じた。＊何処へ〔1908〕〈正宗白鳥〉

一「人生がどうの、宇宙がかうのと、人間が御託を並べるのは」

ごたごたする

物事が秩序なく混雑しているさま。ごちゃごちゃする。また、物事が混乱し、もつれているさま、もめごとの起こっているさま。「ごたごた」で「もめごと」を意味する名詞として使うこともある。「ごたごたがあった」など。＊吾輩は猫である〔1905～06〕〈夏目漱石〉三「何となくごたごたした文章である」＊恋を恋する人〔1907〕〈国木田独歩〉三「それで今夜はごたごたして居るから明日お目にかかる積《つもり》で居ましたの」

御《ご》多《た》分《ぶん》に漏《も》れず

他の大部分の人と同様に。例外ではなく。「ご他聞」と書くのは誤り。＊ハッピネス〔1973〕〈小島信夫〉一「お前さんもご多分に洩れず、子供を生んだり、煮炊きをしたり」

こぢんまり

小さくまとまっているさま。小さいなりに落ち着いているさま。多く「と」を伴って用いる。小さくまとまっているさまをあらわす「ちんまり」に「こ」がついたもの。＊地獄の花〔1902〕〈永井荷風〉八「成程静な小《こ》締《じんま》りとした三畳の間で」＊侏儒の言葉〔1923～27〕〈芥川龍之介〉天才「天才の悲劇は『小ぢんまりした、居心の好い名声』を与へられることである」

小《こ》体《てい》

質素なこと。つつましやかなこと。こぢんまりとしたこと。また、そのさま。＊黴〔1911〕〈徳田秋声〉二「切《きり》拓《ひら》いた地面に二棟四軒の小体《こてい》な家が、漸く壁が乾きかかったばかりで」

小《こ》手《て》先《さき》

手のさきの方。手さき。また、それでするような、ちょっとした技能・能力。＊藤十郎の恋〔1919〕〈菊池寛〉三「小手先の芸の問題ではなかった」

小《こ》手《て》をかざす

手を目の上に置いて目おおいとする。遠方を見るときなどにするしぐさをいう。＊宝の山〔1891〕〈川上眉山〉一「小高き枝に攀登《よぢのぼ》り、小手をかざして、遙に望むに」

言《こと》霊《だま》

古代、ことばにやどると信じられた霊力。発せられたことばの内容どおりの状態を実現する力があると信じられていた。「言霊の幸《さき》わう国」とは、言霊の作用によって幸福である国のことで、日本のこと。＊万葉集〔8C後〕一三・三二五四「しき島のやまとの国は事霊《ことだま》のたすくる国ぞまさきくありこそ〈人麻呂歌集〉」

こととて

助詞の「の」や連体形について、「…のことだから、なおさら」「…のことだから、やはり」などの意を表す。「子供の考えることとて、たわいがない」「熱がある時のこととて、ミスも多い」など。また、「…ではあるが、しかし」「…ではあっても」などの意も表す。「避けられぬこととて、悲しまずにはおれない」「知らぬこととて、ご無礼いたしました」など。

事触《ことぶ》れ
物事をふれあるき、世間に広く知らせること。しゃべり回ること。また特に、鹿島明神の御託宣と称するものをふれあるく、一種のものごいである「鹿島の事触れ」のことで、新年の季語。ちなみに、釈迢空〈折口信夫〉に歌集『春のことぶれ』（一九三〇年刊）がある。春の到来を告げしらせることばの意。

言祝《ことほ》ぐ
ことばで祝福する。よろこびを言う。祝福する。ことばに現実をあやつる力があると信じられていた日本古代の言霊《ことだま》思想を反映した語であるとみられる。現代語においても、日本古来の精神的伝統に合致した祝いごとについて用いられることが多い。例えば新年、結婚、長寿、事業の継続や達成など。

事寄《ことよ》せる
ある事に託す。かこつける。ゆだねる。事を行う口実にする。＊源氏物語〔1001～14頃〕乙女「母后《ははきさき》のおはしまさぬ御かはりの後見にとことよせて」

こなをかける
女性を誘惑しようと気軽に声をかける。

小憎《こにく》らしい
妙にしゃくにさわってにくらしい。こづらにくい。＊何処へ〔1908〕〈正宗白鳥〉一〇「建次は小憎らしい程平気なので」

木末《こぬれ》
木の枝さき。枝の先端の方。こずえ。「木《こ》の末《うれ》」の変化した語。＊万葉集〔8C後〕六・九二四「み吉野の象《きさ》山《やま》の際《ま》の木末にはここだもさわく鳥の声かも〈山部赤人〉」＊良寛歌〔1835頃〕「あを山のこぬれたちぐき〔＝梢の間をくぐって〕ほととぎす啼く声きけば春は過ぎけり」

木《こ》の下隠《したがく》れ
木の陰に隠れること。また、木の陰に隠れたところ。＊続後拾遺和歌集〔1326〕秋上・二九八「すむ月の影をばよそにみやき野の木の下隠鹿や鳴らん〈藤原公賢〉」

木《こ》の下月夜《したつきよ》
木の間からもれる月。

木《こ》の下闇《したやみ》
枝葉が茂って、木陰が暗いこと。また、その場所。夏の季語。＊貫之集〔945頃〕二「五月山このしたやみにともす火は鹿の立ちどのしるべなりけり」

木《こ》の芽時《めどき》
→木《き》の芽時《めどき》

子《こ》は鎹《かすがい》
子に対する愛情によって、夫婦の間が保たれ、夫婦の縁がつなぎとめられるものである。子は夫婦の鎹。「鎹」は、材木をつなぎ固めるために作られたコの字形の大釘のこと。落語「子別れ・下」は別名「子は鎹」ともいう。

小鼻《こばな》
鼻の先の左右のふくらんだところ。「こばなが落《お》ちる」は、小鼻の肉がそげ落ちる意から、病人が衰弱して死に近づいたさまをいう。「こばなをうごめかす」は、得意そうにするさま。「こばなをふくらます」は、不満そうにする様子や、おもしろくなさそうなさまに使う。

小腹《こばら》
腹について、ちょっとしたことが起こるときにいう。「こばらが立たつ(を立てる)」といえば、少し腹が立つ(を立てる)こと。妙にしゃくにさわること。「こばらが減る(すく)」といえば、ちょっと腹が減ること。＊二人女房〔1891〜92〕〈尾崎紅葉〉三「小腹を立てて二三日はつんつん」

小春日和《こはるびより》
冬の初め頃の、暖かく穏やかな気候。陰暦一〇月頃の春のような天気。冬の季語。＊千曲川のスケッチ〔1912〕〈島崎藤村〉七・小六月「秋から冬に成る頃の小春日和は、斯の地方での最も忘れ難い、最も心地の好い時の一つである」

小半時《こはんとき》
一時《いっとき》の四分の一。半時の二分の一。現在のほぼ三〇分。こはんじ。＊にごりえ〔1895〕〈樋口一葉〉六「紅ひの手巾かほに押当て其端を喰ひしめつつ物いはぬ事小半時《こはんとき》」

小膝《こひざ》を叩《たた》く
はっと思い当たったり、感心したり、また、おもしろいと思ったりした時などに手でひざを軽くたたく動作をいう。小膝を打つ。

小鬢《こびん》をかすめる
頭のちかくをとおりすぎる。「小鬢をかすめる風」などと使う。「小鬢」は頭の左右側面の髪。特にこめかみのあたり。

御不浄《ごふじょう》
便所を遠まわしにいうことば。主に女性が使う語。＊父の詫び状〔1978〕〈向田邦子〉隣りの匂い「朝刊を持った父がご不浄に立ってゆく」

小《こ》ぶり
もののかたちや動作が普通より小さいさま。＊蝶の皿〔1969〕〈秦恒平〉「黄瀬戸の小ぶりな鉢を畳に置いて」＊死者の遺したもの〔1970〕〈李恢成〉「わざとらしい小ぶりな投球モーションをしていたが」

御幣《ごへい》
幣束《へいそく》を敬っていう語。神前に供える幣帛《へいはく》の一種。白色または金、銀、五色の紙を段々に切り、竹や木の幣串《へいぐし》にはさんだもの。神前に供えたり、神主が祓《はら》いをしたりする時に用いる。「御幣を担ぐ」とは、御幣で不吉なものを祓《はら》うところから、迷信を気にかけた振る舞いをすること。＊妻〔1908〜09〕〈田山花袋〉三二「女は御幣ばかり担《かつ》いで仕方がない」

ごぼう抜《ぬ》き
もと、ごぼうを土中から抜くように、棒状のものを一気に抜き取ることをいい、転じて、人材を他から引き抜くなど、多くの中から一つずつを勢いよく抜き出すことをいった。現在では、競走などで、数人を一気に抜き去ることなどにいう。

こましゃくれる

子どもが、おとなびたこざかしい言動をする。子どもがませた様子をする。こまっしゃくれる。こまさくれる。こまっちゃくれる。＊滑稽本・浮世風呂〔1809～13〕三・上「としのころ十か十一ばかりの小娘こましゃくれた形《なり》にて」

小股《こまた》の切《き》れ上《あ》がった

すらりとした体つきをいう語。普通、きりりとして小粋な感じのする女性に使う。「小」は接頭語とみられるが、「小股」という部位があるとする説もあり、その場合も、足の親指と第二指の間の部分とする説、下腹部の左右を上に走る二つの鼠蹊線とする説など、さまざまである。＊或る女〔1919〕〈有島武郎〉前・一七「皮肉な反語のやうに小股《こまた》の切れあがった痩せ形なその肉を痛ましく虐げた」

小町《こまち》

きわめて美しい娘。美人。美女。小《こ》町娘《まちむすめ》。ふつう、その時代やその土地の名の下に付けて、それを代表する美人とする。「天明小町」「日本橋小町」など。平安時代の歌人、小野小町《おののこまち》が美人であったとされるところから。また、「小町糸」といえば、娘を「いと」「いとはん」などというところから、糸にかけて下町風の美人の俗称としたもの。

小耳《こみみ》に挟《はさ》む

ちょっと耳にする。小耳に聞きはさむ。また、ふと耳にする。＊滑稽本・浮世風呂〔1809～13〕三・下「子供衆《こどもし》といふものは、能くまア子耳《こみみ》にはさんで、お忘《わすれ》なさんねへ物でございますネヱ」

小娘《こむすめ》

少女。年齢、精神、身体など、まだ未熟な少女を、いくぶんあざけっていう場合もある。ちなみに、「小息《こむす》子《こ》」ということばもある。「小娘と小袋は油断がならぬ」といえば、小さい袋はほころびやすく、若い娘は傷がつきやすくて、どちらも目が離せない、の意。「小娘の看経《かんきん》老人の夜歩き」は、ものごとの不似合いなことや、さかさまであることのたとえ。「小娘と本生りの夕顔」は、外形は小さく見えても中身は成熟していることのたとえ。「本生り」は、草木の根に近いほうでなった実のこと。「小娘と茶袋《ちゃぶくろ》」は、どちらもすぐに色気づくの意。「茶袋」は、茶を煮出す時に茶の葉を入れる袋。

ごめんあそばせ

近代の女性語。許しを請うときに発することば。尊敬表現として「あそばせ」を用いる言葉遣いを「あそばせことば」といい、女性の極めて丁寧な言葉遣いや上品ぶった口のきき方。＊われから〔1896〕〈樋口一葉〉八「御《ご》免遊《めんあそ》ばせ、私は能う頂きませぬほどにと盃洗の水に流して」

ごめん下《くだ》さい
他家を訪問した時の呼びかけのことば。また、許しを請う時にもいう。動詞「ます」の命令形「ませ（まし）」を付けていっそう丁寧に表現することもある。＊浮雲〔1887～89〕〈二葉亭四迷〉二・一〇「お気に障ったら真平御免下さい」＊明暗〔1916〕〈夏目漱石〉一八二「『御免下さい』一言の挨拶と共に室の中に入った津田はおやと思った」

こもごも
互いに入れかわって。かわるがわる。つぎつぎに。「悲喜こもごも」のかたちでよく使う。＊当世書生気質〔1885～86〕〈坪内逍遙〉九「其他是非の批評こもごもいでたり」

木《こ》漏《も》れ日《び》
樹木の枝葉の間から漏れてくる日射し。＊測量船〔1930〕〈三好達治〉昼「さらさらと木洩れ日が流れて滑り」

孤立無援《こりつむえん》
仲間がいずに一人ぼっちで、援助する者のいないこと。＊若い詩人の肖像〔1956〕〈伊藤整〉五・一「私はこの大きな都会の真中の真空のような場所でいま自分が孤立無援であることに、ぞっとした」

五里霧中《ごりむちゅう》
深い霧の中で方角がわからなくなってしまうこと。転じて、物事の事情がまったくわからず、すっかり迷ってどうしてよいかわからなくなってしまうこと、手さぐりで進むことのたとえ。張楷は、道術を好み、五里にもわたる霧を起こすことができたという「後漢書‐張楷伝」の故事から。「五里霧の中」の意からで、「五里‐霧中」と区切っていうのは本来的ではない。＊明暗〔1916〕〈夏目漱石〉一三四「彼は今日迄其意味が解らずに、まだ五里霧中に彷徨してゐた」

孤塁《こるい》
孤立したとりで。「孤塁を守る」の形で、孤立無援の状態にありながらも、一人、あるいはわずかな人数でことを進めて行くことをたとえていう。＊傷ついた葦〔1970〕〈曾野綾子〉三・一「自分はこの教会という孤塁を遂にひとりで守らされているのだ、という感じが」

これはしたり
意外なことに対する驚きや、とんでもないという気持を表す。これは驚いた。これはまあ。また、自分の失敗に気づいた時にもいう。しまった。＊草枕〔1906〕〈夏目漱石〉一二「『先生、先生』と二声掛けた。是はしたり、何時目付かったらう」

これみよがし
態度や動作がこれを見よといわんばかりに得意そうであるさま。人目をはばからずあてつけがましいさま。意識的に見せつけている感じがするさま。「がし」は接尾語。＊滑稽本・浮世風呂〔1809～13〕三・下「是見《これみ》よがしにいかい事尻をおならべだ」

ご覧《ろう》じろ
ご覧なさい、の意。「ご覧になる」の

意の動詞「ご覧《ろう》じる」の命令形。「細《さい》工《く》は流々《りゅうりゅう》仕上げをご覧じろ」とは、仕事の方法はいろいろあるのだから、途中でとやかくいわないで、出来上がりを見てから批評せよ、の意。自信のほどを示すことば。↓細工は流々。＊滑稽本・浮世風呂〔1809～13〕前・上「それ御覧《ごらう》じろ、俳諧が好だ」

頃《ころ》しも

その時ちょうど。時まさに、そのおり。連体形や助詞「の」を受けて使うことが多いが、文頭にきて副詞のように用いることもある。＊徒然草〔1331頃〕八九「ひとりありかん身は、心すべきことにこそと思ひける比《ころ》しも」＊曾我物語〔南北朝頃〕一・同じく伊東が死する事「ころしも夏の末つ方、峰に重なる木の間より」

殺《ころ》し文句《もんく》

男女間で、相手を魅了し悩殺するような巧みな文句。また、一般に、相手の気持を決定的にひきつけるようなことば。＊二人だけの旅〔1970〕〈津村節子〉「あなたの赤ちゃんを産みたいと言うのが、殺し文句だっていうわよ」

声色《こわいろ》

声のひびき。声の様子。こえつき。こわね。「声色を遣《つか》う」といえば、人の声色をまねること。特に有名人の声をまねることを得意とする芸人を「声色師」「声色遣い」「声色屋」などといった。

小《こ》脇《わき》に抱《かか》える

脇の下にちょっと抱え込む。

権化《ごんげ》

ある抽象的な精神的特質や思想が、そのまま人の姿をとったかと思われるほど、その特性がいちじるしい人をさしていう。もと、仏教で、仏や菩薩が衆生を救済するために、仮に人間に姿をかえて、この世に現れること、また、その現れたものをいう語。権現。「権」は仮の意。＊吾輩は猫である〔1905～06〕〈夏目漱石〉一○「君は心配の権化である」

【さ】

さあらぬ

なにげない。そしらぬ。何でもない。「顔」「態」「様子」などに続けて用いられる。略して「さらぬ」ともいう。＊地獄の花〔1902〕〈永井荷風〉九「何処までも然《さ》あらぬ様子を作って」

細《さい》工《く》は流々《りゅうりゅう》

やり方をとやかくいわずに、出来上がりを見てから批評せよ。「細工は流々仕上げを御ろうじろ」の略。＊明暗〔1916〕〈夏目漱石〉一四二「心配する事があるもんですか。細《さい》工《く》はりうりう仕上《しあげ》を御覧《ごら》うじろって云ふぢゃありませんか」

賽《さい》は投《な》げられた

対処しなければならないことを目の前にし、もはややるしかない状況であること。ラテン語 Alea jacta est の訳。スエトニウス著『帝王伝』中のカエサル（シーザー）がルビコン川を渡るときに言ったといわれることば。＊ブウランジェ将軍の悲劇〔1935～36〕〈大仏次郎〉四月一日・四「勝てば内閣を倒して堂々と巴里に入城出来るのである。賽《さい》は投げられた。牢獄を捨てて亡命の道を選んだのは将軍の気質の然らしめたところとも云へるだらう」

棹《さお》さす
調子を合わせて、うまくたちはたらく。もともとは、棹を水底に突き立てて舟を進めるの意であり、そこから比喩的に、機に乗じるの意でも用いられるようになった。近年「流れ（流行・時流）にさおさす」の形で、「逆らう」「逆行する」の意に用いられることがあるが、これは本来の意味とは合わない。流れに棹をさせばさらに進むはずだ。＊菊池君〔1908〕〈石川啄木〉四「『毎日』の西山社長は、正に此新潮に棹《さおさ》して彼岸に達しようと焦慮って居る人なので」

早《さ》乙女《おとめ》
少女。おとめ。夏の季語。「さ」は接頭語。古くは、田植えをする女性や少女のことをさし、特に、各地の神社の田植え神事に奉仕する田の神に仕える聖なる女性をいった。川柳では特に、大阪市住吉区の住吉神社の御田植祭に奉仕した泉州（堺市）の乳《ち》守《もり》の遊女をいう。＊雑俳・柳多留‐六五〔1814〕「うかれ女も早乙女となる神事也」＊俳諧・おらが春〔1819〕「早乙女や子のなく方へ植て行〈葉捨〉」

逆《さか》捩《ね》じ
他からなじられたのを、逆になじりかえすこと。多く「逆ねじを食う（食わす）」の形で用いられる。＊漫談集〔1929〕見習諸勇列伝の巻〈徳川夢声〉「ヨタを言ふベンシなるが故にヨタベンである、と斯う逆《さか》ねぢを喰《く》ふ恐れが有ったですから、許してやりました」

先《さき》駆《が》け
他のものより先になること。さきんずること。もとは、まっさきに立って敵中へ攻め入ることをいった。時代の最先端・パイオニア等々をイメージさせるためであろうか、団体名などに用いられることが多い。＊蛙〔1938〕〈草野心平〉たまごたちのゐる風景「春の魁《さきが》けいぬのふぐりは小さいコバルトの花をひらいた」

幸《さきわ》う
幸運にあう。豊かに栄える。栄えさせる。幸福になる。幸運を与える。幸いがあるようにする。＊万葉集〔8C後〕五・八九四「言霊《ことだま》の　佐吉《サキ》播布《ハフ》国と　語り継ぎ　言ひ継がひけり〈山上憶良〉」

さし
二人ですること。二人で向かいあいになること。特に、遊興、情事、語り合いなどを二人だけで行うこと。さしむかい。＊大阪の宿〔1925～26〕〈水上滝太郎〉二・二「帳場をしまって、湯に入って、からだの楽になったかみさんと、さしで遊ぶのがおきまりだ」＊葉花星宿〔1972〕〈松本清張〉五「真実の叱責であったら、人を遠ざけ、一対一《さし》で云えばよい」

差《さ》し金《がね》
背後で人を指図して動かすこと。もとは、操り人形で、人形の腕にしかけた長い棒のことをいったが、転じて、陰で人をあやつることの意に用いられるようになった。＊坊っちゃん〔1906〕〈夏目漱石〉一一「それが赤シャツの指金だよ」

さすれば
そうであるなら。そうだとすれば。しかる上は。副詞「さ」に動詞「す」の已然形「すれ」、助詞「ば」が付いてできた語。ある事柄を真であると認めれば、当然こうなるはずだという判断がみちびく接続語。＊滑稽本・浮世風呂〔1809～13〕四・上「ありがたい主人だと思ふから自然と忠義の心が起る。さすれば其奉公人が律義に守て呉れるゆゑ、主の家も繁昌する」

誘《さそ》い水《みず》
ある事態のきっかけとなる事態。呼び水。もとは、井戸のポンプの水の出が悪いときに、中の水を導き出すためにポンプに注ぎ入れる水のことをいった。＊俳諧・広原海〔1703〕一四「結納樽世の萍《うきくさ》のさそひ水」

さぞかし
さだめし。きっと。どんなにか。副詞「さ」に強意の助詞「ぞ」「かし」がついたもの。多く推量の表現とともに用いられるが、単に想像するだけでなく、共感する意をも示すことが多い。＊吾輩は猫である〔1905～06〕〈夏目漱石〉九「髯《ひげ》も嘸《さぞ》かし難儀であらう」

さぞや
どんなにかまあ。それはそれは。副詞「さ」に強意の助詞「ぞ」、詠嘆の助詞「や」がついたもの。多く推量の表現とともに用いられ、詠嘆の意が加えられる。＊俚謡・選炭節（日本民謡集所収）〔大正頃〕「あんまり煙突が高いのでさぞやお月さん煙たかろ」

沙《さ》汰《た》の限《かぎ》り
もってのほか。是非を論じる範囲を越えていること。もとは、裁判として取り上げられる範囲をいったが、現在は、それを超えた論外なことというマイナスイメージで用いられている。＊春の城〔1952〕〈阿川弘之〉二・五「大体この戦争自体が頗る馬鹿げたものなので、それに巻き込まれて一生懸命になる等は沙汰の限りだという事」

定《さだ》めし
きっと。たぶん。「さだめて」や「さぞかし」と同じく、下に推量の表現を伴って用いられる。「し」は古い強意の助詞。＊西洋道中膝栗毛〔1870～76〕〈仮名垣魯文〉三・上「定《さだ》めし美麗婦人《ずこいしろもの》らしいよ」

札《さつ》びら
紙幣。さつ。多く「さつびらを切る」

の形で、「大金を惜しげもなく使う」の意に用いられる。＊縮図〔1941〕〈徳田秋声〉日蔭に居りて・三「株券なども多少残ってゐて、可なり派手に札びらを切ることも出来たのだが」

薩摩守《さつまのかみ》　車や船などに無賃で乗ること。薩摩守平忠度の名「ただのり」を「ただ乗り」にもじった言いかた。平忠度は『平家物語』や謡曲でよく知られる人物である。謡曲「忠度」は古く「薩摩守」といった。また、狂言「薩摩守」は、茶代も持っていない旅僧をあわれんで、茶屋の亭主が、この先の渡しでは「平家の公達薩摩守忠度《ただのり》」というしゃれを言ってただ乗りせよと教えるが、旅僧はしゃれの心の「忠度」を忘れて船頭にしかられるというあらすじである。

さてこそ　やっぱり。案の定。思ったとおり。予感が適中したことに驚きを伴って発することば。＊浮世草子・好色五人女〔1686〕三・五「ひそかに様子を聞けば江戸銀のおそきせんさく若ひもの集て〈略〉物語せし末を聞に、さてこそ我事申出し」

さても　それにしてもまあ。さてさて。何かに感心した時に発することば。＊源氏物語〔1001〜14頃〕若紫「さてもいと美しかりつる児《ちご》かな」

左党《さとう》　好んで酒を飲む人。酒に強い人。金鉱を掘る者が鑿《のみ》をもつ左手をノミ手といったところから、飲手にかけて酒飲みのことを「左利き」といい、それを洒落て呼んだもの。

さなきだに　そうでなくてさえ。ただでさえ。さらぬだに。副詞「さ」に形容詞「なし」の連体形「なき」と助詞「だに」とが付いてできた語。全体として副詞のように用いる。＊金刀比羅本平治物語〔1220頃か〕中・義朝奥波賀に落ち著く事「さなきだに冬はさだめなき世のけしきなるに、比は十二月廿八日、空かき曇り雪ふりて」

差配《さはい》　取り仕切ること。指図すること。特に、所有者の代わりに、貸地、貸家などの管理をすること。公《おおやけ》が人をつかわすという「差」の字義から外れて、音の近似する「采配」「座配」等に通じて多く使われる。＊安住の家〔1938〕〈上林暁〉「僕もいつか大家から頼まれて、近所の空家の差配をしたことがあるが」

さはさりながら　それはそうだが。相手の発言を認めながらも、異なることを主張するときに用いることば。＊腕くらべ〔1916〜17〕〈永井荷風〉はしがき「さはさりながら敵をわらふ兄弟も」

さばを読《よ》む　物を数えるとき、実際よりごまかすことをいう。「よむ」は、数えるの意。「さば」の語源は未詳。一説に、刺しサバなど二枚重ねを一連として数えたことからとし、また一説に、市場においてサバなどは非常に早口に数えて箱に投げ入れられるもので、正確に数えられることはないとするものがある。以上は「さば」が魚の「サバ」と解釈されているものであるが、「さば」は、魚市場の意の「いさば」の「い」が脱落したものとする説もある。＊西洋道中膝栗毛〔1870～76〕〈総生寛〉一三・下「通《つう》さん己《おい》らに蟹文字《よこもじ》がよめねへと思って偽《さば》を読んじゃアいけねへぜ」

様々《さまざま》

自分に恩恵をもたらす人や物に添えて、懇願、感謝、賛嘆などの気持を表すことば。大げさにありがたがったり、少しからかった調子で用いられることもある。接尾語「様《さま》」を重ねた語。＊日本拝見・稚内〔1957〕〈中野好夫〉「四万七千の人口のうち、一万一千余は漁業人口とあるし、なおまたそれに依存して成り立っている生業を入れれば、まことにサカナ様々である」

さまで

それほどまで。そこまで。そんなに。副詞「さ（然）」に助詞「まで（迄）」が付いてできた語。副詞「さ（然）」の程度を限定強調した言いかたで、多く下に打ち消し表現を伴って用いられる。＊尋常小学読本（明治三七年）〔1904〕八・六「わが国の機械工業は、いまださまで進まざれども」

五月雨《さみだれ》

陰暦五月頃に降りつづく長雨。また、その時期。つゆ。梅雨《ばいう》。さつきあめ。夏の季語。「さ」は「さつき（五月）」の「さ」と同根で、「みだれ」は「水垂」であろう。「さみだれ」が少しずつ繰り返し降ることから、断続的に少しずつ行われることにたとえられ、「さみだれ式」「さみだれスト」などと用いられることもある。＊俳諧・奥の細道〔1693～94頃〕最上川「五月雨をあつめて早し最上川」

さめざめ

しきりに涙を流して静かに泣くさまを表す語。多く「と」を伴って用いる。＊更級日記〔1059頃〕「これ見ればあはれに悲しきぞとて、さめざめとなき給ふを見れば、ふしまろび泣き歎きたる影写れり」

座《ざ》持《も》ち

宴会などで、その場が盛り上がるよう気を配ること。また、その仕方や、仕方の巧みな人。＊縮図〔1941〕〈徳田秋声〉時の流れ・六「若い美妓もあり、座持のうまい年増もあった」

鞘《さや》当《あ》て

二人の男が一人の女性を争うこと。もとは、路上ですれちがった武士が、互いに刀の鞘をぶつけることをいった。のちに、わずかのことで争うことの意に転じ、さらには、女性の奪い合いの意に限って用いられるようになった。＊重右衛門の最後〔1902〕〈田山花袋〉八「若者と若者との間にその娘に就いての鞘当が始まる」

清《さや》か
はっきりとしているさま。明るく清らかであるさま。「か」は接尾語。古くは、「音声が高く澄んでいるさま」や「さわやかなさま」「爽快なさま」などの意でも用いられ、秋の季語でもあった。現在は女性の名前に多い。＊古今和歌集〔905〜914〕秋上・一六九「あききぬとめにはさやかに見えねども風のおとにぞおどろかれぬる〈藤原敏行〉」

さやぐ
さやさやと音がする。ざわざわという音がする。ざわめく。多く木の葉が風にそよぐ形容に用いられたが、その音や程度が強調されると「さわぐ」と同様にも使われた。＊万葉集〔8C後〕一〇・二一三四「蘆辺なる荻の葉左夜芸《サヤギ》秋風の吹き来るなへに雁鳴き渡る〈作者未詳〉」

明《さや》けし・清《さや》けし
はっきりしていて明らかである。あざやかである。「けし」は接尾語。「さやか」と同様、古くは「さわやか」や「すがすがしい」などの意でも用いられ、秋の季語でもあった。＊源氏物語〔1001〜14頃〕末摘花「八月廿余日、宵過ぐるまで、待たるる月の心もとなきに、星の光ばかりさやけく、松のこずゑ吹く風のおと、心ぼそくて」

白《さ》湯《ゆ》
沸かしただけで、何もまぜないで飲む湯。＊浮世草子・好色一代女〔1686〕六・三「ひとつもある衣類を売絶て、明日の薪に棚板をくだき、ゆふべは素湯《さゆ》に煎豆歯にのせるより外なし」

座《ざ》右《ゆう》
身近な所。かたわら。身辺。もとは、「座席の右」の意。「愛読書」の意の「座右の書」、または「日常のいましめとすることば」の意の「座右の銘」の形で用いられる。＊非凡なる凡人〔1903〕〈国木田独歩〉上「何度此書を読んだか知れない、〈略〉そして今日と雖も常にこれを座右に置いて居る」

さよなら三角《さんかく》また来《き》て四角《しかく》
別れのあいさつを明るくふざけていう言いかた。別れが湿っぽくならずにすむ効果があるが、大人は使いにくい。

小《さ》夜《よ》の寝《ね》覚《ざ》め
夜中に目がさめること。夜半《よわ》の寝覚ともいう。＊新古今和歌集〔1205〕冬・六二九「むかし思ふさ夜のねざめの床さえて涙もこほる袖のうへかな〈守覚法親王〉」

小《さ》夜《よ》更《ふ》けて
夜が更けて。夜のふけようとするころを「小夜更けがた」という。＊古今和歌集〔905〜914〕物名・四五二「さ夜ふけてなかばたけゆくひさかたの月ふきかへせ秋の山風〈景式王〉」

ざら
ありふれているさま。古くは「むやみやたら」の意でも用いられた。擬態語の「ざらざら」と同語源であろう。

＊蓼喰ふ虫〔1928～29〕〈谷崎潤一郎〉五「子供を東京の親戚へ預けたりするのがざらにあるんだし」

復《さ》習《ら》う
教えられたものごとを、繰り返して練習する。復習する。「さらう（浚）」と同語源であろう。＊幼学読本〔1887〕〈西邨貞〉二「太郎よ、おまへはよく本をさらひたれば、この朱ずみと朱硯とをつかはすべし」

さらば
別れの挨拶《あいさつ》に用いる語。さようなら。動詞「さり（然有）」の未然形に接続助詞「ば」のついたもの。もとは、先行の事柄を受けて、「それならば～しよう」などという形で後文に続ける役割をもつ接続語であったが、後文が省略されて挨拶語になった。「さらば行かむ（それでは行きましょう）」などの省略表現なのである。＊源氏物語〔1001～14頃〕夢浮橋「うちつけに炒られんも、様悪しければ、さらばとて、帰り給ふ」＊薤露行〔1905〕〈夏目漱石〉一「『さらば』と男は馬の太腹をける」

さりとて
そうかといって。先行の事柄に対し、後続の事柄が反対・対立の関係にあることを示す接続語。＊傷ついた葦〔1970〕〈曾野綾子〉二・一「子供が生まれるというと、大てい、嫌な顔されるんです。さりとて隠しておく訳にも行きませんしね」

さりとは
そうだとは。そうとは。先行の事柄を受けて、後続の判断が行われることを示す接続語。時に「さてさて」と同じように「なんとまあ」の意でも用いられる。＊浮雲〔1887～89〕〈二葉亭四迷〉二・七「十人が十人、まづ花より団子と思詰めた顔色、去りとはまた苦々しい」

さりながら
そうではあるが。すでに存する事態を肯定しつつも、その反対の事態を述べようとする接続語。＊浄瑠璃・曾根崎心中〔1703〕「隠すではなけれ共、いふても埒のあかぬ事。去ながら大かた先すみよったが」

さるほどに
そうこうしているうちに。その間に。先行の事柄に続いて、または先行の事柄と関係して、後続の事柄が起こることを示す。時に、文章の発端等において、「さて」と同様に「ところで」の意でも用いられる。古くは、感動の気持を込めて感想を語り出す「さてもさても」のようにも、先行の事柄の当然の結果として、後続の事柄が起こることを示す「それゆえに」のようにも用いられた。＊読本・南総里見八犬伝〔1814～42〕六・五六回「且く鳴も已ざりけり。于有然程《さるほどに》、つつしりうたふ笛の音に、鼓のしらべ打そえて」

笊《ざる》耳《みみ》
聞いたことをすぐ忘れてしまうこと。ざるは目があらくて、すぐ水がもれてしまうところから生じたことば。

＊俚言集覧〔1797頃〕「ざる耳備後あたりにて云ふ。江戸にてかご耳と云、忘れ易きを云ふ」

残菊《ざんぎく》

重陽の節供（陰暦九月九日）を過ぎて咲いている菊の花。また、秋の終わりから冬の初めに咲いている菊の花。十日の菊。「ざんきく」ともいう。秋の季語。江戸時代頃まで、一〇月五日、宮中で、咲き残った菊の花を賞する残菊の宴というものがあった。＊虚子句集〔1915〕〈高浜虚子〉冬「残菊や土磊塊と霜おごる」

三国一《さんごくいち》の花嫁《はなよめ》

世界一の花嫁。多く婚礼の席などで用いられるほめことば。三国とは日本・中国・インドのこと。古き日本において世界はこの三国であった。三国一は三国無双ともいわれる。

三三五五《さんさんごご》

人が三人、また五人ぐらいずつまとまってそれぞれ行動するさま。古くは、あちらこちらに家などが小さくかたまって散在しているさまをもいった。＊東京風俗志〔1899～1902〕〈平出鏗二郎〉中・七・服装「高等女学校の辺、この海老色袴の三々五々うちつれて、門に入るさまいと優美なり」

三下《さんした》

とるにたりない者。さんしたやっこ。さんしたやろう。もとは、博徒仲間で下っ端の者の意。サイコロの目数が四以上の場合は勝つ可能性があるが、三より小さい場合には絶対勝てないところから、どうにも目の出そうもない者を意味するようになったという。＊滑稽本・浮世風呂〔1809～13〕三・上「あほらしうて、対手《あひて》になられんはい。なんぞと三下《さんした》に見てゐるはな」

三枝《さんし》の礼《れい》

鳥の子は親鳥の止まっている枝から三枝下がって止まるということ。鳥さえも孝道をわきまえているというたとえ。多く「鳩に三枝の礼あり」の形で用いられる。＊歌舞伎・能中富清御神楽（三社祭り）〔1869〕上「鳩は諸鳥の其中にも親に三枝の礼ありて、五常を守る誉れゆゑ、正八幡の使はしめ」

三十六計《さんじゅうろっけい》逃《に》げるにしかず

逃げるが勝ち。古代中国の兵法で用いられた語。たくさんあるはかりごとのうち、困ったときは、あれこれ考え迷うよりは、機を見て逃げ出し、身を安全に保つことが最上の方法だと説いたもの。臆病やひきょうなために逃げるのではなく、身の安全をはかって、後日の再挙をはかれ、ということである。現在では、めんどうなことがおこったときは、逃げるのが得策であるというニュアンスで用いられることが多い。

三《さん》すくみ

三者が互いに牽制《けんせい》しあって、身動きできない状態をいう。中国道家の書「関尹子-三極」にある、ヘビはナメクジを、ナメクジはカエルを、カエルはヘビを恐れるという記述から生じたことば。＊記念碑〔1955〕〈堀田善衛〉「軍も官僚も重臣も、みな三すくみのような状態なのであった」

去《さ》んぬる
すぎさった。前の。去る。多く、年月日、行事などを表す語の上に付けて用いる。動詞「さる（去）」の連用形「さり」に完了の助動詞「ぬ」の連体形の付いた「さりぬる」の変化した語。＊平家物語〔13C前〕四・橋合戦「宮は〈略〉六度まで御落馬ありけり。これはさんぬる夜、御寝《ぎょしん》のならざりしゆゑなりとて」

三羽烏《さんばがらす》
ある集団、または、ある人の門下、部下などの中で、特にすぐれている三人。＊新しき用語の泉〔1921〕〈小林花眠〉「三羽烏　前東京府知事阿部浩、前拓植局長官古賀廉造、及び警視総監岡喜七郎の三氏は、共に政友会総裁原敬氏の懐刀と称せられ、相並んで三羽烏といはれてゐる」

酸鼻《さんび》
ひどく心を痛めて、悲しむこと。また、いたましくむごたらしいさま。多く「酸鼻のきわ」または「酸鼻をきわめる」の形で用いられる。＊報知新聞‐明治四四年〔1911〕一一月一三日「苦悶の情は真黒となれる顔面に現はれ惨鼻《さんび》を極め居たり」

三枚目《さんまいめ》
こっけいなことを言ったり、したりする人。もとは、演劇、映画などでこっけいな役をつとめる者。江戸時代、芝居小屋に掲げられた番付の三番目にそのような役回りの者の名がしるされたところからいう。＊今年竹〔1919～27〕〈里見弴〉夏霜枯・一〇「負ん気な、傲倨な足立だが、一旦自分を三枚目に落して了ふと、また易く他愛のない、ぐうたら然としたまねも出来た」

【し】

思案投げ首《しあんなげくび》
考え込んで首を傾けること。いい案がなくて困っているさまをいう。＊家族会議〔1935〕〈横光利一〉「あれで、丁稚も大将も、思案投首といふところで、途方にくれてまんね」

潮騒《しおさい》
潮の満ちてくる時に、波が音をたてて騒ぎ立つこと。また、その音。「しおざい」ともいう。昭和二九年（一九五四）刊、三島由紀夫の小説『潮騒』は、様々な障害をのりこえ結ばれる島の海女の息子新治と船主の娘初江の恋愛を伊勢湾の小島を舞台に描いた牧歌的な作品である。＊海潮音〔1905〕〈上田敏訳〉人と海「心もともに、はためきて、潮騒《しほざゐ》高く湧くならむ」

潮路《しおじ》
海流の流れる道筋。しおみち。古くは海上の通路や単に海上をもいった。＊故郷忘じがたく候〔1968〕〈司馬遼太郎〉「その海の潮路につながるあたりに横たわっているはずの朝鮮の山々に」

潮垂《しおた》れる
しょんぼりと沈みがちになる。もとは、衣服などが潮水にぬれてしずくがたれるの意。そこから涙で袖がぬれるの意に転じ、さらには嘆き悲しむの意やみすぼらしくみじめな様子になる意で用いられるようになった。＊枕草子〔10C終〕三〇六・日のいとうららかなるに「舟の端をおさへて放ちたる息などこそ、まことにただ見る人だにしほたるるに」＊小鳥の巣〔1910〕〈鈴木三重吉〉上・一四「垢《しほ》たれた更紗の垂《たれ》布を下げた、どす暗い料理場で」

塩花《しおばな》
料理屋などの入口に、小さく山形に盛ってならべて置く塩。もり塩。また、不浄なことやいやなことがあった時、はらいきよめたり、縁起直しをしたりするために、塩をまくことをもいう。古くは、白波のことをいった。満潮時の波による潮の飛び散る様子を花のようだとみたのだろう。＊雑俳・雪の績〔1767〕初「塩はなをうつ角力取の天窓《あたま》数」＊歌舞伎・芽出柳緑翠松前〔1883〕二幕「ほんに塩花といへば、風神さまへ上げる塩でも盛って置きませうか」

斯界《しかい》
この社会。その道その道の専門の社会。この方面。「斯《し》」は「この」の意。＊東京年中行事〔1911〕〈若月紫蘭〉六月暦「春期放鳥射撃大会は、六月の四日大森射撃場に於て行はれ、斯界の名手集り来って何れ劣らじと其技を誇りつつ」

如《し》かず
「…は…にしかず」の形で、およばない、かなわない、などの意。また、「…にはしかず」の形で、それにこしたことはない、それがいちばんよい、などの意。動詞「しく(及)」の未然形「しか」に打消の助動詞「ず」の付いたもの。＊万葉集〔8C後〕三・三五〇「黙然《もだ》をりて賢《さか》しらするは酒飲みて酔泣《ゑひなき》するになほ不如《しかず》けり〈大伴旅人〉」＊平家物語〔13C前〕一・鹿谷「西光法師、頸をとるにはしかずとて、瓶子のくびをとてぞ入にける〔＝首を切るに越したことはない。瓶子と平氏を掛けている〕」

鹿爪《しかつめ》らしい
堅苦しくまじめくさった感じがする。まじめぶっている。形式ばっている。「鹿爪」はあて字。＊当世書生気質〔1885～86〕〈坪内逍遙〉一〇「寧ろ当然の事ならめ、と鹿爪らしうい はれたりしが、げにさる訳のものにやあらん」

歯《し》牙《が》にもかけない
問題にしない。相手にしない。食べることはもちろん、口先に持っていくことさえもしないということから転じたのであろう。＊福翁自伝〔1899〕〈福沢諭吉〉幼少の時「心の底には丸で歯牙に掛《か》けずに、云はば人を馬鹿にして居たやうなものです」

然《しか》のみならず

そればかりでなく。その上に。かてて加えて。先行の事柄に後続の事柄が添加されることを示す接続語。副詞「しか」に助詞「のみ」、助動詞「なり」「ず」が付いてできた。＊平家物語〔13C前〕一一・腰越「或時は漫々たる大海に風波の難をしのぎ、海底に沈まん事をいたまずして、かばねを鯨鯢の鰓《あぎと》にかく。しかのみならず、甲冑を枕とし弓箭を業とする本意」

然《しか》らずんば

そうでなければ。さもないと。動詞「しかり（然有）」の未然形「しから」に助動詞「ず」と助詞「は」が付いてできた「しからずは」から「しからずば」を経て、変化した語。＊吾輩は猫である〔1905～06〕〈夏目漱石〉七「醋《す》をかけて火炙《あぶ》りにするに限ると思ふ。然らずんば、〈略〉主人の頑固は癒りっこない」

然《しか》り

そうである。そのようである。その通りである。副詞「しか」にラ変動詞「あり」の付いた「しかあり」の変化した語。古くは「しかりしこうして」「しかりといえども」「しかりとも」などの接続語の構成要素ともなった。＊古今和歌集〔905～914〕雑下・九三六「しかりとてそむかれなくに事しあればまづなげかれぬあな憂《う》世の中〈小野篁〉」

然《しか》るに

ところが。しかし。先行の事柄に対し、後続の事柄が反対・対立の関係にあることを示す接続語。動詞「しかり（然有）」の連体形「しかる」に助詞「に」が付いてできた語。時に話の冒頭に用いて、「さて」「ところで」のように用いられることもある。＊竹取物語〔9C末～10C初〕「玉の木を作り仕うまつりし事、五穀を断ちて、千余日に力を尽したること少なからず。然に禄いまだ給はらず」＊仮名草子・伊曾保物語〔1639頃〕下・一一「ある人、あまたの羊を買い取り、其後羊の警固に猛き犬をぞ買ひ添へける。これによって、狼すこしも此羊を犯さず。しかるに、かの犬俄に死にけり」

然《しか》るべき

適当な。ふさわしい。そうあるべき。相当な。動詞「しかり（然有）」の連体形「しかる」に助動詞「べし」の連体形「べき」が付いてできた語。「…てしかるべき」の形で、「…して当然な」の意で用いられることもある。＊二人女房〔1891～92〕〈尾崎紅葉〉下・六「大臣やら、局長やら、然《しか》るべき処を頼みにあるきながら」＊満韓ところどころ〔1909〕〈夏目漱石〉五〇「原の中もう少し茂って然《しか》るべきであると気が付いた時は」

然《しか》るべく

適当に。いいように。よろしく。動詞「しかり（然有）」の連体形「しかる」に助動詞「べし」の連用形「べく」が付いてできた語。古くは「しかるべくは」の形で、できることなら、なろうことなら、さしつかえなければ、などの意でも用いた。＊上海〔1928～31〕〈横光利一〉三「いい加減に何んとか、しかるべく云ひなさい」

然《しか》れども

そうであるが。しかしながら。先行の事柄に対し、後続の事柄が反対・対立の関係にあることを示す接続語。動詞「しかり（然有）」の已然形「しかれ」に助詞「ども」が付いてできた語。＊土左日記〔935頃〕承平五年二月四日「かぢとり、けふ、風雲のけしきはなはだあしといひて、ふねいださずなりぬ。しかれども、ひねもすに波風たたず」＊読本・雨月物語〔1776〕貧福論「信長の器量人にすぐれたれども、信玄の智に及《しか》ず。謙信の勇に劣れり。しかれども富貴を得て天が下の事一回《ひとたび》は此人に依《よ》す」

敷居《しきい》が高《たか》い

不義理をしていて、その人の家に行きにくい。＊婦系図〔1907〕〈泉鏡花〉前・二七「何は措ても、余所ながら真砂町の様子を、と思ふと、元来お蔦あるために、何となく疵持足《きずもつあし》、思ひなしで敷居が高い」

敷島《しきしま》の道《みち》

和歌の道。歌道。敷島とは、もと、崇神《すじん》天皇および欽明《きんめい》天皇が都を置いたと伝承される大和国磯城《しき》郡（奈良県桜井市）の地をいい、それが広く日本をもさした。敷島は、明治三七～昭和一八年（一九〇四～四三）発売の口付きの高級タバコの名にも用いられた。＊大弐集〔1113～21〕「いかで君ふかくしりけむ古へのあとかはりゆく敷島のみち」

試金石《しきんせき》

物事の価値や、人物の力量などをみきわめるために試みる物事。もとは、石英質で黒色の緻密《ちみつ》な粘板岩をいった。この石に金属をこすりつけ、その条痕《じょうこん》色をみてその金属の純度、品位などを判定したことから、価値を判定する基準の意に用いられるようになった。＊病院の窓〔1908〕〈石川啄木〉「首尾克く脱稿したら是非東京へ行って出版する。僕の運命の試金石はそれです」

忸怩《じくじ》

自分の行いなどについて、自分で恥ずかしく思うさま。「忸怩たる」の形で用いられる。＊潮騒〔1954〕〈三島由紀夫〉六「不良じみた自分の姿を描いて、忸怩たるものがあった若者は」

四苦八苦《しくはっく》

非常に苦しむこと。四苦は生苦、老苦、病苦、死苦。八苦は四苦に、愛別離苦、怨憎会苦、求不得苦、五蘊盛苦の四つを加えたもの。「四苦」も「八苦」ももともと仏典に見られる語で、日本では、平安中期に源信が著した『往生要集』に基づく浄土思想の展開によって広まった。＊浄瑠璃・曾根崎心中〔1703〕道行「断末魔の四く八く。あはれといふもあまり有」

時雨《しぐれ》

主として晩秋から初冬にかけての、降ったりやんだりする小雨。また、そのような曇りがちの空模様をもいう。季語としては現在では冬に属するが、古くは晩秋にも初冬にも詠まれた。時に、涙を落として泣くさまや虫などの鳴きしきる声にもたとえられる。元来は季節に関わりなく、風をともなう局地的な天候の変化を広くさし、春の通り雨を「春しぐれ」、雪が同じように降れば「雪しぐれ」などといった。＊俳諧・炭俵〔1694〕下「在明となれば度々しぐれかな〈許六〉」

時化《しけ》

暴風雨で海が荒れること。動詞「しける（時化）」の連用形が名詞となったもの。金まわりが悪いことや人がけちであることを「しけてやがる」のようにいうが、これは、海が荒れれば漁に出られず収入を得られないということから生まれた表現である。＊不如帰〔1898〜99〕〈徳富蘆花〉上・四「ひどい暴風雨《しけ》で厶《ござ》いますこと」

而《しこう》して

そして。それから。先行の事柄に後行の事柄が並列されたり添加されたりすることを示す漢文訓読文系統の文章に用いられた接続語。古くは「しこうじて」ともいった。「しかくして」あるいは「しかして」から変化したものであろう。＊浮雲〔1887〜89〕〈二葉亭四迷〉二・一〇「水を飲めば渇《かわき》が歇《と》まるが、しかし水は台所より外には無い。而《しか》して台所は二階には附いてゐない」

自業自得《じごうじとく》

自ら行った行為はその報いを自分の身に受けなければならないということ。また一般に、自分の行為の結果を自分の身が受けること。もともと仏教の、原因には必ず結果がともなうことを説く三世因果の思想にもとづく語。「業」は梵語の訳で、行為・所作の意。院政期以後に用いられるが、中世における因果思想の定着流布にともなって多用されるに至った。元来は楽果にも苦果にもいうが、日本では苦果の場合にかたよっている。自分の善根を他にさしむける「廻向」の観念によれば、自業他得もありうることになる。「親の因果が子に報いる」などがそれである。

至極《しごく》

最上のこと。この上ないこと。また、そのさま。至上。「迷惑至極」のように他の語に付いて接尾語のように用いられることもある。古くは、きわめてもっともなことの意や、そう思って納得する意にも用いられた。＊当世書生気質〔1885〜86〕〈坪内逍遙〉一二「我党にゃア至極便利だ」

地獄《じごく》の沙汰《さた》も金《かね》次第《しだい》

地獄で受ける裁判も金を出せば有利になるというくらいだから、ましてこの世では、金さえあれば何事も思うがままだということ。地獄の沙汰も金。＊朝飯〔1975〕〈中村光夫〉二「戦争中も金さへあれば闇で何でも買へ〈略〉文字通り、地獄の沙汰も金次第だったが」

後世

地獄耳《じごくみみ》
他人の秘密などをすばやく聞き込むこと。また、そういう耳をもった人。単に耳がよく聞こえることではなく、聞かれたくないことを聞かれた場合などに用いられるようだ。古くは、一度聞いたことをいつまでも忘れないことやそういう人をもいった。＊歌舞伎・小袖曾我薊色縫（十六夜清心）〔1859〕序幕「いかにも手前の推量通り、頼朝公から極楽寺へ、仏のための祠堂金、三千両納まったと、ちらりと聞いた地獄耳」

詩《し》心《ごころ》
詩を作ったり味わったりする能力や心得。ししん。

しこたま
たくさん。どっさり。数量が非常に多いさまをいう、やや俗っぽい言いかた。どっさりためる意の上方語、マ行下二段活用の動詞「しこためる」の連用形「しこため」が江戸語で母音交替して「しこたま」となったものかとされる。＊滑稽本・東海道中膝栗毛〔1802～09〕四・下「さういいなさりゃあ、しこたま買って上げやすは」＊牛山ホテル〔1929〕〈岸田国士〉三「金持から治療代をしこたまふんだくってたんだからね」

肉《しし》置《お》き
肉づき。人のからだ、特に女性のからだの肉のつきぐあいをいう。＊浮世草子・好色一代女〔1686〕一・三「胴間つねの人よりながく、腰しまりて肉置《ししおき》たくましからず」

獅《し》子《し》吼《く》
熱弁をふるって正論を説くこと。梵語の訳で、仏陀の説法が、異教の徒を怖れさせるさまを、獅子が吼えると他の動物がそれに従うさまにたとえたもの。獅子がほえる様子は、自信に満ち、一切をおそれさせ承服させるところから、仏の説法をいうようになり、さらには正論を説くこと一般に広がった。＊三つの太陽〔1947〕〈杉浦明平〉「天皇制支持者が公衆の前で論議を尽す公平な機会を与えよ、と獅子吼している」

獅《し》子《し》身中《しんちゅう》の虫《むし》
味方でありながら、内部からわざわいをもたらす者や恩を仇《あだ》で返す者のたとえ。「獅子身中の虫獅子を食う」の略。もともとは、獅子の体内にいる虫が、その寄っている獅子の肉を食って、ついには倒してしまうの意。古くは仏教語として、仏の教えの恩恵を受けながら、仏教に害を与える者の意に用いられた。＊浄瑠璃・仮名手本忠臣蔵〔1748〕七「獅子しんちうの虫とは儕《おのれ》が事。我君より高知を戴き、莫大の御恩を着ながら、敵《かたき》師直が犬と成て」

死《し》して後《のち》已《や》む
命のある限り努力し続ける。「論語・泰伯」に用いられたことば。中国、三国時代の蜀漢の宰相諸葛亮（字、孔明）が主君にあたる劉禅《りゅうぜん》に、出陣の際に誓ったことば「後出師表《こうすいしのひょう》」に「鞠窮《きっきゅう》して尽力《じんりょく》し、死して後已む（＝

身をかがめて一生懸命に努力し、死ぬまでやめない」」とある。

しじま

物音一つしないで森閑としていること。静まりかえっていること。古くは、人が口を閉じてだまっていることをもいった。江戸時代には、騒ぎたつ人を制して静かにさせるために打つ鐘を「しじまの鐘」といった。＊或る女〔1919〕〈有島武郎〉後・三〇「耳を澄ますと夜の沈黙《しじま》の中にも声はあった」

肉《しし》叢《むら》

一片の肉のかたまり。肉塊。また、肉体。＊ふらんす物語〔1909〕〈永井荷風〉橡の落葉・舞姫「かくもわが血は君が肉《ししむら》を慕ひにき」

私《し》淑《しゅく》

敬慕する人に直接教えを受けることはできないが、ひそかに尊敬し、模範として学ぶこと。教えを受けたことはないが、尊敬する人をひそかに師と仰ぐこと。「私」はひそかに、「淑」はよしとする、慕うの意。＊読書放浪〔1933〕〈内田魯庵〉窓から眺める・死の種々相・二「蘆花がトルストイに私淑してゐた乎否乎は知らぬが、トルストイを最も早く紹介した一人であった」

爾《じ》汝《じょ》の交《まじ》わり

互いに「おまえ」「きさま」などと呼び合うようなきわめて親密な交際。＊読書放浪〔1933〕〈内田魯庵〉銀座繁昌記・一一・六「伊勢与は書生を愛して青年の恬淡寡慾を喜び、年齢を忘れて爾汝の交を結んだものが多かったが」

市《し》井《せい》

人の集まり住む所。まち。いち。ちまた。また、そこに住む人。昔、中国で、井戸のある所に人が集まって市が成立したところから生まれたことば。「市井の人」の形で市中に住む庶民の意を表す例が多い。＊近世畸人伝〔1790〕四・手島堵庵「石田氏は心法を主として、市井の人のために専ら修身を説き、斉家論、都鄙問答等いへる者を著し、一家の学を唱ふ」

咫《し》尺《せき》

距離の短いこと。転じて、貴人などに近よること。拝謁《はいえつ》すること。「咫」は中国の周尺で八寸＝約一八センチメートル、「尺」は一尺で一〇寸＝約二二・五センチメートルの意。拝謁の意味は「春秋左伝・僖公九年」にみられる「天威不違顔咫尺」から生じたとされる。「しせきを弁ぜず」の形で、視界がきかず、近距離のものも見分けがつかないの意で用いられる。＊金色夜叉〔1897～98〕〈尾崎紅葉〉前・一「世に愛たき宝石に咫尺するの栄を得ばやと」＊御神火〔1943〕〈井伏鱒二〉「雄山は噴煙のため咫尺を辨ぜず」

事《じ》大《だい》

弱小のものが、強大なものに従いつかえること。「孟子・梁恵王下」に用いられたことば。特に、はっきりした自分の主義、定見がなく、ただ勢力の強いものにつき従っていくという考え方を「事大主義」という。＊閑耳目〔1908〕〈渋川玄耳〉事大主義の喝破「明治も既に四十年ならんとす。もう菅公が出て事大主義の喝破をやっても早くはあるまい」

舌《した》先《さき》三《さん》寸《ずん》

心がこもらず、口先だけであること。舌三寸ともいう。＊鳥獣戯話〔1960～62〕〈花田清輝〉二・一「舌さき三寸で生きていた口舌の徒のあいだに」

耳《じ》朶《だ》に触《ふ》れる

耳にはいる。聞き及ぶ。聞こえる。「耳朶」とは、元来みみたぶの意であるが、転じて耳の意にも用いられる。「耳朶」は、他に、「耳朶を打つ」の形で用いられ、「耳につよくひびく」「聞いておどろかす」などの意を表す。＊東京日日新聞－明治三〇年〔1897〕一月七日「唯々世人の耳朶に触れたる要項は政務次官〈略〉創設の議の否決せられたるの一事のみ」

下町《したまち》

都会で、高台の上町に対して、低地にある町。商工業に従事する町家が密集しているあたり。特に、江戸で、武家屋敷や寺社の多かった山の手に対して、芝、日本橋かいわいから京橋、神田、下谷《したや》、浅草、本所、深川方面の町家の多い地区をいう。現代では、山の手の住宅地区に対して、その東に広がる低地一帯を呼ぶこともある。江戸時代の風情を残し、住む人の庶民的であけっぴろげな気風《きっぷ》や人情味を特色とする。＊随筆・塵塚談〔1814〕下「我等二十歳頃迄は白山牛込辺の人神田辺或は日本橋辺へ出る節は下町へ行の家来は下町へ使にやりたるなどといふ。また浅草近辺のものは神田日本橋辺へ出るをば江戸へ行といひけり。山の手浅草辺は近年迄田舎に有けるの通言なり。近頃下町へ行江戸へ行といふ人絶てなし」＊国民新聞－明治三六年〔1903〕一一月一二日「同じ東京の中にても赤土にて堅き山の手には此等の微動を呈するも、地盤の軟弱なる下町には呈せず」

しだらない

だらしない。行ないや状態に締まりがない。乱雑で秩序がない。「しだら」の語源については、「じだらく（自堕落）」からという説のほか、梵語で秩序の意の「修多羅」からという説もあるが、擬態語「しどろ」と関係があると見るのが穏当であろう。とすると、「しだらない」の「ない」は、否定の「ない」ではなく、「はしたない」「しどけない」などの接尾語「ない」と同様ということになる。同義の「だらしない」は「しだらない」が倒置された語と考えられ、現代まで併用されている。＊人情本・春色辰巳園〔1833～35〕三・三条「まぶちははれて前髪はしだらなくさがるのを、きれいな細い手でちょいと上へなでて」＊或る女〔1919〕〈有島武郎〉前・一〇「しだらなく脱ぎかけた長襦袢の姿をかくまひながら」

したり顔《がお》

得意そうなさま。得意顔。自慢顔。でかしがお。物事をうまくやってのけた時の喜びに満ちた表情をいうが、自慢げに見えるためかそれを見る者はあまり良いイメージを持たない。＊枕草子〔10C終〕一八五・したり顔なるもの「したり顔なるもの、正月一日に最初にはなひたる人〔＝くしゃみをした人〕」＊舞踏〔1950〕〈庄野潤三〉「夫は何かの本で読んだようなことを、したり顔して説いて聞かせた」

慕《した》わしい

心がひかれてあこがれ、近づきたいという気持を表すことば。古くは古い物事などをなつかしく思う意でも用いられた。＊俳諧・文化句帖・補遺〔1806～11〕「花たちばなの香にふるるころ、昔の人しきりにしたはしく、信濃なる古郷に首途《かどで》するとて」＊にごりえ〔1895〕〈樋口一葉〉六「奥様にと言ふて下されたら何《ど》うでござんしょか、持たれるは嫌なり他処《よそ》ながらは慕《した》はしし」

舌《した》を巻《ま》く

驚き、恐れ、また、感嘆してことばも出ないさまをいう。＊太平記〔14C後〕一・資朝俊基関東下向事「告文読みたりし利行、俄かに血を吐いて死たりけるに、諸人皆舌を巻き、口を閉づ」

地団太《じだんだ》

怒ったり悔しがったりして、地を何回も激しく踏みつけること。多く、「地団太を踏む」の形で用いられる。足で踏んで空気を送る大きなふいごの意の「じたたら〔地踏鞴〕」が変化してできた語。＊浮世草子・傾城禁短気〔1711〕二・四「船底の抜ける程じだんだ踏《ふ》みて腹を立るを、傍《そば》なる後《ご》世《せ》専ら願ひ時分の禅門袖を引いて」＊浄瑠璃・源平布引滝〔1749〕二「清盛ぢだんだ身をあせり、ヱヱ無念千万。我昇殿し位に即ばケ程には得せまじと、一人つぶやき給ふ所へ」

七面倒臭《しちめんどうくさ》い

非常に面倒でわずらわしい。「しち」は形容詞や形容動詞の上について、程度を強めるとともに、煩わしくていやだという気持を表す接頭語。この「しち」がつく語には他に「しちくどい」「しちむずかしい」などがある。＊社会百面相〔1902〕〈内田魯庵〉鉄道国有・一「惣《すべ》て七面倒臭いことは一切省略してドシドシ通過して了う」

失敬《しっけい》

人に対して敬意を欠くこと。無礼なさま。失礼。失礼と同じく別れの挨拶としても用いられるが、失礼に比べかなりくだけた感じを伴う。失敬を別れの挨拶として使うのは比較的年配の男性ぐらいであろう。また、かなり俗っぽい言いかたであるが、他人のちょっとしたものを無断で借りたり自分のものにしたりするときにも用いられる。＊当世書生気質〔1885～86〕〈坪内逍遙〉二「失敬ですが、僕等は飯としやう」＊暑中休暇〔1892〕〈巌谷小波〉二「『失敬！』『失敬！』やがて二人は四辻《よつつじ》で別れた」＊明治大正見聞史〔1926〕〈生方敏郎〉明治時代の学生生活・二「古本屋の店から古本を一冊失敬するとか云ふに過ぎなかった」

膝行《しっこう》

神仏や貴人の前で、膝をついたまま進退する作法。進むときは両手を前に押進めてから下座の膝、次に上座の膝を進め、これを交互に繰り返す。退くときは、下座の手と上座の膝を同時に引き、次に上座の手と下座の膝とを引く。

尻腰《しっこし》

度胸。根気。忍耐力。「しりこし（尻腰）」の変化した語。多く「しっこしがない」の形で用いられる。＊歌舞伎・与話情浮名横櫛（切られ与三）〔1853〕八幕「今の若いやつはしっこしがねへ」

十指《じっし》に余《あま》る

一〇本の指では数え切れない。きわだったものを数えあげていくと一〇以上になる。優れた人物や業績など良いイメージの事物を数えるのに用いられることが多い。

十《じっ》把《ぱ》一《ひと》からげ

いろいろな種類のものを区別せずに一まとめに扱うこと。また、数は多くても価値のないこと。＊吾輩は猫である〔1905～06〕〈夏目漱石〉九「聊《いささ》か頓着なく十把一とからげに握っては、上の方へ引っ張り上げる」

しっぽり

しっとりとじゅうぶんに濡れるさま。また、男女の情愛のこまやかなさま。古くは「しんみり」のように、しめやかで静かに落ち着いたさまをもいった。西日本方言では、夕方の挨拶として「しっぽりでんな」「しっぽりやな」などが用いられる。＊歌舞伎・韓人漢文手管始（唐人殺し）〔1789〕一「中《まうし》、平《ひら》様、今宵はしっぽりと、私しが心意気をお前に話そふぞへ」

しどけない

規律がなく雑然としている。いいかげんでしまりがない。だらしない。きちんとしていない。多く、女性の身なりについての形容に用いられる。古くは、服装や髪などがとりつくろわないため適当に乱れている様子を、むしろ美的なものとして好意をもっていう語として、うちとけた親しみがある、ゆるび乱れた美しさがあるなどの意でも用いられた。＊枕草子〔10C終〕六三・あかつきに帰らん人は「いみじくしどけなく、かたくなしく〔＝無骨に〕、直衣・狩衣などゆがめたりとも、誰かは見知りて笑ひそしりもせん」

しとど

びっしょり。ぐっしょり。じとじと。はなはだしく濡れるさまを表す語。多く「に」を伴って用いる。古くは「しとと」で語尾が清音であった可能性がある。語源説として、「しとしと」の略とするものがあるが、「しとしと」よりも「しとど」の方が古く、「しとしと」から「しとど」が成立したとは考えにくい。＊伊勢物語〔10C前〕一〇七「蓑も笠もとりあへで、しとどに濡れて惑ひ来にけり」＊枕草子〔10C終〕一八九・十八九ばかりの人の「歯をいみじう病みて、額髪もしとどに泣きぬらし」

茵《しとね》

すわったり寝たりする時、下に敷く敷物。使途により方形または長方形で、多くは布帛《ふはく》製真綿包みとし、ときに藺《い》の莚《むしろ》や毛織物の類を入れ、周囲を額《がく》と称して中央とは別の華麗な布帛をめぐらすのを常とした。＊俳諧・笈の小文〔1690〜91頃〕「さまざまの御調度もてあつかひ、琵琶・琴なんど、しとね、ふとんにくるみて船中に投入」

しどろもどろ

言動に秩序がなく、たいそう乱れているさま。「しどろ」を強めていう語。中古・中世の用例では、乱れていること全般を表し、特にマイナスのイメージは強くはなかった。中世後期には、特に足どりがたよりないことに多く用いられるようになり、近世に入ると、あわてたり動揺したりして話し方が円滑さを失った様子の意に偏るようになった。＊セルロイドの塔〔1959〕〈三浦朱門〉一〇「松下がしどろもどろの受け答えをしていたが」

しなだれる

人に甘えたりこびたりして、寄り添う。なまめかしく寄りかかる。甘えてもたれかかる。もとは、木などが重みのために垂れ下がるの意。＊疑惑〔1913〕〈近松秋江〉「萎えたやうな手付きで私の膝にしなだれるやうにして」

品《しな》を作《つく》る

なまめかしい様子、動作などをする。あだっぽくふるまう。本来は上品そうな様子をする、体裁ぶるなどの意であろうが、それらの意ではあまり用いられない。＊土〔1910〕〈長塚節〉一八「おつぎはどうかすると目の辺に在る雀斑《そばかす》が一種の嬌態《しな》を作って甘えたやうな口の利方をするのであった」

指南《しなん》

人を教えみちびくこと。古代の中国において軍事目的で作られた指南車からでたことば。指南車には移動しても常に手が南を指すように作られた人形がのせられていた。＊家〔1910〜11〕〈島崎藤村〉上・二「斯の家の先代が砲術の指南をした頃に用ひた場所は」

老舗《しにせ》

伝統、格式、信用がある店。家業を絶やさず続ける意の「しにせる（仕似）」の連用形が名詞化してできた語。＊邪宗門〔1909〕〈北原白秋〉青き花・桑名「時になほ街はづれなる老舗《しにせ》の戸　少し明りて火は路へひとすぢ射しぬ」

四《し》の五《ご》の言《い》う

なんのかのと言う。あれこれ言いたてる。面倒なこと、文句、言い訳、屁理屈など、好ましくないことをくどくどと言い続けるさまをののしっていう語。＊歌舞伎・韓人漢文手管始（唐人殺し）〔1789〕一「是迄様々と言ふて口説ひて見ても。四の五のいふて。埒が明かぬ」

篠《しの》突《つく》雨《あめ》
はげしく降る雨。「しのつく」とは、篠を束ねてつきおろしたように細いものが一面に続けてはげしく飛んでくるの意。それがはげしく雨の降るさまに用いられたのである。＊コップ酒〔1933〕〈浅見淵〉「その頃から篠《しの》突《つ》く雨になったが」

東雲《しののめ》
東の空が白む頃。あけがた。また、明け方に、東の空にたなびく雲。中古以降、主として和歌の中で、「しののめの別れ」「しののめの道」のように相愛の男女の別れを詠むのに用いられた。夜明け直前の時分をさし、「あけぼの」よりもやや暗いころと考えられる。＊源氏物語〔1001～14頃〕夕顔「いにしへもかくやは人のまどひけん我がまだ知らぬ篠の目のみち」＊俳諧・笈の小文〔1690～91頃〕「ほととぎす鳴出づべきしののめも、海のかたよりしらみそめたるに」

忍《しの》び逢《あ》い
人目を避けて逢うこと。特に、思いあう男女がひそかに逢うこと。密会。ギリシア映画「夜霧の忍び逢い」（一九六三年）はクロード・チアリ作曲の主題曲が印象的な作品であった。＊見果てぬ夢〔1910〕〈永井荷風〉三「忍び会ひの果敢《はかな》さを唄ってゐるのだと答へた」

忍《しの》び音《ね》
あたりをはばかるようなひそひそ声。しのび声。小声。また、しのび泣きの声。ホトトギスやウグイスなどが本格的に鳴く前にする声をひそめたような鳴き方をいう。＊更級日記〔1059頃〕「心の内に恋しくあはれ也と思ひつつ、しのびねをのみ泣きて、その年もかへりぬ」

渋《しぶ》皮《かわ》が剥《む》ける
あかぬけして美しくなる。しぶがむける、しぶりかわがむける、しぶりかわが取れる、しぶけが抜けるなどともいう。物事になれてたくみになるの意で用いられることもある。＊あめりか物語〔1908〕〈永井荷風〉悪友「鳥渡《ちょっと》渋皮の剥けた女を見たのは」

雌《し》伏《ふく》
今の状況に身を置きながら、活躍の機会を待つこと。元来は雌鳥が雄鳥に服従するの意。そこから人に服従することの意に転じたが、服従しながらも、活躍できる機会の来るのをじっと待つことの意で用いられた。現在では、人に服従しながらもという意は薄れているようだ。対義語として、雄鳥が大空に飛び上がるように、大きな志をいだいて盛んに活動することの意の「雄飛」がある。＊政党評判記〔1890〕〈利光鶴松〉一・一「一方は自然に雄飛し、一方は自然に雌服せざる可からず」

時分時《じぶんどき》
その物事にふさわしい時刻。特に食事の時刻をいう。めしどき。時分。＊吾輩は猫である〔1905～06〕〈夏目漱石〉六「時分どきだのにちっとも気が付きませんで」

地道《じみち》
手堅く確実なこと。堅実に行動すること。古くは、静かに歩くこと、ふつうの速度で歩くこと、特に、馬術で、馬をふつうの速度で進ませることをもいった。＊歌舞伎・幼稚子敵討〔1753〕五「知らぬ呉服商売より、やっぱり知った盗するが地道じゃわい」

しみったれ
けちくさいこと。けちけちしているさま。「染む」と「垂る」とが合わさってできた「しみたる」が名詞化して「しみたれ」ができ、それがさらに変化した語。『日葡辞書』の「Ximitaretamono」には、例えば人に好かれようと、あるいは何か物を得ようと、やさしくしたり、ちやほやして、その心をとらえようとする者とあり、そのような態度への評価として、けちくさい、みすぼらしいなどの意が生じたのであろう。古くは、姿や形、また内容のみすぼらしいことをもいった。＊滑稽本・東海道中膝栗毛〔1802～09〕二・上「ヱヱおめへまだ、そんなしみったれをいふは、いまの銭で蕎麦でも喰ふべい」

耳目《じもく》**を驚**《おどろ》**かす**
世の人に衝撃を与える。世間の関心をひく。耳目とは、耳すなわち聞くことと目すなわち見ることの意で、「耳目となる」「耳目に触れる」「耳目を集める」「耳目を改める」「耳目を動かす」「耳目を属す」「耳目を惹く」など多くの慣用句に用いられる。＊読本・椿説弓張月〔1807～11〕前・一五回「平家は栄華の春をむかへて、氏族《うから》みな高位高官を授けられ、冨貴世の人の耳目を驚せり」

仕舞屋《しもたや》
一般住宅。特に商店街にあって商売をしていない家。商売をやめた家の意の「しもうたや（仕舞屋）」の変化した語。＊怪化百物語〔1875〕〈高畠藍泉〉上「豪商家《おほあきうど》の居ならぶ街頭に、拾間間口の無産舗《しもたや》あり」

しゃかりき
躍起になって何かをするさま。無我夢中でとか、むきになってとかいうように、ややマイナスイメージで用いられることが多い。＊かさぶた喰いの思想〔1974〕〈野坂昭如〉今は第二次焼跡闇市時代「やがてガチャオ時代、つまり在来の織屋が、しゃかりきに製品をつくりはじめ」

邪険《じゃけん》
思いやりがなくて無慈悲なこと。現在では多く「邪慳」の字を用いる。もとは仏教語の五見・十惑の一つで、仏法に説く因果の道理を無視する誤った考えの意。そこから転じて、よこしまであることや不正な心を意味するようになり、さらに転じて意地悪でむごいことの意になった。＊付焼刃〔1905〕〈幸田露伴〉三「彼女が傍へ寄って来たところを邪見に蹴るのだよ」

車軸《しゃじく》を流《なが》す

大粒の雨が大量に激しく降るさま。雨滴の太さが車の心棒ほどもあるという意から生じた言いかた。類似した表現に「車軸の雨」「車軸の如し」「車軸をさす・下す・降らす・乱す」「車軸降り」「車軸る」などがある。また、単に「車軸」の形でも大雨の形容に用いられる。＊滑稽本・東海道中膝栗毛〔1802～09〕二・下「夫より手越のさとにいたるに、又もや俄雨ふり出して、たちまち車軸をながしければ」

じゃじゃ馬《うま》

夫や目上の者などの言うことを聞かないおてんばな女。もとはあばれ馬のことだが、比喩的にあばれ者の意で使われ、後には特におてんば娘に限定されて用いられるようになった。「じゃじゃ」は元来は「じやじや」という擬声語。イエズス会宣教師ジョアン・ロドリゲス編の日本語文法書『ロドリゲス日本大文典』（一六〇四～〇八年）には「虫がやかましく鳴く」意を表すと記されている。＊雑俳・柳多留-四〇〔1807〕「じゃじゃ馬は時々くらをかへる也」＊青年の環〔1947～71〕〈野間宏〉美しい夜の魂・六「彼女は『ジャジャ馬』だという評判もとっていた」

しゃしゃり出《で》る

あつかましくでしゃばる。人が分を越えて差し出るのをののしっていう語。＊家鴨飼〔1908〕〈真山青果〉二「若い男と話してでも居る処を見付けると直ぐシャシャリ出て、仲を裂きにかかるのだ」

洒脱《しゃだつ》

あかぬけしていること。さっぱりしていて、嫌みのないこと。「軽妙洒脱」の形で使われることも多い。＊田舎教師〔1909〕〈田山花袋〉二九「老訓導は、酒でものむと洒脱な口振りで〈略〉遊廓の話をして聞かせることがある」

鯱張《しゃちこば》る

緊張してかたくなる。古くは、いかめしく構え威厳をつくるの意であったが、体をこわばらせるの意に転じ、時には物がかたくなる意にも用いられた。シャチホコ・バル（鯱張）の転とする説があるが、用例の年代や各地の方言形などから見て、シャチホコバルはシャチコバルよりも新しい語形であり、考えにくい。中世の口語資料に見えるサシ・コハル（差強）がもとの形であると考えられる。一方、シャチは硬直する意の動詞「しゃつ」の連用形とする見方もある。シャチ・コハルのコハル（強）がコバルに変化すると、シャチ・バルなどへの類推からバル（張）が意識され、シャチコ・バルと分析する解釈が生まれたのだろう。さらにシャチを鯱とする語源解釈からシャチホコ-バル、シャッチョコ-バル等の形が生まれたものと思われる。＊夢見草〔1970〕〈加賀乙彦〉「厳しいお巡りさんがしゃちこばって護衛する、宏大な邸の主なのだ」

若干《じゃっかん》
いくらか。少しばかり。「干」を分解して「一」と「十」にし、一の若《ごと》く十の若しの意からという。副詞的にも用い、あまり多くはない数量や高くはない程度で、定まらない場合にいう。＊珊瑚集〔1913〕〈永井荷風訳〉序「西洋近代の詩若干ありしを」

弱冠《じゃっかん》
年齢の若いこと。弱年。本来は男子二〇歳の異称。中国周代の制で、男子二〇歳を「弱」といい、元服して冠をかぶるところからという。ここから、時に成年に達することをもいった。＊太平記〔14C後〕一二・千種殿并文観僧上奢侈事「弱冠の比《ころ》より〈略〉笠懸《かさがけ》・犬追物《いぬおふもの》を好み」

舎弟《しゃてい》
弟のように扱われる自分より目下の人。本来は、実の弟をいい、転じて、他人の弟をもいうようになった。現在では弟分の意で用いられることが多い。＊いやな感じ〔1960～63〕〈高見順〉一・二「砂馬と親しいアナーキストで、砂馬より年上だけど、リャク屋としてはシャテイ（弟分）格だった」

斜《しゃ》に構《かま》える
物事に正面から対処しないで、皮肉、からかい、遊びなどの態度で臨む。もとは、剣術で、両手に刀の柄《つか》を持ち、剣先をまっすぐ相手に向けないで、ななめに構えることをいった。転じて、手にした武器、得物などをななめに持って身構えるの意になった。古くは、しっかりと身構える、妙に改まった態度をするなどの意を表したが、現在では、まともに対応しないことの意を表す。

娑婆《しゃば》
自由を束縛された軍隊、刑務所（牢獄）、遊郭などの内にいる人々から見た、外の一般人の自由な世界。元来は仏教語で、堪忍、能忍などの意の梵語を音訳したもの。古くは、さまざまの煩悩《ぼんのう》から脱することのできない衆生が、苦しみに堪えて生きているところとしての現世、俗世界をいった。＊坊っちゃん〔1906〕〈夏目漱石〉一一「新橋へ着いた時は、漸く娑婆へ出た様な気がした」

洒落臭《しゃらくさ》い
小生意気だ。こしゃくである。分不相応にしゃれたまねをするさまをいう語。語源説には、シャラは遊女の意で、人の女房、娘が遊女の風俗などを真似るのをいったことからとするもの、シャレクサイ（洒落臭）の転とするもの、社楽斎という俳号をもつ男が仙薬をのんで屋上から飛んでみたが、落ちて腰を痛めたという故事からで、できないことをする意というもの、やぼな客の麝香《じゃこう》の匂いが、傾城の伽羅《きゃら》の匂いにまじったものを戯れてシャラクサイといったところからとするもの、やぼな客が伽羅の匂いをプンプンさせるのを戯れていったキャラクサイ(伽羅臭)の訛とするものなど、さまざまなものがある。＊林檎の下の顔〔1971〜73〕〈真継伸彦〉三「しゃらくさいことをぬかすな！」

十三里《じゅうさんり》

さつまいも。やきいも。「栗(九里)より(四里)うまい」のしゃれから生まれたことば。十三里が京都から大坂までや江戸から鎌倉までの距離としてよく知られたものであったことも、このしゃれの成立に関わっているかもしれない。似た発想で、櫛を十三(九＋四)という隠語もある。＊随筆・守貞漫稿〔1837〜53〕四「京坂にて是に十三里と書るあり。栗より味うまきの謎也」

重々《じゅうじゅう》

じゅうぶんに。かさねがさね。たびたび。よくよく。時に「重々の」の形でも用いられる。＊坊っちゃん〔1906〕〈夏目漱石〉八「表向は赤シャツの方が重々尤もだが、表向がいくら立派だって、腹の中迄惚れさせる訳には行かない」

秋霜烈日《しゅうそうれつじつ》

権威・刑罰などがおごそかできびしいことのたとえに用いられることば。もとは秋の霜《しも》と夏の強い日光の意。秋霜はきびしく、烈日ははげしいものであるということから、権威や刑罰の形容に用いられるようになった。＊雲は天才である〔1906〕〈石川啄木〉二「或は却って一段秋霜烈日の厳を増したのではないかと思った」

袖珍《しゅうちん》

袖《そで》の中にはいるほどの小型のもの。特に書籍の名などについて、ポケット版の意を表すことが多い。「しゅうちんぼん(袖珍本)」の略としても用いられる。＊雪中梅〔1886〕〈末広鉄腸〉上・五「『ダイヤモンド』と云ふは英語の袖珍字書の事にて」

秋波《しゅうは》

美人の涼しげな美しい目もと。また、女性のこびを表す色っぽい目つき。いろめ。ながしめ。もとは、秋の頃の澄んだ波の意。やさしい秋風に水面が静かに揺らぐさまを女性の目もとにたとえたのであろう。いろめの意では「秋波を送る」の形で用いられることが多い。＊野分〔1907〕〈夏目漱石〉八「黒縮緬へ三つ柏の紋をつけた意気な芸者がすれ違ふときに、高柳君の方に一瞥《べつ》の秋波を送った」

十八番《じゅうはちばん》

最も得意とするもの。得意の芸。おはこ。江戸時代末に、七代目市川団十郎が市川家の当り狂言十八種を選定し、それをお家芸としたことから、一般に広まった語。＊大つごもり〔1894〕〈樋口一葉〉下「これが此人の十八番とはてもさても情なし」

愁《しゅう》眉《び》を開《ひら》く

後世

悲しみや心配がなくなって、ほっと安心した顔つきになる。悲しみや心配がなくなる。安心する。愁眉とはひそめた眉のことであり、それをもとにもどすの意。＊平家物語〔13C前〕一一・腰越「積善の余慶家門に及び、栄花をながく子孫につたへむ。仍《よって》年来の愁眉を開き、一期の安寧を得ん」

衆目《しゅうもく》が一致《いっち》する

多くの人が認める。衆目とは、多くの人の見る目や見方であり、それが同じになることを表す。＊壺中庵異聞〔1974〕〈富岡多恵子〉六「ゴミだと衆目の一致するとてつもないものを〈略〉よく入札されるんですね」

珠玉《しゅぎょく》

美しいもの、立派なものをほめたたえていう語。特に詩や文章などについていう。「珠」とは海から産する玉、「玉」とは山から産する玉、つまり真珠と玉のこと。＊文学読本・理論篇〔1951〕〈平野謙〉Ⅱ・現代日本小説「『焚火』などの短篇がいわゆる珠玉の名篇であることは、誰でも知っている」

出処進退《しゅっしょしんたい》

身の振り方。特に職にとどまるか辞職するかという選択の時に用いられることが多い。もとは、官に仕えることと民間に退くことの意であった。＊坑夫〔1908〕〈夏目漱石〉「かう云ふ時の出処進退は、全く相手の思はく一つで極る」

入来《じゅらい》

おこし。おでまし。他人の来訪を敬っていう語。「御」をつけて用いられることが多い。「じゅ」は「入」の慣用音。「にゅうらい」ともいう。形も似た類義語に「光来」がある。＊幸若・大織冠〔室町末～近世初〕「上天下界の竜神をおどろかししゃうずれば、八大竜わうじゅらいして」

春秋《しゅんじゅう》

春と秋。転じて一年間、一年中、年月、年齢などの意で用いられる。＊曾我物語〔南北朝頃〕五・呉越のたたかひの事「呉王をうること、二十ケ年の春秋、あにおもひしらざらんや」

春秋《しゅんじゅう》に富《と》む

年齢が若く、将来に長い年月を持っている。春と秋とをまだたくさん経験できるということから生まれた言いかた。＊菊池君〔1908〕〈石川啄木〉二「今の若い者は、春秋に富んで居る癖に」

春秋《しゅんじゅう》の筆法《ひっぽう》

事実を述べるのに、価値判断を入れて書く書き方。特に、間接的原因を結果に直接結びつけて厳しく批判する仕方。「春秋」とは中国の古典で、周代、魯国の隠公元年〔前七二二〕から哀公一四年〔前四八一〕までの、魯を中心とする歴史書。元来は魯の史官の遺した記録であるがそこには孔子の正邪の判断が加えられているとされる。その論法が後の手本となった。＊灰燼〔1911〕〈森鷗外〉一九「春秋の筆法を以て褒めたり毀ったりしなくてはならない」

春風駘蕩《しゅんぷうたいとう》

暖かな春の風がのどかに吹くさま。また、人の態度や性格、その場の雰囲気などがのんびりとして温和なさま。＊漫談集〔1929〕諸勇列伝の巻〈徳川夢声〉見習「クリームヒルトのラブシーンが、春風駘蕩として映写されてゐるのに、客とコヂ大氏とは騒然たる議場の有様だ」

上戸《じょうご》

酒を好む人。また、酒が好きでたくさん飲める人。酒飲み。反対に酒の飲めない人を下戸《げこ》という。「笑い上戸」「泣き上戸」「赤み上戸」など、接尾語的に用いて、酒を飲んだときに出る癖の状態をいう語としても用いられる。語源説には、古く百姓の戸口がその口の多少によって上戸、中戸、下戸とされたのを飲酒量の多少になぞらえたとするもの、もと民戸の上下についていった語だが、それにともなう婚礼の際の酒瓶数の多少から、飲酒量の多少にもいったとするもの、秦の阿房宮は高くて寒いため、殿上の戸の内に宿直する者は多量の酒を飲んで上ったところからとするものなどがある。＊大鏡〔12C前〕二・師尹「御甥の八宮に大饗せさせたてまつり給ひて、上戸におはすれば、人々ゑはしてあそばむなどおぼして」

しょうことなし

なすべき方法がないこと。どうしようもないこと。多く「の」や「に」を伴って用いられる。＊浄瑠璃・仮名手本忠臣蔵〔1748〕九「風雅でもなく、しゃれでなく、しやう事なしの山科に、由良助が侘住居《わびずまゐ》」＊滑稽本・浮世風呂〔1809～13〕二・上「誰も仕人《して》がねへから、せうことなしにおれが取り始末をすればの、大勢の子持を権に借て、内の事は一葉《ひとつぱ》も構はねへ」

笑止《しょうし》

ばかばかしくて、笑うべきこと。おかしなこと。多く「笑止千万」の形できわめておかしいことの意で用いられる。異常な出来事の意の「勝事」から転じた語とされ、それが身に起これば困ったことの意になり、他人に起これば同情すべきことの意にもなった。さらに転じて、おかしなことやはずかしく思うことの意でも用いられるようになった。「笑止」は当て字。＊滑稽本・風来六部集〔1780〕里のをだ巻評「嗚呼笑止なる事を承るものかな。我が日本は小国なりといへども、五穀豊饒に金銀多く万の物に事を欠ず」

上梓《じょうし》

書物を出版すること。古く版木《はんぎ》に梓《あずさ》の木を用いたところから、もともとは文字などを版木に刻むことをいった。梓に上《のぼ》すともいう。＊滑稽本・浮世風呂〔1809～13〕二・序「仍《よつ》て再び増補して上梓せんことをはかれり」

瀟洒《しょうしゃ》

さわやかなさま。さっぱりとしてきれいなさま。すっきりとあかぬけているさま。＊黴〔1911〕〈徳田秋声〉三〇「瀟洒な浴衣に薄鼠の兵児帯をぐるぐる巻にして」

嫋々《じょうじょう》

長くしなやかなさま。古くはそよそよと吹く風の形容に用いられたが、徐々に物や人の形容に用いられるようになった。物の場合には何かにしなやかにまといつくさまを表し、男性の場合にはなよなよとしたさまを表し、女性には美麗なさまを表した。また時には、音や声が細く長く続くさまにも用いられる。＊和漢朗詠集〔1018頃〕上・蝉「嫋々たる秋の風に　山蝉鳴いて宮樹紅なり〈白居易〉」＊狐の裁判〔1884〕〈井上勤訳〉一「一同声を揃へて謡ひ出たる余音嫋々断んとして断へず」

精進《しょうじん》

気持を集中させて努力すること。元来は仏教語で、ひたすら仏道修行にはげむことの意であったが、転じて、一定期間、言語・行為・飲食を制限し、身をきよめて不浄を避けることの意になり、一般に、魚や肉類を食べないで菜食することをも意味するようになった。また、その料理をもいう。現在用いられている一所懸命に頑張るの意はそのことだけにはげむという点で原義を残している。時に俗な表現で、品行をよくすることや女色をつつしむこの意でも用いられた。＊平家物語〔13C前〕二・徳大寺之沙汰「徳大寺殿〈略〉俄に精進はじめつつ、厳嶋へぞ参られける」＊浮世草子・好色五人女〔1686〕二・五「五十年忌になれば、朝は精進《シャウジン》して、暮《くれ》は魚類になして」

小心翼翼《しょうしんよくよく》

気が小さくてびくびくしているさま。＊帰郷〔1948〕〈大仏次郎〉霧夜「小心翼々と怖れてゐるのは寧ろ隠岐達三なのだ」

小生《しょうせい》

男子が自己をへりくだっていう時に用いる語。書簡文に用いることが多い。もとは、若い人を見下していう語で、若輩や小僧などといった語に近いものであった。＊坊っちゃん〔1906〕〈夏目漱石〉九「諸先生方が小生の為に此盛大なる送別会を御開き下さったのは」

掌中の珠《しょうちゅうのたま》

手のうちにある珠玉。転じて、大切なもの。特に、最愛の子どもや妻をたとえていう語。＊湯島詣〔1899〕〈泉鏡花〉四三「我が手に彼を救うて之を掌中の玉とせむか」

情に棹をさす《じょうにさおをさす》

情を重んじる。理性や理屈よりも気持を第一にする。＊草枕〔1906〕〈夏目漱石〉一「山路を登りながら、かう考えた。智に働けば角が立つ。情に棹させば流される。意地を通せば窮屈だ。兎角に人の世は住みにくい」

正札付《しょうふだつき》 世間で定評のあること。また、その人や物。札付きともいわれる。もとは、掛け値のない値段が書かれた正札がついているということであり、そこからいつわりや誇張のないことの意が生じ、さらに転じて定評があるの意になった。現在では、多く悪い評判が定着しているの意に用いられる。＊吾輩は猫である〔1905～06〕〈夏目漱石〉四「今日の珍報は真の珍報さ。正札付一厘も引けなしの珍報さ」

笑味《しょうみ》 笑いながら食べること。食物を贈る時に「つまらない物ですがご笑味ください」などと使い、「粗末な品だと笑って召し上がってください」とへりくだっていう語。似たことばに、人に贈り物をする時に用いる笑って納めることの意の「笑納」がある。

小用《しょうよう》 すぐにかたづくちょっとした用事。また、小便《しょうべん》をしに行くことを遠まわしにいう語。こようともいう。＊虎明本狂言・入間川〔室町末～近世初〕「あたりの在所へ少用有て参る」＊滑稽本・東海道中膝栗毛〔1802～09〕四・下「わたくしがいつも竹のつつをきってあげますから、それでおせうようなされるがよふおざります」

笑覧《しょうらん》 笑いながら見ること。自分の物を他人に見てもらうことを、へりくだっていう語。＊腕くらべ〔1916～17〕〈永井荷風〉はしがき「わが拙き文市に出る度毎に購ひ給ひける方々へいささか御礼のしるしまで新に一本をつづりて笑覧に供せん」

食指《しょくし》 人差し指。多く「食指が動く」「食指を動かす」の形で用いられる。これらの表現は、中国、鄭の子公が人差し指の動いたのを見て、ごちそうにありつける前ぶれだと言ったという「春秋左伝‐宣公四年」にみられる故事から成ったもので、食欲がおこるの意や転じて物をほしがったり、興味や関心をもったりするの意などで用いられる。＊金〔1926〕〈宮嶋資夫〉二五「もしあの安達が、真にあの鉱山に食指を動かし初めたなら、〈略〉堅実で信用のあるだけに、経営は容易に行くわけである」

食傷《しょくしょう》 同じような物事に何度も接し、飽き飽きしていやになること。もとは食あたりの意、そこから転じて、同じ食べ物がつづいて食べ飽きることの意になり、さらに一般に、同様の出来事が続いて、飽きていやになる意に広がった。＊滑稽本・東海道中膝栗毛〔1802～09〕四・上「牡丹餅さア三十べしもうちくったげで、食傷のうしてじたんばたん、せつながりやる」＊青年と死と〔1914〕〈芥川龍之介〉「早いものさ。一年前までは唯一実在だの最高善だのと云ふ語に食傷してゐたのだから」

如才《じょさい》ない

抜け目がない。気がきいて調子がいい。愛想がいい。「如才」とは「如在」とも書き、あるがままにするということから粗略の意となり、それを打ち消すことにより、なおざりにしない、人や物事に対して手抜かりがないなどの意で用いられるようになった。もともとプラスイメージのことばであるが、最近はマイナスイメージに傾きつつあるようだ。＊滑稽本・東海道中膝栗毛〔1802～09〕二・上「アノ小ぞうは如才のねへやつだ。〈略〉二文か三もんの餅だろふに、高くうって、しょてのそんをうめやアがった」＊すみだ川〔1909〕〈永井荷風〉三「世馴れた人の如才ない挨拶としか長吉には聞取れなかった」

しょってる

自分を実際以上にすぐれていると思い上がる。うぬぼれる。「背負《せお》う」から変化した「しょう」に助詞「て」と動詞「いる」がついてできた「しょっている」がさらに変化した語。古くは「人が物を背にのせてささえ持つ」の意で用いられていた。ここから「困難な物事、重大な責任、迷惑な仕事などを引き受ける」といった比喩的用法が生じ、さらには、そんな風に見せかけているということから、「うぬぼれる」の意が生じたのであろう。＊競馬〔1946〕〈織田作之助〉「男前だと思って、本当にしょってゐるわ」

序《じょ》の口《くち》

物事のはじまり。発端。相撲用語から一般化した語。相撲では力士階級の一つで、番付面にのせられる最下位。番付表には小さな字で書かれるので俗に虫眼鏡といわれる。しかし、「前相撲」「本中」「新序」の番付外とちがい、序の口になると持給金がつく。出世の上り口、つまり「上の口」が変化したものといわれる。＊今年竹〔1919～27〕〈里見弴〉二夫婦・六「冗談いふなよ。まだほんの序の口ぢゃァないか」

しょぼくれる

元気がなく、みじめったらしい様子である。＊われら戦友たち〔1973〕〈柴田翔〉三・六「あのしょぼくれた教師たちは固より、デモだストだと騒ぎまわる男たちも」

白《しら》河《かわ》夜《よ》船《ふね》

ぐっすり寝込んでいて何が起こったか全く知らないこと。京都を見たふりをする人が地名の白川（または舟の通わない谷川の名とも）のことを問われ、川の名と思って、夜船で通ったから知らないと答えたという話からできた語。時にいかにも知っているような顔をすること、知ったかぶりの意でも用いられる。＊歌舞伎・三題噺高座新作（髪結藤次）〔1863〕序幕「白川夜船《しらかはよふね》で高鼾、所詮起しても起きやあせず」

知《し》らざあ言《い》って聞《き》かせやしょう

知らないなら言って聞かせましょう。「知らざあ」は動詞「知る」に助動詞「ず」助詞「は」がついてできた「知らずは」の変化したもの。歌舞伎「青砥稿花紅彩画《あおとぞうしはなのにしきえ》」〔通称「白浪五人男」〕第三幕、浜松屋店先の場で、女装して店から金を奪おうとした弁天小僧菊之助があと一歩というところで侍に女装を見破られ、開き直って正体を明かすときの長ぜりふの冒頭。

知《し》らぬ顔《かお》の半兵衛《はんべえ》

そしらぬふりをして少しも取り合わないことやそういう人を人名のように呼んだもの。しらんかおの半兵衛ともいう。＊断腸亭日乗〈永井荷風〉昭和一五年〔1940〕一二月七日「彼がコンミッションの請求を公言するまで知らぬ顔の半兵衛でゐる事に決心したり」

知《し》らぬが仏《ほとけ》

当人だけが知らないで平気でいるさまをあざけっていう語。もともとは、知れば腹も立ち、苦悩や面倒も起こるが、知らないから腹も立たず、心のひろい仏のようにしていられるの意。＊団団珍聞‐五二五号〔1886〕「其に手前《てめへ》の親も親子の惰々羅遊びをするのも知《しら》ぬが仏三昧《ほとけざんまい》」

白羽《しらは》の矢《や》を立《た》てる

多くのなかから特に指定して選び出す。また、ねらいをつける。人《ひと》身《み》御供《ごくう》を求める神が、その望む少女の家の屋根にしるしの白羽の矢を立てるという俗説から生まれた表現で、古くは多くのなかから犠牲者として選び出す意であったが、現在では名誉ある選定に用いられることが多い。＊闘牛〔1949〕〈井上靖〉「彼は県出身の元代議士で軍需成金の山本といふ男に白羽の矢を立てると、是が非でもそこから三十万円の金を引張り出すことを決心した」

虱《しらみ》つぶし

物事をかたっぱしから残らず調べたり処理したりすること。＊若い人〔1933～37〕〈石坂洋次郎〉上・一六「電話が大変だったがね、区内だけでも四百軒からの旅館があんだから、これ、虱潰しに一軒づつかけても大変なもんだがね」

しらを切《き》る

わざと知らないふりをする。何くわぬ顔をする。しらばくれる。＊歌舞伎・東海道四谷怪談〔1825〕四幕「以前の亭主に在家《ありか》を知られ、いつがいつまで其やうに、白《しら》を切ってもゐられまい」

尻馬《しりうま》に乗《の》る

深く考えることなく人の言動に同調して、軽はずみなことをする。人のあとについて、調子に乗ってそのまねをする。もともとは、他の人が乗っている馬の後ろに乗るの意。

＊続末枯〔1918〕〈久保田万太郎〉「何も千年庵の尻馬に乗って、水月を病ひづかさなくってもいいでせう」

尻《しり》をはしょる

話や文章などの最後の方を略して簡単にする。「はしょる」は「端折る」が変化したもので、もともとは、着物の裾《すそ》をまくりあげて端を帯にはさむの意。＊随筆・むかしむかし物語〔1732頃〕「刀を差、尻はしおる騒ぎ事あり」

尻《しり》を割《わ》る

隠している事を暴露する。秘密や悪事をあばく。けつを割る。＊歌舞伎・久米仙人吉野桜〔1744頃〕初ノ詰「川勝さまのお屋敷へ参って尻をわると、〈略〉ゆすりかけましてござる」

四六時中《しろくじちゅう》

二四時間中。一日中。転じて、いつも。しじゅう。四掛ける六は二四であることから生まれた表現。古くは二時間が一時《いっとき》で一日が一二刻であったことから、二六時中と言った。それを今の二四時制に直していったもの。＊殉死〔1967〕〈司馬遼太郎〉要塞「快活で機敏で、しかも四六時中喋りつづけている饒舌家であり」

白無垢《しろむく》

表裏白一色で仕立てた着物。花嫁衣装や死に装束などに用い、礼服とする。本来は染めてない白い反物の意で主に絹物にいう。「無垢」は汚れのない清浄の意。＊夜明け前〔1932～35〕〈島崎藤村〉第二部・下・九・七「娘お粂に白無垢をまとはせ、白の綿帽子を冠らせることにして」

刺《し》を通《つう》じる

名刺を出して面会を求める。名刺を渡す。また、名前をなのって案内を請う。＊病牀六尺〔1902〕〈正岡子規〉一〇三「この時どやどやと人の足音がして客が来たらしい。やがて刺を通じて来たのは孫生、快生の二人であった」

陣笠《じんがさ》

政党などで、役付きでない、一般の議員。また、政党の幹部に追従し、自分の主義・主張をもたない議員。陣笠連の略。もとは、室町以来、陣中で主として足軽、雑兵《ぞうひょう》などの用いた笠の意。団体内の下っ端が用いた笠の名がそのまま下っ端の意になり、特にひら議員をあざけっていう言いかたに固定化したものである。＊社会百面相〔1902〕〈内田魯庵〉宗教家・上「大将株でゐられる宗教界を棄てて政治界の陣笠となったたって」

人口《じんこう》に膾炙《かいしゃ》する

広く人々の口にのぼってもてはやされる。広く世間の人々の話題となる。膾《なます》と炙《あぶりもの》はだれの口にもうまく感ぜられ、もてはやされるというところから生まれた表現。＊読本・椿説弓張月〔1807～11〕後・二二回「この哥都鄙に伝へて、人口に膾炙せしかば、小松大臣重盛、眉を顰て、ある人に宣ふやう」

真骨頂《しんこっちょう》
本来もっているありのままの姿。本当の様子。真面目《しんめんもく》。＊日本文化私観〔1942〕〈坂口安吾〉四「これが、散文の精神であり、小説の真骨頂である」

斟酌《しんしゃく》
相手の事情や心情をくみとること。また、くみとって手加減すること。もとは、飲料などをくみ分ける意で、古くは酒などをくみかわすことの意にも用いられた。くみわけることから、あれこれと照らし合わせて取捨することの意になり、さらには相手の気持をくみとることにもなり、遠慮や辞退の意にもなった。『かた言-一』に「斟酌といふこと葉は、物をくみはかるこころにて侍るを今は辞退することにのみ云るは誤とぞ」という指摘がある。＊坊っちゃん〔1906〕〈夏目漱石〉六「どうか其辺を御斟酌になって、なるべく寛大な御取計を願ひたいと思ひます」＊泥人形〔1911〕〈正宗白鳥〉六「斟酌なく御指導被下度願上候」

心中立《しんじゅうだて》
男女が他の人へ心を移さないと誓いを立ててそれを守りとおすこと。また一般に、相手に対して真情を尽くすこと。＊長唄・京鹿子娘道成寺〔1753〕「恋の手習つい見習ひて、誰に見しょとて紅鉄漿《べにかね》附けうぞ、みんな主への心中立《しんぢゅうだて》、おお嬉し」

信賞必罰《しんしょうひつばつ》
功労のある者には約束どおり賞を与え、罪をおかした者は必ず罰すること。賞罰のけじめを厳正にし、確実に行うこと。＊米欧回覧実記〔1877〕〈久米邦武〉一・七「生活の芸略定まる、之に規則を与へ、之に功程を課して、之を厳督し、信賞必罰、躬《みづから》之が先を率ひて生涯を興す」

深々《しんしん》
ひっそりと静まりかえっているさま。また、寒さ、痛みなどが、身にふかくしみとおるさま。＊浄瑠璃・曾根崎心中〔1703〕道行「心も空に影くらく風しんしんたる曾根崎の森にぞたどり着きにける」＊ゆく年〔1928～29〕〈久保田万太郎〉四「雪、しんしんとふりしきる」

深窓《しんそう》**の令嬢**《れいじょう》
身分の高い家で大切に育てられ、世のけがれを知らない娘。「深窓」とは家の奥深い部屋の窓のことで、家の奥深い所の意。多く、上流階級の女性の、世俗から隔離された環境をいう。ほぼ同義のことばに「深窓の佳人」がある。

進《しん》**退**《たい》**谷**《きわ》**まる**
進むことも退くこともできないで途方にくれる。どうすることもできない窮地に追いつめられる。「詩経・大雅・桑柔」の「人亦有言、進退維谷」から生じたことば。＊平家物語〔13C前〕二・烽火之沙汰「不孝の罪をのがれんとおもへば、君の御ために既に不忠の逆臣となりぬべし。進退惟《これ》きはまれり」

身体髪膚《しんたいはっぷ》

身体と髪と膚の意から、からだ全体。身体全部。「孝経‐開宗明義章」にある「身体髪膚、之を父母に受く。敢えて毀傷せざるは、孝の始め也」をふまえて用いることが多い。古くは「しんていはっぷ」ともいい、「しんだいはっぷ」ともいった。＊浄瑠璃・伽羅先代萩〔1785〕八「武士《もののふ》の身の上は人界へ生るるより、君に捧《ささげ》る身体八腑《しんたいはっぷ》」

心胆《しんたん》を寒《さむ》からしむ

心から恐れおののかせる。ふるえ上がらせる。ぞっとさせる。＊風博士〔1931〕〈坂口安吾〉「地球の怪談として深く諸氏の心胆を寒からしめたに相違ない」

新地《しんち》

新しく農地や居住地として開発した土地。新開地。また、遊里。遊里は一般に土地を新たに開いて設けられる場合が多かった。江戸時代、大坂では曽根崎新地（大阪市北区）をさしていうことが多い。＊浄瑠璃・心中天の網島〔1720〕中「しんちへの御出か、御精が出まする」

しんどい

つらい。苦しい。大儀だ。難儀だ。「しんろう（心労）」が変化して「しんどう」となり、さらに変化してできた「しんど」が形容詞化した語であろうか。または「しんどう」が形容詞のウ音便と解釈され、「しんどい」ができた可能性もある。とすると「しんど」は「しんどい」の語幹用法となる。西日本方言でさかんに用いられ、「しんろい」ともいう。＊歌舞伎・幼稚子敵討〔1753〕四「どれどれ、しんどかろ。そなたの菰包《こもづつみ》も取てやりましょう」

心頭《しんとう》を滅却《めっきゃく》すれば火《ひ》もまた涼《すず》し

無念無想の境地にいたれば、火さえも涼しく感じられるの意で、どのような困難、苦難も、それを超越した境地にはいれば、何でもないことにいう。天正一〇年（一五八二）四月、織田信長の勢によって、甲斐（山梨県）恵林《えりん》寺の僧衆老若は残らず山門に追い上げられ火をかけられた時、この寺の快川禅師が法衣を着、扇子を持って端座し、この偈《げ》を発し焼死したという。

しんにゅうを掛《か》ける

程度をいっそうはなはだしくする。おおげさにする。輪をかける。「しんにゅう」は「しんにょう（之繞）」の変化したもの。＊万朝報‐明治三八年〔1905〕二月二日「此の難局に処して小村君の如き豪傑、ビスマルクに辶《しんにふ》をかけたる大人物と雖も到底容易に目的を達し難し」

しんねこ

男女がさしむかいで、仲むつまじく語らうこと。時に、静かでしんみりしていることの意でも用いられたが、現代におけるこの意での使用は中部・中国・四国地方の方言に目立つ。＊歌舞伎・浮世清玄廓夜桜〔1884〕大詰「『船の内でも松三郎さんはお話しさへもなされませぬ』『ただしんねことは気の悪い』」

人品骨柄卑しからぬ《じんぴんこつがらいや》
その人にそなわっている品性が良い。人柄が良い。人格者である＊落語・江戸見物〔1898〕〈六代目桂文治〉「夫《そ》りゃあ八幡が推挙にて召抱へし谷平…卑しからざる人品骨柄」

神妙《しんみょう》
素直なこと。おとなしいこと。もとは、人間の能力を超越した霊妙不可思議な働きや現象をいった。＊当世書生気質〔1885～86〕〈坪内逍遥〉七「尤もヱム〔かね〕もないからだけれど。神妙に学校へ帰った処が」

【す】

随喜の涙《ずいきのなみだ》
心からありがたく思って流す涙。うれしくて流す涙。うれし涙。「随喜」とは仏教語で、他人のなす善をみて、喜びの心を生ずることの意。＊平家物語〔13C前〕二・一行阿闍梨之沙汰「大衆神明の霊験あらたなる事のたっとさに、みなたな心を合せて随喜の涙をぞもよほしける」

酔狂《すいきょう》
物好きなこと。好奇心が旺盛なこと。一風変わったことを好んですること。もとは、酒に酔って狂うことや、酔って常軌を逸する人をいった。＊其面影〔1906〕〈二葉亭四迷〉五七「ぢゃ、僕が酔狂で犠牲にしたといふのか？」

水魚の交わり《すいぎょのまじわり》
非常に親密な友情、交際などを離れがたい水と魚の関係にたとえていう語。水魚のちなみ。水魚の思い。「蜀志‐諸葛亮伝」から生じたことば。＊浄瑠璃・妹背山婦女庭訓〔1771〕一「蘇我の大臣、鎌足の大臣とは主上の左右を助け合ひ、水魚の交はり厚ければ」

推敲《すいこう》
詩や文章を作るにあたって、その字句や表現をよく練ること。中国、唐の詩人賈島《かとう》が「僧推月下門」の句を作ったが、「推《おす》」を「敲《たたく》」に改めた方がよいかどうかに苦慮して、韓愈《かんゆ》に問い「敲」に決したという故事から成った語。＊雪中梅〔1886〕〈末広鉄腸〉上・七「二三首作りはしましたが、どうも未だ推敲が足りません」

推参《すいさん》
招かれもしないのに自分からおしかけていくこと。また、人を訪問することを謙遜《けんそん》していう語。「おしまいる」の漢字表記「推参」を音読みした語で、自分のほうから出かけていくことが原義であろう。転じて、さし出がましいことや無礼なふるまいをすることなどの意でも用いられる。＊三河物語〔1626頃〕二「信長御腹を立給ひ、大き成御声を被成、すいさん成せがれ供めが、何をしりて云ぞと仰ければ」＊読本・椿説弓張月〔1807～11〕続・三六回「君王を諌んとて、後走《おくればせ》に推参し、日今《ただいま》この景迹《ありさま》を見て」

酔生夢死《すいせいむし》

酒に酔ったような、また夢を見ているような心地で、何もなすことなくぼんやりと一生を無為に過ごすこと。「すいせいぼうし」ともいう。＊妄想〔1911〕〈森鷗外〉「漢学者の謂ふ酔生夢死といふやうな生涯を送ってしまふのが残念である」

垂涎《すいぜん》

ある物を手に入れたいと強く思うこと。原義「よだれ（涎）をた（垂）らす」が食べ物以外の物をも欲することに使われるようになったもの。「すいせん」ともいう。「すいえん」は慣用よみ。＊蓼喰ふ虫〔1928～29〕〈谷崎潤一郎〉一二「黄八丈だとか、出て来る人形の着物にばかり眼をつけて、さっきからしきりに垂涎してゐる」

好《す》いたらしい

感じがよくて、好ましい。好感が持てそうである。動詞「すく（好）」の連用形イ音便「すい」に、助動詞「た」および「らしい」が付いてできた語。もと「好きになったらしい」の意であったのが、「好ましい」の意に転じたのであろう。＊新内・若木仇名草（蘭蝶）〔1772～81頃か〕「四つ谷で始めてあふた時、すいたらしいと思ふたが因果な縁の糸車」

水泡《すいほう》に帰《き》する

努力したことがむだになる。無効に終わる。水のあわとなる。＊地獄の花〔1902〕〈永井荷風〉一八「自分が此れ迄に折角美しく保って来た其の労力が、水泡に帰したと云ふ」

酸《す》いも甘《あま》いもかみ分《わ》ける

人生経験が豊かで人の心の微妙な動きや世間の事情をよくわきまえている。＊クローディアスの日記〔1912〕〈志賀直哉〉「あの老人は自身酸いも甘いもすっかり噛み分けて居るといふ自信〈略〉に捕はれてゐる男だ」

すかたん

あてがはずれること。だまされること。また、見当違いなことをした人をののしっていう語。とんちんかん。まぬけ。上方で近世前期ころから使われたようだ。「大坂繁華風土記・今世はやる詞遣ひ」に「すかたん、略してすか」とあるように、一九世紀初頭には「すか」ともいわれた。語源説には、「すかされた（賺）」の意とするもの、「透す」または「賺す」の語幹に接尾語「たん」がついたもの、「すか」は「透」即ち空虚で「たん」は「盪」であるとするものなどがある。江戸語には類似の表現に「すこたん」「すかまた」があるが、「すかまた」については、「すまた」に「か」を入れた挟みことばとする説もあり、「すかたん」との関係は明らかではない。＊浄瑠璃・双生隅田川〔1720〕四「此軍介をあづまへやり、ほっかりすかたんさせんとな。とかく、おのれが詞とは、もんちもんちに出るがてん」*新浦島〔1895〕〈幸田露伴〉一二「ほうちん丹歟あんぽん丹か、先は首尾よく遣り損ねてすか丹の丹となりさうな」

素寒貧《すかんぴん》 貧しくて何も持っていないこと。金がまったくないこと。*当世書生気質〔1885～86〕〈坪内逍遙〉六「余融があっての道楽なら、げに御もっともな事なれども、素寒貧な書生の身分で」

数寄者《すきしゃ》 物好きな人。風流な人。特に茶の湯をたしなむ人。時に色好みな人の意でも用いられる。「数寄」は「数奇」とも書かれるがともに当て字で本来は「好」。茶人をいうときは多く「数寄者」と書く。「すきもの」というと物好きあるいは好色家に限定される。*歌舞伎・恋慕相撲春顔触〔1872〕序幕「『又坊ちゃんもお好きと見えて、よく毎日お飽きなさされず、御見物にお出でなされます』『それは僕が伝授ゆゑ、なかなかこいつも好者《すきしゃ》と見えるて』」

数寄者《すきもの》 物好きな人。風流な人。好事家。また、色好みの人。「すきしゃ」とほぼ同義だが、「すきしゃ」は「茶の湯をたしなむ人」の意にも用いられる点が異なる。*伊勢物語〔10C前〕一一〇「むかし、すき物ども集まりて、物の名をよみけるに」*源氏物語〔1001～14頃〕夕顔「なほ、この、すきものの、し出でつるわざなめり」

すげない 愛想がない。同情や思いやりがない。冷淡である。つれない。そっけない。「すげ」を「素気」とするならば、「飾り気のない気持」のような意で解釈できよう。その場合、「なし」は「無し」ではなく顕著である意を表す「甚し」に通じることになる。しかし、「すすみけなし（進気無）」あるいは「すきげなし（好気無）」の転とする説や、憂鬱である意を表す「すかなし（すがなし）」に対応する仮名文学用語とする説もあり、明らかではない。*滑稽本・東海道中膝栗毛〔1802～09〕八・上「せっかくおめへきなさったものを、まんざらすげなくもしられめへ」

助平《すけべい》 好色なこと。すきもの。いろごのみ。「好き」を擬人化した「好兵衛」から生じたことばとされ、「すきべえ」「すけびょうえ」「すけべい」「すけべ」「すけ」などともいう。みな男の名前であるが、江戸時代には女性に対していう場合もあった。*浄瑠璃・平家女護島〔1719〕二「夫義朝の白骨迄ふみたたく敵の。手かけ妾と成る様なすけべいの徒者《いたずらもの》と。此のあづまやくらべらるるも口惜しや」*艶魔伝〔1891〕〈幸田露伴〉

「夫等の男は大の助倍《すけべい》か馬鹿か銭なしの半可通かなり」

頗付き《すこぶるつき》
「すこぶる」という語が付くほど程度がはなはだしいこと。＊浮雲〔1887～89〕〈二葉亭四迷〉二・一〇「頗《すこぶ》る付きの別品、加之《しか》も実のあるのに想ひ付かれて、叔母さんに油を取られたと云っては保護して貰ひ」

遊び《すさび》
興にまかせてすること。心のおもむくままにする慰みごと。動詞「すさぶ(荒)」の連用形の名詞化したもので、古くは、心が特定の方向に進むことや、心をそのおもむくままにまかせることなどの意を表した。＊徒然草〔1331頃〕一九「人静まりて後、長き夜のすさびに、なにとなき具足とりしたため」＊読本・春雨物語〔1808〕天津処女「皇女の御すさびにさへ〈略〉など、口つきこはごはしくて、国ぶりの歌よむ人は、おのづから口閉ぢてぞありき」

荒む《すさむ》
気持や行動などが乱れ、なげやりになる。物事の繊細さ・上品さが失われて粗雑になる。また、雨や風などがはげしくなる。「すさぶ(荒)」の変化した語。現代語での意味は「荒れる」というニュアンスで共通するが、古くは、心のおもむくままに慰みごとをするの意でも用いられた。心のおもむくままは、度を越すとやがて心を奪われてふけることになり、しまいには捨て鉢になってしまうのだろう。＊舞姫〔1890〕〈森鷗外〉「我学問は荒みぬ」＊親友交歓〔1946〕〈太宰治〉「いっかうに浮かぬ気持で、それから四、五日いよいよ荒《すさ》んでやけ酒をくらったであらうと思はれる」

杜撰《ずさん》
やり方がいいかげんであやまりが多いこと。でたらめ。粗漏《そろう》。ズ(ヅ)は「杜」の呉音、サンは通常センと訓む「撰」の別の音。中国の宋代に話題となったことばで、日本には禅を通じて入ったようだ。「撰」は詩歌や文章を著作し編集する意であるが、「杜」については説が分かれている。「杜撰」を宋代の詩人杜默の作る詩が音律に合わないことが多いという故事から成った語とする説によれば、「杜」は杜默をさしていることになる。この他にも、道家の書五千巻を撰した杜光庭をさす説もあり、「杜」を人名と見る説が多いようである。古くは「ずざん」ともいった。＊明暗〔1916〕〈夏目漱石〉一一四「彼女を少し畏れなければならなかった彼には、杜撰に其所へ触れる勇気がなかった」

筋金入り《すじがねいり》
体や思想などが、きたえあげられて強固であること。「筋金」とは、物を堅固にするために内部にはめこんだ金属製の線や棒のことで、いわばコンクリートの中の鉄筋のようなものである。古くは原義を残す構造物をいう例としてみられ、後に比喩的に人体や考え方にも用いられるようになった。＊とむらい師たち〔1966〕〈野坂昭如〉「特殊部隊くずれは筋金入りや」

すすどい

機をみることにすばやく、抜け目がない。悪賢い。古くは、動作や態度、また、気性や性質などが勢い激しく、機敏であるという意で「するどい」にあたるプラスイメージのことばであったが、徐々にマイナスイメージで用いられるようになった。中世後期になると、この「すすどし」の影響によって、形容動詞「するどなり」から形容詞「するどし」が派生し、「すすどし」と類義の語として並び用いられるが、時代が下るにつれ、次第に「するどし」の勢力が強くなってゆく。江戸時代前期の国語辞書『志不可起』に「すすどし　進疾と書よし也。物早き義か。又するどしか。それならば尖の字也」とあるほか、『浜荻〈仙台〉』などの方言書にも挙がっているところから、近世中期頃には「すすどし」が俗語や方言語形として意識されていたことがうかがわれる。＊平家物語〔13C前〕一一・勝浦「九郎はすすどきをのこにてさぶらふなれば、大風大浪をもきらはず」＊歌謡・粋の懐〔1862〕七・一・大津絵節「すすどゐでっちは、しゃうだんしてもお目玉喰ぬ」

鈴《すず》を転《ころ》がすよう

女性の澄んで美しい声を形容することば。「玉をころがすよう」ともいう。

すったもんだ

互いに意見などが合わずにもめて、なかなかまとまらないさまを表す語。「すったかもんだか」ともいう。＊足跡〔1909〕〈石川啄木〉「然うして擦《す》った揉《も》んだと果しなく諍ってるのが」

すってんてん

持っていた金や物などがすっかりなくなるさま。＊爛〔1913〕〈徳田秋声〉五「すってんてんになってお雪のところへ転げこんで来るのであったが」

すっとこどっこい

相手をののしる時にいう語。馬鹿野郎。「馬鹿なやつ」ほどの意で、名詞的にも用いる。もとは、馬鹿囃子《ばやし》の囃子詞。＊随筆寄席第二集〔1954〕〈辰野・林・徳川〉三「露伴先生はおこると『このスットコドッコイ、オタンチン…』というような言葉が二十くらい機関銃みたいに出たそうですね」

捨《す》て石《いし》

今すぐには効果はなく、むだなように見えるが、将来役に立つことを予想してする投資や予備的行為など。囲碁で、より以上の効果を得るために、わざと相手に取らせる石をいったものが一般化したもの。

他に、日本庭園において自然の趣を添えるために程よい場所にすえておく石や護岸工事の基礎にするために水中に投げ入れる石などをもいう。＊故旧忘れ得べき〔1935～36〕〈高見順〉一〇「残した足跡は小さかったにしても、彼も地固めのための捨石になったとは言ひ得るだらう」

素敵《すてき》

自分の感覚に合っていて心ひかれるさま。「すばらしい」の「す」に「てき(的)」のついたものという。本来は程度がはなはだしいさまの意であったが、一九世紀初頭ころから、江戸の庶民の間でやや俗な新しい流行語として、すばらしいの意で用いられはじめたらしい。明治に入ると、すばらしいの意味に限定されてくる。現代では、女性が使うことが多い。初期の例は多く仮名書きであるが、後に「素的」の表記が広まり、昭和以降は次第に「素敵」が一般化したようである。＊滑稽本・浮世風呂〔1809～13〕前・上「すてきに可愛がるから能《いい》」＊歌舞伎・敵討噂古市（正直清兵衛）〔1857〕五幕「殊に今度の山田奉行大川十右衛門といふは、すてきな人だといふ噂だから、こいつあ久七さん、思案ものだよ」

捨《す》て台詞《ぜりふ》

人前を立ち去る時、返事を求める気持もなくいいはなつことば。相手をおどしたり、さげすんだりする気持でいう、悪意のあることばが多い。もとは、歌舞伎の舞台で、役者が脚本に書いてないことをその場その場に応じていいすてる短いせりふをいった。＊一千一秒物語〔1923〕〈稲垣足穂〉星でパンをこしらへた話「さんざんにぶん殴ったそのあげくに捨セリフを残して行きかけたので」

捨《す》て鉢《ばち》

物事が自分の思うようにならなくて、もうどうなってもかまわないという気持になること。自暴自棄になることもいう。「すてっぱち」「すてぶち」ともいう。「鉢」は、兜の上部を覆う部分で、兜を捨てて己を危険に晒すことから「やけくそ」の意が生じたとする説がある。＊障子の落書〔1908〕〈寺田寅彦〉「どうでもなるがいいなど棄鉢な事を考へる事もあったが」

図《ず》抜《ぬ》ける

標準よりもとびぬけてすぐれる。きわだって差がある。とびぬける。ずばぬける。「ず」は接頭語。＊真景累ケ淵〔1869頃〕〈三遊亭円朝〉一六「何もづぬけて美女《いいをんな》ではないが、一寸男惚《をとこぼれ》のする愛らしい娘」

脛《すね》をかじる

自分で独立して生活することができないで、親または他人に養ってもらう。＊雑俳・柳多留‐九〔1774〕「おやのすね今をさかりとかぢる也」

ずぶ
まったく。すっかり。古くは「ずぶ」の形でも用いたが、現在では多く「ずぶの」の形で用いられる。＊枯葉の美しさ〔1957〕〈井上友一郎〉四「ズブの素人《しろうと》だというけれど、なかなかお客の付きがいいよ」

ずぶろく
ひどく酒に酔って正体のないこと。ぐでんぐでんであること。「ずぶ」ともいう。また、泥酔するまでの大酒を「ずぶろく酒」という。＊歌舞伎・天衣紛上野初花（河内山）〔1881〕四幕「昨夜宿六がづぶ六酔って溝へ落ちて来ましたから、仕方なしに洗ひますのさ」

すべからく
当然なすべきこととして。本来ならば。漢文の「須」を訓読する際に生じた語で、サ変動詞「す」に助動詞「べし」の補助活用「べかり」がついた「すべかり」を名詞化する語法によってできた。多く下に助動詞「べし」を伴って用いる。＊徒然草〔1331頃〕二一七「徳をつかんと思はば、すべからく、まづその心づかひを修行すべし」＊彼の歩んだ道〔1965〕〈末川博〉四「青年はすべからく革新的な方向へ勢を盛りあげて前進すべきであるというようなことを書いた」

図星《ずぼし》をさされる
急所を突かれる。考えていることなどをぴたりと言いあてられる。「図星」とは的の中心の黒点のことで、これが目当てのところや急所の意で用いられるようになった。＊たけくらべ〔1895〜96〕〈樋口一葉〉一二「それでは美登利さんが好いのであらう、さう極めて御座んすの、と図星をさされて」

ずぼら
おこなうべきことや守るべきことをしなかったりおろそかにして、だらしないこと。行動・態度にしまりがないこと。語源説には、ズルズル下がる相場をいう大阪堂島の米相場でのことばからかとするものと、僧侶の不祥事件が相ついだために世間で坊主を罵った語ズボウの訛かとするものがあるがいずれも信じがたい。同じく近世から例のみられる「ずべら」「ずんべらぼん」「ずんぼらぼん」などと同源で擬態語がもとになったものであろう。＊行人〔1912〜13〕〈夏目漱石〉友達・一二「気の短い自分には斯んなヅボラを待って遣るのが腹立しく感ぜられた」

すみません
申しわけありません。ありがとうございます。人にあやまる時、礼をいう時、依頼する時、声をかける時などに使う。もとは、気持の上で満足しないの意。「すいません」「すんません」ともいう。＊桑の実〔1913〕〈鈴木三重吉〉二六「『取って上げよう。待って御覧』『どうもすみませんでございます』」

墨《すみ》を流《なが》したよう
あたり一面真っ黒、または真っ暗であるさま。黒々としているさま。徐々に暗くなる様子。多く夜空や暗闇の形容に用いられる。墨を流すことは染物の方法の一つとして行われた。墨液または顔料を水面にたらして流水状・波紋状の模様をつくり、それを紙や布に移しとる染め方を墨流しまたは墨流し染めという。また、スミナガシという名の蝶がいるが、それは、翅の縁にあるV字形の白い模様が水に墨を流したように見えることから名付けられた。

すれっからし
何度もひどい目にあって素直でなくなり、悪賢くなること。苦労して人柄が悪くなること。「すれからし(擦枯)」の変化した語。＊明暗〔1916〕〈夏目漱石〉一五九「世の中で擦《す》れっ枯《か》らしと酔払ひに敵ふものは一人もないんだ」

寸志《すんし》
心ばかりのささやかな贈り物。また、少しばかりのもてなし。自分の贈り物やもてなしをへりくだっていう語。多く贈り物の熨斗《のし》や謝礼として出す金銭の袋などに書かれる。もとは、自分のこころざしそのものをわずかばかりだとへりくだっていう場合に用い、「寸心」「寸情」「微意」などともいった。＊浄瑠璃・仮名手本忠臣蔵〔1748〕九「本蔵殿の寸志により、敵地の案内知たる上は、泉州堺の天河屋儀平方へも通達し」＊金色夜叉〔1897～98〕〈尾崎紅葉〉続・二「是が荒尾の貴方に対する寸志と思ふて下さい」

寸鉄人《すんてつひと》を刺《さ》す
短いけれども奇抜で適切なことばによって、相手の急所をつくたとえ。中国南宋の随筆「鶴林玉露‐地集一・殺人手段」より生じたことば。もとは小さい刃物で人を殺すの意。「寸鉄人を殺す」ともいう。＊二六新報‐明治三六年〔1903〕一二月一二日「最後に冷かなる笑を浮べて曰く、『何ぞ日露問題に緩慢にして対議会策に燥急なるや』と、寸鉄人を刺すものと云ふべし」

【せ】

晴耕雨読《せいこううどく》
晴れた日には外に出て田畑を耕し、雨の日には家の中で読書をすること。悠々自適の生活にいう。＊風にそよぐ葦〔1949～51〕〈石川達三〉後編・二四「山野に隠栖して晴耕雨読をたのしみ、蒼猿野鶴を友として人生の憂いを忘れるという風な生き方をすればいいのだ」

正鵠《せいこく》を射《い》る
的をついている。要点、核心をついている。「正」は鳥の正(鴡鳥)を描いた革の的、「鵠」は鵠《くぐい》を描いた革の的とされるが、一説に「正」は正しい、「鵠」は直《すぐ》の意ともいう。「正鵠を得る」ともいうが、「正鵠」が弓の的であることからすれば「射る」が本来の言いかたであるといえよう。＊Kの昇天〔1926〕〈梶井基次郎〉「若し私の直感が正鵠を射抜いてゐましたら」

精彩《せいさい》を放《はな》つ
目だってすぐれた点が現れる。「精彩」は、美しいいろどりの意から転じて、生き生きとして活気のある様子の意になった。＊宗教と文学〔1957〕〈亀井勝一郎〉近代化と死「性や姦通が描かれたならば、どれほど生彩を放ったであらうかと」

青山《せいざん》
骨を埋める土地。墓所。中国の詩人蘇軾の「授獄卒梁成以遺子由詩」の一節「是処青山可埋骨」から生じたことば。もとは、樹木などが生い茂って青々としている山の意。

星霜《せいそう》
年月。また、一年。星は一年に天を一周し、霜は毎年降るところから生じたことば。古くは「せいぞう」ともいった。＊読本・椿説弓張月〔1807〜11〕続・三六回「いく星霜を経たりけん、見る人をして寒からしむ」

清濁《せいだく》併《あわ》せ呑《の》む
善悪ともあるがままに受け入れる。心が広く度量の大きい寛容な性質の形容として用いられることもあるが、善悪の区別をしないことを批判的にとらえて用いる場合が多い。「清濁」とは、もともと、澄んでいることと濁っていることの意であるが、転じて、正と邪、善と悪などの意で用いられるようになった。＊日本文化私観〔1942〕〈坂口安吾〉二「それは人工の極致、最大の豪奢といふことであり、その軌道にある限りは清濁合せ呑むの概がある」

掣肘《せいちゅう》を加《くわ》える
そばで干渉して自由な行動を妨げること。「呂子春秋・審応覧具備」にある、宓子賤が二吏に字を書かせ、その肘をひっぱって妨げたという故事から成った語。＊土〔1910〕〈長塚節〉一二「勘次は村の若者がおつぎに想を懸けることに掣肘を加へる些の力をも有して居らぬ」

青天《せいてん》の霹靂《へきれき》
思いがけずおこる突発的事変。もとは青く晴れた空に急に雷がおこることの意で、それが広く突然の出来事一般に用いられるようになった。「せいてん」は「晴天」とも書く。＊日本・明治三〇年〔1897〕一一月二〇日「独逸軍艦が膠州湾占領の警電は青天の霹靂たる感なきにあらざるも」

青天白日《せいてんはくじつ》
人に隠している悪い行いなどが少しもないこと。また、無罪が明らかになること。もとは、青く晴れわたった日和《ひより》の意で、「晴れ」から、心にくもりがないことの意や疑いが晴れるの意に転じた。「せいてん」は「晴天」とも書く。＊雲は天才である〔1906〕〈石川啄木〉二「イヤ余程心配しましたが、これで青天白日漸々《やうやう》無罪に成りました」

成敗《せいばい》
処置すること。さばくこと。処罰すること。特に罪人を打ち首にすること。古くは政治を行うことの意でも用いられた。善を成し、悪を敗るということからできた語といわれる。現在では多く「喧嘩両成敗」などの形で用いられる。＊虎明本狂言・入間川〔室町末～近世初〕「言語道断にくひやつじゃ、太刀おこせひ成敗せう」

清貧《せいひん》
富を求めず、心が清らかで行いが正しいこと。貧しくても余分を求めず、その状態に満足して暮らしていることをいう。＊忘却の河〔1963〕〈福永武彦〉五「私は何も清貧を売物にするつもりはないが」

声望《せいぼう》
名声と人望。世間での良い評判。ほまれ。声名。＊文明論之概略〔1875〕〈福沢諭吉〉二・四「足利氏は関東の名家、声望素より高し」

清遊《せいゆう》
風流な遊びをすること。特に日常のわずらわしさをはなれて自然を楽しむこと。また、多く手紙文に「軽井沢に御清遊の由」などと用いられ、相手を敬って、その遊び、旅行などをいう語としても用いられる。＊春〔1908〕〈島崎藤村〉五六「今日は、君等の顔が見たくて来たが、御蔭で近頃にない清遊をした」

碩学《せきがく》
学問が広く、深いこと。博学。「碩」は大の意。＊西洋事情〔1866～70〕〈福沢諭吉〉外・三「往古の碩学始めて経済の事に付書を著し之を富国論と名けり」

関《せき》の山《やま》
せいぜい。精一杯。一番良く見積もってもそのくらいまでだという限度を示す時に用いられる。セキは三重県関町、ヤマは関東でいうダシ（山車）の意。関町の八坂神社の祭礼祇園会に出るヤマが大変立派なので、それ以上のぜいたくはできないといわれたところから生じたことば。＊異端者の悲しみ〔1917〕〈谷崎潤一郎〉四「口の先で章三郎を慰撫するぐらゐが関の山であらう」

赤《せき》貧《ひん》洗《あら》うが如《ごと》し
たいへん貧しくて、洗い流したように何一つ持っていないさま。「赤貧」は中国の史書「南史・臨汝侯坦之伝」から生じたことばで、「赤」は何もないの意。＊福翁自伝〔1899〕〈福沢諭吉〉大阪修業「諸道具もなければ金もなし、赤貧洗ふが如くにして、他人の来て訪問《おとづれ》て呉れる者もなし」

世間体《せけんてい》
世間の人々に対する体面や体裁、みえ。もとは、世間のありさまや世間多数の人々に共通するふるまい方の意。＊多情多恨〔1896〕〈尾崎紅葉〉前・八・二「百個日も経たないのに家を仕舞ふのは余り世間躰《てい》が善くない」

世《せ》故《こ》に長《た》ける

世間の事情をよく知っている。世渡りや世間づきあいがうまい。「世故」とは、世の中の風俗、習慣など種々の雑事、また世間の俗事やならわしの意で、「せいこ」ともいう。＊吾輩は猫である〔1905〜06〕〈夏目漱石〉一〇「世故にたけた敏腕家にも似合しからぬ事だ」

世《せ》知《ち》辛《がら》い

世渡りがむずかしい。暮らしにくい。古くは、こざかしい、計算だかい、抜け目がないなどの意で用いられた。語源説には、「世智弁辛シ」の略とするものと「セチカライ（切辛）」の義とするものがある。後者の場合、「切」は、物事が急迫していて、乗り切るのが容易でないの意とするが、古い意にやや合わない点が問題であろう。前者の「世知弁」は、勘定だかいことやけちくさいことの意を表し、のちに「せち」ともいわれた点で有利であるが、「からい」が付くことの意義が問題となる。「せち」は後に世渡りがむずかしいの意でも用いられるようになるが、この「せち」と思われるものがついたものは他に「せちがしこい」「せちがまし」「せちくるし」などがある。＊伊豆の踊子〔1926〕〈川端康成〉四「彼等の旅心は、最初私が考へてゐた程世《せ》智《ち》辛《がら》いものでなく、野の匂ひを失はないのんきなものであることも、私に分って来た」

絶《ぜっ》海《かい》

陸地からはるかに離れた海。遠海。「絶」は渡るの意で、もとは、海を横ぎり渡ることの意であった。＊思出の記〔1900〜01〕〈徳富蘆花〉四・五「此賑合《にぎあひ》の真中に立ちながら身は絶海の孤島に流れついたロビンソン・クルソオの如く」

折《せっ》檻《かん》

きびしく意見すること。きびしく叱ること。こらしめの体刑を与えたりすること。中国、前漢の朱雲が成帝を強くいさめてその怒りをうけ、朝廷から引きずり出されようとした時に、檻《てすり》につかまって動こうとしなかったため、その檻が折れてしまったという「漢書・朱雲伝」にみえる故事から成った語。成帝は朱雲のこの行動に感動し、その意見を受け入れた。ここから、相手のためにきびしく意見することの意が生じ、転じて、しかること、体罰の意を表わすようになった。＊黒潮〔1902〜05〕〈徳富蘆花〉一・八・九「親が子を折檻するに不思議があるか」

切《せっ》磋《さ》琢《たく》磨《ま》

仲間同士互いに戒めあい、励ましあい、また競いあって向上すること。「切」は刻む、「磋」はとぐ、「琢」は打つ、「磨」はみがくの意で、もとは、骨・角・石・玉などを切りみがくことをいった。それが、学問や道徳、また技芸などをみがき上げることをもいうようになり、特に仲間同士で競争する意に多く用いられるようになった。＊山月記〔1942〕〈中島敦〉「己は詩によって名を成さうと思ひながら、進んで師に就いたり、求めて詩友と交って切磋琢磨に努めたりすることをしなかった」

切歯扼腕《せっしやくわん》

歯ぎしりしたり自分の腕を握り締めたりすること。ひどく残念がったり怒ったりする様子にいう。「史記・張儀伝」より生じたことば。＊諷誡京わらんべ〔1886〕〈坪内逍遙〉五「切歯扼腕して腹をたって」

接待《せったい》

客をもてなすこと。また、一般に湯水、茶、酒、食事などをふるまうこと。古くは特に、門前・往来に、清水または湯茶を出しておいて、通行の修行僧にふるまったり、宿泊させたりすることや、寺で貧しい人や参詣人に無料で食物を与えることをいった。＊少年〔1911〕〈谷崎潤一郎〉「接待の甘酒だのおでんだの汁粉だのの屋台が処々に設けられて」＊虚子句集〔1915〕〈高浜虚子〉秋「摂待の寺賑しや松の奥」

舌代《ぜつだい》

口で告げるかわりに文字で簡単に書いたもの。挨拶や値段表などのはじめに書いて「申し上げます」の意を表す場合にも用いられる。「しただい」ともいう。＊人情本・春色辰巳園〔1833～35〕後・八回「一所に寄添、仇吉が持し文をさし覗《のぞ》く舌代『ついちょっとやうす、きく間もなつかしききのふけふ』」

折衷《せっちゅう》

二つ以上の考え方や事物から、それぞれのよいところをとってほどよくまとめること。「和洋折衷」が多く用いられるが、「雅俗折衷」も散見される。＊小説神髄〔1885～66〕〈坪内逍遙〉上・小説の主眼「作者が岡目の手細工もて人の感情を折衷なし」

刹那《せつな》

きわめて短い時間。瞬間。元来仏教語で時間の最小単位のことをいった。現在では、「刹那的」「刹那主義」の形で、目の前の一時的な快楽を求めるさまやそのような考えをいう場合に用いられることが多い。＊囚はれたる文芸〔1906〕〈島村抱月〉五「されど其はただ刹那にして、長くは見るに堪えざりし」

切《せつ》ない

心が苦しい。やりきれない。やるせない。現在では悲しさ・寂しさ・恋しさなどで、胸がしめつけられるような気持であることをいうが、古くは非常に親切であるの意や、大切に思っているの意をも表した。また、時には、息苦しい、からだが苦しい、せっぱつまった状態である、生活が苦しいなどの意にも広く用いられた。＊浮雲〔1887～89〕〈二葉亭四迷〉二・八「アアせつない、厭だと云ふのに本田さんが無理にお酒を飲まして」＊草枕〔1906〕〈夏目漱石〉四「余と銀杏返しの間柄にこんな切ない思はないとしても、二人の今の関係を、此詩の中に適用《あてはめ》て見るのは面白い」

切《せつ》に
心から。心をこめてするさま。心に強く思うさま。形容動詞「切なり」の連用形が副詞化したもの。＊思ひ出す事など〔1910～11〕〈夏目漱石〉二三「好意の干乾びた社会に存在する自分を切にぎごちなく感じた」

切羽《せっぱ》詰《つ》まる
物事がさし迫って、どうにもならなくなる。最後のどたん場になる。まったく窮する。「切羽」とは、刀の鍔《つば》が柄《つか》と鞘《さや》に接する所の両面に添える薄い金物のこと。これがつまると刀が抜き差しならなくなるところから生じたことば。＊明暗〔1916〕〈夏目漱石〉一五二「せっぱ詰《つま》った津田は此時不思議に又好い云訳を思ひ付いた」

瀬戸際《せとぎわ》
物事の成功か失敗かの分かれ目。また、安危・生命など、運命がきまる重大な分岐点。「瀬戸」ともいう。もとは、小さな海峡と海との境目の部分の意。一九五六年、アメリカのダレス国務長官が対共産主義の外交戦略を表現するために用いたことば「brinkmanshippolicy」の訳語として「瀬戸際政策」が用いられた。これは、危機寸前まで強硬策をとり、全面戦争も辞さないという姿勢を示すことによって相手国に対して優位に立とうとする外交政策をいう。＊虞美人草〔1907〕〈夏目漱石〉一八「退っ引《のっぴ》きならぬ瀬戸際迄あらかじめ押して置いて」

是非《ぜひ》に及《およ》ばず
どうしようもない。しかたがない。やむを得ない。よしあし、やり方などをあれこれ論議する必要はないとか、もはやそういう段階でない状態をいう。明智光秀の謀反を知って発した織田信長の最期のことばとして有名である。＊当世書生気質〔1885～86〕〈坪内逍遙〉一二「財政危急の今日に在っては是非に及ばぬといふ次第さ」

瀬踏《せぶ》み
ひとまずためして様子をみること。もとは、川の瀬の深さを、実際に足を踏み入れて測ることの意。＊暗夜行路〔1921～37〕〈志賀直哉〉一・九「『曖昧な態度で瀬踏《せぶみ》をしてる』と謙作は笑った」

詮方《せんかた》無《な》い
なすべき手段・方法がない。ほどこすすべがない。どうしようもない。しかたがない。「せん」はサ変動詞「す（為）」の未然形「せ」に助動詞「む」がついてできたもので、「詮」は当て字。＊妻〔1908～09〕〈田山花袋〉二「兄は詮方なくありもしない自分の巾着《きんちゃく》の銭《ぜに》を掻集めて」

詮議《せんぎ》
評議して物事を明らかにすること。また、特に罪人の捜索や取り調べ。「詮」は理を明らかにする意。＊浮世草子・好色五人女〔1686〕一・四「案のごとく清十郎めし出されて、思ひもよらぬ詮義にあひぬ」

千言万語《せんげんばんご》
非常に多くのことば。聞き手に分かってもらおうとあれこれと多くのことばを口にする様子の形容に用いられる。「千言」「千言万句」「千言万言」などともいう。＊西国立志編〔1870～71〕〈中村正直訳〉一二・八「その能く一世を風靡すること、ただ千言万語の教訓のみにあらず」

千載一遇《せんざいいちぐう》
千年にたった一度しかめぐりあえないようなすばらしい機会。最近は多く「千載一遇のチャンス」の形で用いられる。＊露団々〔1889〕〈幸田露伴〉五「千歳一遇の好機会に逢ひながら」

穿鑿《せんさく》
必要以上に細かい点までうるさく尋ねて知ろうとすること。もとは、穴をうがち掘ることの意で、そこから、深く考えることや調査したりすることの意に転じた。古くは「せんざく」ともいった。現代では「詮索」とほぼ同義でしばしば混同されるが、「穿鑿」はかつてはかなり広く用いられ、無理やりこじつけることやややかましく理屈をいうこと、また、事の次第、物事の有様、なりゆき、工夫などの意をも表した。＊浄瑠璃・鑓の権三重帷子〔1717〕下「海道筋の旅籠屋、馬次、舟場をせんさくし、山蔭、在々迄も近郷残らず、尋ねしが」＊阿部一族〔1913〕〈森鷗外〉「そしてなぜ好きだか、厭だかと穿鑿して見ると」

千秋楽《せんしゅうらく》
能楽・芝居・相撲などの興行期間の最後の日。転じて、物事がいよいよ最後になることをもいった。語源としては、能狂言・芝居・法会の楽などの終わりに奏された雅楽の曲名を千秋楽ということからとするもの、謡曲「高砂」の終わりにある文章を千秋楽ということからとするもの、興行の終わりの日には一同が舞台で口上を述べ、太夫元が千秋楽の舞を舞ったところからとするものなどがあるが、いずれとも決めがたい。＊浄瑠璃・用明天皇職人鑑〔1705〕職人尽し「扨《さて》是は長者が家の名酒国本より到来す。是をさし上げて千秋楽に致さんと存ぜしに」

禅譲《ぜんじょう》
権力の座を話し合いで他に譲り渡すこと。もとは、中国で、帝王がその位を子孫へ伝えないで有徳者に譲ることをいった。堯が舜に、舜が禹に帝位を譲った類をいう。それが譲位の意に転じ、さらには広く権力一般に用いられるようになった。」

詮《せん》ずる所《ところ》
ことの筋みちを明らかにして、考えて到達したところ。多く副詞的に用いて、つまり、要するに、結局、所詮などの意を表す。＊平家物語〔13C前〕二・座主流「せんずる所、我等が敵《かたき》は西光父子に過たる者なしとて」

詮《せん》無《な》い
ある行為をしても、しただけの効果や報いられる事がなにもない。おこなってもしかたがない。甲斐《かい》がない。無益である。「せん」は「せんかたない」などの「せん」と同様、サ変動詞「す（為）」の未然形「せ」に助動詞「む」がついてできたもので、「詮」は当て字。おそらく「せん」と「無い」の間のことばが略されたものであろう。＊春潮〔1903〕〈田山花袋〉四「僕は詮なく黙って跟《つ》いて行った」

煎餅布団《せんべいぶとん》
綿が少なくて薄いふとん。堅くて粗末なふとん。＊高橋阿伝夜刃譚〔1879〕〈仮名垣魯文〉初・一回「破壁の間《ひま》洩る冬の雪颪《ゆきおろし》防ぎかねたる煎餅蒲団夫婦母子が柏餅」

千三屋《せんみつや》
土地や家屋の売買や貸し金の仲介などを職業とする人。まとまる話は千回に三回ほどであるということから生じたことば。同様に、千のうち三つしか本当のことを言わないということから、うそつきのことを「せんみつ」という。「千三」と同類の表現法をもつ語に「万八」がある。

千両役者《せんりょうやくしゃ》
格式の高い役者。また、顔立ちがよかったり、芸がうまかったりして、特に人気のある役者。転じて、催し物や試合などで、目立った働きをして人気を得る人をもいう。一年の給金を千両も取る役者ということから生じたことば。＊ニューヨークの黒人教会〔1958〕〈平林たい子〉「この牧師さんは、それ以上の千両役者だった」

千慮《せんりょ》の一失《いっしつ》
どんなに賢い者でも、多くのうちには考え違いや失敗があるということ。また、十分に配慮しておいても思いがけない失敗を犯すこと。「史記‐淮陰侯伝」より生じたことば。＊虞美人草〔1907〕〈夏目漱石〉二「君の様な計画好きでも其所迄は聞かなかったと見えるね。千慮の一失か」

【そ】

蒼海《そうかい》の一粟《いちぞく》
大海に浮かんでいる一粒の粟。広大なものの中のきわめて小さいもののたとえに用いられる。中国北宋の詩人蘇軾の代表作「前赤壁賦」より生じたことば。＊くれの廿八日〔1898〕〈内田魯庵〉五「愛《ラヴ》如きは自

後世

分の偉《おほ》いなる使命に較べると滄海の一粟に過ぎないと藐視《けな》してゐたのが」

喪家《そうか》の狗《いぬ》

喪中の家の飼犬。また一説に、宿なしの犬のことともいわれる。不幸があった家の犬、あるいは宿なしの犬は世話をされずにやせおとろえてしまうということをいう。そこから転じて、見る影もなくやつれて元気のない人のたとえにも用いられるようになった。「喪狗《そうく》」ともいう。＊吾輩は猫である〔1905～06〕〈夏目漱石〉一一「累々として喪家の犬の如し。いや宿のない犬程気の毒なものは実際ないよ」

走狗《そうく》

他人の手先となって使われる者。もとは、狩りのときに鳥や獣を追いたてるために、人に使われる犬の意。転じて、人に使われる人をさげすんでいう言いかたに用いられるようになった。＊不在地主〔1929〕〈小林多喜二〉一二「警察は如何にも君等の言ふ通り、資本家の走狗だ」

総《そう》ぐるみ

関係するすべての人が一体となること。例外なく関係する物事すべてを含むこと。

造詣《ぞうけい》

学問・芸術・技術などについての深い理解やすぐれた技量。＊一兵卒の銃殺〔1917〕〈田山花袋〉三二「其処には学問の造詣の深い白鬚の老人や」

象牙《ぞうげ》の塔《とう》

俗世間を離れて、もっぱら静寂・高逸な芸術を楽しむ芸術至上主義の境地。また、学者が、現実を逃避して観念的な態度で送る学究生活やその研究室。フランスの批評家サント＝ブーブが詩人ビニーの態度を評したことば「latourd'ivoire」の訳であるが、旧約聖書の雅歌七章四節にも見える。日本では、大正九年（一九二〇）に出た厨川白村『象牙の塔を出て』によって一般に広まった。当時の聖書の日本語訳では「象牙のやぐら」とされていた。＊田園の憂鬱〔1919〕〈佐藤春夫〉「象牙の塔で夢みながら、見えもしない人生を俯瞰した積りで生きて居る夫」

双肩《そうけん》

左右両方の肩。両肩。肩は物をになう場所であるところから、転じて、責任・負担などを引き受けるもののたとえにいうようになった。多く「双肩に担う」の形で用いられる。＊自転車日記〔1903〕〈夏目漱石〉「此会見の栄を肩身狭くも双肩に荷へる余に向って」

糟糠《そうこう》の妻《つま》

貧しい時からつれそって苦労をともにしてきた妻。「糟」は酒かす、「糠」は米ぬかで、そのような粗末な食物しかない貧困をいった。「後漢書・宋弘伝」にみられる、貧しい頃から苦労を共にしてきた妻は、立身出世ののちも離縁するわけにはいかないといった意の「糟糠の妻は堂より下さず」から生じたことば。＊ふらんす物語〔1909〕〈永井荷風〉橡の落葉・裸美人「糟糠の妻、モデルのルイズは、賤しき身の上の、今は早や、如何にするとも夫の心を引止る事能はざるを知りて」

相好《そうごう》をくずす

顔をほころばせてにこやかに笑う。心から喜ぶ。喜びや笑いが自然に内からこぼれ、表情に現れる様子をいう。「相好」とは、もと、仏のからだの各部分の身体的特徴の総称であったが、それが仏以外にも用いられるようになり、顔かたち、顔つき、表情などの意をも表すようになった。＊ヰタ・セクスアリス〔1909〕〈森鷗外〉「教場でむつかしい顔ばかりしてゐた其教授が相好を崩して笑ってゐる」

雑言《ぞうごん》

無用のくだらないことば。また、種々のわる口。あくたい。「ぞうげん」ともいう。「悪口《あっこう》雑言」「罵詈《ばり》雑言」などの形でののしりのことばを強調していうことが多い。＊曾我物語〔南北朝頃〕九・屋形屋形にてとがめられし事「わかき者にて、酒に酔ひ候ひてざうごん申し候ふ」

造作《ぞうさ》をかけます

ご面倒をおかけします。ごちそうになります。多く「ご造作をおかけします」の形で用いられる。「造作」とは、もと仏教語で、意識してつくりだすことの意。それが転じて、技巧、装飾、手間のかかること、骨折り、面倒、厄介、費用のかかること、ことをするためにかかる金、ごちそう、もてなしなどの意を表すようになった。

宋襄《そうじょう》の仁《じん》

無益のなさけ。役に立たないあわれみ。中国、春秋時代、宋と楚が戦った時、宋の襄公が先制攻撃の進言をしりぞけ、敵の布陣を待って敗れたという「春秋左伝‐僖公二二年」にみえる故事から成った語。

そうは烏賊《いか》のきんたま

そううまくはいかない。「いかない」の「いか」を「烏賊」とかけ、その烏賊の睾丸のことを俗称で続けたしゃれことば。「そうはいかきん」ともいう。

糟粕《そうはく》をなめる

少しも新しい意見を言わず、ただ古人の説を繰り返すだけである。「糟粕」とは酒のかすの意で、転じて、滋味をとり去った不用物、また、かすの意を表す。それは時に、精神の抜けたもの、役にたたないもののたとえにも用いられる。＊断橋〔1911〕〈岩野泡鳴〉一三「東京の帝国大学には、アイノ語学者を以って任ずる人もあるが、すべてがバチエラの糟粕を嘗めてゐるものばかりで」

そうは問屋《とんや》が卸《おろ》さない

相手の注文どおりに応ずるわけに

はいかない。そんなにたやすくできるものではない。また、そう簡単にはさせない。そんなに安い値段では問屋が卸し売りをしない、元値を割ってまで売るわけにはいかない、の意から生じた言いかた。＊どちらでも〔1970〕〈小島信夫〉「たとえ同じ場所へきたからといって、同じことをしようといっても、そうは問屋がおろさないわよ」

総花《そうばな》

すべての関係者をまんべんなく立ててやること。皆に恩恵を与えること。もとは、料亭、遊女屋などで、客が使用人など全員に出す祝儀をいった。現在では、「総花式」「総花主義」「総花的」などの形で用いられることが多い。＊雑俳・口よせ草〔1736〕「そう花に舟の者までかしこまる」＊都新聞‐明治三八年〔1905〕四月二〇日「それから初会の祝儀が三十銭、二会が三十銭、三会が二円の馴染金、合せて二円六十銭、これに惣花が二円五十銭」

走《そう》馬《ま》灯《とう》

影絵のしかけをした回り灯籠。内外二重につくった灯籠の内枠の面にいろいろな切ぬきの絵をはり、中央に軸をつけて上に風車を設けたもの。ろうそくの熱による上昇気流で風車が回り、それにつれて内枠も回転し、内枠の絵の影が回りながら外枠の面にうつるしかけになっている。「まわりどうろう」「舞灯籠」「影灯籠」「そうばとう」などともいう。夏の季語。多く、過去の思い出が頭の中をぐるぐるとめぐる様子の形容に用いられる。＊春潮〔1903〕〈田山花袋〉一六「自分の恋の時代の過ぎ去ったといふ考とやさしい孝子の真心とが走馬燈のやうに烈しく急に廻り出して」

総領《そうりょう》の甚六《じんろく》

長子は次子以下にくらべて俊敏でないの意。長男または長女は、大事に育てられるので、弟や妹にくらべるとお人好しで愚鈍になる傾向があるということ。「総領」は、もと、数ヶ国のすべてをおさめる奈良時代の地方行政官名であったが、一族の長の意を経て家を受け継ぐ子の意に転じた。「甚六」も長男や跡取り息子の意。＊滑稽本・浮世床〔1813～23〕初・上「『さういふな。兄弟子だぞ』『惣領の』『ヲット表徳〔＝別名。あだ名〕は甚六だらう』」

惻隠《そくいん》の情《じょう》

ある対象に同情する気持。あわれみの心。かわいそうに思う気持。思いやり。

息災《そくさい》

なにごともなく元気でいること。「息」はとどめるの意。もと仏教語で、仏や神の力などで衆生の災をなくすことをいった。＊浄瑠璃・傾城反魂香〔1708頃〕中「わたしゃなんにも申ませぬ。御そくさいで姫君と夫婦になって下さんせ」

息女《そくじょ》

むすめ。特に、身分ある人のむすめにいう。また、人のむすめを敬っていう語。「息」は生むの意。多く「御息女」「御息女様」の形で用いられる。「そくにょ」ともいう。＊太平記〔14C後〕二一・大内裏造営事「御息女の女御御孫の春宮も、軈《やが》て隠れさせ給ひぬ」

仄聞《そくぶん》

ほのかに聞くこと。人づてにちょっと聞くこと。うわさに聞くこと。「側聞」とも表記される。＊開化の殺人〔1918〕〈芥川龍之介〉「予が仄聞した事実をつけ加へて置けば、ドクトルは〈略〉演劇改良に関しても或急進的意見を持ってゐた」

齟齬《そご》

くいちがうこと。物事がうまくかみ合わないこと。上下の歯がくいちがってかみあわないの意から生じたことば。行き違いを生じるの意の「齟齬を来す」の形で用いられることが多い。「そぎょ」ともいう。＊鳥獣戯話〔1960～62〕〈花田清輝〉三・二「一時、策戦に齟齬をきたしたかにみえた反信長派も」

そこはかとない

どこがどこというわけではない。何というわけもない。とりとめもない。場所、事物、理由、原因などをこれとはっきり示すことのできない状態を表す語。「そこ」は代名詞、「はか」は目当ての意。「そこはかない」ともいう。＊新古今和歌集〔1205〕冬・五五二「神無月風に紅葉の散る時はそこはかとなく物ぞ悲しき〈藤原高光〉」＊徒然草〔1331頃〕序「心にうつりゆくよしなし事を、そこはかとなく書きつくれば、あやしうこそ物ぐるほしけれ」

粗餐《そさん》

粗末な食事。また、食事を人にすすめるときにへりくだっていう語。

粗品《そしな》

粗末な品物。他人に贈る品物をへりくだっていう語。「そひん」ともいう。＊須崎屋〔1935〕〈大谷藤子〉「特に秋祭りの間だけ茶一杯でも飲みに立ち寄れば粗品を進呈するといふのであった」

俎上《そじょう》に載《の》せる

こちらが自由に処理できるような対象として取り上げる。ある物事や人物を取り上げ、それについて論じたり批判したりする。「俎上」はまないたの上の意。＊細雪〔1943～48〕〈谷崎潤一郎〉上・二二「ひとしきり姉を俎上に載せて笑ひ話をしたことであった」

粗相《そそう》

あやまちをすること。失敗すること。大便や小便をもらすこと。もとは、そまつなこと、粗略なことの意で、転じて、そそっかしいことや軽率なことの意になり、さらには、しくじることの意を表すようになった。時にぶしつけ、失礼、非礼の意でも用いられた。＊生〔1908〕〈田山花袋〉八「『また何か粗相をしたんぢゃないか』『いいえ』『だって厭に悄気てるぢゃないか』」＊茶話〔1915～30〕〈薄田泣菫〉子役の粗忽「延若は今一人褒めなければならぬ子役のある事を忘れてはならない。夫は粗相をした延宝で、小便がしたくなっても、じっと坐を立たないで」

そそくさ

態度、行動が落ち着かないさま。あわただしい様子。せわしいさま。多く「と」や「に」を伴って用いられる。＊多情多恨〔1896〕〈尾崎紅葉〉前・五・三「『おや、まあ何地《どちら》へ行らっしゃいましたらう』と元は倉皇《そそくさ》と下りて、『お嬢様！』と呼んで見ると」

楚《そ》楚《そ》とした

清らかで美しいさま。多く若い女性の形容に用い、清らかで控え目な美しさを感じさせるさまをいう。古くはあざやかなさまをもいった。＊黯い潮〔1950〕〈井上靖〉四「幾分蓮葉なところさへ感じられた景子とは別人のやうに楚々として見えた」

漫《そぞ》ろ歩《ある》き

特にこれといった目的もなく気ままに歩きまわること。「そぞろありき」「すずろあるき」ともいう。＊当世書生気質〔1885～86〕〈坪内逍遙〉四「ぶらりぶらりと滝の河の辺をそぞろあるきして」

粗《そ》茶《ちゃ》

品質の悪い茶。茶を他人に勧めるとき、へりくだっていう語。＊落語・をかべ〔1899〕〈六代目桂文治〉「当月二十七日には麁茶《そちゃ》を献じまするによッて、五ツ時に御来駕を願ふといふ口上」

そつがない

言動に手ぬかりがない。抜け目がない。無駄がない。「そつ」は、手落ち、手ぬかり、無駄などの意で、中世以来多様に使われてきたが、現在では、ほとんどが「そつがない」「そつなく」などと打ち消しを伴って用いられる。＊腕くらべ〔1916～17〕〈永井荷風〉一二「土地の老妓を呼集めてよろしく頼むぜと云ったやうなソツのない仕方」

率爾《そつじ》ながら

突然で失礼なこととは思うが。人に声を掛け、ものを問う時などに用いる語。＊浄瑠璃・女殺油地獄〔1721〕下「あふてはきのどくかくれたい。そつじながら御めんなれとかくるるかやのうしろかげ」

ぞっとしない

特に驚いたり感心したりするほどではない。「ぞっと」は恐ろしさや感動で身がふるえあがるような感じのするさまをいう語であり、それを打ち消せば、さほど強く感じることではないの意となる。時には、いい気持がしない、うれしくないなどの意でも用いられる。＊草枕〔1906〕〈夏目漱石〉五「然もそれを濡らした水は、幾日前に汲んだ、溜め置きかと考へると、余りぞっとしない」

袖《そで》すり合《あ》うも他生《たしょう》の縁《えん》

道を行く時、見知らぬ人と袖が触れ合う程度のことも、前世からの因縁によるとの意。どんな小さな事、ちょっとした人との交渉も偶然に起こるのではなく、すべて深い宿縁によって起こるのだということ。現在では、せっかくの出会いを大事にしようという意で、偶然出会った異性を口説く時に用いることが多い。これはおそらく「他生」が「多少」と理解されてのことであろう。「袖振り合うも他生の縁」「袖の振合せも他生の縁」ともいう。＊歌舞伎・名歌徳三舛玉垣〔1801〕四立「誠に袖ふり合ふもたしゃうのえんとやらいへば、諸国を経廻《へめぐ》る旅の憂さおも晴らし」＊やみ夜〔1894〕〈樋口一葉〉五「袖すり合ふも他生の縁と聞くを、仮初《かりそめ》ながら十日ごしも見馴れては他処の人とは思はれぬに」

袖《そで》にする

その物事を重んじないで、おろそかにする。また、人を冷たくあしらい、邪魔者あつかいにする。手を袖に入れたままの状態が何もしないことを表したことから生じたことばであろう。「袖になす」ともいう。＊多情多恨〔1896〕〈尾崎紅葉〉前・七・三「阿母様《おっかさん》まで他《ひと》を袖にして、ええ、水臭い」

袖《そで》の下《した》

賄賂。心付け。もとは、手でする動作を、人目につかないようにこっそりとするさまを表した。それが転じて、人に知られないようにして贈ったりもらったりする金品をいうようになった。＊浮世草子・好色一代男〔1682〕三・七「其まま抱て寝て覚るや名残の神楽銭、袖の下よりかよはせて」＊雑俳・柳多留-一二〔1777〕「袖の下やらぬとばばあ長座する」

素読《そどく》

意味・内容を考えることなく、ただ文字だけを音読すること。漢文の教授方法の呼び名が広く一般に用いられるようになった語。「そよみ」「すよみ」ともいう。

その手《て》は桑名《くわな》の焼《や》き蛤《はまぐり》

そんなことにはだまされない。そのような計略にはひっかからない。「その手は食わない」の「食わな」と地名の「桑名」を言いかけ、その後に桑名の名物「焼き蛤」を続けたしゃれことば。＊黒い眼と茶色の目〔1914〕〈徳富蘆花〉五・三「色々の事を尋ね、何角《なにか》とつり出さんと致し候へども、其手《そのて》は桑名の焼蛤、決して申さず」

側杖《そばづえ》を食《く》う

まきぞえになる。もともとは、けんかのそばにいて、振りまわす杖に当たるの意。そこから、争いのとばっちりを受けるの意になり、さらには、自分と関係のないことのために、とばっちりを受けることをも表すようになった。「側杖打たれる」「側杖に会う」「側杖に当たる」「側杖を受ける」などともいう。＊

断腸亭日乗〈永井荷風〉昭和一六年〔1941〕九月六日「無題録〈略〉ここに喧嘩の側杖を受けて迷惑するは良民のみなり」

素振《そぶ》りにも見《み》せない　表情に表さない。喜びや悲しみなど、感情の高ぶりがあるはずなのに、それを表情や態度などに決して表さない冷静さをいう。

そぼ濡《ぬ》れる　びしょびしょになる。ずぶぬれになる。「そぼ」は古くは「そほ」ともいわれた擬声語と思われる。「そぼ」を含む語には、雨がしょぼしょぼ降るさまを表す「そぼそぼ」、雨がしとしと降るの意の「そぼつ」「そぼふる」などがある。＊田舎教師〈田山花袋〉〔1909〕七「彌勒から羽生まで雨にそぼぬれて来た辛さも全く忘れて居た」

そぼ降《ふ》る　しとしとと細かい雨が降る。しめやかに雨が降る。多く、小ぬか雨の形容に用いられる。＊堕落〈高橋和巳〉〔1965〕一・四「小雨のそぼ降る中を」

そよとの風《かぜ》　すこしの風。多く、後に否定の語を伴って、すこしも風がないことにいう。＊多情多恨〔1896〕〈尾崎紅葉〉前・三・二「夜霽の空は殊更朗に、澄徹るばかりで、習々《そよ》との風も無ければ」

其《そ》れ者《しゃ》　専門家。くろうと。特に、芸者、娼婦、商売女。もとはその道の専門家の意だが、特に遊里の遊びに慣れていて、その道によく通じた、いわゆる「粋人《すいじん》」をさしていうことが多い。「評判記・色道大鏡・一」には「それしゃ　其者《それしゃ》也。当道によく馴て、事をしりたる者の事也。功者《こうしゃ》といふ心にひとし」と定義されていて、「粋《すい》」「和気《わけ》しり」も同意と説明がある。それがやがて、遊女・芸者をもいうようになり、花柳界の女の意で、「それしゃあがり」などと用いるようになった。＊当世書生気質〔1885～86〕〈坪内逍遙〉一八「粋奴《それしゃ》の果ぞとは思はれぬまでに、いとしとやかに進み入りて」

遜色《そんしょく》　他と比べて劣っていること。見劣り。多く、打ち消しを伴って用いられる。もとは、他にゆずること、また、へりくだることの意。＊草枕〔1906〕〈夏目漱石〉四「色も美事だ。殆んど羊羹に対して遜色がない」

存《ぞん》じ寄《よ》り　考えていること。思いつき。意見。見込。また、知り合い、知人の意の謙譲語としても用いられる。＊歌舞伎・幼稚子敵討〔1753〕口明「ちと存よりもござりますれば其刀拝見仕たふ存まする」

【た】

大往生《だいおうじょう》

臨終に際して苦痛や心の乱れがない、安らかな死。少しの苦しみもない往生。また、立派な死にかた。天寿をまっとうした人の死にさいして贈られることば。＊風流仏〔1889〕〈幸田露伴〉三・下「安らかなる大往生、南無阿彌陀仏は嬌喉〔＝美しい声〕に粋の果を送り三重、鳥部野一片の烟となって」

大儀《たいぎ》

困惑すること。めんどくさいこと。また、体調が悪くてつらいこと。時に、「ご苦労さん、どうも大儀でした」のように他人の骨折りをねぎらい慰労することばとしても用いられる。もとは、重大な儀式の意。そこから儀礼的な催し事、重大なこと、事件、騒乱などの意を表すようになった。儀式などは費用がかかったり、面倒であったりすることから、やっかいなことの意に転じ、さらには他人にやっかいをかけた時の慰労のことばとしても用いられるようになった。＊浮世草子・好色一代男〔1682〕一・七「若又お中にやうすが出来たらば、近所にさいはい子安のお地蔵は御ざり、太義《たいぎ》なれど百の餅舟は阿爺《とと》がするぞ」＊歌舞伎・韓人漢文手管始〈唐人殺し〉〔1789〕二「『皆の者、太義じゃ』ト渡す。銘々分けて取る」＊あめりか物語〔1908〕〈永井荷風〉酔美人「半ば其の眼を開くのさへ退《たい》儀《ぎ》らしく」

乃公出《だいこうい》でずんば

このおれさまが出なければ。解決の難しい問題にあたって、自分がやらずに他の誰ができるものかとの決意を示すことば。「乃公」は男子がみずからを尊大にいう語。古代中国の説話集「世説新語 - 排調」にみえる晋の謝安の故事によるとされる。

太公望《たいこうぼう》

釣りをする人。釣りの好きな人。もとは、中国、周の政治家で、春秋斉の始祖である呂尚の別名。呂尚は渭水《いすい》という川で釣りをしていた時に文王に見出されてその師となったが、文王は、この人こそ周の祖太公が待ち望んでいた賢者だとして「太公望」と名付けたという。この故事から、釣り好きをさすようになった。＊俳諧・昼礫〔1695〕「他《ひと》知らぬ大公望が釣加減」

太鼓判《たいこばん》

確実な保証。証明のために太鼓のように大きな判を押すことを「太鼓判をおす」といい、それが絶対に間違いのないことを保証する意として用いられるようになった。＊細雪〔1943～48〕〈谷崎潤一郎〉上・一「若い時からよく知ってゐるので、太鼓判を捺すと云ってゐる」

醍醐味《だいごみ》

物事の本当の面白さ。神髄。もとは、仏教語。仏教では、牛乳を精製するにあたって、発酵の段階により五つ（乳、酪、生酥《しょうそ》、熟酥、醍醐）に分け、それら五つの味を「五味」という。後のものほど美味で、「醍醐」がその最高の味とされることから最上の味の意が生じ、転じて、物事の神髄の意となった。＊他所の恋〔1939～40〕〈正宗白鳥〉二「かういふ実直な堅人《かたじん》らしい中年男は案外色恋の醍醐味を舐めてゐるのかも知れない」

泰山北斗《たいざんほくと》

第一人者。ある一つの道でもっとも高く仰ぎ尊ばれる人。「泰山」とは中国山東省にある名山、「北斗」とは「北斗星」のこと。「新唐書‐韓愈伝賛」にみられる語。泰山と北斗を仰ぐように人々が尊敬のまなざしをそそぐということから、高く評価されているその道の権威などをさすようになった。「泰斗」ともいう。

大車輪《だいしゃりん》

はりきって大奮闘すること。仕事などに追われていそがしく働くこと。＊漫才読本〔1936〕〈横山エンタツ〉自序伝「座員一同熱心、大車輪にて相勤めまする」

大食漢《たいしょくかん》

おおぐらい。大食家。健啖家《けんたんか》。普通、男性についていう。＊読書放浪〔1933〕〈内田魯庵〉銀座と築地の憶出・六「肴も大きかったし飯の分量も倍あって、大抵の大食漢も七つか八つで満腹して」

大所高所《たいしょこうしょ》

個々の細かいことにとらわれない、広く大きい観点による立場。特に、偏見や私情を捨てた公平な目で全体を広く見渡す見方をいうことが多い。「高所大所」ともいう。＊明治文芸批評史の一面〔1937〕〈本間久雄〉「以上の中で第二の文芸の一般問題についての時事評論は、先生がいかに大所高所から文芸を見て居られたかといふこと〈略〉をよく物語ってゐる」

泰西《たいせい》

西洋。西洋諸国。「泰」は極の意で、西のはての意として用いられるようになった。＊草枕〔1906〕〈夏目漱石〉六「泰西の画家に至っては多く眼を具象世界に馳せて」

泰然自若《たいぜんじじゃく》

どんなことが起こっても、ゆったりと落ち着いて動じないさま。「泰然」「自若」ともに、落ち着いているさまを表す語。多く、「と」または「たる」がついて用いられる。＊地獄の花〔1902〕〈永井荷風〉二〇「どうして泰然自若とした穏かな心を保って居る事が出来やう」

泰斗《たいと》

「たいざんほくと（泰山北斗）」の略。＊暗室〔1976〕〈吉行淳之介〉七「同じ分野の泰斗であり、紳士録にもそのように記載されてあるが」

大の字《だいのじ》

両手・両足を広げて寝ること。その格好が「大」の字の形に似ていることからいう。＊坊っちゃん〔1906〕〈夏目漱石〉二「浴衣一枚になって座敷の真中へ大の字に寝て見た」

大福帳《だいふくちょう》 商家で日々の売買の勘定を記入した元帳《もとちょう》。半紙を細長く二つ折りにして横にとじた分厚い帳面で、項目を分けずに取引の順に棒書きにするのが普通。「大帳」に福運を願って「福」を加えたもの。「台帳」ともいう。

太平楽《たいへいらく》 好き勝手なことやでたらめなことを言ってのんきにしていること。もとは、中国の楚の項荘・項伯の両名が鴻門の会のとき、剣を抜いて舞ったのを模したという舞楽の一つ。舞姿が勇壮、衣装が豪華で、即位の大礼後の盛宴などに演奏された。この曲が悠長なことから、のんきで勝手気ままな振舞いの形容に用いられるようになった。多く、「太平楽を言う」「太平楽を並べる」の形で用いられる。＊浮雲〔1887〜89〕〈二葉亭四迷〉一・二「不思議や今まで文三を男臭いとも思はず太平楽を並べ大風呂敷を拡げてゐたお勢が」＊雁〔1911〜13〕〈森鷗外〉一四「それはあなたは太平楽を言ってゐられますでせう。わたしさへどうにかなってしまへば好いのだから」

たおやか 姿や形などがしなやかなさま。ものごし、態度などがものやわらかなさま。気だてや性質が、しっとりとやさしいさま。しとやかで美しいさま。「たお」は「たわむ（撓）」の「たわ」と同源であろう。「やか」は接尾語。古くは枝葉の形容に用いられることが多かったが、しだいに人、特に女の形容に用いられるようになり、それにつれて内面のしなやかさをいうようにもなった。＊平家物語〔13C前〕一一・西光被斬「ないきよげなる布衣たをやかにきなし、あざやかなる車にのり」＊面影〔1969〕〈芝木好子〉七「優美な線が生きているから、逞しい御身体がたおやかに見えるのだわ」

手弱女《たおやめ》 か弱い女。やさしい女。なよなよと美しい女。転じて、うかれめ、あそびめ、遊女をもいう。「ますらお」の対義語。江戸中期の国学者賀茂真淵は万葉集を「ますらおぶり」として称揚したのに対し、古今和歌集の歌風を批判して「たおやめぶり」と呼んだ。古今和歌集は、内容的には優艶で温雅な、表現上では技巧的で婉曲な歌風であるが、これらの傾向が女性的と見なされたのである。＊婦系図〔1907〕〈泉鏡花〉後・五二「死したる風も颯と涼しく、美女《たをやめ》たちの面を払って」

筍生活《たけのこせいかつ》 タケノコの皮を一枚ずつ剥ぐように、衣類やその他の持物を少しずつ売って、何とか食いつないでいる暮らし。特に、第二次世界大戦直後の窮乏生活の状態をいう。「たけのこ」ともいう。

竹屋《たけや》の火事《かじ》
おこってぽんぽん言うこと。ずけずけと言いたいほうだいに言うこと。竹が燃えてはじける音からのしゃれことば。

他山《たざん》の石《いし》
自分の人格を磨く助けとなる他人の言行。自分にとって戒めとなる他人の誤った言行。「詩経‐小雅・鶴鳴」にある、よその山から出た質の悪い石でも自分の玉を磨くのに使うことができるの意の「他山の石以て玉を攻《おさ》むべし」から生じたことば。＊若い人〔1933～37〕〈石坂洋次郎〉上・六「我々視学官連の怪しからぬ出鱈目講評についてですが、これは馬耳東風と云っては余り我々が可哀さうですから（笑声）、せめて他山の石と云ふ位の所で」

嗜《たしな》み
好み。趣味。芸事などに関する心得。つつしみ。節度。普段の心がけ。用意。動詞「たしなむ（嗜）」の連用形が名詞化したもの。＊土〔1910〕〈長塚節〉一九「暑いのにも拘らず女の節制《たしなみ》を失はなかった」

窘《たしな》める
よくない点に対して穏やかに注意を与える。多く、非礼・不作法などを軽く叱る場合に用いられる。＊読本・南総里見八犬伝〔1814～42〕九・一〇三回「君を窘《たしなめ》んとしたれども、御曹司を害し得ずして、那身《かのみ》は反て矢傷を受たり」

黄昏《たそがれ》
夕暮れ。暮れ方。たそがれどき。また、比喩的に用いて、盛りの時期がすぎて衰えの見えだしたころをもいう。時に動詞化することもあり、特に「たそがれている」の形では、悲しみに沈んでいるさまを表すこともある。古くは「たそかれ」といった。本来「誰《た》そ彼《かれ》〔＝誰だあれ〕」と尋ねることばであったものから、薄暗くて人の顔の見分けがつかない時分をさす「たそかれどき」という語を生じ、さらにその「とき」が省略された形であると考えられる。似た表現法を持つ語に「かわたれ（彼は誰）」があるが、「たそかれ」が薄暮に用いられるのに対して、「かわたれ（どき）」は主に薄明をいう語という差異がある。映画「黄昏」（一九八一年）はヘンリー・フォンダ、キャサリン・ヘップバーンの晩年の代表作で、ともにアカデミー主演賞を受賞した。＊源氏物語〔1001～14頃〕夕顔「寄りてこそそれかとも見めたそかれにほのぼの見つる花の夕顔」＊みだれ髪〔1901〕〈与謝野晶子〉蓮の花船「春の日を恋に誰れ倚るしら壁ぞ憂きは旅の子藤たそがるる」＊斜陽〔1947〕〈太宰治〉六「ただもう、悲しくって仕様が無いんだ。いのちの黄昏。芸術の黄昏。人類の黄昏」

三和土《たたき》
コンクリートで固めた土間。赤土、石灰、砂利などににがりをまぜ、水でねってたたき固めることの意である「たたきつち(叩土)」の略。昔の土間はこうして作られた。＊小僧の神様〔1920〕〈志賀直哉〉五「店の横の奥へ通ずる三和土《たたき》になった所に」

佇《たたず》まい
そのものからかもし出されている雰囲気。じっと立っているの意の動詞「たたずまう」の連用形が名詞化したもの。もとは、立っている様子をいったが、そこにある物の様子や姿、転じて、身をおく所、生き方、生業などの意をも表すようになった。＊風姿花伝〔1400～02頃〕二「国王、大臣、よりはじめたてまつりて、公家の御たたすまひ、武家の御しんだいはおよぶべき所にあらざれば、十分ならん事かたし」＊蟹の爪〔1973〕〈津村節子〉「町のたたずまいが年々、変っていっても」

多々《たた》ますます弁《べん》ず
仕事が多ければ多いほど、立派にやってのける。手腕や才能にゆとりがあるさまにいう。単に、多ければ多いほど良いの意で用いられることもある。中国漢初の武将である韓信が漢の高祖と将帥の力量について語った時に、「陛下(高祖)は十万人程度の大将の器だが、自分は兵士の数が多ければ多いほどうまく指揮できる」と言ったという「漢書・韓信伝」にみられる故事から成った語。

畳水練《たたみすいれん》
理論や方法だけはいくら立派でも、実地の練習を経ていないので、実際の役には立たないこと。机上の空論。「畳の上の水練」の略で、畳の上でいくら水泳の練習をしても実際には泳げるようにはならないということから生じたことば。似た表現に「畠水練」「畳の上の陣立て」がある。＊灰燼〔1911～12〕〈森鷗外〉一四「心の中に、己は又畳の上の水練をしたなと思って」

蹈鞴《たたら》を踏《ふ》む
勢いよく突いたり打ったりした的《まと》がはずれ、力があまって、無駄に少し足を進める。「たたら」とは鋳物師が用いる足で踏んで空気を送る大形のふいごのこと。これを踏むには力が必要であったためか、勢いのあまり、から足を踏むの意になった。

多端《たたん》
複雑で多岐にわたっていること。しなければならないことが多くて忙しいこと。「端」はいとぐちの意。いとぐちが多いという表現に複雑や多様の意がこめられている。＊当世書生気質〔1885～86〕〈坪内逍遙〉一六「閑暇があったらと思って居ても、イヤどうも事務多端で」

立《た》ち待《ま》ち月《づき》
陰暦一七日の夜の月。主として八月にいう。立ちながら待っているうちに出てくる月の意。「たちまち」「たちまちのつき」ともいう。秋の季語。同様の表現法による語に、陰暦一八日の「居待ち月」、同一九日の「寝待ち月」「臥し待ち月」、同二〇日の「更け待ち月」がある。＊草の花〔1933〕〈富安風生〉外遊句抄「古き沼立待月を上げにけり」

駄賃《だちん》

人に簡単な仕事を頼んで支払う賃金。特に子どもの使い走りや手つだいなどの礼として与える金銭や菓子。多く「おだちん」の形で用いられる。もとは、貨客を駄馬にのせて運ぶのに対して支払われる運賃の意。それが品物を運送したり、送り届けたりしたときの報酬にも用いられ、やがて広く一般に賃金をいうようになった。＊たけくらべ〔1895～96〕〈樋口一葉〉一〇「頭の家の赤ん坊が守《も》りをして二銭が駄賃をうれしがり」

伊達《だて》

人目をひくような、はでなふるまいをすること。また、男気をことさらに示そうとすること。時に、好みが粋《いき》であること、考えや気持がさばけていること、外見を飾ること、見栄を張ることなどの意でも用いられる。語源については、いかにもそれらしい様子を見せるという意の接尾語「だて（立）」が、室町末期ごろから名詞また形容動詞として独立したものとみるべきだろう。他に、伊達政宗の家臣が派手な服装をしていたからとする説もあるが、政宗が生まれる以前にこの「だて」が認められる点で問題にならない。ただし、「伊達」の表記に関しては、この解釈の影響を受けているといえよう。＊浄瑠璃・曾我五人兄弟〔1699頃〕道行「是さ大罪人の堕獄人、この袈裟衣はだてに着るか、化粧に着るか」＊歌謡・松の葉〔1703〕一・さんや踊「今度はじめてお江戸に住めば、天下輝く光をくれて、切れよ下《さが》れよ振袖だてを、だてを駿河の富士白山ぞ、だてな若い者、さんやへ通へ」＊浄瑠璃・鑓の権三重帷子〔1717〕上「さすが茶人の妻、物ずきもよく気もだてに」

蓼《たで》食《く》う虫《むし》もすきずき

人の好みはさまざまで、いちがいにはいえない。多く、他の人の恋愛や結婚の相手を批判的にみていう場合に用いられる。タデとは辛味のある植物で、それを好んで食う虫もあるということから、他人の好みは色々であることのたとえに用いられるようになった。「蓼食う虫は辛きを知らず」「蓼食う虫」ともいう。谷崎潤一郎が昭和三～四年（一九二八～二九）に発表した「蓼喰ふ虫」は、伝統的古典文化への傾倒を示す作品で、東京から関西に移住した資産家の夫婦が、それぞれに愛人をもち、かたちだけの夫婦生活を送り、離婚しようとしても容易に実行できないなか、男はしだいに伝統的な文化と古い女の魅力にひかれてゆくというストーリーの小説である。＊波形本狂言・縄綯〔室町末～近世初〕「たでくふ虫もすきずきとは申すが、あのやうなお内儀にそふていらるる」

立《た》てば芍薬《しゃくやく》座《すわ》れば牡丹《ぼたん》歩《ある》く姿《すがた》は百合《ゆり》の花《はな》

美人の姿を形容することば。立ち・居・振舞いのそれぞれのありさまを美しい花で表した、単に容姿だけではなく、行いをも含めたほめことば。

奉《たてまつ》る

便宜上、うわべだけ敬って高い地位の者として扱う。まつり上げる。もとは、目上の人へ物などをおくる、ささげるの意。ここから、「やる」「おくる」動作の対象を敬う謙譲語となったが、時に尊敬語ともなった。明治以降には、「やる」の意味で、からかい気味にいう場合にも用いられた。また、補助動詞として動詞の連用形について謙譲の意を添え、その動作の及ぶ相手を敬う用法もある。動詞「まつる（奉）」の上に、「たて」がついてできたものだが、この「たて」については、出発させる意の「たつ（下二段）」で、物や人を他に至らせるの意とする説のほか、「たつ（献）」で、ささげるの意とする説、実質的な「立つ」で、「たてまつる」は、立てて献上するの意であるとする説などもある。＊猫又先生〔1919〕〈南部修太郎〉「高橋順介先生は間もなく私達から『猫又』の仇名を奉られた」＊夫婦善哉〔1940〕〈織田作之助〉「蝶子はん蝶子はんと奉られるので良い気になって、朋輩へ二円、三円と小銭を貸したが」

棚上《たなあ》げ

問題の解決や処理を先延ばしにすること。もとは、商品のだぶつきを避けたり、値上がりを待ったりして、一時的に保留し、市場に出さないことの意。＊銀座川〔1950～51〕〈井上友一郎〉序「御自分のことは棚上げにして、一ト晩くらゐ、お店のお客のわがままをあしらってやったことが、どうして、そんなに気に入らないのよ？」

掌《たなごころ》を返《かえ》す

手のひらを裏返すこと。「たなごころ」は、手の心の変化した形。心とは内側すなわち裏のこと。「…が如《ごと》し」「…よりも易《やす》し」などの形で、事態が容易に、あるいは安易に変化するさま、態度が急変するさまなどをいう。＊浄瑠璃・大塔宮曦鎧〔1723〕一「怒りの龍顔引替へて忍辱柔和の御粧掌《たなごころ》を返す如くにて」

棚引《たなび》く

雲や霞が薄く層をなして横に長く引く。語構成については、「た‐なびく（靡）」で、動詞「靡《なび》く」に接頭語「た」を冠したものとも、「たな‐ひく（引）」で、動詞「引く」に接頭語「たな」を冠したものともいわれる。後者の「たな」は「たな霧らふ」「たな曇る」「たな知る」などにみられるもので、十分の意であるとされる。後者の説をとるべきであろう。＊源氏物語〔1001～14頃〕明石「塩やく煙かすかにたなびきてとりあつめたる所のさまなり」

谷《たに》町《まち》

相撲社会で、力士のひいき筋・後援者のこと。また、ひいき客に散財させること。明治の末ごろ、大阪谷町筋四丁目の相撲好きの外科医が相撲取りからは治療代を取らなかったところからいうようになった。

狸《たぬき》寝《ね》入《い》り

眠ったふりをすること。空寝。単に「たぬき」とも、「たぬきね」「たぬきねむり」「たぬきねぶり」などともいう。タヌキが強く驚くと死んだまねをすることから生じたことば。＊浄瑠璃・吉野都女楠〔1710頃か〕四「是日那衆はて手の悪い狸ねいり、酒代早ふとゆりおこす」

謀《たばか》る

だましあざむく。ごまかす。接頭語「た」に動詞「はかる」がついてできた語で、もとは、あれこれとじっくり考える、手段・方法などをいろいろと思いめぐらす、工夫して処理するなどの意を表した。また時に、相談する、謀議するの意でも用いられた。＊虎明本狂言・武悪〔室町末～近世初〕「かまひてあいつは、すすどひやつで、心かけた者じゃ程に、たばかってせい」

手《た》挟《ばさ》む

手や指、脇などにはさんで持つ。時に、刀を腰に差すの意でも用いられた。＊山椒大夫〔1915〕〈森鷗外〉「先に立ったのは、白柄の薙刀を手《た》挟《ばさ》んだ、山椒大夫の息子三郎である」

茶《だ》毘《び》

火葬。死体を焼いてその遺骨を納める葬法。仏教語。多く「茶毘に付す」の形で用いられ、死者を火葬にするの意を表す。＊埋葬〔1971〕〈立原正秋〉八「私が子供の頃には、疫病で死んだ者を卵塔場のなかの火葬場で茶毘に附してそこに埋葬していた」

旅烏《たびがらす》

定住しないで旅から旅に日を送る人。また、もとからその土地に住んでいないで他郷から移って来た人を卑しめていう語。たびすずめ。もとは、同じ所にすまないで、渡り歩く鳥の意。流行語にもなった「あっしにはかかわりのねえことでござんす」のセリフで有名なテレビドラマ「木枯らし紋次郎」の主人公紋次郎は、長い爪楊枝をくわえた旅烏の渡世人という設定であった。＊春夏秋冬-春〔1901〕〈正岡子規編〉「旅鴉帰る処もなかりけり〈子規〉」

旅《たび》の空《そら》

まるで旅をしているようなたよりなく心細い境遇。「空」は、境遇・境地の意。単に、旅先、旅先でながめる空をいうこともある。＊源氏物語〔1001～14頃〕須磨「初雁は恋しき人のつらなれやたびのそら飛ぶ声の悲しき」

誑《たぶら》かす うまいことを言ったり、ごまかしたり、あやしい手段を用いたりして人をだます。あざむく。「たぶろかす」の変化した語で、「たむらかす」「たぼろかす」「たぼらかす」「たぶらす」などともいう。＊小説平家〔1965～67〕〈花田清輝〉一・二「いい加減のことをかいて読者をたぶらかしてきたので」

偶《たま》さか めったにないさま。まれであるさま。多く「に」「にも」をともなって副詞的に用いられる。もとは、思いがけないさまや偶然であるさまをいった。類義語に「たまたま」があるが、古くは「たまたま」が男性語で、「たまさか」が女性語であったようだ。女性の手になる作品、たとえば『蜻蛉日記』では「たまさか」のみで「たまたま」は現れない。また、『源氏物語』でも「たまさか」三二例に対して「たまたま」一例となっており、その一例は光源氏のことばである。一方、男性の手になる『方丈記』や「徒然草」は、逆に「たまたま」のみで「たまさか」がみられない。＊くれの廿八日〔1898〕〈内田魯庵〉一「偶《たま》さかの来客も冷へた茶一杯で追返され」

玉梓《たまずさ》・玉章 手紙。書簡。便り。文章。多く、手紙の美称として用いられる。「たまあずさ」の変化した語。「たま」は美称で、「あずさ」は、梓。使者が手紙を杖である梓の木に結びつけて持参したことから生じたことば。古くは、その梓の杖そのものをいったが、やがてその杖を持つ人つまり使者をいうようになり、さらに転じて、その使者が運ぶ手紙をいうようになった。「ぎょくしょう」ともいう。＊浄瑠璃・平家女護島〔1719〕四「はつかりがねの雲間よりちらちら、ちら散らし書、誰が玉づさの文字が関」

玉《たま》の緒《お》 いのち。生命。「玉」は「魂《たま》」に通じるところから、霊魂が身から離れないようつなぎとめておく紐の意を表すようになった。もとは、首飾りの美しい宝玉をつらぬき通す紐をいい、その宝玉の首飾りや玉飾りをもいった。中古以後には、転じて、草木におりた露のたとえとしても用いられている。＊新古今和歌集〔1205〕恋一・一〇三四「玉のをよ絶なばたえねながらへば忍ぶる事のよわりもぞする〈式子内親王〉」

玉《たま》の輿《こし》 女が婚姻などによって富貴な身分を得ること。「玉の輿に乗る」を略した言いかた。「玉の輿」とは貴人の乗る立派な美しい輿をいう。身分の低い女がそのような輿に乗るということから生じたことば。＊雑俳・柳多留拾遺〔1801〕巻八下「親類にろくなのは無ひ玉のこし」

玉箒《たまははき》
酒の異名。古くは、正月の子《ね》の日に、蚕室を掃くのに用いた、玉の飾りをつけた小さなほうきをいったが、転じて、単に美しいほうきをいうようになった。美しきほうきが酒を意味するのは、酒によって現世の憂いを掃き払うことができるからであろう。「たまははき」「たまばわき」ともいう。＊浄瑠璃・妹背山婦女庭訓〔1771〕二「患《うれへ》を払ふ玉箒《ははき》。いかな大事も好物に、酔ってはころり芝六が」

玉虫色《たまむしいろ》
見方や解釈のしかたによってどのようにもとれること。「玉虫色の答弁」などのように文章などの表現についていう。もとは、玉虫の羽のような金属的光沢を帯びた美しい金緑色、金紫色の意。また、玉虫の羽のように光線の具合によって金緑色、金紫色などに輝く染物、織物の色をもいった。

玉響《たまゆら》
しばしの間。ほんの少しの間。副詞的にも用いられる。『万葉集』の「玉響きのふの夕見しものを」の「玉響」を古く「たまゆらに」と読んで、玉のふれあうようにかすかなことの意と解したことから生じたとされることば。かすかなことの意が短い時間の意に転じたのであろう。この「玉響」には、別に「たまかぎる」「まさやかに」等の読み方や解釈も試みられている。＊歌謡・松の葉〔1703〕二・冬草「厭《いと》はじな、たまゆら宿る人の盛り」

玉《たま》を転《ころ》がす
音や声の高く澄んだひびきをたとえていう。＊思出の記〔1900〜01〕〈徳富蘆花〉三・一二「朗々玉を転がす様な美音をもって居るので」

たゆたう
水などに浮いているものや煙などが、あちこちとさだめなくゆれ動く。ひと所にとまらないでゆらゆらと動く。ただよう。転じて、心がゆれ動くことをもいい、動揺する、ぐずぐずする、躊躇《ちゅうちょ》するなどの意を表す。＊万葉集〔8C後〕一五・三七一六「天雲の多《タ》由《ユ》多《タ》比《ヒ》来れば九月《ながつき》のもみちの山もうつろひにけり〈遣新羅使人〉」＊浮雲〔1887〜89〕〈二葉亭四迷〉三・一八「お勢は少し躊躇《たゆた》ッたが、狼狽《うろた》へて、『い、いやなこッた』」

たらい回《まわ》し
人や物、また権利・地位などを順送りに移しまわすこと。二人以上の者が、馴れ合いで順々に出てくること。もとは、あおむけに寝て足でたらいを回す曲芸をいった。＊真理の春〔1930〕〈細田民樹〉頭の上の街・二「一緒に捕まった麻口が、どこへ盥回《たらひまわ》しにせられたか、無論容作は知らなかった」

鱈《たら》腹《ふく》
たくさん飲み食いするさま。腹いっぱい。あき足りるほど。「鱈腹」は当て字。腹いっぱい飲食した人のことを人名のようにして「鱈腹孫左衛門」という。＊小僧の神様〔1920〕〈志賀直哉〉六「仙吉は見得も何もなく、食ひたいやうにして鱈腹に食ふ事が出来た」

たわわ
（木の枝に多くの実がなったりして）枝がしなうさま。動詞「たわむ（撓）」と同源の語で、「たわ」ともいう。＊徒然草〔1331頃〕一一「大きなる柑子の木の、枝もたわわになりたるが」

啖呵《たんか》
喧嘩をする際などの、鋭く歯切れのよいことば。多く「たんかをきる」の形で用いられるが、「たんかをきる」とは、もともと、せきを伴って激しく出る痰である「たんか」を治療することをいった。これがなおると胸がすっきりするところから、胸のすくような、歯切れのよい口調で話すの意が生じ、さらに転じて、鋭い勢いでまくしたてる、また、激しくののしりたてるなどの意で用いられるようになった。この形での意味変化が「たんか」の意をも変えたといえよう。＊草枕〔1906〕〈夏目漱石〉五「いくら江戸っ子でも、どれ程たんかを切っても」

端倪《たんげい》すべからず
容易に測り知るわけにはいかない。簡単には理解できない。「端」は端緒《いとぐち》、「倪」は田の境、田の終わる所の意で、「端倪」は、両端すなわち物事の本末終始をいい、時に片方の端、かぎり、きわ、はて、また、端緒、きざしなどの意をも表した。それが動詞化して、対象とするものの全体・全貌をおしはかるの意が生じたのであろう。ただし、「端倪する」の形ではあまり用いられず、「端倪すべからず」の他、「端倪しやすからず」などの形で用いられる。＊死霊・二章〔1946～48〕〈埴谷雄高〉「貴方は、見事な、端倪すべからざる心理家だ」

探勝《たんしょう》
景色の良い所をたずねて、それを見て楽しむこと。＊東京年中行事〔1911〕〈若月紫蘭〉二月暦「常陸の水戸だとか佐倉の堀田侯の下屋敷などに探勝と出懸けるものがなかなかに少くないやうで有る」

丹精《たんせい》
うそいつわりのない誠実な心。まごころ。多く「丹精を込める」の形で用いられる。近世以降、「丹精する」の形で、まごころをこめて物事をすることの意をも表すようになった。＊父の詫び状〔1978〕〈向田邦子〉わが拾遺集「私は父から家庭農園のひと畝《うね》を分けてもらい、落花生や茄子を丹精していた」

端正《たんせい》
人の容姿や振る舞いなどが、正しくきちんと、整っていること。「たんじょう」ともいう。＊上海〔1928～31〕〈横光利一〉一一「押し黙った外人が二人、端整な姿でダイスをしていた」

旦夕《たんせき》に迫《せま》る

今日の夕方か、明朝かというほどに時機や危急が迫る。略して「旦夕」ともいう。＊随筆・耳嚢〔1784〜1814〕五・不思議に人の情を得し事「父の長病にて誠に危急旦夕にせまりし故」

断腸《だんちょう》の思《おも》い

とても耐えることができないほどの悲しく痛ましい思い。そのつらさは腸がちぎれるほどはなはだしいものだという表現。中国、晋の武将、桓温が三峡を船で旅した時、従者が猿の子を捕えて船にのせると、その母猿が悲しんで岸を追うこと百余里の末、ついに船にとびうつったが、そのまま息絶えてしまった。その腹をさいて見ると、腸がずたずたに断ち切れていたという「世説新語」にみえる故事より成った語。略して「断腸」ともいう。＊俳諧・猿蓑〔1691〕序「我翁行脚のころ、伊賀越しける山中にて、猿に小蓑を着せて、誹諧の神を入たまひければ、たちまち断腸のおもひを叫びけむ」

端的《たんてき》

明白であるさま。効果や結果がすばやく表れるさま。要点だけをとらえているさま。てっとりばやく急所をつくさま。古くは、ほとんど時間をおかずに起こるさまをも表した。＊門を入らない人々〔1951〕〈竹山道雄〉「はっきりとは捉えがたいある気質と、それを生む結果を、端的に示していると思われる」

堪能《たんのう》する

満足する。十分に飽き足りる。また、才能にすぐれ、その道に深く通じていること。動詞「足る」の連用形「たり」に助動詞「ぬ」がついた「たりぬ」が音変化して「たんぬ」ができ、それが動詞化してさらに変化した語。「堪能」「堪納」「湛能」は当て字。名詞としての、習熟していることの意は「堪能《かんのう》」の誤読により一般化したものといわれる。＊虎寛本狂言・悪太郎〔室町末〜近世初〕「しはい亭主かな、人に酒を盛るならば、たんのうする程振舞はせいで、アア、呑み足らいで気味がわるい」

短兵急《たんぺいきゅう》

突然ある行動を起こすさま。また、ただひたすらに、その事を行うさま。もとは、短い刀剣などをもって勢いよく攻めたてるさまをいい、そこから、息もつかせず勢い急に攻めるさまの意になり、さらに転じて、だしぬけ、いきなりの意を表すようになった。＊浄瑠璃・伽羅先代萩〔1785〕八「貴殿と某両人が、心を堅むる事を知らば敵心を赦さずして、たんぺいきゅうに若君を、殺害せんも計られず」

断末魔《だんまつま》

臨終。また、その時の苦しみ。元来は仏教語であり、「末魔」は「末摩」とも書く。古代インドの医学においては、体内に特殊な「末摩」と呼ばれる極少の部分があって、命が尽きる時にはこれが分解して苦痛を生じ、死に至るとされた。「断末魔」とは、この末摩を断つということであり、すなわち臨終のことである。＊浄瑠璃・曾根崎心中〔1703〕道行「よはるを見れば両手をのべ、だんまつまの四苦八苦」

団《だん》欒《らん》
家族などの親しい者同士が集まって楽しく語りあうなどして時をすごすこと。もとは、まるいことやまるいものの意で、そこからまるく居並ぶことをもいうようになった。車座に座ることはうちとけた仲間同士の会合の証なのだろう。＊黴〔1911〕〈徳田秋声〉七七「笹村の頭は〈略〉自分の家、家族の団欒、それらの影が段々薄くなって」

【ち】

知《ち》音《いん》
友人。知人。特に、心の通じ合った親友。中国の春秋時代、琴の名手伯牙は親友の鍾子期が亡くなると、自分の琴の音を理解する者はもはやいないと愛用していた琴の糸を切ってしまったという「列子-湯問」や「呂氏春秋-孝行覧」などにみえる故事から成った語。この故事から、心の底をうちあけて話すことのできる友、無二の親友をいうようになったが、一方で、音曲を理解すること、また、学問・仏法などに精通していることの意にもなった。

逐《ちく》電《でん》
逃げ去って行方をくらますこと。もとは、いなずまを追うの意。そこから、非常に敏速に行動することや急ぐことをいうようになり、さらに転じて、出奔、逃亡、失踪などの意に用いられるようになった。＊太平記〔14C後〕二七・御所囲事「次の朝軈《やがて》妙吉侍者を召取んと、人を遣しけるに、早先立て逐電しければ、行方も知ず」

ちぐはぐ
ふぞろいであること。対《つい》になるべきものがそろっていないこと。くいちがっていること。「ちぐ」は一揃いの意の一具《いちぐ》の「い」が略されたもので、「はぐ」は「はぐれる」の語根であろう。＊都会の憂鬱〔1923〕〈佐藤春夫〉「彼はすべてが気まづくちぐはぐで」

竹《ちく》馬《ば》の友《とも》
おさない時からの親しい友だち。おさなともだち。もとは、幼年時代に、ともにたけうまに乗って遊んだ友人の意。殷浩と並び称されていたが、内心は共に競い合う仲であった桓温は、殷浩がおさない時には自分の棄てた竹馬を使っていたと、自分の優位を人に語ったという『晋書-殷浩伝』の故事から成った語。

血《ち》潮《しお》
潮のように流れ出る血。体内を潮のように流れる血。鮮血。燃えるような激しい感情、情熱などのたとえにも用いられる。＊みだれ髪〔1901〕〈与謝野晶子〉臙脂紫「やは肌のあつき血汐にふれも見でさびしからずや道を説く君」

遅日《ちじつ》
春の日。なかなか暮れない春の一日。また、なかなか沈まない春の太陽。日あしがのびて、暮れるのが遅いところからいう。春の季語。＊虚子俳句集〔1935〕〈高浜虚子〉昭和三年四月「この庭の遅日の石のいつまでも」

千々《ちぢ》に乱《みだ》れる
平常心を失うほどいろいろと思い悩む。多く、「思い」や「心」に続けて用いられる。「ちぢ」の「ち」は千の意で、「ぢ」は「一つ」の「つ」などと同じ数詞につく接尾語という。千個の意から、非常に数の多いことをいうようになり、転じて、種類の多いさまや変化に富んださまをいうようになった。＊浄瑠璃・国性爺合戦〔1715〕三「すがり付きたや顔見たや心は千々にみだるれど」

地《ち》の塩《しお》
神を信じる者は、この世にあって塩のように、人の心の腐敗をとどめなければならないというイエスキリストの教え。転じて、模範、手本の意としても用いられる。＊来し方行方〔1947〕〈中村草田男〉「勇気こそ地の塩なれや梅真白」

血祭《ちまつ》り
戦いの手はじめに、威勢よく、最初の相手をかたづけること。もとは、出陣の際、士気を奮いたたせるために敵方の者を殺すことの意。昔、中国で出陣の際、いけにえを殺してその血で軍神を祭ったところから生じたことば。未開社会以来、血の呪力は圧倒的であり、供犠・盟約・復讐の観念とむすびついて宗教的意味をもった。多く、「血祭りにあげる」の形で用いられる。＊海に生くる人々〔1926〕〈葉山嘉樹〉二二「資本主義の番頭の俺を先づ血祭に上げねばならぬ」

血迷《ちまよ》う
感情が激して正常な判断力を失う。逆上して理性を失う。「血が迷う」とは、のぼせ上がったような状態をいうのだろう。「ちまどう」ともいう。＊浄瑠璃・神霊矢口渡〔1770〕三「血《ち》迷《まよ》ふたるか六郎」

血道《ちみち》をあげる
色恋に夢中になって逆上する。また、物事に熱中して分別を失う。のぼせあがる。「血道があがる」ともいう。＊明治世相百話〔1936〕〈山本笑月〉矢場と銘酒屋風景「今の文士が血道をあげるバーの女給とは風俗もだいぶ違ふ」

魑魅魍魎《ちみもうりょう》
いろいろな妖怪変化。種々のばけもの。「魑魅」は山林の気から生じるばけもののことで、「魍魎」は山川や木石の精霊のこと。＊一高寮歌・嗚呼玉杯に花うけて〔1902〕〈矢野勘治〉「破邪の剣を抜き持ちて舳《へさき》に立ちて我よべば魑魅魍魎も影ひそめ金波銀波の海静か」

茶化《ちゃか》す

冗談のようにしてしまう。はぐらかす。からかう。ひやかす。「茶」に「ごまかす」「はぐらかす」などの接尾語「かす」がついてできたもの。ふざけてからかうことを「茶を言う」「茶にする」などと表現するものと関係があろう。江戸時代から例が見られるが、当初は、ごまかす、ちょろまかす、または、いっぱいくわせる、の意で用いられることも多かった。＊虞美人草〔1907〕〈夏目漱石〉一六「そんな茶化したって、誰が云ふもんですか」

ちゃち

貧弱で見劣りするさま。作り方がいいかげんで、念入りでなく、材質も粗末なさま。また、容易なさま。＊男鹿〔1964〕〈田村泰次郎〉「時代の流れにとり残されたと思えるような、うす汚れた、ちゃちな飲み屋の吹溜りであった」

茶茶《ちゃちゃ》を入《い》れる

文句をつける。邪魔をする。妨害をする。水をさす。他人の話に割り込んでひやかしや冗談を言う場合に用いられることが多い。「茶茶を付ける」ともいう。＊吾輩は猫である〔1905〜06〕〈夏目漱石〉四「生憎迷亭が来て居て茶々を入れて何が何だか分らなくして仕舞ったって」

茶腹《ちゃばら》

茶を飲んでしばらく空腹をまぎらすこと。茶を飲んだだけでもしばらくは空腹をまぎらすことができる。わずかばかりのものでも、一時のたすけになることの意の「茶腹も一時」を略したもの。似た表現に「湯腹も一時」がある。＊歌舞伎・関原神葵葉〔1887〕序幕「無闇に茶をば呑んで行ったが、茶腹も一時《とき》昼飯でも、大方蹴出す気と見えるわえ」

茶坊主《ちゃぼうず》

権力者にこびへつらう者をののしっていう語。もとは、武家に仕えて茶事をつかさどったものの意で、頭を剃《そ》っていたので坊主という。この意味においては「茶道坊主」「数寄屋坊主」「茶の湯坊主」「茶屋坊主」「茶職」などともいった。彼らの中には、時の権力者にへつらい、その威を借りて威張る者が多かったことから、意が転じて用いられるようになった。

ちゃらんぽらん

いいかげんで無責任なこと。「ちゃらちゃら」などの「ちゃら」とうその意の「ほら」がついてできた「ちゃらほら」が変化した語。＊西洋道中膝栗毛〔1870〜76〕〈仮名垣魯文〉九・上「ちゃらんぽらんのお経の文句、カカポコカカポコ、あほだらきゃう」

ちゃんちゃらおかしくてお臍《へそ》が茶《ちゃ》を沸《わ》かす

笑止千万である。臍が茶をわかすほどのばかばかしさで、まったく問題にならないことをいう。「ちゃんちゃら」の音から「茶」が導かれたのであろう。へそは「笑い」と関係があるかもしれない。

中元《ちゅうげん》

七月の初めから一五日にかけて、世話になった人などに贈る物。もとは、陰暦七月一五日をいう語で、上元・下元とともに三元の一つ。元来、道教で、人間贖罪《しょくざい》の日として神をまつった日であったが、しだいに、半年生存の無事を祝うとともに、仏に物を供え、死者の霊の冥福を祈る、仏教の盂蘭盆《うらぼん》会と混同されるようになった。秋の季語。

中原《ちゅうげん》**に鹿**《しか》**を追**《お》**う**

ある地位や目的物などを得るために互いに競争する。もとは、帝王の位や政権を得ようとして争うの意。「中原」は、中国黄河流域を中心とした平原地帯のことで、そこを制することは天下を制することを意味したために、天下のたとえに用いられた。「鹿」は帝王のたとえに用いられている。魏徴の詩「述懐」から生じたことばといわれるが、帝王を鹿にたとえるのは「史記・淮陰侯伝」に基づくともいわれる。「鹿を逐う」「逐鹿《ちくろく》」ともいう。

柱石《ちゅうせき》

柱とも礎《いしずえ》とも頼む人。特に国家・団体などを支える中心人物。柱と土台石の建造物を支えるという役割から生じたことば。＊菊池君〔1908〕〈石川啄木〉四「主筆が社の柱石であって動かすべからざる権力を持って居る」

紐帯《ちゅうたい》

両者を結びつけるたいせつなもの。血縁・地縁・利害など社会を構成しているつながり。帯や紐の結びつけるという役割から生じたことば。＊日本の思想〔1961〕〈丸山真男〉一・三「この同族的（むろん擬制を含んだ）紐帯と祭祀の共同と、『隣保共助の旧慣』とによって成立つ部落共同体は」

長広舌《ちょうこうぜつ》

滔々《とうとう》と長くしゃべり続けること。仏の三十二相の一つで、仏の舌が耳や髪の生え際に達するほど長いことを意味する「こうちょうぜつ（広長舌）」が変化したもの。「広長舌」も転じて、大演説や雄弁、長々としゃべることなどの意を表すようになった。「長舌」ともいう。＊若い人〔1933～37〕〈石坂洋次郎〉下・二「すぐに抽象論に走ってはたの迷惑を省みず勝手な長広舌をふるふが」

重畳《ちょうじょう》

この上もなく満足なこと。大変喜ばしいこと。感動詞的にも用いる。もとは、幾重にも重なっていることの意。よいことが重なれば、しごく都合がよく喜ばしいこととなる。「頂上」とも表記される。＊浄瑠璃・夏祭浪花鑑〔1745〕三「是は重畳、昨日は堺で日を暮し、今日は大坂へ参る所、よい所で其元のお目にかかり」

手水《ちょうず》

手や顔などを洗い清めるための水。

また、洗い清めること。特に、社寺などで参拝の前に手や口を清めること。用便の後に手を洗うところから、小便をすること、用便に行くこと、また、大小便をもいうようになった。「手水盥《だらい》」「手水手拭《てぬぐい》」「手水所」「手水場」「手水鉢《ばち》」「手水湯」など、複合語の構成要素としても多用される。「てみづ」の変化した語。＊塩原多助一代記〔1885〕〈三遊亭円朝〉九「又間が悪いと途中で小便《てうづ》が出たくなって」

打擲《ちょうちゃく》
打ちたたくこと。なぐること。特に、鎌倉幕府の基本法であった御成敗式目では刑事犯罪の一つに数えられている。＊歌舞伎・傾城壬生大念仏〔1702〕中「大勢立かかり髪をむしり、着《きる》物を引破り、散々にてうちゃくすれば」

丁々発止《ちょうちょうはっし》
激しく議論をたたかわすさまを表す語。もとは、刀と刀で激しく戦う様子や音をいったが、しだいに刀以外での戦いや議論にも用いられるようになった。多く「と」を伴って用いる。＊人情本・明烏後正夢〔1821 ~ 24〕四・一九回「全六左右より、たたんでしまへと切こむ刀、かいくぐって飛しさり、此方も心得抜はなし、てうてうはっしと切結ぶ」

提灯持《ちょうちんも》ち
他人の手先に使われて、その人の長所などを宣伝してまわるなどすること。もとは、夜道や葬列などで、提灯を持って一行の先頭に立つ役の意。＊末枯〔1917〕〈久保田万太郎〉「腰抜が。亭主のくせにかかあの提灯もちをしてゐやあがる」

超弩級《ちょうどきゅう》
同類のものよりずばぬけて強大であること。また、はるかにすぐれていること。＊わたしの崋山〔1965〕〈杉浦明平〉二「超弩級の大台風でも襲って」

掉尾《ちょうび》
物事や文章などで、最後にきて勢いが盛んになること。また、単に最後の意。もとは、尾を振ることの意。一説に、つかまえられた魚が死ぬ直前に尾を振るの意ともされる。慣用読みで「とうび」ともいう。＊朱雀日記〔1912〕〈谷崎潤一郎〉鳳凰堂「即ち此の堂は藤原氏旺盛時代の掉尾の置土産として」

張本人《ちょうほんにん》
悪事などをくわだてた首謀者。事件を起こす原因となった者。＊自由学校〔1950〕〈獅子文六〉不同調「そういう原因だとすると、駒子が五笑会を攪乱《こうらん》した張本人ともいえます…」

鳥目《ちょうもく》
銭《ぜに》の異称。また、一般に金銭の異称。江戸時代までの銭貨は、円形で中央に四角の穴があいていて、それが鳥の目に似ているとして、この名が付けられた。中国で銭貨がガチョウの眼に似ていることから「鵝眼《ががん》」と俗称されたことにならったものといわれる。＊落語・茶碗屋敷〔1891〕〈三代目春風亭柳枝〉「百文の丁目《てうもく》にさへ困って居る処ろへ、五十両払ひて出たから有難いと喜こんでお出でなさいましたが」

頂門《ちょうもん》の一針《いっしん》

相手の急所をおさえて戒めること。また、適切な忠告。痛い所をつく教訓。「頂門」とは頭の上の意で、そこに一本の針をさすということから生じたことば。

蝶《ちょう》よ花《はな》よ

子供を非常にかわいがり大切にするたとえ。多く女児の場合にいう。「蝶や花や」ともいう。＊浄瑠璃・夏祭浪花鑑〔1745〕四「乳母はコレ此様に、皺も白髪もいとはず、こなたの背長の延るのを、蝶よ花よと楽しみて」

跳梁《ちょうりょう》

思うままにのさばりはびこること。特に、好ましくない者が勝手にふるまうこと。もとは、魚が梁を跳び越えることの意であり、それが跳ね回ること、さらには、わがもの顔に振る舞うこと、のさばりはびこることの意を表すようになった。魚が竹籠を跳び越える意の「跋扈《ばっこ》」がついた「跳梁跋扈」の形でも、同様に用いられる。＊彼の歩んだ道〔1965〕〈末川博〉五「別室には万年床の敷きっ放し。高歌放吟遠慮はいらない。階下にはネズミの跳りょうにまかす」

猪口才《ちょこざい》

ちょっとした才能・才気があって小生意気なこと。こざかしいこと。「ちょこ」ともいう。「猪口」は当て字。＊滑稽本・東海道中膝栗毛〔1802～09〕六・上「ちょこざいぬかさずと、はやう銭《ぜに》おこせやい」

ちょろまかす

人の目をごまかして物を盗む。また、一時のがれのうそを言って、その場をごまかす。言いまぎらわしたり、だましたりする。古くは、女をだまして肉体関係を結ぶことや女を誘惑することをもいった。江戸初期の京都の遊里（島原・伏見）での流行語。擬態語「ちょろ」に接尾語「めかす」が付いたのなら「ちょろめかす」となるはずであるが、中近世には、だますを意味する語として「まぎらかす」「たるまかす」「だまかす」「ごまかす」など「…かす」「…まかす」の形をとるものが多く、恐らく、この形への類推によって「ちょろまかす」の形が生じたものと思われる。＊浄瑠璃・新版歌祭文（お染久松）〔1780〕野崎村「此久松めが親方の銀、壱貫五百目お山狂ひにちょろまかしたによって」

ちょんちょこりん

他人の頭や衣服についているちょっとしたもの。それを見て、「誰かさんの頭にちょんちょこりんがとまった」とはやしたてる。

地《ち》を掃《はら》う

すべてなくなってしまう。すっかりすたれてしまう。何も残っていないさまを、ほうきで掃き清めたようだと表現したもの。「漢書‐魏豹伝賛」より生じたことば。＊読本・南総里見八犬伝〔1814～42〕六・六一回「されば学問は地を払《はら》ふて、五山の僧徒なんどの外に、漢籍を読むものはなきに」

椿事《ちんじ》
思いがけない重大なできごと。珍しいできごとの意の「珍事」が一大事の意に転じて、その意に近世以降「椿事」の表記が固定した。＊坊っちゃん〔1906〕〈夏目漱石〉六「ひそかに吾校将来の前途に危惧の念を抱かしむるに足る珍事でありまして」

鎮守《ちんじゅ》
一国・王城・寺院・村落など一定の地域で、地霊をしずめ、その地を守護する神。また、その神社。多く、神社を取り囲む木立をいう「鎮守の森」の形で用いられる。もとは、辺境に軍隊を派遣駐屯させ、原地民の反乱などからその地を守ることの意。特に、奈良・平安時代には、鎮守府にあって蝦夷を鎮衛することをいった。「鎮主」「鎮守の神」「鎮守神」などともいう。＊夜明け前〔1932～35〕〈島崎藤村〉第二部・上・五・四「こんもりと茂った鎮守の杜《もり》」

珍糞漢《ちんぷんかん》
ことばや話が全く通じず、何が何だか、さっぱりわけのわからないこと。儒者の用いた難解な漢語に似せたものとも、外国人の口まねをしたものともいわれる。江戸時代に多くの例が見られるが、さらに「ぷん」を加えて語調を整えた「ちんぷんかんぷん」という語形も現れる。近世には仮名表記が多かったが、明治以降は、漢字表記が多くなり、「珍糞漢」「珍紛漢」「陳奮漢」「陳奮翰」「陳文漢」「陳分漢」など様々なものがあった。それらには、「漢」がつくものが多い点から、法令の難しい漢語に対して、明治初期には「チンプン漢語」という語も現れた。「ちんぷんかんぷん」「ちんぷんかん」ともいう。＊滑稽本・浮世床〔1813～23〕二・下「孝経開宗明義章第一などと、ちんぷんかんのお師匠さんぢゃアねへ」

【つ】

終《つい》ぞ
今まで一度も。いまだかつて。あとに打消しの語を伴って、ある行為や状態をまだ一度も経験したことがないと、否定的にかえりみる気持を表すことば。名詞「つい（終）」に助詞「ぞ」がついてできたもの。「ついぞない」の形で、時に、全く珍しい、不思議だ、あきれるさまであるの意を表すこともあった。＊福翁自伝〔1899〕〈福沢諭吉〉一身一家経済の由来「私は生れて此方遂《つひ》ぞ金を借りたことがない」

月並《つきなみ》
平凡で新鮮みがないこと。もとは、毎月、月ごと、あるいは、月ごとにあることの意。そこから月ごとにある和歌・連歌・俳句の会を「月並みの会」というようになり、特に俳句では「月並み俳諧」という語が生まれ、「月並み」が「月並み俳諧」の略として用いられることもあった。正岡子規は、『十たび歌よみに与ふる書』で、「俳句の観を改めたるも月並連に構はず思ふ通りを述べたる結果に外ならず候」と述べ、旧来の俳句を「月並」と呼んで批判した。これが「月並み」が平凡で新鮮みがないことの意で用いられるきっかけとなった。＊吾輩は猫である〔1905～06〕〈夏目漱石〉二「そんな月並を食ひにわざわざここ迄来やしないと仰しゃるんで」

月《つき》に叢雲《むらくも》花《はな》に風《かぜ》

良いことにはとかく不都合が起こりやすい。好事に支障の多いことを、名月には雲がかかり、桜の花には風が吹いて散らすようだとたとえた表現。「月にむらくも」ともいう。

付《つ》け文《ぶみ》

思う相手に恋文をひそかに渡るようにすること。また、その恋文。艶書。ラブレター。＊泥人形〔1911〕〈正宗白鳥〉七「一生に又と付文されることはないだらうから」

培《つちか》う

長い時間をかけて大切に養い育てる。もとは、土で養《か》うの意で、根もとに土をかぶせて、草木を育成することをいい、そこから、広く一般に育成するの意になった。＊入れ札〔1921〕〈菊池寛〉「彼は多年培って居た自分の声望がめっきり落ちたのを知った」

土気色《つちけいろ》

土のような青黒い色。多く、恐怖におののいたり、疲れて生気のない顔色などの形容に用いられる。「つちいろ」「つちけ」ともいう。＊怪談牡丹燈籠〔1884〕〈三遊亭円朝〉一五「眼は血走り、顔色は土気色《つちけいろ》になり」

筒井筒《つついづつ》

幼なじみ。また、幼い男女の遊びなかま。もとは、筒状に掘った井戸につけられた外枠のこと。『伊勢物語』の「つつゐつの井筒にかけしまろがたけ過ぎにけらしな妹見ざるまに」の歌が幼なじみの恋であるところから生じたことば。多く、「筒井筒の友」の形で用いられる。＊花ごもり〔1894〕〈樋口一葉〉一「筒井《つつゐ》づつの昔しもふるけれど、振わけ髪のおさなだちより馴れて」

津々浦々《つつうらうら》

全国いたるところ。「津」は港、「浦」は入り江や海岸の意。この二つを重ね用いて、いたるところの港や海岸をいうようになり、転じて、国中の意になった。「つづうらうら」ともいう。＊山椒大夫〔1915〕〈森鷗外〉「宮崎は越中、能登、越前、若狭の津々浦々を売り歩いたのである」

恙《つつが》ない

健康である。無事である。故障や異常がない。語源説には、病気の意の「つつが」に「無し」がついたとするもの、差し障りの意の「つつみ」に「無し」がついたとするもの、人を刺す恙《つつが》虫がいなければ安穏であるところからとするものなどがある。＊唱歌・故郷〈文部省唱歌〉〔1914〕〈高野辰之〉「如何にゐます父母、恙《つつが》なしや友がき」

突《つ》っ慳貪《けんどん》
とげとげしくものを言ったり、乱暴なふるまいをしたりするさま。「突き慳貪」から変化した語で、「慳貪」を強調した言いかた。「慳貪」は、物惜しみすることやけちで欲深いことの意であったが、転じて、思いやりのないことやじゃけんなことをもいうようになった。＊第三者〔1903〕〈国木田独歩〉一三「少し気に入らんことがあると〈略〉突剣《つっけん》どんに僕の妻に当て見たり」

突《つ》っ転《ころ》ばし
歌舞伎で、若くて柔弱な色男の役。「突きころばし」から変化したことば。ちょっと突いたらすぐ転びそうな柔弱さをもっているところからいう。＊塩原多助一代記〔1885〕〈三遊亭円朝〉一「演劇なら磯之丞なんと云ふと突ッ転ばしがする役だが」

慎《つつし》む
過ちをおかさないように行動をひかえめにする。自重する。大事をとる。神や尊いものに対して、かしこまった態度をとるの意も表すが、この場合は、多く「謹んで」の形で形式的な表現に用いられる。＊行人〔1912～13〕〈夏目漱石〉兄・二二「彼は出来る丈口数を慎《つつし》んで」

慎《つつ》ましい
地味で質素である。表だたないで控えめである。思慮深い。古くは、気恥ずかしい、気がひける感じである、きまりが悪いなどの意であった。動詞「つつむ(包)」が形容詞化したもので、心を包んで表に出さないという意を通して語義が変化したものといえよう。＊帰郷〔1948〕〈大仏次郎〉霧夜「つつましいながら自分の望む流儀で幸福に老後を送らうとする」＊忘却の河〔1963〕〈福永武彦〉二「ハンドバックを膝の上に置いて、つつましく足を揃えていた」

慎《つつ》ましやか
ひかえめでしとやかなさま。「やか」は接尾語。＊青春〔1905～06〕〈小栗風葉〉春・九「始終伏目になって可慎《つつまし》やかに皿の物を鑿《せせ》って居る」

美人局《つつもたせ》
女が自分の夫や情夫と共謀して、他の男を姦通に誘い、あわや、というときに共謀の男があらわれて、それを種にその男から金銭などをゆすり取ること。時に、にせ物をつかませて、詐欺をすることやいんちきをすることの意でも用いられた。博徒《ばくと》の語「筒持たせ」からきたものとされる。表記は、中国の元の頃、娼妓を妻妾と偽って少年などを欺いたことを「美人局」と記した記事が「武林旧事」にあるのによったもの。

つづら折《おり》

くねくねと幾重にも曲がりくねって続く坂道。羊腸。馬術で、坂道などを登るとき、馬をジグザグに歩かせることをもいう。ツヅラのつるが何度も折れまがってのびていることをたとえに使ったもの。＊伊豆の踊子〔1926〕〈川端康成〉一「道がつづら折りになって、いよいよ天城峠に近づいたと思ふ頃」

伝《つて》

縁故。てづる。伝えるの意の動詞「つつ」の連用形が名詞化したもの。もとは、人の話、ひとづて、うわさなどの意であったが、転じて、仲立ち、とりなし、媒介、てびき、さらには縁故の意などを表すようになった。時に、ついでや折りの意で用いられることもある。＊塩原多助一代記〔1885〕〈三遊亭円朝〉六「姦婦《おんな》が艶書の伝《つて》を児守子《こもりっこ》に頼んで」

夙《つと》に

早くから。ずっと以前から。もとは、朝早く、早朝にの意。「つと」の語源説は多く、「つとめ（勤）」の略とするもの、早朝、翌朝の意の「つとめて」からとするもの、「はつとき（初時）」の上下を略したとするもの、「はつど（初時）」の略とするもの、直ちにの意の「つ」からとするもの、日出の意の韓語「ツタ」と同語とするもの、「はつとり（初鶏）」からとするものなどがある。＊大阪の宿〔1925～26〕〈水上滝太郎〉一〇・一「新聞社から受取った長編小説の原稿料も夙につかひ果し」

角《つの》を矯《た》めて牛《うし》を殺《ころ》す

少しの欠点を直そうとして全体をだめにする。枝葉の事に関わって肝心な本体を損なうことのたとえに用いられる。「ためる」とは、曲げたりまっすぐにしたりして形を整えるの意。「角を直して牛を殺す」「角は直って牛が死んだ」ともいう。

潰《つぶ》しが効《き》く

別の仕事に代わってもそれをやりこなす力がある。また、あるものが別の場面でも役に立つ。金属製品は、溶かしてまた別の物にすることができるところから生じた言いかた。＊お目出たき人〔1911〕〈武者小路実篤〉五「道楽しないやうな男はつぶしのきかない、偏屈な男ときめてしまふ」

つましい

むだづかいをしないで倹約である。生活ぶりなどが地味で質素である。＊雪国〔1935～47〕〈川端康成〉「この里のいかにもつましい眺めのうちに」

爪弾《つまはじ》き

他人を嫌って排斥すること。仲間はずれにすること。手の人さし指か中指の先端を親指の腹にあて強くはじいて音を立てる動作をもいうが、その動作が、思う通りにならない時や、軽蔑・非難などの気持を表す時に行われるため、嫌悪、軽蔑、非難、排斥の意をも表すようになった。もと仏教語で、法会・修法などで行う、歓喜・承服、あるいは警告や許可などの意を表す弾指《だんし》から生じたことばとされる。＊重右衛門の最後〔1902〕〈田山花袋〉九「此様に皆々に爪弾《つまはじき》されられて」

詳《つまび》らか

物事の有様などが細部にわたってはっきりわかっているさま。こと細かなさま。詳しいさま。つぶさ。委曲。＊鳥獣戯話〔1960～62〕〈花田清輝〉三・二「その後の運命については、残念ながら、つまびらかにしない」

褄《つま》を取《と》る

芸者になる。もとは、裾《すそ》の長い着物の褄を手でつまみあげ裾をかかげるの意。芸者が左手で着物の褄を持って歩くことから、芸者になることをいうようになった。古くは、鎧《よろい》の袖または草摺《くさずり》の端を三角形に地色とは異なった色の糸や革でおどすの意で用いられた。「つまどる」ともいうが、この形で芸者になるの意は表さないようだ。芸者になることは「左褄を取る」ともいう。＊日本橋〔1914〕〈泉鏡花〉六「此の人、日本橋に褄を取って、表看板の諸芸一通り」

爪《つめ》に火《ひ》をともす

ひどく貧しい生活をする。苦労して倹約する。また、ひどくけちなことのたとえ。その倹約ぶりは、ろうそくや油の代わりに爪に火をともすほどであるということ。度を越した倹約は身を害するもとであるというたとえに「つめに火ともした火で火傷《やけど》する」という言いかたがある。「爪に火をとぼす」ともいう。

詰《つ》め腹《ばら》を切《き》る

強いられて辞職すること。多く、「詰腹を切らせる」の形で用いる。もとは、強いられて切腹することの意。時に、自分の意にそわないことを強いられて無理にすることの意で用いられることもある。「つめばら」ともいう。＊吾輩は猫である〔1905～06〕〈夏目漱石〉二「『女なんかに何がわかるものか、黙って居ろ』『どうせ女ですわ』と細君がタカヂヤスターゼを主人の前へ突き付けて是非詰腹を切らせ様とする」

艶《つや》事《ごと》

つやめいた事柄。男女間の情愛に関する事柄。いろごと。情事。また、芝居での男女の情事のしぐさやいろごとの所作をいう。＊小説神髄〔1885～86〕〈坪内逍遥〉上・小説の変遷「譬《たと》へば、一条の情事《つやごと》を演し、一場の闘戦《たちまはり》を摸擬するにも」

艶《つや》っぽい

色気がある。なまめかしい美しさがある。男女間の情事に関係が深いようである。「ぽい」は接尾語。＊吾輩は猫である〔1905～06〕〈夏目漱石〉二「凄い様な艶っぽい様な文句許り並べては帰る」

露《つゆ》払《はら》い

相撲で、横綱の土俵入りの際、横綱の先導をつとめる力士。普通横綱と同門・同系統の関脇以下の幕内力士で、太力持ちよりも下位の力士がつとめる。もとは、宮中で蹴鞠の会が行われる時の、まず鞠を蹴って、懸《かかり》の木の露を払い落とすことをいった。そこから、貴人の先導をして路を開くことの意が生じ、転じて、行列などの先導をすることの意にもなった。さらには、遊芸で最初に演ずることや、物事の先触れをもいうようになった。＊牛肉と馬鈴薯〔1901〕〈国木田独歩〉「『冬』といふ例の奴が漸《だん》次《だん》近づいて来た、其露払《つゆはらひ》が秋」

面魂《つらだましい》

強くはげしい精神や性格があらわれている顔つき。一癖ある顔つき。「つらたましい」ともいう。＊読本・椿説弓張月〔1807～11〕前・一一回「身丈は七尺に過て、面魂《つらたましひ》凡人ならず」

つらつら

つくづく。よくよく。念入りに物ごとをするさまを表す語。多く、思うや考えるなどの思考を表す動詞とともに用いられる。「と」を伴うことがあるが、古くは「に」を伴うこともあった。「つら」は「連ねる」の「つら」と同源であるとされる。「つら」を重ね用いることで、不断の意を表したのであろう。＊万葉集〔8C後〕一・五四「巨勢《こせ》山のつらつら椿都良々々《ツラツラ》に見つつしのはな巨勢の春野を〈坂門人足〉」＊徒然草〔1331頃〕三八「つらつら思へば、ほまれを愛するは、人の聞きをよろこぶなり」

面《つら》の皮《かわ》が厚《あつ》い

あつかましい。恥知らずで、ずうずうしい。厚顔である。類似の表現に、鉄でできている面の皮の意の「鉄面皮」がある。＊浮世草子・好色一代女〔1686〕五・四「随分つらのかわあつうして、人中ををそれず」

鶴《つる》の一声《ひとこえ》

意見や利害が対立する多くの人をまとめる権威者・権力者の一言。鶴の一声は衆人の千言を一声で鎮めるようなすぐれた声であるということから生じた言いかた。＊歌舞伎・網模様燈籠菊桐〈小猿七之助〉〔1857〕二幕「鶴の一声ははっと控へる郎党」

連《つ》れ合《あ》い

配偶者。多く、夫婦が第三者に対して自分の配偶者をいう場合に用いられる。もとは、つれあうこと、連れになること、伴うことなどの意であり、そこから、夫婦になることの意に転じ、さらには、夫や妻をさすようになった。＊虞美人草〔1907〕〈夏目漱石〉一〇「草葉の陰で配偶《つれあひ》に合はす顔が御座いません」

つれない

人の心をくもうともせず、ひややかである。情け知らずだ。何があっても、表面に出さず、影響を受けないさまをいう語。それが場面により、無情、退屈、鈍感の意や、思うとおりにならないことの意などに用いられる。語源については、何事があっても知らん顔をしているさまをいうことから、「つら〔面〕」と関連付けられることが多いが、影響を受けないという意に注目すれば、「つれ〔連〕」との関連も考えられる。＊俳諧・奥の細道〔1693～94頃〕金沢「あかあかと日は難面《つれなく》もあきの風」＊歌舞伎・お染久松色読販〔1813〕大切「ヱヱ、つれない久松さん」

強者《つわもの》

日常生活の態度が堂々としてものに動じない人。信頼できる人。また、自分の所信をまげない人。強情な人。もとは、戦いに用いる道具をいったが、しだいにそれを使う武術や兵士の意にも用いられるようになった。それが特に勇ましく強い武人をいうようになり、さらには精神力の強い人の意になった。時に、ある方面で、よくも悪くも普通以上の働きをする人をいうこともある。＊俳諧・奥の細道〔1693～94頃〕平泉「夏草や兵どもが夢の跡」＊彼女とゴミ箱〔1931〕〈一瀬直行〉橋下のルンペン「その前田といふ奴は斯ういふことにかけては渡り歩いたつはものです。わるさを積んできてゐる」

【て】

亭主《ていしゅ》の好《す》きな赤烏帽子《あかえぼし》

主人が好むなら、どんな異様なものでも、家族はその趣味に従うものである。「赤烏帽子」は赤く塗った烏帽子の意。烏帽子は黒塗りが普通であることから、変わった物のたとえに用いられる。「ていしゅの好きな赤鰯《いわし》」ともいう。「赤鰯」は赤くさびた鈍刀の意。

体《てい》たらく

有様。様子。状態。「てい」とは「体裁」の「てい」と同源で、そとから見た様子をいう語。「たらく」は、断定の助動詞「たり」を名詞化する語法によってできた形。もとは、特別な価値判断を伴わずに、そのような様子であることをいったが、近世以後、あまりよくない有様や、その様子を軽蔑したり悪くいったりする場合に用いられるようになった。＊吾輩は猫である〔1905～06〕〈夏目漱石〉五「小供の方はと見ると是も親に劣らぬ体たらくで寝そべって居る」

丁寧《ていねい》

言動が礼儀正しく、配慮が行き届いていること。もとは、昔、中国の軍中で、警戒の知らせや注意のために用いられた楽器をいった。そこから、注意ぶかく念入りであることや細かいところまで注意がゆきとどいていることをいうようになり、さらに転じて、手厚く親切なことの意になった。時に、なんども繰り返すことの意をも表すが、この場合は、多く、なんども忠告する意に用いられる。また、接頭語「ご」を伴って、冗長なこと、無駄に多いことを皮肉に言うときに用いられることもある。＊滑稽本・浮世床〔1813～23〕初・上「そしてもっと叮寧《ていねい》にしやれ、今朝も枕もとに落《おっこち》てあった」＊湯ケ原ゆき〔1907〕〈国木田独歩〉一「汽車は御丁寧に各駅を拾ってゆく」

体《てい》よく

うまくとりつくろって。さしさわりのないように。手よく。「てい」は「体裁」の「てい」で、体裁よくの意。＊吾輩は猫である〔1905～06〕〈夏目漱石〉四「御客さんは体よく調子を合せている」

鼎立《ていりつ》

三つのもの、また三つの勢力が、鼎の足のように互いに対立すること。「ていりゅう」ともいう。「鼎」とは、「てい」とも「かなえ」ともいう、古代中国の煮炊き用の円形三足の器のこと。祭祀《さいし》にも用いられたが、特に殷周時代の青銅製の祭器が有名である。夏の禹《う》王が九鼎をつくり王位継承の宝器としたという伝説があり、のち、王位の象徴となった。＊美貌の皇后〔1950〕〈亀井勝一郎〉飛鳥路「畝傍、耳梨と三山鼎立してゐるわけだが」

敵《てき》に塩《しお》を送《おく》る

自分と対立して争う者になさけをかけ、その相手の利益になるようなことをあえてする。戦国時代、上杉謙信が、宿敵武田信玄に塩を送り、その領国甲斐を塩不足から救ったという故事から成ったことば。

覿面《てきめん》

ある事柄の効果や報いが即座に現れること。多く「効果覿面」の形で用いられる。「覿」は見ることの意で、もとは、まのあたりに見ることをいった。転じて、目前、即座の意となり、目の前に著しい結果が現れることをいうようになった。＊しん女語りぐさ〔1965〕〈唐木順三〉二「てきめんに物価が上り、お米の値段もはね上ってきました」

手《て》ぐすねを引《ひ》く

十分に準備して機会を待つ。もとは、薬練《くすね》を弓の弦に塗るの意。「くすね」とは、松脂を油で煮て練り混ぜた、弓の弦を強くするためのもので、これを塗ると弓返りを防ぎ速く射ることができる。手にくすねをとることは、弓を放つ準備をするということであり、ここから、あらかじめ用意して待ち構えるの意が生じた。時に、手につばをつけて両手をすり合わせることをもいう。「てぐすね」ともいう。＊浄瑠璃・女殺油地獄〔1721〕上「そりゃそりゃ来たぞと三人が、手ぐすね引たる顔色」

木偶坊《でくのぼう》

役に立たない者。役立たずの者をののしっていう語。もとは、人形の意。特に、操りの人形をいった。古く人形は手足のない木の棒のようなものであったところから、手足の働かない者をののしっていうようになったとする説がある。「でく」ともいう。＊自由学校〔1950〕〈獅子文六〉彼女がそう叫ぶには「良人が、無比のデクノボーと知れた今日でも、離婚なぞする気持はない」

手《て》こずる

取り扱いかねて、もてあます。処置に困る。また、解決に手間取る。語源については、テコ(挺)で動かそうとしてもテコがずれるの意かとするものと、手の甲を摩るが変化したものかとするものがある。安永(一七七二～八一)頃の流行語とされる。＊夜と霧の隅で〔1960〕〈北杜夫〉六「患者の口にガーゼを噛ませようとして手こずっていた」

手塩《てしお》

自分で世話をする。手にかけて養育する。多く「手塩にかける」の形で用いられる。もとは、好みに応じて適当に用いるようにめいめいの食膳にそえた少量の塩、あるいは食膳の不浄を払うものとして備えられた少量の塩のことをいった。この塩を入れた皿を手塩皿または手塩という。ここから、香の物などを盛る小さな皿をもいうようになったが、この場合、「おてしょ」ともいわれる。＊婦系図〔1907〕〈泉鏡花〉前・一九「母さんが手しほに掛けて、妙齢にするまでには」

手《て》ずから

自分の手で。自分自身で。他人にさせないで、直接自分の手をくだしてするさまをいう。「手」に、助詞「つ」、名詞「から(柄)」が付いてできたもの。＊平家物語〔13C前〕四・源氏揃「花のもとの春の遊には、紫毫《しがう》をふるって手つから御作をかき」

手《て》だれ

技芸などのすぐれていること。腕まえがすぐれていること。腕きき。手きき。「てだり(手足)」の変化した語。「てだり」の語源説には、手に十分足り具わる意からとするもの、手筈の足りる意からとするものなどがある。＊島崎藤村〔1946～56〕〈平野謙〉新生「宇野浩二が〈略〉実作者として手だれのふるつわものであることは、誰でも知っている」

鉄火《てっか》

気性がはげしく荒々しいこと。威勢がいいこと。女性のそうした気質にいうことが多い。「鉄火肌」ともいう。もとは、赤く熱した鉄の意。そこから、刀剣と鉄砲、弾丸を発射したときに出る火をいうようにもなった。熱さや赤のイメージから、ばくちや生のまぐろを使った料理などの意にも用いられる。＊あらくれ〔1915〕〈徳田秋声〉七六「お上さんは莫迦に鉄火な女だっていふから」

轍鮒《てっぷ》

危機にひんしていること。もとは、わだちの中の鮒《ふな》の意。車のわだちの跡の水たまりにいる鮒のように危機がさしせまっていることをいう。「荘子・外物」の荘子と魏の文公の会話にみえる故事から成った語。時に、全く将来の希望がない状態にあることや、生活の道に困る人のたとえにも用いられる。「轍鮒の急」ともいう。＊金色夜叉〔1897～98〕〈尾崎紅葉〉中・六「図らずも貸主が君と云ふので、轍鮒の水を得たる想で我々が中へ入ったのは」

鉄面皮《てつめんぴ》

恥を恥とも思わないこと。ずうずうしいこと。厚顔。面《つら》の皮がまるで鉄でできているようだとする表現。「鉄面」ともいう。＊坊っちゃん〔1906〕〈夏目漱石〉一一「鉄面皮に言訳《いひわけ》がましい事をぬかした」

手《て》鍋《なべ》を提《さ》げる
人を使わず自分で煮炊きをするような、つつましい暮らしをする。貧しい生活をする。特に、「手鍋をさげても」の形では、好きな男と一緒になれるなら、自分で炊事の苦労をするような貧しさもいとわないという意を表すことが多い。

掌《てのひら》を返《かえ》す
人に接する態度を急に変える。古くは「てのうら(手裏)を返す」といい、またたくまにすっかり様子の変わるさまやほんの短い間であるさまをも表した。＊ある女〔1973〕〈中村光夫〉四「祖父が本気で腹を立てさうになると、手のひらをかへしたやうに、おとなしくなって」

点《て》前《まえ》
茶の湯の所作。点茶・炭置きなどの作法。多く「お点前」の形で用いられる。自分のすぐ前の意の「手前」が、腕前、技量、手並みなどの意を表すようになり、それがさらに転じたもの。「手前」とも書く。＊浄瑠璃・伽羅先代萩〔1785〕三「幸の釜のたぎりそちが手まへで薄茶一ぷく」

手《て》練《れん》手《て》管《くだ》
人をだます手段。思うままに人をあやつりだます技巧。似た意味の「てれん」と「てくだ」とを重ねて意を強めたことば。＊当世書生気質〔1885～86〕〈坪内逍遥〉三「ポリシイといやあ、立派なやうだが、いひかへれゃア、手練手管サ」

手《て》六十《ろくじゅう》
手習いは六〇歳になっても上達の望みがあるということ。年をとってから物事を習うことのたとえに用いられることば。類似した表現に「六十の手習い」がある。＊俳諧・崑山集〔1651〕一一・秋「手六十といはん老木の色葉哉」

手《て》を焼《や》く
てこずる。もてあます。どう扱ってよいかわからないでいるさまをいう。＊殉死〔1967〕〈司馬遼太郎〉腹を切ること「作戦の拙劣さと中央指示に対する頑迷さに大本営では手を焼き」

点《てん》鬼《き》簿《ぼ》
死者の姓名を書きしるした帳面。過去帳。また、古人の名を多く用いた詩文をいう。「鬼」は古く死者の霊魂をいった。＊点鬼簿〔1926〕〈芥川龍之介〉四「『点鬼簿』に加へた三人は皆この谷中の墓地の隅に」

電《でん》光《こう》石《せっ》火《か》
動作や振舞いがきわめてすばやいこと。もとは、稲妻の光や石を打った時に出る火の意で、それがきわめて短くはかない時間のたとえに用いられた。＊浄瑠璃・伽羅先代萩〔1785〕二「電光石火稲妻が手練に刀打落され」

天使《てんし》が通《とお》る
今まで続いていた対話や座談がとぎれて、一座の者がみんな沈黙してしまう。フランス語「Unangepasse」の訳から生じたことば。＊平凡〔1907〕〈二葉亭四迷〉三九「雪江さんも黙って了ふ、松も黙って了ふ。何処でか遠方で犬の啼声が聞える。所謂天使が通ったのだ」

天上天下唯我独尊《てんじょうてんげゆいがどくそん》
この世界にわれよりも尊いものはないということ。釈迦が生まれた時に七歩あるいて右手で天を指し、左手で地を指して唱えたといわれる詩句。「てんじょうてんがゆいがどくそん」ともいう。

天職《てんしょく》
生まれながらの性質に合った職業。もとは、天から命ぜられた職の意で、神聖な職務、特に、天子が国を治める職務をいった。＊わかれ〔1898〕〈国木田独歩〉「此青年はわれに天職ありと自ら約せり」

恬淡《てんたん》
あっさりしていて物事に執着しないこと。心やすらかで欲のないこと。「恬」も「淡」も物事にこだわらずあっさりしているの意をもつ。＊帰郷〔1948〕〈大仏次郎〉霧夜「恬淡とした味が加はって、牛木利貞は平凡な好々爺に見えた」

天手古舞《てんてこま》い
あることの準備や対処のため、きわめてあわただしく立ち回ること。「てんてこ」は太鼓の音で、もとは、太鼓の音に合わせて舞うことをいった。それが転じて、あわてうろたえることをいうようになった。古くは、喜んで小踊りすることの意をも表した。「天手古」は当て字。＊手鎖心中〔1972〕〈井上ひさし〉向島「注文をさばき切れずにてんてこ舞いしてますよ」

恬《てん》として
なんとも思わず平気でいるさま。頓着しないさま。気にかけないさま。平然。「恬」は、物事にこだわらずあっさりしているの意をもつ。＊吾輩は猫である〔1905～06〕〈夏目漱石〉一〇「御三は恬として顧みない」

天王山《てんのうざん》
勝敗や運命の重大な分かれ目。また、京都府南部、大山崎町の桂・宇治・木津川が合流する地点の淀川に臨み、男山に対する実在する山の名。山城盆地と大阪平野とを結ぶ交通の要所にあり、天正一〇年（一五八二）羽柴秀吉と明智光秀とが山崎で戦ったとき、この山の占有が勝敗を左右したところから、勝敗の分岐点の意で用いられるようになった。

伝法《でんぼう》
勇み肌であること。いなせなこと。多く女性がいきがって、男性のような言動をすることをいう。この意では「伝法肌」ともいう。もともと仏教語で、師が弟子に仏法を授け伝えることをいった。江戸時代、浅草の伝

後世

法院の寺男たちが、寺の威光をかさに着て、境内の飲食店・興行物などを無銭で飲食・見物してまわったところから、無理やりにはいりこみ、無料見物や無銭飲食をすることをいうようになり、それが広く一般に、粗暴な言動をすること、無法な振舞いをすることをもいうようになった。「でんぼう」ともいう。＊夢の中での日常〔1948〕〈島尾敏雄〉「母は〈略〉父が何か言えばそれに答えて伝法にぽんと言い返しをやりかねない風情に見えた」

店屋物《てんやもの》

料理屋・そば屋・すし屋などの飲食店で売っている食物。また、その店から取り寄せる食物。多く、自家で作ったものと対比的に用いられる。「てんや」ともいう。＊縮図〔1941〕〈徳田秋声〉時の流れ・五「晩餐には姐さんのためにてんやものの料理が決って二三品食卓に並び」

てんやわんや

各自が勝手にふるまって騒ぎたてること。大勢が先を争って混乱すること。統制がとれないほど多忙なこと。各自が勝手にの意の「てんでん」と、関西方言でむちゃくちゃの意の「わや」または「わやく」が結合してできたもの。獅子文六の新聞小説『てんやわんや』により広まった。＊雑俳・柳多留‐七〇〔1818〕「かみ様が留守だとてんやわんや也」

【と】

等閑《とうかん》に付《ふ》する

物事をいいかげんに放っておく。なおざりにする。＊日蓮上人〔1894〕〈幸田露伴〉一三「其ままにして等閑に付し去りしかば」

同衾《どうきん》

一つ夜具の中にともに寝ること。特に、男女がいっしょに寝ること。転じて、性行為をもいう。「衾」は夜具の意。時に、ふとんをともにして寝るほど、友愛のあついことの意でも用いられる。＊あめりか物語〔1908〕〈永井荷風〉岡の上「若し今夜一晩彼女と同衾して居たら」

桃源郷《とうげんきょう》

俗世間を離れた平和な世界。仙境。理想郷。ユートピア。「桃源」は、中国の洞庭湖の西方、湖南省桃源県の西南の山中にある地名。この地を題材に陶淵明が「桃花源記」で桃林に囲まれた平和で豊かな別天地を描いたことから、理想郷の意で用いられるようになった。＊金槐集に就いて〔1946〕〈加藤周一〉「そして遂に見果てなかった芸術の桃源境を歌うように」

投合《とうごう》

二つのものがぴったりとあうこと。両方の心などが一致すること。多く「意気投合」の形で用いられる。＊銀の匙〔1913～15〕〈中勘助〉前・二七「お互に意気投合すればなんといふこともなくあはははと笑ふ」

慟哭《どうこく》
悲しみに耐えきれないで大声をあげて泣くこと。号泣すること。＊破戒〔1906〕〈島崎藤村〉七・二「人目の無い路傍《みちばた》の枯草の上に倒れて、声を揚げて慟哭したいとも思った」

同日《どうじつ》の談《だん》ではない
同様に見なして論ずるべきことでない。同じ扱いにはできない。「同日の論にあらず」「同年の論にあらず」ともいう。「同日」は、時に、力量や物事の程度が同じくらいであることのたとえに用いられる。＊黒潮〔1902〜05〕〈徳富蘆花〉一・七・七「慶応三年の日本と明治二十年の日本は、同日の談では無いからね」

藤《とう》四《し》郎《ろう》
素人。「しろうと」の「うと」を逆にし、さらに「しろ」を下に回して人名のように言ったもの。「とうしろ」ともいう。＊落語・道具の開業〔1891〕〈三代目三遊亭円遊〉「『この鋸はよっぽどあまいナア』『あまくはありません』『まだやきはめへだナア道具屋』『イイエ、やきがまへではありません。日本橋の火事でよくやけたのです』『お前は藤四郎だナ』」

陶然《とうぜん》
うっとりと気持のよいさま。もとは、酒に酔ってうっとりしているさまの意。＊自由学校〔1950〕〈獅子文六〉彼女がそう叫ぶには「駒子が、陶然としてきたのは、辺見の魅力というよりも、辺見の属する階級の魅力からだった」

動顛《どうてん》
びっくりして度を失うこと。非常に驚きあわてること。仰天。もとは、移り変わることの意。「動転」とも書かれる。＊金色夜叉〔1897〜98〕〈尾崎紅葉〉前・七「母子は動顛して殆ど人心地を失ひぬ」

滔々《とうとう》
次々とよどみなく話すさま。もとは、水がさかんに流れるさまや多量の水を悠然とたたえているさまの意。時に、おしなべて一様であるさまや広大であるさま、また、世の風潮などが一つの方向に勢いよく移るさまをもいう。＊侏儒の言葉〔1923〜27〕〈芥川龍之介〉貝原益軒「書生は才力に誇ってゐたと見え、滔滔と古今の学芸を論じた」

唐突《とうとつ》
前ぶれもなくだしぬけに物事を行い始めるさま。不意。突然。もとは、急に突進することの意。＊続々金色夜叉〔1899〜1900〕〈尾崎紅葉〉二・二「貫一も亦其の逢着の唐突なるに打惑ひて」

堂《どう》に入《い・はい》る
すっかり慣れて身につく。「どう（堂）に昇り室に入る」から生じたことば。もとは、学問・技芸、その他修練を必要とする事柄について、よく身についてその深奥に達している意であった。「堂奥《どうおう》に入る」ともいう。＊夢声半代記〔1929〕〈徳川夢声〉ドブで眠る「まったく彼のゲーたるや、堂に入《はい》ったもので、飲み出してから食道を通過させたものは、ゲーの際に全部吐き出しちまふんだから偉い」

掉尾《とうび》
↓ちょうび（掉尾）

唐変木《とうへんぼく》
気のきかない人やわからずやをののしっていう語。＊黒蜴蜓〔1895〕〈広津柳浪〉二「交際《つきあひ》を知らざる唐偏朴《たうへんぼく》、さては愚頭与太《ぐづよた》と綽号《あだな》せられて」

胴間声《どうまごえ》
調子のはずれた、太く濁った下品な声。「どうごえ」「どうばりごえ」「どうまんごえ」ともいう。＊艶魔伝〔1891〕〈幸田露伴〉「声の色は金切声胴魔声《どうまごゑ》など、稟賦《ひんぷ》にて致し方なく」

瞠目《どうもく》
見て驚いたり、感心したりして、目をみはること。「瞠」は目をみはるこ との意。多く、良いことに驚いて目をみはることをいう。＊義血侠血〔1894〕〈泉鏡花〉一二「銀貨一片に瞠目せし乗合よ」

到来物《とうらいもの》
よそからのもらい物。いただきもの。ちょうだいもの。「到来」ともいう。＊虞美人草〔1907〕〈夏目漱石〉一〇「いや、詰らんもので…到来物でね」

登龍門《とうりゅうもん》
立身出世につながるむずかしい関門。また、運命をきめるような大切な試験のたとえにも用いられる。「龍門」は中国の黄河中流の急流で、そこをこえることのできた鯉は龍に化するとの言い伝えから生じたことば。この伝説は「後漢書‐李膺伝」の注や「太平広記」に引用された「三秦記」の記事に見える。もともと、名誉な境遇になる、声誉ある身分になる等の意で用いられたものが、「登龍の関門」とする誤解から、立身出世を得る重大な関門をもさすようになったのであろう。「とうりょうもん」ともいう。＊面影〔1969〕〈芝木好子〉一「光彩会で新人の登竜門を開いたことは」

棟梁《とうりょう》
大工の親方。もとは、建物の棟《むね》と梁《はり》の意。棟と梁は家を支える重要な部分であるところから、やがて、一族・一門の統率者や集団のかしら、また一国を支える重職をもいうようになった。時に、仏法を守り広める重要な地位をもいった。大工のかしらをいう例は、すでに室町中期の辞書『文明本節用集』にみえる。「とうりゅう」ともいう。＊随筆・折たく柴の記〔1716頃〕中「ただ末の代の人の屋形の図の、鎌倉に住みし都料《とうれう》の匠《たくみ》が家に伝へし所とぞ見えたる」

蟷螂《とうろう》**の斧**《おの》
弱者が自分の力をかえりみないで強者に立ち向かう。無謀で、身のほどをわきまえないことのたとえ。カマキリが前足をふりあげて高く大きい車に立ち向かう意の「蟷螂が斧をもって隆車に向かう」を略した言いかた。「蟷螂車をさえぎる」「蟷螂が斧」などともいう。＊歌舞伎・善悪両面児手柏（妲妃のお百）〔1867〕三幕「此の雷震が所持なす鏡、取らんなぞとは及ばぬ事、譬にも言ふ蟷螂の、斧の引導渡してくれう」

時《とき》しもあれ
時もあろうに折悪しく。適当な時期は外にもあろうに、どうして今そんなことになるのかという状況で用いられる。「し」「も」は意を強める助詞で、「あれ」は動詞「有り」の已然形。これらで逆接条件を表す。「時もこそあれ」「時しまれ」ともいう。＊浄瑠璃・新うすゆき物語〔1741〕下「語れば父も妹も悦びあふ時しも有れ、藤馬が弟渋川右内大勢引具しどっとかけ付」

毒牙《どくが》にかかる
悪辣《あくらつ》な手段にひっかかる。もとは、毒液を分泌するきばにやられるの意。＊こがね丸〔1891〕〈巌谷小波〉一六回「爾《なんぢ》が毒牙にかかり、非業にも最期をとげたる月丸が遺児《わすれがたみ》」

得心《とくしん》
心から承知すること。納得。人の言うことや事情などが、十分に良くわかることにいう。＊虎寛本狂言・呂蓮〔室町末～近世初〕「御内儀様も御一門衆も、御得心の上で御座るか」

毒舌《どくぜつ》
ひどく意地の悪い皮肉。辛辣《しんらつ》な悪口。もともと、憎まれ口の意など、悪いイメージのことばであったが、近代以降、それが楽しむ対象ともなり、特に最近、毒舌ぶりで人気を博するタレントなどがでたおかげで、イメージが変わりつつあるようだ。「毒言」「毒弁」ともいう。＊大内旅宿〔1907〕〈高浜虚子〉「お藤ドンはだんだん毒舌を振って来る」

独壇場《どくだんじょう》
その人だけが思うままに振る舞うことができ、他人の追随を許さない場所や場面。ひとり舞台。「独擅場《どくせんじょう》」の「擅」を「壇」に誤り、「ひとり舞台」の意味にひかれてできた語。＊王城の護衛者〔1965〕〈司馬遼太郎〉「宮廷はいまや長州系公卿の独壇場になりはててしまって」

とこう
あれこれ。いろいろ。何や彼《か》や。また、何はさておき。いずれにせよ。さまざまな物事を漠然とさす副詞「とかく（兎角）」の変化した語。＊地唄〔1956〕〈有吉佐和子〉「とこうするうち、〈略〉人々の渦に吸われて、波に揉まれ始めた」

常《とこ》しなえ
長く変わらないこと。いつまでも続くこと。永遠。永久。「とこしえ」ともいう。語源説はさまざまあるが、その多くが「とこ」を「常」と、「なえ」を「並」と関連付けている。＊氷島〔1934〕〈萩原朔太郎〉帰郷「われ既に勇気おとろへ暗憺として長《とこし》なへに生きるに倦みたり」

常永久《とことわ》
いつまでも変わらないこと。永久不変であること。とこしえ。古くは「とことば」ともいわれ、いつも、つねの意をも表した。「とこ」は永久不変の意の「常」で、「とば」の語源は不明であるが、「とは」が「とわ」の形となり、さらに「とこ」が脱落し、「とわに」が生まれた。今日では「とわに」の「とわ」に「永久」の意味が込められている＊春鳥集〔1905〕〈蒲原有明〉「永劫《とことは》よ、背に負ふつばさ、日のおちぼ彩羽《あやは》もてしばしは掩《おほ》へ」

土左衛門《どざえもん》

水死体。江戸時代から例が見られるが、当時は水死体とともに太った人をもいったようだ。語源説はいくつかあるが、享保年間（一七一六〜三六）の力士「成瀬川土左衛門」が相当な肥満体であったため、からだのふくれあがった水死体をふざけてたとえたとするものが有名である。これは山東京伝の随筆『近世奇跡考』にみられる。他には、肥満した人の罵称ドブツを擬人化した語とする説、泥溝をいうドブ、あるいは水に投ずる音ドブンなどを擬人化したものかとする説などがある。

どさ回《まわ》**り**

劇団などが地方を興行してまわること。地方巡業。また、もっぱら地方巡業をしている劇団など。転じて、中央から地方への転勤、盛り場などを歩き回る遊び人をもいうようになった。「どさ」は、いなか・地方の意とされるが、その語源については、ドサアことばが使われる東北地方へ行っておこなう芝居の意からとするもの、バクチで逮捕されて佐渡へ送られることをサドの倒語を用いてドサといったところからとするもの、ドシャ降りになると休演になるような田舎芝居の意からとするもの、客席にも楽屋にも筵が敷いてあったドザ（土座）の芝居の意からとするもの、土くさい意の土砂からとするものなど、諸説がある。

度《ど》**しがたい**

救いがたい。また、わからずやでどうしようもない。道理を説き聞かせてもわからせようがない場合に用いられる。衆生を苦海から救い、彼岸へ導くことの意の仏教語「済度」を用いた「済度しがたい」の略であろう。＊日本の思想〔1961〕〈丸山真男〉三「表面はともかく、腹の中ではお互いに度し難い考え方だということでおしまいになる」

年増《としま》

娘盛りを過ぎて、やや年をとった女性。江戸時代では二〇歳前後を年増、二三、四歳から三〇歳までを中年増、それより上を大年増といった。現代では三〇代以降にいうようだ。もと、年上という意味の「としま」「としまさり」が、遊廓で盛りを過ぎた遊女に対して用いられるようになり、「としま」として定着したもの。遊廓では一七、八で新造、二二、三は盛りといわれることより、「としま」は二四、五歳あたりからをさすと思われる。

徒手空拳《としゅくうけん》

手に何も持たないこと。また、事をはじめるのに資金や地位などがなく、自分の力だけが頼りであること。＊春の水〔1962〕〈藤枝静男〉「克己心をもって、徒手空拳で進まねばならん」

斗酒《としゅ》なお辞《じ》せず
大酒を飲む。一斗の酒も辞退しないで飲むの意。＊二人女房〔1891～92〕〈尾崎紅葉〉下・五「斗酒も敢て辞せずの豪飲はやるが、頗る愚痴上戸で」

土性骨《どしょうぼね》
他人の性質や精神を強調、またはののしっていう語。ど根性。「ど」は接頭語。＊浄瑠璃・仮名手本忠臣蔵〔1748〕一〇「テモ胴性骨《どしやうぼね》の太《ふと》い奴」

徒食《としょく》
何も仕事をしないで、ぶらぶらと遊び暮らすこと。座食。居食い。＊雪国〔1935～47〕〈川端康成〉「無為徒食の島村は」

塗炭《とたん》
ひどい苦痛。きわめて辛い境遇。まるで泥にまみれ火に焼かれるほどの苦痛という意。古くはきわめてきたないもののたとえにも用いられた。「土炭」ともいう。＊神皇正統記〔1339～43〕下・仲恭「後白河の御時兵革おこりて奸臣世をみだる。天下の民ほとんど塗炭におちにき」

土壇場《どたんば》
最後の決断をせまられる場面。せっぱつまった場合。江戸時代には、首斬りの刑を行う場所をいったが、転じて、最後の場面の意で用いられるようになった。＊地を潤すもの〔1976〕〈曾野綾子〉九・三「もっとも、人間、最後のどたん場では、どうなるかわかりませんが」

橡麺棒《とちめんぼう》
うろたえあわてること。また、あわて者。多く「とちめんぼうを食う」「とちめんぼうを振る」などの形で、非常にあわてるさまを表す。あわてるの意の「とちめく」に「ぼう（坊）」がついたものが音変化したのであろう。「とちめく」の語源については、取り違えの略かとする説と、橡の実で作る橡麺を延ばす時に非常に手早く行わないと麺が収縮してしまうところから、あわてるさまをいったものかとする説がある。古くは橡麺を薄く打ち延ばすのに用いる棒をもいい、ここからの意味変化も考えられる。「橡」は「栃」とも書く。

とちる
やりそこなう。失敗する。もとは、舞台などでうろたえて拍子を失い、せりふやしぐさをまちがえるの意。浄瑠璃・歌舞伎の社会で用いられ、その他の芸能分野にも広まった。江戸から明治にかけて、広く一般に、うろたえる、まごまごする、あわてるの意に用いられ、現在ではへまをするの意で用いられている。「とちめく」や「とちめんぼう」の「とち」を活用させたものであろう。＊漫談集〔1929〕見習諸勇列伝の巻〈徳川夢声〉「次席弁士のTが、台辞を忘れてトチッたところ」

とつおいつ

ああすればよいかこうすればよいかと思い迷うさま。「取りつ置きつ」の変化した語で、もとは「手に取ったり下に置いたり」の意。そこからあれこれと手だてを尽くすの意が生じ、転じて、思い迷って定まらないさまをもいうようになった。「とっつおいつ」ともいう。＊雁〔1911～13〕〈森鷗外〉二二「一体女は何事によらず決心するまでには気の毒な程迷って、とつおいつする癖に」

毒気《どっけ》に当《あ》てられる

非常識な、また予想外な相手の行動や話に呆然とする。「毒気」は、毒となる成分の意から転じて、他人の気持を傷つけるような心や悪意の意で用いられ、「どくけ」「どっき」ともいわれる。

毒気《どっけ》を抜《ぬ》かれる

ひどく驚かされる。唖然とさせられる。特に、積極的に気負いたったた気持をはぐらかされるさまにいう。「どっきをぬかれる」「どっけをとられる」ともいう。＊漫談集〔1929〕見習諸勇列伝の巻〈徳川夢声〉「すっかり毒気を抜かれた楽屋一同、半ば好奇心も手伝って、此の大学生の見習を、採用することに衆議一決した」

どっこいどっこい

勢いが互いに同じくらいで優劣のないさま。とんとん。古くは、「どっこいしょ」のように、ありったけの力をだしてやっとのことで事を行うときに発することばとして用いられた。語源については、一方がドッコイと掛け声をかけて力を出すと、他方もドッコイと同じくらいの力を出すの意から、両者の力・勢いなどが互いに同じ程度で優劣がないさまをいうようになったとする説がある。＊猟銃〔1949〕〈井上靖〉みどりの手紙「ちっとも気になさらなくともいいんですの。私だって貴方を十何年も騙してゐたんですもの。どっこいどっこいだわ」

取《と》っ付《つ》き

初めて接したときの感じ。第一印象。多く「取っ付きにくい」「取っ付きが悪い」などの形で用いられる。「とりつき（取付）」の変化した語。古くは、時間的な初めや位置的な前をいった。＊こゝろ〔1914〕〈夏目漱石〉下・七「それから又一年経《た》った夏の取付でした」＊助左衛門四代記〔1963〕〈有吉佐和子〉五・一「八重の権高さや、とっつきの悪さを村人たちは」

突拍子《とっぴょうし》

調子はずれであること。度はずれなこと。意外なこと。突飛。打楽器で抑揚のある奏法を「加拍子」といい、とくに鞨鼓拍子の奏法を「突拍子《とひょうし》」といったが、これを比喩的に用いて成立したものであろう。江戸中期以降、強調の意を添える「ない」がついた「とっぴょうしもない」の形が多く用いられるようになった。＊或る女〔1919〕〈有島武郎〉前・七「『私明日亜米利加に発ちますの、独りで』と突拍子もなく云った」

とっぷり

日がすっかり暮れるさまを表す語。時に、物が十分に覆われるさま、湯につかるさまなどにもいう。「と」を伴って用いることもある。＊雑俳・柳多留・四〔1769〕「とっぷりと暮てと聟の方でいひ」

どどめ色《いろ》

桑の実の色。紫色。養蚕が盛んであった北関東周辺で使われる。「どどむ色」ともいう。

とにもかくにも

何はともあれ。いろいろ事情があるにしても、それはさておいて。なんにしても。いずれにしても。「とにかく」「ともかく」ともいう。古くは、あれこれ、さまざまなどの意をも表した。＊徒然草〔1331頃〕七三「とにもかくにも虚言多き世なり」

とばかり

とだけ。というだけ。それだけの意を表す。格助詞「と」に副助詞「ばかり」の付いたもの。＊野菊の墓〔1906〕〈伊藤左千夫〉「民子は私が殺した様なものだ、と許りいって居て」

とば口《くち》

はいりぐち。入口。戸口。転じて、物事のはじめの部分の意にも用いられる。「とぼぐち」ともいう。＊明暗〔1916〕〈夏目漱石〉一五三「括約筋はとば口にゃありません。五分程引っ込んでます」

怒《ど》髪《はつ》天《てん》を衝《つ》く

はげしい怒りのために逆だった髪の毛が冠をつきあげる。憤怒のさまにいう。＊軍歌・橘中佐〔1904〕〈鍵谷徳三郎〉一・六「隊長怒髪天を衝き『予備隊つづけ』と太刀を振り」

鳶《とび》が鷹《たか》を産《う》む

平凡な親がすぐれた子を生むたとえ。「鳶が鷹」「とびがくじゃくをうむ」ともいう。

友《とも》垣《がき》

ともだち。とも。交わりを結ぶのを垣を結《ゆ》うのにたとえたことば。＊唱歌・故郷（文部省唱歌）〔1914〕〈高野辰之〉「如何にゐます父母、恙なしや友《とも》がき」

共《とも》白《しら》髪《が》

夫婦そろって長生きして、ともに白髪になること。夫婦そろって長命であることのたとえに用いられる。また、夫婦そろって白髪になるまで長寿を保つようにとの願いから、結《ゆい》納《のう》・婚礼・赤子の祝いなどの祝儀に欠かせないものとされている、麻緒をたばねて人間の白髪に見立てた祝い品をもいう。＊盲目物語〔1931〕〈谷崎潤一郎〉「共白髪のすゑまでもおそひとげなされますやうにと」

どら猫《ねこ》

飼い主の定まっていない猫。野良猫。また、悪さをする猫。「のらねこ」が音変化してできたものか。＊俳諧・文化五年句日記〔1808〕八月「どら猫のけふもくらしつ草の花」

虎《とら》の尾《お》を踏《ふ》む

強暴な虎の尾を踏むということが、きわめて危険な事をすることのたとえに用いられたもの。「虎の口へ手を入れる」ともいう。＊平家物語〔13Ｃ前〕三・法印問答「龍の鬚をなで、虎の尾をふむ心地はせられけれ共」

虎《とら》の巻《まき》

ある特定の問題を解決するための手引きとなる便利な本。あんちょこ。中国の兵法書『六韜《りくとう》』の虎韜巻《ことうかん》による語で、もとは、兵法の秘伝書をいった。転じて、芸道の秘事や秘伝の書をもいい、さらには、奥義や秘訣の意をも表し、時には、飯の種となるものをもいった。現在では、講義などの種本《たねほん》や教科書の内容を解説した本、あるいは、手軽な参考書をいうことが多い。「とらかん」ともいう。＊鉛筆ぐらし〔1951〕〈扇谷正造〉見だしのモザイク「各省の局長課長連の中には虎の巻とか、予想問題集を集めて」

どら息子《むすこ》

なまけもので遊び好きな息子。「道楽息子」「放蕩息子」ともいう。＊白く塗りたる墓〔1970〕〈高橋和巳〉四「ほとんどが将軍や高級官僚のドラ息子たちなのだ」

とり

興行界で、最後に上演・上映する呼び物の番組や出演者。多く「とりをとる」「とりをつとめる」などの形で用いられる。動詞「とる(取)」の連用形が名詞化したもの。古くは特に、寄席《よせ》で、最後に出演する者をいうことが多かった。寄席では「主任」と書いて「とり」と読む。一説に、主任格の真打は当夜の収入を全部取り、芸人たちに分けていたところからいうようになったとする。＊落語・鉄拐〔1890〕〈禽語楼小さん〉「モツ貝がトリを致しましたが〈略〉席亭は腹を立てて」

鳥《とり》無《な》き里《さと》の蝙蝠《こうもり》

すぐれた者のいない所ではつまらない者が幅をきかすたとえ。「さと」は「しま」ともいい、「こうもり」は、古くは「こうぶり」「かわほり」ともいった。＊浄瑠璃・平仮名盛衰記〔1739〕一「義経が爰での我儘は鳥無い里の蝙蝠《かうふり》」

取《と》り成《な》す

対立する人の間にたって、仲直りをさせる。また、具合の悪い状態を、間にはいって取り計らい、好転させる。古くは手にとって扱うの意で用いられた。そこから上手に処理するの意が生じたのであろう。「執り成す」とも書く。＊煤煙〔1909〕〈森田草平〉一「今度はお絹が取成すやうに言った」

泥縄《どろなわ》

事が起こってからあわてて対応策を考えること。「泥棒を捕えてから縄をなう」の略。「泥縄式」ともいう。＊焼け跡闇市派宣言〔1969〕〈野坂昭如〉四・思わず焼け跡の孤児を「ぼくは、ようやくいささかの歴史を学ぶ気持ちをおこし、いわばドロナワ一夜漬けで、いくらか、東大事件のあらましを心得たけれども」

頓知《とんち》
場面や状況などに応じて即座に出る知恵。機知。気転。＊歌舞伎・鳴神〔1742か〕「ああ、かさねがさね頓智《とんち》の女中じゃな、過分過分」

頓珍漢《とんちんかん》
見当違いで、わけのわからないこと。つじつまの合わないこと。また、とんまな言動をすることをもいう。鍛冶屋の相槌《あいづち》を打つ音が交互してそろわないことから、ちぐはぐなさまをいうようになった。「頓珍漢」は当て字。＊吾輩は猫である〔1905～06〕〈夏目漱石〉二「これで懸合をやった日には頓珍漢なものが出来るだらうと」

どんでん返《がえ》**し**
物事が一気に正反対に変わること。話や状態、小説や劇における筋や人物関係がまったく逆転すること。もとは、芝居の舞台などで、床や大道具を一度にうしろにひっくり返して次の大道具に取りかえることの意。そこから、正反対にひっくり返すことの意、さらには、話・形勢・立場などが逆転することの意をも表すようになった。＊漫才読本〔1936〕〈横山エンタツ〉自序伝「ここに、突如として一座の運命をドンデン返《がへ》しにした一大事変が起って」

とんとん拍子《びょうし》
物事が具合よく、次から次へと順にはかどっていくこと。「とんとん」は、もともと踊る時の足踏みの音を表したが、その際、師匠の手拍子に合ったリズム感が求められた。このリズムの良さが物事が調子よく次々に進むさまに通じたのであろう。＊江戸から東京へ〔1921〕〈矢田挿雲〉三・一「新営業法が江戸の市民に歓迎され、トントン拍子に成功して京、大阪にも支店を設けるに至った越後屋は」

丼勘定《どんぶりかんじょう》
細かく計算しないで、おおまかに金の出し入れをすること。「どんぶり」は職人などの腹掛けの前部に付けてある物入れのこと。職人などが、その中に金を入れておいて、無造作に出し入れして使ったところから、手元にあるにまかせて、帳面にもつけないで気ままに支払いをすますことの意で用いられるようになった。＊アメリカひじき〔1967〕〈野坂昭如〉「小商い丼勘定のありがたさ、旅行のかかりは経費でおとせばよいと」

とんぼ返《がえ》**り**
ある場所へ行き、用事をすませてすぐ戻ってくること。トンボが飛びながら急に後ろへ身をひるがえすさまからできたことば。空中で身体を回転させること、宙返りをすること、また、両手・両足を開いて、身体を車輪のように横へ回転させていく遊戯の意にも用いられる。「とんぼうがえり」ともいう。＊土〔1910〕〈長塚節〉四「彼は蜻蛉返《とんぼがへり》に返って来た」

【な】

なあなあ
なれ合い。感動詞「なあ」を重ねたもの。互いに「なあ、いいだろう」といった感じのあいまいな表現でいい加減に折り合うことからいうようになったもの。「なあなあで終わる」「なあなあの関係」などと用いられる。

泣《な》いて馬謖《ばしょく》を斬《き》る
全体の規律を保つために、愛する者でもやむを得ず処罰することのたとえ。中国の三国時代、蜀《しょく》の諸葛孔明《しょかつこうめい》が、重用していた臣下の馬謖が命に背いて魏に大敗したとき、泣いて斬罪に処したという「蜀志‐馬謖伝」の故事から成った語。

なおざり
深く心にとめないさま。本気でないさま。いいかげん。通りいっぺん。多く、物事をきちんと行わないで、ほうっておくさまにいう。「なお」は、「直」あるいは「猶」で、ある事態が変化なく同じ状態を保ち続けることを表しているのであろう。「ざり」については、「有」とも「去」ともいわれる。『源氏物語』に多くみられ、主に女性に対する男性の性情や行動について用いられている。＊源氏物語〔1001～14頃〕葵「なをざりのすさびにつけても、つらしとおぼえられ奉りけむ」＊地獄の花〔1902〕〈永井荷風〉一二「どうも児供《こども》の時教育を等閑《なほざり》にしたものには困る事が多いもので」

流《なが》し目《め》
顔をむけないで、瞳だけをそのほうに向けて見ること。よこめ。斜視。りゅうべん。特に、男女の間で、相手の気を引くような目つきをいう場合が多い。色目。秋波。＊あめりか物語〔1908〕〈永井荷風〉旧恨「私の方を流眄《ながしめ》に見ながら〈略〉口許に笑ひを浮べる」

長丁場《ながちょうば》
仕事などが一段落するまでに時間が長くかかること。また、時間の長くかかる物事。もとは、宿場と宿場の間の道のりが、距離的、時間的に長いことの意。特に演劇において、幕が開いてから閉まるまでの一場面が長いものをいう。＊映画雑感〔1932～35〕〈寺田寅彦〉一・六「それ程いやで見て居られないやうな場面や、退屈で腹の立つやうな長町場もない」

仲睦《なかむつ》まじい
互いの気持がよく通じていて、大変仲がよい。「むつまじい」だけでも同様の意を表す。＊抱擁家族〔1965〕〈小島信夫〉二「おれは一家が仲睦《なかむつ》まじいのがいいと思うので」

流《なが》れに棹《さお》さす
流れに棹をつきさして船を進め下るように、好都合なことが重なり、物事が思うままに進むたとえ。近年、時流に逆行する、流れに逆らうなどの意に用いられることがあるが、本来の意味とは合わない。流れに棹をさせばさらに進むはずである。

なかんずく

その中でとりわけ。特に。漢文訓読に由来する語。「中に就く」の音便形で、古くは「に」を伴っても用いられた。＊苦心の学友〔1930〕〈佐々木邦〉学校とお屋敷「就中《なかんづく》堀口といふ落第生は全級の持て余しものだった」

長押《なげし》

日本建築で、柱と柱との間を、横にわたして打ち付けた材木。もとは柱を連結する構造材であったが、並んでいる垂直材を水平につらぬいて構造を固める貫《ぬき》が用いられるようになってから装飾化した。

なけなし

あるとはいえないほど少ないこと。ほんのわずかしかなく、それだけに貴重なものを、何かの目的のために使わなければならない場合に、「なけなしの金」「なけなしの知恵」などと、そのものにつけて用いられる。＊滑稽本・浮世風呂〔1809～13〕二・上「なけ無《なし》の一ッてうらを着殺に着切て仕まふだ」

名残《なごり》

ある事柄が過ぎ去ったあとに、なおその気配や影響が残っていること。また、別れていく人や過ぎ去る物事を惜しむ気持。「波残《なみのこり》」の変化したものといわれる。古くは、浜、磯などに打ち寄せた波が引いたあと、あちこちに残った海水や小魚、海藻類をいい、また、風が吹き、海が荒れたあと、風がおさまっても、その後しばらく波が立っていることをもいった。転じて、物事の残りや最後、また、それを惜しむ気持の意になった。「余波」とも書く。＊俳諧・奥の細道〔1693～94頃〕飯坂「短夜の空もやうやう明《あく》れば、又旅立ぬ。猶、夜の余波、心すすまず」＊良寛歌〔1835頃〕「枝折《しを》りして行く道なれど老ぬればこれやこの世の名残りなるらむ」

情《なさ》けは人《ひと》のためならず

情を人にかければ、それがめぐりめぐって自分にもよい報いが来る。最近は、情けをかけるとその人のためにならないの意で用いられることが多い。本来自分にとっての利益を意味する表現が、相手にとっての不利益を意味する表現としても使われていることになり、これでは、聞き手の解釈が、話し手の意図に反することになりかねない。「ならず」の「なら」は断定の助動詞「なり」の未然形であるが、動詞「なる(成)」の未然形だと意識されているようだ。この誤解から、本来、人のためではなく自分のためであるの意の「人のためならず」が、人のためにならないと解釈されるようになったのであろう。＊腕くらべ〔1916～17〕〈永井荷風〉一五「情は人の為ならず今夜一杯飲まして置いたら後日何かの為にもならうと思直して」

生《な》さぬ仲《なか》

義理の親子の間柄。肉親でない親子の間柄。その子を実際に産んだのではない関係の意。＊浄瑠璃・国性爺合戦〔1715〕三「みづからとはなさぬ中の母上なれば」

なじか

どうしてか。何故にか。「なにしか」の変化した語。疑問や反語の意を表すのに用いられる。＊唱歌・ローレライ〔1909〕〈近藤朔風訳〉「なじかは知らねど心わびて、昔の伝説《つたへ》はそぞろ身にしむ」

名代《なだい》

多くの人にその名が知られていること。著名。高名。なうて。もとは、標示する名、名目としてかかげる名、名義などをいった。そこから、名に伴う評判の意に転じたもの。＊草枕〔1906〕〈夏目漱石〉四「あすこに龍閑橋てえ橋がありませう。〈略〉名代な橋だがね」

七重《ななえ》の膝《ひざ》を八重《やえ》に折《お》る

丁寧な上にも、さらに丁寧な態度で、願ったりわびたりする。膝を幾重にも折り重ねるほど腰を低く下げての意から生じたことば。＊黒潮〔1902～05〕〈徳富蘆花〉一・七・五「何も此藤沢が七重の膝を八重に折ってまで御頼み申す訳ではないさ」

名《な》無《な》しの権兵衛《ごんべえ》

名のわからない人を呼ぶのに、ふざけたり、あざけったりしていう語。持ち物や試験の答案などに名前が書いていない場合に用いられることが多い。田舎の人に権兵衛という名が多いところからとも、「名主の権兵衛」をもじったものともいう。＊吾輩は猫である〔1905～06〕〈夏目漱石〉二「おい、名なしの権兵衛」

何《なに》が無《な》し

はっきりとした理由もないさま。どうというわけもなく。ともかく。多く「に」を伴って用いられる。古くは、あれこれ言うことなしに、あれこれ迷うことなしに、などの意で用いられたことから、本来は「なにかなし」であったと思われる。何が原因だということもなしに、といった意に転じてから、「なにがなし」ともいうようになったのであろう。＊浄瑠璃・冥途の飛脚〔1711頃〕上「そなたへ渡る江戸金がふらりと上るを何かなしに、懐に押込んで新町迄一さんに」

何《なに》くれ

あれやこれや。いろいろ。どれそれ。だれそれ。いろいろな人や事物などをひっくるめてさし示すことば。時に、不特定多数の人や事物を漠然と指し示す場合もある。多く「なにくれとなく」の形で用いられる。＊枕草子〔10C終〕九三・無名といふ琵琶の御琴を「水龍《すいろう》、小水龍、宇陀の法師、釘打、葉二つ。なにくれなど、おほく聞きしかど」

名《な》にし負《お》う

世間一般にその名が知られる。有名である。「名に負う」に強意の助詞「し」が挿入されたもの。もとは、その名を持つの意。＊古今和歌集〔905～914〕羇旅・四一一「名にしおはばいざこととはむ宮こどりわが思ふ人は有りやなしやと〈在原業平〉」

何《なに》をか言《い》わんや
あきれてなにも言えない。なにを言おうか、言うことがなにもないの意。

嬲《なぶ》る
おもしろがってからかい、ひやかす。人をいじめ、おもちゃにする。また、手でもてあそぶ。いじりまわす。語源説はさまざまあるが、その多くが「慣れる」と同源の「狎れる」と関連付けている。＊浮世草子・好色五人女〔1686〕四・三「忝《かたじけな》き御心入といへばくらまぎれに前髪をなぶりて」

鈍《なまく》ら
意気地がなかったり、なまけ者であったりすること。もとは、刃物の切れ味がにぶいことをいったが、転じて、やる気がないことや意気地がないことをもいうようになった。時に、腕前が未熟であることの意でも用いられる。＊私の詩と真実〔1953〕〈河上徹太郎〉認識の詩人「まだその生《なま》くらな所を謙虚に恥ぢた、次の一節がある」

怠《なま》け者《もの》の節句《せっく》働《ばたら》き
ふだん怠けている者は他人の休む時に働く。平生は怠けているのに、人々が休む節句に、ことさら忙しげに働くこと。略して「節句働き」ともいう。

生半可《なまはんか》
物事がいい加減で十分でないこと。中途はんぱ。不十分。多く「なまはんかの～では…できない」の形で用いられる。「なま」は、「なま返事」「なま乾き」などの「なま」で、十分でないこと、いいかげんであること、未熟であることを表す接頭語。「はんか」も、未熟なことや中途半端なことの意を表す語。類義の表現を重ねて、不十分さの意を強めたもの。「なまなか」「なまはんじゃく」「なまにんじゃく」などともいう。＊鳥影〔1908〕〈石川啄木〉一・四「生半可な文学談などをやる若い少尉を伴れて来て」

生兵法《なまびょうほう》は大怪我《おおけが》のもと
不十分な知識を持つ者が、それを自負して大失敗をすること。「なま」は、「なまはんか」の「なま」と同じく、十分でないこと、いいかげんであること、未熟であることを表す接頭語。もとは、なまじっか少しばかり武術を知っていると、それを頼りに軽々しく事を起こすので、大怪我をする原因となるの意。「なまへいほうはおおきずのもと（い）」ともいう。＊五輪書〔1645頃〕地の巻「此道をおしへ、此道を習ひて、利を得んとおもふ事、誰か云、生兵法大疵の本、まこと成べし」

涙雨《なみだあめ》
悲しみの涙の雨。雨と涙を重ねて、悲しい気持が雨を降らせているのだとする表現。時に、ほんの少しだけ降る雨をもいう。「涙の雨」ともいう。＊浄瑠璃・丹波与作待夜の小室節〔1707頃〕夢路のこま「与作思へば照る日も曇る、関の小万が涙雨か」

波《なみ》の花《はな》
塩。食塩。もとは女房詞。また、波の白くあわだつのを白い花に見立てていう語としても用いられる。特に、冬の寒くよく晴れて風の強い日、奥能登外浦海岸・越前海岸など岩石の多い海辺で見られる波の白い泡のかたまりをいう。この意では冬の季語。＊山家集〔12C後〕上「すぐる春しほのみつより船出してなみのはなをやさきに立つらん」＊落語・かつぎや五兵衛〔1889〕〈禽語楼小さん〉「アアー誰か早く浪の花を撒《ふっ》て呉《く》んな」

波枕《なみまくら》
船中に旅泊すること。波を枕にして寝るの意。転じて、枕近くに波音を聞くことや水辺に旅寝することの意でも用いられる。「波の枕」ともいう。＊謡曲・頼政〔1430頃〕「思ひ寄るべの波枕、汀も近しこの庭の、扇の芝を片敷きて、夢の契りを待たうよ」

習《なら》い性《せい》となる
習慣はついにはその人の生まれつきの性質のようになる。「書経-太甲上」によることば。「ならいくせとなる」ともいう。＊養生訓〔1713〕二「つつしまずしてあしき事になれ、習ひくせとなりては」

ならぬ堪忍《かんにん》するが堪忍《かんにん》
がまんできないことにたえるのが、本当の忍耐というものである。＊やしなひぐさ〔1784～89〕前編「堪忍のなる堪忍が堪忍か、ならぬ堪忍するが堪忍」

並《なら》び大名《だいみょう》
名をつらねているだけで、あまり重要ではない人々をさげすんでいう語。もとは、歌舞伎などで、大名の扮装をして、格別の台詞や仕草などがなく、並んでいるだけの役の意。

ならわし
良く行われている風俗、習慣。動詞「ならわす(習)」の連用形が名詞化したもの。もとは、なれさせることや教えしつけることをいった。「習わし」「慣わし」とも書く。＊滑稽本・浮世風呂〔1809～13〕四・下「時の流《なら》俗《はし》とはいひながら、大卅日《おほみそか》の天明《あけがた》に、扇子あふぎあふぎと売て来たが」

馴《な》れ初《そ》め
恋仲になるはじめ。恋のきっかけ。なれ始めるの意の「なれそめる」の連用形が名詞化したもの。「そめる」は「染める」と同源で、「咲きそめる」「明けそめる」「見そめる」などのように、動詞の連用形に付いて、…しはじめるの意を表す接尾語的なもの。＊歌舞伎・隅田川続俤（法界坊）〔1784〕四「宿位之助様となれ染《そめ》の睦事を」

難儀《なんぎ》
むずかしくてめんどうなこと。もとは、たやすくその内容を解きあかすことのできないような事柄の意で、特にわかりにくい意味内容やことばをいった。そこから、並のさまでなく、処理のむずかしいことをいうようになり、さらには、平易でない事柄に苦しみ悩むことやその事柄をもいうようになった。時に、欠けていること、不十分なこと、貧乏であることの意でも用いられる。＊滑稽本・浮世床〔1813～23〕初・下「山坂で難義もして行脚さしったらうが」

何《なん》たる
なんという。納得・容認しにくい事態を、非難・詠嘆の気持を含めてさし示すことば。「なん(何)」に助動詞「たり」の連体形「たる」が付いてできたもの。もとは、正体の不明な事物をさし示すことばで、どのようなの意。＊怪談牡丹燈籠〔1884〕〈三遊亭円朝〉一三「主人の為に仇を討ふと思ったに却って主人を殺すとは、神も仏もない事か、何たる因果な事であるか」

垂《なんな》んとする
もう少しでなろうとする。多く、「…になんなんとする」の形で、ある状態を受け、今にもその状態になろうとするの意を表す。歳月の経過をいう場合に用いられることが多い。動詞「なる(成)」の連用形「なり」に、助動詞「ぬ」の未然形「な」、助動詞「む」の終止形「む」、格助詞「と」、動詞「す(為)」が付いてできた「なりなんとす(垂)」が変化した語。＊東京年中行事〔1911〕〈若月紫蘭〉附録・拝謁記「時計を見ると拝謁時刻の十時半に垂《なんなん》として居る」

【に】

新枕《にいまくら》
男女が初めていっしょに寝ること。「にいたまくら」「はつまくら」ともいう。＊伊勢物語〔10Ｃ前〕二四「あらたまの年の三年《みとせ》を待ちわびてただこよひこそにゐまくらすれ」

匂《にお》やか
つやつやと輝くように美しいさま。多く女性の形容に用いられる。時に、よい香りが立ちこめているさまをもいう。「におう」は、古くは、美しくつややかであるの意をも表した。「やか」は接尾語。「においやか」ともいう。＊御伽草子・小敦盛〔室町末〕「青黛《せいたい》のまゆずみ、丹菓《たんか》の脣《くちびる》にほやかに」

苦虫《にがむし》
不愉快きわまりない顔つき。「苦虫をかみつぶしたような顔」あるいは「苦虫を食いつぶしたような顔」の略。もとは、もし噛んだら苦いだろうと想像される虫の意。「苦虫をかむ」あるいは「苦虫をつぶす」の形で、不愉快なさまをいうこともある。＊黄昏に〔1912〕〈土岐哀果〉街と家と「苦虫《にがむし》をつぶせしごとき一日かな。わが妻よ、いちどわらはむ」

賑々《にぎにぎ》しい
非常ににぎやかである。古くは「にぎにぎと」の形で副詞的に用いられることもあった。＊歌謡・宮古路月下の梅〔1736～41頃〕万歳恵宝土産「ハアいつ見てもいつ見てもにぎにぎしい事」

肉薄《にくはく》
競争などで、すぐ近くまで追い迫ること。もとは、身をもって敵地などに迫ることの意。転じて、ぶつかってひしめきあうことや、鋭く問いつめることをもいう。迫るのイメージがともなうことば。＊青年〔1910～11〕〈森鷗外〉二「近藤は肉薄した。『どうでせう、先生、願はれますまいか』」

逃《に》げ水《みず》

春や夏のよく晴れた日、地面が熱せられ、草原や舗装道路の表面が水でぬれたように見える現象。近づくとそれが遠方に逃げるように見える。古く、歌などで武蔵野の名物とされた。語源については、近づくと逃げる水の意からとするのが妥当であろうが、他に、苦水の転するもの、年末年始に水が地上を流れない狭山辺の年不取川のこととするものもある。＊散木奇歌集〔1128頃〕雑上「東路に有といふなるにげ水のにげのがれてもよをすぐすかな」

二世《にせ》を契《ちぎ》る

夫婦になる。夫婦になる約束をする。二世は、現世と来世の意。現世だけではなく、来世までも結ばれようと約束するの意から生じたことば。類似した表現に「二世の縁」「二世の固め」「二世の語らい」がある。＊狂歌・後撰夷曲集〔1672〕七「君と我二世を契りてねたる夜はなむあみだふつむつごとぞいふ」

二束三文《にそくさんもん》

値段がきわめて安いこと。捨て売りにする値段。品物をまとめて安く投げ売りするときなどにいう。金剛ぞうり（＝藺《い》、藁《わら》などで作った丈夫な草履）が二足あるいは二たばでわずか三文の値であったところから生じたことばとされる。＊浮世草子・西鶴織留〔1694〕一・二「奈良草履屋を二足三文に仕舞て大坂を離れ」

二足《にそく》の草鞋《わらじ》

一人の人間が両立しにくい二種の職業や役務を兼ねること。特に、ばくち打ちが捕吏を兼ねることをいった。二足のわらじは同時にはけないところからいうようになった語で、多く「二足のわらじははけない」の形で用いられる。＊苦笑風呂〔1948〕〈古川緑波〉映画それからそれ「僕などのやうに、映画と舞台と両方やってゐる二足の草鞋を履いてゐる者には、時々滑稽な目に遭ふことがある」

二進《にっち》も三進《さっち》も

どうにもこうにも。多く「にっちもさっちも行かない」の形で、どうにもやりくりができないさまや、物事が行き詰まり、身動きのとれないさまなどをいう。算盤《そろばん》の割算の「二進《にしん》一十《いんじゅう》」「三進一十《さんしんいんじゅう》」から生じた語。それぞれ、二を二で割ると割切れて商一が立ち、三を三で割ると割切れて商一が立つところから、もとは、計算のやりくりをいった。「にっちもさっちも」「にっちもさっちん」ともいう。＊滑稽本・浮世風呂〔1809～13〕二・下「とうとう大身代を潰して〈略〉二進《にっち》も三沈《さっち》も行かねへはさ」

似《に》て非《ひ》なる

ちょっと見たところでは似ているが、実際はまったく違う。外見上は似ているがその内実が異なるものにいい、まがいものである、みせかけものであるの意をも表す。「孟子‐尽心・下」によることば。＊滑稽本・浮世風呂〔1809〜13〕四・下「倹約と悋惜《りんしょく》は水仙と葱の如く、形は似て非なるもので」

二《に》の足《あし》を踏《ふ》む

どうしようかと迷う。しりごみする。一歩目は進みながら、二歩目はためらって足踏みするの意から、思いきって物事を進めることができないさまをいうようになったもの。＊浄瑠璃・吉野都女楠〔1710頃か〕かちぢの御幸「重ての軍に、二の足ふまんは必定」

二《に》の腕《うで》

肩から肘《ひじ》までの間の腕。上膊《じょうはく》。挙例の『日葡辞書』によると、肘と手首との間の腕をもいったことがわかる。なお、同書には、肩から肘までの部分とする「一の腕」という語がある。本来はこうであったのかもしれない。＊日葡辞書〔1603〜04〕「Ninovde《ニノウデ》〈訳〉腕のうち肘から手首までの部分」＊あめりか物語〔1908〕〈永井荷風〉夜の女「逞しい二の腕や肩の様子」

二《に》の句《く》が継《つ》げぬ

言うべき次のことばが出てこない。多く、あきれたり驚いたりしてことばが出ない時に用いられる。「二の句」とは、もと、雅楽の朗詠の詩句を三段に分けて歌うときの第二段目の詩句の意。二段目は高音に歌うために、続けて歌うと息の切れることがあり、ここから、二の句を続けるのは容易でないの意で「二の句が継げない」ということばが生じた。＊或る女〔1919〕〈有島武郎〉前・二〇「木村は取りつく島を見失って、二の句がつげないでゐた」

二《に》の舞《まい》を演《えん》ずる

人のまねをする。多く、前の人の失敗を繰り返す意で用いられる。二の舞とは、もと、舞楽の曲名で、安摩《あま》の舞に続いて二人の舞人が滑稽な所作でそれをまねて舞う舞をいう。転じて、人のあとに出てそのまねをすることをいうようになった。＊真田幸村〔1911〕〈加藤玉秀〉天下分目関ヶ原の合戦「なにをまうすも秀頼公はまだ御幼少に渡らせられ、ここに戦ひを交へるときは石田三成が二の舞を演ずるばかり」

二《に》の矢《や》が継《つ》げない

次にうつ手段がない。「二の矢」は、もと、二本目に放つ矢の意。転じて、二度目に行うこと、二回目の意で用いられる。類似した表現の「二の句が継げない」との関連が考えられる。

膠《にべ》無《な》い

おせじがない。あいきょうがない。思いやりがない。「にべ」とは、もと、ニベ科の魚の鰾《うきぶくろ》を原料とする膠《にかわ》の意。その粘着性が愛想などの意に転じたのだろう。「にべもしゃしゃりもない」「にべもない」ともいう。＊浄瑠璃・神霊矢口渡〔1770〕三「見遁いて進ぜふ。足本の明い中とっととござれとにべなき詞」

日《に》本《ほん》晴《ば》れ
一片の雲もなく空がよく晴れ渡っていること。転じて、疑いや心配事、気がねなどがなくなって、心がはればれすることをもいう。「にっぽんばれ」ともいう。＊思出の記〔1900～01〕〈徳富蘆花〉一〇・一五「一一月二日の夜は夢もなく明けて、起き出づれば天長節の日本霽《にほんばれ》」

二《に》枚《まい》舌《じた》
矛盾したことをいうこと。多く「二枚舌を使う」の形で、一つのことを二様にいうことを表す。転じて、うそをつくことをもいう。政治家の発言を批判する場合に用いられることが多い。＊明治大正見聞史〔1926〕〈生方敏郎〉大正十年歳晩記「その結果、二枚舌を使ふ大臣なんかが、沢山出来ることだらう」

二《に》枚《まい》目《め》
美男子。江戸時代、歌舞伎劇場の看板の右から二番目に、主に恋愛場面を見せる美男の立ち役の名が書かれたところから、美男の役者をいうようになった。現在では、俳優に限らず、美男、優男全般にいう。＊まんだん読本〔1932〕節劇と云ふもの〈大辻司郎〉「その次が、羽左衛門を引延ばした様な面影がある、〈略〉先づ以て、色男二枚目であらふ」

人《にん》間《げん》万《ばん》事《じ》塞《さい》翁《おう》が馬《うま》
人間の吉凶や禍福は、転変して予測がつかないことのたとえ。昔、中国の北辺の老人（塞翁）の飼っていた馬が逃げたが、後に立派な馬をつれて帰ってきた。老人の子がその馬から落ちて脚を折ったが、そのために戦争に行かずにすんだ。このように人生の吉凶は簡単には定めがたいことをいう「淮南子・人間訓」の故事から成った格言。略して「塞翁が馬」ともいう。＊吾輩は猫である〔1905～06〕〈夏目漱石〉六「所が人間万事塞翁の馬、七転び八起き、弱り目に祟《たた》り目で」

【ぬ】

ぬか星《ぼし》
星くず。名もない小さな星々。夜空にちらばっている無数の星を糠《ぬか》のようだと表現したもの。また、兜《かぶと》の鉢についている小さい星形の金具をもいう。＊俳諧・山の井〔1648〕年中日々之発句・七月「ぬかぼしやたなばたのひくうしのかひ」

ぬか喜《よろこ》び
あてがはずれて、あとでがっかりするような一時的な喜び。「ぬか」は、「糠」が接頭語的に用いられたもの。接頭語としての「ぬか」は、ごく細かいことや、はかないこと、むなしいことなどの意を表す。「こぬかいわい」ともいう。＊火垂るの墓〔1967〕

後世

〈野坂昭如〉「なまじ糠《ぬか》よろこびさせられたからか、節子涙をうかべ」

抜《ぬ》き差《さ》しならない

処置のしようがない。どうにもならない。のっぴきならない。動きがとれない。「ぬきさし」は、もと、抜き出すことと入れることの意。＊卍〔1928～30〕〈谷崎潤一郎〉一六「だんだん私は抜き差しならん深みに陥《は》まって」

濡衣《ぬれぎぬ》

無実の罪。多く「濡衣を着せる」「濡衣を着る」の形で用いられる。古くは、無実の浮き名や根も葉もないうわさをもいった。もとは、濡れた衣服の意。それが、無実の罪や浮き名をいうようになったことについては、継母が無実の継娘を、漁夫の塩垂れ衣を証拠に密夫がいると実父に讒言《ざんげん》したという伝説によるとする説、実《み》の無いを、蓑《みの》のないに掛けたもので、蓑を着ないと雨に濡れるところからとする説、かづく海人は皆ヌレキヌを着ており、無実の罪をおうことをかづけるというところからとする説、濡らした衣服が早く乾けば無罪、乾かなければ有罪とする神事があったと考え、その行事からとする説などがある。「ぬれごろも」ともいう。＊古今和歌集〔905～914〕離別・四〇二「かきくらしことはふらなん春雨にぬれぎぬきせて君をとどめん〈よみ人しらず〉」

濡《ぬ》れそぼつ

濡れてびしょびしょになる。古くは、「そぼつ」だけでも雨や涙などにしっとり濡れるの意を表した。「濡れしょぼたれる」ともいう。＊妻〔1908～09〕〈田山花袋〉一九「しょぼしょぼと濡れそぼちて通る路を」

濡《ぬ》れ場《ば》

男女の情事を演じる芝居の場面。また、ひろく情事の場面。ラブシーン。初期歌舞伎で、男女が愛情を交わす場面をいう濡れ事が発展したもの。「濡れ幕」ともいう。＊天皇の帽子〔1950〕〈今日出海〉三「一生一遍の濡れ場となったが」

濡《ぬ》れ羽色《ばいろ》

しっとりとした黒色。「烏の濡れ羽色」の略で、水に濡れたカラスの羽のような色の意。＊花物語〔1919〕〈吉屋信子〉蘭「濡羽色《ぬればいろ》の髪はすっきりとした銀杏返しに」

【ね】

寧日《ねいじつ》

やすらかな日。平穏無事な日。「寧」は、「安寧」の「寧」と同じで、やすらかの意。＊森鷗外〔1954〕〈高橋義孝〉五「自己弁疏に寧日がないという有様である」

願《ねが》わくは

どうか。望むことは。多く、願望や希望の表現を伴って、ひたすら願う意を表す。「ねがふ（願）」を名詞化した「ねがはく」に助詞「は」がついてできたもので、「願うことは」の意。後世、語源が分からなくなると、「ねがわくば」ともいわれるようになった。もと漢文訓読のことばで、現代でも、文語調の文体に用いられる。「こいねがわくは」ともいう。＊山家集〔12Ｃ後〕上「ねがはくは花のしたにて春死なんそのきさらぎの望月の頃」

寝《ね》待《ま》ち月《づき》

陰暦一九日の夜の月。特に、陰暦八月一九日の月をいうことが多い。出てくるのが遅く、寝ながら待っているうちに出てくる月の意。秋の季語。「臥し待ちの月」「寝待ちの月」ともいう。また、広く、陰暦二〇日以後の月をもいう。同様の表現法による語に、陰暦一七日の「立ち待ち月」、同一八日の「居待ち月」、同二〇日の「更け待ち月」がある。

懇《ねんご》ろ

心をこめてするさま。熱心であるさま。親身であるさま。丁寧であるさま。また、特に男女間で、心が通じ合って、間柄が親密なさま。「ねもころ」→「ねむころ」→「ねんごろ」と変化した語。「ねもころ」の語源説はさまざまあるが、その多くが「根」と関連付けている。草木の根が行き渡るような心の意ということであろうか。＊浄瑠璃・丹波与作待夜の小室節〔1707頃〕道中双六「見れば見る程よい子じゃに馬方させる親の身は、よくよくで有ふといと念比《ねんごろ》の詞の末」＊吉凶うらなひ〔1951〕〈井伏鱒二〉「同級の多田喜美子といふ女子学生と懇《ねんご》ろなことになった」

【の】

能《のう》ある鷹《たか》は爪《つめ》をかくす

実力のある者ほど、それを表面に現さないということのたとえ。「能ある猫は爪を隠す」ともいう。＊歌舞伎・船打込橋間白浪（鋳掛松）〔1866〕序幕「何さま下世話に申す如く、能ある鷹は爪を蔵すとやら」

嚢《のう》中《ちゅう》の錐《きり》

すぐれた人は衆人の中にいてもその才能が自然に外に現れて目立つことのたとえ。才能のある人は、袋の中に入れた錐のように、たちまちその先が外に現れるの意。「史記-平原君伝」によることば。「錐嚢《すいのう》」「錐《きり》嚢中に処《お》るがごとし」ともいう。＊今年竹〔1919～27〕〈里見弴〉二夫婦・一二「それからは所謂『嚢中の錐』で、見るまに出世し」

能《のう》天《てん》気《き》

軽薄でむこうみずであること。のんきでばかげていること。時に、調子の良く軽はずみなさまをもいう。「能転気」「脳天気」とも書く。＊滑稽本・仁勢物語通補抄〔1784〕「なうてんきなる男ありけり、かの手拭〈略〉と灰吹は、あたらしきうちがよいと云へることのはにならひ」

残《のこ》り香《が》

残っているにおい。特に、人が立ち去ったあとに残る、その人のにおいをいうことが多い。「のこりか」ともいう。＊五重塔〔1891～92〕〈幸田露伴〉一九「熱茶一杯に酒の残り香《が》を払ふ折しも、むくむくと起き上ったる清吉」

残《のこ》んの月《つき》

明け方、空に残っている月。「残りの月」が変化したもの。「のこる月」「残月《ざんげつ》」「有明の月」などともいう。＊浄瑠璃・最明寺殿百人上臈〔1699頃〕道行「とりどり色しなを、わけて見せたる雪の空、のこんの月は浮かめども」

残《のこ》んの雪《ゆき》

春先に降る雪。泡のようにやわらかく溶けやすい春の雪をいう。また、残雪をもいう。「残りの雪」が変化したもの。＊俳諧・それぞれ草〔1680〕中「お静かに御ざれ夕陽いまだのこんの雪〈宗因〉」

のたうつ

苦しみもがく。苦痛にころげまわる。精神的な苦痛にも用いられる。もと、猪や鹿が、熱くなった体温を冷やすために、あるいは、あぶや蚊にさされないために、草の上や泥土の中などに寝ころぶの意の「ぬたうつ」が変化した語。「のたを打つ」「のたくる」ともいう。時に波が激しく押し寄せるの意や、大地に地割れが広がるの意をも表す。＊菊枕〔1953〕〈松本清張〉四「彼女の心の底には絶えず、無気力な貧乏教師の妻というひけ目が、のた打っていた」

のっぴきならない

のがれることができない。動きがとれない。進退きわまる。「のっぴき」は「のきひき（退引）」の変化した語で、避けてしりぞくことの意。「のきひきならない」ともいう。類似した表現に「ぬきさしならない」がある。＊浄瑠璃・鑓の権三重帷子〔1717〕上「侍の妹に侍が疵付けては、のっぴきならぬ大事、爰の奥様ちょっとお口を添へらると、波風立たずつゐ埒の明様に」

野《の》辺《べ》の送《おく》り

死者を火葬場や埋葬場まで見送ること。また、その行列や葬式をもいう。途中で死者の霊が迷わないように行われるとされる。「野送り」「野辺送り」「野辺」ともいう。＊義経記〔室町中か〕八・秀衡死去の事「若君も判官殿と同じ様にしろぎぬを召して、野辺の送りをし給へり」

矩《のり》をこえる

きまりからはずれる。天の法則にそむく。分を越えたふるまいをする。のりをこえる。「論語-為政」の「七十にして心の欲する所に従ひて、矩を踰《こ》えず」による。

乗《の》るか反《そ》るか

いちかばちか。成功するか失敗するかを天に任せて、思い切ってことを行うときに用いられる。矢師のことばから生じたといわれる。矢をつくるには、まず竹を乾燥させる。乾燥後の竹が真っ直ぐに伸びていたら矢として使えるが、もし曲がっていれば使い物にならない。矢師は乾燥後の竹が「のるか(伸びるか)そるか(曲がるか)」と成否を心配したのだという。また別に、南方語で地獄をいうヌルカ、天国をいうソルガが転じて日本語になったものかとする説もある。＊あらくれ〔1915〕〈徳田秋声〉九九「乗るか反るか、お上さんはここで最後の運を試すんだよ」

のろける
自分と妻や夫、または恋人のことをいい気になって話す。妻や夫、または恋人を自慢する。古くは、色情におぼれる、女にまいる、女にひかれて甘くなるなどの意でも用いられた。「とろける(蕩)」と同義とする語源説がある。＊人情本・春色梅児誉美〔1832～33〕後・七齣「おめへがあんまりのろけるから、よだれをたらすかとおもってサ」

【は】

場《ば》あたり
深い思慮や計画もなく、その場その場の思いつきで行動すること。その場しのぎ。もとは、演劇または集会の席などで、当座の事柄について巧みに気転をきかして人気を博することをいった。その場にぴったりと当たっているというプラスイメージの意から、場にあわせただけのというマイナスイメージの意に転じた語。＊女工哀史〔1925〕〈細井和喜蔵〉三・一〇「狡猾飽くなき彼等にも流石に場あたりな姑息的手段ではゆかなくなった」

沛然《はいぜん》
雨が一時にはげしく降る様子。「沛」は水が豊かに流れるの意。古くは、盛大なさまや多いさま、さらには大きいさまをもいい、時には、一度に勢力や活力などが湧きだすさまをもいった。「霈然」とも書く。＊妻木〔1904～06〕〈松瀬青々〉夏「紫陽花に霈然雨の到りけり」

肺腑《はいふ》
心のおくそこ。心底。転じて、肝腎なところ。急所。多く「肺腑をつく」の形で用いられ、深い感銘をあたえるの意を表す。もとは、肺の意。＊司令の休暇〔1970〕〈阿部昭〉一「孫たちの疑問は、ときにはおやじの肺腑を衝くものだったかもしれない」

はかない
長く続かずむなしく消えていくさま。また、不確実であったり見込みがなかったりして、頼りにならないさま。「はか」は農作業などで仕事の目標量やその実績をいう「はか(計)」で、「あとはか」「はかる(計量)」「はかどる(捗)」「はかがゆく」などの「はか」と同根。「果無い」「果敢無い」「儚い」とも書く。＊方丈記〔1212〕「すべて世中のありにくく、我が身と栖《すみか》との、はかなく、あだなるさま、又かくのごとし」＊俳諧・笈の小文〔1690～91頃〕「蛸壺やはかなき夢を夏の月」

掃《は》き溜《だ》めに鶴《つる》

つまらない所に、そこに似合わぬすぐれたものや美しいものがあることのたとえ。「掃き溜め」とは、ごみを掃き集めて捨てておく場所の意。転じて、雑多な人や物が集まっている場所をいう。「掃溜へ鶴がおりる」「塵塚に鶴」ともいう。＊雑俳・柳多留・二二〔1786〕「はき溜に鶴門部屋〔＝門番の部屋〕に国家老」

馬脚《ばきゃく》

つつみ隠していたこと。もとは、馬のあしの意。そこから、芝居で、馬のあしの役を演ずる者をいうようにもなった。この役者を馬脚優ともいうが、この語は、下っ端で、あまり芸のない役者をいう場合にも用いられる。本来表に出るべきでない役者が姿を見せてしまう意から、隠蔽すべきことが明らかになるの意の「馬脚を露《あら》わす」や「馬脚が露われる」などの表現が生まれた。＊あの頃の自分の事〔1919〕〈芥川龍之介〉三「大学でやる方は学生だけを相手にしてゐるんだから、それだけ馬脚が露れずにすんでゐるんだらう」

破鏡《はきょう》

夫婦が離縁すること。離れて暮らすことになった夫婦が、鏡を二つに割ってそれぞれの一片を持ち、愛情のあかしとしたが、妻が不義を働いたために、その一片がカササギとなって夫の所へ舞い戻り、不義が知れて離縁になったという中国の「神異経」の故事から成った語。＊河東節・きゃう女新所帯〔1725〕「せうらのちぎりひきかへて、はきゃうのわかれつれなくも」

はくがつく

値うちが高くなる。貫禄がつく。「はく」は金属をたたいて薄くのばしたものの意の「箔」。箔がつくものは、高級な品であったところから生じたことば。＊いさなとり〔1891〕〈幸田露伴〉一〇「空威張《からいばり》して見たところで我身に金箔《はく》のつくではなし」

莫逆《ばくぎゃく》

きわめて親密な間柄のこと。また、その友。多く「莫逆の友」「莫逆の交わり」「莫逆の交」などの形で用いられる。心に逆らうことがないの意から生じたことば。「ばくげき」ともいう。＊春迺屋漫筆〔1891〕〈坪内逍遙〉梓神子・二「幽明界を異にすれども知音莫逆の友《とも》一個あり」

白砂青松《はくしゃせいしょう》

白い砂と青い松。海岸などの美しい景色をいう語。「はくさせいしょう」ともいう。＊新聞記者の十年間〔1893〕〈平田久〉我が故郷・四「殆んど一里に連なる白砂青松の天橋も、此の大彫像師たる水の業に外ならず候」

伯仲《はくちゅう》

力などがほぼ同じで優劣つけがたいこと。匹敵。「伯」は長兄、「仲」は次兄の意で、長兄と次兄は近い兄弟であるところから、あまり差が無いことをいうようになった。＊文明論之概略〔1875〕〈福沢諭吉〉三・六「争闘の起るは必ず其力、伯仲の間に在るものなり」

白鳥《はくちょう》の歌《うた》

ある人が最後につくった詩歌や曲。生前最後の演奏。もとは、死に瀕した白鳥の鳴き声の意。古来、その時、もっとも美しく鳴くと伝えられる。

白眉《はくび》

多人数、または同種のもののなかで、最も秀れている人や物。中国の蜀《しょく》に秀才の五人兄弟がおり、中でも、長兄の馬良が最も秀れた人物で、その眉毛に白毛があったという「蜀志‐馬良伝」にみえる故事から成った語。＊吾輩は猫である〔1905～06〕〈夏目漱石〉二「あれは歴史小説の中で白眉である」

薄氷《はくひょう》を踏《ふ》む

非常に危険な状況にのぞむことのたとえ。薄くて割れやすい氷の上をふむの意。「詩経‐小雅・小旻」によることば。「うすごおりをふむ」ともいう。＊太平記〔14C後〕七・先帝船上臨幸事「人の心皆薄氷を履《ふん》で国の危き事深淵に臨が如し」

薄明《はくめい》

日の出前または日没後、地平線下の太陽光線が上層の大気によって散乱され、空がうす明るく見える現象。また、その明るさ。天文学的には太陽が地平線下一八度以内にあるときをいう。＊道程〔1914〕〈高村光太郎〉戦闘「宵の月が西に落ちると薄明の地平線を被せる様に」

伯楽《はくらく》

人物を見抜き、その能力を引き出し育てるのが上手な人。もとは、天馬を守る神とされる中国の星の名をいった。それを、中国春秋時代、秦の穆公《ぼくこう》に仕えた、馬を見分ける名人の孫陽にいったことから、広く一般に、よく馬の良否を見分ける者、さらには、人を見分ける者をいうようになった。＊俳諧・犬子集〔1633〕一四・雑上「目もとを見つつひやしこそすれ　伯楽の馬を川辺に引入て〈貞徳〉」

箱入《はこい》り

めったに外へ出さないようにして、家庭の中で大事に育てられた娘。「箱入り娘」の略。「箱入り」は、もと、箱に入れてあることの意で、そこから、大事な品を箱に入れて保存するように、大切にすることをいうようになった。＊浄瑠璃・夏祭浪花鑑〔1745〕三「お鯛茶屋の箱入。指もささせず賞翫しおる」

箸《はし》が転《ころ》んでもおかしい年頃《としごろ》

日常ごく普通のできごとにもよく笑う年頃。特に、女性の十代をいう。

端《はし》くれ

取るに足らない存在ではあるが、一応はその類に属している者や物事。多く、「～のはしくれ」の形で、謙遜しながら、または、多少の誇りを含めて、自分を表すときに用いられる。もとは、木などの端を切ったものの意。＊煤煙〔1909〕〈森田草平〉二「あれでも絵を画く人の端くれかと思ふと」

はしたない

慎みがなく見苦しい。みっともない。礼儀にはずれたり、品格に欠けたりしているさまをいう語。「はした」は「端」の意。「なし」は接尾語で、本来は、否定の意味をもたないが、形容詞「無し」と同形のため、次第に否定的な表現と一般に理解されるようになり、語意が変化した。もとは、どっちつかずで、中途はんぱなさまをいい、転じて、きまりの悪いさま、困惑するさま、浅はかなさま、つれないさま、などの意を表すようになった。＊枕草子〔10C終〕一二七・はしたなきもの「はしたなきもの、こと人を呼ぶに、我ぞとてさし出でたる。物など取らする折はいとど」＊婉という女〔1960〕〈大原富枝〉四「もうよい、わたくしもはしたない、つまらぬ立腹をして」

はすっぱ

態度・動作が下品で軽はずみなこと。浮気なこと。多く、女の形容に用いられる。「はすは（蓮葉）」の変化した語。「はすは」の語源については、「ハス（斜）＋ハ（端）」とするものと、「蓮葉商《はすはあきな》ひ」からとするものがあるが、後者が有力。「蓮葉商ひ」は、盆の供物を盛る蓮の葉を売る商売のこと。一時的にしか用いられないものを売るということが、粗野に振る舞うことの意に転じたのであろう。また、「はすっぱ」が女性に限定されて使われるようになったのは、井原西鶴の作品などに登場する、問屋に雇われて売色も含んで客の接待をする「蓮葉女」の影響と思われる。＊安愚楽鍋〔1871～72〕〈仮名垣魯文〉三・下「私《わっち》をそんなはすっ葉《ぱ》だとおもひか」

裸一貫《はだかいっかん》

資本や財力などがまったくなく、自分の身一つであること。無一物なこと。一貫文（銭千文）の価のある裸身の意から生じたとされる。「腕一本」「ふんどし一貫」ともいう。＊報知新聞・明治三六年〔1903〕七月二一日「手娯みの道楽に或時手入を受けて裏口より逃出し、其まま裸一貫で江戸へ飛出し」

肌《はだ》に粟《あわ》が生《しょう》じる

恐怖や寒さのために皮膚に粟粒のようなぶつぶつがでる。鳥肌が立つ。「肌に粟を生ずる」ともいう。

破《は》竹《ちく》

猛烈な勢いで進むこと。また、勢いが盛んで押さえがたいこと。多く「破竹の勢い」「破竹の如し」の形で用いられる。もとは、竹を割ることの意。竹は、一節割れ目を入れると、次々に割れて行くところから、勢い良く進むさまをいうようになった。＊東京朝日新聞・明治三八年〔1905〕三月二一日「我軍は今回の大勝に引続き破竹の勢を以て北進するより」

八十八夜《はちじゅうはちや》の別《わか》れ霜《じも》

八十八夜ごろに降りる霜。また、その頃から天候が定まり、霜が降りなくなること。「八十八夜」とは、立春から八八日目で、陰暦の五月一、二日ごろにあたる。「米」の字を分けて書くと八十八になるところに由来するとされる。これ以後は農家にとって種まき・茶摘み・養蚕などにも忙しい時期となる。「忘れ霜」「八十八夜の名残の霜」ともいう。

蜂《はち》の巣《す》をつついたよう

騒ぎが大きくなって、手もつけられないようになるさま。蜂の巣をつつくと、蜂が次から次へと巣から飛び出し、ぶんぶんと騒ぎまわるさまを、上を下への大騒ぎをするさまのたとえに用いたもの。＊忠義〔1917〕〈芥川龍之介〉三「蜂の巣を破ったやうな騒動が出来《しゅったい》した」

八面六臂《はちめんろっぴ》

多方面に目ざましい手腕を発揮すること。ひとりで数人分の働きをすること。「三面六臂」ともいう。もとは、八つの顔と六つのひじの意で、仏像などが八つの顔と六つの腕をもつことをいう語。＊桜桃〔1948〕〈太宰治〉「子供たちのこぼしたものを拭くやら、拾ふやら、鼻をかんでやるやら、八面六臂のすさまじい働きをして」

ばつが悪《わる》い

きまりが悪い。ぐあいが悪い。「ばつ」は、「場都合」の略とも「跋」と同語源ともされる語で、その場のぐあい・調子の意を表す。＊吾輩は猫である〔1905～06〕〈夏目漱石〉二「こんな失敗をした時には内に居て御三なんぞに顔を見られるのも何となくばつが悪い」

破天荒《はてんこう》

前例のないこと。未曾有のさま。「天荒」は未開の荒地。中国唐代に、荊州《けいしゅう》から官吏の採用試験の合格者が一人も出ず、天荒と呼ばれていたが、大中年間（八四七～八六〇）に劉蛻《りゅうぜい》という人が初めて及第したので、それを天荒を破ったと称したという故事から成った語。＊あめりか物語〔1908〕〈永井荷風〉落葉「更に破天荒なるストラウスの音楽の不調和無形式」

鳩《はと》に豆鉄砲《まめでっぽう》

突然のことに驚いて目をみはるさま、あっけにとられきょとんとしているさまのたとえ。「豆鉄砲」は、豆を弾にして打ち出す、小さな竹製の玩具のこと。「はと（鳩）が豆鉄砲を食ったよう」「鳩豆」ともいう。＊竹沢先生と云ふ人〔1924～25〕〈長与善郎〉竹沢先生の顔・二「一寸鳩が豆鉄砲を喰ったやうな顔をしたが、ひょいとその隣に席をうつした」

花明《はなあ》かり

花が咲き乱れて夜でもそのあたり

が明るく感じられること。特に、一面に咲く桜が闇の中でもほのかに明るく見えることをいう。春の季語。＊続春夏秋冬〔1906～07〕〈河東碧梧桐選〉春「蜜蜂の暮れて戻るや花明り〈花臾〉」

花筏《はないかだ》 水面に散った花びらが連なって流れているのを筏に見立てた語。時に、筏に花の枝の折り添えてあるもの、筏に花が散りかかっているものをもいう。春の季語。＊歌謡・閑吟集〔1518〕「吉野の川の花いかだ、うかれてこがれ候よの、こがれ候よの」

花簪《はなかんざし》 造花などをつけて美しく飾ったかんざし。金銀色の紙の短冊をつける場合もある。＊浮雲〔1887～89〕〈二葉亭四迷〉一・二「薔薇の花搔頭《はなかんざし》でネ」

鼻薬《はなぐすり》 小額の賄賂《わいろ》。多く「鼻薬を飼う」「鼻薬を嗅がせる」の形で用いられる。もとは、鼻の病気に用いる薬の意。子どもが鼻を鳴らして泣くのを止める薬というところから、子どもに与える菓子の類をもいうようになり、さらに転じて、自分に有利にはからってもらうために贈るちょっとした金品をもいうようになったのだろう。＊婦系図〔1907〕〈泉鏡花〉後・五四「下女に鼻薬を飼って讒言《つげぐち》をさせ」

花曇り《はなぐもり》 桜の咲く四月頃の曇の天気をいう。春の季語。＊虚子句集〔1915〕〈高浜虚子〉春「能のある東雲様や花曇り」

鼻《はな》毛《げ》を抜《ぬ》く だしぬく。だます。多く「鼻毛を抜かれる」の形で用いられる。＊あめりか物語〔1908〕〈永井荷風〉暁「亜米利加三界の女郎に鼻毛を抜かれて」

鼻《はな》毛《げ》を読《よ》む 女が、自分におぼれている男を見ぬいて、思うようにもてあそぶ。時に、ばかにしてからかうの意をも表す。「読む」は数えるの意で、「鼻毛を数える」ともいう。＊浄瑠璃・心中宵庚申〔1722〕下「何処ではなげをよまれてゐた」

鼻《はな》白《じろ》む 気おくれした顔をする。きまりわるそうなためらった様子をする。興ざめする。不愉快な気持になる。人が臆した時は鼻の上が白く見えるところからいうとされる。「はなしらむ」「はなじらむ」ともいう。＊女坂〔1949～57〕〈円地文子〉一・青い葡萄「女が想像以上にかたい蕾なのに白川はむしろ鼻じろんだ」

鼻《はな》っ柱《ばしら》が強《つよ》い 自分の考えを強く主張して譲らない。人に張り合う気持が強い。きかぬ気である。「はなっぱしら」は鼻筋の意の「はなばしら」の変化したもの。＊読書放浪〔1933〕〈内田魯庵〉銀座繁昌記・一一・二「生国の甲州っ児の鼻梁《はなっぱしら》の強い不負魂《まけじだましひ》を搗交ぜた」

後世

翁の向背は、敵にも味方にも恐ろしいものであって」

鼻《はな》につく
人の振る舞いなどがうっとうしく感じられる。もとは、嫌なにおいが鼻につきまとうの意。そこから、飽きて嫌になるの意に転じ、さらには人をうとましく思うの意をも表すようになった。＊或る女〔1919〕〈有島武郎〉前・一〇「西洋臭い匂ひが殊に強く鼻についた」

花《はな》冷《び》え
桜の咲く頃、一時的に急に寒くなること。また、その寒さ。春の季語。＊虚子俳句集〔1935〕〈高浜虚子〉昭和六年四月「花冷の汁のあつきを所望かな」

花《はな》道《みち》
世の注目や称賛が一身に集まる華やかな場面。多く「花道を飾る」の形で、特に、人に惜しまれて引退することをいう。歌舞伎の劇場で、観客席を縦に貫いて舞台に至る、俳優の出入りする道が、俳優に花（＝祝儀）を持っていくために設けられたというところからいうようになったとされる。また、平安時代、相撲節会に出場した力士が左方は葵《あおい》、右方は夕顔の造花をつけて入場したという故事により、相撲場で、力士が支度部屋から土俵に出入りする東西の通路の意でも用いられる。＊故旧忘れ得べき〔1935〜36〕〈高見順〉一〇「あの時代の我々は余りにも気楽に華やかに、〈略〉『戦闘的…』の花道を歩んで行きはしなかったであらうか」

餞《はなむけ》
旅立や門出を祝って、金品や詩歌などを贈ったり、送別の宴を開いたりすること。また、その金品・詩歌や宴をもいう。語源については、「馬《うま》の鼻向《はなむけ》」の略といわれ、馬の鼻に向かって餞別する意、馬の鼻を行くべき方向へ向けてやる意、馬の鼻の向かう方向の意などの説がある。＊太平記〔14C後〕九・足利殿御上洛事「御先祖累代の白旗《しらはた》あり。〈略〉是を今度の餞《はなむけ》送に進じ候也」

洟《はな》もひっかけない
まったく相手にしない。無視する。見向きもしない。「はな」は「鼻水」の意。＊くれの廿八日〔1898〕〈内田魯庵〉二「妾なんかには鼻洟《はな》も引掛けないで澄アしたもんだ」

鼻《はな》を明《あ》かす
思いがけないことをしたりして、優位に立っていた相手を驚かせる。だしぬいてあっと言わせる。＊浮世草子・好色五人女〔1686〕二・五「あんな女に鼻あかせん」

花《はな》を持《も》たせる
勝利や功名を他の人にゆずる。相手を立てる。自分の功績などを他の人のものとする。＊うもれ木〔1892〕〈樋口一葉〉二「何と私しに此処の花《はな》、もたせては下さらぬかと、青柳のいと優しく出れば」

埴生《はにゅう》の宿《やど》
みすぼらしい粗末な家。多く、自分の家をへりくだっていうのに用いられる。「埴《はに》」はきめの細かい黄赤色の粘土をいう語。もとは、土で塗っただけの小さい家の意。「埴生の小屋」「埴生の住家」「埴生」ともいう。＊唱歌・埴生の宿〔1889〕〈里見義〉「埴生の宿も、わが宿、玉のよそひ、うらやまじ」

憚《はばか》り様《さま》
相手の世話になった時や、ちょっとしたことを相手に頼む時の挨拶のことば。おそれいります。ご苦労さま。また、相手の申し出などに対して恐縮の意を表すことば。時には、相手のことばに対して、「期待はずれでお気の毒」という軽い皮肉をこめて答えることばともなる。おあいにくさま。関西方言では「はばかりさん」の形で用いられる。＊滑稽本・浮世風呂〔1809～13〕三・下「これはこれははばかり様。お手をいただきます」＊温泉宿〔1929～30〕〈川端康成〉夏逝き・一「はばかりさま。私はこれでも、立派に三度もお嫁入りをしたんだよ」

憚《はばか》りながら
主として目上の人に向かって意見を述べる時などに、前もって無礼をことわる言いかた。恐れながら。遠慮すべきことかもしれませんが。また、自らを誇示する時などに用いる言いかた。不肖ながら。生意気なようだが。大きな口をきくようだが。「はばかりさまながら」ともいう。＊坊っちゃん〔1906〕〈夏目漱石〉六「憚りながら男だ。受け合った事を裏へ廻って反古にする様なさもしい了見は持ってるもんか」

羽《は》振《ぶ》りがよい
金をつぎつぎと使えるほど、景気がよい。金や権力を得て、大きな顔をして世間をわたる。その存在が大いに世間に認められて、威勢がある。「羽振り」は、もと、鳥が羽を振ることの意。「はぶりが利《き》く」「はばが利く」ともいう。＊浮世草子・日本新永代蔵〔1713〕四・四「ただはぶりのよいかたにのみ付したがひ、くだり坂とみゆる大商人を、見たふすやうにするものあり」

はめをはずす
興に乗って度を過ごす。調子づいて節度を失なう。「はめ」の語源については、「はめる」の連用形が名詞化したもので、板を平らに張ったものの意からとされるが、一説に、銜《はめ》を外された馬が走り回る意からともされる。「羽目を外す」と表記することも多い。＊歌舞伎・有松染相撲浴衣（有馬猫騒動）〔1880〕三幕「羽目を外して騒げ騒げ」

はもじ
恥ずかしいこと。「はずかしい」の「は」に「文字」を添えた女房詞。「おはもじ」ともいう。＊歌舞伎・貞操花鳥羽恋塚〔1809〕六立「おはもじながら今宵の固め」

早起《はやお》きは三文《さんもん》の得《とく》
早起きは健康によく、また、早起きすると何かとよいことが起こるものであるというたとえ。＊落語・春日の鹿〔1891～92〕〈禽語楼小さん〉「早起をすれば三文の得があると申すから、早く起きて得を得やうといふ考へかと思ひましたら」

腹芸《はらげい》
自分の意図・意志をことばや行為に出さないで、貫禄やすごみによって実現すること。また、直接的な言動によらず、度胸や経験で物事を処理すること。もとは、あおむけに寝た人の腹の上で演じる曲芸、また、腹に顔などをえがいて演じる芸の意。＊熱球三十年〔1934〕〈飛田穂洲〉次郎さんと富さん「久慈次郎の円転さはなかったが、一種の腹芸を持って常にティームの融和を図った」

張《は》り子《こ》の虎《とら》
首をふり動かす癖のある人。また、外見は強そうだが実は弱いもの。張り子で虎の形を作って首が動くようにした玩具をいう語が意を転じたもの。＊雑俳・川柳評万句合-宝暦一二〔1762〕梅二「仕立やは張子の虎のくせがあり」

馬齢《ばれい》
年齢のわりにこれといった成果をあげることがなかったとして、自分の年齢をへりくだっていう語。多く、「馬齢を重ねる」「馬齢を加える」の形で用いられる。類似した表現に「犬馬の年」「馬歯」がある。＊百鬼園随筆〔1933〕〈内田百閒〉大人片伝・八「小生馬齢を加へて既に不惑を越え」

破廉恥《はれんち》
特に、性的に恥ずかしいことを平気ですること。恥を恥とも思わないこと。人倫、道徳などに反する行為をすること。恥を知る心の強いことを表す「廉恥」を「破」るの意。恥しらず。＊福翁自伝〔1899〕〈福沢諭吉〉一身一家経済の由来「何故に藩庁に対してばかり斯くまでに破廉恥なりしや」

挽歌《ばんか》
人の死をいたむ詩歌。哀悼の意を表す詩歌。「挽」は「柩《ひつぎ》をひく」の意。もとは、葬送のとき、柩を載せた車をひく者がうたう歌の意。また、『万葉集』の部立の一つで、辞世や人の死に関する歌の部をもいう。＊太平記〔14C後〕三九・法皇御葬礼事「山中の御葬礼なれば、只徒《いたづら》に鳥啼て挽歌の響をそへ」

万感《ばんかん》こもごもいたる
さまざまな思いがつぎつぎに心の中にわき起こる。類似した表現に「万感胸に迫る」がある。＊今年竹〔1919～27〕〈里見弴〉昼の酒・三「万感交々胸に臻《いた》って、殆どいふところを知らん有様だな」

万死《ばんし》に値《あたい》する
罪や過ちが大きいことを形容することば。その過ちの大きさは、何度死んで詫びても足りないほどであるという意。「万死に値する大罪」

半鐘泥棒《はんしょうどろぼう》

背の高い人をあざけっていう語。火の見櫓につるした半鐘を盗むほど背の高い者の意。「半鐘盗人」ともいう。＊滑稽本・江之島土産〔1809～10〕三・下「はんしゃうどろぼう見るやふなひょろながいおとこに」

半畳《はんじょう》を入《い》れる

他人の言動に非難、冷評、野次、茶化しなどの声をかける。もとは、芝居小屋などで、役者に不満や反感を持ったときなどに、敷いている「半畳」を舞台に投げるの意。現在では相撲で良く見られる。「半畳を打《う・ぶ》ち込む」「半畳を打つ」ともいう。＊林檎の下の顔〔1971～73〕〈真継伸彦〉三「『ステテコシャンシャン』と半畳を入れる者がいた」

はんなり

上品で、明るくはなやかなさま。多く「と」を伴って用いられる。中世後期以降、主として上方の資料に例がみられ、現在も京阪地方を中心に用いられている。語源については、「はな（花・華）」に、状態を表す接尾語「り」がついたものが撥音化したものとする説がある。＊蘆刈〔1932〕〈谷崎潤一郎〉「はんなりとした、余情に富んだ、それでゐてりんりんとひびきわたるやうなこゑでござりました」

般若湯《はんにゃとう》

酒をいう、僧家の隠語。般若の知恵で煩悩の迷いを破る意からかとする語源説がある。＊川端茅舎句集〔1934〕「時雨《しぐ》るるや又きこしめす般若湯」

万雷《ばんらい》の拍手《はくしゅ》

多くの雷鳴や落雷のように大きくとどろく拍手。＊ブラリひょうたん〔1950〕〈高田保〉五月一日「やがて壇上の手があがると、キッカケで万雷の拍手」

万緑叢中紅一点《ばんりょくそうちゅうこういってん》

多くの男性のなかに、ひとりだけ女性がまじっていることのたとえ。また、多くの物のなかで、ひとつだけすぐれて目立っていることのたとえにも用いられる。王安石「詠柘榴詩」によることばで、もとは、あたり一面の新緑の中に赤い花が一輪だけ咲いているの意。「万緑叢中一点の紅」「一点紅」「紅一点」ともいう。＊別れ霜〔1892〕〈樋口一葉〉五「何某学校通学生中に万緑叢中一点の紅と称へられて」

【ひ】

贔屓《ひいき》

自分の気に入った者を特にかわいがること。力添えすること。後援すること。「ひいき目に見る」などの形で用いられる。学校社会では、「えこひいき」の形で、先生が特定の生徒をかわいがる意に用いられることが多い。また、特定の商店などを好意をもってよく利用することをもいう。この意では「ごひいき」の形にもなり、良いイメージをともなうが、それ以外の意ではマイナスイメージをともなう。＊夜明け前〔1932～35〕〈島崎藤村〉第二部・下・一二・二「多吉が贔屓《ひいき》にする床屋で」

引《ひ》いては
さらには。その結果。前の内容を受けて、それから引き続いて、それが原因となって、などの意を表す語。＊われから〔1896〕〈樋口一葉〉六「唯ならぬ身の美尾が心痛、引《ひ》いては子にまで及ぼすべき大事と」

鼻下長《びかちょう》
女にあまく、だらしないこと。また、そのような男。「鼻の下が長い」を漢語のように作り替えたもの。＊大阪穴探〔1884〕〈堀部朔良〉九「花街の芸妓乃至娼妓は、また今日を常より約し、それぞれ鼻下長を押へて、負ぶで往くを顕れとす」

引《ひ》かれ者《もの》の小唄《こうた》
敗者が平気を装い強がること。一般に、負け惜しみの強いことのたとえに用いられる。もと、捕えられていく者がしいて虚勢をはり、鼻歌などを歌うことの意。＊浄瑠璃・夏祭浪花鑑〔1745〕一「口合《くちあい》やら泣事やら引れ者の哥同前」

日《ひ》暮《く》れて道遠《みちとお》し
年をとったのに目的をなかなか達せられないこと、また、期限が迫っているのに物事がまだまだできあがっていないことのたとえ。「史記‐伍子胥伝」によることばで、もとは、日は暮れたのに、進むべき前途の道のりはまだまだ長いの意。＊徒然草〔1331頃〕一一二「一生は雑事の小節にさへられて、空しく暮れなん。日暮、塗《みち》遠し」

微醺《びくん》
少し酒に酔うこと。ほろよい。多く「微醺を帯びる」の形で用いられる。「微酔」ともいう。＊俳諧・五七記〔1760〕芭蕉翁行脚掟「饗応により固辞しがたくとも、微醺にして止むべし」

鬚《ひげ》の塵《ちり》を払《はら》う
目上の者にこびへつらう。おべっかを使う。中国、宋の丁謂《ていい》が宰相の寇準《こうじゅん》のひげが吸物で汚れたのをふいて、たしなめられたという「宋史‐寇準伝」にみえる故事から成った語。「ひげの塵を取る」ともいう。

引《ひ》けをとらない
負けない。劣らない。おくれを取らない。肩身のせまい思いをしない。＊越前竹人形〔1963〕〈水上勉〉二「細工物では誰にもひけをとらなかったが」

膝栗毛《ひざくりげ》
馬やかごなどの乗り物に乗らないで、徒歩で旅行すること。住所を定めないで諸方を浮浪すること。膝を栗毛の馬の代用とするの意から生じたことば。十返舎一九が著した、彌次郎兵衛・喜多八（北八）

が東海道を経て京・大坂を見物するまでの『東海道中膝栗毛〈浮世道中膝栗毛〉』をはじめとする連作のタイトルとして、名が知られる。＊俳諧・山の井〔1648〕秋「馬でゆかぬけふの月見やひざくり毛〈正式〉」

膝《ひざ》とも談合《だんごう》

どんな相手でも、相談すればそれだけの成果はあるものだということのたとえ。思案にあまったときは、抱いた自分の膝でも相談相手になるの意。＊歌舞伎・三人吉三廓初買〔1860〕二幕「どういふ訳か膝とも談合、わしに話して聞かせなせえ」

ひそみに倣《なら》う

事のよしあしを考えず、いたずらに人まねをする。また、人にならって事をするのをへりくだっていうことば。中国、春秋時代の越の美女西施《せいし》が病んで咳きこみながら顔をしかめたさまを、美しいものとして皆がまねたという「荘子‐天運」にみえる故事から成った語。「顰《ひん》に倣う」「ひそみを学ぶ」ともいう。＊西洋道中膝栗毛〔1870～76〕〈仮名垣魯文〉六・下「当時の戯作者輩の顰《ひそみ》に倣《なら》ふ安っぽい著述に有ず」

ひた押《お》し

ただいちずに力をこめて押すこと。しゃにむに押し進めること。比喩的に、物事が強く押し迫ることともいう。「ひた」は「ひたすら」などの「ひた」と同じで、もっぱらその行為をするの意の接頭語。＊随筆・折たく柴の記〔1716頃〕上「たやすうはたふされず。ひたをしにをすほどに」

ひたと

隔てるものがなく、直接に接するさまを表す語。じかに。直接。ぴったりと。心理的に用いられる場合には、もっぱらそのことに集中するさまを表し、時間的に用いられる場合には、突然その状態になるさまを表す。＊団団珍聞‐五二五号〔1886〕「高く称へし念仏の。声諸共にひたと合せし手の」＊多情多恨〔1896〕〈尾崎紅葉〉後・六・二「直《ひた》と其ばかりを思窮めてゐる胸の中には」＊邪宗門〔1909〕〈北原白秋〉魔睡・接吻の時「赤き震慄《おびえ》の接吻《くちづけ》にひたと身顫ふ一刹那」

左団扇《ひだりうちわ》

安楽に暮らすこと。また、得意になっているようす。利き手でない左手で団扇をゆっくり使い涼を取るさまが、緊迫していない安逸なさまのたとえに用いられたもの。＊をさめ髪〔1900〕〈永井荷風〉一「花生さんも最う席なんかへでなくったって、左団扇と来《こ》れる様な訳なんだね」

左前《ひだりまえ》

物事が順調にいかないこと。思いどおりにいかないこと。運や金まわり、商売などがうまくいかなくなること。もとは、着物の右の衽《おくみ》を左の衽の上に重ねて着るの意。死者に経帷子《きょうかたびら》を着せる際の習慣であることから忌み嫌われる。しかし、洋服の輸入後は、女子の洋服類は左前となった。＊都会の憂鬱〔1923〕〈佐藤春夫〉「急に左前になった相場師の家を見るやうですね」

畢竟《ひっきょう》
ついには。つまり。結局。途中に曲折や事情があっても最終的に一つの事柄が成り立つことを表す語。サンスクリット語の漢訳。「畢」も「竟」も終わるの意。もと仏教語で、究極、至極、最終などの意を表した。＊浄瑠璃・新うすゆき物語〔1741〕下「親の身として子に口ごたへが悪い。ひっきゃう是は親子の心安立てが余っての出損ひ」

引《ひ》っ込《こ》みがつかない
行きがかり上、身を引いたり、意見などを取り下げたりしにくい。途中で引き返したり、途中で関係を断ったりすることができない。＊暗夜行路〔1921～37〕〈志賀直哉〉三・一八「小さい医者は引っ込みのつかぬ形で弱って居た」

筆舌《ひつぜつ》に尽《つ》くしがたい
なんとも表現のしようがない。物事の程度が甚だしくて、文章や口ではとても表現できないの意。＊鉛筆ぐらし〔1951〕〈扇谷正造〉見だしのモザイク「締切りから、降版までのホンの三十分間ほどの頭脳の働き〈略〉など、到底筆舌につくせるものではないし」

一廉《ひとかど》
ひときわすぐれていること。また、一人前であること。多く「ひとかどの」の形で用いられる。もとは、一つの事柄、一つの方面、一つの分野などの意。時に副詞的に用いられて、相当に、相応に、人並みに、いっぱしになどの意をも表す。＊坊っちゃん〔1906〕〈夏目漱石〉六「向ふを一と角の人間と見立てて」

一《ひと》くさり
ある話題についてひとしきり話すこと。一段落。一席。もとは、謡いもの、語りものなどの、まとまった一部分の意。＊春と修羅〔1924〕〈宮沢賢治〉小岩井農場「めいめい遠くのうたのひとくさりづつ」

一入《ひとしお》
ひときわ。いっそう。「しお」は接尾語。語源は「ひとしむ（一染）」の義とされる。もとは、染物を染汁に一回入れることをいった。＊そめちがへ〔1897〕〈森鷗外〉「暑も一入《ひとしほ》なり」

一《ひと》頻《しき》り
しばらくの間。ある程度まとまった時間をいう語で、多く、その間に集中して起こる事態を述べるのに用いられる。＊こゝろ〔1914〕〈夏目漱石〉上・一六「一しきりで奥さんの話声が已むと」

一《ひと》筋《すじ》縄《なわ》
普通の方法。尋常一様の手段。多く「一筋縄では行かない」の形で、普通のやり方では思うままにできないの意を表す。もとは、一本の縄の意。＊黒潮〔1902～05〕〈徳富蘆花〉一・六・三「藤沢伯のは本尊が本尊丈に前立も一筋縄では行かぬ代物である」

一《ひと》つ穴《あな》の狢《むじな》
同類。仲間。特に、共謀して悪事をたくらむ者。多く、一見無関係のようで、実は、同類であることをマイナスイメージを伴って表す。「一つ穴の狐・狸《たぬき》」「同じ穴の狢」ともいう。＊歌舞伎・黄門記童幼講釈〔1877〕七幕「一つ穴の狸《たぬき》仲間へ、早く知してやらねばならぬ」

一《ひと》旗《はた》揚《あ》げる
新しく事業などを起こす。意欲をもって新しい運命をきりひらく。多く、意志表現を伴って用いられる。「一旗立てる」「一旗」ともいう。＊河明り〔1939〕〈岡本かの子〉「一旗上げるつもりで上京して来た」

一《ひと》肌《はだ》脱《ぬ》ぐ
本気になって他人のために力を貸す。何かに真剣に取り組もうとするときに、和服の袖から腕を抜いて、上半身をあらわにする「はだぬぎ」をするところからいう。＊われら戦友たち〔1973〕〈柴田翔〉一・一〇「昔の級友のためなら、喜んで一肌脱ぐって」

人《ひと》身《み》御《ご》供《くう》
人の欲望の犠牲になること。もとは、生身の人間を神へのそなえものにすることの意。「ひとみごく」ともいう。＊雑俳・柳多留拾遺〔1801〕巻二〇「御ゐんきょへ人身御供の美しさ」

一《ひと》目《め》惚《ぼ》れ
一度見ただけで、心ひかれること。ちょっと見ただけで好きになること。＊ヴィヨンの妻〔1947〕〈太宰治〉二「ねえさん、おれは惚れた。一目惚れだ」

火《ひ》ともし頃《ごろ》
あかりをともす時刻。日暮れ時。「ひとぼしごろ」「ひとぼしどき」「ひともしどき」「ひともしじぶん」ともいう。＊俳諧・白雄句集〔1793〕一「人恋し灯ともしころをさくらちる」

人《ひと》もなげに
人を人とも思わないさま。ほかに人がいないかのように振る舞う様子。「傍若無人」に類似した表現。＊読本・南総里見八犬伝〔1814～42〕八・七四回「磯九郎が人もなげなる似《え》而《せ》非広言を憎がりて、生応《なまいら》へして早《とく》には立ず」

ひと悶着《もんちゃく》
騒ぎを引きおこすこと。また、ちょっとしたもめごと。＊偸盗〔1917〕〈芥川龍之介〉二「太郎さんがこんな事を知ってごらん。又、お前さん、一悶着だらう」

一《ひと》渡《わた》り
はじめから終わりまで一度通すこと。ひととおり。一度。一回。楽曲などを初めから終わりまで通して奏することもいう。＊武蔵野〔1887〕〈山田美妙〉中「一亙《ひとわたり》は武芸をも習ふたのに」

雛形《ひながた》
小形の標本。手本。見本。書式。もと、実物をかたどったものを縮小して作ったり、図などにかいたりしたものの意。時に、モデルの意も表す。＊日本の下層社会〔1899〕〈横山源之助〉三・一・五「尚ほ別に雇主に契約書を出だすこと今日の例なり、今ま誓約書の雛形を見るに」

鄙《ひな》びる
いなかふうになる。いなかくさく、やぼったくなる。多く「ひなびた」の形で用いられる。「ひな」はもと未開の地の意を表し、転じて、都から離れた地をいうようになった。「びる」は接尾語。時に、ことばが訛《なま》るの意でも用いられた。本来あまり良いイメージのことばではないが、現在では、「ひなびた」の形で、いなかの素朴さをいうこともあり、ややプラスイメージで用いられることもあるようだ。「いなかびる」「いなかめく」「ひなめく」ともいう。＊浮世草子・好色一代男〔1682〕二・三「北野に詣でて梅をちらし、〈略〉小者にへうたん・毛巾着、ひなびたる事にぞありける」

日《ひ》ならずして
遠からず。まもなく。ちかぢか。ふじつ。いく日もたたないさまを表す語。「日ならず」ともいう。＊蘭東事始〔1815〕序「思ひの外なる薬餌の験ありて、日ならずして本に復へり」

微《び》に入《い》り細《さい》を穿《うが》つ
きわめて細かな点にまで気を配る。「うがつ」は「穴をあける」の意の動詞。＊世相〔1946〕〈織田作之助〉四「石田と二人で情痴の限りを尽した待合での数日を述べてゐる条《くだ》りは、必要以上に微に入り細をうがち」

髀肉《ひにく》の嘆《たん》
功名を立てたり、技量・手腕を発揮したりする機会を得られずに、むなしく時を過ごすのを嘆くこと。中国三国時代、蜀の劉備が馬に乗って戦場を駆けめぐることが長い間ないために、股《もも》の肉が肥え太ったことを嘆いたという「蜀志‐先主伝」の注にある「九州春秋」の故事から成った語。＊伊藤特派全権大使復命書〔1885〕天津談判・下・四「常に髀肉の歎を抱く者数ふるに遑《いとま》あらず」

終日《ひねもす》
朝から夕まで。一日中。夜中の意の「よもすがら」に対応し、「昼はひねもす、夜はよもすがら」と慣用的に用いられる。「日」に接尾語「ね」が付いた「ひね」に助詞「も」がつき、さらに接尾語「すがら」がついた「ひねもすがら」が変化した語と思われる。＊俳諧・俳諧古選〔1763〕附録「春の海終日《ひねもす》のたりのたり哉〈蕪村〉」

檜舞台《ひのきぶたい》
自分の腕前を披露する晴れの場所。また、第一線のこと。もとは、檜で床を張った、歌舞・演劇のための舞台の意。格式のある舞台が、晴れの場所の意に転じたもの。＊星座〔1922〕〈有島武郎〉「日清戦争以来日本は世界の檜舞台に乗り出した」

火《ひ》の車《くるま》
家計が非常に苦しいこと。仏教語で、生前悪事を犯した者を地獄に運ぶという、火の燃えている車の意の「火《か》車《しゃ》」を訓読みしたもの。＊当世書生気質〔1885～86〕〈坪内逍遙〉一三「内は相かはらず火の車で、いまだに借金がぬけない位さ」

火《ひ》ぶたを切《き》る
物事に着手する。行動を開始する。もとは、火縄銃の火蓋を開いて点火の用意をするの意。そこから、戦い・争い・競争などが始まるの意に転じた。＊浄瑠璃・国性爺合戦〔1715〕三「イヤしゃつめ共にのがすなと火ぶたを切て取かこみ」

秘《ひ》め事《ごと》
隠して人に知らせない事柄。ないしょごと。かくしごと。「ひじ」ともいう。＊落梅集〔1901〕〈島崎藤村〉胸より胸に・五「吾胸の底のここには言ひがたき秘密《ひめごと》住めり」

秘《ひ》めやか
人に気づかれないほど静かなさま。ひっそりと内にこめているさま。「やか」は接尾語。「ひそやか」ともいう。＊遠乗会〔1950〕〈三島由紀夫〉「伝へられる素行上の物堅さが、すべて彼女に対する永いひめやかな愛の証しだと信じてゐた」

ひもじい
空腹である。飢えている。ひだるい。女房詞の「ひもじ（ひ文字）」が形容詞化したもので、江戸時代には一般語化していた。＊浄瑠璃・伽羅先代萩〔1785〕六「お腹がすゐてもひもじうはない。何ともないとぢう面作り」

百年河清《ひゃくねんかせい》をまつ
実現する見込みのないことをいつまでも待つことのたとえ。「春秋左伝-襄公八年」によることば。もと、常に濁っている黄河の水が澄むのを百年もかけて待つの意。略して「河清を俟つ」ともいう。＊社会百面相〔1902〕〈内田魯庵〉貧書生「片手間の勉強で成効しやうてのは百年黄河の澄むを待《まつ》やうなもんだ」

百鬼夜行《ひゃっきやぎょう》
得体の知れない人が徒党を組んで、奇怪な行動をすること。もと、さまざまな妖怪が列をなして夜歩くことの意。「ひゃっきやこう」ともいう。＊欧米印象記〔1910〕〈中村春雨〉太平洋航海日記「或はシャツにズボン下のみを着し、或は浴衣の脛も股もあらはに百鬼夜行といふ体裁で」

剽悍《ひょうかん》
すばやくて、たけだけしいこと。荒々しく強いこと。「剽」はすばやく突き刺す、「悍」は荒々しい、たけだけしいの意。＊西洋事情〔1866～70〕〈福沢諭吉〉二・三「仏王慓悍にして善く戦ふと雖どもチャーレスの沈勇に敵すること能はず」

飄然《ひょうぜん》 世事を気にせず、のんきなさま。物事にこだわらないさま。また、はっきりした用事や目的もなくふらりと来たり、ふらりと立ち去ったりするさまを表すこともある。「飄」はつむじ風の意。そこから、風の吹くままにふらふらとして定まらないさまをいうようになった。世俗を超越していて、とらえどころのないさまを表す「ひょうひょう」も、「飄」を重ねてできたもの。＊吾輩は猫である〔1905～06〕〈夏目漱石〉三「時には勝手口から飄然と舞ひ込む事もある」

平仄《ひょうそく》**が合**《あ》**わない** 話の筋道がたたない。つじつまが合わない。もとは、漢詩を作るときに守るべき平声字と仄声字の配列が合わないの意。＊彼岸過迄〔1912〕〈夏目漱石〉停留所・九「平仄の合はない捨台詞のやうな事を云った上」

瓢箪鯰《ひょうたんなまず》 ぬらりくらりとして要領を得ないさま。「瓢箪で鯰を押える」の略。もとは、ぬらぬらしてなかなかつかまえることができないことの意。＊愛の渇き〔1950〕〈三島由紀夫〉一「謙輔は傲慢な父親の専制をへうたんなまづに受け流してゐた」

豹変《ひょうへん》 境遇・性行や態度・意見などが、がらりと変わること。本来は良い方に変わることをいったが、現在では悪い方に変わる意で用いられることが多い。「易経‐革卦」による語。もとは、豹の毛が季節によって抜け変わり、斑文も美しくなるように、君子は時代の変化に適応して自己を変革する、あるいは、善人は心から過ちを改め善にうつる、という意。＊坊っちゃん〔1906〕〈夏目漱石〉八「特別の理由もないのに豹変しちゃ、将来君の信用にかかはる」

兵六玉《ひょうろくだま》 まぬけな人。愚か者。「表六玉」ともいう。＊落語・入れ髪〔1890〕〈三代目三遊亭円遊〉「『何んだイ、亭主を捕まへてデレスケたア』『なんだヨー瓢碌《へうろく》玉ヤ』」

比翼《ひよく》**の鳥**《とり》 男女の契りの深いこと、仲むつまじいことのたとえ。もとは、雌雄が目と翼を一つずつ持ち、常に二羽一体となって飛ぶという中国の空想上の鳥をいう。白居易の「長恨歌」で有名。＊平家物語〔13C前〕六・小督「天にすまば比翼の鳥、地にすまば連理の枝とならんと」

日和見《ひよりみ》 周囲の形勢をうかがい、自分の態度を積極的に決定しないこと。事のなりゆきによって去就を決めようとすること。もとは、空模様を見るの意。特に和船の航海では好天順風が第一条件となるため、常に天候を予測する必要があり、その見極めがうまいことが船頭の重要な資格とされた。＊一人の平和主義者から福田恒存へ〔1955〕〈中島健蔵〉「それは、日和見とか、スターリン時代にいわれたチトー主義とかいうようなものではない」

平蜘蛛《ひらぐも》のようになる
ぺしゃんこになるさま。「ひらぐも」は「ひらたぐも」ともいう腹部のやや平たいクモのこと。平たい体で平たい巣をつくり、じっと待つ様子が平身低頭するさまにたとえられたのだろう。「ひらぐものごとく」「ひらぐも」ともいう。＊キタ・セクスアリス〔1909〕〈森鷗外〉「僕は荊を負ふことを辞せない。平蜘蛛《ひらぐも》になってあやまる」

昼行灯《ひるあんどん》
ぼんやりしている人、役に立たない人をあざけっていう語。昼間ともしてある行灯はぼんやりしているだけで、何の用もなさないということから生じたことば。赤穂義士の頭領大石良雄（内蔵助）のあだ名で有名。「ひるあんどう」ともいう。＊島の果て〔1948〕〈島尾敏雄〉「ひるあんどんの頭目・中尉さんの深夜の行動は〈略〉隊全体に広がってしまいました」

尾籠《びろう》
話題として不適当な、きたないこと。不潔であること。わいせつであること。不行届きなことの意の古語「おこ（痴）」の字にあてた「尾籠」を音読みしたもの。＊思出の記〔1900～01〕〈徳富蘆花〉三・六「尾籠ながら糞汁肥料の臭が芬々と面々の書窓に御見舞申す時の臭と云ったら」

ピンからキリまで
最上のものから最低のものまで。上等なものから下等なものまで。ピンはポルトガル語で点を意味する pinta で、キリは十字架・十字形を意味する cruz からかとされる。もとは、始めから終わりまでの意。「ピンキリ」ともいう。＊歌舞伎・船打込橋間白浪（鋳掛松）〔1866〕二幕「ぴんからきりまで高下があるのよ」

貧者《ひんじゃ》の一灯《いっとう》
まごころが尊いことのたとえにいう。古代インドのマガダ国の阿闍《あじゃ》世《せ》王が、釈迦が宮殿から祇園精舎へ戻る帰り道に万灯をともした時、貧乏な一老女もわずかの銭を都合して一灯をともしたところ、王のあげた灯明は油が尽きて消えたが、老女の灯明は終夜消えなかったという「阿闍世王授決経」の故事から成った語。ここから、貧者が苦しい生活の中から苦心して神仏に供える一つの灯明《とうみょう》の意となり、金持の供える万灯よりも尊く、功徳があるとされるようになった。「長者の万灯より貧者の一灯」ともいう。

貧《ひん》すれば鈍《どん》す
貧乏になると世俗的な苦労が多く

なり、頭の働きが鈍くなったり、品性が下がったりする。また、貧乏するとどんな人でもさもしい心をもつようになるの意をも表す。＊当世書生気質〔1885～86〕〈坪内逍遙〉一八下「アア貧すりゃ鈍すると下世話にもいふが、心にもない心得違ひで」

【ふ】

不一《ふいつ》

「前略」ではじめた手紙の結びに添えて、まだ十分に意をつくしていないことを表す語。「ふいち」ともいう。「不具」「不尽」「不備」なども同様に用いられる。

風樹《ふうじゅ》**の嘆**《たん》

親に孝養をしようと思いたったときには、すでに親は死んでいて孝養をつくすことができないというなげき。樹木は静止していたいのに風がやまず、子供が孝行したいと思うのに親は待たないという、「韓詩外伝」によることば。「風樹の恨み」ともいう。同義の成句に「孝行したい時分に親はなし」がある。

風声鶴唳《ふうせいかくれい》

ささいなことにもびくびくとおじけづくことのたとえ。戦いに敗れた前秦の苻堅《ふけん》の軍が、風の音や鶴の鳴き声などにさえも驚いて敗走したという「晋書‐謝玄伝」にみえる故事から成った語。＊ガーター勲章について〔1950〕〈渡辺一夫〉「朝な夕なに風声鶴唳に驚かされる乱世の逸民たる我々下々の者ども」

風馬牛《ふうばぎゅう》

自分とは何の関係もないこと。互いに無関係なこと。また、そのような態度をとること。「春秋左伝‐僖公四年」の「風馬牛相及《あい》ばず」から成った語。「風」は、雌雄がさかりがついて呼び合うの意。もとは、互いに慕い合ってはるか遠方にまで逸走する牛馬の雌雄でさえも会うことができないほど、遠く離れていることの意。＊草枕〔1906〕〈夏目漱石〉一〇「冷然として古今帝王の権威を風馬牛し得るものは自然のみであらう」

風来坊《ふうらいぼう》

気まぐれな人。風に吹きよせられるように、どこからともなくやって来る人の意。また、住所不定で一つ所に落ち着かない人の意でも用いられる。「風来人間」「風来者」「風来」「風羅人」ともいう。＊吾輩は猫である〔1905～06〕〈夏目漱石〉三「無暗に風来坊の様な珍語を挟むのと」

笛《ふえ》**吹**《ふ》**けども踊**《おど》**らず**

手を尽くして働きかけても、人がこれに応じて動かないことのたとえ。『新約聖書』マタイ伝福音書第一一章に「われら笛ふけどもなんじら踊らず」とあるところからいう。

敷衍《ふえん》

意義をおしひろめること。ことば

を加えて、詳しく説明すること。「敷」はしく、「衍」はのべるの意。もとは、のべひろげること、ひきのばすこと、おしひろげることなどの意。＊大津順吉〔1912〕〈志賀直哉〉一・二「私にとって此モットオを敷衍すると、妻にする決心のつかない女を決して恋するな、と云ふ事にもなった」

ふがいない

黙って見ていられないほど意気地がない。期待どおりの行動ができず、役に立たない。まったくだらしがない。語源については、「いふかひなし（言ふ甲斐無し）」の「い」が略されて「ふかひなし」となったという説や、はらわた、心の意の「腑」に「甲斐がない」がついて、しっかりしていないの意とする説などがある。「腑甲斐ない」とも書く。＊浄瑠璃・平仮名盛衰記〔1739〕三「是は是はヱヱお気のよはい、ふがいない事では有ぞ」

深《ふか》みにはまる

悪い状態におちいる。危険な状態から逃れられないことをいうことば。もと、深い淵へ落ちて抜け出せないで、おぼれるの意。＊末枯〔1917〕〈久保田万太郎〉「何としても長次郎はいよいよ深みへ陥《はま》るばかりだった」

不羈《ふき》

束縛されないこと。あるいは、才能などが並はずれていて、普通の方法では扱いきれないこと。「不羇」とも書くが、「羈」「羇」はともにつなぐの意。＊雲のゆき来〔1965〕〈中村真一郎〉四「天才の不羈な行動だけを見て」

不帰《ふき》の客《きゃく》となる

死ぬ。二度とこの世に生き返らない人となる。＊思出の記〔1900～01〕〈徳富蘆花〉三・一三「待ち設けた大一郎君は、永遠不帰の客となって」

伏魔殿《ふくまでん》

美名に隠れて、陰謀、悪事などが絶えずたくらまれている所。悪の根拠地。もとは、魔物の潜んでいる殿堂の意。＊郵便報知新聞-明治二六年〔1893〕八月一一日「被告拘留の沙汰ありてより、さなきだに注意せし世人の眼眸は、一斉に相馬の伏魔殿に向って集れり」

含《ふく》むところがある

心中に、ひそかに抱く考えや、恨み・怒りの気持などがある。＊自殺未遂〔1938〕〈荒木巍〉「敢へて本名の鏡子を使ふところなぞは何か含むところのあっての言葉ではないかと」

不躾《ぶしつけ》

無作法であること。無礼。失礼。あけすけ。「ぶしつけですが」「ぶしつけながら」の形で、突然で礼を欠くことを前もってことわる場合に用いられることが多い。「しつけがない」を漢文の語順でいったもの。＊浄瑠璃・伊賀越道中双六〔1783〕

六「扱《さて》娘御は好い器量。不躾《ぶしつけ》ながら此内には、せせなげに咲いた杜若《かきつばた》」

富士額《ふじびたい》
女性の額の髪の生え際が、富士山の頂の形に似ているもの。美人の条件とされた。＊浮雲〔1887～89〕〈二葉亭四迷〉一・四「十八の娘盛り、瓜実顔で富士額」

不肖《ふしょう》
愚かであること。また、そのさまやその人。諸事について、劣ること、至らないこと、未熟なことなどをいう。「肖」は似る意。天に似ない、賢人に似ない、あるいは父に似ないの意という。特に子どもが、親の名をけがすような愚か者であるの意で、「不肖の息子」などと用いられることが多い。また、自分をへりくだっていう場合にも用いられる。＊当世書生気質〔1885～86〕〈坪内逍遙〉三「陳者《のぶれば》不肖儀、前週より脚気症に相罹《かか》り」＊ヰタ・セクスアリス〔1909〕〈森鷗外〉「鵠介は自分が不肖の子として扱はれれば扱はれる丈」

無粋《ぶすい》
世態・人情の裏表、特に男女間の情の微妙さがわからないこと。意気でないこと。やぼ。古くは、純粋でないことをもいった。「ぶいき」ともいう。＊浄瑠璃・傾城反魂香〔1708頃〕上「ぶすいな御方には松と見られて嬉しうなし」

風情《ふぜい》
そのものが持っている趣や味わい。様子。けはい。姿。態度。また、名詞、特に人名や代名詞に付いて、それをいやしめ、または、へりくだる意を添える接尾語としても用いられる。＊方丈記〔1212〕「岡の屋にゆきかふ船をながめて、満沙彌が風情を盗み」＊善財〔1949〕〈石川淳〉二「まばらに浮いてゐる陸の灯がぽつぽつと数をまして、北寄の岸の一劃にあつまって行くふぜいで」

扶桑《ふそう》
日本国の異称。もとは、古代中国で太陽の出る東海の中にあるとされた、葉が桑の木に似た神木の意。ここから、中国から見て太陽の出る東の方にある日本国をもいうようになった。＊浮世草子・日本永代蔵〔1688〕一・三「扶桑第一の大商人の心も大腹中にして」

札付《ふだつき》
定評のあること。知れわたっていること。多く、悪い評判が世間に広まっている人をいう。もとは、札がついていることの意。それが特に商品に正札がついていることをいうようになり、定評の意に転じた。＊滑稽本・浮世風呂〔1809～13〕二・上「きげんのよい中を引さいたりする、札付のおしゃべりあまにて」

不調法《ぶちょうほう》
配慮が行き届かず、手際の悪いこと。下手なこと。また、過失。不始末。時に、酒などをたしなまないことや、芸事や遊び事にうといことをへりくだっていう語としても用いられる。＊浄瑠璃・仮名手本忠臣蔵〔1748〕三「成程遅なはりしは不調法」＊いさなとり〔1891〕〈幸田露伴〉三二「彌吉殿も小奴《わたくし》も無《ぶ》調法でどうにもなりませぬ、と挨拶しつつ取かたづくる時」

払暁《ふつぎょう》

夜が明けようとするころ。あけがた。よあけ。あかつき。黎明。「ふっきょう」「ふきょう」ともいう。＊最暗黒之東京〔1893〕〈松原岩五郎〉二四「九時頃より出でて払暁に帰宿するもあり」

物故《ぶっこ》

人が死ぬこと。死去。物化。「もっこ」ともいう。＊孤独地獄〔1916〕〈芥川龍之介〉「物故してから、もう彼是五十年になるが」

不束《ふつつか》

気がきかないさま。軽率なさま。不調法なさま。多く、「不束者ですが」の形で挨拶に用いられる。もとは、太く丈夫なさまをいった。転じて、いやしげなさま、下品でぶかっこうなさま、不細工なさま、風情がないさま、無風流なさま、無骨なさま、などの意をも表す。「ふつづか」ともいう。＊坑夫〔1908〕〈夏目漱石〉「自分は発作性の急往生を思ひとまって、不束《ふつつか》ながら今日迄生きてゐる」

ふて寝《ね》

ふてくされて寝ること。＊滑稽本・浮世風呂〔1809～13〕三・上「ふて寐を致すのが、第一にわるうございます」

筆《ふで》の遊《すさ》び

思い浮かぶままに書くこと。心の慰みに書くこと。また、その書いたもの。「筆のすさみ」ともいう。＊平家物語〔13C前〕三・少将都帰「竹の柱、ふりたる障子なんどにかきおかれたる筆のすさみをみ給ひて」

不徳《ふとく》の致《いた》すところ

失敗や不都合があった時に、自分が至らないせいだとして、遺憾や反省の意を表明する慣用句。＊近世紀聞〔1875～81〕〈染崎延房〉四・三「朕が不徳の致す所にして、実に悔慙に堪ず」

懐刀《ふところがたな》

知謀にたけ、秘密の計画や相談などにあずかる腹心の部下。もとは、懐や帯の間にはさんで携帯する小さい守り刀の意。＊夜明け前〔1932～35〕〈島崎藤村〉第一部・下・一二・五「殊に慶喜が懐刀とも言ふべき水戸出身の原市之進とは」

腑《ふ》に落《お》ちない

納得できない。合点がいかない。「腑」ははらわたの意。転じて、考え、了簡、思慮分別、また、性根《しょうね》などを意を表すが、これは、「腑に落ちない」などの表現が成立した後のことかもしれない。「腑に落ちる」の意味変化は、「飲みこむ」が理解するの意を表すようになったことなどと共通する。「腑に入らぬ」ともいう。＊羽なければ〔1975〕〈小田実〉「どうにもフに落ちんことがありまっしゃろ、それはやっぱし訊かなしょうあらしません」

舟《ふね》を漕《こ》ぐ
居眠りをする。座ったまま眠るさまが、船をこぐのに似ているところからいう。多く、「こっくり」という擬態語とともに用いられる。＊浄瑠璃・鑓の権三重帷子〔1717〕下「人目を忍ぶ乗合に空居眠のふねこげば」

不《ふ》夜《や》城《じょう》
一面に灯火・ネオンなどがともって、夜でも昼のように明るくにぎわっている場所。また、夜に光り輝いている巨大な建物。一般に歓楽境をさしていうことが多い。もと、中国の漢代に現在の山東省にあった城の名。その城は夜も太陽が出て明るかったという「三斉略記」の記事による語。＊浄瑠璃・椀久末松山〔1710頃〕中「此唐人めも、勘当にあふたそうな。不夜城のしすごしか妓女もんさく〔＝酒席などで即席におかしみのある文句を作ること〕がつのってか」

冬《ふゆ》ざれ
冬の、風物が荒れはててもの寂しい様子。また、その季節。冬の季語。「春され」「秋され」と同じく、その季節になるの意の「冬さる」から転じた語であるが、「冬ざれ」は特に、荒涼とした感じを表す語としてしばしば用いられる。＊夢の浮橋〔1970〕〈倉橋由美子〉風花「冬ざれの庭がそのまま残っていて」

無《ぶ》頼《らい》漢《かん》
ならずもの。ごろつき。一定の職業を持たず、無法なことをすることの意の「無頼」に、男の意の接尾語「漢」がついたもの。「無頼者」ともいう。＊伊豆の踊子〔1926〕〈川端康成〉六「無頼漢のやうな男に途中まで路を案内してもらって」

無《ぶ》聊《りょう》
心配事があって気が晴れないことや、退屈であること。「無聊を消す」「無聊をかこつ」などと言う。「かこつ」は嘆いたり、愚痴を言ったりする意。＊花柳春話〔1878～79〕〈織田純一郎訳〉五「読書詩作を友として往事を追懐し、以て無聊を消す」

古《ふる》里《さと》
生まれ育った土地。郷里。故郷。また、精神的なよりどころの意をも表す。古くは、以前栄えたが今はさびれている土地、かつて通ったり住んだりした土地や家をいった。＊古今和歌集〔905～914〕春上・四二「ひとはいさ心もしらずふるさとは花ぞむかしのかにほひける〈紀貫之〉」＊唱歌・故郷（文部省唱歌）〔1914〕〈高野辰之〉「夢は今もめぐりて、忘れがたき故郷《ふるさと》」

振《ふ》る舞《ま》う
動作・行動をする。もてなす。ご

ちそうする。接待する。羽を存分に振って自由に舞うという「振るい舞う」が原義かと思われる。＊源氏物語〔1001～14頃〕行幸「いまはましてしのびやかにふるまいたまへどみゆきにおとらずよそほしく」＊滑稽本・東海道中膝栗毛〔1802～09〕二・下「たらふく酒を振廻《ふるまは》しゃった」

無礼講《ぶれいこう》

身分の上下を気にせず、堅苦しい礼儀を抜きにして行う宴。＊人情本・春色梅児誉美〔1832～33〕三・一七齣「終日過せし酒宴に、客も亭主も打混じ、取乱したる無礼講」

分《ぶ》を弁《わきま》える

自分の置かれた立場をよく理解し、行動を律する。身のほどを知る。「分」は自分の立場の意。「ぶ」と読むのは慣用音。

刎頸《ふんけい》の交《まじ》わり

生死をともにするほど親しい交際。たとえ首を斬られても悔いないほどの深い友情で結ばれた交際の意。「史記‐藺相如伝」による慣用句。「刎頸」ともいう。＊文明論之概略〔1875〕〈福沢諭吉〉四・七「刎頸の交と云ひ莫逆の友と云ふが如きは」

粉骨砕身《ふんこつさいしん》

力の限り努力すること。一所懸命働くさまを、骨を粉にし、身を砕くようだと表現したもの。「身を粉にする」はここから生まれたのであろう。「粉骨」ともいう。＊松蘿玉液〔1896〕〈正岡子規〉一二月三一日「子粉骨砕身敢て労を言はず」

分際《ぶんざい》

身のほど。身分の程度。分限。多く、大した身分でもないのに、という軽蔑の気持が込められる。古くは、広く、その人その物それぞれに応じた程度をいった。時に、分量、数量の意でも用いられた。＊犬〔1900〕〈正岡子規〉「夕方の一番星の光を見て悟る所があって、犬の分際で人間を喰ふといふのは罪の深い事だと気が付いた」

分身《ぶんしん》

一つの身体やものが二つ以上に分かれること。また、その分かれた身体やもの。転じて、子を生むこと、また、その子をもいう。もと仏教語で、仏・菩薩が衆生を救済するために身を分かち、仮の姿をとってこの世に現れることの意。＊現代文学にあらはれた知識人の肖像〔1951〕〈亀井勝一郎〉杉野駿介「『党生活者』の主人公佐々木安治にふれなければならない。いづれも作者の分身だが」

噴飯物《ふんぱんもの》

おかしい事柄。他人の笑いものになるようなみっともない物事。笑いをこらえきれずに食べかけの飯を思わずふき出してしまうような物事にいう。＊駈込み訴へ〔1940〕〈太宰治〉「馬鹿なことです。噴飯ものだ。口真似するのさへ、いまはしい」

分《ぶん》不《ふ》相《そう》応《おう》

身分や能力にふさわしくないこと。つりあっていないこと。「ぶん」は身の程の意で、「分をわきまえる」などの「ぶ(分)」と同じ。逆に身の程にあうことを「分相応」という。＊滑稽本・古朽木〔1780〕三「大《おほ》どら者〔＝ひどい放蕩者〕ありて足ることを知らず、分不相応に打出して遣ひかけし故」

分《ふん》別《べつ》

物事をわきまえること。プラスイメージのことばだが、いかにも分別がありそうであるの意を表す「分別くさい」の形になるとマイナスのイメージをともなう。もと仏教語で、対象を思惟し計量することの意。凡夫の誤った理解、虚構の認識を「妄分別」といい、真理を認識する智恵を「無分別智」という。そこから転じて、一般に、物事をわきまえること、物事の道理、善悪、損得などを考えることをさすようになった。＊浄瑠璃・仮名手本忠臣蔵〔1748〕七「醒ての上の御分別」

【へ】

平《へい》気《き》の平《へい》左《ざ》

まったく動じないこと。ものともしないこと。「へい」を重ねて語呂を合わせ、人名のように表現したもの。「平気の平左衛門」「へいき孫左衛門」ともいう。＊当世書生気質〔1885～86〕〈坪内逍遙〉一四「矢場か二階欺などささやく声、耳にはひれど恬然《へいき》の平左」

平《へい》々《へい》凡《ぼん》々《ぼん》

特に変ったことがないさま。きわめて平凡なさま。「へいぼん(平凡)」の字をそれぞれ重ねて意味を強めた語。＊あめりか物語〔1908〕〈永井荷風〉悪友「良家に生れたものが平々凡々たる良民になる」

辟《へき》易《えき》

対応のしようがなくて困ること。手がつけられなくていやになること。「路を辟《さ》けて所を易《か》える」から成った語で、もとは、相手をおそれ、みちをあけて立ちのくことの意。転じて、おそれて逃げ去ること、勢いにおされてたじろぐこと、しりごみすることの意になり、さらには、うんざりすることや、閉口することの意をも表すようになった。＊滑稽本・東海道中膝栗毛〔1802～09〕五・追加「あかじみたる、ゐっちうふんどしをしめてゐたりしゆへ、はだかにされてはたまらぬと、大きにへきゑきし」

へこたれる

つらくて中途でくじける。だめだと思って元気をなくす。語源については、「へこみたる(凹垂)」の意とする説がある。古くは、くたびれて腰をおろす、すわるの意でも用いられた。＊烈婦！ます女自叙伝〔1971〕〈井上ひさし〉二「留置場に叩き込まれても一向にへこたれなかった」

へそが茶《ちゃ》をわかす

おかしくてたまらない、また、ばかばかしくてしかたがないたとえ。多くあざけりの意をこめて用いる。「へそが笑う」「へそで茶を沸かす」「ちゃんちゃらおかしくておへそが茶をわかす」ともいう。＊歌舞伎・盲長屋梅加賀鳶〔1886〕六幕「ちゃんちゃら可笑くってお臍が茶を沸かさあ」

臍繰《へそく》り

倹約してこっそり蓄えた金銭。語源説はさまざまあり、その多くが「臍」と関連づけるが、麻糸を巻きつける糸巻きの「綜麻《へそ》」を繰る内職をしてためた金の意の「へそぐりがね」の略とするのが良い。「へそ」は、やがて「臍」と見なされるようになり、後に「臍繰金」の字が当てられた。＊当世書生気質〔1885～86〕〈坪内逍遙〉六「臍栗《へそくり》をうばひとられたお袋が」

べそをかく

子どもなどが泣き顔をする。泣きそうになる。「べそをつくる」ともいう。語源としては、口を「へ」の字にむすんでいることを「圧口《べしぐち》」といい、これがなまって「べそ」ができたとする説、泣く時の口の形が「へ」の字に似ていることからとする説がある。＊告げびと〔1908〕〈伊藤左千夫〉「しくしくべそを掻いて母の腰にまつはるのである」

下手《へた》の横好《よこず》き

下手なくせに、むやみやたらに好んですること。古くは略して「よこずき」ともいった。「よこ」は「よこみち」「よこしま」などの「よこ」と同様、道に外れた、正しくないなどの意が込められているようだ。＊波形本狂言・縄綯〔室町末～近世初〕「正身のへたのよこすきと云はあの人の事じゃ」

へたばる

疲れはてる。弱る。まいる。語源については、「へた（蔕）」のように下にすわる意からとするもの、「地べたへはる（開張）」の意からとするものがある。もとは、ひれ伏す、平伏する、へばりつくの意。時に、つぶれる、ぺしゃんこになる、また、すわる、居すわるなどの意でも用いられた。「へばる」ともいう。＊谿間にて〔1959〕〈北杜夫〉二「こんなことでへたばる筈はないし、卓社までは大丈夫帰れる」

へちゃむくれ

人の容貌をののしっていう語。役に立たない者、意気地なしなどをののしっていう場合にも用いられる。ヘチマの皮がむくれることの意から転じたとされる。＊女ひと〔1955〕〈室生犀星〉えもいはれざる人「へちゃむくれの凸凹男なぞが少しくらゐ仕事はできても、そんな奴につきまとはれたら」

へっぴり腰《ごし》

びくびくした態度。自信のなさそ

後世

うな言動。もと、上体をかがめて、尻を後方につきだした不安定な腰つきの意。「及び腰」ともいう。＊雁の寺〔1961〕〈水上勉〉一・八「へっぴり腰で担いでゆく熊太郎や、幸太の後ろ姿をみた」

別嬪《べっぴん》

美しい女性。美女。美人。幕末から見られる語で、本来は特別にすぐれた品物や人物を意味し、女性に限らず男性についてもいったが、徐々に、女性の容姿に限られるようになった。それに伴い、表記に「別嬪」が用いられるようになったが、明治時代には「別嬪」も「別品」も見られ、作家によっても偏りがある。＊歌舞伎・宇都宮紅葉釣衾（宇都宮釣天井）〔1874〕二幕「其替りには別品を、どうかわしらに取持って下さい」

ペテンにかける

偽りだますこと。また、その手段。いんちき。詐欺。「ペテン」は、中国語で詐欺の意を表す「弸子（Pèng-tzu）」が訛ったものか。明治時代初期から例が見られ、総生寛『西洋道中膝栗毛』〔一八七四～七六〕一二・上には「まさか異人があんな偽造《ペテン》をしやアしめへと思って」とある。＊歌舞伎・天衣紛上野初花（河内山）〔1881〕五幕「濡れ手で粟の掴み取り、ぺてんに掛《か》けた二百両を、取返さうと出て来たのだ」

へなちょこ

未熟な奴。弱小な者。取るに足りない者。また、そのような人をののしっていう語。明治一四、五年（一八八一、二）頃、新聞記者の野崎左文が、楽焼の杯の外側に鬼面、内部にお多福面を描いた。その杯に酒を注いだところ、じゅうじゅう音がして、泡が立ち、酒を吸い込んだという。楽焼の杯が「へな（埴土）」で作った「ちょこ（猪口）」であるところから、杯のもろさと「へなちょこ」が結びついて、この語が生まれたとする説がある。＊人生劇場〔1933〕〈尾崎士郎〉青春篇・嵐「ヘナチョコ言論家は改造を前にしたわがワセダ大学にとっては用なき存在である」＊今ひとたびの〔1946〕〈高見順〉四「あんな奴に、あんな左近みたいなヘナチョコにあの女をむざむざ奪られて…」

紅《べに》**差**《さ》**し指**《ゆび》

くすりゆび。昔、口紅をつけるのにくすりゆびを用いたことからいう。「べにつけゆび」「べんさしゆび」ともいう。＊青春〔1905～06〕〈小栗風葉〉秋・三「左の無名指《べにさしゆび》に箝《は》めた新ダイヤ入の指環も」

への河童《かっぱ》

なんとも思わないこと。きわめて容易で全く問題にならないこと。造作もないこと。おそらく「平気」の「へ」を用いて語呂合せをしたものであろうが、「へとも思わない」などの「屁」との関連も考えられなくない。語順をかえて「河童の屁」ともいう。

へべれけ

ひどく酒に酔って正体のない状態。＊落語・お若伊之助〔1897〕〈三代目春風亭柳枝〉「嬉し紛《まぎ》れにへべれけに酔って仕舞《しま》ひました」

へぼ

技量がつたないこと。腕前の拙劣なこと。へた。特に、野菜・果物の出来の悪いこと。「へいぼん（平凡）」の略とされる。＊雑俳・柳多留・一一六〔1832〕「へぼ日こううったならどふにげる」

べらぼうめ

ばかな人。たわけ。あほう。「べらぼう」は、もと、江戸時代、見世物で評判をとった奇人の名。容貌はきわめて醜く、全身真っ黒で、頭は鋭くとがり、眼は赤くて円く、あごは猿のようで、愚鈍なしぐさを見せて観客の笑いを誘ったという。この「べらぼう」に接尾語「め」が付いてできた語。「べらぼうめ」は、さらに音が変化して、江戸ことばの「べらんめえ」となる。「べらぼう」「べらぼうやろう」ともいう。＊滑稽本・東海道中膝栗毛〔1802～09〕三上「ヱヱつくなといふにべらぼうめ」

べらんめえ

江戸っ子。「べらんめえくちょう（口調）」の略。「べらぼう」に軽蔑の意の接尾語「め」が付いた「べらぼうめ」の変化した語。もとは、主として江戸っ子が人をののしっていう語の意。江戸っ子が使うことばがそのまま江戸っ子を意味するようになったもの。＊少年〔1911〕〈谷崎潤一郎〉「己は酔って居るんだぞ、べらんめえ」

弁慶《べんけい》の泣《な》きどころ

最も弱いところ。弱点。アキレスけん。向こうずね。弁慶ほどの豪傑でも、痛がって泣くほどの急所の意。＊今年竹〔1919～27〕〈里見弴〉夏霜枯・五「これは、常に彼女にとっての『弁慶の泣きどころ』だった」

弁慶《べんけい》読《よ》み

句切りを誤って読むこと。「弁慶が、なぎなたを持って」と読むのを「弁慶がな、ぎなたを持って」と読むことからいう。古くは句読点が必ずしもついていなかったために、よくおこったものと思われる。「ぎなた読み」ともいう。

変《へん》てこ

変なさま。奇妙なさま。ばかげているさま。「てこ」に「梃」の字があてられることがあるが、単に、口調子で添えられたものであろう。同様にして成った語に、「へんちき」「へんちきちん」「へんちきりん」「へんちくりん」「へんてけれん」「へんてこてん」「へんてこらい」「へんてこりん」「へんとこ」などがある。＊再発〔1960〕〈遠藤周作〉「町の水族館でみた変てこな魚のイメージが浮んできました」

【ほ】

法界悋気《ほうかいりんき》 自分に関係のないことに嫉妬すること。他人の恋をねたむこと。おかやき。「法界」ともいう。＊浄瑠璃・夕霧阿波鳴渡〔1712頃〕中「身に徳もなきほうかいりんき、是ぞ女の習なる」

奉加帳《ほうがちょう》 一般の寄付金名簿。もと、神仏に奉加する金品の目録や寄進者の氏名などを記した帳簿をいう。＊思出の記〔1900～01〕〈徳富蘆花〉六・一五「奉加帳を腰に下げ〈略〉己が石塔料の寄進につかせたり」

判官贔屓《ほうがんびいき》 不遇な者、弱い者に同情し肩を持つこと。薄幸の九郎判官義経に同情し愛惜する意からいう。「はんがんびいき」ともいう。＊浄瑠璃・心中宵庚申〔1722〕下「万々千世めが悪いになされませ。はうぐゎんびいきの世の中お前の名ほか出ませぬ」

芳紀《ほうき》 女性の若く美しいころ。また、その年齢。＊経国美談〔1883～84〕〈矢野龍渓〉前・七「絶世の佳人にて此の比芳紀十九計り」

蜂起《ほうき》 大勢の者がさかんに言いたてること。一斉に暴動や反乱などの行動を起こすこと。もと、中世、寺院で行われた僧の集会の意。祓《はら》えや清めの行事で、特に刑罰を科する時や赦免する時に開かれた。「鋒起」とも書く。＊信長記〔1622〕四・長嶋合戦「大田村近辺の一揆ども、猶雲霞の如く蜂起して」

芳志《ほうし》 他人の親切な心づかいを敬っていう語。おこころざし。＊社会百面相〔1902〕〈内田魯庵〉虚業家尺牘数則・二「折角の御芳志に甘へ候やうなれど」

芳情《ほうじょう》 他人のなさけや思いやりの心を敬っていう語。「ほうせい」ともいう。＊雑話筆記〔1719～61〕上「足下先年の芳情と云ひ、此度は何とぞ其元の助にもなり」

芳心《ほうしん》 親切を尽くすこと。また、他人の親切心を敬っていう語。＊平家物語〔13C前〕一一・重衡被斬「此程事にふれてなさけふかう芳心おはしつるこそありがたううれしけれ」

芳信《ほうしん》 他人からの手紙を敬っていう語。芳翰。また、花の咲いたしらせ。花だより。花信。

朋輩《ほうばい》 仲間。友達。もとは、同じ主君や家に仕えている同僚、また、同じ師に付いている弟子仲間をいった。同役。同門。「朋」はあて字。＊太平記〔14C後〕五・大塔宮熊野落事「力無く只今打死する傍輩《はうばい》を見捨て帰りける心の中」

這々の体《ほうほうのてい》
今にもはい出さんばかりの様子。ひどく恐縮して、あるいは散々な目にあって、あわてて逃げ出すさまをいう。「ほうほうの仕合わせ」ともいう。＊仮名草子・悔草〔1647〕上「散々に、しつけられめんぼくうしなひ、はふはふの躰《てい》にてにげ去ものおほし」

芳名《ほうめい》
ほまれのある名。名誉の名の意で、相手の名前を敬っていう語。＊火の柱〔1904〕〈木下尚江〉二一・二「御芳名は兼ねて承知致し居ります」

墨守《ぼくしゅ》
しきたりや習慣などを守り通すこと。また、自説をかたく守って変えないこと。中国の思想家墨子が、宋の城を固く守って、楚の攻撃をしりぞけたという「墨子‐公輸」の故事から成った語。＊文明論之概略〔1875〕〈福沢諭吉〉一・二「之を墨守して退くは之を活用して進むに若かず」

木鐸《ぼくたく》
世の人々を覚醒させ、教え導く人。もと、木製の舌がついた金属製の大鈴。これを昔、中国で、文教の法令などを人民に触れ歩く時に振り鳴らしたところから、転じて社会の指導者の意になったのであろう。＊読書放浪〔1933〕〈内田魯庵〉銀座繁昌記・九「まだ維新の気魄が残ってゐて、天下の木鐸を任ずる意気込みがあった」

木訥《ぼくとつ》
かざりけがなく、無骨で口数が少ないこと。「木」は質朴、「訥」は訥弁の意。「朴訥」「樸訥」とも書く。＊高野聖〔1900〕〈泉鏡花〉二六「朴訥な父親が附添ひ」

朴念仁《ぼくねんじん》
無口で愛想のない人。また、道理のわからない者や、気がきかない者をののしっていう語としても用いられる。わからずや。＊坊っちゃん〔1906〕〈夏目漱石〉四「余っ程辛抱強い朴念仁がなるんだらう」

ぽくぽく
木魚などをたたく音を表す語。また、ゆっくりと歩く様子や、その足音にもいう。その他、やわらかくてふわふわしているさま、水気やねばり気などが少ないさま、砂地などがすっかり乾いているさま、穴やくぼみがたくさんあるさま、あるいは、いねむりをするさまにも用いられる。＊滑稽本・浮世風呂〔1809〜13〕前・上「なむあみだぶ。ポクポクポクポクポクポク」＊怪談牡丹燈籠〔1884〕〈三遊亭円朝〉八「伴蔵と一所にポクポク出懸けて」

ぼけなす
ぼんやりした人や反応のにぶい人をののしっていう語。もと、外皮の色つやがあせた茄子をいう。茄子のぼんやりした色、または、味から転じたもの。＊真空地帯〔1952〕

〈野間宏〉三・一「泣くない！　ぼけ茄子《なす》、普段の心がけがわるいやい」

反故《ほご》
書画などを書き損じて不用となった紙。時に、役に立たなくなった物事、無効、取り消し、破棄などの意でも用いられる。「反故」を表す語形は数が多く、古くは「ほうぐ」「ほうご」「ほぐ」「ほんぐ」「ほんご」ともいった。＊浄瑠璃・仮名手本忠臣蔵〔1748〕六「舅の俳期も、女房の奉公も、反古《ほぐ》にはならぬ此金」

鉾先《ほこさき》
非難や批判の方法がまるで刃物のように切れ味良くすぐれているさま。「ほこさき」は、もと、矛、槍、長刀《なぎなた》などの刃の先端のとがった部分の意。転じて、攻撃、攻撃力、さらには、非難、批判の意にも用いられるようになった。＊冥府〔1954〕〈福永武彦〉「僕は急に矛先を向けられたので」

鉾《ほこ》を収《おさ》める
争いや攻撃をやめる。多く、議論の際に、主張を取り下げることにいう。＊最後の旅〔1969〕〈加賀乙彦〉「とどのつまり目的を達した私は鉾をおさめ」

臍《ほぞ》を噛《か》む
後悔する。すでにどうにもならなくなったことを悔やむ。自分のへそをかもうとしても届かないという、「春秋左伝‐荘公六年」の記事によることば。「ほぞを食う」ともいう。＊日本読本〔1887〕〈新保磐次〉四「わかき時に勉めざれば老いて後臍を噬みて悔ゆともかひなからん」

絆《ほだ》される
相手の情にひきつけられて、心や行動の自由が縛られる。もとは、身の自由を束縛されるの意。転じて、心や行動が束縛される意にもなった。＊真景累ケ淵〔1869頃〕〈三遊亭円朝〉一二「其の親切に羈《ほだ》されて」

仏作《ほとけつく》って魂《たましい》を入《い》れず
物事をほとんどなし遂げながら、最も肝要なことが抜け落ちていることのたとえ。「仏造って眼《まなこ》を入れず」ともいう。＊吾輩は猫である〔1905～06〕〈夏目漱石〉一一「ここでやめちゃ仏作って魂入れずと一般ですから、もう少し話します」

ほとぼりが冷《さ》める
事件などに対する世間の注目や関心がなくなる。「ほとぼり」は、「ほ（火）」に「とほる（通）」がついてできた動詞「ほとほる」の連用形「ほとほり」が音変化したもので、もと、余熱の意。転じて、高ぶった感情や興奮などのなごり、しばらく残っている世間の関心などの意で用いられるようになった。＊歌舞伎・彩入御伽草〔1808〕小平次内の場「そのほとぼりも覚《さ》めぬうち、よく又外に間男を拵へたな」

骨《ほね》っ節《ぶし》
困難に屈しないで貫く強い意志。気骨。気概。骨の関節をいう「ほねぶし」の変化した語。＊老車夫

〔1898〕〈内田魯庵〉「縦令《いくら》金銀で綯った縄でも縛られた心持は快くねェからナ、骨節《ほねっぷし》のある奴ア迚も辛抱が出来ねェ」

骨《ほね》のある
しっかりしている。中心となるものがある。気骨がある。時に、はりあいがあるの意でも用いられる。＊滑稽本・七偏人〔1857～63〕二・中「あはれ骨のある剣術者もあらばと、腕をさすりて」

ほの字《じ》
ほれること。「ほ」は「ほれる〈惚〉」の語頭の一字。「恥ずかしい」の語頭の「は」に「文字」をつけて「はもじ」といったような女房詞の造語法を真似たものであろう。＊浄瑠璃・平家女護島〔1719〕三「そもじにたんとほのじじゃと」

ほまち
定収入のほかに、臨時にはいる私の収入。役得などで個人的にはいる金品。また、ひそかに貯めた金や物。へそくり。江戸時代には、特に、運賃積船の船乗りが、ひそかに運送契約外の私の荷物や依頼された荷物を運送して、内密の収入を得ることをいった。「ほまち銭」ともいう。＊私の浅草〔1976〕〈沢村貞子〉こぎれやさん「色町の人たちは、反物をつもらずに、そのまま仕立てに出すから、裁ったあとのあまりぎれは、仕立屋さんの、ほまち（役得）になる」

洞《ほら》ヶ峠《とうげ》
有利な方につこうと形勢をうかがうこと。多く「洞ヶ峠をきめこむ」の形で用いられる。もと、京都府八幡市と大阪府枚方市の境にある峠の名。天正一〇年（一五八二）山崎の戦いの際、筒井順慶が、そこで軍をとどめて形勢をみていたところから、日和見の態度をいうようになった。＊三四郎〔1908〕〈夏目漱石〉二「自分が今日迄の生活は現実世界に毫も接触してゐない事になる。洞が峠で昼寝をしたと同然である」

蒲柳《ほりゅう》
病気をしやすい、ひ弱な体質。もと、川柳《かわやなぎ》の別名。中国の『世説新語』の故事に、東晋の顧悦之が同い年の簡文帝から「なぜ私より先にあなたの髪は白くなったのか」と聞かれ、「蒲柳（自身）は秋を前に葉を落とすが、松柏（簡文帝）は冬の霜で益々葉を茂らせる」と答えたという話があり、この故事の「蒲柳」と、柳が弱々しくなびくさまから、虚弱体質の意が生まれたと考えられる。「蒲柳の質」「蒲柳の性《しょう》」ともいう。＊続春夏秋冬〔1906～07〕〈河東碧梧桐選〉冬「襟巻や蒲柳の質の顔よけれ〈六花〉」

ぼる
法外な代価や賃銭を要求する。不当な利益をむさぼる。多く「ぼられる」の形で用いられる。「ぼうり（暴利）」を動詞化した語とされるが、

後世

「むさぼる」の略とするものもある。「ぼったくる」ともいう。＊旅・昭和三二年〔1957〕二月号・招待旅行で賑う熱海伊東〈近藤東〉「少々のことでもボラレたらとんだ出費だからデパート式の旅館に泊まったほうが安心だ」

惚《ほ》れる
人、特に、異性に心をうばわれて夢中になる。恋い慕う。また、人物や物などに感心して心ひかれる。心酔する。＊歌謡・隆達節歌謡〔1593～1611〕「月夜の烏は呆れて鳴く、我も烏か、そなたに惚れて泣く」

本《ほん》懐《かい》
かねてからの願い。本意。本望。本願。＊平家物語〔13Ｃ前〕二・康頼祝言「左遷の愁をやすめて、帰洛の本懐をとげしめ給へ」

ぼんくら
ぼんやり者。おろか者。うつけもの。もと賭博用語で、盆の上での勝負を見極める眼識が暗いことをいい、転じて、ぼんやりしていて物事の見通しがきかないことや、そのような人をもいうようになった。＊滑稽本・東海道中膝栗毛〔1802～09〕五・上「ふたりともぼんくらなればまこととおもひて」

本《ほん》卦《け》帰《がえ》り
還暦。数え年で六一歳になること。「本卦」は、生まれた年の干支《えと》の意。＊浄瑠璃・大職冠〔1711頃〕二「年つもって六十一歳本卦がへりの未《ひつじ》の白髭」

ポンコツ
自動車の解体。転じて、中古の、こわれかかった自動車。ポンポンコツンコツンと叩いて壊す音からいうようになったもので、挙例の阿川弘之の新聞小説『ぽんこつ』によって一般にひろまった。広く一般に、老朽化し、廃品同様になったものにもいう。＊ぽんこつ〔1959～60〕〈阿川弘之〉兄の遺品「ぽんこつに出したくしゃくしゃの自動車は」

【ま】

枚《まい》挙《きょ》
一つ一つ数え上げること。多く「枚挙にいとまがない」の形で、数えあげることができないほど数が多いことを表す。＊一年有半〔1901〕〈中江兆民〉附録・高襟党「朝野政家中、各種の綽号《しゃくごう》を与へられたるもの、枚挙に遑《いとま》あらず」

紛《まが》う
まざっていたり、よく似ていたりして、区別がつかなくなる。見分けることができないほどに入りまじる。ふつう「マゴー」と発音する。「まがえる」ともいう。「まがうこと(方)ない」の形で、まぎれようがない、まちがえようがないの意で用いることも多い。＊平家物語〔13Ｃ前〕六・小督「ひかへて是をききければ、すこしまがふべうもなき小督殿の爪音なり」＊浄瑠璃・国性爺後日合戦〔1717〕三「鬢髭も眉もくろぐろ、烏羽の烏を鷺にまがふ共、親をばいかでまがふべき」

間《ま》がなすきがな
ひまさえあればいつも。ひっきりなしに。「がな」は漠然と物事をさし示す副助詞で、いつということのない「間」なり「隙」なりの意から成った語。「まがなひまがな」ともいう。＊野菊の墓〔1906〕〈伊藤左千夫〉「嫂が間がな隙《すき》がな種々なことを言ふので」

摩《ま》訶《か》不《ふ》思《し》議《ぎ》
非常に不思議なこと。もと、仏教語で、すぐれていること、大きいこと、偉大なことの意。他の語や人名の上について、強調賛美の意を加える、接頭語的な用法で用いられることも多い。＊安吾巷談〔1950〕〈坂口安吾〉東京ジャングル探検「なんのために交番へひッたてたてきたのか、このへんのところはマカ不思議で、わけが分らない」

まぐれ
偶然そうなること。思いがけず、ある結果になること。まぐれあたり。＊転生〔1924〕〈志賀直哉〉六「たまにはまぐれにもいい方を選びさうなものだが」

まごつく
迷ってうろうろする。当惑してうろたえる。また、困る。弱る。「まご」は「まごまごする」の「まご」と同源で、おそらく擬態語であろう。「つく」は接尾語。＊俳諧・七番日記‐文化一五年〔1818〕六月「あちこちの声にまごつく蛍哉」

馬《ま》子《ご》にも衣装《いしょう》
つまらない者でも外面を飾れば立派に見えることのたとえ。馬をひく人のような身分の低い者でも衣装によっては立派に見えるということ。＊泥人形〔1911〕〈正宗白鳥〉五「かうなると、僕も立派に見えるね。成程馬子にも衣裳だ」

間尺《ましゃく》に合《あ》わない
割に合わない。損益がつりあわない。損になる。「間尺」は、もと、建築物などの寸法の意で、転じて、損得の計算、利害の割合をいうようになった。「ましょくに合わない」ともいう。＊風前雨後〔1954〕〈中野好夫〉悪人礼讃「ひどく間尺に合わない話である」

ますらおぶり
『万葉集』に見られるような男性的でおおらかな歌風。江戸期の国学者賀茂真淵が用いた語で、真淵およびその一門の歌人達が和歌の理想としたもの。『古今和歌集』以後の「たおやめぶり」に対していう。＊歌がたり〔1808〕「県居の翁の常にいはれけるは、藤原・奈良のみかどの頃の歌は丈夫《ますらを》ぶりなり」

まだるっこい
手間どっておそい。動作や反応がにぶくてじれったい。「まだるい（間怠）」を強めた「まだるこい」の変化した語。「まだるこしい」「まだるっこしい」ともいう。＊あらくれ〔1915〕〈徳田秋声〉六四「慣れてくると段々間弛《まだる》っこくて為方がなくなって来た」

まつりあげる

周囲の者がおだてるようにして、ある人をやや強引にある地位につかせる。また、人をおだてあげて偶像化する。もとは、尊いものとして敬う、あがめ尊ぶの意。＊イタリアの歌〔1936〕〈川端康成〉「なんとなく人気者であり、いつの間にか世話役に祭り上げられて」

待《ま》てしばし

しばらく待て、の意。他人の行動を制するときや、行動を起こす前に冷静になって少しの間考えなおすときに用いられる。自制心がなく短気であるさまを「まてしばしが無い」という。＊読本・南総里見八犬伝〔1814～42〕二・二八回「等一等《まてしばし》、飽まで浜路が念《おもひ》を被《かけ》たる、村雨にて引導せん」

まどろむ

眠気をもよおしてちょっとの間浅く眠る。とろとろと眠る。うとうとする。転じて、活動が停止した状態をもいう。＊平家物語〔13C前〕一・鹿谷「くるしさにうちふし、ちっとまどろみ給へる夢に」

俎板《まないた》の鯉《こい》

相手の意のままになるより他にどうしようもない状態。死を待つよりほかに方法のない運命を、俎板の上で料理されようとしている鯉（魚）にたとえていったもの。「俎上《そじょう》の魚」「まないたの魚」ともいう。＊歌舞伎・都鳥廓白浪（忍ぶの惣太）〔1854〕三幕「好める酒の熟酔に、横にころりと俎板の鯉の相伴一料理」

目《まな》交《かい》

目と目の間。転じて、目の前、まのあたりをもいう。＊万葉集〔8C後〕五・八〇二「何処より来りしものぞ　麻奈迦比《マナカヒ》に　もとな懸りて〔＝むやみにちらついて〕　安寝し為さぬ〈山上憶良〉」

眦《まなじり》を決《けつ》する

大きく目を見ひらく。多く、怒ったり、決意したりするさまにいう。「決す」は裂くの意。「まなじりを裂く」ともいう。＊即興詩人〔1901〕〈森鷗外訳〉流離「われは眦を決して東のかたヱネチアを望みたるに」

目映《まばゆ》い

光が輝くほど美しい。まぶしいほどすばらしい。「ま（目）はゆ（映）し」からとされ、もとは、強い光がはげしく目を射して、まともに見られないさまをいった。転じて、あまりにきらびやかで、まぶしく感じられるほどであるの意になり、さらには、すばらしいものに対して気後れがする、まともに顔をあげられないほど恥ずかしい、至らぬ点が人目にあらわになって気おくれがするなどの意をも表すようになった。＊文づかひ〔1891〕〈森鷗外〉「まばゆきほどなるゆふ日の光に照されて」

まほろば

すぐれたよい所。ひいでた国土。「まほら」「まほらま」ともいう。＊古事記〔712〕中・歌謡「大和は　国の麻《マ》本《ホ》呂《ロ》婆《バ》畳なづく　青垣　山籠《やまごも》れる　大和しうるはし」

忠実《まめ》忠実《まめ》しい

まじめで働きが良い。身軽によく働く様子をいう語。もとは、誠実であるさま、まじめであるさまの意。＊湯島詣〔1899〕〈泉鏡花〉六「柳沢は老実《まめ》老実《まめ》しく〈略〉電燈の火屋の結目を解いたが」

眉《まゆ》唾《つば》物《もの》

だまされる心配のある物。また、真偽の疑わしいこと。信用できないもの。「まゆつば」ともいう。眉に唾をつけると、狐や狸などに化かされないという俗信から、江戸時代には「眉に唾をつける」「眉に唾を塗る」といった。「眉唾物」「眉唾」という言い方がされるようになったのは、明治時代に入ってからのようである。＊続珍太郎日記〔1921〕〈佐々木邦〉五「細君が良人の為めに身だしなみをするといふ説もあるが、是は少々眉唾ものだ」

満艦飾《まんかんしょく》

極度に飾り立てていることのたとえ。もとは、旧海軍の儀礼をいう語。祝祭日や観艦式などの際に、停泊中の軍艦が艦全体を信号旗・万国旗などで飾りたてるもの。「まんかんかざり」ともいう。時に、洗濯物などを軒端いっぱいに干すことの意でも用いられる。＊寒山落木〈正岡子規〉明治二七年〔1894〕秋「菊の垣満艦飾の見ゆる哉」＊赤い国の旅人〔1955〕〈火野葦平〉五月一日「天安門をはじめとして、北京駅、人民法院等、街の大きな建物はイルミネーションの満艦飾」

まんざら

必ずしも。後に否定の語を伴って、その状況、判断などが絶対ではないさまを表し、その逆の状況、判断を消極的に肯定する場合に用いられる。特に「まんざらでもない」の形で、まったくだめだというわけではない、必ずしも悪くはないなどの意を表す。「満更」は当て字。＊浮雲〔1887～89〕〈二葉亭四迷〉一・四「長唄も岡安ならまんざらでもないけれども」＊吾輩は猫である〔1905～06〕〈夏目漱石〉二「先生と云はれて満更悪い心持ちもしないから」

卍巴《まんじどもえ》

多くのものが互いに追い合って入り乱れること。多く混戦の形容に用いられる。縦横に入り乱れるさまを卍や巴の模様にたとえたもの。＊巷談本牧亭〔1964〕〈安藤鶴夫〉春高楼の…「かくて元禄十五年極月の十四日、まんじ巴と降りつもる雪や仇なる吉良邸へ討入り、怨敵上野介のしるしを挙げたという」

【み】

ミイラ取《と》りがミイラになる
人を連れもどすために出掛けた者が、自分も先方にとどまることになる。人を捜しに行った者がそのまま帰ってこないで、捜される立場になってしまう。また、説得しようとした者がかえって説得され、先方と同じ考えになってしまうことをもいう。行った人が、目的を果たせずに、うっかりすると自分までもミイラになってしまうの意。＊浄瑠璃・本朝二十四孝〔1766〕四「どうやらかう、木乃伊《ミイラ》取りが、木乃伊になるやうな御上使様」

魅入《みい》られる
執念をかけられる。魔性のものにとりつかれる。じっとみるの意の「見入る」を受身にしたもの。＊浄瑠璃・心中天の網島〔1720〕上「三年先よりあの古狸に見入られ、親子一門妻子迄袖になし」

身《み》から出《で》た錆《さび》
自分の行為の結果として、自分自身が苦しむこと。自業自得。刀の錆が刀身から生じることにたとえていったもの。＊浮雲〔1887～89〕〈二葉亭四迷〉一・六「放擲《うっちゃっ》てお置きなさいよ。身から出た錆だもの」

砌《みぎり》
時節。折り。ころ。語源は「水限《みぎり》」で、もとは、軒下などに雨滴を受けるために石や敷瓦を敷いた所をいった。そこから、雨滴の落ちるきわやその境目をもいうようになり、転じて、庭や境界の意、さらには、ある場所やある時節の意でも用いられるようになった。＊吾輩は猫である〔1905～06〕〈夏目漱石〉二「此孔雀の舌の料理は往昔羅馬全盛の砌り、一時非常に流行致し候ものにて」

身綺麗《みぎれい》
身なりや身の回りが清潔でこざっぱりしているさま。時に「見奇麗」とも書く。＊青春〔1905～06〕〈小栗風葉〉夏・七「白服の見奇麗《みぎれい》な二人のウエタアが、銀のポットを持って何やら飲料を注ぎ廻った」

三行半《みくだりはん》
離縁すること。離縁されること。もと、江戸時代の庶民の間で、夫から妻または妻の父兄に宛てた離別状の別称で、三行半で書く習慣であったことからいわれた語。関係を断つことを比喩的にいう場合にも用いられる。＊思出の記〔1900～01〕〈徳富蘆花〉四・八「此様な女は行く行く家を亡ぼす、と云ふ処から三行半《みくだりはん》となった訳そうな」

見巧者《みごうしゃ》
見方のじょうずなこと。物を見なれていること。特に、芝居などを見なれていて、見方が上手な人をいうことが多い。＊滑稽本・客者評判記〔1811〕上「わかりもせぬ狂言を、あそこが山だの爰が腹だのと、見功者づらして役者を罵り」

見知《みし》り越《ご》し

以前から面識があること。前から知っていること。＊木乃伊の口紅〔1913〕〈田村俊子〉一〇「何方《いづれ》もみのるの見知り越しの人であった」

水菓子《みずがし》

食用とする果実。くだもの。＊浮世草子・世間胸算用〔1692〕三・二「さまざまの魚鳥、髭籠に折ふしの水菓子」

水茎《みずくき》の跡《あと》

筆の跡。筆跡。文字。手紙。多く、すぐれた筆跡をいう。「みずぐき」ともいう。＊謡曲・夜討曾我〔1480頃〕「皆人の形見には、手跡に勝る物あらじ、水茎の跡をば、心にかけて弔ひ給へ」

水《みず》くさい

よそよそしい。他人行儀である。親切でない。もとは、水分が多くて味が薄いの意。転じて情愛が薄いことをもいうようになった。なお、関西方言では、塩気が足りないの意で用いられる。＊ソフィアの秋〔1968〕〈五木寛之〉三「水くさいぞ。こっちはせまい部屋に無理して泊めてやってるのに」

水商売《みずしょうばい》

客のひいきによって成り立ってゆく、収入が不確かで盛衰の激しい商売。主として、待合・貸座敷・料理店・バー・キャバレーなどにいう。江戸時代の中頃から使われた語で、由来については、その収入が不安定なさまから、流水のように一定しない商売という意味でこの名が付いたとする説、かつて娼妓や芸妓などの職業を「泥水稼業」「泥水商売」などといったところからくる語であるという説、江戸時代に街路や寺社の境内で茶や菓子を出して、往来の人々の休息の場となった水茶屋から出た語であるとする説などがある。＊暗夜行路〔1921～37〕〈志賀直哉〉三・四「何といってもお栄さんは矢張り水商売の人だね」

瑞《みず》穂《ほ》の国《くに》

日本国の美称。みずみずしい稲穂の実る国の意。『古事記』にある「豊葦原之千秋長五百秋之水穂国」の略称。＊万葉集〔8C後〕一八・四〇九四「葦原の　美豆保《ミツホ》国《のくに》を　天降り　治らしめしける〈大伴家持〉」

見澄《みす》ます

気をつけてよくみる。見きわめる。熟視する。＊吾輩は猫である〔1905～06〕〈夏目漱石〉五「主人夫婦の熟睡して居るのを見済《みすま》して」

瑞瑞《みずみず》しい

新鮮である。つややかで若々しい。生気があって美しい。＊硝子戸の中〔1915〕〈夏目漱石〉三七「晩年に生れた私には、母の水々《みづみづ》しい姿を覚えてゐる特権が遂に与へられずにしまったのである」

水《みず》も滴《したた》るいい女《おんな》

きわだって美しい女性。肌や髪の毛がみずみずしいことからいう。

水《みず》もの

あてにならないもの。運に左右されやすいもの。相手やその時の様子で変わりやすい物事を、たえず変わる水の流れにたとえたもの。＊とむらい師たち〔1966〕〈野坂昭如〉「あんな見世物は、しょせん水ものでな」

水《みず》も漏《も》らさぬ

警戒・防御・用意などがきわめて厳重なさま。すきまなく敵をとり囲むさま。転じて、容姿や態度などにつけいるすきがなく、見事なさまにもいう。＊助左衛門四代記〔1963〕〈有吉佐和子〉五・一「三つ指をつき度度に口上を変え、水も洩《も》らさぬ見事な挨拶であった」

水《みず》をあける

競争相手を目立ってひきはなす。水泳やボート・レースなどで、一身長または一艇身以上の差をつけることの意でいったものが、広く一般に用いられるようになった。＊人民は弱し官吏は強し〔1967〕〈星新一〉一〇「技術面でも生産面でも、はるかに水をあけている」

水《みず》を打《う》ったような

その場にいる大勢の人々が静まりかえるさま。ざわざわとしていた状態が静まることを、ほこりっぽい地面などに水を打ったようだと表現したもの。＊義血侠血〔1894〕〈泉鏡花〉二六「満廷粛として水を打ちたる如くなれば」

水《みず》を向《む》ける

相手がある事を話しはじめるようにうまく仕向ける。また、関心を向けるようにさそいかける。もとは、霊前に水を手向けるの意で、特に、巫女《みこ》が霊魂を呼ぶ口寄せの行為をいった。＊滑稽本・東海道中膝栗毛・発端〔1814〕「ノウおくんさん〈トむかふのうちのかかしゆへ水をむけかけると〉」

味噌《みそ》

特に工夫をこらした点。特に趣向をこらしたところ。また、それを人に自慢すること。味噌は味に工夫をこらすのに重要な役割を担う調味料であることからいったもの。「手前味噌」ともいう。＊にんげん動物園〔1981〕〈中島梓〉一九「このシッポは、正面からみると、うまい具合に、シッポでない方の、もう一個のタヌキの特徴に見えるよう作ってあるのがミソであった」

身《み》空《そら》

身のほど。分際。多く、同情すべき身の上や境遇をいう。＊司令の休暇〔1970〕〈阿部昭〉二「二十そこそこの身空でせっせと家に金を入れて来る兄を」

味《み》噌《そ》をつける

失敗する。しくじる。また、面目を失う。醜態をさらす。古くは「みそ」だけでも失敗を意味した。おそらく味噌は、味から意を転じた場合には、特に工夫をこらした点などの良いイメージで用いられるが、見た目から意を転じた場合には、悪いイメージで用いられるのだろう。＊西堀南極越冬隊長〔1957〕〈桑原武夫〉「日本隊がミソをつけぬためには」

道草《みちくさ》を食《く》う
目的地に行く途中で、他のことに時間を費やす。もと、馬が道ばたの草を食って進行が遅くなるの意。「道草をとる」ともいう。＊滑稽本・東海道中膝栗毛〔1802～09〕初「彼是と興じて、爰を立出、いろいろ道草を喰ふ、駅路の気さんじは」

密会《みっかい》
ひそかに会うこと。特に、男女が人目をしのんで会うこと。＊続々金色夜叉〔1899～1902〕〈尾崎紅葉〉三・二「明に彼等は夫婦ならず〈略〉さては何等の密会ならん」

蜜月《みつげつ》
結婚して一か月ほどの日々。また、新婚旅行。英語honeymoonの訳語。転じて、親密な関係にあることの意をも表すが、多く「蜜月関係」などの形で、あまり好ましくないつながりをいう傾向にある。＊半日〔1909〕〈森鷗外〉「暗黒に閉ぢられてゐる夫婦の胸には、sweetであった密月の記念が、電光のやうに閃いて、忽ち消えた」

三《み》つ巴《どもえ》
力の似通った三つのものが対立して入り乱れること。もと、紋所・紋様の名で、三つの巴が同方向に尾を長く引いて三つ回りあっている形を描いたものをいう。時に、三人が向かいあってすわることの意でも用いられる。＊彼岸過迄〔1912〕〈夏目漱石〉須永の話・一五「千代子と僕に高木を加へて三つ巴を描いた一種の関係が」

三《み》つ指《ゆび》をつく
親指・人差し指・中指の三本の指を軽く床につけて丁寧に礼をする。主に女性が行う。＊浮世草子・好色一代女〔1686〕六・三「子細らしき親仁三指《みつゆび》を突《つき》て」

嬰児《みどりご》
三歳ぐらいまでの子ども。赤児。幼児。大宝令では三歳以下の男児・女児を緑と称すると規定してあり、奈良時代の戸籍には男児を緑児と記している。胎児についていうこともある。「りょくじ」ともいう。古くは「みどりこ」といった。＊万葉集〔8C後〕一八・四一二二「彌騰里《ミドリ》児《こ》の 乳乞ふがごとく 天つ水仰ぎてそ待つ〈大伴家持〉」

緑《みどり》の黒髪《くろかみ》
黒くつやのある美しい髪。女性の髪をほめていう語。時に、黒くつやのある色の意で用いられることもある。「緑の髪」ともいう。＊太平記〔14C後〕二〇・義貞首懸獄門事「翠《みどり》の髪《かみ》を剃下し、紅顔を墨染にやつし給ふ」

身《み》二《ふた》つになる

妊婦が子どもを産む。出産する。「身身《みみ》となる」ともいう。＊説経節・説経苅萱〔1631〕上「ただのみでもなし、みも二つにおなりあってそののち」

見紛《みまが》う

見まちがえる。見あやまる。ふつう「ミマゴー」と発音されるため、時に「みまごう」と表記されることがある。＊太郎坊〔1900〕〈幸田露伴〉「ひょろ松檜葉などに滴る水珠は夕立の後かと見紛《みまが》ふばかりで」

身罷《みまか》る

死ぬ。この世から去る。「身」に去るの意の「罷る」がついてできたもので、身が現世から罷り去るの意。特に、中古では、死ぬことをへりくだっていうのに用いられた。＊最後の旅〔1969〕〈加賀乙彦〉「数時間たって夫がみまかる直前に読みおわり」

みみっちい

けちくさい。しみったれている。また、気が細かい。細心である。「めめしい」の転じたものかとする語源説がある。＊抱擁〔1973〕〈瀬戸内晴美〉四「ぼくらはみみっちい旅しかしないから」

見《み》目《め》麗《うるわ》しい

容貌が美しい。顔かたちが美しい。多く女性の形容に用いられる。＊刺青〔1910〕〈谷崎潤一郎〉「何十年の昔から生き代り死に代ったみめ麗しい多くの男女の」

身《み》持《も》ちがいい

平生のふるまいぶりが良い。品行方正である。特に、異性との交際についていうことが多い。「身持ち」は、もと、一身を保ち処していくこと、一身の処置、生計の保持などの意を表し、転じて、品行を意味するようになった。＊寝顔〔1933〕〈川端康成〉「まはりとちがって身持ちもよく、あのやうな好色的な見世物として世間にはやされながら、水族館のレヴュウの続いてゐた限り、一人も処女を失ってゐないのでありました」

雅《みやび》

宮廷風で上品なこと。都会風であること。洗練された風雅。優美。動詞「みやぶ(雅)」の連用形が名詞化したもの。古くは、恋の情趣を解し、洗練された恋のふるまいをすることをもいった。＊花物語〔1919〕〈吉屋信子〉あやめ「オーバシュースに泥をはねて、黒いアンブレラに雨をはぢく寮の人達の中に、このみやびな絵模様の蛇の目の細い傘は、一つの小さい奇蹟《ミラクル》であった」

雅《みやび》やか

上品で優雅なさま。風流なさま。閑雅なさま。「やか」は接尾語。＊日本野球史〔1929〕〈国民新聞社運動部〉早大野球部の創立「一高と別派にして然も新しい球戯にそのみやびやかな処を誇った学習院は順風満帆の勢ひで四谷の一角に蹲居した」

冥加《みょうが》に余《あま》る
ありがたくてもったいないほどである。幸せすぎる。「冥加」は知らずに受けている神仏の助けの意。「冥加に尽きる」ともいう。＊真景累ケ淵〔1869頃〕〈三遊亭円朝〉一八「ああ云はれると、冥加に余って嬉しいと思ひますが」

妙《みょう》ちきりん
奇妙なこと。ふつうにはない不思議なこと。「妙」に口調子で「ちき」「りん」が添えられたもの。同様にして成った語に、「みょうちき」「みょうちきちん」「みょうちくりん」「みょうてけれん」などがある。＊髑髏と酒場〔1931〕〈正宗白鳥〉「そのギゴチない肘つきは、日本人のダンス同様妙ちきりんであった」

冥利《みょうり》
ある状態であることによって、おのずから受ける恩恵。多く「〜冥利に尽きる」の形で用いられる。もと仏教語で、仏菩薩が知らず知らずの間に与える利益の意。転じて、人が知らず知らずの間に、神仏や他人などから与えられる福利・恩恵をもいうようになった。＊雑俳・卯の花かつら〔1711〕「町人の冥利に尽て刀さす」

妙齢《みょうれい》
若い年頃。としごろ。特に女性にいう。「妙」は若いの意。「妙年」ともいう。＊虞美人草〔1907〕〈夏目漱石〉一〇「妙齢の女子には似合はしからんものがあるぢゃないか」

【む】

六日《むいか》の菖蒲《あやめ》
時機に遅れて役に立たないことのたとえ。もと、五月五日の端午の節供の翌日の菖蒲をいう。類似した表現に「十日の菊」がある。「六日のしょうぶ」「六日の菖蒲十日の菊」ともいう。＊読本・南総里見八犬伝〔1814〜42〕八・八九回「巧みなりとも、時を移さば、六日の菖蒲になりぬべし」

昔《むかし》取《と》った杵柄《きねづか》
過去に習得して、まだ衰えずに身につけている技能や腕前。多く、まだやれるという期待や自負を込めて用いられる。＊雑俳・柳多留‐二一〔1786〕「むかしとったるきねづかでとしわすれ」

むくつけき
うとましくなるほど無骨である。無風流で品がない。文語形容詞「むくつけし」の連体形から成った語で、もとは、妖怪変化など、正体のわからない恐ろしげなものに対する不気味さ、不快感などの意を表した。＊風俗画報‐一九八号〔1899〕遊芸門「むくつけき書生輩が、罵詈にも妨碍にも、ドースルドースルと噪き立つるよりドースル連は、固有名詞の如く」

無辜《むこ》
罪がないこと。また、その者。「辜」

後世

は罪の意。＊学問のすゝめ〔1872～76〕〈福沢諭吉〉七・国民の職分を論ず「全日本国中無辜の小民をして其無上の歓楽を失はしむるは」

向《む》こう三軒両隣《さんげんりょうどなり》

自分の家の向かい側三軒の家と、左右の隣家。日常親しく交際する近隣の称。古くは令制での末端行政組織として、近隣の五戸を集めて最小の行政単位とし、相互監察、相互扶助を義務づけた隣保制度の単位でもあった。「むかいさんげんりょうどなり」ともいう。＊滑稽本・浮世風呂〔1809～13〕二・下「向三軒両隣のつき合をしらねへとんちきだ」

虫《むし》が好《す》かない

どことなくいやな感じがして気にいらない。どうも好感がもてない。「虫」は、人間の体内にいて、意識や心理状態を左右すると考えられていたもので、いわゆる腹の虫のこと。＊にごりえ〔1895〕〈樋口一葉〉二「私はどうも彼んな奴は虫が好かないから、無き縁とあきらめて下さい」

虫酸《むしず》が走《はし》る

ひどく忌み嫌うこと。「虫酸」は、胸がむかついたときなどに、胃から口に込み上げてくる酸っぱい唾液。口中にむしずが出て、吐き気を催すほど不快であるさまを、たとえていったもの。＊滑稽本・東海道中膝栗毛〔1802～09〕初「思ひだしてもむしづがはしる」

虫《むし》の息《いき》

弱りはてて今にも死にそうな息づかい。虫の息ほどにかすかな呼吸であるとたとえたもの。＊浄瑠璃・心中刃は氷の朔日〔1709〕下「襟引よせて剃刀の、柄迄ぐっと一刀突かれてうんと反返りのた打つ藍の虫のいき」

娘十八番茶《むすめじゅうはちばんちゃ》も出花《でばな》

どんな女性でも、一八歳ぐらいの娘ざかりは美しいものである。番茶のような品質の劣った茶でも、入れたてはうまいことを、たとえていったもの。「鬼も十八番茶も出花」ともいう。＊うもれ木〔1892〕〈樋口一葉〉七「今歳十八の出花の色、玉露の香り馥郁として、一段の見栄え流石に嬉しく」

無体《むたい》

無理なこと。無法なこと。目上の人の無理な要求に対して、多く「御無体な」の形で用いられる。また、ないがしろにすること、無視すること、むだにすること、あるいは、とりわけはなはだしいさま、むやみ、などの意をも表す。「無理無体」ともいう。＊浄瑠璃・傾城三度笠〔1715頃〕上「左様な者の癖として博奕うったり芸好《げいすき》して、金銀のみか寝道具まで、げじいてのけて〔＝使い果たして〕挙句には、無体なことを言掛けられ、裸で逃げて戻るもの」

無茶《むちゃ》

筋道がたたないこと。道理に合わないこと、めちゃくちゃ。また、程度がふつうでなく度をはずれていること、乱暴に扱ったり乱雑にしたりすること、だめにすることをも表す。「無茶」は当て字。「めちゃ」ともいう。＊五重塔〔1891～92〕〈幸田露伴〉一四「口惜いほどの無分別な、如何すれば其様に無茶なる夫の了見」＊たけくらべ〔1895～96〕〈樋口一葉〉二「今度負けたら長吉の立端は無いと無茶にくやしがって」

むちゃくちゃ

まったく筋道のたたないこと。道理をかえりみないこと。また、乱暴に扱ったり乱雑にしたりすること。どうにもならない状態になるさま、程度が並はずれてはなはだしいさまをも表し、副詞的にも用いられる。「むちゃ」を強めていう語。「無茶苦茶」は当て字。「めちゃくちゃ」とほぼ同じ。＊十三夜〔1895〕〈樋口一葉〉上「無茶苦茶にいぢめ立る訳ではあるまいが」＊吾輩は猫である〔1905～06〕〈夏目漱石〉一一「無茶苦茶を云ふので、東風先生あきれて黙って仕舞った」

無手勝流《むてかつりゅう》

自分勝手な方法。師伝などによらない自己流のやり方。剣豪といわれた塚原卜伝が、渡し船の中で真剣勝負をいどまれた時、相手を先に州に上がらせて、自分はそのまま竿で突いて船を出し、「戦わずして勝つ、これが無手勝流だ」と言って、相手の血気を戒めたという故事から成った語で、もとは、戦わないで相手に勝つことの意。力でなく策によって勝つことから、自己流の意に転じた。

無鉄砲《むてっぽう》

理非や前後をよく考えないで事を行うこと。むこうみずに行うこと。「無鉄砲」は当て字。＊坊っちゃん〔1906〕〈夏目漱石〉一「親譲りの無鉄砲で小供の時から損ばかりして居る」

胸算用《むなざんよう・むねざんよう》

心の中で見積もりを立てること。同じく「算用」を使った「取らぬたぬきの皮算用」は、まだ捕まえてもいない、狸の皮を売ることを考えることの意で、手に入るかどうか分からないものをあてにして計画をたてることのたとえに用いられる。＊浮世草子・世間胸算用〔1692〕一・四「今年の大晦日は此銀の見えぬゆへ胸算用《むなさんよう》ちがひて」

胸突《むなつ》き八丁《はっちょう》

物事の一番苦しい時、正念場をたとえていう。もとは、富士登山で頂上まで八丁（約八七二メートル）のけわしい道の意。それが、一般の山にもいわれるようになり、さらに転じて、広く一般に目標に達する直前の最も苦しい時をいうようになった。＊一九二八・三・一五〔1928〕〈小林多喜二〉五「髪の毛をひっつかんで引きずり廻されるやうな、ジグザックな、しかも胸突八丁だった」

胸三寸《むねさんずん》

胸の中。また、心の中にある考え。「三寸」は、約九・一センチメートルの長さをいうが、「舌先三寸」などの

後世

場合と同様、短いもの、薄いもののたとえに用いられたもの。この語を使った慣用句に、心の中に納めて表面に出さないようにするの意の「胸三寸に畳む」「胸三寸に納める」がある。＊大阪の宿〔1925～26〕〈水上滝太郎〉二・四「こいつの首を切らうとも月給をあげてやらうとも此の胸三寸にあるんだ」

無名氏《むめいし》
名前のわからない人。名前を記していない人を示すときなどに、その人の名前のように用いる語。「失名氏」ともいう。＊吾輩は猫である〔1905～06〕〈夏目漱石〉二「無名氏の作にも随分善いのがあるから中々馬鹿に出来ない」

紫《むらさき》
醤油《しょうゆ》。色が紫色であるところからいう。特にすし屋で用いられることが多い。＊東京風俗志〔1899～1902〕〈平出鏗二郎〉中・八・飲食店料理店「特に牛肉店等の如きを通じて、肉を生《なま》、葱を五分《ごぶ》、醤油を紫《むらさき》、これに半、味淋を加へたるを割下、香の物を『しんこ』といふ」

無類《むるい》
たぐいがないこと。比べるものがないほどすぐれていること。＊美貌の皇后〔1950〕〈亀井勝一郎〉古塔の天女「とくに甍の美しさは無類である」

【め】

迷宮入《めいきゅうい》り
事柄が入りくんで、容易に解決がつかなくなること。特に、犯罪事件で、犯人不明のまま捜査打ち切りとなること。「迷宮」は、中にはいると通路が複雑で出口がわからなくなって迷うように造られた建物の意。転じて解決などを求めて迷う状況の比喩に用いられるようになった。「お宮入り」ともいう。＊いやな感じ〔1960～63〕〈高見順〉二・八「しかし事件はうやむやのまま、いわゆる迷宮入りで終った」

明鏡止水《めいきょうしすい》
澄みきった静かな心境のたとえ。「淮南子‐俶真訓」による語で、もと、くもりのない鏡と静かな水の意。「めいけいしすい」ともいう。＊漫才読本〔1936〕〈横山エンタツ〉自序伝「これこそ明鏡止水の境地と言ふのでせう」

瞑《めい》する
目を閉じる。目をつぶる。また、ねむる。安らかに死ぬ。往生する。↓以《もっ》て瞑《めい》すべし。＊うつせみ〔1895〕〈樋口一葉〉四「お前が手づから香花でも手向れば、彼れは快よく瞑する事が出来る」

目一杯《めいっぱい》
最高限度に至っていること。精一杯であること。はかりの目盛がいっぱいになる意から生じた語。副詞的にも用いられる。＊歌舞伎・小袖曾我薊色縫（十六夜清心）〔1859〕五立返し「先づ目一杯銀弐両でげっす」

明眸皓歯《めいぼうこうし》
美しく澄みきった眸《ひとみ》と白くととのった歯。美人の形容に用いられる語。＊内地雑居未来之夢〔1886〕〈坪内逍遙〉五「明眸皓歯、蛾眉豊頬、薄化粧のみと見えながら、色あくまでも白うして」

目《め》顔《がお》
目つき。目の表情。目くばせ。また、顔つき。顔の表情。思っていることを表情だけで伝えようとする際の目つきや顔つきにいう。＊抱擁〔1973〕〈瀬戸内晴美〉四「まれに、男が送って出ないかと女を目顔で誘う時がある」

目《め》から鱗《うろこ》が落《お》ちる
何かがきっかけとなって、急に物事がよく見え、理解できるようになるたとえ。『新約聖書』の「使徒行伝」から出たことば。略して「目から鱗」ともいう。＊トカトントン〔1947〕〈太宰治〉「それを聞いたとたんに、眼から鱗《うろこ》が落ちるとはあんな時の感じを言ふのでせうか」

目腐《めくさ》れ金《がね》
はしたがね。わずかばかりの金銭をののしっていう語。「めくさりがね」「めくされぜに」ともいう。「目腐れ」は、もと、眼病のために、目のふちがただれていること。転じて、人をののしる語としても用いられた。中央に穴の開いた銭が目を連想させるために、「目腐れ」と「金」が結び付いたのであろう。＊黒潮〔1902～05〕〈徳富蘆花〉一・一二・一「吝な野郎じゃ無いか。うんと云ふ程機密費をかかへて居ながら、千や二千の目腐れ金だ」

目《め》くじら
目の端。目尻。目角《めかど》。多く「目くじらをたてる」の形で、他人の欠点を探し出してとがめ立てをする、わずかの事を取り立ててそしりののしるの意を表す。＊政談〔1727頃〕三「一々目くじらを立て悪事を見出す様にするときは」

めくるめく
目がくらむ。めまいがする。現在は、ぐるぐると回るイメージで用いられていることが多い。語源意識が薄れ、「めぐる」が意識されているのだろう。「めくるべく」「めくらめく」ともいう。＊俳諧・更科紀行〔1688～89〕「九折《つづらをり》重りて雲路にたどる心地せらる。歩行《かち》より行ものさへ、眼くるめき、たましゐしぼみて」

滅相《めっそう》もない
とんでもない。思いがけないことである。あるべきことではない。丁寧表現で「めっそうもありません」となるのは、「ない」が否定形と意識されるからであるが、意味のうえでは「めっそう」とほとんど差異がない。「（これ以上の）滅相なことも存在しない」という意から生まれたのであろうか。＊ロマネスク〔1934〕〈太宰治〉仙術太郎「直訴はまかりまちがへば命とりぢゃ。めっさうもないこと。やめろ。やめろ」

愛《め》でる
心がひかれ、すばらしいと思う。感動する。ほめる。熱中する。また、いとしく思ったりかわいく思ったりする。愛賞する。愛する。対象に心がひかれ、感動したり、愛したりする気持が起こるのをいうのが原義であろうか。＊俳諧・宗因千句〔1673〕上「萩のもちなしをみなへしなら 月めでて腹へらしたる旅枕」

目処《めど》が立《た》つ
実現・解決などの見通しがつく。「めどが付く」ともいう。＊春の城〔1952〕〈阿川弘之〉二・八「解読のめどは殆ど立たなかった」

娶《めと》る
妻として迎える。「妻《め》取る」の意。＊読本・雨月物語〔1776〕吉備津の釜「良人の女子の顔よきを娶《めと》りてあはせなば、渠が身もおのづから修まりなん」

目《め》には目《め》歯《は》には歯《は》
自分が受けた害に対して、同様な仕返しをすることのたとえ。バビロニアのハンムラビ法典にあることばで、『旧約聖書』にも出てくるが、イエス・キリストが「山上の垂訓」のなかで用いたことにより、有名になった。「目には目を」ともいう。

目《め》の正月《しょうがつ》
美しい物、珍しい物を見て楽しむことのたとえ。目の保養。「正月」は一年中で一番楽しいときであるところからいう。「目正月」ともいう。＊浮世草子・御前義経記〔1700〕五・一「引手あまたの遊女町、みるが此目の正月と」

目《め》の保養《ほよう》
美しい物、珍しい物を見て楽しむことのたとえ。「め（目）の正月」に同じ。＊落語・殿様の廓通ひ〔1890〕〈禽語楼小さん〉「目の保養がてら新吉原遊廓の傾城を求めは致しませんが見物に参りました」

目端《めはし》が利《き》く
気転がきく。その場その場に応じて、よく才知がはたらく。目先がきく。＊大道無門〔1926〕〈里見弴〉微症・二「会社三つ四つに関係して、どこからも引っ張凧に頼みにされてゐると云はれるほど目端の利く実務家で」

目《め》鼻《はな》がつく
物事が、ほぼできあがる。大体の事が決まったり、結果の予想が立ったりする。埒《らち》があく。もとは、目・鼻があるべき所にきちんとあって整っている、整った顔立ちをしているの意。原義では「目鼻が揃う」ともいい、比喩的な意では「目鼻があく」ともいう。＊真景累ケ淵〔1869頃〕〈三遊亭円朝〉四九「一分ばかり貰っても法が付かねえから、少し眼鼻の付く様にモウ些とばかり何うかね」

目《め》安《やす》
おおよその見通し。おおまかな基準。標準。もとは、見た目に感じがよいことの意。見た目がよく読みやすいことから、文書を箇条書にすることをいうようになり、転じて、その文書をもいった。鎌倉・室町および戦国時代では、箇条を立てて書いた訴状と陳状をいい、江戸時代では、訴状をいった。＊吾輩は猫である〔1905～06〕〈夏目漱石〉七「吾輩を目安にして考へれば猫なで声ではない」

目病《めや》み女《おんな》に風邪《かぜ》引《ひ》き男《おとこ》

眼病で目のうるんだ女と、風邪をひいている男の姿は風情があるという、江戸時代のものの見方。

めろめろ

しまりがなく、すっかりだめになるさま。多く、異性に恋い焦がれる際に用いられる。また、すっかり打ちのめされるさまをもいう。古くは、「めそめそ」のように、いくじなく、たやすく泣くさま、「めらめら」のように、炎を上げてたやすく燃えるさま、また、塗り物などがたやすく剥げるさまなどをも表した。

目《め》を皿《さら》のようにする

目を大きく見開く。物を探し求めたり、凝視して細かく見分けたり、驚いたりした時などのしぐさにいう。＊兵隊の宿〔1915〕〈上司小剣〉一「小池の描いた画の評判が新聞や雑誌に出ると、お光は眼を皿のやうにして一々読んだ」

面食《めんく》らう

突然のことに驚きまごつく。あわてふためく。狼狽する。「めんくう（面喰）」ともいう。語源説には、橡麺棒《とちめんぼう》を喰らうの意からとするものがある。＊落語・阿七〔1890〕〈三代目三遊亭円遊〉「此様《こんな》のが五六人も居ては眩《めん》暈《くら》ッちまひます」

面子《メンツ》

体面。面目。また、ある集まりの参加者。明治以降に中国語から発音とともに取り入れられた語。中国語で、「面」は顔や容姿の意、「子」は物の名の下に添える語で、「椅子」「菓子」「格子」「冊子」などにみられるものと同じ。体面・面目の意の例が昭和期より見られるが、メンバーの意の方はより話しことば的であるためか、文献にはあまり見られない。現代の話しことばでは、特に同じ中国語出自のマージャンを行う際のメンバーの意で用いられることが多い。＊助左衛門四代記〔1963〕〈有吉佐和子〉一・一「紀州の面子にもかかわることになる」

面目《めんぼく》ない

恥ずかしくて、人に合わせる顔がない。世間に顔向けができないほど、恥ずかしい。「めんぼくがない」「めんもくない」ともいう。＊歌舞伎・鼠小紋東君新形（鼠小僧）〔1857〕四幕「『扨は山井養仙といふ、一筆《いちふで》（＝第一番。筆頭）の情人《いろをとこ》は』『面目ないが、愚老でござる』」

面妖《めんよう》

まれなこと。奇怪なこと。不思議なこと。「めいよ（名誉）」の変化した「めいよう」がさらに変化したもの。「面妖」は当て字。現在では、「めんような」の形で連体修飾に用いられることが多い。＊滑稽本・浮世風呂〔1809～13〕前・下「ハテ、めんような、たった今汲《くん》だがのう」

【も】

毛頭《もうとう》ない
少しも。いささかも。「毛頭」は、もと、毛のはえた頭の意。そこから、毛の先ほどもないの意が生じたのであろう。＊舞踏〔1950〕〈庄野潤三〉「恋人のために自分の家庭を破壊しようと云う意志は毛頭ないし」

蒙《もう》を啓《ひら》く
道理や知識にくらい者を教え導く。啓蒙する。「啓蒙」を読み下したもの。＊傾いた街〔1967〕〈加賀乙彦〉「私を根気よくルーヴルに誘いその蒙を啓いてくれたのは彼女である」

没義道《もぎどう》
人の道にはずれること。むごいこと。不人情なこと。「無義道」の転じたものかという。＊浄瑠璃・一谷嫩軍記〔1751〕三「没義道に、叱るばかりが手柄でも、ござんすまい」

もぎり
劇場・映画館などの入口で、入場券の半片をもぎ取ること。「もぎる」の連用形が名詞化したもの。＊夢声半代記〔1929〕〈徳川夢声〉御祖師様・四「階段を上る時、モギリにゐたZと甘ったるい一瞥をスパークさした事は云ふ迄もない」

目論見《もくろみ》
計画すること。また、その計画。「もくろむ（目論）」の連用形が名詞化したもの。＊鮫〔1963〕〈真継伸彦〉三「虫のよいもくろみはたちまち裏切られる」

猛者《もさ》
勇敢で力あふれている人。また、能力がすぐれ精力的に活動する人。時に、荒っぽい人の意でも用いられる。＊異郷〔1973〕〈加賀乙彦〉「四年生とみればいじめるので名が通っている猛者《もさ》であった」

もっけの幸《さいわ》い
想像もしなかったことが、身に幸福をもたらすこと。思いがけなく得た幸い。「もっけ」は「もののけ（物怪）」が変化した語といわれ、思いがけないこと、意外なことの意を表す。＊寒山拾得〔1916〕〈森鷗外〉「不潔な水でなかったのは、閭がためには勿《もっ》怪《け》の幸《さいはひ》であった」

沐猴《もっこう》にして冠《かん》す
外見は立派でも、内実がそれに伴わない人物をいったもの。もと、小人物がふさわしくない任にあることをいった。昔、中国秦末の武将項羽が、都に適した関中の地を去って故郷に帰りたがったのを、ある者が、所詮猿が衣冠をつけたようなもので、項羽は天下をとれる人物ではないと嘲ったという「史記‐項羽本紀」故事から成った語。

もっさり
世情にうとく、あか抜けしないさ

ま。やぼったいさま。ぼうっとしていて気がきかないさまにもいう。もと、毛がふかぶかと生えているさまを、擬態的に表していった語。時に、こんもりと盛りあがっているさまにも用いられる。＊鶯〔1938〕〈伊藤永之介〉「な、おい、貴様、さうだらう、と薄い頭髪を短く刈った眼に光りのないもっさりとした顔つきの坊主を振り向いた」

勿《もっ》体《たい》ない

使えるものが捨てられたり、働けるものがその能力を発揮しないでいたりして、惜しい。また、身に過ぎておそれ多い、かたじけないの意も表す。時に、不都合である、不届きである、もってのほかであるの意でも用いられる。「もたいなし」ともいう。＊虎明本狂言・右流左止〔室町末～近世初〕「是は言語道断もったいなきお言葉かな」＊滑稽本・浮世風呂〔1809～13〕前・上「早うおこして、其体雪《すす》がんせ。勿体ない」＊吾輩は猫である〔1905～06〕〈夏目漱石〉二「こんなにのらくらして居ては勿体ない」

以《もっ》て瞑《めい》すべし

それで満足すべきである。「瞑する」は、安心して死ぬ、の意。これで安らかに死ぬことができる、ここまでできれば死んでもよいの意で、満足の気持、あるいは満足すべきであることを言い表したもの。＊海と毒薬〔1957〕〈遠藤周作〉一・二「沢山の両肺空洞患者を救う路を拓くと思えばもって瞑《めい》すべしやないか」

もてなし

饗応。ごちそう。また、人に対するふるまい方。遇し方。態度。時に、教養や性格によってかもし出される振る舞い、ものごしの意や、物事の取り扱い方、とりはからい、処置などの意でも用いられる。＊浮世草子・好色一代男〔1682〕二・五「あるじは舟木屋の甚介とて気さくなる翫《もてな》し、是なる岸にあるてふ、海鹿藻《ひじきも》・みるくいを取揃、酒も大方に過て、所の仕置咄し」

元《もと》の木《もく》阿《あ》彌《み》

一旦よくなったものが、ふたたびもとの状態にもどってしまうこと。せっかくの苦労や努力が無駄になること。この句の成り立ちについては諸説ある。一つは、筒井順昭が病死したとき、嗣子の順慶が幼少だったので、遺言によって順昭の死を隠し、順昭と声のよく似た木阿彌という盲人を招いて薄暗い寝所に置き、順昭が病床にあるように見せていたが、順慶が長ずるに及んで木阿彌はもとの市人の身にもどったという故事によるとするものである。また一つは、ある人が妻を離縁して出家し、木食《もくじき》の修行をして、木阿彌、木食上人などと呼ばれ尊ばれたが、年を経るに従い、木食の修行も怠りがちになり、元の妻ともかたらうようになったのを世人があざけって取り沙汰した語によるとするものである。「もとのもくあん」ともいう。＊夢酔独言〔1843〕「夫から方々へ参ったが、銭はあるし、うむものを食いどふしだから、元のもくあみになった」

紅葉《もみじ》を散《ち》らす
恥ずかしさや怒りなどで、顔を赤くする。顔を赤くそめたさまを、紅葉を散らした様子にたとえたもの。＊雑俳・柳多留‐八五〔1825〕「双六で紅葉をちらす妻と妾」

桃《もも》栗《くり》三《さん》年《ねん》柿《かき》八《はち》年《ねん》
桃と栗は芽生えてから三年で、柿は芽生えてから八年で実を結ぶということ。この句の下に「梅は酸い酸い十三年」「柚《ゆず》は九年の花盛り」「枇杷《びわ》は九年でなりかねる」「枇杷は九年で登りかねる梅は酸い酸い十三年」などの句をつけたりする。＊浄瑠璃・愛護若塒箱〔1715頃〕四「桃盗人の制法に過怠も桃栗三年ぢゃ。柿なら八年かからうに仕合せ者めと」

両《もろ》肌《はだ》脱《ぬ》ぐ
全力を尽くして、事にあたる。もとは、着物の両肩を脱いで、上半身をあらわすこと、襟を開いて肌をあらわにすることの意。＊浄瑠璃・仮名手本忠臣蔵〔1748〕六「堪り兼て勘平、諸肌《もろはだ》押し脱ぎ、脇指をぬくより早く腹にぐっと突立」

門《もん》外《がい》漢《かん》
その分野を専門としない人。畑ちがいの人。＊吾輩は猫である〔1905～06〕〈夏目漱石〉九「門外漢から見ると気の知れない道楽の様であるが」

紋《もん》切《き》り型《がた》
物事のやり方が一定の型にはまっていること。きまりきった型。ステレオタイプ。もと、紋の形を切り抜くための一定の型のこと。＊吾輩は猫である〔1905～06〕〈夏目漱石〉二「只其言語動作が普通の半可通の如く、文切り形の厭味を帯びてないのは聊かの取り得でもあらう」

門《もん》前《ぜん》の小僧《こぞう》習《なら》わぬ経《きょう》を読《よ》む
常に見たり聞いたりしていれば、いつのまにかそれを学び知るようになる。環境が人に与える影響の大きいことのたとえに用いられる。類似した慣用句に「勧学院の雀は蒙求を囀《さえず》る」がある。略して「門前の小僧」ともいう。＊他所の恋〔1939～40〕〈正宗白鳥〉二「或音楽学校の事務員を勤めてゐたので、門前の小僧はぬ経読むの例で、多少音楽の真似事もやってゐた」

もんどり打《う》つ
とんぼがえりをする。宙返りをする。頭からころがる。空中で一回転する。「もんどり」は、からだを空中で一回転させて立つことの意の「もどり（翻筋斗）」が変化したもの。＊真景累ケ淵〔1869頃〕〈三遊亭円朝〉八五「翻筋斗《もんどり》を打って、利根の枝川へどぶんと水音高く逆とんぼうを打って投げ込まれ」

【や】

八重歯《やえば》

普通に並んでいる歯のわきに、重なるように生える歯。「八重」は、八つ重なっていることの意から転じて、多く重なっていることを表し、特に、花弁が幾片も重なっていることに多く用いられるが、「八重歯」の場合は、たんに重なるの意である珍しいもの。「そいば」「鬼歯」ともいう。＊暗夜行路〔1921～37〕〈志賀直哉〉二・一四「笑ふ時八重歯《やへば》の見えるのが妙に誘惑的」

やおら
静かに身を動かすさま、また、徐々に事を行うさまを表す語。そろそろと。おもむろに。現代では悠然としたさまをいうことが多い。＊冥府〔1954〕〈福永武彦〉「その男がやおらチョッキのポケットから古物の懐中時計を取り出して」

やきが回《まわ》る
頭のはたらきや腕前などが衰える。ぼける。もと、刃物などを焼くのに、火加減が行きわたりすぎて、かえって切れ味がにぶるの意。転じて、すっかり古ぼけたさまになるの意になり、さらには、衰える、ぼけるの意をも表すようになった。＊春の城〔1952〕〈阿川弘之〉二・一八「海軍も敗戦で焼きが廻ったんだろう」

やきもき
気をもんで、いらいらするさまを表す語。＊二人女房〔1891～92〕〈尾崎紅葉〉下・六「お銀は独り鬱勃《やきもき》念っても、向河岸の火事へ柄杓の水を打懸けるやうに」

薬石《やくせき》
薬と石鍼《いしばり》。また、それを用いて治療すること。転じて、種々の薬品や治療法。「石」は石鍼《いしばり》で、中国古代の治療器の意。仏教語としては、禅家で、非時食の制を守って昼以後、食事をしなかったため、飢えや寒さを防ぐのに腹部に抱いて温めた石のことをいい、後には、夜食の粥《かゆ》または夕食をもいった。＊妾の半生涯〔1904〕〈福田英子〉五・五「此時娑婆にありて妾と同病に罹り、薬石効なく遂に冥府の人となりけるなり」

役不足《やくぶそく》
その人の力量に対して、役目が不相応に軽いこと。ただし最近は、「役不足ですが、一生懸命つとめたいと思います」のように、役割を果たす力がないことや荷が重いことにいう場合が多い。これは、役に対して自分の能力が足りないの意に誤って解したことによる。＊文科大学挿話〔1926〕〈川端康成〉二「人間の才能は役不足の時代に衰へてしまひ易いものなんだ」

やけっぱち
なげやりな行動をとること。物事が思いどおりにならないため、自分で自分の身を粗末に扱い、どうなってもかまわないという気持になることをいう。「やけ」を強めていう語。「やけ」は、動詞「やける（焼）」の連用形が名詞化したもので、もとは焼けることの意。それが、一度火をかぶって役に立たないものの意で使われるようになり、火災などで焼損した銭貨などをもいうようになった。火事で財産をみな失ってしまえば、だれしもなげやりな気持になろうが、これこそがまさに「やけ」である。＊今年竹〔1919〜27〕〈里見弴〉水神・九「気持を悪くして、そんな自棄っぱちなむちゃを言ふのかと」

自《や》棄《け》のやんぱち

なげやりな気持でいる状態を人名のように表した語。「や」ではじまる語を重ねて「やけ」を強調したもの。「やけの彌左衛門」「やけの勘八」ともいう。＊白く塗りたる墓〔1970〕〈高橋和巳〉五「やけのやんぱちの行為であった方が美しいのではなかったろうか」

焼《や》け木杭《ぼっくい》に火《ひ》がつく

以前に関係のあった者どうしが、再びもとの関係に戻ること。多く、男女関係にいう。もとの状態にもどりやすいことを燃えさしの木片は火がつきやすいことにたとえたもの。「焼杭《やけぐい》には火がつきやすい」ともいう。＊雁の寺〔1961〕〈水上勉〉一・六「焼けぼっくいに火がついた、女の家をたずねていく」

易《やす》きにつく

やさしい方法に従う。また、安易な方、手軽な方を選ぶ。＊太平記〔14C後〕一八・瓜生判官老母事「程嬰『さらば吾は難きに付て命を全すべし。御辺は易きに付て討死せらるべし』と云に、杵臼悦で許諾す」

安物《やすもの》買《が》いの銭失《ぜにうしな》い

安価な物を買うと、品質が悪かったり、すぐに買い替えなければならなかったりするので、結局高くついて損をするということ。＊歌舞伎・梅雨小袖昔八丈〔髪結新三〕〔1873〕序幕「吉原下駄の安ものゆゑ、買ったばかりで鼻緒が切れました。安もの買ひの銭失《ぜにうしな》ひとは、そこらのことを言ったものだ」

やたら

順序・秩序・節度などがないさま、また、程度が並はずれてはなはだしいさまを表す語。むやみ。雅楽の、二拍子と三拍子を組み合わせる「八《や》多《た》羅《ら》拍子」からの語かといわれる。これは組み合わせによる変拍子で、なかなか調子が合わないところから、秩序などがないさまの意に転じて用いられるようになったのであろう。程度のはなはだしさをさらに強調した「めったやたら」「やたらめったら」「やたらめっぽう」などの形でも用いられる。＊無関係な死〔1961〕〈安部公房〉「やたらとあわただしくしている時があるかと思うと」

矢《や》継《つ》ぎ早《ばや》

物事を続けざまに手ばやくすること。たたみかけてすること。もと、矢を続けて射る技《わざ》の早いことの意。「矢継ぎ」は、矢を射るとすぐに次の矢を弓につがえることの意で、これが早ければすばやく続けて射ることができる。＊山吹〔1944〕〈室生犀星〉

一〇「突然、けたたましい小鳥の啼き声が矢継早《やつぎばや》におこり」

宿六《やどろく》

一家の主人を卑しめたり、または親愛の意を込めたりしていう語。宿のろくでなしの意であろうが、「やど」は家・屋処の意、「ろく」は擬人化するための語で、「甚六」の「六」と同じとする説もある。＊歌舞伎・四天王楓江戸粧〔1804〕二番目「『コレ、彦坊や、おぬしも又なんで大家さんの頭をぶち毀した』『サア、宿六《やど》、聞いて下さい』」

柳腰《やなぎごし》

細くしなやかな腰。細腰。多く、美人の形容に用いられる。「柳腰《りゅうよう》」を訓読みしたもの。「やなぎの腰」「やなぎ」ともいう。＊浄瑠璃・女殺油地獄〔1721〕上「町の幅さへ細々の柳腰・やなぎがみ」

柳《やなぎ》に雪《ゆき》折《お》れ無《な》し

柔軟なものは堅強なものよりかえってよく事に耐えることのたとえ。柳の枝はよくしなうので雪が積もっても折れないことからいう。＊評判記・吉原人たばね〔1680頃〕いこく「寔に柳のえたに、雪をれはなしとかや、ふうぞくに、ひとしく、御心のしなやかさ」

後世

やにさがる

いい気分になってにやにやする。キセルの雁首を上に上げて気どってタバコをくゆらすかっこうから生じたとされる。キセルの雁首を上げればヤニが口元にさがるからであろう。古くは、気どってかまえる、高慢な態度をとるの意で用いられた。＊吾輩は猫である〔1905～06〕〈夏目漱石〉七「懐手をして座布団から腐れかかった尻を離さざるを以て旦那の名誉と脂下って暮したのは」

やにわに

その場で、時間をかけないで一気に事を行うさまを表す語。直ちに。たちどころに。また、いきなり、突然、だしぬけに、などの意でも用いられる。時に、前後の見境もなく直ちに、または、しゃにむに事を行うさまにもいう。矢を射ている場の意の「やにわ（矢庭）」から転じたもの。＊平家物語〔13C前〕四・橋合戦「やにはに八人きりふせ、九人にあたるかたきが甲の鉢にあまりにつよう打あてて」＊冷え物〔1975〕〈小田実〉「やにわに張に武者ぶりついてあちこち引っかくと同時に」

藪《やぶ》入《い》り

正月と盆の一六日、あるいはその前後に、奉公人が主人から暇をもらって実家に帰ること。特に七月の方は後《のち》の藪入りということもある。藪をかき分けて進むような草深い田舎に帰る意から生じたのだろう。他の語源説としては、父を養うために帰ることから「養父《やぶ》入り」とするものや、生まれた「やど（屋処）に入る」意の「宿入り」の転とするものもある。＊浮世草子・好色一代女〔1686〕四・三「家父《やぶ》入の春秋をたのしみ、宿下して隠し男に逢時は、年に稀なる織姫のここちして」

やぶから棒《ぼう》
他人からの働きかけが、その前の動作や発言と全く関連がなく、唐突であるさま。突然であるさま。だしぬけであるさまのたとえ。寝耳に水。「藪から棒を突き出す」の略。

吝《やぶさ》か
躊躇《ちゅうちょ》するさま。未練があるさま。多く、「…にやぶさかでない」「…にやぶさかならず」などの形で、…する努力を惜しまない、喜んで…するなどの意を表す。もとは、物惜しみするさま、けちなさまの意。そこからためらうさまをいうようになり、多く、打ち消し表現を伴って、ためらわずに、惜しむことなくの意で用いられるようになった。＊ルクレツィア・ボルジア〔1969〕〈埴谷雄高〉「全人的な気魄に充ちた男性の一代表とするにやぶさかでなく」

藪《やぶ》の中《なか》
関係者の言うことが食い違って、真相がわからないことをいう。芥川龍之介の作品『藪の中』からの語。

藪蛇《やぶへび》
余計なことをして、かえって災いをうけること。ちょっとした発言が混乱を招く場合などに用いられることが多い。「藪をつついて蛇を出す」からの語。＊破戒〔1906〕〈島崎藤村〉二・五「下手なことを言出せば反って藪蛇だ」

野暮《やぼ》
世態、人情の機微に通じないこと。気がきかないこと。不粋。古くは、遊里の事情に暗いことや、性行、言動が洗練されていなく田舎くさいことを表した。語源については、「やぶ(野夫)」の転、あるいは、「やぶもの(藪者)」の転略などとされるが、笙《しょう》の管のうちで指で押さえても音の出ない「ヤ(也)」と「ボ(亡)」からとする説もある。＊浮世草子・好色一代女〔1686〕二・二「やぼはいやなり〈略〉帥なる男目にたまたまあへば〔＝粋な男にたまたま出会っても〕」

野暮天《やぼてん》
たいそう融通がきかないこと。気がきかないこと。風雅な心を解さないこと。「天」は仏教の「…天」に擬したもので、程度が高い意を表す語。もと、きわめて野暮であるの意。「野暮天神」ともいう。＊日本人のへそ〔1969〕〈井上ひさし〉一幕・一二「エロバーの女給、野暮天なバーテンに云い寄られ飛び出した」

野暮用《やぼよう》
趣味や遊びではない、実務上の、あるいは日常的な用事。何の変哲もないつまらない用事。また、誘いをことわる時などに、自分の用事をへりくだっていう場合にも用いられる。しかし、実際には用事そのものがなく、ことわりの言い訳にすぎないものが多いかもしれない。＊落語・成田小僧(下の巻)〔1890〕〈三代目三遊亭円遊〉「今日は野暮用旁々《かたがた》行くんだから、船さん又其中に」

病膏肓に入る《やまいこうこうにいる》

ある物事に極端に熱中して、手のつけられないほどになる。もと、不治の病気にかかる、また、病気が重くなって治る見込みがなくなるの意。「膏」は胸の下の方、「肓」は胸部と腹部の間の薄い膜のことで、ともに治療しにくいところとされる。中国の春秋時代、晋の厲公が病気になり、秦から名医を呼んだところ、病気が二人の童子となって、名医が来るから肓の上と膏の下にかくれようと話している夢を見、やってきた医者が診察すると、病根が肓の上と膏の下にはいってしまっているから治療できないと言ったという「春秋左伝‐成公一〇年」の故事から成った語。「肓」を「盲」と誤って「やまいこうもうにいる」と読み誤ることがある。＊街の物語〔1934〕〈榊山潤〉「池内さんの、太郎に対するより、むしろ草田さん夫婦への憎みは、云ってみれば病ひ膏肓に入ってゐる」

山勘《やまかん》

勘にたよって、万一の成功をねらうこと。「やまをかける」「やまをはる」「やまがはずれる」などに用いられる「山」と「勘」が合わさった語で、もとは、鉱山の採掘事業を行う山師のように、相手を計略にかけて欺くことの意。「山」は、見込みの薄さや不確かさを、鉱脈を掘り当てるのが運まかせだったことにたとえたことからのもの。ほかに、武田信玄の軍師であった山本勘助の名からとする説もあるが、例が見られるのが明治以降である点で従いがたい。＊北東の風〔1937〕〈久板栄二郎〉一幕「ちと山カン張り過ぎとンのと違ふか？」

山っ気《やまっけ》

万一の幸運をねらって、思いきって物事をしようとする心。鉱山の採掘事業を行う山師のような気質の意で、投機や冒険を好む気質をいう。「やまけ」「やまき」「やまごころ」ともいう。＊放浪記〔1928～29〕〈林芙美子〉「実直過ぎるほどの小心さと、アブノーマルな山ッ気とで」

大和撫子《やまとなでしこ》

日本女性の清楚な美しさをたたえていう語。もと、植物「なでしこ（撫子）」の異名で、秋の季語。＊ハッピネス〔1973〕〈小島信夫〉一「可憐で男に尽すのは、何も大和撫子に限ったことじゃない」

山の神《やまのかみ》

妻。特に、結婚後年を経て口やかましくなった自分の妻のことをいう。もとは、山を守りつかさどる神をいった。妻のことをいうようになった理由については諸説あるが、古代からある山神信仰の中で、山は恐れ多いものとされたことと、女神とされることが多かったこと等が関係しているだろう。＊虎明本狂言・花子〔室町末～近世初〕「あいたひあいたひと申て、文をたびたびくれ候程に、われらも人をばさいさいやり候へども、れいの山のかみが、すこしの間もはなさぬに依て」

やまやま

多く見積もっても限度であるさまにいう。せいぜい。たかだか。また、たくさんあること、あるいは、程度のはなはだしいことをもいい、多く、熱望するが実際にはそうできない時に用いられる。もと、あちらこちらの山、多くの山の意。転じて、多いこと、さらには、多くても、の意になった＊笹まくら〔1966〕〈丸谷才一〉一「こちらとしてもゆきたいことは山々だが勤めの身なので思うに任せない」

山笑《やまわら》う

新緑や花などで、山全体が明るいさまになる。春の季語。中国宋代、郭熙の「林泉高致-山水訓」に見える「春山澹冶《たんや》として笑うが如し」による語。＊寒山落木〈正岡子規〉明治二六年(1893)春「故郷やどちらを見ても山笑ふ」

山《やま》をはる

試験で、問題に出そうな箇所を推定する。また、相手の話を誘い出すために、当て推量で物を言うことや、万に一つの幸運をねらって事をすることの意にも用いられる。「山を掛ける」ともいう。＊あらくれ〔1915〕〈徳田秋声〉七五「私は何でもヤマを張って成功する人間かもしれないね」

病《や》み付《つ》き

物事に熱中してやめられなくなること。悪習などに染まること。もとは、病気にかかることの意。＊滑稽本・七偏人〔1857～63〕五・下「一寸と一度が病《やみ》つきで船ぢゃ浮雲《あぶ》ない、ホイ駕籠の四本の足でお女郎買」

病《や》む

病気にかかる。わずらう。傷などが痛む。また、物事をひどく気にかける、心配する、思いわずらうなど、精神的に苦しむことをもいう。＊俳諧・芭蕉翁追善之日記〔1694〕「旅に病て夢は枯野をかけ廻る〈芭蕉〉」＊人間嫌ひ〔1949〕〈正宗白鳥〉「こんなに例外に温いのは、天変地異の起る前兆ではないかと、苦労に病む者もあった」

矢《や》も楯《たて》もたまらず

思いつめて、こらえることができないさま。気持を抑えきれず、じっとしていられないさまのたとえ。＊多情多恨〔1896〕〈尾崎紅葉〉後・九・一「唯一人の頼む人が寐て居ると思へば、矢も楯も耐らず其傍へ行きたいのであるが」

遣《や》らずの雨《あめ》

帰ろうとする人を、引き止めるかのように降ってくる雨。また、出かけようとする時に、折わるく降り出す雨をもいう。＊夜明け前〔1929～35〕〈島崎藤村〉第一部・上・五・二「半日でも多く友達を引き留めたくてゐる半蔵には、その日の雨はやらずの雨と言ってよかった」

やらずぶったくり

人に与えることはせず、ただ取り上げるばかりであること。＊手紙雑誌‐一・一一号〔1905〕郵便費附たり文房具の事〈矢野二郎〉「吉凶共に贈答の礼を欠くは勿論、総て遣らずブッタクリの法を守る男であるが」

やるかたない
心のわだかまりを晴らす方法がない。やるせない。また、どうしようもなく程度がはなはだしいさまにも用いられる。「やらんかたなし」ともいう。＊啾々吟〔1953〕〈松本清張〉二「無論、やるかたない忿懣が含まれていた」

やるせない
思いを晴らすすべがなく、つらくせつない。やるかたない。また、気苦労が多くゆとりがない、あるいは、手段方法がない、どうしようもないなどの意でも用いられる。＊桐の花〔1913〕〈北原白秋〉感覚の小函「薄紫の涙に濡《しと》れ潤ったやるせない寂しい微光の雰囲気を」

野郎《やろう》
男をののしっていう語。語源説には、「わらは(童)」の音便「わらう(和郎)」の転とするものがある。江戸時代から例がみられるが、当時は前髪を剃った歌舞伎俳優や男色を売る若い男をいうことが多かった。そこから男をののしっていう語に転じたのであろう。＊歌舞伎・小袖曾我薊色縫(十六夜清心)〔1859〕三立「いづれもくだらぬ事申て、野良ばかりの酒盛も冴へぬではござらぬか」＊当世書生気質〔1885〜86〕〈坪内逍遙〉一「ナンダ此野郎、汝《てめい》まで僕をいぢめるな覚えて居ろ」

夜郎自大《やろうじだい》
自分の力量を知らないでいばること。中国西南の民族「夜郎」が、漢の強大さを知らずに自分の勢力をほこっていたという「史記‐西南夷伝」の故事から成った語。＊読書放浪〔1933〕〈内田魯庵〉読書放浪・一〇「丸山の夜の女王の豪奢の粧ひに野郎自大の江戸っ子も、京の着倒れの衣裳道楽も一目置いてゐたといふは」

やわか
反語表現に用いて、強い打消の気持を表す語。どうして。何として。いかでか。後に打ち消しの推量表現を伴って、その事態が決してありえないという気持を強めるのにもいう。よもや。まさか。＊浄瑠璃・平仮名盛衰記〔1739〕三「御主の仇父の敵、迯《に》げ隠るるとも天地の間、命限り根限りやはか助けて置くべきか」＊浄瑠璃・義経千本桜〔1747〕一「天皇の御事はやはかと存ぜし油断の間に、二位の尼上御供し」

柔肌《やわはだ》
やわらかな肌。きめこまかな肌。特に女性の肌にいう。にきはだ。にこはだ。＊みだれ髪〔1901〕〈与謝野晶子〉臙脂紫「やは肌のあつき血汐にふれも見でさびしからずや道を説く君」

やんごとない
地位・家柄などが第一流である。高

貴である。「止む事無し」が一語の形容詞に転じた語。「やむごとなし」とも書く。＊源氏物語〔1001～14頃〕桐壺「いとやむごとなききはにはあらぬがすぐれて時めき給ふありけり」

やんちゃ

小児が、または小児のように、わがまま勝手な振舞いをすること。だだをこねて無理をいうこと。またそのような人。＊われから〔1896〕〈樋口一葉〉七「家のやんちゃが六ツかしやを言ふに」＊竹沢先生と云ふ人〔1924～25〕〈長与善郎〉竹沢先生とその兄弟・三「どことなくやんちゃな風があって」

やんぬるかな

もう今となってはどうにもしかたがない。もうおしまいだ。慨嘆・絶望の辞である「已矣哉」「已矣乎」「已矣」などを訓読みしたもの。「やんぬる」は「やみぬる」の音変化。＊走れメロス〔1940〕〈太宰治〉「私は、醜い裏切り者だ。どうとも、勝手にするがよい。やんぬる哉」

【ゆ】

湯浴《ゆあ》み

湯を浴びること。入浴。また、温泉にはいって病気などを治すこと。湯治。「ゆあび」「ゆがけ」ともいう。＊寒山落木〈正岡子規〉明治二七年〔1894〕秋「唐黍に背中うたるる湯あみ哉」

夕暮《ゆうぐ》れ

夕方、日の暮れるころ。ひぐれ。たそがれ。＊たけくらべ〔1895～96〕〈樋口一葉〉九「夕暮れの縁先に花むしろを敷かせ、片肌《かたはだ》ぬぎに団扇づかひしながら」

夕景色《ゆうげしき》

夕方のけしき。夕方。＊雪国〔1935～47〕〈川端康成〉「夕景色見たさといふ風な旅愁顔を俄づくりして」

夕《ゆう》さり

夕方になること。夕方。夕刻。「さり」は来る、近づくの意を表す動詞「さる(去)」の連用形が名詞化したもの。＊良寛歌〔1835頃〕「こきはしる 鱈《たら》にもわれは 似たるかも 朝には 上にのぼり 陽炎の 夕さり来れば 下るなり」

有終《ゆうしゅう》の美《び》を飾《かざ》る

物事を最後までやり通して、立派な成果をあげる。＊死者の遺したもの〔1970〕〈李恢成〉「父は人生の有終の美を飾るべきではないのか」

融通《ゆうずう》

困ったときや困った人に金銭物品などを貸借すること。また、相互の間に障害もなく通用すること、隔てなく気持などが通じ合うことの意をも表す。特に「融通無碍《むげ》」の形で、隔てがないの意から転じて、考え方や行動が自由でのびのびしているさまをもいう。仏教語では、異なる別々のものがとけあって邪魔しないこと、互いにとけあって一体となることの意で用いられる。＊ゆく雲〔1895〕〈樋口一葉〉上「我が思ふ事に一銭の融通も叶ふまじく」＊幸福への距離〔1951〕〈丹羽文雄〉七「人情は融通無碍なものと思っていました」

夕《ゆう》つ方《かた》
夕方。「つ」は「まつげ」の「つ」と同じで、名詞と名詞をつなぐ「の」の意の古い格助詞。＊枕草子〔10Ｃ終〕九・うへにさぶらふ御猫は「死にければ、陣の外《と》にひき捨てつといへば、あはれがりなどする夕つかた」

夕《ゆう》映《ば》え
夕日の光をうけて美しくはえること。あたりが薄暗くなる夕方頃、かえって物の色などがくっきりと美しく見えること。夕焼け。＊面影〔1969〕〈芝木好子〉五「黒い富士のシルエットが夕映えに際立つのを眺めると」

夕《ゆう》べ
前の日の夜。昨夜。昨晩。時に、ある特別な催し物が行われる夜の意をも表す。「夕方《ゆうへ》」の意で、古くは「ゆうへ」といった。もとは、夜の始まる頃、また、その暗くなり始めの意。朝になって夜の始まりを回想していうところから転じて、前日の夕方、または夕方から宵にかけてをいうようになった。「ゆんべ」ともいう。＊御伽草子・酒呑童子〔室町末〕「ただ一人の姫を、夕べの暮程に行方知らず見失ふ」＊漫才読本〔1936〕〈横山エンタツ〉貞操問答「この間、ベートヴェンの夕《ゆうべ》に行った時かて、さうや」

夕《ゆう》間《ま》暮《ぐれ》
夕方のうす暗いこと。夕暮れ。夕方。「まぐれ」は目暗《まぐれ》の意で、そこから、目が暗闇にとざされて物が見えない頃をいうようになったもの。「間暮」は当て字。＊源氏物語〔1001～14頃〕若紫「ゆふまぐれほのかに花の色を見てけさは霞の立ちぞわづらふ」

ゆかしい
情趣や気品、優美さなどがあって何となく心がひかれる。上品で深みがある。動詞「ゆく（行）」が形容詞化したもので、もと、心ひかれ、そこに行きたいと思うの意。「床」「懐」は当て字。＊俳諧・野ざらし紀行〔1685～86頃〕「山路来てなにやらゆかしすみれ草」＊浄瑠璃・仮名手本忠臣蔵〔1748〕二「日比恋し床し力彌様。逢はばどふ言をかう言をと、娘心のどきどきと、胸に小浪を打寄る」

雪《ゆき》を欺《あざむ》く
その白さが雪にひけをとらないほどである。非常に白いさまの形容。特に、女性の肌の白さなどについて用いられる。「あざむく」は、「昼をもあざむく月光」などのように、「…をあざむく」の形で、…と負けずに張り合うほどである、…と紛れるの意を表す。＊腕くらべ〔1916～17〕〈永井荷風〉三「明るい電燈をまともに受けた裸身雪を欺くばかり」

ゆくりなく
思いがけなく。突然に。偶然に。予想もしないようなさまをいう形容詞

「ゆくりなし」から。＊青春〔1905～06〕〈小栗風葉〉秋・一六「縁《ゆ》くりなくも〈略〉出会仕候」

ゆめゆめ

あとに禁止を表す語を伴って、決して…するな、断じて…するなの意を表す。また、あとに打ち消しの語を伴って、少しも…ない、ゆめにも…ないの意を表す。もとは、強く注意をうながす語で、つとめて、精を出してなどの意を表した。副詞「ゆめ」を重ねて強めた語。「ゆめにも」の意が生じたのは、「夢」と混同してのことか。「努努」「努力努力」「夢夢」などと表記されることもある。＊平家物語〔13Ｃ前〕一〇・維盛入水「ただふかく信じて、ゆめゆめ疑ひをなし給ふべからず」＊星座〔1922〕〈有島武郎〉「それも然し彼に取って夢々不快なことではなかった」

由《ゆ》々《ゆ》しい

事態が容易でない。重大である。そのままほうっておくと、とんでもない結果を引き起こすことになる。「ゆ〈斎〉」を重ねて形容詞化したもので、もとは、手に触れたり、ことばに出したりしては恐れ多く、あるいはそれが不吉であることの意を表した。＊遙拝隊長〔1950〕〈井伏鱒二〉「戦争中だと思へとは何ごとです。由々しき失言、許されんです。非武装国と誓った国ぢゃ」

忽《ゆるが》せ

物事をいい加減にするさま。なおざりにするさま。おろそか。多く、「ゆるがせにできない」の形で用いられる。＊夜明け前〔1932～35〕〈島崎藤村〉第二部・下・一二・二「自分等の子孫のためにもこれはゆるがせにすべきでないと思って来た」

弓《ゆん》手《で》

左の手。弓を持つ手の意の「ゆみて」の変化した語で、馬の手綱をとる手の意で右の手を表す「馬手《めて》」に対していう。転じて、左の方、左の意でも用いられる。＊平家物語〔13Ｃ前〕九・重衡生捕「蓮の池をば馬手にみて、駒の林を弓手になし」

【よ】

宵《よい》越《ご》し

行為や状態が前日の晩から次の日までもちこすこと。金銭に執着しない江戸っ子の気性をいう「宵越しの銭《ぜに》は持たない」「宵越しの銭は使わない」の慣用句に中に用いられる。この句は、その日に得た収入はその日のうちに使い果たし、翌日にもちこさないの意。＊滑稽本・浮世風呂〔1809～13〕四・上「たまさかに来た金も、〈略〉此様な家に半日も居るは否だと、ズイと出て往から、ソリヤ宵越の銭金はない」＊歌舞伎・今文覚助命刺仏（不動文次）〔1883〕四幕「『宵越の銭を遣《つか》はねえのが、おらっちの持前だ』『それも一つの江戸ッ子料簡』」

宵《よい》闇《やみ》

夕方の薄暗さ。夕やみ。もとは、陰暦一六日から二〇日ころまでの、まだ月の出が遅くて、宵の間の暗いこと、また、その時刻をいう語で、秋の季語。＊明暗〔1916〕〈夏目漱石〉一三「比較的人通りの少ない宵闇《よひやみ》の町を歩きながら」

羊腸《ようちょう》

羊の腸のように曲がりくねっていること。多く、山道などの形容に用いられる。つづらおり。＊唱歌・箱根八里〔1901〕〈鳥居忱〉「昼猶闇き杉の並木 羊腸の小径は苔滑《こけなめら》か」

羊頭狗肉《ようとうくにく》

表面と内容とがくいちがうこと。多く、見せかけが立派でも実質がそれに伴わないことのたとえに用いられる。羊の頭を看板に出し、実際には犬の肉を売るの意の、「無門関-六則」からのことば「羊頭を掲げて狗肉を売る」の略。＊江戸から東京へ〔1921〕〈矢田挿雲〉七・一三「羊頭狗肉を逆に木綿の表に絹の裏をつけ、其絹も成るべく光らないで成るべく悪い物に見せる必要があった」

杳《よう》として

暗くてよくわからず、はっきりしないさま。また、はるかで遠いさま。奥深く暗いさま。比喩的に用いられ、事情がはっきりしないさまをもいう。「杳」は、日が沈んで暗い、よく見えない、はるか、遠い、などの意。＊さまよへる猶太人〔1917〕〈芥川龍之介〉「爾来、今日まで彼の消息は、杳としてわからない」

要領《ようりょう》

物事の最も大切な点。物事をうまく処理する手段。「要」は衣のすそ、「領」はえりの意で、衣を持つには要と領とを執るというところから生じたことば。多く「要領がいい」「要領が悪い」などの形で用いられる。＊或る女〔1919〕〈有島武郎〉前・一二「質問の要領をはっきり捕へそこねて、更に赤くなって術ない身振りをした」＊暗夜行路〔1921～37〕〈志賀直哉〉三・八「謙作は只、『ええ』と答へる。後は大概Ｓ氏が要領よく続けて呉れるのである」

余儀《よぎ》ない

他にとるべき方法がない。やむをえない。よんどころない。＊夜明け前〔1932～35〕〈島崎藤村〉第一部・下・九・二「長州藩が京都より退却を余儀なくされたことを思へば」

欲《よく》の皮《かわ》が突《つ》っ張《ば》る

ひどく欲深くなる。欲の強いことを皮にたとえていう語。「欲の皮が張る」「欲の皮」ともいう。＊金〔1926〕〈宮嶋資夫〉九「相場をする人間なんて、お互に慾《よく》の皮が突っ張ってゐるんですからね」

横紙破《よこがみやぶ》り

物事を無理に押し通すこと。理不尽なことをすること。和紙は、すき目にそって縦に裂くと裂けやすいが、横に裂くと裂けにくい。それを、あえて破るというところから、無理を押し通すの意に転じたもの。横車を押す。「横紙を破る」「横紙を裂く」ともいう。＊可能性の文学〔1946〕〈織田作之助〉「奇行、珍癖の横紙破りが多い将棋界でも坂田は最後の人ではあるまいか」

横車《よこぐるま》を押《お》す

無理に押し通す。横に車を押して動かすように、理に合わないこと、理不尽なことを強引にするの意。「横車」ともいう。＊旗をめぐる波紋〔1958〕〈火野葦平〉「もし、台湾政府が悪意にとって、中華民国を侮辱した、逆に上げたのは岸政府の陰謀だといって、横車を押したら、どんなことになったかわからない」

横《よこ》やり

人の談話、仕事などに、第三者がわきから口を出して邪魔をすること。多く「横やりを入れる」の形で用いられる。容喙《ようかい》。もと、両軍が戦闘している時、横あいから別の一隊が槍で突きかかることの意。＊あめりか物語〔1908〕〈永井荷風〉雪のやどり「『僕は殆ど信じられないやうな話を聞いて居るが…』と横槍を入れた」

横恋慕《よこれんぼ》

配偶者や恋人などの決まった相手がいる人に横合いから思いを寄せること。＊歌舞伎・東海道四谷怪談〔1825〕序幕「安い奉公する者は、心も悪く現在の、御家中の娘御、これなるお袖様に横恋慕」

夜《よ》さり

夜。夜なか。やぶん。特に、今夜、今晩の意を表すこともある。「さり」は来る、近づくの意を表す動詞「さる(去)」の連用形が名詞化したもの。古くは和文特有の語であったが、時代が下るにつれ日常の口頭語として使用され、現代も方言として各地に残存している。「ようさり」「よさ」ともいう。＊越前竹人形〔1963〕〈水上勉〉一〇「うちの人は福井ィ出やはって、夜さりにならんと帰らはらしまへんねやわ」

由《よし》無《な》い

そうする理由がない。「由」は、理由、手掛かり、手段、方法、関係、ゆかり、縁、風情、家柄、身分、教養など、さまざまな意を表すが、「よしない」は、それらがないの意。そうするいわれのないの意から転じて、しなくてもよい、いわなくてもよい、そのかいがない、むだ骨折りであるなどの意をも表すようになり、さらには、つまらない、よくない、よこしまである、いかがわしいなどの意でも用いられるようになった。＊謡曲・隅田川〔1432頃〕「由ない長物語りを申し候ふほどに、舟が着きて候」＊歌舞伎・勧進帳〔1840〕「番卒どものよしなき僻目より、判官どのにもなき人を、疑へばこそ、斯く折檻も仕給ふなれ」＊落梅集〔1901〕〈島崎藤村〉小諸なる古城のほとり「緑なす蘩蔞《はこべ》は萌えず、若草も藉《し》くによしなし」

よしなに

よい具合になるように。よいように。よろしく。多く、命令や依頼をするときに、「よしなに取り計らえ」などの形で用いられる。＊浄瑠璃・夏祭浪花鑑〔1745〕五「今から伝八がおか様になる気なら、旦那の手前はよしなに言はふ」

誼《よしみ》を通《つう》じる

便宜などをはかってもらうために、親しい交わりを結ぼうと働きかける。「よしみ」は親しい交わり、親しみ、好意、また、人と人や事柄と事柄などのつながり、縁故、因縁、いわれなどをいう語。＊近世紀聞〔1875～81〕〈染崎延房〉七・一「密かに使を長州に遣はし好《よし》みを通ぜん事を言へり」

よしんば

たとえそうであったとしても。かりにそうであっても。＊にごりえ〔1895〕〈樋口一葉〉三「まあ嘘でも宜いさよしんば作り言にしろ、かういふ身の不幸だとか大底の女は言はねばならぬ」

縁《よすが》

心などの支えとなるもの。よりどころ。頼り。「寄す処《か》」の意で、身や心を寄せて頼りとすること、ゆかりとすること、よりどころとすることや、そのものなどをいう語。＊女夫波〔1904〕〈田口掬汀〉はしがき「新しい読者に多少の感化を及ぼす便《よすが》にもならうから是非『家庭小説』の銘を打てとの要求がありましたので」

与太《よた》

でたらめなこと。いいかげんなこと。知恵が足りないこと。役に立たないこと。愚か者。また、ならず者。「よたろう(与太郎)」の略。「よたを飛《と》ばす」の形で、でたらめやでまかせをいう意でも用いる。「与太」に「者」をつけてできた「与太者」は、ならず者、やくざ者という意で用いられているようだ。→与太郎《よたろう》。＊漫談集〔1929〕巡業隊〈大辻司郎〉「例の与太な創作ではなくて実話なんです」＊鉛筆ぐらし〔1951〕〈扇谷正造〉見だしのモザイク「誇大見出しも一回はいいが、二回、三回、毎回となると、『どうも、あの新聞はヨタをとばすのでね』ということになる」

与太郎《よたろう》

馬鹿。うすのろ。もと、人形浄瑠璃社会で知恵の足りない者、愚か者を人名化していった語。擬態語「よたよた」の「よた」を人名に取り入れたものであろうか。時に、うそ、でたらめの意でも用いられた。「与太郎」は落語の主要な登場人物でもある。＊吾輩は猫である〔1905～06〕〈夏目漱石〉九「如何にも与太郎の様で体裁がわるい」

夜《よ》っぴて

一晩を通してずっと。夜どおし。夜もすがら。「よっぴとい(夜一夜)」の変化した語。＊歌舞伎・盟三五大切〔1825〕大詰「今買って来たこの酒をかっくらって、夜《よ》っぴて起きてゐて」

夜《よ》なべ

夜間に仕事をすること。やぎょう。

秋の季語。語源説はさまざまあるが、「よなべ（夜並）」の義、「よのべ（夜延）」の転の二説が有力である。「夜並」の方は、夜を仕事をする昼と同じように並べるの意であり、「夜延」の方は、仕事をする時間を延ばすことで、休むはずの夜のはじまりが延びるというような意であろうか。＊虚子俳句集〔1935〕〈高浜虚子〉昭和八年九月「好色者《すきもの》の又話し寄る夜なべかな」

夜《よ》深《ぶか》

夜がふけたこと。夜のふけたけはいが濃いこと。よふけ。＊浄瑠璃・丹波与作待夜の小室節〔1707頃〕夢路のこま「なふあれよぶかに急ぐ乗掛も、泊は知れて四日市」

世《よ》迷《ま》い言《ごと》

独り言のように言う、とるに足らない不平や愚痴。訳のわからない繰り言。人の発言・意見などをののしっていう場合にも用いられる。

夜《よ》目《め》遠《とお》目《め》笠《かさ》のうち

夜見るとき、遠くから見るとき、笠に隠れた顔の一部をのぞいて見るとき。はっきり見えないために女性の容貌が実際より美しく見える場合を並べたもの。

夜《よ》もすがら

暮れ方から夜明けまでずっと。一晩中。夜どおし。終夜。「夜」に助詞「も」と初めから終わりまで続く意を表す接尾語「すがら」が付いた語。＊俳諧・続虚栗〔1687〕秋「名月や池をめぐって夜もすがら〈芭蕉〉」

よもや

まさか。万が一にも。とても。あとに打ち消しの語を伴って、そういうことはほとんどありえないであろうという予測を表す。副詞「よも」に助詞「や」を付けて意味を強めた語。＊浄瑠璃・生玉心中〔1715か〕中「今日で四日さまざまにしても知れませず、こんな所によもやとは存ながら〈略〉念の為でござる」

四《よ》方《も》山《やま》

さまざま。雑多。いろいろ。たくさん。多く「よもやま話」の形で用いられる。「よもやも（四面八面）」の変化した語であろう。＊太平記〔14C後〕一八・瓜生挙旗事「天野民部大輔と寄合て、四方山《よもやま》の雑談の次に」＊雲のゆき来〔1965〕〈中村真一郎〉五「『東話西談』あれこれの四方山《よもやま》話にとりまぎれて」

よよ

しゃくり上げて泣くさま、声をあげて激しく泣くさまを表す語。おいおい。＊良寛歌〔1835頃〕「旅人はそれを 見るからに し萎《な》ひうらぶれ〔＝生気を失ってしおれる〕 こいまろび 天を仰ぎて よよと泣き」

寄《よ》り合《あ》い

人が集まること。同じ資格の人々が、目的を持って集まること。古くは、朝廷や幕府で合議のために担当の職員が集まることや、村落で村民が集会して決議することをもいった。＊虎明本狂言・茶壺〔室町末～近世初〕

「一族のより合に、本の茶を点てんと、五十貫のくりを持ち」

よりけり

何かによって決まること。…次第である。場合場合によって違い、一概には決められない意を表す。＊浮雲〔1887～89〕〈二葉亭四迷〉一・六「菊見、左様さネ、菊見にも依りけりサ。犬川ぢゃア、マア願ひ下げだネ」

縒《よ》りをかける

何かを意気込んでする。精を出してする。自信のある腕前を十分に発揮しようと意気込む意の「腕によりを掛ける」の略。多く「よりをかけて」の形で用いられる。もとは、糸などを縒り合わせる、縒るの意。＊雑俳・末摘花〔1776～1801〕三「新造は干し大根によりをかけ」

よりを戻《もど》す

もとどおりにする。昔に返す。多く、男女の仲をもとどおりにすることにいう。もとは、縒《よ》り合わせたものをもとにもどす、より目をほぐすの意。＊青春〔1905～06〕〈小栗風葉〉夏・一〇「最う一度縒《より》を還《もど》して、切れた後も永く自分と云ふものを忘れさせたく無い」

よるべない

たよりとするところがない。たよる所がない。身を寄せる所や人がない。「よるべ」は「寄る辺《へ》」の意で、もと、たよりにして寄っていくあたりをいう語。＊浄瑠璃・平仮名盛衰記〔1739〕二「引戻しては引づられ、引つ引れつよるべなき堅田の浦の釣小船浪にのまるる如くにて」

宜《よろ》しきを得《え》る

ちょうどよい程度である。適当である。「よろしき」は形容詞「よろし」の連体形が名詞化したもので、ある状況や程度にふさわしいことの意。＊シベリヤ物語〔1950～54〕〈長谷川四郎〉ナスンボ「それにソビエトからの薫陶もよろしきを得たのだろう」

夜半《よわ》

よる。よなか。夜間。やはん。本来、現在のヨル（夜）の意であったと考えられるが、後に「夜半」と表記されたことにより、よなか（夜中）の意で用いられるようになったのだろう。＊後拾遺和歌集〔1086〕雑一・八六〇「心にもあらでうき世に永らへば恋しかるべき夜はの月かな〈三条院〉」

よんどころない

そうするより外にしようがない。やむを得ない。余儀ない。多く「よんどころない事情」の形で用いられ、どうにも手をはずせない用事などをいう。「よんどころ」は「よりどころ（拠所）」の変化した語で、よりすがる所、基づく所の意。＊歌舞伎・三題噺高座新作（髪結藤次）〔1863〕二幕「小さいのは乳呑なり、男の手一つで銜《くは》へてもをられませず、よんどころなく嚊の方へ一緒に附けてやりました」

【ら】行

後世

来駕《らいが》
他の人を敬って、その人が訪問することをいう語。「駕」は、もと、車に牛馬をつけてあやつるの意で、転じて、馬車などに乗ること、さらには、乗り物、特に天子の乗り物をもいう。多く「ご来駕」の形で用いる。＊浮世草子・男色大鑑〔1687〕五・三「十日も前より、御来駕を待《まつ》事也」

雷名《らいめい》
広く世間に知られている評判。相手の名声を敬っていう場合にも用いられる。「名」が世間に響きわたるさまを「雷鳴」にたとえて、同音を利用して「雷名」といったのであろう。多く「雷名をとどろかす」の形で用いられる点も「雷鳴」と共通する。＊西洋道中膝栗毛〔1870～76〕〈仮名垣魯文〉一〇・後序「魯文先生の雷名交際の各国に轟きわたり」

来臨《らいりん》
他人を敬って、その人がある場所へ来てくれることをいう語。多く「ご来臨」の形で用いる。＊虎明本狂言・夷毘沙門〔室町末～近世初〕「鞍馬のびしゃもん天王の御来臨で御ざある」

洛陽《らくよう》の紙価《しか》を高《たか》からしむ
著書がもてはやされ、よく売れることのたとえ。「晋書‐文苑左思伝」にある、左思が「三都賦」を著わした際、人々がこぞってそれを転写したために洛陽の紙の値段が上がったという故事から成った語。「洛陽」は中国の古都。＊江戸から東京へ〔1921〕〈矢田挿雲〉七・八九「十返舎一九の吉原年中行事に揮毫して洛陽の紙価を高からしめた時なども」

埒《らち》があかない
物事がはかどらない。決着がつかない。かたづかない。事態が進展しない。「埒」は、馬場の周囲に巡らした柵の意。語源については、奈良・春日大社の祭礼で、一夜、神輿の回りに埒を作っておき、翌朝、金春太夫《こんぱるだゆう》がそれをあけて祝言を読む行事からとするものと、賀茂の競馬の時に埒を結ぶところからとするものがある。＊仮名草子・東海道名所記〔1659～61頃〕五「御房様の御ことはりも埒あかず。御つれの人の仰せも聞えず」

埒《らち》もない
しまりがない。とりとめがなく、つまらない。役にも立たない。秩序がなく、筋道や理由がたたない。めちゃくちゃでばかばかしい。秩序がない、おもしろくないの意の「らっし（臈次）も無い」から変化して成立した表現であるという説がある一方、「らち（埒）」をもとに直接に成立したとする説もある。＊浄瑠璃・出世景清〔1685〕五「高綱色をちがへ、はてらちもない事。一度切たる景清がよみがへるべきやうもなし」＊すみだ川〔1909〕〈永井荷風〉一「一杯機嫌の話好に、毎晩きまって埒《らち》もなく話し込んでしまふのであった」

辣腕《らつわん》

てきぱきときびしいやり方で、躊躇《ちゅうちょ》することなく的確に物事を処理する能力があること。すご腕。敏腕。「辣」は、味がぴりりとからい、また、てきびしい、ひどい、すごいの意。＊春潮〔1903〕〈田山花袋〉四「土木や警察事業では随分有名な辣腕を用ゐた人だが」

濫觴《らんしょう》 物事のはじまり。もと、流れの源の意。「荀子‐子道」および「孔子家語‐三恕」にみえる、孔子が子路を戒めた際に、揚子江も源にさかのぼれば、觴《さかずき》を濫《うか》べるほどの細流であったと説いたことからとされる。一説に、「濫」はあふれる意で、さかずきをあふれさせるほどのわずかな水流をいうともされる。＊デダルスの翼〔1946〕〈竹山道雄〉「希臘の智慧よ。それが濫觴となったヨーロッパ精神よ」

爛漫《らんまん》 光り輝くさま。明らかにあらわれるさま。花の咲き乱れているさま。「天真爛熳」ともいう。＊一高寮歌・春爛熳の花の色〔1901〕〈矢野勘治〉「春爛熳の花の色 紫匂ふ雲間より 紅深き朝日影」＊死霊‐一章〔1946～48〕〈埴谷雄高〉「彼女は彼女が最も得意とする天真爛漫な心境へつねに到達した」

梨園《りえん》 俳優の社会。演劇界。劇壇。特に、歌舞伎役者の世界。もと、梨の木の植えてある園の意で、特に、梨の木が多く植えてあった中国唐の玄宗の庭をいう。音楽や舞踏の愛好家だった玄宗はその庭で自ら舞楽を教えたという「唐書‐礼楽志一二」にある故事から成った語。玄宗の梨園は今でいえば芸能界のようなものだったのかもしれない。漢文脈では平安時代から使われているが、一般化したのは歌舞伎が成立し、その世界をいうようになってからである。

立志伝中《りっしでんちゅう》**の人**《ひと》 若い時に、人一倍努力と苦労とを積み重ねて、事業などに成功し、社会的に認められるようになった人。多く、逆境から身を起こして志をとげた人にいう。＊閑耳目〔1908〕〈渋川玄耳〉金費ひの術「一代分限の好標本とし紀の国屋文左衛門は寔に立志伝中の人たるに愧《は》ぢぬが」

理不尽《りふじん》 道理をつくさないこと。すじみちの通らないこと。道理に合わないこと。多く、自分にむけられる無理な要求やひどい仕打ちなどにいう。＊階級〔1967〕〈井上光晴〉四「あたしは決して理不尽なことはいってないつもりよ」

柳眉《りゅうび》**を逆**《さか》**だてる** 美人が眉をつりあげて怒るさまをいう語。「りゅうび」は、柳の葉のように細くて美しい眉の意。「りゅうびを釣り上げる」「りゅうびを蹴立てる」ともいう。＊毒朱唇〔1890〕〈幸田露伴〉「女はこれに柳眉を逆立て星眼を活と見ひらき」

流々《りゅうりゅう》

それぞれの仕方、種々の方法があること。「細工は流流仕上げを御ろうじろ」の略。「細工は流流」ともいう。もと、それぞれの流派や流儀の意。＊浄瑠璃・平仮名盛衰記〔1739〕二「親共からの使なれば儕《おのれ》もどふも殺されぬ。そこを源太が了簡して殺して仕舞仕様はりうりう是見をれ」＊歌舞伎・毛抜〔1742〕「なんと、細工はりうりう仕上《しあ》げを御覧じされたか。相変らず不調法な体をお目にかけましてござりまする」

料簡《りょうけん》

思慮。考え。分別。思案。また、考え方。「料」は、はかる、かんがえるの意。「簡」は、えらぶ、しらべるの意。そこから、よく考えてより分けること、考えをめぐらして判断することの意になった。古くは、とりはからい、処置、また、怒りや不満をこらえ、がまんすること、おおめにみること、堪忍、宥恕《ゆうじょ》などの意をも表した。「了簡」「了見」などとも書く。＊滑稽本・浮世風呂〔1809～13〕三・上「悪気でした事《こつ》てもねへから量見《れうけん》してやらうが」＊吾輩は猫である〔1905～06〕〈夏目漱石〉六「所へ寒月君が、どう云ふ了見か此暑いのに〈略〉冬帽を被って」

燎原の火《りょうげんのひ》

勢いが盛んで防ぎとめることのできないこと、また、はなはだしい勢いで広がってゆくさまのたとえ。「りょうげん」は、野原に火をつけること、また、焼かれて火の手のあがった野原の意。＊芝刈〔1921〕〈寺田寅彦〉「熱狂的な少数の人の口から群集の間に燎原の火のやうに播がって」

梁山泊《りょうざんぱく》

一般に、豪傑や豪傑気どりの野心家などの集合するところをいう。もと、中国山東省梁山県の東南、梁山の麓にあった沼の名。天険の地として知られ、古来、盗賊、謀反軍の根拠地となっていたが、北宋末期に続発した反乱の一つである宋江の一味の故事が、南宋の講談の中で、やはりこの地にたてこもったとされ、それが「水滸伝」に記述されてから、豪傑の集まる所をいうようになった。＊雁〔1911～13〕〈森鷗外〉二二「しかしまさか、梁山泊の豪傑が店を出したと云ふわけでもあるまい」

領袖《りょうしゅう》

人の上に立ってその代表となるような人物。また、集団の中のおもだった人。もと、襟と袖の意。衣の襟と袖は人目につきやすいところから、表に出る人をいうようになったもの。＊当世書生気質〔1885～86〕〈坪内逍遙〉二「其筈サ、彼奴は、諳《イン》モウラル波《バ》アチイ〔放蕩連〕の、領袖じゃもの」

両々相俟って《りょうりょうあいまって》

両方が互いに助け合って。欠点を補い合って。両者が一体となり、＊ソ連・中国の印象〔1955〕〈桑原武夫〉

ソ連・中国の乾燥性「ただソ中両国において、乾燥した体感のうちに乾燥的な文化をみたことは、両々相まって私に強い印象をあたえた」

悋《りん》気《き》
ねたむこと。嫉妬すること。特に、情事に関して嫉妬すること。やきもち。「悋」はけちけちする、ものおしみするの意で、古くは、ものおしみすることをもいった。ねたむこと、やきもちの意は日本語での用法。＊歌謡・隆達節歌謡〔1593～1611〕「忍ぶ身にさへ、悋気を召さる、忍ばぬ身ならばさて何とあらうぞの」

綸《りん》言《げん》汗《あせ》のごとし
君主の言は、一度出た汗が再び体内にもどらないように、一度口から出たら、取り消すことができないという「漢書-劉向伝」によることば。「綸」は組糸の意、天子の言は、もとは糸のように細いが、下に達する時は綸のように太くなる意から、「綸言」で天子の仰せごとをいうようになった。＊浄瑠璃・義経千本桜〔1747〕二「綸言は汗のごとし。勅命を背けば義経、朝敵なるが合点か」

凛《りん》と
人の態度や姿などがきりっとしているさまを表す語。「凛」は身がひきしまるように、厳しく寒いの意で、古くは、寒気がきびしいさまや、寒気や尊敬の念によって気分が引きしまっているさまを表した。時に、澄み切った、鋭くひびく音を表す語としても用いられる。＊破戒〔1906〕〈島崎藤村〉五・二「『気をつけ』と呼ぶ丑松の凛とした声が起った」＊面影〔1969〕〈芝木好子〉八「少女はもう形をおびて凛とした足どりで前方を見上げている」

類《るい》は友《とも》を呼《よ》ぶ
気の合った者や似通った者は自然に集まる。同気相求める。「類友」「類は友」「類を以て友とす」ともいう。＊歌舞伎・極附幡随長兵衛〔1881〕大詰「類は友を集めると、よく抜け尽しを集めたが」

坩《る》堝《つぼ》
種々のものが混合している状態や場所、また、混合・融合させるもののたとえ。「人種の坩堝」のように用いられる。また、比喩的に、熱気に満ちあふれている状態、また、激しく感情の高まった状態のたとえにも用いられる。もとは、中に物質を入れて加熱し、溶解・焙焼《ばいしょう》・高温処理などを行う、金属製・黒鉛製・粘土製などの耐熱製の容器の意。＊パリ物語〔1956〕〈河盛好蔵〉フォリ・ベルジェールの歴史「ホール全体が感激と歓喜の坩堝と化したという」

縷《る》々《る》
途切れることなく長く続くさま。また、こと細かく話すさま。「縷」は、糸、糸のように細長いもの、くわしい、こまかいなどの意。＊ぼらのへそ〔1956～57〕〈中野好夫〉凡夫礼賛・新井白石のこと「愚痴にはじまり、以下縷々と心労を述べたあと」

冷汗三斗《れいかんさんと》
恐ろしかったり、はずかしかったりして、ひどくひやあせをかくこと。ひやあせが三斗も出るかと思うほどのはずかしい思いをすることの意。＊人間失格〔1948〕〈太宰治〉第二の手記「なつかしい思ひ出の中にも、たった一つ、冷汗三斗の、生涯わすれられぬ悲惨なしくじりがあったのです」

霊験《れいげん》**あらたか**
神仏の利益《りやく》が際立ってあるさま。「霊験」は、人の祈請に応じて神仏などが示す霊妙不可思議な力の現れの意。「あらたか」は「あらた」ともいい、「新た」と同源の語で、あざやかにはっきり見えるさまをいう。常に「霊験」を形容し、それが比喩的にはっきり見えること、すなわち、はなはだしいことの意を表す。＊うもれ木〔1892〕〈樋口一葉〉二「霊験あらたかなりと人もいふ、白金の清正公に日参の」

廊下《ろうか》**とんび**
用もなく廊下などをうろつき回り仕事をしない人。もとは、妓楼などで、遊女が来るのを待ちわびて遊客が廊下をうろつき回ったり、他の部屋をひやかしたりなどして歩くことの意。＊歌舞伎・夢物語盧生容画〔1886〕三幕「何所の座敷に隠れて居るか、廊下鳶で捜したら知れねえこともあるまいが」

狼藉者《ろうぜきもの》
無法な態度や行為をする者。乱暴をはたらく者。「狼藉人」ともいう。「狼藉」の語源については、「狼」はみだれる、もとる、「藉」は乱雑なさまの意とする説があるが、「史記‐滑稽列伝」によれば、オオカミが草を藉《し》いて寝たあとの、草の乱れた状態の意だという。＊浄瑠璃・嫗山姥〔1712頃〕三「源の頼光武勇にほこり狼藉者を引きこみ」

臈《ろう》**たける**
年功を積んだ者が持つような洗練された美しさがある。気品が身につく。上品で透きとおるような美しさがある。多く女性の形容に用いられる。もと、僧侶が受戒後、安居《あんご》の年数を多く積み重ねる意。＊婦系図〔1907〕〈泉鏡花〉前・四七「臈たけた眉が、雲の生際に浮いて見えるやうに俯向いて居るから」

狼狽《ろうばい》
思いがけない出来事にあわてふためくこと。どうしてよいかわからず、うろたえ騒ぐこと。「狼」も「狽」もオオカミの一種。「狼」は前足が長く後足は短いが、「狽」はその逆で、常にともに行き、離れれば倒れるので、あわてうろたえるということからの語。＊吾輩は猫である〔1905～06〕〈夏目漱石〉四「従って円転滑脱の鈴木君も一寸狼狽の気味に見える」

老婆心《ろうばしん》
年とった女性が、度を越してあれこれと気を遣うこと。転じて、必要以上に世話をやこうとする自分の気持を、へりくだっていう語としても用いられる。もと仏教語で、老婆が子や孫をいつくしむように、師が弟子をいつくしみ導く親身な心遣いの意。「老婆心切」ともいう。＊思出の記〔1900～01〕〈徳富蘆花〉六・一一「先《まあ》老婆心と思って乃公《わし》の言ふことを聞いて呉れ玉へ」

隴《ろう》を得《え》て蜀《しょく》を望《のぞ》む

一つの望みを遂げて、さらにその上を望むことのたとえ。欲望には限りがないことのたとえ。中国、魏の司《し》馬《ば》懿《い》が隴の地方を平定し、勝ちに乗じて、蜀を攻め取ろうとしたとき、曹操が答えたことば。「望蜀《ぼうしょく》」ともいう。＊別れ霜〔1892〕〈樋口一葉〉二「隴を得て蜀を望むは夫《そ》れ人情の常なるかも」

ろは

代金を要しないこと。ただ。無料。「ただ」にあてる「只」の字が片仮名のロとハを続けた形であるところから生じた言いかた。＊明暗〔1916〕〈夏目漱石〉一六二「仕舞にロハで捲き上げられてしまふ丈だぜ」

路傍《ろぼう》の人《ひと》

自分とは何の関係もない人。「路傍」は、道端の意で、もと、路上を行く人。道ですれ違う人。行き違うだけのさまから、無関係な人の意になったのであろう。＊静物〔1922〕〈十一谷義三郎〉三「彼の心はもうそれらに対してまるで路傍の人のやうな冷静さに裏づけられてゐた」

呂律《ろれつ》

ものを言う時の調子。ことばの調子。「りょりつ（呂律）」の変化した語。もと、「呂」の音と「律」の音の意で、いずれも雅楽の音階の一つ。そこから、音楽の旋律や、音の調子をもいうようになった。舌がうまくまわらず、ことばが不明瞭になることを「ろれつがまわらない」という。＊滑稽本・浮世風呂〔1809～13〕二・下「だりむくれ切って呂律も廻《まは》らねへ癖に、おかしくもねへ」

論語《ろんご》読《よ》みの論語《ろんご》知《し》らず

書物に書いてあることを知識として理解するだけで、実行の伴わない者をあざけっていう。頭で書物を理解するだけで、それを実践に生かそうとは思い至らないことをたとえていったもの。＊滑稽本・浮世床〔1813～23〕初・中「論語読の論語しらずよりか、論語よまずの論語しらずの方がよっぽど徳よ」

【わ】

病葉《わくらば》

病気や虫のために枯れた葉。特に夏の頃、赤や黄白色に変色して枯れた葉。夏の季語。＊すみだ川〔1909〕〈永井荷風〉二「吹きはらふ河風に桜の病《わくら》葉《ば》がはらはら散る」

渡《わた》る世間《せけん》に鬼《おに》はない

この世の中には、無情な人ばかりではなく、慈悲深く人情に厚い人が必ずいるものだということ。＊歌舞伎・五十三駅扇宿附（岡崎の猫）〔1887〕六幕「渡る世間に鬼はないと、今のお人が早速に取次をしてくれるやうでは、こりゃお願ひが叶ひませうぞや」

笑《わら》う

花のつぼみが開くさまや、果実が熟して裂け開くさまをいう。えむ。また、春になって、芽が出たり、花が咲いたりして景色が明るく見えるさまの意にも用いられる。この場合、「やまわらう」ともいう。↓山笑《やまわら》う。＊俳諧・綾錦〔1732〕上「はら筋をよりてや笑ふ糸ざくら」

理《わり》ない仲《なか》

非常に親密な仲。「わりない」は「割り無い」で、ことわり（理）が無いの意。道理では計り知れないほど親密である。分別を超えて、ひと通りでなく親しい。多く男女の関係についていう。＊われら戦友たち〔1973〕〈柴田翔〉五・一二「もしあの晩、私たちが〈略〉わりない仲になっていたとしたら」

わりを食《く》う

割りの合わない目にあう。不利になる。損をする。＊笹まくら〔1966〕〈丸谷才一〉五「本学の出でないせいで割りを食っている」

破鐘《われがね》

われてひびのはいった鐘。また、われがねは濁った音がするところから、濁った太い大きな声のさまにいう。＊浄瑠璃・浦島年代記〔1722〕四「われがねの様成大音声」

割《わ》れ鍋《なべ》にとじ蓋《ぶた》

破鍋にもそれにふさわしいとじ蓋があるの意で、どんな人にもそれに相応した配偶者があるというたとえ。また、何事にも似かよった者どうしがふさわしいというたとえにも用いられる。自分達夫婦を顧みて、あるいは他の夫婦を批評して、誉められた話ではないがというニュアンスを含んで使われることが多い。＊狂歌・堀河百首題狂歌集〔1671〕恋「つらかりしそなたのしりもわれなべにわがかけふたにあふぞ嬉しき」

腕白《わんぱく》

子ども、特に男の子がいたずらで言うことをきかないこと。言うことをきかないで遊びまわったり、わるさをしたりすること。「腕白」はあて字。「かんぱく（関白）」の変化した語かといわれるが、道に外れた事をして人を惑わすことをいう「おうわく（枉惑）」の転とする説や、さらにその変化した語の「わやく」の訛りとする説もある。時に、無理やわがままをいう意で、大人に用いる場合もある。＊歌舞伎・幼稚子敵討〔1753〕四「嫡子善光は今は早、十一歳に成り給ふ。弟の善子わんぱくなり」

自然を友として ― 雨・風・雲・雪・空の名前

季節の変化の大きい日本には、天気・気象を表すことばが数多くあります。ここでは、それらの中から特に「雨」「風」「雲」「雪」「空」を表すことばを集めて、それぞれ五十音順に配列しました。単なる自然現象としてではなく、時には親しみを込めて、時には畏敬の念をもって表現したこれらのことばを通読すると、日本人がいかに自分たちを取り巻く自然と深い関わりをもって生活してきたかがわかると思います。

さらに和歌、俳句等の用例を適宜添えて、これらのことばに対する日本人の美意識を知る手がかりとしました。

雨の名前

青《あお》梅雨《つゆ》
新緑に降りそそぐ梅雨。《季・夏》＊雲に鳥〔1977〕〈永井龍男〉「青梅雨の朝戸けなげに繰られけり」

秋《あき》小雨《こさめ》
九月中旬から一〇月半ばにかけて降る一種の長雨。《季・秋》

秋《あき》雨《さめ》
秋に降る長雨。八月末から一〇月初めごろの間に陰鬱な天気が続き、それにつれて降る弱い長雨。《季・秋》＊俳諧・蕪村句集〔1784〕秋「秋雨や水底の草を踏わたる」

秋《あき》時雨《しぐれ》
「あき(秋)の時雨」に同じ。《季・秋》＊俳諧・梟日記〔1698〕九月七日「薄墨のやつれや松の秋時雨」

秋《あき》湿《じめり》
梅雨のように降りつづく秋の雨。秋の長雨。《季・秋》

秋《あき》梅雨入《ついり》・秋黴雨
〔「ついり」は「つゆ入り」の変化した語〕秋の頃、梅雨のように、いつまでも雨が降り続くこと。また、その雨。《季・秋》＊俳諧・猿蓑〔1691〕三・秋「はてもなく瀬の鳴る音や秋《あき》黴雨《ついり》〈史邦〉」

秋《あき》の雨《あめ》
秋に降る雨。しみじみと身にしみるような冷たい雨とされる。あきさめ。《季・秋》＊万葉集〔8C後〕八・一五七三「秋《あき》之《の》雨《あめ》に濡れつつをれば賤《いや》しけど吾妹《わぎも》が屋戸《やど》し思ほゆるかも〈大伴利上〉」

秋《あき》の時雨《しぐれ》
秋の末に降る時雨。秋時雨。《季・秋》＊古今和歌集〔905～914〕離別・三九八「をしむらん人の心をしらぬまに秋のしぐれと身ぞふりにける〈兼覧王〉」

あげ雨《あめ》
関東地方で、降ったりやんだりする雨。あげぶり。

朝《あさ》雨《あめ》
朝降る雨。

朝《あさ》時雨《しぐれ》
朝に降るしぐれ。《季・冬》＊壬二

集〔1237～45〕「つま木こるしづの衣のあさしぐれほすもや寒き冬の山風」

朝立《あさだち》 朝方に降るにわか雨。⇔夕立。

朝夕立《あさゆだち》**・朝白雨** 朝のうちに降る強いにわか雨。昼になれば晴れるものとされる。＊雑俳・手ひきぐさ〔1824〕「後の為・朝白雨《あさゆだち》笑む水団屋」

雨足《あまあし》**・雨脚** 白い糸すじのように見える、地上に降り注ぐ雨。＊伊豆の踊子〔1926〕〈川端康成〉一「雨脚が細くなって、峰が明るんで来た」

天の時雨《あめのしぐれ》 天から降る時雨。＊万葉集〔8C後〕一・八二「うらさぶる情《こころ》さまねしひさかたの天之四具礼《あめのシグレ》の流れあふ見れば〈長田王〉」

雨喜《あめよろこび》 日照りが長く続いて困っているとき降る雨。《季・夏》

嵐《あらし》 特に、雨を伴う、はげしい風。暴風雨。＊当世書生気質〔1885～86〕〈坪内逍遙〉一〇「マアいいさ、所が其晩は風雨《あらし》でネ」

嵐雨《あらしあめ》 はげしい風とともに降る雨。暴風雨。＊川のほとり〔1925〕〈古泉千樫〉朝「あらしあめ晴れてすがしきこの朝や青栗の香のあまき匂ひす」

荒梅雨《あらつゆ》 特に風雨の強まった梅雨。《季・夏》

有明夕立《ありあけゆうだち》 明け方に降る、にわか雨。

暗雨《あんう》 闇夜《やみよ》に降る雨。＊海道記〔1223頃〕序「既にして斜陽景晩れて、暗雨しきりに笠にかかる」

幾村雨《いくむらさめ》 幾度か、また、幾度も降り過ぎる村雨。

伊勢清の雨《いせきよのあめ》 陰暦九月一八日に降る雨。伊勢神宮の内宮、外宮の御遷宮の行事の後に降る雨の意という。

磯時雨《いそしぐれ》 磯で降る時雨。＊俳諧・焦尾琴〔1701〕雅「蜑の子や松を逆手に磯しぐれ〈重巽〉」

一雨《いちう》 ひとしきり降る雨。一たびの雨。ひとあめ。

一陣の雨《いちじんのあめ》 風を伴うなどしてひとしきりさっと降って過ぎる雨。＊俳諧・去来抄〔1702～04〕故実「急雨と書て、必竟一陣雨《いちぢんのあめ》なれば」

偽の時雨《いつわりのしぐれ》 （藤原定家の歌「偽りのなき世なりけり神無月たが誠より時雨初《そめ》けん」（続後拾遺和歌集・冬・四一五）に基づく井原西鶴の表現）陰暦一〇月に降るしぐれ。初しぐれ。＊浮世草子・万の文反古〔1696〕四・二「折ふし偽りの時雨ふりて、今市堤のせくざんの木もしばしの宿には成がたく」

糸雨《いとあめ》

細かい雨。こさめ。＊思出の記〔1900～01〕〈徳富蘆花〉九・七「縄大《なはほど》の白雨何時か疎らな糸雨《いとあめ》となった」

糸雨《いとさめ》　細かい雨。こさめ。ぬかあめ。

淫雨《いんう》　いつまでも降り続く雨。長雨。霖雨《りんう》。＊伊沢蘭軒〔1916～17〕〈森鷗外〉一六七「八月の初に備後は淫雨《いんう》であった」

陰雨《いんう》　①空が曇ってきて雨が降ること。②しとしとと降り続く雨。＊ふらんす物語〔1909〕〈永井荷風〉祭の夜がたり「北の方里昂《リヨン》は霧、巴里《パリー》は陰雨《いんう》の時節と云ふのに」

陰霖《いんりん》　長い間降り続く雨。ながあめ。

卯雨《うあめ》　「うのときあめ（卯時雨）」に同じ。

雨脚《うきゃく》　降りそそぐ雨。白い線のように見える雨。あまあし。

丑雨《うしあめ》　丑の刻頃に降りだした雨。一日中降るといわれる。丑の雨。

雨足《うそく》　①雨が糸をひいたように降ること。また、その雨。雨脚《うきゃく》。あまあし。②雨が十分に降ること。

雨沢《うたく》　万物を潤す雨。恵みの雨。慈雨。ひいて、恵み、天子の恩沢。

卯《う》**の時雨**《ときあめ》　早朝に降り出す雨。俗に「子《ね》は長し。丑《うし》は一日、寅《とら》は半、卯は一時《いっとき》」「卯の時雨に笠を脱げ」などのことわざもあり、すぐにやみ、むしろ天気になる前兆とされた。卯雨《うあめ》。卯の刻《こく》雨。＊俳諧・井華集〔1789〕「うぐひすの卯時雨に高音哉」

卯《う》**の花**《はな》**腐**《くたし》　（「くたし」は腐らす意の動詞「くたす（腐）」の連用形の名詞化。「うのはなくだし」とも）陰暦四月の中・下旬に降り続く長雨が卯の花をくさらすこと。転じて、五月雨《さみだれ》に先立って降る長雨。《季・夏》＊俳諧・御傘〔1651〕五「卯の花過て卯花くたし有べし。四月の雨の名也。降物《ふりもの》なり」

雨飛《うひ》　雨が風に飛ばされながら降ること。

梅《うめ》**の雨**《あめ》　（「梅雨」の訓読み）梅雨《ばいう》。さみだれ。つゆ。《季・夏》＊菟玖波集〔1356〕発句「橘の匂になりぬ梅の雨〈素阿〉」

梅《うめ》**若**《わか》**の涙雨**《なみだあめ》　梅若忌（陰暦三月一五日、現在は四月一五日）には、その死を悲しんで、わずかでも降るという雨。《季・春》

浦西《うらにし》　驟雨《しゅうう》をいう、盗人仲間の隠語。

液雨《えきう》　陰暦一〇月頃に降る雨。しぐれ。《季・冬》＊実隆公記 - 延徳元年〔1489〕一〇月一六日「天晴。時々液雨。入夜月輝朗」

煙雨《えんう》　煙るように降る雨。きりさめ。ぬかあめ。細雨。＊俳諧・野ざらし紀行〔1685～86頃〕「白雲峰に重り、烟雨谷を埋んで、山賤《やまがつ》の家処々にちいさく」

大雨《おおあめ》 ひどく大量に降る雨。豪雨。「大雨洪水注意報」＊和泉式部集〔11C中〕上「おほあめのあした、宵はいかがと宮よりある御返事」

大荒《おおあれ》 天候が非常に荒れること。また、そのさま。ひどい暴風雨。

大抜《おおぬけ》 山形県地方で、夏、洪水の出るほど大量に雨が降ることをいう。

大降《おおぶり》 雨や雪などが、はげしく降ること。⇔小降。

大夕立《おおゆうだち》 非常に激しい夕立。《季・夏》＊五百句〔1937〕〈高浜虚子〉昭和二年「大夕立来るらし由布のかきくもり」

送梅雨《おくりづゆ》 梅雨の頃になって降る大雨。おくりばいう。《季・夏》

送梅雨《おくりばいう》 「おくりづゆ（送梅雨）」に同じ。

御下《おさがり》・御降 （「お」は接頭語）①雨が降ること、また、雨をいう女房詞。②（御降）特に、元日または正月三が日のうちに降る雨や雪をいう。降れば豊年のしるしとされ、めでたいものとされた。《季・新年》＊俳諧・発句題叢〔1820～23〕春・上「御降に猶寝よげなる二日哉〈闌更〉」

御湿《おしめり》 （「お」は接頭語）降雨のこと。雨を待ち望んでいる時や、望んでいて適度の降雨があった時にいう。＊俳諧・文政句帖・六年〔1823〕八月「十五夜のよいおしめりよよい月夜」

御山洗《おやまあらい》 富士山麓地方で、旧暦七月二六日の山閉じの頃に降る雨をいう。神霊の去来に風雨を伴うという信仰から、多く、祭の前後に風雨や吹雪があると理解されていた。今は山開きの間に登山者がよごしたのを、この雨が洗い清めてくれると解されている。

おろ降《ぶり》 （「おろ」は接頭語）雨などが少し降ること。こぶり。小雨。

御字《おんのじ》の雨《あめ》 （「御降《おさがり》」というところから）正月元日に降る雨。＊雑俳・柳多留－一三二〔1834〕「元日の下駄御の字の雨を踏み」

快雨《かいう》 暑い日などに勢いよく降りそそいで気持をさっぱりさせるような雨。

怪雨《かいう》 異状な雨。旋風などでまきあげられた泥、砂、虫、魚などがまじったりするもの。

花雨《かう》 花の咲くころに降る雨。花に降る雨。

夏雨《かう》 夏降る雨。

過雨《かう》 ひとしきり降ってすぐ晴れる雨。とおり雨。

返梅雨《かえりづゆ》 「もどりづゆ(戻梅雨)」に同じ。《季・夏》

掻時雨《かきしぐる》 (「かき」は接頭語)空が一面に曇って、時雨《しぐれ》が降る。時雨の降りそうな空模様になる。＊更級日記〔1059頃〕「僧坊に行き着きたる程、かきしぐれたる紅葉の、類なくぞ見ゆるや」

笠時雨《かさしぐれ》 笠に降りかかる時雨。＊俳諧・笈日記〔1695〕下・雲水追善「此海に草鞋《わらぢ》を捨ん笠時雨〈芭蕉〉」

片雨《かたあめ》 局所的に降る雨。一方だけに降る雨。＊看聞御記・応永二四年〔1417〕紙背「富士のねは雪や半にかかるらむ〈重朝臣〉ふもとははるる山の片雨〈資興〉虹のたつそなたの夕日影うすし」

片時雨《かたしぐれ》 空の一方では時雨が降り、また別な方角では晴れていること。《季・冬》＊俳諧・桜川〔1674〕冬・一「亭もめでん北面たつ片しぐれ〈維舟〉」

片降《かたふり》 ①日照りがなく雨ばかり長く降りつづくこと。②一方に日が照っていながら、他方では雨が降ること。＊俳諧・続一夜松後集〔1786〕「片降のゆふだち雲や松の月〈桃牛〉」

片山時雨《かたやましぐれ》 片山に降る時雨。＊俳諧・なにぶくろ〔1812〕「白露のかた山しぐれ壁ぬりて〈一茶〉しらぬ小鳥が来てもうなづく〈一峨〉」

茅屋の雨《かやのあめ》 茅ぶきの家に降りそそぐ雨。音のしないことのたとえ。＊浄瑠璃・卯月の潤色〔1707頃〕中「ふぢの木ばしら、かややのあめ、人こそ知らね屋の内に、すぐで立ったる人はなし」

空梅雨《からつい》 「からつゆ(空梅雨)」の変化した語。

空梅雨《からつゆ》 雨量が著しく少ないか、または晴れた日が続く梅雨期。五、六月頃から日本の東方の太平洋高気圧が優勢だとなりやすく、早くから真夏の暑さとなる。てりつゆ。《季・夏》＊田舎教師〔1909〕〈田山花袋〉五〇「今年は『から梅雨《つゆ》』で、雨が少なかった」

夏霖《かりん》 夏の長雨。

甘雨《かんう》 草木をうるおし、生長を助ける雨。慈雨《じう》。膏雨《こうう》。＊日本霊異記〔810〜824〕上・二五「水を施し、田を塞ぐ。甘雨時に降り、美《よ》き誉長《とこしへ》に伝ふ」

寒雨《かんう》 冬の寒々とした雨。

寒九の雨《かんくのあめ》 寒にはいって九日目に降る雨。農家で豊作の兆《きざし》として喜ぶ。《季・冬》

神立《かんだち》 東日本で、雷雨、夕立、にわか雨をいう。

寒《かん》の雨《あめ》
寒の期間中に降るつめたい雨。《季・冬》＊俳諧・西華集〔1699〕坤「雁さはぐ鳥羽の田づらや寒の雨〈芭蕉〉」

甘露《かんろ》の雨《あめ》
天の恵みの雨。草木のうるおいとなる雨。慈雨《じう》。

喜《き》雨《う》
長い日照りが続いた後に降る雨。慈雨。《季・夏》

北《きた》雨《あめ》
寒い北風を伴って降る雨。＊俳諧・はりまあんご〔1789〕春興「北雨の降来る寺の西明り〈青蘿〉納豆汁の冬もちかづく〈瓜坊〉」

北《きた》時雨《しぐれ》
風を伴って、北の山の方から降ってくる、晩秋、初冬の頃の冷たいにわか雨。＊俳諧・冬の日〔1685〕「しばし宗祇の名を付し水〈杜国〉笠ぬぎて無理にもぬるる北時雨〈荷兮〉」

北《きた》雨吹《しぶき》
北側から吹きつけるしぶき、雨風。特に、冬季のものをさすこともある。《季・冬》＊俳諧・独吟一日千句〔1675〕第四「請とひかけて落す溝川北しふき軒端はくらき夜半の月」

北山《きたやま》時雨《しぐれ》
北方の山から降ってくるしぐれ。特に、京都の北山のあたりから降り渡るしぐれ。《季・冬》＊春夏秋冬‐冬〔1903〕〈河東碧梧桐・高浜虚子編〉「茶の会は北山時雨する日なり〈孤堂子〉」

北山《きたやま》の雨《あめ》
北山のあたりから降ってくるしぐれ。転じて、きまぐれ。北山時雨。＊雑俳・柳多留拾遺〔1801〕巻一七「北山の雨にたとへし人こころ」

気《き》違《ちがい》雨《あめ》
晴れたかと思うと、また急に降って来る雨。

狐《きつね》雨《あめ》
日がさしていながら降る雨。狐の嫁入り。天気雨。

狐《きつね》の御祝儀《ごしゅうぎ》
日が照っているのに降る雨。天気雨。きつねの祝言。

狐《きつね》の嫁入《よめいり》
日が照っているのに、小雨の降ること。日照雨。＊狂歌・徳和歌後万載集〔1785〕一一「狐嫁入よるのとの嫁御はいつかこんこんとまてば甘露のひでり雨哉」

黄《き》梅雨《つゆ》
（梅の実が黄色になるころに降る雨の意）つゆ。さみだれ。梅雨。《季・夏》

甲子降《きのえぶり》
甲子の日に雨が降ること。この日の雨は六〇日も続くと俗に信じられた。

気《き》紛《まぐれ》雨《あめ》
思いついたように降ったり止んだりする雨。＊門三味線〔1895〕〈斎藤緑雨〉一四「見れば薄すらと日は元の通りさしたるに、ぽつぽつと降出す気《き》まぐれ雨《あめ》」

久《きゅう》雨《う》
長い間降り続く雨。ながあめ。霖雨《りんう》。

急雨《きゅうう》
急に降り出した雨。にわか雨。驟雨《しゅうう》。

強雨《きょうう》
強く降る雨。豪雨。大雨。

暁雨《ぎょうう》
夜明け方に降る雨。

杏花雨《きょうかう》
清明の日（陽暦四月五日ごろ）に降る雨。《季・春》

霧雨《きりあめ》
「きりさめ（霧雨）」に同じ。＊おとづれ〔1897〕〈国木田独歩〉上「そよ吹く風に霧雨《きりあめ》舞ひ込みて我面を払へば」

霧雨《きりさめ》
微小な水滴が、気流のかすかな流れに舞いながら煙るように降る雨。低く連続した層雲から降り、ふつう降水量は一時間に一ミリメートル以下。ぬか雨。きりあめ。《季・秋》＊俳諧・文化句帖・花見の記〔1808〕「霧雨や日々に木末の薄明り」

きりす
東日本で、霧雨をいう。

霧降《きりぶり》
長野県地方などで、霧のような雨や小雨をいう。

銀箭《ぎんせん》
銀の矢。銀色の矢。強い雨脚のたとえにいう。＊草枕〔1906〕〈夏目漱石〉一「幾条の銀箭が斜めに走るなかを、ひたぶるに濡れて行くわれを」

銀竹《ぎんちく》
大雨を形容していう語。転じて、夕立。

苦雨《くう》
長く降り続いて災いをなす雨。人を苦しめるながあめ。

草《くさ》**の雨**《あめ》
新緑の頃、草に降る雨。＊妻木〔1904～06〕〈松瀬青々〉夏「草の雨ふるき簾やつるべ鮓」

薬降《くすりふる》
昔、陰暦の五月五日を薬日と称し、この日の正午頃に雨が降ることをいう。その雨を神水といい薬を作るのに用いられ、また、雨のかかった薬草は特効があるとされた。《季・夏》＊春夏秋冬‐夏〔1902〕〈河東碧梧桐・高浜虚子編〉「薬降る園や山吹咲き残る〈子規〉」

紅《くれない》**の雨**《あめ》
花に降りそそぐ雨を美しくいった語。紅雨《こうう》。＊相模集〔1061頃か〕「浅みどり春めづらしく一しほに花の色ますくれなゐのあめ」

毛雨《けあめ》
毛のように細かい雨。やわらかく静かに降る雨。こさめ。霧雨《きりさめ》。＊片ゑくぼ〔1894〕〈尾崎紅葉・小栗風葉〉七「海上は降頻る細雨《けあめ》に烟り」

恵雨《けいう》
めぐみの雨。ひでり続きの時に降って農作物をうるおす雨。慈雨。

軽雨《けいう》
すこし降る雨。小雨。微雨。＊経国美談〔1883～84〕〈矢野龍渓〉前・九「正に是れ暖を送るの軽雨花稍く綻び」

迎梅雨《けいばいう》
三月の雨。

小雨《こあめ》
「こさめ（小雨）」に同じ。

好雨《こうう》
ちょうど待ち望んでいる時に降る雨。恵みの雨。

江雨《こうう》
川の面に降る雨。

行雨《こうう》
降る雨。また、雨足の速い雨。

紅雨《こうう》
春、花にそそぐ雨。くれないの雨。

降雨《こうう》
雨が降ること。また、降る雨。

膏雨《こうう》
（「膏」はうるおいの意）農作物をうるおしそだてる雨。おしめり。甘雨。＊行人〔1912～13〕〈夏目漱石〉塵労・三三「僕の心は旱魃に枯れかかった稲の穂が膏雨《かうう》を得たやうに蘇へる」

豪雨《ごうう》
はげしく降る雨。気象学的には、降雨時間はさほど短くはなく、雨量が甚大な雨を、短時間に多量に降る強雨《きょうう》と区別していう。およそ一日の雨量が二〇〇ミリメートルをこすもの。日本には一日に一〇〇〇ミリメートル以上の記録がある。＊土〔1910〕〈長塚節〉二〇「まだ暑い空気を冷たくしつつ豪雨が更に幾日か草木の葉を苛めては降って降って又降った」

黄雀雨《こうじゃくう》
陰暦九月に降る雨。一説に、五月に降る雨ともいう。

黄梅雨《こうばいう》
「こうばい（黄梅）の雨」に同じ。＊開化の殺人〔1918〕〈芥川龍之介〉「節《せつ》物《ぶつ》は素より異れども、紛々たる細雨は、予をして幸に黄梅雨の天を彷彿せしむ」

黄梅《こうばい》**の雨**《あめ》
梅の実の黄色く熟する頃降る雨。また、黄梅に降る雨。梅雨。黄梅雨。＊和漢朗詠集〔1018頃〕下・水「帆開けては青草湖の中に去んぬ、衣湿うては黄梅の雨の裏に行《あり》く〈白居易〉」

高野《こうや》**の大糞**《おおくそ》**流**《ながし》
三月二二日に降る雨。高野山の便所は、崖《がけ》の上につくったもので、多数の参詣人の糞便を二二日の雨が洗い流すという意。前日の二一日は高野山の開基弘法大師の入寂《にゅうじゃく》の日にあたる。

黄金《こがね》**の雨**《あめ》
ひでり続きの時に降るありがたい雨。

黒雨《こくう》
空が暗くなるような大雨。どしゃぶりの雨。＊春潮〔1903〕〈田山花袋〉一五「二人は暗風《あんぷう》黒雨の中に別れて了った」

黒風白雨《こくふうはくう》
（「白雨」はにわか雨のこと）強い風が吹き荒れ、にわか雨が降ること。暴風雨。＊良人の自白〔1904～06〕〈木下尚江〉前・二〇・一「天主閣のみ其儘に巍然と雲に聳へて、黒風白雨《こくふうはくう》四百年の春秋を物語って居るのである」

小雨《こさめ》
「こさめ（小雨）」の変化した語。＊久

安百首〔1153〕春下「唐衣かづく袂ぞそぼちぬる見れども見えぬ春のこさあめ〈藤原隆季〉」

小雨《こさめ》 こまかく降る雨。こぶりの雨。細雨。こぬか雨。こあめ。＊万葉集〔8C後〕一一・二四五六「ぬばたまの黒髪山の山すげに小雨《こさめ》降りしきしくしく思ほゆ〈人麻呂歌集〉」

こし雨《あめ》 いつまでも降り続く雨。また、しとしとと降る小雨。ながあめ。霖雨《りんう》。＊散木奇歌集〔1128頃〕春「誰れと見てしのびかはせんつれづれとこし雨ふりてすみれ咲く野を」

こそ雨《あめ》 関東地方で、細かい雨。きりさめ。こすあめ。こそこそあめ。

粉雨《こなあめ》 粉のように細かい雨。小糠雨。細雨。霧雨《きりさめ》。＊今年竹〔1919〜27〕〈里見弴〉片輪な子・二「我が身ひとつの寂しさに、見詰める空の粉雨か、長い睫をしめらせたのは」

小糠雨《こぬかあめ》 細かな雨。霧のように細かい雨。細雨。ぬか雨。霧雨《きりさめ》。＊俳諧・生玉万句〔1673〕「恋風ぞ吹風呂の焼初〈西鶴〉粉糠雨や柳の木末ふりぬらん〈幸友〉」

木芽雨《このめあめ》 木の芽の萌えるころ降る雨。《季・春》

小降《こぶり》 雨や雪などのすこし降ること。また、降りかたが弱いこと。⇕大降。

細雨《こまあめ》 こまかい雨。さいう。こさめ。

ざあざあ降《ぶり》 雨が音をたててはげしく降ること。また、その状態。

小雨《さあめ》 (「さ」は接頭語)雨。さめ。

砕雨《さいう》 こまかな雨。霧雨《きりさめ》。細雨。

細雨《さいう》 こまかな雨。霧雨《きりさめ》。こさめ。＊花柳春話〔1878〜79〕〈織田純一郎訳〉二五「細雨《さいう》蕭々乍《たちま》ち霽れて又曇り」

催花雨《さいかう》 植物の開花を促すような雨。これが「菜花雨《さいかう》」に転じ、やがて四月頃の菜《な》種梅雨《たねづゆ》になったといわれる。

洒涙雨《さいるいう》・灑涙雨 (牽牛と織女の別れを悲しむ涙雨の意)陰暦七月七日に降る雨。せいるいう。《季・秋》(補注)降る日が七月六日か七日かについては、中国でも混同し、「歳時記」「荊楚歳時記」などは六日説、「歳時広記」などは七日説である。六日説の場合は牽牛、織女の会合を妨げる雨の意となる。

桜雨《さくらあめ》 桜の花の咲くころに降る雨。《季・春》

細雨《ささあめ》 わずかな雨。小雨。

さ梅雨《ずい》 北陸地方で、五月雨。梅雨。さぞい。

五月雨《さつきあめ》 さぜ・さざえ。さんずい。

「さみだれ（五月雨）」に同じ。《季・夏》＊俳諧・猿蓑〔1691〕二「日の道や葵傾くさ月あめ〈芭蕉〉」

五月《さつき》の雨《あめ》
陰暦五月のころに降る長雨。さみだれ。＊山家集〔12Ｃ後〕上「思はずに侮《あなづ》りにくき小川《こがは》かなさつきの雨に水増《まさ》りつつ」

五月雨《さみだれ》
陰暦五月頃に降りつづく長雨。また、その時期。つゆ。梅雨《ばいう》。さつきあめ。《季・夏》＊古今和歌集〔905～914〕夏・一五四「五月雨に物思ひをれば郭公夜ふかくなきていづちゆくらむ〈紀友則〉」

小夜時雨《さよしぐれ》
夜に降るしぐれ。《季・冬》＊新続古今和歌集〔1439〕冬・六一六「聞きわぶる寝覚の床のさ夜時雨降るほどよりもぬるる袖かな〈満意〉」

さわけ
①静岡県地方で、霧雨。②神奈川県地方で、本降りになる前の降り始めの雨。

山雨《さんう》
山に降る雨。また、山の方から降りはじめた雨。

惨雨《さんう》
さびしく降る雨。

残雨《ざんう》
大雨の後や、雨季の終わりなどの残りの雨。

ざんざ雨《あめ》
はげしく降る雨。＊俳諧・七番日記－文化一三年〔1816〕正月「ざんざ雨霞のうらを通りけり」

ざんざ降《ぶり》
雨などがはげしく降ること。＊俳諧・花摘〔1690〕下「蝉の音に争ふ雨やざんざ降《ぶり》〈全峰〉」

ざんざん降《ぶり》
大雨が長時間にわたって激しく降ること。ざあざあぶり。

酸性雨《さんせいう》
硫黄酸化物や窒素酸化物などの大気汚染物質が溶けこんでいて酸性度が強い雨。動植物や建造物などに被害を与え、生態系に影響をおよぼす。

地雨《じあめ》
あるきまった強さで、長く降りつづく雨。梅雨期などの雨。＊白鷺〔1909〕〈泉鏡花〉一七「こりゃ地雨《ぢあめ》で留《や》みさうもない」

糸雨《しう》
糸のように細い雨。きりさめ。細雨。いとあめ。

私雨《しう》
他所にまで広くは降らないで、ただ一部分の土地に降る雨。わたくしあめ。

時雨《じう》
①ほどよい時に降る雨。時を得て降る雨。②「しぐれ（時雨）」に同じ。

慈雨《じう》
万物をうるおし育てる雨。また、ひでりつづきのときに降るめぐみの雨。甘雨。＊こゝろ〔1914〕〈夏目漱石〉下・四〇「私は何んなに彼に都合の好い返事を、その渇き切った顔の上に慈《じ》雨《う》の如く注いで 遣ったか分りません」

しおしお
愛知県地方で、かすかに降る雨。

仕掛降《しかけぶり》
鳥取県地方で、晩秋などのにわか雨。しぐれ。

時雨《しぐれ》
主として晩秋から初冬にかけての、降ったりやんだりする小雨。また、そのような曇りがちの空模様をもいう。しぐれの雨。《季・冬》＊万葉集〔8C後〕一〇・二二一四「夕されば雁《かり》の越えゆく龍田山四具礼《シグレ》に競《きほ》ひ色付きにけり〈作者未詳〉」

時雨《しぐれ》**の雨**《あめ》
「しぐれ（時雨）」に同じ。＊万葉集〔8C後〕一五・三六九七「百船の泊つる対馬の浅茅山志具礼能安米《シグレノアメ》にもみたひにけり〈遣新羅使人〉」

時《し》**化**《け》**・湿気**
幾日も降り続く雨。＊人情本・春色恵の花〔1836〕初・六回「今日しも雨のつれづれに、いとどわびしき中庭より、空を詠めて哀れげに『爺《ちゃん》や、林雨《しけ》とやらになるといけないのふ』」

時化降《しけぶり》
暴風をともなって、雨がはげしく降ること。

地蔵雨《じぞうあめ》
地蔵盆の日に降る雨。この日には必ず雨が降るといわれた。

したした雨《あめ》
絶え間なく降る雨。

疾雨《しつう》
はげしく降る雨。＊今昔物語集〔1120頃か〕二・二八「俄に大に雷震・暴風・疾雨出来て、王より始て若干の人、皆水に湮《しづみ》て死ぬ」

しとしと雨《あめ》
しとしとと、しめやかに降る雨。＊多情仏心〔1922～23〕〈里見弴〉茶断塩断・三「五月のしとしと雨の日、久振りに逢ひ戻ってから」

篠《しの》**突**《つ》**く**
篠を束ねてつきおろしたように細いものが一面に続けてはげしく飛んでくる。多く、はげしく雨の降るさまにいう。篠を突く。＊コップ酒〔1933〕〈浅見淵〉「その頃から篠《しの》突《つ》く雨になったが」

篠《しの》**を突**《つ》**く**
篠を突き立てるように、大粒の雨が激しい勢いで降るさまをたとえていう語。＊滑稽本・東海道中膝栗毛〔1802～09〕六・上「雨催ひのそら、俄にくらくなり、あはやと見るまに、篠《しの》をつく大雨となり」

屢雨《しばあめ》
にわか雨。断続的に降る雨。

柴《しば》**くり**
「しばくれあめ（柴榑雨）」に同じ。

柴榑雨《しばくれあめ》
はげしく降る雨。大雨。しばくり。

繁吹雨《しぶきあめ》
はげしく吹きつけて降る雨。

渋渋雨《しぶしぶあめ》
①群馬県地方で、しょぼしょぼ降

る雨。②静岡県地方で、梅雨のような長雨。

湿《しめり》
雨が降ること。また、雨。雨を待ち望んでいるときや、望んでいて適度の降雨があったときにいう。おしめり。＊俳諧・仏の兄〔1699〕「村はみな法華斗のなびき松 よんべ降たはよいしめり也」

社翁雨《しゃおうう》
「しゃおう（社翁）の雨《あめ》」に同じ。《季・春》

社翁《しゃおう》の雨《あめ》
春の社日《しゃにち》に降る雨。社翁雨。《季・春》

車軸《しゃじく》
（雨滴の太さが車の心棒ほどもあるという意から）雨あしの太い雨が降ること。大雨が降ること。また、その雨。＊浮世草子・新可笑記〔1688〕三・三「七日七夜の大風車軸《しゃじく》ののち海中泥波を立」

車軸《しゃじく》の雨《あめ》
車軸のように雨あしの太い雨。大雨の形容。＊幸若・とかし〔室町末～近世初〕「たまをみがく鎌倉に、しゃぢくの雨をふらし」

車軸降《しゃじくぶり》
雨がはげしく降ること。どしゃぶり。

秋雨《しゅうう》
秋に降る雨。あきさめ。

驟雨《しゅうう》
急に降りだす雨。にわか雨。夕立。《季・夏》＊七曜〔1942〕〈山口誓子〉「地下鉄道驟雨に濡れしひと乗り来る」

渋雨《じゅうう》
降ったりやんだりしてぐずつく雨。

集中豪雨《しゅうちゅうごうう》
比較的狭い地域に短時間に降る強い雨。

秋霖《しゅうりん》
秋に降る長雨。秋雨。《季・秋》＊長子〔1936〕〈中村草田男〉「秋霖のドアを閉ざして出る男」

宿雨《しゅくう》
連日降りつづく雨。ながあめ。霖雨《りんう》。また、前夜からの雨。＊黒潮〔1902～05〕〈徳富蘆花〉一・一・二「冷々と面を吹く風、宿雨《しゅくう》を含む柘榴の花の青葉が中に焔の雫ゆり落すも眼さむる心地するので」

熟梅雨《じゅくばいう》
さみだれ。つゆ。梅雨。

春雨《しゅんう》
はるのあめ。はるさめ。

順雨《じゅんう》
順調な雨。ほどよく降る雨。

旬液《じゅんえき》
一〇日に一度降る雨。旬ごとの雨。

旬《じゅん》の雨《あめ》
一〇日目ごとに一度降る雨。転じて、適度に降る雨。＊酒食論〔室町〕「枝をならさぬ風の音、土くれやぶらぬ旬の雨」

春霖《しゅんりん》
三、四月頃に降る春の長雨。菜種梅《なたねづ》雨《ゆ》。《季・春》

暑雨《しょう》
夏の暑いころに降る雨。蒸し暑いと

きに降る雨。

小雨《しょうう》 すこし雨の降ること。また、その雨。こさめ。

瘴雨《しょうう》 瘴気《しょうき》（＝熱病を起こさせる山川の悪気や毒気）を含んだ雨。

蕭雨《しょうう》 しとしとと降る雨。しめやかに降る雨。＊開化の殺人〔1918〕〈芥川龍之介〉「蕭雨を犯して泥濘を踏んで、狂せる如く帰途に就きしの時」

瘴雲霾雨《しょううんばいう》 悪気を帯びた雲と、それから降る毒気を含んだ雨。

しょぼ雨《あめ》 しょぼ降る雨。しとしとと降る雨。＊「戦争と平和」論〔1947〕〈本多秋五〉三・一〇「しょぼ雨の薄暮に砲弾をとばす『意志』」

しょぼしょぼ雨《あめ》 しょぼしょぼ降る雨。しとしとと降り続く雨。じっとりと物をぬらして降る雨。＊俳諧・玉海集〔1656〕付句・上・秋「しょほしょほ雨のふるありまやま ゆらゆらと露をくいなの篠原に〈宗清〉」

しょぼ降《ふる》 雨がしとしとと降る。雨がしっとりと降る。＊俳諧・桜川〔1674〕春二「しょほふるや時は彌生の花の雨〈正隆〉」

白雨《しらさめ》 夕立。にわか雨。はくう。《季・夏》＊俳諧・寛政句帖‐五年〔1793〕「白雨や三日正月触る声」

深雨《しんう》 激しく降る雨。大雨。甚雨。＊御堂関白記‐長和四年〔1015〕正月一日「辰巳時許雨下、深雨也」

新雨《しんう》 新緑の頃に降る雨。

迅雨《じんう》 激しく降る雨。勢いよく降る雨。

甚雨《じんう》 激しく降る雨。大雨。暴雨。深雨。＊源平盛衰記〔14C前〕一・平家繁昌事「昔、近江の国に仏事有りけるに、風雨の煩ひ度々に及ければ、甚雨《じんう》を陰谷に流刑して、堂舎を供養すといへり」

翠雨《すいう》 草木の青葉に降りかかる雨。緑雨。

瑞雨《ずいう》 穀物などの生育を助けるめぐみの雨。慈雨。

裾野雨《すそのあめ》 雨宿りをするところのない裾野の原で降られた雨。＊舞姫〔1906〕〈与謝野晶子〉「裾野雨負へる石かと児をまどひ極悪道の旅かと思ひ」

青雨《せいう》 青葉に降る雨。新緑のころに降る雨。翠雨《すいう》。緑雨《りょくう》。

凄雨《せいう》 ①ものさびしく降る雨。ものさびしくつめたい雨。②はげしく降る雨。

洒涙雨《せいるいう》 「さいるいう（洒涙雨）」に同じ。

積雨《せきう》
連日、降り続く雨。いつまでも降る雨。ながあめ。霖雨。淫雨。＊断腸亭日乗〈永井荷風〉昭和二〇年(1945)九月二四日「積雨漸く霽れ再び秋晴のあかるき日となれり」

積淋《せきりん》**・積霖**
長く降り続く雨。ながあめ。積雨。霖雨。

洗車雨《せんしゃう》
陰暦七月七日に降る雨。一説に七月六日に降る雨。《季・秋》

疎雨《そう》**・疏雨・踈雨**
まばらに降る雨。

送梅《そうばい》
陰暦五月に降る雨。五月雨《さみだれ》。送梅の雨。

送梅雨《そうばいう》
梅雨の終わりごろの雨。陰暦五月の雨。送梅。

送梅《そうばい》**の雨**《あめ》
「そうばい(送梅)」に同じ。

曾我《そが》**の雨**《あめ》
曾我兄弟が仇討ちをした陰暦五月二八日が五月雨の日であったというところから、陰暦五月二八日曾我祭の日に降る雨。虎が雨。《季・夏》＊俳諧・桜川〔1674〕夏二「夏きくの淵はなみだか曾我の雨〈林元〉」

漫雨《そぞろあめ》
突然降ってくる雨。＊俳諧・虚栗〔1683〕上「菖《あやめ》刈る鵺《ぬえ》のうき巣や坐雨《そぞろあめ》〈樵花〉」

袖笠雨《そでがさあめ》
袖を笠のかわりとしてしのげるほどの弱い雨。

戯《そばえ》
ある所だけに降っている雨。通り雨。わたくし雨。日照雨。むらしぐれ。＊妻木〔1904〜06〕〈松瀬青々〉冬「太秦《うづまさ》でそばへに逢ひぬ紙子売」

戯雨《そばえあめ》
日が照っているのに降る小雨。狐のよめいり。＊浄瑠璃・壇浦兜軍記〔1732〕四「狐の嫁入《よめいり》のそばえ雨、晴らして往かうと辻堂に立寄る内の高話」

そぼろ雨《あめ》
そぼ降る雨。しとしとと降る細かい雨。＊俳諧・花の雲〔1702〕夏「いっそふにさびぞへちまのそぼろ雨〈梅嵐〉」

大雨《たいう》
ひどく降る雨。豪雨。おおあめ。＊謡曲・老松〔1430頃〕「天俄かにかき曇り、大雨頻りに降りしかば」

多雨《たう》
雨の多いこと。雨量が多いこと。また、その雨。

滝降《たきぶり》
雨が滝のように大量に降ること。土砂降り。

濯枝雨《たくしう》
陰暦六月ころに降る大雨。《季・夏》

竹《たけ》**の時雨**《しぐれ》
竹の葉に降りそそぐしぐれ。また、竹の葉のすれあう音をしぐれの降る音にたとえていう。＊俳諧・俳家奇人談〔1816〕中・原田宇古「なつかしき竹の時雨や庵の跡」

暖雨《だんう》
あたたかい雨。春の雨をさしていう。《季・春》

地形性降雨《ちけいせいこうう》
湿った気流が山地の斜面に沿って上昇するとき、断熱膨脹し、冷却されて生じる降雨。日本海地方の降雪もその例で、気温が低いため降雪となる。

長雨《ちょうう》
長期間降り続く雨。霖雨《りんう》。ながあめ。＊思出の記〔1900～01〕〈徳富蘆花〉五・七「如何なる強雨長雨にも堪へる厚いゴムひきの天幕」

朔日降《ついたちぶり》
月の第一日目に雨や雪が降ること。これがあると、その月は雨や雪の日が多いと考えられていた。

梅雨入《ついり》**・入梅・墜栗花**
（「つゆいり（梅雨入）」の変化した語）つゆになること。入梅《にゅうばい》。転じて、つゆ。梅雨。ながあめ。霖雨《りんう》。《季・夏》＊俳諧・紅梅千句〔1655〕六・鴈「梅の実のなるまじなひや月の暮〈政信〉墜栗《ついり》の雨を請てかへるさ〈季吟〉」

梅雨入雨《ついりあめ》**・入梅雨**
梅雨。つゆ。霖雨《りんう》。《季・夏》

月時雨《つきしぐれ》
月の出ている時に時雨が通りすぎて行くこと。また、その時雨。《季・冬》＊俳諧・枯尾花〔1694〕下「尋行てかれ野の草の根に語れ〈咸宇〉俤や二度三度よむ月時雨〈専迹〉」

月の雨《つきのあめ》
晴れれば秋の美しい月が観賞できるのに、それを隠して降る雨。《季・秋》＊俳諧・山の井〔1648〕秋「十五夜に雨ふりければ けふといふ興をさますや月の雨」

作雨《つくりあめ》
水道の水で庭などに雨を降らせること。また、その雨。《季・夏》＊五百句〔1937〕〈高浜虚子〉昭和九年「つくり雨降らせふきあげ噴き上げぬ」

梅雨《つゆ》**・黴雨**
六月前後の、雨やくもりの日が多く現れる時期をいう。また、その時期の気象状況。北海道を除く日本および中国の揚子江流域、朝鮮南部に特有のもの。ばいう。五月雨《さみだれ》。《季・夏》

梅雨雨《つゆあめ》
梅雨期に降る雨。さみだれ。

露時雨《つゆしぐれ》
晩秋のころ、しぐれのように一時さっと降る雨。《季・秋》＊妻木〔1904～06〕〈松瀬青々〉秋「日出て蜻蛉まふや露時雨」

泥雨《でいう》
泥をはねあげるように激しく降る雨。＊俳諧・おらが春〔1819〕「やをら咲ける初花の泥雨にしほれたるに等しく」

出替雨《でがわりあめ》
秋の出替わりの頃に降る雨。＊俳諧・文化句帖・補遺〔1806～11〕「萩芒出代雨の降にけり」

鉄砲雨《てっぽうあめ》
弾丸のように強く降る大粒の雨。

照雨《てりあめ》

日が照っていながら降る雨。

照梅雨《てりつゆ》
梅雨の期間中、晴天が続いて雨降りの日が少ないこと。雨の少ない梅雨。からつゆ。てりばいう。

照梅雨《てりばいう》
「てりつゆ（照梅雨）」に同じ。

照降雨《てりふりあめ》
晴れたかと思うと降り出し、降り出したかと思うと晴れるという、変わりやすい雨。

天気雨《てんきあめ》
日が照っているのに小雨が降ること。日照雨。

天泣《てんきゅう》
雲の見えないときに降る雨。

凍雨《とうう》
冬の雨。氷のように冷たい雨。寒雨。特に、みぞれをさすこともある。《季・冬》

どう降《ぶり》
（「どう」は接頭語）どしゃぶり。＊真景累ケ淵〔1869頃〕〈三遊亭円朝〉三五「折悪しく降出して来ました雨は、どう降《ぶり》で、車軸を流す様で」

通雨《とおりあめ》
ひとしきり降って、すぐに晴れる雨。過雨。＊俳諧・信徳十百韻〔1675〕「牛のあしあと古沓の露 通り雨野道に月や残すらん」

時の雨《ときのあめ》
（「時雨」の訓読み）しぐれ。＊殷富門院大輔集〔12C末〕「神無月いかなる時の雨なればかきくもるより物かなしかる」

土砂降《どしゃぶり》
大粒の雨がはげしく降ること。また、その雨。＊大道無門〔1926〕〈里見弴〉隣人・三「横なぐりに吹きつけるどしゃ降《ぶり》に」

富正月《とみしょうがつ》
元日、または三が日に降る雨や雪。豊年のしるしとされた。《季・新年》

虎が雨《とらがあめ》
陰暦五月二八日に降る雨。建久四年（一一九三）五月二八日、源頼朝が富士の裾野で狩りを行った時、曾我兄弟が仇敵工藤祐経を討って父の仇《あだ》を報じたが、兄十郎祐成は討死する。その祐成の愛人、遊女虎御前がこれを悲しんで泣く涙が雨になって降ると伝えられる。虎が涙雨。虎が涙。《季・夏》＊俳諧・誹諧曾我〔1699〕弟「草紙見て涙たらすや虎が雨〈路通〉」

虎が涙《とらがなみだ》
「とら（虎）が雨」に同じ。《季・夏》＊俳諧・毛吹草追加〔1647〕上「虎が涕《なみだ》とぶらひなきか時鳥〈作者不知〉」

虎が涙雨《とらがなみだあめ》
「とら（虎）が雨」に同じ。《季・夏》

長雨・霖《ながあめ》
幾日にもわたって降り続く雨。ながめ。淫雨《いんう》。霖雨《りんう》。＊源氏物語〔1001〜14頃〕帚木「ながあめ、はれ間なき頃、内の御物忌さしつづきて」

長雨・霖《ながさめ》
ながい間降り続く雨。ながあめ。＊太平記〔14C後〕三一・八幡合戦事「五月の霖《ながさめ》に水増りて押流されぬ」

長雨《ながめ》・霖
（「ながあめ」の変化した語）長く降り続く雨。和歌では、多く、「眺め」に掛けて用いる。＊万葉集〔8C後〕一〇・二二六二「秋萩を散らす長雨《ながめ》の降る頃は一人起きゐて恋ふる夜ぞ多き〈作者未詳〉」

名残《なごり》の夕立《ゆうだち》
その夏最後の夕立。夏の終わりの夕立。

菜種梅雨《なたねづゆ》
三月下旬から四月にかけて、菜の花が咲く頃に降る暖かい長雨。《季・春》＊黴〔1937〕〈森川暁水〉昭和九年「ぬれがほを鏡に妻や菜種梅雨」

夏《なつ》の雨《あめ》
夏に降る雨。《季・夏》＊俳諧・八番日記・文政四年〔1821〕六月「着ながらにせんたくしたり夏の雨」

七下《ななつさがり》の雨《あめ》
午後四時過ぎに降り出した雨。大概は長く降り続く。

涙雨《なみだあめ》
①悲しみの涙が化して降ると思われる雨。涙の雨。②「うめわか（梅若）の涙雨」「とら（虎）が涙雨」などの略。＊雑俳・柳多留・三七〔1807〕「都鳥今に吾妻のなみだ雨」③ほんの少しだけ降る雨。

涙《なみだ》の雨《あめ》
「なみだあめ（涙雨）」に同じ。

入梅《にゅうばい》
①梅雨の季節にはいること。太陽の黄経が八〇度に達した時をいい、暦の上では、六月一〇日頃にあたる。俗に梅雨と同義に用いられてもいる。つゆいり。ついり。《季・夏》②つゆの雨。梅雨。＊笛〔1957〕〈幸田文〉「入梅のびしょびしょ降っているある日」

俄雨《にわかあめ》
突然降り出してまもなくやんでしまう雨。驟雨《しゅうう》。

俄時雨《にわかしぐれ》
急に降ってくる時雨。＊俳諧・鷹筑波〔1638〕三「はなれはなれになる旅の空 里とをみ俄時雨のふる帋子《かみこ》〈定之〉」

糠雨《ぬかあめ》
霧のようにこまかな雨。こさめ。きりさめ。こぬかあめ。＊虞美人草〔1907〕〈夏目漱石〉三「古い京をいやが上に寂びよと降る糠雨《ぬかあめ》が」

盗人雨《ぬすびとあめ》
音もなく静かに降る雨。＊俳諧・西鶴大矢数〔1681〕第一〇「内方の犬に後を見する事 盗人雨がふったり止た利」

猫毛雨《ねこんけあめ》
①佐賀県地方で、小雨。②宮崎県地方で、霧雨。③福岡県地方で、麦作に嫌う雨。ねこげあめ。ねこぎあめ。

鼠《ねずみ》の嫁入《よめいり》
香川県地方で、日が照っているのに雨の降る天気。また、その雨。天気雨。

沛雨《はいう》
沛然として降る雨。さかんに降る雨。

梅雨《ばいう》・黴雨
（梅の実の熟する時期に当たるからと

も、また、物に黴《かび》が生じやすいからともいう）夏至を中心とした前後およそ二〇日ずつ程の雨期。または、その雨。日本本土、南朝鮮、華中・華南に特有。この頃は日本付近にほぼ東西に走る停滞前線（梅雨前線ともいう）が生じ、これに沿って小低気圧が通り、雨を降らせる。五月雨。つゆ。《季・夏》

梅霖《ばいりん》
（「霖」は長雨の意）梅雨《つゆ》。さみだれ。

馬鹿雨《ばかあめ》
《季・夏》
とんでもない大雨。＊幻談〔1938〕〈幸田露伴〉「イヤ馬鹿雨《ばかあめ》でさへなければあっしゃあ迎へに参りますから」

白雨《はくう》
雲がうすくて明るい空から降る雨。ゆうだち。にわかあめ。《季・夏》

麦雨《ばくう》
麦の熟するころに降る雨。五月雨。

魄飛雨《はくひあめ》
人魂が飛ぶと信じられている、盆のころ降る激しいにわか雨。はこび雨。＊看聞御記‐嘉吉三年〔1443〕七月二〇日「至夜魄飛雨《はくひあめ》降、世俗はこひ雨と云、本説魄飛雨也。たましゐ飛雨也。昌耆説也」

運雨《はこびあめ》
秋口に降るにわか雨。祖霊をはこんでくると信じられている。魄飛雨。＊俳諧・一幅半〔1700〕上・秋「運び雨来るや渋地な盆日和〈乙孝〉」

走梅雨《はしりづゆ》
五月下旬頃、梅雨に先立ってみられるぐずついた天候。梅雨の前ぶれ。

八月爛《はちがつただれ》
《季・夏》
西日本で、陰暦八月ごろ、しとしと降る雨。秋の長雨。

初時雨《はつしぐれ》
その年に初めて降るしぐれ。《季・冬》
＊躬恒集〔924頃〕「はつしくれふりそめしよりきくの花こがれしいろぞまたそはりける」

初春雨《はつはるさめ》
新春、初の春雨。元旦の雨。＊山家集〔12C後〕下「何時しかもはつ春さめぞ降りにける野辺の若菜も生ひやしぬらん」

花《はな》の雨《あめ》
桜の花の咲くころの雨。桜にふりそそぐ雨。また、桜の花のしきりに散るさまを雨に見立てていう。《季・春》
＊俳諧・犬子集〔1633〕二・花「ねぶらせて養たてよ花のあめ〈貞徳〉」

花《はな》の夕立《ゆうだち》
花の時節に降る夕立。＊聞書集〔12C後〕「水上に花のゆふだちふりにけりよしのの川の波のまされる」

暴雨《はやさあめ》
「はやさめ（速雨）」に同じ。

速雨《はやさめ》**・暴雨**
急に強く降る雨。にわかあめ。むらさめ。はやさあめ。

早梅雨《はやつゆ》
いつもの年より早く梅雨にはいること。

ぱらぱら雨《あめ》

軽く音をたてて、まばらに降る雨。＊ある死・次の死〔1921〕〈佐佐木茂索〉二「埃のうへにかかったぱらぱら雨のやうに涙のしみがむらについた妻の手を」

春雨《はるさあめ》 「はるさめ（春雨）」に同じ。＊永長元年中宮権大夫能実歌合〔1096〕「春さ雨《あめ》にまかせしものを小山田の早苗とるべきほどはきにけり」

春雨《はるさめ》 春の季節に静かに降る雨。はるさあめ。《季・春》＊万葉集〔8C後〕一八・四一三八「やぶなみの里に宿借り波《ハ》流《ル》佐《サ》米《メ》にこもりつつむと妹に告げつや〈大伴家持〉」

春時雨《はるしぐれ》 春のにわか雨。春驟雨《はるしゅうう》。《季・春》＊流寓抄〔1958〕〈久保田万太郎〉その五「いつ濡れし松の根方ぞ春しぐれ」

春驟雨《はるしゅうう》 「はるしぐれ（春時雨）」に同じ。《季・春》＊雪峡〔1951〕〈飯田蛇笏〉昭和二三年「翁草日あたりながら春驟雨」

春の雨《はるのあめ》 春に降る雨。はるさめ。《季・春》＊俳諧・曠野〔1689〕二・初春「春の雨弟どもを呼てこよ〈鼠弾〉」

半夏雨《はんげあめ》 半夏生《はんげしょう》（＝七月二日頃）の日に降る雨。大雨になるといい伝えられる。《季・夏》

氷雨《ひあめ》 「ひさめ（氷雨）」に同じ。

氷雨《ひう》 「ひさめ（氷雨）」に同じ。＊俳諧・其便〔1854〕下「暁の氷雨をさそふやほととぎす〈其角〉」

飛雨《ひう》 風に吹き飛ばされながら降っている雨。激しく降る雨。

微雨《びう》 こさめ。細雨。小雨。＊俳諧・新花摘〔1784〕「青梅や微雨の中行飯煙」

大雨《ひさめ》 〔「ひちさめ」の変化した語。「ひっさめ」の促音の無表記形か〕「ひちさめ（大雨）」に同じ。

氷雨《ひさめ》 ①雹《ひょう》。霰《あられ》。みぞれ。ひあめ。ひう。《季・夏-冬》②（「ひざめ」とも）晩秋・初冬などのみぞれに近い冷たい雨。＊白羊宮〔1906〕〈薄田泣菫〉海のほとりにて「氷雨《ひさめ》の海の海神は」

肘雨《ひじあめ》 「ひじかさあめ（肘笠雨）」の略。

肘笠雨《ひじかさあめ》 （後に「ひじがさあめ」とも。肘を頭の上にかざして笠のかわりとする以外にしのぎようがない雨の意）にわか雨。ひじかさのあめ。ひじあめ。＊源氏物語〔1001～14頃〕須磨「ひぢかさあめとか降り来て、いとあわただしければ」

肘笠の雨《ひじかさのあめ》 「ひじかさあめ（肘笠雨）」に同じ。

大雨《ひじさめ》 「ひちさめ（大雨）」に同じ。

直降《ひたぶり》

やみ間なく降ること。続けざまに降ること。＊俳諧・俳諧新選〔1773〕二・夏「ひたぶりや夜はよもすがら五月雨〈万橋〉」

大雨《ひため》
「ひちさめ（大雨）」の変化した語。

大雨《ひちさめ》
（「ひち」は「ひつ（漬）」の連用形か。「ひじさめ」とも）びっしょり濡れる雨。おおあめ。また、冷たい雨。ひさめ。ひため。

日照雨《ひでりあめ》
日がさしているのに雨が降ること。また、その雨。きつねの嫁入り。天気雨。＊新撰六帖題和歌〔1244頃〕二「とにかくにみかさと申せ夏ふかき末の原野に日てり雨ふる〈藤原光俊〉」

一雨《ひとあめ》
一度の降雨。ひとしきり降る雨。ひとしめり。＊俳諧・続猿蓑〔1698〕上「冬よりはすくなうなりし池の鴨〈沾圃〉一雨降てあたたかな風〈里圃〉」

一雨《ひとさめ》
「ひとあめ（一雨）」に同じ。＊浮世草子・好色一代女〔1686〕一・三「皆初桜の花のまへかた一雨《さめ》のぬれに」

一時雨《ひとしぐれ》
ひとしきり降るしぐれ。＊風雅和歌集〔1346～49頃〕雑上・一五六八「秋寒き有明の空の一時雨くもるも月の情なりけり〈丹波忠守〉」

一湿《ひとしめり》
「ひとあめ（一雨）」に同じ。＊俳諧・文政句帖・五年〔1822〕七月「一しめりよいとや申かがし哉」

一降《ひとふり》
一度の降雨。ひとしきり降る雨。ひとあめ。ひとしめり。＊俳諧・犬子集〔1633〕三・白雨「夕だちは只一ふりをめいよかな」

一村雨《ひとむらさめ》
ひとしきり降るむらさめ。にわか雨。＊林葉集〔1178〕夏「今ぞ知る一むら雨の夕立は月ゆゑ雲の塵洗ひけり」

一村時雨《ひとむらしぐれ》
ひとしきり降り過ぎるしぐれ。＊やみ夜〔1895〕〈樋口一葉〉三「哀れ二十一の秋の暮一村《ひとむら》しぐれ誘はれて逝きぬ」

日向雨《ひなたあめ》
日がさしているのに、降ってくる雨。そばえ。日照雨。＊桐の花〔1913〕〈北原白秋〉秋思五章・街の晩秋「都大路いまだゆらげる橡《とち》の葉に日向雨こそふりいでにけり」

白雨《びゃくう》
「はくう（白雨）」に同じ。

日和雨《ひよりあめ》
日がさしていて降る雨。

風雨《ふうう》
①風と雨。風や雨。あめかぜ。②風を伴って降る雨。ふきぶり。あらし。

吹降《ふきぶり》
強い風といっしょに雨が降ること。また、その風雨。＊俳諧・焦尾琴〔1701〕風・牡丹之篇「吹降の合羽にそよぐ御祓哉〈其角〉」

覆盆《ふくぼん》**の雨**《あめ》

水のはいった盆を一気にひっくり返したような勢いの強い雨。大雨を形容していう。

二時雨《ふたしぐれ》
ざっとしぐれた後にまた降ってくるしぐれ。《季・冬》＊俳諧・唐人躍〔1677〕四・冬・時雨「松風や木の葉をさそふ二時雨〈清高〉」

吹掛降《ふっかけぶり》
吹きつけるように激しく降り出す雨。また、そのような降りかた。＊真景累ケ淵〔1869頃〕〈三遊亭円朝〉八六「又吹掛《ふっか》け降《ぶり》に雨がザアザアと降って来ましたから」

冬《ふゆ》の雨《あめ》
冬に降る冷たい雨。《季・冬》＊俳諧・千鳥掛〔1712〕「面白し雪にやならん冬の雨〈芭蕉〉」

暮雨《ぼう》
暮れ方の雨。夕暮に降る雨。＊和漢朗詠集〔1018頃〕上・紅葉「堪へず紅葉青集地、またこれ涼風暮雨の天〈白居易〉」

法雨《ほうう》
救いの雨。慈雨。

暴雨《ぼうう》
激しく降る雨。急に激しく降る雨。

放射能雨《ほうしゃのうう》
核爆発によって放出された人工放射能を含み、生物に有害な雨。

暴風雨《ぼうふうう》
激しい風を伴った雨。風雨が強く、大きな被害を伴うような気象状態をいう。通常、台風や強い低気圧、または季節風などによって生じる。

暴霖《ぼうりん》
はげしく降り続く雨。猛烈な長雨。

ほろほろ雨《あめ》
ほろほろとこぼれ落ちるように降る雨。ぱらぱらと降る雨。＊俳諧・枯尾花〔1694〕下「内かたは物やはらかな人づかひ〈野坡〉ほろほろ雨の末は四五町〈孤屋〉」

本《ほん》雨《あめ》
ほんぶりの雨。にわか雨などに対していう。

盆雨《ぼんう》
（水のはいった容器を一度にひっくりかえしたような雨の意）一度にどっとはげしく降る雨。

本降《ほんぶり》
本格的な雨の降り方。なかなか止みそうにない強い雨の降り方。＊雑俳・柳多留‐初〔1765〕「本ぶりに成って出て行雨やどり」

水取雨《みずとりあめ》
（「水」は田植え用の水の意）五月雨《さみだれ》のこと。

霙《みぞれ》
溶けかけた雪と雨がまざって降るもの。氷雨。《季・冬》＊俳諧・玉海集〔1656〕四・冬「寒空の雲を酒簾とみぞれかな〈貞室〉」

身《み》を知《しる》雨《あめ》
（「伊勢物語‐一〇七」の「数々に思ひ思はず問ひがたみ身をしる雨は降りぞまされる」による）わが身の上の幸、不幸を思い知らせて降る雨。わが身のさまを知る雨。多く涙にかけていう。身《み》を知袖《しるそで》の村雨《むらさめ》。＊源氏物語〔1001～14頃〕浮舟「つれづれと身をしるあめのをやまねば袖さへいとどみかさまさりて」

群雨《むらさめ》・叢雨・村雨

にわかに群がって降る雨。激しくなったり弱くなったりして降る雨。にわか雨の類。《季・夏》＊万葉集〔8C後〕一〇・二一六〇「庭草に村雨《むらさめ》降りてこほろぎの鳴く声聞けば秋づきにけり〈作者未詳〉」

群時雨《むらしぐれ》・叢時雨・村時雨

ひとしきり降り過ぎる時雨。ひとしきり降ってはやみ、やんでは降る初冬の小雨。《季・冬》＊千載和歌集〔1187〕羇旅・五三九「旅寝する庵を過るむらしぐれなごりまでこそ袖は濡れけれ〈藤原資忠〉」

群群時雨《むらむらしぐれ》

時折強く降ったりまた弱くなったりする時雨。むらしぐれ。

恵《めぐみ》の雨《あめ》

草木や大地をうるおす雨。また、神仏の憐れみや君恩などのあまねくゆきわたることのたとえ。＊青蓮院本拾玉集〔1346〕二「日をへつつ民の草ばの枯れゆくにめくみの雨をいかでそそがん」

猛雨《もうう》

はげしく降る雨。

濛雨《もうう》

濛々と空をかき曇らせて降る小雨。

戻《もどり》梅雨《づゆ》

梅雨が明けてから、一時また梅雨のような天候にもどること。また、その梅雨。《季・夏》＊旅人〔1937〕〈臼田亜浪〉「戻り梅雨寝てゐて肩を凝らしけり」

夜雨《やう》

夜降る雨。よさめ。

八《や》重《え》雨《あめ》

降りしきる雨。＊浮世草子・新可笑記〔1688〕一・四「旅僧袖かざして、八《や》重《へ》雨《あめ》玉を散してやむ事なく、我軒下に屋どりて」

山廻《やまめぐり》

時雨《しぐれ》をいう。

彌《やよ》時雨《しぐれ》

何度にもわたって降るしぐれ。＊俳諧・毛吹草〔1638〕六「十月はげにもさありや彌時雨〈忠也〉」

不遣《やらず》の雨《あめ》

帰ろうとする人を、まるでひきとめるかのように降ってくる雨。また、出かけようとする時、折わるく降ってくる雨。＊俳諧・広原海〔1703〕一「空留めの客にやらずの雨七日」

夕雨《ゆうさめ》

夕方に降る雨。夕方降っている雨。＊俳諧・享和句帖-三年〔1803〕一一月二〇日「爪先に夕雨かかるかれを花」

夕時雨《ゆうしぐれ》

夕方降る時雨。《季・冬》＊新古今和歌集〔1205〕秋下・四三七「下紅葉かつ散る山の夕時雨ぬれてやひとり鹿の鳴くらん〈藤原家隆〉」

夕立《ゆうだち》

夏に、雲が急に立って、短時間に激

しく降る大粒の雨。多く雷鳴を伴って午後から夕方にかけて降る。夕立の雨。夕立雨。⇔朝立。《季・夏》＊俳諧・山の井〔1648〕夏「夕立はかきけすやうに雨声《うせい》哉〈貞徳〉」

夕立雨《ゆうだちあめ》
「ゆうだち（夕立）」に同じ。

夕立様《ゆうだちさま》
夕方などに急に降る雨。夕立。＊俳諧・七番日記・文化一〇年〔1813〕六月「是でこそ夕立さまよ夕立よ」

夕立《ゆうだち》**の雨**《あめ》
「ゆうだち（夕立）」に同じ。＊万葉集〔8C後〕一六・三八一九「暮立之雨《ゆふだちのあめ》うち降れば春日野の草花《をばな》が末《うれ》の白露思ほゆ〈作者未詳〉」

夕霙《ゆうみぞれ》
夕暮れ時に降る霙。＊俳諧・享和句帖・三年〔1803〕一〇月二九日「夕みぞれ竹一本もむつかしき」

雪時雨《ゆきしぐれ》
雪まじりの雨。みぞれ。《季・冬》

雪交《ゆきまじり》
雪がまじっていること。雨や風などに雪がまじっていること。雪まぜ。

雪交《ゆきまぜ》
「ゆきまじり（雪交）」に同じ。＊玉葉和歌集〔1312〕春上・一六「雪まぜにむらむら見えし若草のなべて緑になりにけるかな〈出羽弁〉」

夕立《ゆだち》
「ゆうだち（夕立）」の変化した語。《季・夏》＊俳諧・樗庵麦水発句集〔1783 頃〕夏「馬ながら軒へかけ込む夕立哉」

陽性梅雨《ようせいばいう》
雨がしとしとと長く降り続く状態の梅雨ではなく、まとまって勢いよく雨が降ったかと思うと晴天の日もあるような梅雨のこと。

横雨《よこあめ》
横降りの雨。風に吹かれて横なぐりに降る雨。よこさめ。＊二度本金葉和歌集〔1124 ～ 25〕連歌・六六一・詞書「鳥を籠に入て侍けるが、よこ雨にぬれけるを見て」

横様雨《よこさまあめ》
風のため横から吹きつけるように降る雨。横なぐりの雨。よこあめ。＊源氏物語〔1001 ～ 14 頃〕野分「よこさまあめいとひややかに吹き入る空のけしき」

横雨《よこさめ》
「よこあめ（横雨）」に同じ。

横時雨《よこしぐれ》
横から吹きつけるように降るしぐれ。《季・冬》＊俳諧・七番日記・文化九年〔1812〕五月「目ざす敵は鶏頭よ横時雨」

横降《よこぶり》
雨や雪などが激しい横風に吹かれて横なぐりに降りつけること。

夜雨《よさめ》
夜間に降る雨。夜の雨。やう。＊俳諧・享和句帖・三年〔1803〕一〇月二七日「炭くだく腕にかかる夜雨哉」

夜時雨《よしぐれ》
夜に降るしぐれ。＊俳諧・享和句帖・三年〔1803〕八月一七日「夜時雨の顔を見せけり親の門」

夕立《よだち》

（「ゆうだち（夕立）」の変化した語）夏の夕方にはげしく降る雨。《季・夏》＊俳諧・紅梅千句〔1655〕三・花「帝釈天とひびく神鳴〈貞徳〉夕立《よだち》こそ宝の瓶の水ならめ〈友仙〉」

雷雨《らいう》

雷雲によって生じ、電光・雷鳴・突風などを伴った雨。《季・夏》

涼雨《りょうう》

夏などに、涼しさをもたらす雨。涼しい感じのする雨。《季・夏》＊俳諧・蠧集〔1684〕「灯に傍て蚊魔睡りを喰ひけり〈虚中〉涼雨心を浴《ゆあみ》してより〈千春〉」

緑雨《りょくう》

新緑のころに降る雨。《季・夏》

霖《りん》

降り続く雨。ながあめ。霖雨。

霖雨《りんう》

幾日も降り続く雨。ながあめ。

冷雨《れいう》

つめたい雨。寒雨。＊海と毒薬〔1957〕〈遠藤周作〉一・四「灰をまじえた冷雨が一晩中ふり続いた」

零雨《れいう》

降る雨。また、静かに降る雨。こさめ。微雨。

霊雨《れいう》

降るべき時に降る、よい雨。慈雨。また、不可思議な雨。

連雨《れんう》

連日降り続く雨。霖雨《りんう》。

蓮雨《れんう》

蓮《はす》の葉に降る雨。＊俳諧・虚栗〔1683〕上「そよがさす蓮雨に魚の児躍〈素堂〉」

若葉雨《わかばあめ》

若葉に降りそそぐ雨。《季・夏》

我儘雨《わがままあめ》

よそは晴れているのに、ある地域だけに降る雨。かぎられた地域だけに急に降る雨。わたくしあめ。＊浮世草子・好色二代男〔1684〕一・三「此所の我まま雨、夕日は照ながらふりて、参宮人も立さはぎ」

私雨《わたくしあめ》

限られた小区域にだけ降るにわか雨。特に、有馬、鈴鹿、箱根などの山地のものが知られている。＊俳諧・天満千句〔1676〕四「高野からなら湯漬でもまづ〈西似〉急けりわたくし雨に花盛〈利方〉」

藁屋《わらや》の雨《あめ》

藁屋に降る雨。音のしないことのたとえにいう。

風の名前

あいの風《かぜ》

東風のこと。おもに、越《こし》地方（現在の福井県から新潟県に至る）でいった。《季・夏》＊催馬楽〔7C後～8C〕道の口「道の口 武生《たけふ》の国府《こふ》に 我はありと 親に申したべ 心安比乃加世《アヒノカゼ》や さきむだちや」

あえの風《かぜ》

日本沿海に、四月から八月にかけて

吹く、夏のそよ風のことをいう。《季・夏》

青嵐《あおあらし》

（「青嵐《せいらん》」を訓読した語）初夏の青葉を吹き渡る風。《季・夏》

青北《あおきた》

主として西日本でいう。初秋から仲秋にかけて涼気を送ってくる風。これが吹くと夏が去り、海も空も青むとされる。青《あお》げたならい。雁渡《かりわたし》。《季・秋》

青東風《あおこち》

初夏のころ、青葉を吹いて渡る東からの風。また、夏の土用の青空に吹き渡る東風の意ともいう。《季・夏》

青田風《あおたかぜ》

青田の上を吹き渡る風。《季・夏》

赤風《あかっかぜ》

赤っぽい砂塵《さじん》をふくんだ風。

秋嵐《あきあらし》

初秋のころから仲秋にかけて吹く強い風。初嵐。《季・秋》

秋風《あきかぜ》

秋に吹く風。《季・秋》＊俳諧・野ざらし紀行〔1685～86頃〕「秋風や藪も畠も不破の関」

秋の嵐《あきのあらし》

野分より弱い程度の風をいう。《季・秋》

秋の風《あきのかぜ》

秋に吹くつめたい風。《季・秋》＊万葉集〔8C後〕四・四八八「君待つとあが恋ひをればわが屋戸のすだれ動かし秋風《あきのかぜ》吹く〈額田王〉」

秋の初風《あきのはつかぜ》

秋のおとずれを初めて感じさせる風。初秋風《はつあきかぜ》。《季・秋》＊古今和歌集〔905～914〕秋上・一七一「わがせこが衣のすそを吹き返しうらめづらしき秋のはつかぜ〈よみ人しらず〉」

悪風《あくふう》

①海上などで荒れ狂う大風。暴風。嵐。＊古今著聞集〔1254〕五・一六五「悪風にあひて、すでに入海《じゅかい》せんとしける時」②毒気を含んだ、人にわざわいをもたらす風。

あご北風《きた》

（「あご」はトビウオ）九州北部でトビウオのとれる頃に、毎日のように吹く北風。

朝風《あさかぜ》

①朝吹く風。＊万葉集〔8C後〕一・七五「宇治間山朝風寒し旅にして衣借すべき妹もあらなくに〈長屋王〉」②日の出後しばらく、海辺では陸地から海上に、また、山間では山頂から谷に向かって吹く風。

朝東風《あさごち》

朝に吹く東風。《季・春》＊万葉集〔8C後〕一一・二七一七「朝東風《あさごち》に井《ゐ》堤《で》越す浪のよそめにも逢はぬものゆゑ滝もとどろに〈作者未詳〉」

朝戸風《あさとかぜ》

朝、戸をあけた時、吹き込んでくる風。＊草根集〔1473頃〕一「心せず入りくる冬の朝戸風はげしや衣《ころも》裁ちあへぬ間に」

飛鳥風・明日香風《あすかかぜ》

大和（奈良県）の明日香地方に吹く

風。＊万葉集〔8C後〕一・五一「采女の袖吹きかへす明日香《あすか》風《かぜ》都を遠みいたづらに吹く〈志貴皇子〉」

あなぜ

〔「あな」は感動詞、「せ」は風の意〕西北風。しばしば船を苦しめる悪い風。吹いたあとは平穏となるともいう。あなじ風《かぜ》。《季・冬》＊歌舞伎・桑名屋徳蔵入船物語〔1770〕口明「西北風《あなせ》かと思やまぜなり」

油風《あぶらかぜ》

晩春の温暖な日和に南ないし南西から吹く風。主として、東海、近畿、瀬戸内海で船人が用いる。あぶらまじ。あぶらまぜ。《季・春》

雨風《あまかぜ》

雨が降りだしそうな、湿気を含んだ風。また、雨を伴って吹く風。

雨東風《あまこち》

雨気を含んで東方から吹いてくる風。＊歌舞伎・天衣紛上野初花〔河内山〕〔1881〕四幕「鐘の音送る雨東風《あまこち》も我が身に寒き半七が」

天つ嵐《あまつあらし》

空を吹くあらし。空吹く風。＊壬二集〔1237～45〕「すずか山あまつあらしやすてごろもかはせの浪に花ぞしほるる」

天つ風《あまつかぜ》

空を吹く風。＊古今和歌集〔905～914〕雑上・八七二「あまつかぜ雲のかよひぢ吹きとぢよをとめのすがたしばしとどめん〈遍昭〉」

余風《あまりかぜ》

余分の風。弱く吹く風を、どこかで時雨を降らせてきたあまりの風としゃれた語か。＊俳諧・落柿舎日記〔1774〕「戸障子や何所の時雨のあまり風〈魯町〉」

雨風《あめかぜ》

風が加わって雨の降ること。雨まじりの風。吹き降り。＊和泉式部日記〔11C前〕「雨かぜなどいたうふり吹く日しもおとづれ給はねば」

雨台風《あめたいふう》

台風のうち、特に雨の量や影響が大きいもの。

東風《あゆ》

東の風。東風《あゆ》の風《かぜ》。東風《とうふう》。東風《こち》。《季・春》＊万葉集〔8C後〕一八・四〇九三「英遠《あを》の浦に寄する白波いや増しに立ち重《し》き寄せ来《く》安由《アユ》をいたみかも〈大伴家持〉」

嵐《あらし》

①荒く吹く風。古くは、静かに吹く風に対し、荒い風、はげしく吹く風をいい、特に、山風や山おろしのことが多い。のち、暴風、烈風、もしくは颶《ぐ》風《ふう》などを含んで、広く強風の意に用いる。なお、和歌では「有らじ」と掛け詞にして用いることがある。＊古今和歌集〔905～914〕秋下・二四九「吹くからに秋の草木のしをるればむべ山風をあらしといふらむ〈文屋康秀〉」②特に、雨を伴う、はげしい風。暴風雨。

荒南風《あらはえ》

〔「はえ」は南風の意。「あらばえ」とも〕六月ごろ吹く南風。また、本州太

平洋岸の各地で、梅雨なかばに吹く風をいう。《季・夏》

暗風《あんぷう》・闇風
暗やみの中を吹く風。＊春潮〔1903〕〈田山花袋〉一五「二人は暗風黒雨の中に別れて了った」

家風《いえかぜ》
自分の家の方から吹いて来る風。

伊香保風《いかほかぜ》
上野国（群馬県）伊香保の山（榛名山）から吹いてくる風。

熱風《いきれかぜ》
むんむんとむし暑い風。熱風《ねっぷう》。

伊勢風《いせかぜ》
（伊勢国が東南に当たるところから、京都で）東南の風。伊勢東風《いせこち》。おしゃな。

磯松風《いそまつかぜ》
磯辺の松を吹きわたる風。

磯山風《いそやまかぜ》
磯辺の山から吹いて来る風。＊十六夜日記〔1279～82頃〕「東路の磯山かぜのたえまより波さへ花のおもかげに立つ」

一陣《いちじん》の風《かぜ》
ひとしきりさっと吹く風。

一風《いっぷう》
ひとたび風が吹くこと。また、ひとふきの風。一風《いちふう》。

凍風《いてかぜ》
凍りつくような冬の寒い風。風の凍《い》て。《季・冬》

いなさ
東南の方角から吹く風。特に台風がもたらす強風をさしていう。いなさ東風《ごち》。《季・夏》＊土〔1910〕〈長塚節〉五「どうかするとそんな季節に東南《いな》風《さ》が吹いて慄へる程冷えることがある」

戌《いぬ》亥《い》・乾
〔「戌亥・乾」は、十二支による方角の名の一つで、戌《いぬ》（＝西北西）と亥《い》（＝北北西）との間。北西〕北西から吹く風。

伊《い》吹《ぶき》颪《おろし》
滋賀・岐阜県境の伊吹山から吹きおろす寒風。＊山家集〔12C後〕中「おぼつかないふきおろしの風さきにあさづま舟はあひやしぬらん」

芋嵐《いもあらし》
芋の葉に吹き渡る強い風をいう。強風のため白い葉裏を見せて波立っているさま。《季・秋》＊万両〔1931〕〈阿波野青畝〉「案山子翁あちみこち見や芋嵐」

色《いろ》無《な》き風《かぜ》
秋風。「古今六帖・天・秋の風」の「吹き来れば身にもしみける秋風を色なきものと思ひけるかな〈紀友則〉」の歌から出た語。中国の五行思想で白を秋に配し秋風を素風といったのを、日本の歌語に直し、はなやかな情感をもたない風の意に用いたもの。馬琴の「俳諧歳時記」に、特に「九月の風也」と注しているのは誤り。《季・秋》＊新古今和歌集〔1205〕哀傷・七九七「物おもへば色なき風もなかりけり身にしむ秋の心ならひに〈源雅実〉」

陰風《いんぷう》

①陰気な風。妖怪、亡霊などの出現に伴う無気味な風。＊読本・雨月物語〔1776〕菊花の約「座を立と見しがかき消て見えずなりにける。左門慌忙《あはて》とどめんとすれば、陰風《いんふう》に眼《まなこ》くらみて行方をしらず」②冬の風。また、北風。⇔陽風。

潮風《うしおかぜ》 潮気を含んだ風。潮風《しおかぜ》。

丑の風《うしのかぜ》 北北東の方角から吹く風。

海風《うみかぜ》 海から吹いてくる風。

梅東風《うめごち》 梅の咲く頃に吹く東風。《季・春》

梅の下風《うめのしたかぜ》 梅花の下を吹いてそのかおりを運んで来る風。＊拾遺愚草〔1216〜33頃〕中「をちこちの匂ひは色にしられけりまきの戸すぐるむめのした風」

浦風《うらかぜ》 浦に吹く風。海べを吹く風。＊源氏物語〔1001〜14頃〕明石「浦風やいかに吹くらむおもひやる袖うちぬらし波まなきころ」

浦西《うらにし》 秋、冬に吹く西北風。《季・秋－冬》

浦山風《うらやまかぜ》 海べにある山に吹く風。＊十六夜日記〔1279〜82頃〕「しらざりし浦山風も梅がかは都ににたる春のあけぼの」

上風《うわかぜ》 草木などの上を吹きわたる風。和歌では、「荻の上風」と熟して、荻の上を吹く風をいう場合が多い。＊源氏物語〔1001〜14頃〕乙女「さ夜中にともよびわたるかりがねにうたてふきそふ荻のうはかぜ」

温風《うんぷう》 「温風《おんぷう》」に同じ。

枝切風《えだきるかぜ》 木の枝を吹き抜ける風。枝をよぎる風。＊山家集〔12C後〕上「山桜えだきる風のなごりなく花をさながらわがものにする」

炎風《えんぷう》 日照りで熱くなった風。熱風。

追風《おいかぜ》 ①うしろから吹いてくる風。⇔向風《むかいかぜ》。＊後撰和歌集〔951〜953頃〕恋三・七七八「今はとて行かへりぬるこゑならばおひ風にてもきこえましやは〈兼覧王〉」②船の進む方向に吹く風。おいて。順風。⇔向風《むかいかぜ》。＊竹取物語〔9C末〜10C初〕「船に乗りて、追風吹て、四百余日になんまうできにし」③物の香りを吹き送ってくる風。＊頼輔集〔1182〕夏「おいかせに花橘の香り来て我が宿近きここちこそすれ」

追風《おいて》 舟や人などが進もうとする方向へ吹く風。進んでいるものの背後から吹く風。順風。追風《おいかぜ》。追風《おいて》の風。

扇の風《おうぎのかぜ》 扇で、あおぎ起こす風。

大風《おおかぜ》 強い風。激しく吹く風。＊大鏡〔12C

前〕五・道長上「なに事も行はせたまふをりに、いみじき大風ふき、なが雨ふれども」

大西風《おおにしかぜ》 ①強い西風。②日本付近の北太平洋海域で、冬期、西高東低の気圧配置が続くときに吹く強い季節風。冬期の海難の原因となることがある。

大南《おおみなみ》 （「みなみ」は南風の意）夏に激しく吹く南風のこと。《季・夏》

沖風《おきかぜ》 沖の方で吹く風。沖から吹いてくる風。

荻風《おぎかぜ》 荻に吹く風。荻を渡る風。荻《おぎ》の風《かぜ》。＊和泉式部日記〔11C前〕「おぎかぜは吹かばいもねで今よりぞ驚かすかと聞くべかりける」

息嘯の風《おきそのかぜ》 ため息で生じる風。＊万葉集〔8C後〕五・七九九「大野山霧たちわたるわが嘆く於伎蘇乃可是《オキソノカゼ》に霧たちわたる〈山上憶良〉」

沖つ風《おきつかぜ》 沖を吹く風。また、沖のほうから吹いてくる風。

沖つ潮風《おきつしおかぜ》 沖を吹いている潮風。また、沖のほうから吹いてくる潮風。沖《おき》つ風《かぜ》。＊山家集〔12C後〕下「住吉の松が根あらふ波のおとをこずゑに懸くる沖つ潮風」

沖つ春風《おきつはるかぜ》 沖を吹く春風。＊壬二集〔1237～45〕「にほの海やおきつはる風吹かぬ日はかすみを出でぬあまのつり舟」

荻の上風《おぎのうわかぜ》 秋に荻の上を吹く風。荻の風。荻風。

沖南風《おきばえ》 （「はえ」は南風）九州西部の沿海地方で、主として南西寄りの風。不漁の原因になる悪い風とする地方が多い。

送南風《おくりまぜ》 陰暦七月に吹く南南西の風。盆の精《しょう》霊《りょう》を見送ってから吹く南風の意という。送南風《おくれまじ》。《季・秋》

おしあな 東南の強風を西日本の広い地域でいう。夏の台風の多くはこの風で、「あな」は「あなぜ」の略で、西北風の押し返しの意か。おしあな風《かぜ》。《季・秋》

おしあな東風《ごち》 東南の強風を鹿児島県の西半分などでいう。

おしゃな 南東の風。

親の風《おやのかぜ》 陸から沖のほうへ向かって吹く風。静岡県賀茂郡などでいう。

おられ風《かぜ》 東方、または東北方から吹いてくる台風。

おりまぜ 七月の末ごろ吹く風の称。

颪《おろし》 山など高い所から下へ向かって風が吹くこと。また、その風。秋冬の頃、山腹の空気が冷えて吹きおろす風。

颪の風。「赤城《あかぎ》颪」、「浅間《あさま》颪」、「愛宕《あたご》颪」、「蔵王《ざおう》颪」、「鈴鹿《すずか》颪」などがある。＊古今和歌集〔905～914〕秋下・二八五「こひしくはみてもしのばんもみぢばを吹きなちらしそ山おろしのかぜ〈よみ人しらず〉」

温風《おんぷう》 ①梅雨が明ける、陰暦六月頃に吹く南風。《季・夏》②あたたかみを感じる春の風。季題としては「風あたたかし」で表す。

海軟風《かいなんぷう》 （「軟風」は、肌に快いそよ風）「海風《かいふう》②」に同じ。⇔陸軟風《りくなんぷう》。

回風《かいふう》 ぐるぐるまわりながら吹きまくる風。つむじ風。旋風。＊百詠和歌〔1204〕八・席「趙后、廻風の席をたまへる事有り」

怪風《かいふう》 あやしい風。えたいの知れない無気味さをはらんで吹く風。

海風《かいふう》 ①海上から吹いて来る風。海上で起こる風。海風《うみかぜ》。唐詩では、西域の湖のあたりに吹く風をいう。②海岸地方で、昼間、海上から陸地に吹きこんでくる風。陸地は海水よりも熱しやすいために起こる現象。日の出後約二時間後から夕方まで続き、午後二～三時ごろが最も強い。海軟風《かいなんぷう》。⇔陸風。

槐風《かいふう》 槐はマメ科の落葉高木エンジュのこと。エンジュの木を吹く風。

凱風《がいふう》 （「凱」は、やわらぐ意）南から吹く快い風。南風。＊和漢朗詠集〔1018頃〕上・花橘「枝には金鈴を懸《か》けたり春の雨の後 花は紫麝《しじゃ》を薫《くん》ず凱風の程〈具平親王〉」

貝寄風《かいよせ》 陰暦二月二〇日の前後に吹く西風。陰暦二月二二日（現在は五月二二日）に行われる大阪の四天王寺の聖霊会に供える造花の材料の貝を、難波の浦辺に吹きよせる風という。この貝は龍神から聖徳太子に捧げるものといい伝える。《季・春》＊長子〔1936〕〈中村草田男〉「貝寄風《かひよせ》に乗りて帰郷の船迅し」

海陸風《かいりくふう》 海岸地方で、昼に海から陸に向かって吹く海風と、夜に陸から海に向かって吹く陸風とをいう。

返風《かえしかぜ》 それまでとは向きを変えて吹く風。

返《かえ》**しの風**《かぜ》 ①逆方向に吹く風。＊伊勢大輔集〔11C中〕「おちつもるこの山ざとの木の葉をばかへしの風の吹かへさなん」②雲を吹きかえし天気を回復させる風。＊金葉和歌集〔1124～27〕恋下・四八九「あま雲のかへしのかぜの音せぬは思はれじとの心なりけり〈よみ人しらず〉」

薫《かお》**る風**《かぜ》 （「薫風《くんぷう》」を訓読した語）青葉の中を吹きわたって、緑のかおりを運ぶような風。《季・夏》＊俳諧・荒小田〔1701〕

自然

「砥波山をどこをどうとも薫る風〈惟然〉」

騶風《かざしかぜ》 旋風《せんぷう》。つむじ風。＊歌謡・松の落葉〔1710〕五・下の関節「雨はふるとも、ぬるるとも、只おそろしきかざし風、とかういふ間に晴れてゆく」

花信風《かしんふう》 ①春さき、花の開くことを知らせる風。初春から初夏にかけての風をいう。②小寒（一月五日頃）から穀雨（四月二一日頃）にいたる八気二十四候の各候にはそれぞれ新たな風があるとし、それに応ずる花をあてたもの。花信の風《かぜ》。二十四番花信風《にじゅうしばんかしんふう》。花信。

火風《かふう》 火炎を伴って吹く風。＊太平記〔14C後〕三九・自太元攻日本事「夜叉・羅刹の如くなる青色の鬼神顕れ出でて、土嚢の結目を解く。火風其の口より出でて」

花風《かふう》**・華風** 花がさくころ吹く風。

和風《かふう》 （「か」は「和」の漢音）のどかに吹く春の風。和風《わふう》。

荷風《かふう》 ハスの上を吹き渡る風。

鎌風《かまかぜ》 にわかに起こる暴風。はやて。

神送の風《かみおくりのかぜ》 （「神送」は、陰暦一〇月に諸国の神々が出雲大社に参集するとされるところから、九月末日から一〇月一日にかけての夜、旅立つ神を送るために行う神事）九月末から一〇月はじめの強風。諸国の神々を出雲に送るために、強風が起こるといわれる。《季・冬》

神風《かみかぜ》 神の威徳によって吹き起こるという風。伊勢の神の威徳によると考えられることが多かったことから、伊勢を表すこともあった。神風《かむかぜ》。神風《しんぷう》。＊拾遺愚草〔1216～33頃〕中「ます鏡ふたみの浦にみがかれて神風きよき夏の夜の月」

紙風《かみかぜ》 鼻紙などで、あおいで起こす風。「神風」をもじっていう語。＊雑俳・柳多留‐一〇八〔1829〕「紙風のいせ海老を煮る帆立貝」

神立風《かみたつかぜ》 （陰暦一〇月一日に諸国の神々が出雲大社へ出発するのを送る風の意）陰暦一〇月に吹く西風。神渡し。《季・冬》

空風《からかぜ》**・乾風** 湿気や雨雪をともなわないで、激しく吹く風。からっかぜ。《季・冬》＊平凡〔1907〕〈二葉亭四迷〉一九「ヒウと悲しい音を立てて、空風《からかぜ》が吹いて通る」

雁の羽風《かりのはかぜ》 （カリが飛ぶ時におこす風の意から）ゆるやかな、ちょっとした風。わずかな風。＊曾丹集〔11C初か〕「白露の萩のうら葉における朝はかりのはかぜもゆゆしかりけり」

雁渡《かりわたし》

自然

初秋に吹く北風。青北風《あおぎた》。《季・秋》 ＊妻木〔1904～06〕〈松瀬青々〉秋「尼か崎の城の火見ゆれ雁わたし」

川嵐《かわあらし》
夕方などに川面に起こる風のざわめき。川の上で吹きすさぶ風。＊夫木和歌抄〔1310頃〕一九「日暮るれば山陰くだる川あらしうきねを寒み鴨ぞ鳴くなる〈藤原為家〉」

川風《かわかぜ》
川の面を吹き渡る風。川から吹いてくる風。川おろし。＊義経記〔室町中か〕七・大津次郎の事「瀬田のかはかぜはげしくて、ふねに帆をぞかけたりける」

河原風《かわらかぜ》
河原から吹いてくる風。また、河原を吹き渡る風。＊宇津保物語〔970～999頃〕俊蔭「秋風、かはらかぜまじりてはやく、草むらにむしのこゑみだれてきこゆ」

乾風《かんぷう》
かわいていて、さらっとした風。《季・夏》

寒風《かんぷう》
さむい風。寒風《さむかぜ》。《季・冬》 ＊思出の記〔1900～01〕〈徳富蘆花〉六・二二「其夜僕は寒風に吹かれながら例の松林を何十回何百回となく往返し」

緩風《かんぷう》
ゆるやかに吹く風。そよ風。＊本朝文粋〔1060頃〕八・対月言志詩序〈大江匡衡〉「聊題玩月之篇句。暫慰緩風之心情」

岸風《がんぷう》
岸べを吹く風。

勢風《きおいかぜ》
勢いよく吹く風。

季節風《きせつふう》
ある季節の特色として、常にある風向をとる風。季節によって風向が正反対になる。例えば、冬季には大陸から海洋に、夏季には海洋から大陸に向かって吹く。東アジア、インドなどで著しい。モンスーン。気候風。

北颪《きたおろし》
山から吹きおろす、冬の冷たい北風。《季・冬》 ＊俳諧・猿蓑〔1691〕五「冬空のあれに成《なり》たる北颪〈凡兆〉旅の馳走に有明しをく〈芭蕉〉」

北風《きたかぜ》
北の方角から吹いてくる冷たい風。北《きた》。北打《きたうち》。《季・冬》 ＊土左日記〔935頃〕承平五年一月二五日「かぢとりらの、『きたかぜあし』といへば、ふねいださず」

北気《きたげ》
北の風。北風。＊堀河百首〔1105～06頃〕雑「もとめつるおまへにかかる柴舟のきたげになれやよるかたもなき〈源俊頼〉」

北東風《きたごち》
（「きたこち」とも。「こち」は東風の意）北東の方角から吹く風。北東風《きたごちかぜ》。＊夫木和歌抄〔1310頃〕一九「きたごちにけゐのとこまで通りつるこ雪はみすのふるふなりけり〈源仲正〉」

北山颪《きたやまおろし》
①北の山から吹きおろす風。＊宝の

山〔1891〕〈川上眉山〉発端「北山颪《きたやまおろし》を後に受け、野も寒がへる雪空に」②京都、北山のあたりから吹きおろす風。

黍嵐《きびあらし》
黍の穂に吹く強い風。《季・秋》＊激浪〔1946〕〈山口誓子〉「黍あらし去りては来る仮借なし」

逆旋風《ぎゃくせんぷう》
高気圧がある時、その中心から四方に向かって旋回しながら流れ出している風系。北半球では時計回り、南半球では反時計回りに吹く。

逆風《ぎゃくふう》
自分が進行しようとする方向と逆方向に吹く風。進行方向から吹いてくる風。向かい風。逆風《げきふう》。⇕順風《じゅんぷう》。＊今昔物語集〔1120頃か〕五・一二「其に浮て渡り行く程に、忽に逆風出来て他国へ吹き持《もて》行く」

急風《きゅうふう》
急に吹いて来て、すぐにやんでしまう強い風。疾風《はやて》。陣風《じんぷう》。

狂飆《きょうひょう》
荒れくるう大風。暴風。＊即興詩人〔1901〕〈森鷗外訳〉歌女「狂飆《きゃうへう》波を鞭ちてエネエアスはリュビアの瀲《なぎさ》に漂へり」

狂風《きょうふう》
荒れくるう風。はげしく吹く風。＊別れ霜〔1892〕〈樋口一葉〉一三「今や吹き起らん夜半の狂風《きゃうふう》」

強風《きょうふう》
つよい風。現代では、強風注意報などで、樹木全体が動き、歩行が困難となる風をいう。＊都会の憂鬱〔1923〕〈佐藤春夫〉「桜の花時によくある強風が吹き募ってゐたことを」

驚風《きょうふう》
にわかに吹く風。荒い風。＊本朝文粋〔1060頃〕三・神仙〈春澄善縄〉「驚風振葉、香分紫桂之林」

暁風《ぎょうふう》
（「きょうふう」とも）明け方に吹く風。＊自然と人生〔1900〕〈徳富蘆花〉自然に対する五分時・大海の出日「暫くする程に、暁風《げうふう》冷々として青黒き海原を掃い来り」

局地風《きょくちふう》
局地的な地形や、水陸分布などの影響によって吹く地方的な特色をもつ風。山風、谷風、海陸風、フェーンなど。

極風《きょくふう》
極地方の対流圏下層に卓越する東寄りの風。高さ約一〇〇〇〜三〇〇〇メートルの薄い気流で変化が激しい。周極風。極偏東風。

金風《きんぷう》
（金は五行説で秋や西にあたるところから）秋の風。秋風。商風。西風。《季・秋》

葛《くず》の裏風《うらかぜ》
葛の白い葉裏をひるがえして吹く風。＊新古今和歌集〔1205〕秋下・四五〇「独寝やいとどさびしきさを鹿の朝ふすをののくずのうらかぜ〈藤原顕綱〉」

葛《くず》の上風《うわかぜ》

葛の上を吹き渡る風。＊夫木和歌抄〔1310頃〕二「野原行人の袖のみふき返しまたうらなれぬくすのうは風〈源家長〉」

葛《くず》の下風《したかぜ》

葛の葉の下を吹く風。＊続拾遺和歌集〔1278〕神祇・一四五三「神垣の葛の下風のどかにてさこそ恨みのなき世成るらめ〈藤原定雅〉」

下《くだ》り

南風。＊風俗画報 - 一五二号〔1897〕人事門「十二顆の豆を並べて之を十二月に擬らへ、稍ありて火移りて烟の立つや、その靡く向を見て、何月は山背《やませ》〈東風〉なれど何月はクダリ〈南風〉なり、何月は暴風あるべしなどいひ」

颶風《ぐふう》

〔「颶」は激しい風の意〕①強く激しく吹く風。暴風。旋風。烈風。《季・秋》＊浮雲〔1887～89〕〈二葉亭四迷〉二・八「しかも時刻の移るに随って枝雲は出来る、砲車雲《もとくも》は拡がる、今にも一大颶風《ぐふう》が吹き起りさうに見える」②四方から吹いてくる風をいう。低気圧性の風で、その起源が熱帯にあるときは熱帯颶風という。このうちの強力なものが台風で、温帯低気圧の発達したものは温帯颶風もしくは温帯旋風という。

車風《くるまかぜ》

くるくるまわる風。つむじ風。旋風。

黒《くろ》い風《かぜ》

〔「黒風《こくふう》」の訓読み〕強く吹く風。大風。＊今昔物語集〔1120頃か〕六・六「忽に黒き風四方より来《きたり》て諸《もろもろ》の木を折り、河の流れ浪高くして船漂ふ」

黒南風《くろはえ》

梅雨期に吹く南風。伊勢、鳥羽、伊豆の舟人の語。一説に西風。《季・夏》

薫風《くんぷう》

初夏、草木の緑をとおして吹いてくる快い風。南風。《季・夏》＊俳諧・蕪村句集〔1784〕夏「薫風やともしたてかねついつくしま」

勁風《けいふう》

強く吹く風。いきおいのはげしい風。強風。

恵風《けいふう》

自然にめぐみを与える風。

景風《けいふう》

初夏に吹く南風。

軽風《けいふう》

軽く吹く風。そよ風。微風。＊思出の記〔1900～01〕〈徳富蘆花〉七・四「軽風暖日に背を曝らして」

黄雀風《こうじゃくふう》

〔この風の吹くころ、海の魚が地上の黄雀《こうじゃく》になるという中国の伝説から〕陰暦五月に吹く東南の風。《季・夏》＊春夏秋冬 - 夏〔1902〕〈河東碧梧桐・高浜虚子編〉「鶴去って黄雀風の吹く日かな〈碧梧桐〉」

光風《こうふう》

雨あがりの、日をあびた草木に吹く風。また、春の日がうららかに照っている時さわやかに吹く風。

好風《こうふう》

①こころよい風。＊小学読本〔1873〕

〈田中義廉〉三「暑日には、雷雨ありて、好風これと共に来り」②都合のよい風。順風。

江風《こうふう》 川の上を吹く風。川風《かわかぜ》。

荒風《こうふう》 あらあらしく吹きあれる風。

香風《こうふう》 かおりのある風。花などに吹いて香気を含んだ風。＊暮笛集〔1899〕〈薄田泣菫〉尼が紅「堅き蹄をふみあげて、雄か香風《かうふう》にいななけば」

高風《こうふう》 空高く吹く風。

剛風《ごうふう》 つよく吹く風。強風。

業風《ごうふう》 地獄に吹くという大暴風。地獄に堕ちている衆生の悪業に感じて吹くという。

小風《こかぜ》 わずかに吹く風。そよかぜ。微風。＊真実一路〔1935～36〕〈山本有三〉手術・三「押し入れの開きをあけると、寒々とした小かぜが、すうっと壁のあわいから吹きこんできた」

木枯・凩《こがらし》 （木を吹き枯らすものの意）秋の末から冬の初めにかけて吹く、強く冷たい風。木枯の風。《季・冬》＊源氏物語〔1001～14頃〕宿木「こがらしの堪へ難きまで吹きとほしたるに、残る梢もなく散り敷きたる紅葉を」＊遠星〔1947〕〈山口誓子〉「海に出て木枯帰るところなし」

故郷の風《こきょうのかぜ》 故郷の方から吹いて来る風。

谷風《こくふう》 谷をわたる風。谷から吹きあげる風。谷風《たにかぜ》。

黒風《こくふう》 砂塵をまき上げ、空を暗くするような旋風。つむじ風。暴風。＊源平盛衰記〔14C前〕一八・文覚清水状天神金事「折節黒風《こくふう》俄に吹き起り、波蓬莱を上げければ」

極楽の西風《ごくらくのにしかぜ》 極楽浄土があるといわれる西の方から吹いてくる風。気持がよい、涼しい風のたとえ。極楽の余り風。

御祭風《ごさい》 陰暦六月土用のなかばを過ぎる頃に、七日ほど吹く北東の風。六月一六・一七日に伊勢神宮の祭があるところからいう。御祭風《ごさいかぜ》。

五日風《ごじつのかぜ》 （「十日《とおか》の雨《あめ》」と呼応して用いられて）五日に一度風が吹く意で、時候のきわめて順調なこと。五風十雨《ごふうじゅうう》。＊謡曲・養老〔1430頃〕「山河草木穏やかに、五日の風や十日の、天が下照る日の光」

東風《こち》 東の方から吹いて来る風。特に、春に吹く東の風をいう。東風《ひがしかぜ》。東風《こちかぜ》。《季・春》＊拾遺和歌集〔1005～07頃か〕雑春・一〇〇六「こち吹かばにほひおこせよ梅花あるじなしとて春を忘るな〈菅原道真〉」

東風《こち》の返《かえ》しの風《かぜ》
東風が吹いた後、そのお返しのように西から吹く風。西風。東風《こち》の返し。＊後拾遺和歌集〔1086〕雑五・一一三三「にほひきや都の花はあづまぢの東風のかへしの風につけしは〈源兼俊母〉」

異浦風《ことうらかぜ》
別の浦の風。よその浦辺を吹く風。＊壬二集〔1237～45〕「あまの住む里のしるべに立つ烟ことうら風にたれなびくらん」

木下風《このしたかぜ》
木の下を吹き渡る風。＊貫之集〔945頃〕四「夏衣うすきかひなし秋までばこのしたかぜもやまず吹かなん」

木芽風《このめかぜ》
木の芽を吹き渡る風。《季・春》

小春風《こはるかぜ》
冬の初め頃に吹く、春を思わせるような風。陰暦一〇月頃に吹く風。《季・冬》

胡風《こふう》
胡地に吹く風。辺境の地の風。

湖風《こふう》
日中、湖上から陸地に向かって吹く風。湖水と陸地の受熱、放熱の差によって生ずる。琵琶湖など大きな湖でみられる。

塵風・芥風《ごみかぜ》
塵《ちり》、芥《あくた》を吹き飛ばす風。突風。埃風《ほこり》。

細風《さいふう》
かすかな風。

佐保風《さおかぜ》
（「佐保」は奈良市の地名）佐保のあたりを吹きわたる風。また、東風をいう。＊万葉集〔8C後〕六・九七九「わが背子が着る衣薄し佐保風《サホかぜ》はいたくな吹きそ家に至るまで〈大伴坂上郎女〉」

逆風《さかかぜ》
自分が進行しようとする方向と逆の方向に吹く風。向かい風。逆風《ぎゃくふう》。逆風《さかしまかぜ》。

先風《さきかぜ》
滋賀県琵琶湖付近で、春または夏の南風をいう。＊俳諧・炭俵〔1694〕上「崎風はすぐれて涼し五位の声〈智月〉」

朔風《さくふう》
（「朔」は北方の意）北の方から吹いてくる風。北風《きたかぜ》。《季・冬》

桜風《さくらかぜ》
桜の花に吹く風。また、桜の咲くころに吹く風。

鮭颪《さけおろし》
陰暦八月ごろ吹く風。この頃から産卵のため川を上るサケを捕るところからいう。《季・秋》＊妻木〔1904～06〕〈松瀬青々〉秋「石を置く板屋しらけつつ鮭おろし」

殺風《さっぷう》
非常に寒い風。凄風《せいふう》。

砂風《さふう》
砂を吹きつける風。砂をまき上げる風。

寒風《さむかぜ》
寒い風。寒風《かんぷう》。

小夜嵐《さよあらし》

夜吹き荒れる嵐。夜嵐。小夜の嵐《あらし》。

小夜風《さよかぜ》 夜吹く風。夜風。

浚の風《さらいかぜ》 降りつもった雪を吹き散らす風。物を吹きさらう風。

沢風《さわかぜ》 沢の上を吹く風。

鰆東風《さわらごち》 サワラの漁期に吹く春風。《季・春》

山風《さんぷう》 山から吹きおろしてくる風。山岳の冷えた空気が、山頂から渓谷や平野に移動するため起こる風。山風《やまかぜ》。

じあゆ 東北の方角から吹く風。

潮追風《しおおいかぜ》 潮の干満に合わせ、同じ方向に吹く風。＊大観本謡曲・紘上〔1506頃〕「由良の戸渡る早舟も、汐追風の吹上や」

潮風《しおかぜ》**・汐風** ①潮の干満時に吹く風。②海から吹く潮気を含んだ風。また、海や海岸の近くを吹く風。＊新古今和歌集〔1205〕冬・六四三「夕されば塩風越して陸奥《みちのく》の野田の玉川千鳥鳴くなり〈能因〉」

地方風《じかたかぜ》 陸の方から吹いて来る風。＊いさなとり〔1891〕〈幸田露伴〉五九「首尾よく船を得て〈略〉烈しき地方風《ぢかたかぜ》にも沖風にも運よく逢はず」

地下り《じくだり》 北国で、南風をいう語。

下風《したかぜ》 下の方を吹く風。地上近くを吹きわたる風。＊源氏物語〔1001～14頃〕乙女「をまへなるかつらのしたかぜなつかしきにつけてもわかき人々はおもひいづることどもあるに」

疾風《しっぷう》 速い風。勢いよく吹く風。はやて。迅風《じんぷう》。＊将門記〔940頃か〕「暗に疾風の影を追ふ」

湿風《しっぷう》 しめっぽい風。雨気を含んだ風。

篠の小吹雪《しののおふぶき》 篠を吹く風に雪がまじって、はげしくふぶくこと。一説に、篠の白い穂を吹きなびかせるはげしい風のこと。

時風《じふう》 その時節にかなった風。時節の風。

島風《しまかぜ》 島を吹き渡る風。また、島から吹きおろす風。＊壬二集〔1237～45〕「しま風の蘆の葉わたる夕暮に汀のたづも声通ふなり」

風巻《しまき》 （「し」は風の意）風がはげしく吹きまくること。また、その風。とくに海上の暴風や強風にあおられて生じる海水のしぶきをいう。また、雨や雪などを含んで激しく吹きつける風。《季・冬》＊山家集〔12C後〕上「瀬戸わたる棚なし小舟こころせよ霰乱るるしまきよこぎる」

下総東風《しもうさごち》 東風《こち》をいう江戸の語。

霜風《しもかぜ》

自然

霜の上をわたってくる寒風。霜のおりそうな寒い風。

斜風《しゃふう》
斜めに吹きつける風。

秋風《しゅうふう》
秋に吹く風。秋風《あきかぜ》。《季・秋》

終風《しゅうふう》
一日中吹き続く風。

春風《しゅんぷう》
春の風。春風《はるかぜ》。《季・春》＊やみ夜〔1895〕〈樋口一葉〉三「春風《しゅんぷう》氷をとく」

順風《じゅんぷう》
自分が進行しようとする方向に吹く風。特に、船の進む方へ吹く風。船の帆走に適した風。船尾の左右四五度の範囲の追い風。追風《おいて》。⇕逆風《ぎゃくふう》。

松濤《しょうとう》
松に吹く風の音を波の音にたとえていう語。松韻《しょういん》。松籟《しょうらい》。

松風《しょうふう》
松に吹く風。松風《まつかぜ》。松籟《しょうらい》。＊太平記〔14C後〕三二・直冬与吉野殿合体事「松風渓水の清き音を聞て、爽かなる耳の富貴栄花の賤しき事を聞て」

祥風《しょうふう》
吉兆をあらわす風。めでたい風。

商風《しょうふう》
（「商」は秋の意）秋に吹く風。秋風。

衝風《しょうふう》
にわかに起こる風。突風。はやて。

常風《じょうふう》
常に同じ方向に吹く風。

絮風《じょふう》
（「柳絮《りゅうじょ》」は、柳の花が咲いた後、白い綿毛のある種子が散るさま。また、その種子）柳絮を吹く風。また、それを舞わせる風。

白南風《しらはえ》
梅雨《つゆ》明けの時期に吹く南風。また、陰暦六月頃に吹く南西風。白南風《しろはえ》。《季・夏》＊春夏秋冬-夏〔1902〕〈河東碧梧桐・高浜虚子編〉「白栄や乗合たのむ矢走舟〈三子〉」

白山風《しらやまかぜ》
白山の方から吹きおろしてくる風。白山は石川・岐阜県境にある白山《はくさん》ともいわれるが未詳。＊万葉集〔8C後〕一四・三五〇九「栲衾《たくぶすま》之《シ》良《ラ》夜《ヤ》麻《マ》可是《カゼ》の寝なへども子ろが襲着《おそき》の有ろこそ良《え》しも〈東歌〉」

師走風《しわすかぜ》
師走の頃に吹く冷たい風。

信風《しんぷう》
①北東の方角から吹く風。②季節風。季節によって風向きを変え、夏には海洋から大陸に、冬にはその逆に吹く風。

神風《しんぷう》
神が吹かせるという風。神風《かみかぜ》。

晨風《しんぷう》
夜明けに吹く風。朝風《あさかぜ》。

迅風《じんぷう》
はげしく吹く風。疾風。はやて。＊宝の山〔1891〕〈川上眉山〉二「一声叫んで迅風《じんぷう》の如く、狒狒の上に舞下り」

甚風《じんぷう》
大風。強い風。

陣風《じんぷう》
寒冷前線などに伴い、急に激しく吹

き出す風。突風。はやて。＊秋立つまで〔1930〕〈嘉村礒多〉「見る間に、電光の閃き、雷鳴の唸り、さっと陣風が襲ふと」

塵風《じんぷう》 塵《ちり》を吹きあげる風。塵を含んだ風。塵風《ちりかぜ》。

水風《すいふう》 水上を吹く風。＊海道記〔1223頃〕菊川より手越「時に水風例よりも猛りて」

翠嵐《すいらん》 山に吹く風。山嵐。

隙風《すきかぜ》 すきまからはいる風。隙間風《すきまかぜ》。

涼風《すずかぜ》 すずしい風。夏の終わりに秋の訪れを告げて吹く涼しい風。涼風《りょうふう》。《季・夏》＊俳諧・猿蓑〔1691〕二「すずかぜや我より先に百合の花〈乙州〉」

裾風《すそかぜ》 立居振舞で、着物の裾が動いて起こる風。

西風《せいふう》 ①西方から吹く風。西風《にしかぜ》。②特に、西から吹く秋の風。秋風。＊実隆公記‐文明一二年〔1480〕八月朔日「南呂之初節、西風之中律」

青風《せいふう》 あおあおとした草や水の上を吹く風。また、春の風。

腥風《せいふう》 なまぐさい風。

凄風・淒風《せいふう》 ものすごい風。すさまじい風。不気味で、激しい風。＊化銀杏〔1896〕〈泉鏡花〉一五「凄風《せいふう》一陣身に染む時、長き廊下の最端に」

清風《せいふう》 清らかな風。涼しい風。さわやかな風。涼風《すずかぜ》。また、清新な空気・気分。＊浄瑠璃・用明天皇職人鑑〔1705〕道行「あら不思議や有難やせいふう四方にかんばしく、玉世姫の御はだへうるほすと覚えしが」

青嵐《せいらん》 新緑の頃、青葉の上を吹きわたる風。薫風。青嵐《あおあらし》。＊平家物語〔13C前〕三・有王「白雲跡を埋んで、ゆき来の道も定かならず。青嵐夢を破って、その面影も見えざりけり」

関風《せきかぜ》 関所を吹く風。関路《せきじ》の風。＊更級日記〔1059頃〕「相坂《あふさか》の関のせき風吹く声はむかし聞きしにかはらざりけり」

石尤風・石郵風《せきゆうふう》 船が出帆しようとする時に起こる逆風。

節東風《せちごち》 旧暦の正月に、五日も一〇日も続いて吹く東風。《季・新年－冬》

節の西風《せつのにしかぜ》 田植えの季節に吹く西風。雨をもたらすことが多いという。《季・夏》

雪風《せっぷう》 雪と風。また、雪まじりの風。

栴檀香風《せんだんこうふう》 〔「栴檀」は、白檀《びゃくだん》の異名。芳香があり、古くから香料として珍重される）梅檀の香りを含んだ風。「法華経‐序品」に見える語。＊新古今和歌集〔1205〕釈教・一九五三「梅檀香風 悦可衆心吹く風にはな橘やにほふらんむかしおぼゆるけふのにはかな〈寂然〉」

旋風《せんぷう》
渦巻状の空気の流れをいう。トルネード、龍巻、台風など。狭義では直径数十メートル以下の小規模なものをいう。また、比喩的に、すばやくて激しい動きの様子や社会を揺り動かす突発的な事件などの形容に用いる。旋風《つむじかぜ》。辻風《つじかぜ》。

旋嵐風《せんらんふう》
激しく強い風。大強風。

そそ風《かぜ》
ゆるやかに吹く風。そよ風。微風。

漫風《そぞろかぜ》
いつのまにか吹く風。それとなく吹いてくる風。

袖風《そでかぜ》
袖を振ることによっておこる風。

袖《そで》の羽風《はかぜ》
衣の袖をうち振るときに起こる風を鳥の羽風にたとえていう語。＊新撰六帖題和歌〔1244頃〕一「燎火たく煙もともに立ちぞまふかなづるきねが袖のは風に」

側風《そばかぜ》・傍風
側面から吹きつける風。横風。

杣山風《そまやまかぜ》
杣山（材木にするための木を植えた山。材木を切り出す山）から吹きおろす風。山から吹く風。山風。＊順集〔983頃〕「もみぢばをそまやまかぜのふきつめばふねにもくれのあきはきにけり」

微風《そよかぜ》
そよそよと吹く風。そよぐ風。

村風《そんぷう》
村を吹き過ぎる風。＊和漢朗詠集〔1018頃〕下・田家「蕭索たる村風に笛を吹く処、荒涼たる隣月に衣を擣つ程〈高丘相如〉」

大風《たいふう》
①はげしく吹く風。強い風。大風《おおかぜ》。②西風の異名。

台風《たいふう》・颱風
太平洋西部、北緯五～二〇度付近に発生する熱帯低気圧で最大風速毎秒一七・二メートル以上に発達したものをいう。特に夏から秋にかけては暴風雨を伴って大陸沿岸地方・フィリピン・日本などに襲来し、大規模な風水害をもたらすことが少なくない。

高東風《たかごち》
春の初め、東風が空高く吹くこと。《季・秋》

高西《たかにし》
関西以西の地方で、一〇月頃、急に強く吹く西風をいう。地域により西南風・西北風をさすこともある。《季・秋》＊霊芝〔1937〕〈飯田蛇笏〉昭和九年「高西風に艶馬を落すこだまかな」

卓越風《たくえつふう》
ある地域で一定期間内に最も多く吹く風。

沢風《たくふう》 (「沢」は雨の意)雨と風。雨まじりの風。＊草枕〔1906〕〈夏目漱石〉六「心を沢風の裏に撩乱せしむる事もあらうが」

筍梅雨《たけのこづゆ》 筍の出る頃に吹く東南の風。伊勢・伊豆地方の船乗りのことば。《季・夏》

筍流《たけのこながし》 陰暦四、五月頃に吹く南風。《季・夏》

出風《だしかぜ》 (船を出すのに便利な風の意)陸地から海へ向かって吹く適当な風。出《だし》。

龍巻《たつまき》 積乱雲の底から漏斗《ろうと》状に垂れ下がり、地上または海面に達する、雲を伴った激しい空気のうず巻き。風速は秒速一〇〇メートル以上にもなり、家屋・船・人畜などを空中に巻き上げて被害を与える。寒冷前線、台風、雷雨などに伴って起こることが多い。雲の底から下方に細長く垂れ下がったその形とその動きが架空の動物である龍に似ているところからいう。

谷風《たにかぜ》 日中、谷底から山頂に向かって斜面を吹きのぼる風。山の斜面は谷底よりも早く暖められるために吹く。＊古今和歌集〔905～914〕春上・一二「谷風にとくる氷のひまごとに打ち出づるなみやはるのはつ花〈源当純〉」

田西風《たにし》 田植時に吹く西風。雨の前兆とされる。

束風《たばかぜ》 西北から吹く強風。西北風。おもに日本海岸地方でいう。束《たば》。玉風《たまかぜ》。《季・冬》

玉風《たまかぜ》 冬の季節風の名。特に若狭湾以東の日本海沿岸で、西北から吹く暴風をさしていう。束風《たばかぜ》。《季・冬》

暖風《だんぷう》**・煖風** 暖かい風。＊和漢朗詠集〔1018頃〕上・雨「斜脚は暖風の先づ扇ぐ処 暗声は朝日のいまだ晴れざる程〈慶滋保胤〉」

竹風《ちくふう》 竹を吹く風。＊和漢朗詠集〔1018頃〕上・秋興「第一に心を傷ましむることは何れの処にか最《すぐ》れたる 竹風葉を鳴らす月の明らかなる前〈島田忠臣〉」

遅風《ちふう》 ゆるやかな風。春風。

地方風《ちほうふう》 その地方に特有の風。関東の空《から》っ風、青森・岩手のやませ、地中海のシロッコ、アルプスのフェーンなど。局地風。

巷風《ちまたかぜ》**・衢風** 町中《まちなか》を吹く風。＊芋粥〔1916〕〈芥川龍之介〉「あの通り寒むさうな赤鼻と、形ばかりの口髭とを、朱雀大路の衢風《ちまたかぜ》に、吹かせてゐたと云ふ気がする」

昼夜風《ちゅうやふう》 昼と夜の風向が反対になる風。海陸風・山谷風《やまたにかぜ》など。

長風《ちょうふう》

遠くから吹いて来る風。あるいは、遠くまで吹いてゆく強い風。また、雄々しい勢いのあるさまにたとえていう。

朝風《ちょうふう》 朝吹く風。朝風《あさかぜ》。

塵風《ちりかぜ》 塵を巻き上げて吹く風。＊あらたま〔1921〕〈斎藤茂吉〉友に「ひさびさにちまたを行けば塵風《ちりかぜ》の立ちのぼるさへいたいたしかり」

追風《ついふう》 うしろから吹く風。順風。追い風。追《お》い風《て》。

筑波颪《つくばおろし》 茨城県中央部にある筑波山の方向から吹き下ろす風。また、関東地方で冬季に吹き続く北風をいう。

筑波東北風《つくばならい》 江戸時代、茨城県中央部にある筑波山のあたりから吹いてくる風を言った語。筑波颪《つくばおろし》。東北の風。

旋風《つじかぜ》**・辻風** 「旋風《つむじかぜ》」に同じ。

土風《つちかぜ》 土ぼこりを吹きあげる風。特に、春先に吹くそのような風。《季・春》

茅花流《つばながし》 茅花（チガヤの花）の絮《わた》のほぐれる、陰暦四、五月頃に吹く南風。《季・夏》

飄風《つみしかぜ》**・旋風** 「旋風《つむじかぜ》」に同じ。

旋風《つむじかぜ》**・飄** うずまくように吹き起こる強い風。渦巻状に回転して上る強い風。右まわりのものも左まわりのものもある。風巻《しまき》。旋風《せんぷう》。辻風《つじかぜ》。旋風《つむじかぜ》。飄風《つみしかぜ》。旋風《つむじ》。舞風《まいかぜ》。巻風《まきかぜ》。むら風《かぜ》。

手風《てかぜ》 手を振るにつれて生じる風。手の動きによって起こる風。

天狗風《てんぐかぜ》 にわかに吹きおろす旋風。旋風《つむじかぜ》。辻《つじ》風《かぜ》。

天風《てんぷう》 空高く吹く風。あまつ風《かぜ》。＊夫婦〔1904〕〈国木田独歩〉「月の光を覆うた雲が亦た天風《てんぷう》に由て吹き払はれた」

東風《とうふう》 ①東の方から吹いて来る風。東風《ひがしかぜ》。東風《こち》。②特に、春に東から吹く風。春風。春の風。

凍風《とうふう》 凍るような冷たい風。

不通坊《とおせんぼう》 春に吹く西風。

通風《とおりかぜ》 さっと吹き過ぎる風。

時風《ときつかぜ》 （「時」は時刻の意）潮が満ちてくる時刻頃吹く風。その時になると吹く風。＊万葉集〔8C後〕一二・三二一〇「つぎて来る なかの港ゆ 舟浮けて 吾が漕ぎくれば 時風《ときつかぜ》 雲ゐに吹くに〈柿本人麻呂〉」

床の秋風《とこのあきかぜ》 床に吹いてくる秋風。＊林葉集〔1178〕恋「ひとりねの床はさこそはさびしきを猶身にしめと降霰哉」

床《とこ》の浦風《うらかぜ》 床を浦にみたてて、そこに吹く風をいう。和歌では、近江国の歌枕、鳥《と》籠《こ》の浦を吹く風の意を掛けることがある。＊拾遺愚草〔1216～33頃〕上「わが袖にむなしき浪はかけそめつ契もしらぬとこのうら風」

何方風《どちかぜ》 どの方角から吹いて来るともない風。何方風《どっちかぜ》。

突風《とっぷう》 急に強く吹き出して短時間のうちにおさまる風。寒冷前線に伴って起こることが多い。急風。はやて。＊雪国〔1935～47〕〈川端康成〉「どっと真黒な突風に吹き飛ばされたやうに、彼女も島村も身を竦めた」

土用間《どようあい》 夏の土用中に吹く涼しい北風。《季・夏》

土用東風《どようこち》 夏の土用中に吹く東の風。青東風《あおこち》。《季・夏》

鳥《とり》の羽風《はかぜ》 鳥の羽ばたきで生じる風。＊堀河百首〔1105～06頃〕冬「池水にむれておりゐる水鳥の羽風に波や立ちさはぐらん〈肥後〉」

儺追風《なおいかぜ》 儺追祭《なおいまつり》（＝愛知県稲沢市にある尾張大国霊神社（国府宮）で、毎年正月一三日に行う祭礼）に吹く風。《季・新年》＊俳諧・丈艸発句集〔1774〕春「うめの花ちり初にけり難追風」

ながし 主として南風をいう。地域により風向や季節が異なる。

長瀬風《ながせかぜ》 滋賀県琵琶湖辺で、春夏に吹く風をいう。《季・夏》

流風《ながれかぜ》 流れる風。風の流れ。＊偸盗〔1917〕〈芥川龍之介〉八「かすかに猫の声が聞こえて来る。と流《なが》れ風《かぜ》が、始めてなま温《あたた》く、柱の間を吹いて」

菜種梅雨《なたねづゆ》 陰暦三、四月頃に吹く東南の大風。

夏嵐《なつあらし》 夏、木々の緑をゆるがして吹きあれる風。《季・夏》＊寒山落木〈正岡子規〉明治二九年（1896）夏「夏嵐机上の白紙飛び尽す」

夏風《なつかぜ》 夏吹く風。《季・夏》＊初奏本金葉和歌集〔1124～25〕夏「実行卿の家の歌合に、夏風の心をよめる、夏衣すそ野の草のふく風に思ひもあへず鹿やなくらん〈藤原顕季〉」

夏《なつ》の風《かぜ》 夏に吹く風。夏の季節風。《季・夏》＊広本拾玉集〔1346〕二「夏のかせになり行くけふの衣手の身にしまぬ色ぞ身にはしみける」

難波風《なにわかぜ》 難波あたりに吹く風。大阪の海から吹いてくる風。＊浮世草子・好色二代男〔1684〕七・三「難波風のくれぐれ、いかのぼりのはやりて」

軟風《なよかぜ》
やわらかに吹く風。なよやかな風。＊邪宗門〔1909〕〈北原白秋〉朱の伴奏・ほのかにひとつ「やはらかき麦生のなかに、軟風《なよかぜ》のゆらゆるそのに」

なよら風《かぜ》
おだやかな風。やわらかな風。＊邪宗門〔1909〕〈北原白秋〉外光と印象・青き光「蒸し暑き軟《なよ》ら風もの甘き汗に揺れつつ」

ならい風《かぜ》
冬に山並みに沿って吹く強い風。ならい。その地方により風向が異なる。ならい。ならいの風。ならいこち。ならえ。《季・冬》

楢《なら》**の下風**《したかぜ》
ナラの木の下を吹く風。＊月清集〔1204頃〕下「やまかげやいづるしみづのさざなみに秋をよすなりならのしたかせ」

楢《なら》**の葉風**《はかぜ》
ナラの木の葉に吹きわたる風。＊六条修理大夫集〔1123頃〕「みな月のてる日といへど我が宿の楢のはかぜは涼しかりけり」

南東貿易風《なんとうぼうえきふう》
南半球における貿易風。風向は南東。

南風《なんぷう》
南から吹く風。特に夏、南方から吹いてくる風。南風《みなみかぜ》。はえ。《季・夏》

軟風《なんぷう》
風があることを感ずる程度の風。秒速一・五から三・五メートル程度。

難風《なんぷう》
航行する船をなやます暴風。＊古今著聞集〔1254〕一七・五九九「島人ども、難風に吹き寄せられたる船ぞと思ひて」

鳰《にお》**の浦風**《うらかぜ》
琵琶湖の上を吹く風。

西風《にしかぜ》
西の方角から吹いてくる風。西気《にしげ》。西《にし》。＊義経記〔室町中か〕七・直江の津にて笈探されし事「能登国石動の嶽より又にしかぜ吹きて船を東へぞ向けたりける」

俄風《にわかかぜ》
急に吹き起こる風。＊浮世草子・好色五人女〔1686〕一・一「清十郎親仁腹立かさ成、此宿にたづね入、思ひもよらぬ俄《にはか》風」

盗風《ぬすみかぜ》
家の中へしのびこんでくる風。すきま風。＊星座〔1922〕〈有島武郎〉「家の中にゐても火種の足しない火鉢にしがみついて、頻りに盗風の忍びこむのに震へてゐなければならぬ清逸に取っては、屋外の寒さもさう気にはならなかったが」

沼風《ぬまかぜ》
沼の上を吹きわたる風。

熱風《ねっぷう》
熱気を含む風。熱い風。《季・夏》

涅槃西風《ねはんにしかぜ》
陰暦二月一五日の涅槃会の前後に吹く風。涅槃嵐《ねはんあらし》。涅槃西《ねはんにし》。

嶺渡《ねわたし》
高い峰から吹きおろす風。また、高い峰から峰へ吹きわたる風。＊山家集〔12C後〕中「ねわたしにしるしのさをや立てつらん木挽《こびき》待ちつる越の名香山《なかやま》」

野風《のかぜ》
野原を吹きわたる風。野に吹く涼風。＊古今和歌集〔905～914〕恋五・七八一「吹きまよふ野風をさむみ秋はぎのうつりもゆくか人の心の〈常康親王〉」

軒の下風《のきのしたかぜ》
軒の下に吹き入ってくる風、または、軒下からはいってくる風。＊新続古今和歌集〔1439〕夏・三三六「めにみえぬ秋やかよひて夕暮の松に涼しき軒のしたかぜ〈藤原公雅〉」

野間風《のまかぜ》
野を吹く風。野風《のかぜ》。

野良風《のらかぜ》
野づらを吹く風。野風《のかぜ》。＊曾丹集〔11C初か〕「ひとりぬるわが身はあれて草むらののらかせよりもさむくもあるかな」

野分《のわき》
（野の草を分けて吹き通る風の意）二百十日、二百二十日前後に吹く暴風。また、ひろく秋から冬にかけて吹く強い風をいうこともある。野分の風。野分《のわけ》の風《かぜ》。野分《のわけ》。台風。《季・秋》＊枕草子〔10C終〕二〇〇・野分のまたの日こそ「野わきのまたの日こそ、いみじうあはれにをかしけれ」

梅風《ばいふう》
梅花の香りを吹き送ってくる風。

はえ
（沖縄で南の方位をいう）また、西日本一帯で南風のこと。

はえの風《かぜ》
南風。はえ。はいの風。

羽風《はかぜ》
鳥や虫などが羽を動かすことによっておこる風。＊枕草子〔10C終〕二八・にくきもの「蚊〈略〉はかぜさへその身のほどにあるこそいとにくけれ」

葉風《はかぜ》
草木の葉に吹く風。葉を吹き鳴らす風。＊千載和歌集〔1187〕秋上・二二六「秋たつと聞きつるからに我が宿の荻の葉風の吹きかはるかな〈侍従乳母〉」

馬鹿風《ばかっかぜ》
むやみに吹く風。

麦風《ばくふう》
麦の実る陰暦四、五月頃吹く風。麦を吹きなびかす夏の風。

爆風《ばくふう》
爆発によって起こる風。

旗風《はたかぜ》
旗をなびかせて吹く風。転じて、勢い。威風。

初秋風《はつあきかぜ》
初秋のころに吹く風。《季・秋》＊万葉集〔8C後〕二〇・四三〇六「波都《ハツ》秋風《あきかぜ》涼しき夕解かむとぞ紐は結びし妹に逢はむため〈大伴家持〉」

初嵐《はつあらし》
陰暦七月の末から八月の中ごろまで吹く嵐。立秋後はじめて吹く強い風。《季・秋》＊俳諧・芭蕉庵小文庫〔1696〕秋「はつ嵐ふけども青し栗のいが〈芭

自然

蕉〉」

初風《はつかぜ》
その季節の初めに吹く風。多く、秋の初めに吹く風にいう。初秋風。《季・秋》＊古今和歌集〔905～914〕秋上・一七二「わがせこが衣の裾を吹き返しうらめづらしき秋のはつかぜ〈よみ人しらず〉」

初東風《はつこち》
新年になって初めて吹く東風。初春の風。《季・新年》

初瀬風《はつせかぜ》・泊瀬風
大和国（奈良県）初瀬のあたりを吹く風。＊万葉集〔8C後〕一〇・二二六一「泊瀬風《はつせかぜ》かく吹く宵は何時までか衣片敷き吾が独り寝む〈作者未詳〉」

花風《はなかぜ》
桜花を散らすように吹く風。＊能因本枕草子〔10C終〕一八五・風は「三月ばかりの夕暮にゆるく吹きたる花風いとあはれなり」

花《はな》の風《かぜ》
春、花を吹き散らす風。花風。《季・春》

花《はな》の下《した》風《かぜ》
花の咲いている木の下を吹く風。初春の風。＊続古今和歌集〔1265〕春上・六一「野も山も匂ひにけりな紅のこぞめのむめの花の下風〈藤原実氏〉」

浜風《はまかぜ》
浜に吹く風。浜っ風。潮風。浦風。＊源氏物語〔1001～14頃〕明石「いたく深行《ふけゆく》ままにはま風すずしうて」

浜西風《はまにしかぜ》
西日本で、陰暦九月に吹く西風。浜《はま》西《にし》。

浜松風《はままつかぜ》
浜辺の松に吹きあたる風。浜辺の松に吹く風。＊浄瑠璃・心中宵庚申〔1722〕道行「死んだ死んだと呼はる声吹伝へたるはままつかぜ」

疾風《はやかぜ》
急にはげしく吹きおこる風。はやて。＊あらたま〔1921〕〈斎藤茂吉〉三崎行「いちめんにふくらみ円《まろ》き粟畑《あはばた》を潮ふきあげし疾《はや》かぜとほる」

疾風《はやて》・早手
（「て」は風の意）急に激しく吹き起こる風。陣風《じんぷう》。迅風《じんぷう》。疾風《しっぷう》。疾風風《はやてかぜ》。疾風《はやちかぜ》。疾風《はやち》の風。疾風《はやち》。＊竹取物語〔9C末～10C初〕「はやてもりうの吹かする也。はや神に祈りたまへ」

春嵐《はるあらし》
二月から三月にかけて吹くはげしい風。春疾風《はるはやて》。春荒れ。《季・春》

春一番《はるいちばん》
①瀬戸内海から北九州にかけて、春になって最初に吹く南風。②早春の頃吹く、その年初めての南風の強風。日本海を発達した低気圧が通過するときに吹く。山口県や能登半島では、古くから「春一」などと称してきた。《季・春》

春風《はるかぜ》
春の時節に、東または南から吹く風。春風《しゅんぷう》。東風《こち》。《季・春》＊古今和歌集〔905～914〕春下・八五「春風は花のあたりをよきて吹け心づからやうつろふと見む〈藤原好風〉」

春三番《はるさんばん》
①春さき、桜を散らす南風。春最初の春一番、桜の咲くころの春二番に対していう。②小寒（一月五日頃）から穀雨（四月二一日頃）に至る八気二十四候の初めの三候に吹く風。小寒のころ、梅、椿、水仙の開花を知らせる風。

春《はる》**の風**《かぜ》
春に吹く風。《季・春》＊重之集〔1004頃〕百首「あおやぎのいとをみぎはにそめかける春のかぜにやなみはよるらん」

春《はる》**の初風**《はつかぜ》
元日に吹く風。初風。《季・新年》＊兼盛集〔990頃〕「さほ姫の糸そめかくる青柳を吹きなみだしそ春のはつかぜ」

春疾風《はるはやて》
（「はやて」は急に激しく吹きおこる風）砂塵を巻きあげて吹く春の疾風。春嵐。《季・春》

反対貿易風《はんたいぼうえきふう》
貿易風の上層を赤道付近から貿易風と反対の方向に吹く風。風向は北半球では南西、南半球では北西である。

晩風《ばんぷう》
晩方に吹く風。夕方の風。夕風。

比叡颪《ひえおろし》
比叡山から吹きおろす風。叡山颪。

東風《ひがしかぜ》
東の方から吹いてくる風。東風《こち》。東《ひがし》。

ひ風《かぜ》
（「日風」か、あるいは田の水を蒸発させるところから「干風」か）香川・愛媛県などで、日が照っている時に吹く強い風。

日方《ひかた》
（日のある方から吹く風の意）夏の季節風のこと。地方によって西南風、東南風など、さまざまな風をさす。《季・夏》＊万葉集〔8C後〕七・一二三一「天霧《あまぎ》らひ日方《ひかた》吹くらし水茎の岡の水門に波立ちわたる〈古集〉」

ひとつあゆ
北風をいう。

一吹風《ひとふきかぜ》
ひとしきり吹く風。一陣の風。＊俳諧・猿蓑〔1691〕五「鳶の羽も刷《かいつくろ》ひぬはつしぐれ〈去来〉一ふき風の木の葉しづまる〈芭蕉〉」

雲雀東風《ひばりごち》
春の東風。広島・愛媛・高知県などでいう。

悲風《ひふう》
寂しく悲しげに吹く風。哀感を誘う風の音。多く、秋風にいう。

微風《びふう》
かすかに吹く風。そよ風。

飄風《ひょうふう》
にわかに激しく吹く風。疾風《はやて》。旋風《つむじ》。旋風《せんぷう》。飆風《ひょうふう》。

日和風《ひよりかぜ》
日和になる風。天気が回復するきざしの風。

比良の八講荒れ《ひらのはっこうあれ》
比良八講（昔、近江国（滋賀県）滋賀郡の白鬚神社（比良明神）において、毎年、菅原道真の命日である陰暦二月二四日から四日間、比叡山延暦寺の衆徒が行った法華経八巻の読経・供養の法会）の行われる陰暦二月二四日前後に、琵琶湖、およびその周辺で寒い風の吹き荒れること。比良八講。《季・春》

ビル風《かぜ》
高層ビルなどの周辺でおこる、局地的な強い風や乱流。

広《ひろ》戸《と》風《かぜ》
岡山県勝田郡那岐山の南麓に吹く北よりの局地的な強風。八〜一〇月に多く、風速は毎秒二〇〜三〇メートルに達する。

蘋《ひん》風《ぷう》
（「蘋」は水草の一種）浮き草を吹き揺るがせる風。＊和漢朗詠集〔1018頃〕上・霧「竹霧《ちくぶ》暁《あかつき》に嶺《みね》に銜《ふく》む月を籠《こ》む 蘋風緩《ゆるや》かに江《え》を過ぐる春を送る〈白居易〉」

便《びん》風《ぷう》
都合のよい風。追風《おいかぜ》。追風《おいて》。順風。

風《ふう》炎《えん》
（ドイツ語 Föhn の訳語）山からおりてくる暖かくて乾燥している風。フェーン。《季・春》

富《ふ》士《じ》颪《おろし》・不二颪
富士山から吹きおろす風。

富《ふ》士《じ》南《みなみ》
関東地方で西南の方角から吹く風。

襖《ふすま》風《かぜ》
暖かい部屋と寒い部屋との境に生じる風。

舞《ぶ》台《たい》風《かぜ》
劇場で幕が上がるとき、舞台から客席に向かって吹く風。客席の気温が上昇しているために生じる。

不《ふ》定《てい》風《ふう》
風向・風速の一定しない風。

冬《ふゆ》の風《かぜ》
冬に吹く寒い風。《季・冬》

扶《ふ》揺《よう》
（「飆（ひょう・ヘウ）」の音を二字にのばしたもの）つむじ風。旋風。暴風。嵐。 ＊暁鐘〔1901〕〈土井晩翠〉秋興八首「扶揺のあらし音を絶て、雄図は夢か五城楼」

古《ふる》風《かぜ》
昔のままの風。昔なじみの風。＊広本拾玉集〔1346〕四「古風やまつの梢にかへるらん月は明石のうらぞすずしき」

辺《へた》風《かぜ》
（海べたを吹く風の意）海べを吹く風。辺《へ》つ風《かぜ》。

へばり東風《ごち》
陰暦三月頃の風をいう、畿内・中国の船乗りのことば。《季・春》

偏《へん》西《せい》風《ふう》
①西寄りの風。②中緯度地方の上空をほぼ西から東に向かって吹く風。中緯度高圧帯から極へ向かって吹く風が地球自転による転向力のために東に向きを変えて生じたもの。

偏《へん》東《とう》風《ふう》
①東寄りの風。②赤道をはさむ南北低緯度地帯をほぼ東から西に向かって吹く風。赤道地方で加熱され上昇

した空気が対流圏上層を極にむかって移動し緯度三〇度付近で収束、下降して再び赤道低気圧帯に進むがこのとき地球自転の転向力のため西向きの風となるもので、高さ八〇〇〇〜一〇〇〇〇キロメートルに達する。③「極風《きょくふう》」に同じ。

辺風《へんぷう》 辺境の地を吹く風。＊和漢朗詠集〔1018頃〕下・王昭君「辺風吹き断つ秋の心の緒 隴水流れ添ふ夜の涙の行〈大江朝綱〉」

貿易風《ぼうえきふう》 （英語 tradewind の訳語）中緯度高圧帯から、赤道低圧帯に向かって吹く大規模な東寄りの風。風向は地球の自転によって北半球では北東、南半球では南東となる。昔、貿易船がこの風を利用したところからの名称。恒風《こうふう》。恒信風《こうしんふう》。熱帯東風《ねったいとうふう》。

傍風《ぼうふう》 側面から吹いてくる風。横風《よこかぜ》。＊源平盛衰記〔14C前〕四二・義経解纜渡四国事「脇楫・面楫を以て、船をちゃうと挟み立てて、傍風《ぼうふう》来たれば風面に乗り懸かり」

暴風《ぼうふう》 ①あらあらしく吹く風。激しく荒れ狂う風。また、急に吹きつのる風。嵐。暴風《ぼふう》。＊平治物語〔1220頃か〕上・三条殿へ発向「猛火虚空にみちて、暴風烟雲をあぐ」 ②気象で、風力階級一〇の風。風速が毎秒二四・五メートルから二八・四メートルの間の風をいう。

北東貿易風《ほくとうぼうえきふう》 北半球の貿易風。風向は北東。

北風《ほくふう》 北の方から吹く風。朔風《さくふう》。北風《きたかぜ》。

埃風《ほこりかぜ》 ほこりを吹きあげて吹く風。ほこりを一面に舞いあがらせて吹く風。＊人間失格〔1948〕〈太宰治〉第三の手記「奴凧が一つひっからまってゐて、春のほこり風に吹かれ」

星の出入《ほしのでいり》 陰暦一〇月中旬に吹く北東の風をいう。《季・冬》

暮風《ぼふう》 夕暮れに吹く風。暮れ方の風。＊海道記〔1223頃〕菊川より手越「暮風、谷寒し、鶴、鄭大尉か跡に住む」

盆東風《ぼんごち》 陰暦六月中旬に吹く東風。《季・秋》

まあゆ 北国で、北東の風をいう語。

舞風《まいかぜ》 うずを巻いて吹く風。つむじ風。辻風《つじかぜ》。旋風。舞舞風《まいまいかぜ》。

魔風《まかぜ》 悪魔が吹かせ、人をさそうという風。もの恐ろしい風。魔風《まふう》。

巻風《まきかぜ》 つむじ風。旋風。

真東風《まこち》 ま東の方から吹いて来る風。《季・春》＊永久百首〔1116〕春「まこち吹く花のあたりの風下は時ぞともなき雪ぞふりける〈藤原仲実〉」

真風《まじ》 「まぜ（真風）」に同じ。

真風《まぜ》 （「ませ」とも）①西風。②南風または西南風。③東南風。

松風《まつかぜ》 松の梢を吹く風。松の梢に当たって音をたてさせるように吹く風。＊源氏物語〔1001～14頃〕賢木「浅茅が原もかれがれなる虫の音に、松風すごく吹合せて」

松吹く風《まつふくかぜ》 松の枝や葉に吹く風。松風。＊斎宮女御集〔985頃か〕「わかれなむことはことにてゆくすゑのまつふくかぜをいつかきくべき」

正南風《まはえ》 真南の風。《季・夏》

魔風《まふう》 悪魔の吹かせる恐ろしい風。魔風《まかぜ》。＊太平記〔14C後〕八・谷堂炎上事「在家に火を懸たれば、時節魔風《まふう》烈く吹て」

回風《まわりかぜ》 つむじ風。旋風。

水風《みずかぜ》 水上を吹く風。水風《すいふう》。

瑞風《みずかぜ》 みずみずしい風。うるわしい風。＊あこがれ〔1905〕〈石川啄木〉錦木塚・梭の音の巻「瑞風《みづかぜ》の香り吹ける木蔭の夢、黒霧の夢と変り、そも滅びぬ」

港風《みなとかぜ》 港のあたりを吹く風。港に吹いてくる風。＊万葉集〔8C後〕一七・四〇一八「美奈刀可是《ミナトカゼ》寒く吹くらし奈呉の江につま呼び交し鶴多《さは》に鳴く〈大伴家持〉」

南風《みなみかぜ》 南から吹いて来る風。南方から吹いて来る暖かい風。南《みなみ》。《季・夏》＊更級日記〔1059頃〕「みなみ風ふけば北になびき、北風ふけば南になびき」

南東風《みなみこち》 南にかたよった東風。

南疾風《みなみはやち》 南から急に激しく吹き出す風。＊あらたま〔1921〕〈斎藤茂吉〉故郷、瀬上、吾妻山「あづまやまの谿あひくだる硫黄ふく南疾風《みなみはやち》にむかひてくだる」

深山風《みやまかぜ》 深山に吹きすさぶ風。深山から吹いてくる風。＊源氏物語〔1001～14頃〕夕霧「一夜の御山風にあやまり給へる悩ましさなり」

猛風《みょうふう》 （「みょう」は「猛」の呉音）激しい風。大風。暴風。猛風《もうふう》。

向風《むかいかぜ》 進んでいく前方から吹いてくる風。向風《むこうかぜ》。⇔追風《おいかぜ》。＊平家物語〔13C前〕一一・逆櫓「むかひ風に渡らんと云はばこそひが事ならめ」

麦嵐《むぎあらし》 麦の収穫の頃に吹く強い風。《季・夏》

麦の秋風《むぎのあきかぜ》 初夏の頃に吹くさわやかな風。《季・夏》＊散木奇歌集〔1128頃〕夏「御園生にむぎの秋かぜそよめきて山郭公忍びなくなり」

むら風《かぜ》
「つむじかぜ（旋風）」に同じ。

蒙古風《もうこかぜ》
中国北西部およびモンゴル高原で冬季に吹き下ろす強風。三～四月頃に風速が最大となり、黄土を吹き上げて、黄砂現象を呈する。

猛風《もうふう》
激しく吹く風。強風。暴風。

裳裾風《もすそかぜ》
衣服の裾を吹き返す風。

戻風《もどしかぜ》
梅雨の季節に、東南から吹く風。

八重《やえ》の潮風《しおかぜ》
八重の潮路（はるかな潮路）を吹いて来る風。

矢風《やかぜ》
射放した矢が飛んで行く時におこる風。

山颪《やまおろし》
山から吹きおろす風。山おろしの風。＊後撰和歌集〔951～953頃〕雑二・一一三八「心して稀に吹つる秋風を山おろしにはなさじとぞ思ふ〈大輔〉」

山風《やまかぜ》
①山中を吹く風。また、山から吹きおろす風。山颪《やまおろし》。＊古今和歌集〔905～914〕春上・二三「春のきる霞の衣ぬきをうすみ山かぜにこそみだるべらなれ〈在原行平〉」②夜間、谷間から平地に向かって吹き出してくる風。谷間の空気は放射冷却によって平地よりいっそう冷却するために生ずる。

山風《やまじ》
夏から秋にかけて、山から吹きおろす風。《季・夏-秋》

山下風《やましたかぜ》
山のふもとへ吹き下ろす風。山颪《やまおろし》。＊古今和歌集〔905～914〕賀・三六三「白雪のふりしく時はみ吉野の山した風に花ぞ散りける〈紀貫之〉」

山背《やませ》
山を越えて吹いてくる風。また、夏、東北地方の太平洋岸に吹く冷涼な北東風。山背風《やませかぜ》。《季・夏》

山谷風《やまたにかぜ》
気象で、山風と谷風とを一日周期で循環する風系としてまとめたときにいう語。山の斜面に沿って、日中は谷底から山頂へ、夜間には山頂から谷底へ向かって吹くもの。

山松風《やままつかぜ》
山の松風。山松に吹く風。＊玉葉和歌集〔1312〕雑二・二一六〇「暗き夜の山松風は騒げども梢の空に星ぞのどけき〈永福門院〉」

和風《やわかぜ》
おだやかな風。＊竹沢先生と云ふ人〔1924～25〕〈長与善郎〉竹沢先生とその兄弟・三「春宵のやうな肌ざはりのいいやは風にさそはれて」

夕風《ゆうかぜ》
夕方に吹く風。＊源氏物語〔1001～14頃〕初音「花の香さそふゆふかぜ、のどかにうち吹きたるに、おまへの梅、やうやうひもときて」

夕東風《ゆうごち》
夕方吹く東風。《季・春》＊葛飾

〔1930〕〈水原秋桜子〉「夕東風や海の船ゐる隅田川」

夕潮風《ゆうしおかぜ》
夕方吹く潮風《しおかぜ》。＊宴曲・宴曲抄〔1296頃〕下・船「客帆《かくはん》寒き夕塩風や、舟人騒ぐ鳰《にほ》の海」

夕下風《ゆうしたかぜ》
夕方、地面をはうようにして吹く風。＊山家集〔12C後〕上「夏山のゆふしたかぜの涼しさに楢の木蔭のたたまうき哉」

雄風《ゆうふう》
勢いよく心地よい風。人の体を健康にするすがすがしい風。

融風《ゆうふう》
東北の風。立春とともに吹き、氷をとかす春の風。

夕山風《ゆうやまかぜ》
夕方、山から吹いてくる風。＊新葉和歌集〔1381〕羇旅・五四六「草枕ゆふ山風の寒ければこよひは更にねむ方もなし〈よみ人しらず〉」

雪下《ゆきおろし》
雪を交えて、山から激しく吹きおろす風。雪を吹き下ろす風。《季・冬》

雪風《ゆきかぜ》
雪と風。雪や風。また、雪を交えて吹く風。雪まじりの風。風雪。

雪解風《ゆきげかぜ》
雪がとけ出すころ吹く風。春先の風。《季・春》＊新傾向句集〔1915〕〈河東碧梧桐〉明治四〇年「一番の渡り漁師や雪解風」

楡風《ゆふう》
（「楡」は星の名）星の出ている空を吹く風。

弓の矢風《ゆみのやかぜ》
矢が飛んで行くために起こる風。矢《や》風《かぜ》。＊曾丹集〔11C初か〕「ともしすと秋の山べに入る人の弓のやかぜに紅葉散るらむ」

羊角《ようかく》
（羊の角のようにうず巻き状になるところから）つむじ風。

南風《ようず》
南海道地方で、主に春の夕方に吹く南風をいう。なまぬるい雨もよいの風で、物を腐らせたり頭痛を起こさせたりすると考えられていた。所によって、少しずつ相違する点がある。ゆうず。南風《ようず》まぜ。《季・春》

陽風《ようふう》
春の風。東風。また、南の風。⇔陰風。

夜風《よかぜ》
夜、吹く風。夜の風。＊家持集〔11C前か〕冬「飛鳥川川音たかしうばたまのよかぜぞ寒き雪ぞ降るらし」

横風《よこかぜ》
横手から吹く風。横ざまに吹く風。

横風《よこしまかぜ》
横なぐりに吹く風。暴風。＊万葉集〔8C後〕五・九〇四「思はぬに横風《よこしまかぜ》の にふふかに覆ひ来ぬれば〈作者未詳〉」

余風《よふう》
大風のあとで、なおしばらく吹く強い風。

蓬生嵐《よもぎうあらし》
蓬生（よもぎなどの生い茂っている

所。草深い荒れ果てた土地）の上を吹き荒れる嵐。 ＊和泉式部集〔11Ｃ中〕上「誰れかきて見るべき物とわが宿のよもぎふあらし吹き払ふらん」

四方《よ》《も》の嵐《あらし》 あたりを吹きすさぶ嵐。

落風《らくふう》 勢いよく吹く風。激しい風。

鯉魚風《りぎょふう》 秋の風。陰暦の九月または八月ごろの風。《季・秋》

陸軟風《りくなんぷう》 〔「軟風」は、肌に快いそよ風〕「りくふう（陸風）」に同じ。⇕海軟風《かいなんぷう》。

陸風《りくふう》 夜間、海岸地方で陸から海へ向かって吹く風。陸上の気温が海上よりも早く低下するために生じる。陸軟風《りくなんぷう》。⇕海風《かいふう》。

律《りつ》の風《かぜ》 「秋風」の異称。

流風《りゅうふう》 流れ伝わってくる風。そよそよと吹いてくる風。微風。また、音などが風に乗って伝わること。

涼飆《りょうひょう》 〔「飆」は、風の音、風の意〕涼しい風。涼風。

涼風《りょうふう》 すずしいかぜ。すずかぜ。《季・夏》 ＊和漢朗詠集〔1018頃〕上・立秋「蕭《せう》颯《さつ》たる涼風と悴鬢《すいびん》と 誰か計会して一時に秋ならしむる〈白居易〉」

冷風《れいふう》 冷たい風。冷ややかな風。

烈風《れっぷう》 激しく吹く風。強い風。強風。気象学では、樹木の太い幹が吹き動かされ、海上では波が高くなるほどの風をいい、相当風速は毎秒一五〜二九メートル。風力六〜七にあたる。 ＊金色夜叉〔1897〜98〕〈尾崎紅葉〉後・七「外には烈風怒り号《さけ》びて」

六甲颪《ろっこうおろし》 六甲山地（兵庫県神戸市・芦屋市の市街地の背後にある山地）から吹きおろす風。 ＊思出の記〔1900〜01〕〈徳富蘆花〉五・一「涼しい夕風は今六甲颪《ろくかふおろし》の骨身に浸む時候となった」

若葉風《わかばかぜ》 若葉に吹く風。《季・夏》 ＊俳諧・住吉物語〔1695か〕下・夏「昼寝してみせばや菴の若葉風〈丈草〉」

和風《わふう》 やわらかく吹く風。おだやかな風。ふつう、春の風をさす。和風《かふう》。

雲の名前

靄雲《あいうん》 群がって立ちこめている雲。 ＊大観本謡曲・江島〔室町末〕「靄雲収まりて、海上《かいしゃう》に一つの島を成せり」

靄気《あいき》 もやもやとたちこめる雲。また、雲の勢いの盛んなこと。 ＊三国伝記〔1407〜46頃か〕五・八「菩薩乗雲の靄気《あいき》を起し玉ふ処に塔を建て供養し」

青雲《あおくも》

〈後世は「あおぐも」とも〉青みを帯びた灰色の雲。＊万葉集〔8C後〕二・一六一「北山にたなびく雲の青雲《あをくも》の星離れゆき月を離れて〈持統天皇〉」〈補注〉「青雲の」は、枕詞。雲の色から「白」にかかり、また、雲が出るの意で「出《い》づ」、あるいは、青空を待ち望む意で「出でこ」にかかる。

赤雲《あかぐも》
赤い色を帯びた雲。日や月の光に映えて赤く見える雲。＊栄花物語〔1028～92頃〕楚王の夢「時時、この御あたり近う、あか雲の立ち出づるは、我君の御有様と見ゆるに、せんかたなく〔＝どうしようもなく〕悲しかりける」

茜雲《あかねぐも》
朝日や夕日に茜色に照り映えている雲。＊今年竹〔1919～27〕〈里見弴〉茜雲・一〇「夕陽をあびた茜雲《あかねぐも》が、一抹淡く流れてゐる」

秋雲《あきぐも》
澄んだ秋の空に浮かぶ雲。秋の雲。《季・秋》＊赤光〔1913〕〈斎藤茂吉〉折に触れて「火の山を回る秋雲の八百雲をゆらに吹きまく天つ風かも」

秋《あき》の雲《くも》
「あきぐも（秋雲）」に同じ。《季・秋》＊俳諧・七番日記－文化七年〔1810〕七月「夕暮や鬼の出さうな秋の雲」

朝雲《あさぐも》
朝の雲。朝、空にたなびく雲。＊あらくれ〔1915〕〈徳田秋声〉五六「山国の深さを思はせるやうな朝雲が、見あげる山の松の梢ごしに奇しく眺められた」

朝《あさ》焼《やけ》雲《ぐも》
日の出のとき日光で赤く染まった雲。《季・夏》＊樹木とその葉〔1915〕〈若山牧水〉夏のよろこび「朝焼雲、空のはたてに低く細くたなびきて、かすけき色に染まりたる」

徒雲《あだぐも》
風のまにまに漂う雲。また、はかなく消えやすい雲。浮雲《うきぐも》。＊夫木和歌抄〔1310頃〕一六「あだ雲もなき冬の夜の空なれば月の行くこそ遅く見えけれ〈西住〉」

安《あ》達《だち》太《た》郎《ろう》
積乱雲の一種である雲の峰の異称。

油雲《あぶらぐも》
さかんに湧き起こる雲。＊じゅりあの・吉助〔1919〕〈芥川龍之介〉三「一団の油雲が湧き出でて、程なく凄じい大雷雨が、沛然として刑場へ降り注いだ」〈補注〉漢語に「油雲《ゆううん》」があり、「文選－陸機」に「油雲鬱高岑」とある。

天雲《あまぐも》
〈古くは「あまくも」〉空の雲。＊万葉集〔8C後〕二〇・四二九六「安麻久《アマク》母《モ》に雁そ鳴くなる高円の萩の下葉は黄葉《もみち》あへむかも〈中臣清麻呂〉」〈補注〉「天雲の」は、枕詞。①雲が、ゆくえ定めず空を漂うところから、「たどきも知らず」「たゆたふ」「ゆくらゆくら」「浮く」などにかかる。②雲が、空のはるか遠いところにあるというところから、「奥処《おくか》も知らず」「はるか」

「上《うわ》」などにかかる。③雲が、ちぎれて離れ離れになるところから、「別れ」「外《よそ》」などにかかる。④雲が、空を飛んで去ってしまうところから、「行く」「晴る」にかかり、飛び去っても再び戻って来るように見えるところから、「行き還《かえ》り」などにかかる。

雨雲《あまぐも》
雲の和名の一つ。乱層雲のこと。黒く、厚い雲で、空の低いところにあり、雨や雪を降らせることが多い。＊枕草子〔10Ｃ終〕二五五・雲は「雲は、白き。むらさき。黒きもをかし。風吹くをりのあま雲」

天《あま》つ雲《くも》
空の雲。＊日本書紀〔720〕宣化元年五月（寛文版訓）「是を以て海表《わたのほか》の国は、海水《うしほ》を候《さもら》ひて来賓《まう》き、天雲《あまつくも》を望で貢奉《みつぎ》る」

天《あま》の河霧《かわぎり》
（天の川の川霧の意で）雲をたとえていう。＊後撰和歌集〔951～953頃〕秋中・三三六「秋風にいとどふけゆく月影を立ちなかくしそあまの河ぎり〈藤原清正〉」

天《あま》の白雲《しらくも》
空に浮かぶ白い雲。＊万葉集〔8Ｃ後〕一五・三六〇二「青によし奈良の都にたなびける安麻能之良久毛《アマノシラクモ》見れど飽かぬかも〈作者未詳〉」

彩雲《あやぐも》
朝日や夕日などを受けて美しく染まって見える雲。彩雲《さいうん》。＊若菜集〔1897〕〈島崎藤村〉相思「目にながむれば彩《あや》雲《ぐも》のまきてはひらく絵巻物」

嵐雲《あらしぐも》
嵐の来る前の黒々とした雲。＊川のほとり〔1925〕〈古泉千樫〉山上・雷雨「あらし雲おほへる底よりくろぐろとむらがりきたる夕鴉かも」

有無雲《ありなしぐも》
あるかないかわからないような、かすかな雲。＊夫木和歌抄〔1310頃〕「風にちるありなし雲の大空にただよふほどやこの世なるらん〈寂蓮〉」

淡雲《あわぐも》
空の色が透いて見えるような薄い雲。薄雲《うすぐも》。＊落梅集〔1901〕〈島崎藤村〉七曜のすさび・木曜日の散歩「白き淡雲《あはぐも》の青空にかよふあたりよりさしてらす春の光の」

暗雲《あんうん》
雨を降らしている、または、今にも雨を降らせそうな暗い雲。黒雲《こくうん》。＊在りし日の歌〔1938〕〈中原中也〉蛙声「その声は水面に走って暗雲に迫る」

雷雲《いかずちぐも》
雷光、雷鳴、時には雷雨も伴う雲。＊赤光〔1913〕〈斎藤茂吉〉雲「岩根ふみ天路をのぼる脚底ゆいかづちぐもの湧き巻きのぼる」

出雲入道《いずもにゅうどう》
（夏季、出雲地方の空に見えるところから）入道雲、雲峰《くものみね》をいう。

鼬雲《いたちぐも》
入道雲のような夏の雲。積乱雲。＊雲のいろいろ〔1897〕〈幸田露伴〉「加賀の鼬雲、安房の岸雲、播磨の岩雲などは、其土の人々の雲の形を然《しか》思ひ倣して然呼び倣したるなるべければ」

一雲《いちうん》 一つの雲。ひとひらの雲。

矞雲《いつうん》 めでたい雲。瑞雲《ずいうん》。

一尺八寸《いっしゃくはっすん》 近世、暴風雨の前兆として航海者などに恐れられた笠雲《かさぐも》。笠の寸法にちなむ名称。＊浮世草子・日本永代蔵〔1688〕四・二「西国の壱尺八寸といへる雲行も三日前より心えて」

凍雲《いてぐも》 凍りつくような寒々とした冬の雲。《季・冬》＊昨日の花〔1935〕〈日野草城〉「凍雲のしづかに移る吉野かな」

稲葉の雲《いなばのくも》 田の一面に稲穂が垂れて風に揺れなびくさまを雲に見たてていう語。《季・秋》＊菟玖波集〔1356〕雑・一「夕霧の晴れ行く跡は露見えて いなばの雲は月も隔てず〈頓阿〉」

豕雲《いのこぐも》 イノシシの形をした黒雲。＊夫木和歌抄〔1310頃〕一九「雲払ふ月の光におひにけりはしりちりぬるゐのこ雲かな〈源仲正〉」

入雲《いりぐも》 関西地方で、雲が東北に行くのをいう。雨が降る前兆とした。

岩雲《いわぐも》 岩の形に似ている夏の雲。入道雲。＊物類称呼〔1775〕一「夏雲 なつのくも〈略〉播磨にて、岩ぐもといふ」

鰯雲《いわしぐも》 巻積雲《けんせきうん》の俗称。イワシが群がったような形をして五〇〇〇メートル以上の空に発生する。イワシの大漁または暴風雨の前兆であるという。サバの背紋に似るので鯖雲ともいう。うろこ雲。《季・秋》＊寒雷〔1939〕〈加藤楸邨〉「鰯雲ひとに告ぐべきことならず」

陰雲《いんうん》 暗く空をおおう雲。雨雲。＊伊沢蘭軒〔1916～17〕〈森鷗外〉三九「午後陰雲《いんうん》起って雷雨灑来《そそぎきたり》数日にして乾渇を愈《いや》すがごとし」

烏雲《ううん》 黒い雲。黒雲。＊新浦島〔1895〕〈幸田露伴〉一三「我が胸元より一団の烈火躍り出して赤光を放ちつつ烏雲《ううん》に乗るよと見る間もあらせず」

浮雲《うきぐも》 空中に浮かんでいてあちこちと漂う雲。＊梁塵秘抄〔1179頃〕二・四句神歌「風に靡くもの〈略〉空にはうきぐも、野辺には花薄《はなすすき》」

薄雲《うすぐも》 薄くたなびいている雲。うっすらとした雲。淡雲《あわぐも》。＊源氏物語〔1001～14頃〕薄雲「入日さすみねにたなびくうす雲はもの思ふ袖に色やまがへる」

畝雲《うねぐも》 層積雲。畝のように平行した列をなして空に現れる。

鱗雲《うろこぐも》

鱗状に分布した巻積雲《けんせきうん》。鯖雲《さばぐも》。鰯雲《いわしぐも》。《季・秋》＊或る女〔1919〕〈有島武郎〉後・三三「鱗雲で飾られた青空を仰いだ」

雲影《うんえい》 雲の姿。空をおおう雲の影。

雲煙《うんえん》**・雲烟** 雲と煙。転じて、雲とかすみ。＊落梅集〔1901〕〈島崎藤村〉雲「朝に望み夕に眺むる雲烟の趣を心に浮べ」

雲海《うんかい》 山頂や飛行機などから見下した時、海のように一面に広がって見える雲。《季・夏》＊焚火〔1920〕〈志賀直哉〉「『霧に自分の影が映るんでせう？』妻はそれを朝早く、鳥居峠に雲海を見に行った時に経験した」

雲塊《うんかい》 雲のかたまり。ひとかたまりの雲。＊鮫〔1963〕〈真継伸彦〉二「高い後方の連山は陽に真白にかがやいていた。そのあたりから湖上へ幾条《いくすじ》もの小さな雲塊の群れがながれでて」

雲根《うんこん》 雲の起こる所。また、空から垂れ下がって、地上に根を生やしたような雲。＊和漢朗詠集〔1018頃〕下・眺望「紫闥《したつ》を出でて東に望めば 山岳半ば雲根の暗きに挿《さしはさ》めり〈橘在列〉」

枝雲《えだぐも》 木の枝のようにもとの雲から分かれて広がった雲。＊浮雲〔1887～89〕〈二葉亭四迷〉一・八「時刻の移るに随って枝雲は出来る」

滃雲《おううん》 わきあがる雲。わき起こる雲の様子。

近江小太郎《おうみこたろう》 陰暦六月ごろに近江方面の東の空に出る入道雲を、京坂地方でいった語。＊俳諧・俳諧新季寄〔1802〕六月「雲の峰異名 丹波太郎 和泉小次郎 奈良次郎 广耶九郎 近江小太郎 猶国々によりてかはる也」

大旗雲《おおはたぐも》 旗のようにたなびいている大きな雲。＊赤光〔1913〕〈斎藤茂吉〉雲「小旗ぐも大旗雲のなびかひに今し八尺《やさか》の日は入らむとす」

朧雲《おぼろぐも》 高層雲の俗称。ベール状の灰色の雲で縞《しま》や条《すじ》状のこともある。雨の前兆という。

怪雲《かいうん》 姿形の異様な雲。＊江戸繁昌記〔1832～36〕四・画島「天驟かに陰り、海暴かに鳴る。怪雲墨を流して、乾坤弁ぜず」

海雲《かいうん》 海と雲。また、海上はるかに見える雲。＊路上〔1919〕〈芥川龍之介〉三六「磯山の若葉の上には、もう夏らしい海雲が簇簇と空に去来してゐると云ふ事」

夏雲《かうん》 夏の雲。夏雲《なつぐも》。＊渚〔1907〕〈国木田独歩〉三「過去千年の昔であらうと、将《は》た渦巻き畳《かさ》なる夏雲《かうん》の谷間に眠る町であらうと同じである」

笠雲《かさぐも》

自然

高い山の頂をおおう笠状の雲。気流が山腹に沿って押し上げられて山を越すときに生じる。＊富士〔1940～41〕〈岡本かの子〉「峯の頂の天に掲げ出した、笠なりの雲も、近頃では、その色を黒白の二つに分け、黒の笠雲の場合は風雨のある前兆とし、白い笠雲の場合は風ばかりの前兆としたやうな」

風雲《かざぐも》
風の吹きおこる前ぶれとして現れる雲。＊義経記〔室町中か〕四・義経都落の事「先の山の北の腰に、又黒雲の車輪の様なるが出て来たる。〈略〉弁慶『是こそかざぐもよ』と申しも果てねば、大風落ち来《きた》る」

傘鉾雲《かさほこぐも》
一種の莢状雲《きょうじょううん》で、風が吹き出す前に、南の空に、傘を開いたような形で現れる雲。＊雲のいろいろ〔1897〕〈幸田露伴〉「南の方の天にさしがさを開きたるやうに立つ雲を、かさほこ雲といふとぞ」

掠雲《かすりぐも》
表面をかすったような薄い雲。＊俳諧・誹諧発句帳〔1633〕「絵やうかや月の扇にかすり雲〈照星〉」

下層雲《かそううん》
地上から約二〇〇〇メートルまでの間に生ずる雲。層積雲と層雲がある。乱層雲もあるが、上限が数千メートルにも達するので、中層雲に分類される。

片雲《かたくも》
わずかな雲。ちぎれぐも。片雲《へんうん》。＊木工権頭為忠百首〔1136頃〕秋月「むらむらにかたくもはしる大空はのどけき月も早く見えけり〈藤原為経〉」

角《かど》の雲《くも》
南西方から北東方へ流れ行く雲。夏の土用にこの雲が多いと、秋の初めに大風が吹く前兆という。

鉄床雲《かなとこぐも》
かな床の形のように上部が平らになった状態の積乱雲。退けば西風が強く吹き、立ちのぼれば雨となるという。《季・夏》＊雲のいろいろ〔1897〕〈幸田露伴〉「東の方に築地をつきたる如く立つ白雲を、かなとこ雲といふよしなり」

鎌雲《かまぐも》
鎌風の起ころうとするときに出る雲。はやての起こる前兆の雲。

雷 雲《かみなりぐも》
雷雨現象を伴う雲。積乱雲。雷雲《らいうん》。

寒雲《かんうん》
冬の寒々とした雲。《季・冬》＊長塚節歌集〔1917〕〈長塚節〉大正三年「二十六日、百穂氏の来状に接す、寒雲低く垂れて庭に落葉を焚くなどあり」

閑雲《かんうん》・間雲
静かに空に浮かんでいる雲。＊葬列〔1906〕〈石川啄木〉「十幾ケ月の間閑雲野鶴を友として暮したが、五年以前の秋、思立って都門の客となり、さる高名な歴史家の書生となった」

神立雲《かんだちぐも》
雷雲。夕立ち雲。＊歌舞伎・狭間軍

記鳴海録（桶狭間合戦）〔1870〕三幕「『向うの方から鳴り出しさうな』『神《かん》立雲《だちぐも》が出かけました』『こりゃうっかりしては居られませぬ』」

奇雲《きうん》
普通と違った珍しい雲。奇妙な雲。＊源平盛衰記〔14Ｃ前〕二八・経正竹生島詣事「奇雲《きうん》一叢軒端に覆うて、雲の中に紫蓋をさせり」

帰雲《きうん》
帰り行く雲。古代中国においては、雲は山の洞穴から出て、晩にはそこに戻るものと考えられていた。＊江戸繁昌記〔1832～36〕初・上野「春の明媚、秋の惨憺、帰雲抹靄、早晩の変、領略せざるはなし」

輝雲《きうん》
太陽の光を受けて輝いている雲。＊春と修羅〔1924〕〈宮沢賢治〉真空溶媒「白い輝雲《きうん》のあちこちが切れて あの永久の海蒼がのぞきでてゐる」

岸雲《きしぐも》
積雲や積乱雲などの夏の雲。また、それらがくずれた雨の降りそうな雲。＊物類称呼〔1775〕一「夏雲 なつのくも〈略〉安房にて、岸雲と云」

狂雲《きょううん》
乱れわく雲。所のさだまらない雲。＊狂雲集〔15Ｃ後〕謹奉録呈一休老和尚座下「狂風偏界（＝全世界のこと）曽蔵、吹起狂風狂更狂」

峡雲《きょううん》
谷間にただよう雲。

暁雲《ぎょううん》
夜明け方の雲。＊江戸から東京へ〔1921〕〈矢田挿雲〉七・四六・下「鶏が鳴けば『今のは三番鶏』などと暁雲《げううん》を仰いで一句やらかし度いやうな顔付であった」

莢状雲《きょうじょううん》
レンズのような形をした雲。豆の莢《さや》に似ていて、巻積雲や高積雲にできやすい。レンズ雲。

霧雲《きりぐも》
霧のように地面近くに漂っている雲。＊比叡と熊野〔1919〕〈若山牧水〉熊野奈智山「末ちさく落ちゆく奈智の大滝のそのすゑつかたに湧ける霧雲」

切雲《きれぐも》
ひとひらの雲。ちぎれ雲。片雲《へんうん》。＊俳諧・文化句帖‐三年〔1806〕六月「切雲の峰となる迄寝たりけり」

雲《くも》**脚**《あし》**・雲足**
低くたれ下がった雨雲。＊青春〔1905～06〕〈小栗風葉〉夏・一二「曩迄《さき》赫々《かっか》と照って居た天《そら》は、何時の間にか曇って、何《ど》うやら一白雨《ひとゆふだち》寄来《よこ》しさうな雲《くも》脚《あし》」

雲《くも》**居**《い》**・雲井**
①雲のある所。空の高い所。大空。天上。＊読本・雨月物語〔1776〕夢応の鯉魚「杖に扶られて門を出づれば、病もやや忘れたるやうにて籠の鳥の雲井にかへるここちす」②雲。＊万葉集〔8Ｃ後〕三・三七二「高座の 御笠の山に 朝さらず 雲居たなびき〈山部赤人〉」（補注）「雲居なす」は、枕詞。①「雲のかかっている遠方のように」

の意で「遠く」にかかる。②「雲があてもなくただよっているように」の意で「心いさよふ」「心もしのに」にかかる。

雲《くも》の帯《おび》
山などに雲がたなびいているのを、帯に見立てていう語。＊浄瑠璃・信州川中島合戦〔1721〕道行「ふじの山、雪のはだへに花の顔、かのこまだらの雲の帯」

雲《くも》の梯《かけはし》
雲がたなびいているさまをかけはしに見立てていう語。＊蜻蛉日記〔974頃〕下・天延三年「おほぞらもくものかけはしなくばこそかよふはかなきなげきをもせめ」

雲《くも》の堤《つつみ》
雲がたちこめているのを堤に見立てていう語。＊長秋詠藻〔1178〕百首「吉野山花や散るらん天の川くものつつみをくづす白波」

雲《くも》の波《なみ》
雲の重なっているさまを波に見立てていう語。波のような雲。＊唱歌・鯉のぼり（文部省唱歌）〔1913〕「甍《いらか》の波と雲の波、重なる波の中空を〈略〉高く泳ぐや、鯉のぼり」

雲《くも》の錦《にしき》
美しい雲を錦に見立てていう語。＊宇津保物語〔970～999頃〕春日詣「おなじき少将もとかた『くものにしき』おほ空にかぜの織りしくにしきをばたによりくもぞおちわたるらし」

雲《くも》の根《ね》
雲の生じてくる所。雲は多く山から生じるので、山の高い所をいう。雲根《うんこん》。＊妻木〔1904～06〕〈松瀬青々〉秋「雲の根に稲垣つくる山家かな」

雲《くも》の旗手《はたて》
（「旗手」は、長旗の風にひるがえる先端）雲のたなびくさまを旗がなびくのに見立てていう語。旗のように風になびいている雲。＊俊頼髄脳〔1115頃〕「『とよはた雲』といふ、『雲のはたてに』といふも同じ事なり。日の入らむとする時に、西の山ぎはにあかく様々なる雲のみゆるが、旗のあしの風にふかれて騒ぐに似たるなり」

雲《くも》の峰《みね》
夏、山の峰のようにそびえ立っている積雲をいう。入道雲。《季・夏》＊俳諧・奥の細道〔1693～94頃〕出羽三山「雲の峰幾つ崩て月の山」

雲《くも》の八《や》重《え》山《やま》
雲がいくえにも重なったさまを、山の重なりに見立てていう語。＊新続古今和歌集〔1439〕夏・二九〇「晴れやらぬ雲のやへ山峰とぢて明くるも暗き五月雨《さみだれ》の空〈藤原為家〉」

雲旗《くもはた》
雲をなびく旗に見立てた語。＊赤光〔1913〕〈斎藤茂吉〉雲「かぎろひの夕べの空に八重なびく朱の雲旗遠にいざよふ」

雲叢《くもむら》
雲のむらがり。ひとかたまりの雲。叢雲《むらくも》。＊蜻蛉日記〔974頃〕中・天禄二年「『露けさは、なごりしもあらじと思う給ふれば、よそのくもむらもあいなくなん』とものしけり」

黒雲《くろくも》
黒色の雲。黒雲《こくうん》。不吉な雲とされる。＊宇治拾遺物語〔1221頃〕二・二「香炉の煙空へあがりて、扇ばかりのくろ雲になる」

恵雲《けいうん》
恵みの雨を降らせる雲。＊戦後の文学〔1895〕〈内田魯庵〉「芙蓉峯巓一朶《だ》の雲は沛然《はいぜん》たる恵雲《けいうん》を送りて兵器を以て流したる血を洗ひ」

渓雲《けいうん》
谷間にかかる雲。

軽雲《けいうん》
軽やかに見える雲。すこしばかりの雲。＊女難〔1903〕〈国木田独歩〉二「軽雲《けいうん》一片月をかざしたので四辺《あたり》は朦朧《おぼろ》になった」

慶雲《けいうん》・景雲
めでたいしるしの雲。太平の世に天にあらわれる、めでたいきざし。瑞《ずい》雲《うん》。＊源平盛衰記〔14C前〕一六・遷都「只慶雲《けいうん》・寿星とて、御悦び来たり、御寿き永かるべき天変とのみ奏せしかば」

巻雲《けんうん》
上層雲の一つ。最も高度の高い氷晶雲で、ふつう五〇〇〇〜一三〇〇〇メートルの範囲に生ずる。繊細な絹糸、または真綿状の外観をもつもの。一時、「絹雲」と書かれたこともあった。巻雲《まきぐも》。＊野火〔1951〕〈大岡昇平〉五「丘の上には、芋虫が立ち上ったやうな巻雲《けんうん》が夥しく並んで」

玄雲《げんうん》
黒い雲。黒雲《くろくも》。＊帰省〔1890〕〈宮崎湖処子〉九「今迄凝滞せられし玄雲、空を捲きて昼暗く」

巻積雲《けんせきうん》
上層雲の一種。氷晶から成り、うろこ状に配列する雲。俗にまだら雲、鯖雲、鰯雲といわれる。巻積《けんせき》。＊春と修羅〔1924〕〈宮沢賢治〉オホーツク挽歌「巻積雲《けんせきうん》のはらわたまで月のあかりはしみわたり」

巻層雲《けんそううん》
上層雲の一種。氷晶から成り、白い薄もののようにかかる。月や太陽がすけて見え、かさを生じる。

行雲《こううん》
空を行く雲。流れて行く雲。ただよう雲。

紅雲《こううん》
紅色の雲。＊私聚百因縁集〔1257〕八・四「紅雲の上に栴檀沈水の薫馴《なつか》しく遥かに没後の床に残る」

黄雲《こううん》
黄色の雲。黄色く見える雲。黄色に染まった雲。＊邪宗門〔1909〕〈北原白秋〉朱の伴奏・といき「大空に落日《いりひ》ただよひ 旅しつつ燃えゆく黄雲」

絳雲《こううん》
赤い雲。天帝の居所をとりまいているとされる。

高積雲《こうせきうん》
中層の雲。白色の塊が線状、波状に群れをなしたもので、すき間から青空が見え、陰影をもつ。二〇〇〇〜七〇〇〇メートルの高度に現れる中層雲で、太陽や月の前を通過するとき光冠や彩雲を生ずる。羊の群に見えることから羊雲ともいう。むら雲。積《せっ》巻雲《けんうん》。

高層雲《こうそううん》

中層または上層の雲。灰色・薄墨色のベール状の雲。普通は全天をおおい、薄いときは太陽や月がおぼろに見える。ふつう二〇〇〇〜七〇〇〇メートルの中層にみられるが、上層までひろがっていることが多い。おぼろ雲。

孤雲《こうん》

一つだけはなれて、ぽっかりと浮かぶ雲。ひとひらの雲。はなれ雲。片雲《へんうん》。＊和漢朗詠集〔1018頃〕上・閏三月「谿に帰る歌鶯は 更に孤雲の路に逗留し〈源順〉」

五雲《ごうん》

五色（青、赤、黄、白、黒）をそなえた雲。仙女や天人の遊ぶところとされ、宮中などめでたく、尊貴のけはいのある所をいう。

氷雲《こおりぐも》

↓氷晶雲《ひょうしょううん》

黄金雲《こがねぐも》

朝夕、陽光で黄金色に輝く雲。＊恋衣〔1905〕白百合〈山川登美子〉「こがね雲ただに二人をこめて捲けなかのへだてを神もゆるさじ」

黒雲《こくうん》

黒い雲。天候悪化のときに現れる黒い雨雲。また、怪しいことなどの起こる前兆として現れるという雲。黒《くろ》雲《くも》。＊平家物語〔13C前〕四・鵼「東三条の森の方より黒雲一村立来て御殿の上におほへば」

五色の雲《ごしきのくも》

①五色に輝く雲。吉兆とされた。瑞《ずい》雲《うん》。＊今昔物語集〔1120頃か〕一一・三「或時は五色《ごしき》の雲に乗て仙人の洞に通ふ」②西方極楽浄土に往生する瑞相とされる五種の色の雲。また、浄土の荘厳としても説かれる。＊浄瑠璃・賀古教信七墓廻〔1714頃〕鉢たたき「南無といふ声の内より霧晴れて、五しきのくもに乗るぞうれしき南無阿彌陀」

彩雲・綵雲《さいうん》

美しくいろどられた雲。朝日や夕日などに映えて美しい雲。＊源平盛衰記〔14C前〕一七・祇王祇女仏前事「綝袖《りんしう》と花の袖翻りて、彩雲《さいうん》の翠の嶺を廻るが如し」

塞雲《さいうん》

とりでの上にかかる雲。辺塞にたなびく雲。＊和漢朗詠集〔1018頃〕上・擣衣「擣つ処には暁閨月の冷《すさま》じきことを愁ふ 裁ちもっては秋塞雲の寒きに寄す〈藤原篤茂〉」

細波雲・漣雲《さざなみぐも》

さざ波のような白い雲。＊旅日記から〔1920〜21〕〈寺田寅彦〉九「蒼ずんだ空には真白な漣雲が流れて、大理石の大伽藍はしんとしてゐた」

五月雲《さつきぐも》

五月雨《さみだれ》の降るころのうっとうしい雲。梅雨雲《つゆぐも》。《季・夏》＊俳諧・半化坊発句集〔1787〕夏「山寺や軒の下行《ゆく》五月雲」

鯖雲《さばぐも》

雲の一種。サバの背にある斑紋のような片雲。秋の空によく見られる。巻積雲。うろこ雲。《季・秋》＊夢の浮橋〔1970〕〈倉橋由美子〉花野「『きょうは秋らしい鰯雲ですわ』と空を仰いだ。『鯖雲《さばぐも》というんじゃないの？』」

五月雨雲《さみだれぐも》

五月雨が降る時期の雲。五月雨を降らせる雲。《季・夏》＊夫木和歌抄〔1310頃〕一九「かりこものさみだれ雲と成にけりみつのみまきの夕くれの空〈行意〉」

山雲《さんうん》

山上に現れた雲。山中の雲。＊太平記〔14C後〕一一・諸将被進早馬於船上事「そぞろに宸襟を悩まされて御泪《なみだ》の故と成し、山雲海月の色、今は龍顔《れうがん》を悦ばしむる端と成て」

桟雲《さんうん》

かけはしのように、高く険しい山中にかかっている雲。

残雲《ざんうん》

消えないで残っている雲。

紫雲《しうん》

むらさき色の雲。めでたいしるしとされ、念仏行者の臨終などにあたって、阿彌陀仏がこの雲に乗って来迎《らいごう》するという。紫の雲。＊宇治拾遺物語〔1221頃〕一三・九「観音、蓮台をさしあげて、聖のまへにより給ふに、紫雲あつくたなびき」

頻波雲《しきなみぐも》

頻波（あとからあとから寄せてくる波）のように重なり広がっている雲。＊寒山落木〈正岡子規〉明治二九年〔1896〕秋「秋晴れて敷浪雲の平なり」

時雨雲《しぐれぐも》

いまにもしぐれそうな気配の雲。＊俳諧・享和句帖・三年〔1803〕一〇月二〇日「時雨雲毎日かかる榎哉」

下雲《したぐも》

下の方にある雲。低い雲。＊万葉集〔8C後〕一四・三五一六「対島の嶺《ね》は之多具毛《シタグモ》あらなふ上《かむ》の嶺にたなびく雲を見つつしのはも〈東歌〉」

湿雲《しつうん》

雨気を含んだ雲。雨雲《あまぐも》。↓湿雲《しゅううん》。＊日本風俗備考〔1833〕五「多くは大雨降続き、湿雲地を掩ふ」

十種雲形《じっしゅくもがた》

雲の形を一〇種類の基本形に分けたもの。巻雲、巻積雲、巻層雲、高積雲、高層雲、層積雲、層雲、乱層雲、積雲、積乱雲の一〇種。雲級。

信濃太郎《しなのたろう》

夏の雲を人名のように表現して親しんでいう語。＊物類称呼〔1775〕一「夏雲〈略〉近江及び越前にて、信濃太郎と云」

東雲《しののめ》

明け方に、東の空にたなびく雲。＊読本・椿説弓張月〔1807〜11〕拾遺・五五回「その夜は具志川に屯《たむろ》して、しばし人馬《にんば》の足を休め、東雲《しののめ》引渡す比及《ころおひ》に、まづ斥候《ものみのつはもの》を以《もて》、敵のやうを窺《うかがは》し給ふに」

邪雲《じゃうん》

自然

不吉な雲。災いが起こることを示すような雲。

秋雲《しゅううん》 秋の雲。秋空に漂う白く繊細な感じの雲。《季・秋》

湿雲《しゅううん》 (「しゅう」は「湿」の正音。「しつ」は慣用音)しめりけを帯びた雲。雨雲。→湿雲《しつうん》。＊太平記〔14C後〕九・六波羅攻事「湿雲《しううん》の雨を帯て、暮山を出たるが如く」

春雲《しゅんうん》 春の雲。＊自然と人生〔1900〕〈徳富蘆花〉湘南雑筆・三月節句「桃は咲ねど、春雲《しゅんうん》日を籠めて、空気は酒よりも濃やかなり」

祥雲《しょううん》 めでたい雲。瑞祥《ずいしょう》の雲。瑞雲《ずいうん》。＊露団々〔1889〕〈幸田露伴〉二〇「洋々として瑞気祥雲《しゃううん》屋上に立ちしは」

障雲《しょううん》 日光をさえぎる雲。

瘴雲《しょううん》 (「瘴」は南方の伝染病)悪気を含んだ雲。

上層雲《じょうそううん》 対流圏の上層に発生する雲の総称。温帯地方では地上五〇〇〇〜一三〇〇〇メートル、熱帯地方では地上六〇〇〇〜一八〇〇〇メートルに現れる。巻雲・巻積雲・巻層雲の三種がある。

曙雲《しょうん》 あけぼののくも。あかつきのくも。＊和漢朗詠集〔1018頃〕上・郭公「一声の山鳥は曙雲の外、万点の水蛍は秋の草の中〈許渾〉」

絮雲《じょうん》 綿雲《わたぐも》。底が平らで、上が丸く盛り上がっている雲。積雲。＊米欧回覧実記〔1877〕〈久米邦武〉一・一「十四日晴絮雲風穏」

白雲《しらくも》 白い雲。白く見える雲。白雲《はくうん》。＊古今和歌集〔905〜914〕秋上・一九一「白雲にはねうちかはしとぶかりのかずさへみゆるあきのよの月〈よみ人しらず〉」(補注)「白雲の」は、枕詞。①白雲が立つというところから、「立つ」と同音を含む地名「龍田《たつた》」にかかる。また、「立ち」「立ち別れ」などにかかる。②白雲は途切れるところから、「絶ゆ」にかかる。③白雲が山に掛かるところから、「掛かる」と同音の「斯《か》かる」にかかる。雲がかかる意と掛詞《かけことば》になってつかわれることが多い。

白小雲《しらさぐも》 (「さぐも」の「さ」は接頭語か)白く見える雲。白雲《しらくも》。白雲《はくうん》。＊夫木和歌抄〔1310頃〕一九「天の原横ぎりわたるしらさ雲月にもまがふ早くけねかし〈よみ人しらず〉」

白子雲《しらすぐも》 →鰯雲《いわしぐも》

迅雲《じんうん》 流れの速い雲。飛ぶように流れる雲。＊廬山〔1971〕〈秦恒平〉「紫金の乱雲は西天に漲り、一団の迅雲となって」

陣雲《じんうん》

戦場の空をおおう雲。＊天地有情〔1899〕〈土井晩翠〉星落秋風五丈原「祁山悲秋の風更けて、陣雲暗し五丈原」

真珠雲《しんじゅぐも》
高度二〇〇〇〇～三〇〇〇〇メートルの成層圏に出現する真珠色の雲。スカンジナビアなどの高緯度地方で夜明け前や日没直後に見られ、形は巻雲に似る。

垂雲《すいうん》
低くたれた雲。垂れ雲。層雲。＊造化妙々奇談〔1879～80〕〈宮崎柳条〉二編・七「空中に一大巨鳥あり。翼を張る恰も垂雲の半空に懸るに似たり」

翠雲《すいうん》
みどり色の雲。また、その模様。＊東京新繁昌記〔1874～76〕〈服部誠一〉三・増上寺「深樹繁茂、翠雲埋掩、自ら霊物の憑るが如き有り」

瑞雲《ずいうん》
めでたいしるしの雲。吉兆を示す雲。＊花ごもり〔1894〕〈樋口一葉〉二「お近は瑞雲の我が家の棟に棚引ける如き想像《おもひ》にかられて」

頭巾雲《ずきんぐも》
主として積雲や積乱雲のすぐ上に現れる帽子のような形状の小さな雲。

筋雲《すじぐも》
巻雲《けんうん》の俗称。＊雪〔1938〕〈中谷宇吉郎〉二「この巻雲のことを〈略〉俗にはすぢ雲と呼ぶ」

煤雲《すすぐも》
煤煙が空に立ちのぼって、雲のように広がっているもの。また、どんよりと重くたれこめた雲。＊続春夏秋冬〔1906～07〕〈河東碧梧桐選〉夏「煤雲の広ごる空や蚊喰鳥〈八重桜〉」

墨雲《すみぐも》
墨のように黒い雲。＊俳諧・花月千句〔1649〕一「よしあしは射てしられけり矢の競《きほひ》〈常知〉御悩をかけし墨雲の中〈幸和〉」

青雲《せいうん》
青みがかった雲。青雲《あおくも》。一説に、晴れた空。青空。また、非常に高い所のたとえに用いる。（補注）漢籍において、雲の色は青・白・赤・黒・黄の五色に分類され、このうち青色の雲は非常に高い所に生ずる。その高さから地位、学徳などの高さを表す語として用いられた。

晴雲《せいうん》
晴天にうかぶ雲。

赤雲《せきうん》
赤色の雲。朝夕の太陽などに照らされて赤くみえる雲。赤雲《あかぐも》。＊日本三代実録‐貞観一八年〔876〕八月六日「日入之時、赤雲八条起自東方」

積雲《せきうん》
晴れた夏の午後、上昇気流によって生ずる雲。底は平らで、上が丸い塊状の雲。綿雲《わたぐも》。＊真夏の死〔1952〕〈三島由紀夫〉「下部の積雲は何ものかに耐へてゐる。光りと影の過剰を形態で覆ひ、いはば暗い不定形な情欲を明るい音楽の建築的な意志でもつて引締めてゐるやうに思はれる」

積乱雲《せきらんうん》
鉛直方向に発達した大きな雲。山の

ような頂をもつ入道雲で、下部には暗雲が広がる。水滴と氷晶を含み、雹《ひょう》や、にわか雨・雷などを伴うことが多い。俗称、入道雲・かなとこ雲・雷雲・夕立雲。《季・夏》＊青い月曜日〔1965～67〕〈開高健〉一・天才児 偏執児 猥兵「高い空に積乱雲がそびえている」

雪雲《せつうん》 雪を降らす雲。雪模様の雲。雪雲《ゆきぐも》。

積巻雲《せっけんうん》 高積雲の旧称。＊日本ライン〔1927〕〈北原白秋〉「水浅葱の西の空に、紅く紅く地平の積巻雲を燃え立たせた」

千雲《せんうん》 多くの雲。＊海道記〔1223頃〕手越より蒲原「千雲夕陽を洗て、紅藍に染む」

仙雲《せんうん》 仙境にかかる雲。また、すばらしくめでたい雲。＊文机談〔1283頃〕二「仙雲にのりて只今そらを過侍るに」

繊雲《せんうん》 細い雲。わずかな雲。＊即興詩人〔1901〕〈森鷗外訳〉颶風「半夜に至りて天に繊雲なく、皎月はヱネチアと岸区との間なる風なき水を照せり」

叢雲《そううん》 むらがり立つ雲。叢雲《むらくも》。

層雲《そううん》 ①層をなす雲。雲の層。また、比較的低いところにはう雲。＊上海〔1928～31〕〈横光利一〉三二「駆逐艦から閃めく探海燈が層雲を浮き出しながら廻ってゐた」②低く一様にたれこめた霧のような雲。地面には接触していない。ふつう局地的なもので、水滴を含んでいるが比較的天気のよい時にできる。霧雲《きりぐも》。

層積雲《そうせきうん》 板状・塊状などの雲片が集まってできた白または灰黒色の雲。対流圏の下層に見られ、冬によくあらわれ、くもった感じがする。畝雲《うねぐも》。

大雲《たいうん》 大きな雲。＊落梅集〔1901〕〈島崎藤村〉雲「われは大雲の巻紓するを望みつつ千曲川に添ふて帰りぬ」

堆雲《たいうん》 うず高く積み重なるようにわき立つ雲。＊帰省〔1890〕〈宮崎湖処子〉三「唯平野と天末の中間なる一幅の堆雲なり」

滞雲《たいうん》 とどまって動かない雲。＊佳人之奇遇〔1885～97〕〈東海散士〉五「今宵無頼の風、滞雲を掃て明日臂を把るの佳興を妨ぐ」

立雲《たちぐも》 入道雲の異称。＊雑俳・柳多留‐二三〔1789〕「立くものにわかに見へる向ふじま」

棚雲《たなぐも》 空一面に広がっている雲。＊青べか物語〔1960〕〈山本周五郎〉土堤の秋「空には、金色にふちどられた棚雲がひろがり」

淡雲《たんうん》 薄くたなびいている雲。うす雲。＊

花柳春話〔1878～79〕〈織田純一郎訳〉四二「朦朧として春月の如く空く淡雲の中に在って常に楽まず」

断《だん》雲《うん》
きれぎれの雲。ちぎれ雲。＊医師高間房一氏〔1941〕〈田畑修一郎〉四「捉まることのない冬が、底冷えと疾いおびただしい雪もよひの断雲と刺すやうな寒風とを伴ってやって来た」

丹《たん》波《ば》太《た》郎《ろう》
陰暦六月頃に丹波方面の西空に出る雨雲を京阪地方でいう語。この雲が現れると夕立が降るという。＊浮世草子・好色一代男〔1682〕四・七「折節の空は水無月の末、山々に丹波太郎といふ村雲おそろしく、俄に白雨《ゆふだち》して」

ちぎれ雲《ぐも》
ちぎれて浮かんでいる雲。＊内地雑居未来之夢〔1886〕〈坪内逍遙〉一一「今がたまで東の方に、ぼんやり居残った断雲《ちぎれぐも》が、たちまち活たやうに動きだして」

乳《ち》房《ぶさ》雲《ぐも》
雲の底に多数の乳房状の突起がたれ下がっているように見える雲。主として積乱雲の雲底にみられる。

中《ちゅう》層《そう》雲《うん》
高さ約二〇〇〇～七〇〇〇メートルにできる雲。たとえば、高積雲など。上層雲・下層雲に対していう。

彫《ちょう》雲《うん》・雕雲
玉をちりばめたような美しい雲。

朝《ちょう》雲《うん》
朝の雲。＊海道記〔1223頃〕菊川より手越「朝雲、峯くらし、虎、李将軍か棲を去り」

蝶蝶雲《ちょうちょうぐも》
蝶形の片雲。孤立した積雲の乱れたもの。雨の前兆という。＊歌舞伎・宝莱曾我島物語（島の徳蔵）〔1870〕二幕「辰巳に当って一点の雲あらはれしは、人も恐るる蝶々雲、半時待たず今の間に覆す高浪が来やうから」

繊《ちり》雲《くも》
細くかすかに浮かぶ雲。＊あひゞき〔1888〕〈二葉亭四迷訳〉「空には繊《ちり》雲一つだも留めず」

月《つき》の雲《くも》
月にかかる雲。せっかくの月をおおい隠す無情の雲。《季・秋》＊山家集〔12C後〕中「天の原冱《さ》ゆるみ空は晴れながら涙ぞ月の雲になりける」

梅雨《つゆ》雲《ぐも》
梅雨期のうっとうしい雨雲。《季・夏》＊葛飾〔1930〕〈水原秋桜子〉「屋根石に嶺の梅雨雲おりたるよ」

凍《とう》雲《うん》
雪を含んだ雲。今にも雪が降り出しそうな雲の様子。また、曇った冬空のたとえにも用いられる。＊随筆・北越雪譜〔1836～42〕二・一「雪国の恒として晴天俄に凍雲を布《しき》」

洞《どう》雲《うん》
山の洞穴から湧きおこる雲。仙境にかかる雲。

塔《とう》状《じょう》雲《うん》
塔の形をした雲。積雲が垂直方向に発達したとき、この形をとる。

通雲《とおりぐも》 停滞することなく通り過ぎて行く雲。流れ行く雲。

豊旗雲《とよはたぐも》 (「とよ」は美称) 美しく大きく旗がひるがえるようにたなびいている雲。＊万葉集〔8C後〕一・一五「わたつみの豊旗雲《とよはたぐも》に入日さし今夜の月夜さやけかりこそ〈天智天皇〉」

鳥雲《とりぐも》 とりぐもり(春、カリ・カモなどの渡り鳥が北に帰る頃の曇り空)の雲。《季・春》＊俳諧・新季寄〔1802〕一〇月「鳥曇 鳥風 鳥雲 いづれも北国にて厂鴨の羽音を風とうたがひ又くもる雲などいふ也」

嫩雲《どんうん》 やわらかな雲。＊狐の裁判〔1884〕〈井上勤訳〉三「嫩雲天に漲りて月は素より衆星も、一線の光を放たず」

夏雲《なつぐも》 夏空にたつ雲。夏の雲。積雲、積乱雲など。《季・夏》＊青猫〔1923〕〈萩原朔太郎〉さびしい青猫・さびしい来歴「夏雲よ なんたるとりとめのない寂しさだらう」

夏の雲《なつのくも》 「なつぐも(夏雲)」に同じ。《季・夏》＊恋衣〔1905〕曙染〈与謝野晶子〉「こすぎて夕立はしる川むかひ柳千株《せんしゅ》に夏の雲のぼる」

波路の雲《なみじのくも》 波路のかなたに立った雲。海上の雲。＊玉葉和歌集〔1312〕冬・九六九「明け渡る波路の雲の絶えまよりむらむら白き雪のとほ山〈藤原隆康〉」

布雲《にのぐも》 (「にの」は「ぬの(布)」の上代東国方言) 布を敷いたようにたなびいている雲。＊万葉集〔8C後〕一四・三五一三「夕さればみ山を去らぬ爾《ニ》努《ノ》具《グ》母《モ》の何《あぜ》か絶えむと言ひし児ろはも〈東歌〉」

鈍雲《にびぐも》 濃いねずみ色をした雲。鈍色の雲。＊閫秀〔1972〕〈秦恒平〉一「つねは鈍《に》び雲の妙にまぶしい空を見上げ」

入道雲《にゅうどうぐも》 雄大な積雲で、雲の頂が坊主頭のようにむくむくと盛り上がって見えるものの俗称。積乱雲にも見られる。《季・夏》＊道程〔1914〕〈高村光太郎〉夏「屋根の瓦が照り返し 入道雲も上《のぼ》せつつ うろん臭げなうす笑ひ」

熱雲《ねつうん》 高熱の雲。熱気を帯びた雲。＊私聚百因縁集〔1257〕三・一「先づ黒雲を吐て〈略〉次に熱雲吐て、衆生を煩せんとせしに」

根無雲《ねなしぐも》 あてもなく流れ漂う雲。ちぎれ雲。＊みだれ髪〔1901〕〈与謝野晶子〉はたち妻「裾たるる紫ひくき根なし雲牡丹が夢の真昼しづけき」

濃雲《のううん》 深くたれこめている雲。あつい雲。＊朝日新聞 - 明治一四年〔1881〕一一月一五日「尚ほ晴れざりしが十時頃より軟風濃雲《のううん》を掃ひ」

野分雲《のわきぐも》 野分の吹く空に走り飛ぶちぎれ雲。《季・秋》＊旅ゆく諷詠〔1941〕〈飯田蛇笏〉「丹波路やまだ夜を翔ける野分雲」

灰雲《はいぐも》 灰色の雲。＊漂泊〔1907〕〈石川啄木〉一「空一面に彌漫《はびこ》って動かぬ灰雲の真中を」

白雲《はくうん》 白い雲。白雲《しらくも》。＊俳諧・野ざらし紀行〔1685～86頃〕「まことに山深く、白雲峰に重り」

薄雲《はくうん》 うすくたなびいている雲。薄雲《うすぐも》。

波状雲《はじょううん》 波のような形をした雲。高積雲・巻積雲などに現れる。

走雲《はしりぐも》 風に吹き流されて行く雲。＊一九二八・三・一五〔1928〕〈小林多喜二〉七「走り雲の落してゆく影のやうに、彼等の顔が瞬間暗くなった」

旗雲《はたぐも》 旗のようにたなびいている雲。豊旗《とよはた》雲《ぐも》。＊海潮音〔1905〕〈上田敏訳〉賦「大野が上に空高く靡びかひ浮ぶ旗《はた》雲《ぐも》よ」

春雲《はるぐも》 春の雲。いかにも春らしい雲。《季・春》

春の雲《はるのくも》 春の空に浮かんだ雲。《季・春》＊草枕〔1906〕〈夏目漱石〉一三「見上げたる半空には崢嶸《さうくわう》たる一峯が半腹から微かに春の雲を吐いて居る」

晩雲《ばんうん》 夕方にかかる雲。夕暮れの雲。夕雲。＊帰省〔1890〕〈宮崎湖処子〉一「晩雲岫《しゅう》に帰れる丘は、家兄と共に樵りし山路」

坂東太郎《ばんどうたろう》 （坂東太郎は、関東平野を流れる利根川の異称。利根川の方向に生ずるところから）夏の白雲をいう。＊雲のいろいろ〔1897〕〈幸田露伴〉「坂東太郎は東京にて夏の日など見ゆる恐ろしげなる雲なり」

飛雲《ひうん》 風に吹かれて飛んで行く雲。＊千曲川のスケッチ〔1912〕〈島崎藤村〉九・長野測候所「榛名の朝の飛雲の赤色なるを」

微雲《びうん》 わずかな雲。すこしの雲。＊性霊集－一〔835頃〕喜雨歌「老僧読誦、微雲起」

氷雲《ひぐも》 こまかい氷の結晶を含んで、真綿のような外観をしている雲。巻雲《けんうん》。＊赤光〔1913〕〈斎藤茂吉〉雲「ひと国をはるかに遠き天ぐもの氷雲《ひぐも》のほとりに行くは何ぞも」

飛行機雲《ひこうきぐも》 飛行機が低温で飽和状態の大気中を通過するときに尾を引くようにできる雲。原因はプロペラや翼の後ろにできる渦《うず》による断熱冷却、燃料の爆発による水蒸気の発生、排気ガスが昇華核となって働くことなどとされる。飛行雲。 ＊壊滅の序曲〔1949〕〈原民喜〉「学徒たちは、〈略〉空に残る飛行機雲をみとれた」

飛《ひ》行雲《こうぐも》
「ひこうきぐも（飛行機雲）」に同じ。＊林檎の下の顔〔1971～73〕〈真継伸彦〉四「彼はひとすじの飛行雲がゆるゆると伸びるさまを想った」

彦《ひこ》太《た》郎《ろう》
〈福岡県の彦山の方向に出るところからいう〉夏の雲。九州地方でいう。

備《び》後《ご》入《にゅう》道《どう》
出雲国（島根県）で、盛夏の青空に多く立つ白い雲をいう。

羊雲《ひつじぐも》
「こうせきうん（高積雲）」の通称。＊忘却の河〔1963〕〈福永武彦〉五「晴れた空にはちぎれたような羊雲が二つ三つ浮んでいた」

日《ひ》照雲《でりぐも》・旱雲
①夏の旱《ひでり》の頃によく出る雲。特に、ひでりの先触れとしての朝の雲。旱《かん》雲《うん》。《季・夏》＊偸盗〔1917〕〈芥川龍之介〉三「板葺、檜皮葺の屋根の向うに、むらがってゐる旱《ひで》り雲《ぐも》も、さっきから、凝然と、金銀銅鉄を熔かした儘、小動《こゆる》ぎをする気色はない」②気象用語。日没の頃、夕焼けのように美しく紅色に染まった巴の形の雲。天候の定まるしるしという。

一《ひと》片《ひら》雲《ぐも》
一きれの雲。薄く平たい一つの雲。＊まひる野〔1905〕〈窪田空穂〉朝逍遙「細く靡くひと片《ひら》雲よくづるるな眼にも消ゆなと祈らるる夜」

氷晶雲《ひょうしょううん》
氷の結晶の粒子からできている雲。ふつう巻雲・巻積雲・巻層雲などの上層雲に見られる。氷雲《こおりぐも》。

尾流雲《びりゅううん》
雲から落下する雨や雪が空中で蒸発して、雲底から尾を引いたように見えるもの。

不祥雲《ふそうぐも》
凶変の前兆の雲。＊枕草子〔10C終〕一五三・名おそろしきもの「名おそろしきもの、〈略〉はやち、ふさうぐも、ほこ星」

冬雲《ふゆぐも》
冬季の雲。《季・冬》＊破戒〔1906〕〈島崎藤村〉一九・七「西の空すこし南寄りに一帯の冬雲が浮んで、丁度可懐《なつか》しい故郷の丘を望むやうに思はせる」

冬《ふゆ》の雲《くも》
冬空にうかぶ雲。雪を降らせる雲。寒雲《かんうん》。冬雲《ふゆぐも》。《季・冬》＊俳諧・東西夜話〔1702〕中「三日月も似合に凄し冬の雲」

碧雲《へきうん》
青みがかった色の雲。青雲《せいうん》。＊新撰朗詠集〔12C前〕上・蛍「翠箔に灯籠りて秋耿々たり 碧雲に星透いて暁煌々たり〈一条院〉」

片雲《へんうん》
一片の雲。小さな雲。ちぎれ雲。＊俳諧・奥の細道〔1693～94頃〕旅立「予もいづれの年よりか、片雲の風にさそはれて、漂泊の思ひやまず」

片積雲《へんせきうん》 ちぎれた形の小積雲。

片層雲《へんそううん》 層雲からちぎれて生じた、不定形の雲。

片乱雲《へんらんうん》 ちぎれた形の乱雲。雨や雪が降りはじめる前後に低空に現れる。

芳雲《ほううん》 かぐわしい雲。春の雲についていう。＊東京新繁昌記〔1874～76〕〈服部誠一〉二・京橋煉化石「春は則ち肆店の芳雲の間に開ひて芬香馥郁」

崩雲《ほううん》 くずれた形になった雲。乱れた雲。

放射状雲《ほうしゃじょううん》 平行に並んだ帯状の雲が透視効果によって地平線上の一点から放射しているように見えるとき、この雲をいう。巻雲・巻積雲・高積雲などに見られる。

暮雲《ぼうん》 夕暮れ時の雲。夕雲《ゆうぐも》。＊自然と人生〔1900〕〈徳富蘆花〉湘南雑筆・蒼々茫々の夕「暮雲暮山の影落ちて水闇《く》らき田の面に、白きもの湧き出で」

歩障雲《ほしょううん》 歩障（木や竹で枠を作り、布帛《ふはく》を張り巡らした囲い。目隠しとしたり、女性が外出時に身をおおいかくしたりするのに用いた）で囲むように、東西の山にわたって二筋の雲が月をはさむこと。また、その雲。

細雲《ほそぐも》**・織雲** 細い雲。細長くたなびき流れる雲。＊暮笛集〔1899〕〈薄田泣菫〉絶句・江戸河にて「織雲《ほそぐも》、紫。長くながれ」

巻雲《まきぐも》**・惓雲** 「けんうん（巻雲）」に同じ。＊俳諧・誹諧独吟集〔1666〕下「月の御舩《みふね》にめすや天人 初嵐水まき雲の浪たてて〈幸和〉」

繭雲《まゆぐも》 繭のような形をした雲。＊葛飾〔1930〕〈水原秋桜子〉「梨棚や初夏の繭雲うかびたる」

水増雲《みずまさぐも》 巻積雲の和名。雨の前兆とされている。鱗雲《うろこぐも》。＊広本拾玉集〔1346〕二「末はれぬ水まさ雲にもる月をむなしく雨の夜半やおもはむ」

密雲《みつうん》 厚く重なった雲。密集した雲。＊愛弟通信〔1894～95〕〈国木田独歩〉艦隊の旅順攻撃「海面を抜くこと一千五百尺の老鉄山、半ばは密雲《みつうん》の閉ざす所となりぬ」

峰雲《みねぐも》 山の頂のように盛り上がっている積雲。入道雲。《季・夏》＊白幡南町〔1958〕〈大野林火〉昭和二九年「昂りてのぼる峰雲赤子泣き」

迎《むか》**えの雲**《くも》 阿彌陀仏が、諸衆とともに念仏行者を迎えるために、その臨終の際に乗ってやってくるという紫の雲。迎雲《むかえぐも》。＊続古今和歌集〔1265〕釈教・八〇七「うき身をも捨ぬ誓を待ちわびぬむかへの雲よ空頼めすな〈源具親〉」

群雲《むらくも》・叢雲・村雲
にわかに群がり集まる雲。幾重にも群がって動く雲。＊源氏物語〔1001～14頃〕野分「風騒ぎむら雲まがふ夕にも忘るるまなく忘られぬ君」

紫《むらさき》の雲《くも》
赤くくすんだ紫色の雲。めでたいしるしとしてたなびく雲。また、天人が乗ったり、念仏者の臨終のとき、仏が乗って来迎《らいごう》するという雲。和歌では藤の花の咲くさまをたとえることが多い。紫雲《しうん》。＊宇津保物語〔970～999頃〕俊蔭「むらさきの雲に乗れる天人七人」

八色雲《やいろぐも》
→八色《やいろ》の雲《くも》

八色《やいろ》の雲《くも》
八つの色をした雲。「八雲たつ出雲八重垣」の歌の「八雲」の「八」を八色と解したための語。八色雲《やいろぐも》。＊古今和歌集〔905～914〕仮名序「いづものくにに宮づくりしたまふ時に、そのところに、やいろのくものたつをみて、よみたまへるなり」

八重雲《やえぐも》
幾重にも立つ雲。八重棚雲《やえたなぐも》。＊源氏物語〔1001～14頃〕橋姫「峰のやへ雲思ひやるへだて多くあはれなるに」

八重棚雲《やえたなぐも》
幾重にも重なってたなびく雲。八重《やえ》雲《ぐも》。＊古事記〔712〕上「天の石位を離れ、天の八《や》重《へ》多《タ》那《ナ》雲《ぐも》を押し分けて」

八重旗雲《やえはたぐも》
幾重にも重なって旗のようにたなびいている雲。＊車屋本謡曲・弓八幡〔1423頃〕「豊前の国宇佐の郡蓮台寺の麓に、八幡宮と顕れ、八重旗雲をしるべにて」

八百雲《やおぐも》
きわめて多くの雲。＊赤光〔1913〕〈斎藤茂吉〉折に触れて「火の山を回る秋雲の八百雲をゆらに吹きまく天つ風かも」

八雲《やくも》
幾重にも重なった雲。八重雲《やえぐも》。＊古事記〔712〕上・歌謡「夜久毛《ヤクモ》立つ 出雲八重垣 妻ごみに 八重垣作る 其の八重垣を」（補注）「八雲立つ」「八雲差す」は、枕詞。多くの雲がたちのぼる意で、地名「出雲《いづも》」にかかる。本来は「出雲」の地名起源に結びついた、土地讃美のほめことば的なもの。

夜光雲《やこううん》
高緯度地方で夏にまれにあらわれる銀白色で巻雲状の雲。高さは八〇〇〇〇～八五〇〇〇メートルで、日の出前または日没後に見られる。

山蔓《やまかずら》・山鬘
明け方、山の端にかかる雲。夜明けに山の稜線にたなびいて見える雲。＊雲〔1898〕〈正岡子規〉「山かつらは明方の横雲をいふ」

山雲《やまぐも》
山にかかっている雲。山からわき起こる雲。山雲《さんうん》。＊俳諧・文政句帖－八年〔1825〕四月「山雲や赤は牡丹の花の雲」

闇雲《やみくも》
黒雲。＊黄表紙・高漫斉行脚日記〔1776〕上「不思議やにわかに空かきくもり、やみくも立かさなりけるままに」

油雲《ゆううん》
（「孟子‐梁恵王上」の「天油然作雲」より出た語）さかんにわきあがった雲。雨雲。

木綿鬘《ゆうかずら》
明け方の雲をたとえていう語。＊雲葉和歌集〔1253〜54頃〕春・上「あめにます豊をか姫のゆふかづらかけて霞める天のかぐ山〈後鳥羽院〉」

夕雲《ゆうぐも》
夕方の空にたつ雲。夕べの雲。＊為尹千首〔1415〕夏「夕雲の木ふかき嶺の時鳥一むら雨のふり出でて鳴く」

夕立雲《ゆうだちぐも》
夕立の降る前兆の雲。夏の日の、下に雨雲をもった入道雲（積乱雲）をいう。《季・夏》＊浮世草子・日本永代蔵〔1688〕二・四「有時沖に一むら、夕立雲《ゆうだちぐも》のごとく、塩吹けるを目がけ、一の鑓《もり》を突て」

夕映雲《ゆうばえぐも》
夕日に赤く染まった雲。＊山吹〔1944〕〈室生犀星〉九「西の風が吹くと金のふちのある夕映雲が都の上におりて」

夕焼雲《ゆうやけぐも》
夕焼けに赤く染まった雲。《季・夏》＊春泥〔1928〕〈久保田万太郎〉夕焼雲・九「その大空に影を曳いた夕焼雲」

雪雲《ゆきぐも》
雪を降らせる雲。雪を含んでいる雲。雪の降る前に現れる雲。《季・冬》＊千曲川のスケッチ〔1912〕〈島崎藤村〉一〇・千曲川に沿ふて「行手には灰色な雪雲も垂下って来た」

羊雲《ようん》
（白い羊が群がっているように見えるところから）高積雲をいう。羊雲《ひつじぐも》。

妖雲《よううん》
不吉な前兆のような、あやしいけはいの雲。

横雲《よこぐも》
横にたなびく雲。多く明け方、東の空にたなびく雲についていう。棚雲《たなぐも》。＊新古今和歌集〔1205〕秋下・五〇一「よこ雲の風にわかるる東雲に山とびこゆる初鴈の声〈西行〉」

夕立雲《よだちぐも》
入道雲。＊俳諧・山の井〔1648〕夏「夕立 よたち雲 いかづち いなびかり」

慶雲《よろこぶぐも》
（「慶雲《けいうん》」の訓読み）めでたいしるしの雲。太平の世を告げ知らせる雲。瑞雲《ずいうん》。＊千五百番歌合〔1202〜03頃〕一一一三番「もろ人のあふくのみかは君か代は空によろこふ雲もたちけり〈源通親〉」

雷雲《らいうん》
雷光・雷鳴・雷雨などをもたらす雲。多くは積雲や積乱雲。雷雲《かみなりぐも》。《季・夏》＊帰郷〔1948〕〈大仏次郎〉風土「目の前の空に雷雲が荒々しく吹き流れ」

乱雲《らんうん》

①乱れ飛ぶ雲。＊つゆのあとさき〔1931〕〈永井荷風〉八「列嵐に吹きちぎられた乱雲の間から星影が見えてはまた隠れてしまふ」②乱層雲《らんそううん》の旧称。＊放浪時代〔1928〕〈龍胆寺雄〉一・一「ちょいと気にして空を仰いでみると、乱雲が〈略〉まだ頭の上にどよめいて、時々未練がましい電光が隅の方から神経的な光を走らせて居た」

乱《らん》層《そう》雲《うん》
全天を一様に厚くおおう暗灰色の雲。ふつう悪天候で、雨や雪を伴うことが多い。雨雲《あまぐも》。

流《りゅう》雲《うん》
流れる雲。＊思出の記〔1900～01〕〈徳富蘆花〉一・一〇「藍よりも碧い山は、腰に流雲を帯び、背に朝日を負ふて」

鱗《りん》雲《うん》
魚のうろこのように分布した巻積雲。鱗雲《うろこぐも》。鰯雲《いわしぐも》。

霊《れい》雲《うん》
霊妙不可思議な雲。めでたいしるしの雲。瑞雲《ずいうん》。＊私聚百因縁集〔1257〕三・二三「大地振動して天に霊雲覆へり」

嶺《れい》雲《うん》
みねの上の雲。みねにかかる雲。＊太平記〔14C後〕四・一宮并妙法院二品親王御事「漁歌牧笛の夕べの声、嶺雲海月の秋の色」

レンズ雲《ぐも》
凸レンズを横から見た形、または、アーモンド型の輪郭のはっきりした雲。上空で強風のときに現れるもので、大部分は地形の影響による。巻積雲、高積雲、層積雲にみられる。莢状雲《きょうじょううん》。

漏《ろう》斗《と》雲《うん》
積乱雲・積雲などの底に垂れ下がる漏斗状または円柱状の雲。強い渦を伴い、地面に近づくと龍巻となる。

ロール雲《ぐも》
ロールパンや毛糸のより巻きのような形をした雲。回転気流によって生じる。アーチ雲・巻き雲など。

綿《わた》雲《ぐも》
白く浮かんで、綿のように見える雲。片積雲のこと。＊嵐〔1906〕〈寺田寅彦〉「ちぎれちぎれの綿雲は、悪夢のやうに果てもなく沖から襲うて来る」

雪の名前

赤《あか》雪《ゆき》
クラミドモナスなどの藻類が繁殖して赤色になった雪。高山や極地でしばしば見られる。また、春先などに時々降る、大陸方面の黄砂が中にまじって紅く色づいた雪もいう。

秋《あき》の雪《ゆき》
秋に降る雪。おもに山地や北国で立冬以前に降る雪。秋雪《しゅうせつ》。平安時代では、多くは見立てとして用いられている。《季・秋》＊後撰和歌集〔951～953頃〕秋中・三二八「衣手は寒くもあらねど月影をたまらぬ秋の雪とこそ見れ〈紀貫之〉」

自然

明《あ》けの雪《ゆき》
明け方の雪。《季・冬》

朝《あさ》の雪《ゆき》
朝降る雪。朝見る雪。《季・冬》＊長唄・菊寿の草摺〔1787〕「留めてよいのは朝の雪、雨の降るのに去《い》なうとは、そりゃ野暮ぢゃぞえ、待たしゃんせ」

朝雪《あさゆき》
朝降る雪。朝の雪景色。＊雪国〔1935～47〕〈川端康成〉「あの夕景色の鏡や朝雪の鏡が、人工のものとは信じられなかった。自然のものであった」

アスピリンスノー
（洋語 aspirin snow）アスピリンの結晶のような、ひとつひとつの粒が小さい、さらさらした雪のこと。気温が低いときの新雪。

新雪《あらゆき》
新たに降り積もった雪。しんせつ。＊火の柱〔1904〕〈木下尚江〉三〇「又た新雪《あらゆき》踏んで駆け行けり」

沫雪《あわゆき》・泡雪
泡のように溶けやすいやわらかな雪。＊万葉集〔8C後〕八・一四二〇「沫雪《あわゆき》かはだれに降ると見るまでに流らへ散るは何の花そも〈駿河采女〉」（補注）沫雪がやわらかいところから「あわゆきの」のかたちで、「若やる」に、また、消えやすいところから「消《け》ぬ」にかかる枕詞として用いる。

淡雪《あわゆき》
春先などに降る消えやすい雪。春の雪。《季・春》＊俳諧・続猿蓑〔1698〕春「淡雪や雨に追るるはるの笠〈風麦〉」

凍雪《いてゆき》
降ったあとで凍りついた雪。《季・冬》＊春蘭〔1947〕〈飯田蛇笏〉「凍雪の夕かげふみてあるきけり」

彌彌雪《いややゆき》
根雪の上に重なる雪。深い雪。＊雑俳・花畠〔1711〕「波璃などもあらん信濃の彌々雪」

薄雪《うすゆき》
薄く降り積もった雪。＊源氏物語〔1001～14頃〕初音「うす雪すこしふれる庭のえならぬに」

大片雪《おおひらゆき》
一片一片が大きな雪。ぼたん雪。

大雪《おおゆき》
ひどく降る雪。たくさんに積もった雪。⇕小雪。《季・冬》＊俳諧・俳諧新選〔1773〕四・冬「大雪となりけり関のとざし時〈蕪村〉」

御《お》降《さがり》
元旦または正月三が日のうちに降る雨や雪をいう。降れば豊年のしるしとされ、めでたいものとされた。《季・新年》＊桜濃く〔1949〕〈石橋秀野〉「お降りやほのぼの濃ゆき寝白粉」

弟《おと》待《ま》つ雪《ゆき》
次に降るまで消えないで残っている雪。友待つ雪。＊読本・曲亭伝奇花釵児〔1804〕下・第五齣「きのふより弟《をと》まつ雪《ゆき》のちらちらとふる」

伯《お》母《ば》様《さま》・叔母様・小母様
（犬が雪に、小母様に会うように喜んで戯れるところから）雪。＊雑俳・

柳多留‐八七〔1825〕「伯母さまはふるに兄きは笑ってる」

回雪《かいせつ》・廻雪
風に吹きまわされる雪。

鶴雪《かくせつ》
（中国、晋の太康二年、大雪が降り、二羽のツルが「今年の寒さは堯帝の崩じた年にまさる」と言ったという故事から）大雪のこと。

笠《かさ》の雪《ゆき》・傘の雪
笠または傘の上に降り積もった雪。重いもののたとえとして用いられる。＊俳諧・古今俳諧明題集〔1763〕雑「東坡 我ものとおもへば軽し笠の雪〈其角〉」

風花《かざばな》
（「かざはな」とも）空が曇り、吹き出した風にまじって舞い落ちる雪片やあられ、みぞれなどをいう。また、花びらが舞うようにちらつく、降雪地から遠く風に乗って飛来したかと思われる雪片。《季・冬》＊五百五十句〔1943〕〈高浜虚子〉昭和一二年「日ねもすの風花《かざばな》淋しからざるや」

珂雪《かせつ》
（「珂」は白瑪瑙《しろめのう》）白瑪瑙と雪。また、真っ白な雪。転じて、真っ白いもの、潔白なものをいう。＊仮名草子・伽婢子〔1666〕六「青きは碧瑠璃の如く、白きは珂雪の如く、黄なるは蒸栗《むせるあは》に似て」

帷子雪《かたびらゆき》
薄く積もった雪。一説に薄く大きな雪片の雪。たびらゆき。だんびらゆき。《季・春》＊俳諧・鷹筑波〔1638〕五「二日ふるかたびら雪やひとかさね〈貞義〉」

堅雪《かたゆき》
かたい雪。特に、春の暖気をうけて解けかかった雪が夜間の冷えこみでかたく凍りついたもの。《季・春》＊凍港〔1932〕〈山口誓子〉「硬雪《かたゆき》に焚く炭俵スキー会」

冠雪《かんせつ》
かぶさるように降り積もった雪。山の頂などに帽子をかぶせたように降り積もった雪。「初冠雪」

寒雪《かんせつ》
つめたい冬の雪。＊東京新繁昌記〔1874～76〕〈服部誠一〉四・夜肆「昔年偶々氷を売る者は或は之を富嶽に取り或は寒雪の土室（〈注〉ひむろ）に蔵する者也」

虐雪《ぎゃくせつ》
ひどい大雪。＊江戸繁昌記〔1832～36〕三・外宅「真に是れ枯楊花を生じ、虐雪梅を圧す。老いては当に益々壮なるべし」

暁雪《ぎょうせつ》
あけがたの雪。

玉雪《ぎょくせつ》
（「玉」は美称）美しい雪。

銀花《ぎんか》・銀華
降る雪をたとえていう語。《季・冬》

銀雪《ぎんせつ》
銀色に輝く雪。

雲居《くもい》の雪《ゆき》・雲井の雪
①高い山の上に積もっている雪。＊信明集〔970頃〕「昔より名にふりつ

める白山《しらやま》のくもゐのゆきは消ゆるよもなく」②皇居に積もった雪。＊新千載和歌集〔1359〕慶賀・一三三四「今朝は又雲井の雪を踏み分けてふりにし代々の跡をしる哉〈源兼胤〉」

暮《くれ》の雪《ゆき》
夕暮れに降る雪。暮雪《ぼせつ》。《季・冬》＊俳諧・青蘿発句集〔1797〕冬「暮の雪水にもつもるけしき哉」

勁雪《けいせつ》
(「勁」は強い、手ごわい意)なかなか溶けない雪。とけにくい雪。

工場雪《こうじょうゆき》
北海道などの寒冷地で、快晴で冷えこんだ夜、工場から出る煙と蒸気が雪になって降ること。

江雪《こうせつ》
川や入江のほとりの雪。水ぎわの雪。

紅雪《こうせつ》
↓赤雪《あかゆき》

降雪《こうせつ》
雪が降ること。降る雪。＊武蔵野〔1898〕〈国木田独歩〉二「雪頻りに降る。灯をかかげて戸外をうかがふ、降雪火影にきらめきて舞ふ」

豪雪《ごうせつ》
異常に多い降雪。大雪。＊月山〔1974〕〈森敦〉「そのときは、折からの豪雪で、危く行き倒れになるところを助けられ」

粉米雪《こごめゆき》・小米雪
粉米のように細かい雪。こなゆき。《季・冬》＊俳諧・口真似草〔1656〕四冬「風の神のうちまきならし小米雪〈正勝〉」

梢《こずえ》の雪《ゆき》
梢に降り積もった雪。＊続千載和歌集〔1320〕春上・四五「消えやすき梢の雪のひまごとに埋れはてぬ梅が香ぞする〈後醍醐天皇〉」

錮雪《こせつ》
なかなか融けない雪。

こぞの雪《ゆき》
去年降り積もって、今春になっても溶けないで残っている雪。残雪。《季・春》＊堀河百首〔1105～06頃〕春「道たゆといひし物を山里はきゆるはをしき去年雪哉〈大江匡房〉」

粉吹雪《こなふぶき》
粉状のこまかい吹雪。＊火事の夜まで〔1923〕〈今野賢三〉「のし板のすきから粉吹雪が吹き込む」

粉雪《こなゆき》
寒気がきびしい時に降る、さらさらした粉状の雪。こゆき。《季・冬》＊抒情小曲集〔1918〕〈室生犀星〉三月「三月こな雪ふりしきる」

小糠雪《こぬかゆき》
小糠のように細かな雪。粉雪。＊俳諧・藤の実〔1694〕秋「黒土の壁ぬり廻す片びさし〈景桃〉ふるふがごとくこぬか雪ふる〈鳳仞〉」

小雪《こゆき》
(「こ」は接頭語)すこし降る雪。すこしの雪。⇔大雪。《季・冬》＊童謡・雪のふる晩〔1920〕〈北原白秋〉「大雪、小雪《こゆき》、雪のふる晩に」

粉雪《こゆき》
「粉雪《こなゆき》」に同じ。《季・冬》＊徒然草

〔1331頃〕一八一「『ふれふれこゆき、たんばのこゆき』といふ事、米《よね》つきふるひたるに似たれば、粉雪といふ」

細雪《ささめゆき》 こまかに降る雪。《季・冬》＊古今打聞〔1438頃〕上「ささめ雪ふりしく宿の庭の面に見るに心もあへずざりけりささめ雪ふりしくとは広くふる雪也。又こまかにふるをも云ふ儀もあり」

里雪《さとゆき》 山より平地の里に多く降る雪。

真雪《さねゆき》 根雪のこと。＊菅江真澄遊覧記〔1784～1809〕迦須牟巨麻賀多「此ころふりし春雪とともに去年の真雪《さねゆき》も消えて、道のぬかりて、ありきつらしとて」

粗目雪《ざらめゆき》 春季、日中にはとけ、夜間には再び凍結するという状態を繰り返してできるざらめ糖状の積雪。ざらめ。＊津軽〔1944〕〈太宰治〉「津軽の雪　こな雪、つぶ雪、わた雪、みづ雪、かた雪、ざらめ雪、こほり雪（東奥年鑑より）」

山雪《さんせつ》 山に降り積もる雪。山の雪。

残雪《ざんせつ》 消え残っている雪。また、春になってもまだ消えないで残っている雪。《季・春》＊続春夏秋冬〔1906～07〕〈河東碧梧桐選〉春「残雪や山に現ずる鬼の面〈奇遇〉」

三白《さんぱく》 正月の三が日に降る雪。

撓雪《しおりゆき》 降り積もって、木の枝などをたわませる雪。＊浄瑠璃・妹背山婦女庭訓〔1771〕二「袖に解行くしをり雪思ひは、胸に氷るらん」

垂《しずり》 〔動詞「しずる（垂）」の連用形の名詞化〕しずること。木の枝などに積もった雪が落ちること。また、その雪。しずれ。＊大観本謡曲・氷室〔1532頃〕「降り続く雪のしづりを掻き集めて」

垂雪《しずりゆき》 木の枝などからすべり落ちてくる雪。しずり。しずれ。ゆきしずり。《季・冬》＊俳諧・改正月令博物筌〔1808〕冬「しづり雪《ゆき》木の葉などにつもりたる雪のさらさらとをつるをいふといへり。ねておきぬ戸をこそくるやしづり雪〈荷風〉」

湿雪《しっせつ》 水分を多く含んだ、しめっぽい雪。

締雪《しまりゆき》 雪粒が一様に丸みを帯びた積雪をいう。零度以下の昇華・凝結作用で生じる。粒はざらめ雪より小さい。

凍雪《しみゆき》 こおりついた雪。地上で、かたくこおった雪。＊津軽の野づら〔1935〕〈深田久彌〉チャシヌマ「凍《し》み雪を踏んでゆけば、藁ぐつの下でキュッキュッと雪の締まる音がする」

秋雪《しゅうせつ》 秋に降る雪。秋の雪。《季・秋》＊山廬集〔1932〕〈飯田蛇笏〉昭和二年「雲ン間に秋雪みゆる旅路かな」

終雪《しゅうせつ》
その年の春の最後の雪。降りじまいの雪。雪の果て。名残の雪。《季・春》

宿雪《しゅくせつ》
日を経ても消えないで残っている雪。

春雪《しゅんせつ》
春に降る雪。春の雪。《季・春》＊虚子俳句集〔1935〕〈高浜虚子〉大正七年三月「春雪を払ひて高し風の藪」

小雪《しょうせつ》
わずかな降雪。

丈雪《じょうせつ》
一丈（約三・〇三メートル）も積もった雪。＊第2ブラリひょうたん〔1950〕〈高田保〉雪「つもったままの上へまたつもる。丈雪というようなことになると始末にいけない」

白雪《しらゆき》
まっ白な雪。雪。はくせつ。多くは歌語として用いる。《季・冬》＊万葉集〔8C後〕一九・四二八一「白雪《しらゆき》の降りしく山を越え行かむ君をそもとな息の緒に思ふ〈大伴家持〉」

白い物《しろいもの》
雪。＊秋〔1920〕〈芥川龍之介〉二「照子と俊吉とは、師走の中旬に式を挙げた。当日は午《ひる》少し前から、ちらちら白い物が落ち始めた」

深雪《しんせつ》
（「じんせつ」とも）深く積もった雪。みゆき。＊太平記〔14C後〕一八・瓜生挙旗事「寄手六千余騎、深雪に橇をも懸ず、山路八里を一日に越て、湯尾の宿にぞ着たりける」

新雪《しんせつ》
新しく降り積もった雪。《季・冬》＊来し方行方〔1947〕〈中村草田男〉「記憶を持たざるもの新雪と跳ぶ栗鼠と」

瑞雪《ずいせつ》
めでたいしるしに降る雪。瑞相を表す雪。＊山王絵詞〔1310頃〕一「夏七月、尺余の瑞雪の降し神変も、此座主の御時なり」

擂粉木隠《すりこぎかくし》
旧暦一一月の大師講の日に降る雪。すりこぎのように、足の指を失なった老婆が、弘法大師を宿泊させたが食物がないので盗んで来た。そこでその罪を信心に免じて許し、その足跡を隠すために大師が雪を降らせたという伝説、また、大師が、自分の足跡を隠すために雪を降らせたという伝説による。

晴雪・霽雪《せいせつ》
晴天の雪。＊東京の三十年〔1917〕〈田山花袋〉ゴンクウルの『陥穽』「男体と女峰の晴雪が日に輝いた」

赤雪《せきせつ》
→赤雪《あかゆき》

積雪《せきせつ》
地面に降り積もった雪。気象観測では、観測点の周囲の地面が二分の一以上雪でおおわれている状態をいう。《季・冬》

雪花《せっか》
花のような雪。降る雪を花に見たてていう語。雪の花。六花。

雪子《せっし》

雪。みぞれ。

雪庇《せっぴ》 山の稜線の風下に張り出した庇《ひさし》状の積雪。ふつう、ゆるやかな斜面が風上、急な斜面が風下になったときに生じる。ゆきびさし。《季・冬》

早雪《そうせつ》 ふつうの時節よりも早く降る雪。

素雪《そせつ》 白雪。雪。＊平家物語〔13C前〕灌頂・六道之沙汰「玄冬素雪のさむき夜は、妻を重てあたたかにす」

大雪《たいせつ》 はげしく降る雪。多く積もった雪。おおゆき。＊正法眼蔵〔1251〜53〕行持下「しかあるに大雪市地埋山没峰なり」

堆雪《たいせつ》 積もった雪。＊一兵卒の銃殺〔1917〕〈田山花袋〉五「大きな涙はぼろぼろと、積って氷った堆雪の上に落ちた」

頽雪《たいせつ》 くずれ落ちる雪。なだれ。

太平雪《たびらゆき》 （「だひらゆき」「だびらゆき」とも）春先に降る淡くて大きな雪片の雪。だんびら雪。かたびら雪。《季・春》＊俳諧・猿蓑〔1691〕五「千代経べき物を様々子日《ねのひ》して〈芭蕉〉鶯の音にだびら雪降る〈凡兆〉」

団雪《だんせつ》 ひとかたまりの雪。

段平雪《だんびらゆき》 大きな雪片となって降る雪。出雲地方でいう。＊俳諧・伊勢躍音頭集〔1674〕冬「からかさやたんひら雪の花のりん〈三信〉」

ちらちら雪《ゆき》 ちらちらと降る雪。＊歌謡・落葉集〔1704〕五・翁鈴踊女「松にかかりしちらちら雪の」

朔日《ついたち》の雪《ゆき》 陰暦六月一日に加賀国（石川県）前田家から将軍家に献上した雪。雪室に貯蔵しておき、江戸まで真夏に届けた貴重な献上品であった。＊雑俳・柳多留‐一二四別下〔1833〕「朔日の雪は五丁目五丁町」

束雪《つかねゆき》 丸めて一つにした雪。＊浄瑠璃・妹背山婦女庭訓〔1771〕一「中庭の蔭を転すつかね雪、つめたさこらへ」

遠山雪《とおやまゆき》 遠くの山に降り積もった雪。遠方に見える山の雪。＊抒情詩〔1897〕独歩吟〈国木田独歩〉森に入る「遠山雪をわれのぞみ 若き血しほぞわきにける」

どか雪《ゆき》 （「どか」は接頭語）一時に多量に降り積もる雪。

富正月《とみしょうがつ》 元日、または三が日に降る雨や雪。豊年のしるしとされた。《季・新年》

友《とも》待《ま》つ雪《ゆき》 （後から降ってくる雪を待っている雪の意）次の雪が降るまで消え残っている雪。おと（弟）待つ雪。＊家持集〔11C前か〕冬「白雪の色わきがたき梅が枝にともまつゆきぞ消え残りたる」

豊《とよ》の雪《ゆき》
豊年のきざしに降る雪。雪の多い年は豊作であるといわれる。＊正治初度百首〔1200〕冬「かめ山や大うち山をみ渡せばふたおにみちぬとよの雪にも〈藤原俊成〉」

名《な》残《ごり》の雪《ゆき》
①春先まで消え残っている雪。②春になってから降る雪。《季・春》＊俳諧・新類題発句集〔1793〕春「呉竹や名残の雪に打しばり〈届徳〉」

雪崩雪《なだれゆき》
なだれて落ちる雪。《季・春》＊三高逍遙の歌・紅萌ゆる岡の花〔1906頃〕〈沢村胡夷〉「ラインの城やアルペンの谷間の氷雨なだれ雪」

俄雪《にわかゆき》
突然降り出してまもなくやんでしまう雪。

濡雪《ぬれゆき》
水分の多い雪。

涅《ね》槃《はん》雪《ゆき》
陰暦二月一五日の涅槃会前後に降る雪。《季・春》

根《ね》雪《ゆき》
降り積もって、そのままとけずに冬を越す雪。降り積もって長い間とけない雪。《季・冬》＊俳諧・誹諧発句帳〔1633〕冬・雪「花よりやだんこになれとつくね雪〈松吉〉」

残《のこり》の雪《ゆき》
①春先に降る雪。淡雪《あわゆき》。＊新古今和歌集〔1205〕春上・一〇・詞書「堀河院御時、百首歌たてまつりけるに、のこりの雪の心をよみ侍りける」②消え残っている雪。ざんせつ。＊恵慶集〔985～987頃〕「春立てのこりの雪は消ぬとも花をかたみにみてもへぬべし」

残《のこ》る雪《ゆき》
春になっても、まだとけないで残っている雪。ざんせつ。《季・春》＊俳諧・俳諧一葉集〔1827〕「宗盛のこころよぎもない春〈似春〉白砂の旗にまがへて残る雪〈芭蕉〉」

のこんの雪《ゆき》
「残《のこり》の雪《ゆき》」に同じ。＊俳諧・それぞれ草〔1680〕中「お静かに御ざれ夕陽いまだのこんの雪〈宗因〉」

パウダースノー
(英 powder snow) 気温の低いときに降る細かい粉状の雪。水分が少なく、スキーに好適。

白雪《はくせつ》
しらゆき。ゆき。＊浮世草子・日本新永代蔵〔1713〕六・三「七つの窓に青嵐、白雪《はくせつ》の眺め」

薄雪《はくせつ》
うっすらと積もった雪。うすゆき。

はだら雪《ゆき》
「はだれ雪」に同じ。《季・春》＊蜻蛉日記〔974頃〕下・天延二年「今年いたう荒るることなくて、はだらゆき、ふたたび許《ばかり》ぞふりつる」

はだれ
「はだれ雪」の略。《季・春》＊万葉集〔8C後〕一九・四一四〇「吾が園の李《すもも》の花か庭に散る波太礼《ハダレ》のいまだ残りたるかも〈大伴家持〉」

はだれ雪《ゆき》
はらはらと降る雪。はだらゆき。また、薄く降り積もった雪。はだらゆき。はつれゆき。はだれ。《季・春》＊主殿集〔11C末〜12C前か〕「はだれゆきあだにもあらで消えぬめり世にふることや物うかるらん」

初冠雪《はつかんせつ》
その冬初めて山頂が積雪で白く見えること。

初深雪《はつみゆき》
その冬になって初めて降る雪。また、新年になって初めて降る雪。初雪。＊永久百首〔1116〕冬「はつみゆきふりにけらしなあらち山こしの旅人そりに乗るまで〈源兼昌〉」

初雪《はつゆき》
①その年の冬初めて降る雪。《季・冬》＊万葉集〔8C後〕二〇・四四七五「波都由伎《ハツユキ》は千重に降りしけ恋しくの多かる我れは見つつしのはむ〈大原今城〉」②新年になって初めて降る雪。＊金葉和歌集〔1124〜27〕春・七「あらたまの年の初に降りしけば初雪とこそいふべかるらん〈藤原顕季〉」

はつれ雪《ゆき》
「はだれ雪」に同じ。＊俳諧・犬子集〔1633〕六・雪「蹈ちらす人のこびんよはつれ雪〈乗正〉」

花弁雪《はなびらゆき》
花びらのような大片の雪。＊物類称呼〔1775〕一「雪 ゆき 東武にて、綿帽子雪といふを 西国にて、花びら雪と云」

春の雪《ゆき》
春に降る雪。散る花に見立てたり、とけやすいもののたとえに用いたりする。《季・春》＊古今和歌集〔905〜914〕春上・九「霞たちこのめも春の雪ふれば花なきさとも花ぞちりける〈紀貫之〉」

春雪《はるゆき》
→春雪《しゅんせつ》

斑雪《はんせつ》
まだらに積もった雪。まだら雪。＊米欧回覧実記〔1877〕〈久米邦武〉一・六「此辺より又地上に斑雪をみる」

飛雪《ひせつ》
風に吹き飛ばされながら降る雪。また、強風に吹き上げられた積雪。＊自然と人生〔1900〕〈徳富蘆花〉湘南雑筆・冬威「曇りたる空より粉の如き飛雪紛々として」

微雪《びせつ》
雪の少し降ること。また、その雪。こゆき。うすゆき。＊実隆公記‐長享元年〔1487〕閏一一月二〇日「微雪降、朝来晴」

雲雀殺《ひばりころし》
春、ヒバリがさえずるようになってから降る大雪。＊続春夏秋冬〔1906〜07〕〈河東碧梧桐選〉春「淡雪の雲雀殺しの雪となる〈泰山〉」

風雪《ふうせつ》
風とともに降る雪。風まじりの雪。ふぶき。《季・冬》＊花間鶯〔1887〜88〕

〈末広鉄腸〉中・二「風雪の中に小き人家あるにぞ」

吹《ふき》
〈動詞「ふく(吹)」の連用形の名詞化〉吹雪。暴風雪。＊春と修羅〔1924〕〈宮沢賢治〉春と修羅「吹雪《ふき》も光りだしたので」

吹越の雪《ふきこしのゆき》
風が運んでくる雪。＊街道記 - 甲斐わかひこ路〔1956〕〈井伏鱒二〉「芦川谿谷が吹雪のときには、この村の上空は晴れてゐても吹越しの雪がちらつく筈だ」

不香の花《ふきょうのはな》
雪を花と見て、それをかおりのないものといった語。＊俳諧・御傘〔1651〕八「雪の花 ふり物也。植物にあらず。六の花、不香花かやうの雪の異名皆五句の内なり」

衾雪《ふすまゆき》
①一面に白く降り積もった雪。《季・冬》＊道成集〔平安中〕「女院の御所にて雪のひろうふりて侍りしに〈略〉とし毎に冬ふるものと知ながらとこめづらなるふすま雪かな」②降ってくる雪片がひじょうに大きい雪。《季・冬》＊俳諧・山の井〔1648〕年中日々之発句・一一月「鴛鴦のかはらにふるやふすま雪〈季吟〉」

吹雪・雪吹《ふぶき》
〈動詞「ふぶく(吹雪)」の連用形の名詞化〉強い風に吹かれて雪が降ること。また、その雪。《季・冬》＊俳諧・猿蓑〔1691〕一「ひっかけて行や雪吹のてしまござ〈去来〉」＊随筆・北越雪譜〔1836～42〕初・上「さて雪中は廊下に〈江戸にいふ店下〉雪垂《ゆきだれ》を〈かやにてあみたるすだれをいふ〉下し〈雪吹をふせぐためなり〉窓も又これを用ふ。雪ふらざる時は巻て明をとる」

ブリザード
〈英 blizzard〉《ブリッザード》極地地方に特有の、細かい雪や氷の粒をまじえた猛吹雪。雪あらし。暴風雪。＊紐育〔1914〕〈原田棟一郎〉米国大統領就任式「所謂ブリッザードと云ふ非常な雪嵐であったさうなが」

古雪《ふるゆき》
古い雪。消え残っている雪。＊源氏物語〔1001～14頃〕若菜下「故あるたそがれ時の空に、花は、去年のふる雪思ひ出でられて、枝もたわむばかり、咲き乱れたり」

粉雪《ふんせつ》
こなゆき。＊母〔1930〕〈岡田三郎〉七「丘全体かちかちな、きららのやうに光る堅雪に蔽はれて、軽い粉雪《ふんせつ》がその丘を風にあちこちと吹きよせられてゐた」

べた雪《ゆき》
水気の多い雪。＊雪たゝき〔1939〕〈幸田露伴〉上「雪はもとよりべた雪だった」

紅雪《べにゆき》
→赤雪《あかゆき》

片雪《へんせつ》
ほんのわずかな雪。＊米欧回覧実記〔1877〕〈久米邦武〉一・六「昨夜の大積

自然

雪も、いつのまにか已に夢を隔て、只山頂に麑斑《かのこまだら》の白をとどめるのみ、野に片雪の痕をみず」

帽子雪《ぼうしゆき》 樹木の梢などに積もった雪を綿帽子に見立てていう語。＊俳諧・柏掌千句〔1782〕「木木迄も女坂かな帽子ゆき〈素大〉」

豊年《ほうねん》 （春先に雪の多い年は稔り豊かな年であるということから）雪。

暴風雪《ぼうふうせつ》 激しい風を伴った雪。気象用語の「暴風雪警報」は、平均風速が毎秒二〇メートルを超え、降雪を伴い重大な災害が起こるおそれがあると予想されるときに発せられる。＊海に生くる人々〔1926〕〈葉山嘉樹〉二「暴風雪がだんだん猛烈になって来る」

暮雪《ぼせつ》 夕暮れに降る雪。また、夕暮れに見る雪景色。《季・冬》＊一中節・花紅葉錦廓〈吉原八景〉〔1795～1823頃か〕「げに八朔の白襲《しろかさね》、比良の暮雪をさながらに、描けど尽きぬ装ひは」

牡丹雪《ぼたゆき》 「牡丹雪《ぼたんゆき》」に同じ。＊東京の三十年〔1917〕〈田山花袋〉その時分「ある冬の日は、途中から俄かにぼた雪になった」

牡丹雪《ぼたんゆき》 多数の雪の結晶が付着し合って大きな雪片となって降る雪。牡丹の花びらのように降るからとも、ぼたぼたした雪の意からともいわれる。ぼた雪。《季・春－冬》＊雨覆〔1948〕〈石田波郷〉「牡丹雪その夜の妻のにほふかな」

斑雪《まだらゆき》 まだらに降り積もった雪。また、まだらに消え残った雪。

松の雪《まつのゆき》 松の枝や葉に積もった雪。＊古今和歌集〔905～914〕春上・一八「み山にはまつの雪だにきえなくに宮こはのべのわかなつみけり〈よみ人しらず〉」

万年雪《まんねんゆき》 雪線以上の地域にあって、見かけ上、一年中消えない雪。融解や昇華を繰り返すとしだいに氷粒となる。＊文学の根本問題〔1958～59〕〈中島健蔵〉二「市内に万年雪のある山があったり」

密雪《みっせつ》 ①こまかい雪。②深く積もった雪。びっしりと降り積もった雪。

御雪《みゆき》**・深雪** ①雪の美称。＊万葉集〔8C後〕一八・四一一一「美由起《ミユキ》降る 冬に到れば 霜置けども その葉も枯れず〈大伴家持〉」②（深雪）深く降り積もった雪。しんせつ。《季・冬》＊俳諧・晋明集〔1772～89頃〕二「旅人に我が糧分つ深雪かな」

六つの花《むつのはな》 雪の異称。その形が樹枝状六花の結晶であるところからいう。六花《りっか》。《季・冬》＊俳諧・犬子集〔1633〕六・雪「寒し夜のね酒や五ツ六ツの花〈徳元〉」

斑斑雪《むらむらゆき》 まばらに降り積もった雪。＊義経記〔室町中か〕五・吉野法師判官を追ひかけ奉る事「ころは神無月廿日あまりの事なれば、もみぢふもとにちりしきて、むらむらゆきのあけぼのをふみしだきて落ゆく」

猛雪《もうせつ》 異常に多く降り積む雪。大雪。

餅雪《もちゆき》 餅のようにふわふわした雪。《季・冬》＊俳諧・犬子集〔1633〕六・雪「もち雪にはがたを付る木履哉」

夜雪《やせつ》 夜降る雪。夜積もる雪。

屋根摺《やねずり》 屋根の雪がずり落ちること。また、その雪。屋根の雪なだれ。＊風俗画報-二四五号〔1902〕人事門「屋根摩《やねずり》（屋上の積雪の滑り落ち堆て積するもの）」

山雪《やまゆき》 山に降る雪。特に、平地の里より山に多く降る雪。

雪垢《ゆきあか》 土が混じってよごれた残雪。《季・春》

雪煙《ゆきけむり》 （「ゆきけぶり」とも）積もっていた雪が、煙のように空中に飛散したもの。煙のように宙に舞う雪。《季・冬》＊俳諧・芭蕉庵小文庫〔1696〕冬「嶽々や鳰《にほ》とりまはす雪けぶり〈史邦〉」

雪垂《ゆきしずり》 木の枝や軒先から雪が落ちること。また、その雪。ゆきしずれ。

雪垂《ゆきしずれ》 「雪垂《ゆきしずり》」に同じ。＊志濃夫廼舎歌集〔1868〕松籟草「ふたりとはまだ人も見ず雪しづれ朝日におつる杉のした道」

雪《ゆき》の上葺《うわぶ》き 屋根の上をさらに上葺きしたかのように積もる雪。雪が屋根の上をおおって積もっていること。また、その雪。＊広本拾玉集〔1346〕五「消え行くを惜しむ宿だに有る物を払ひてけりな雪のうはふき」

雪《ゆき》の友《とも》 →友待《ともま》つ雪《ゆき》

雪《ゆき》の果《は》て 降りじまいの雪。そろそろ暖かくなり、降り納めのように降る雪。陰暦二月一五日の涅槃会《ねはんえ》の前後に降る雪。名残の雪。涅槃雪。《季・春》＊雨覆〔1948〕〈石田波郷〉「発心の小几作る雪の果」

雪《ゆき》の花《はな》 雪を花に見立てていう語。《季・冬》＊俳諧・続猿蓑〔1698〕冬「伊賀大和かさなる山や雪の花〈配力〉」

雪花《ゆきばな》 雪を花にたとえていった語。＊俳諧・毛吹草〔1638〕六「雪花は南の枝や遅ざくら〈宗房〉」

雪帽子《ゆきぼうし》 大きな雪片となって降る雪。ぼたん雪。綿帽子雪。《季・冬》

雪綿《ゆきわた》 白い綿を置いたように降り積もった

自然

雪。＊俳諧・誹諧発句帳〔1633〕春・残雪「雪綿をへぐは春日の仕事哉〈武寿〉」

横吹雪《よこふぶき》
横にふぶくこと。雪が横から激しく降りつけること。また、その雪。＊浄瑠璃・雪女五枚羽子板〔1708〕厄払ひ「こぼすがごとくふる雪の、庭も埋れて白たへに、立よる軒もよこふぶき」

横雪《よこゆき》
激しい風のために雪が横から降りつけること。また、その雪。＊建礼門院右京大夫集〔13C前〕「すだれをあげたれば、袖にもふところにも、よこ雪にて入て」

落雪《らくせつ》
①雪が降ること。また、その雪。降ってくる雪。＊懐風藻〔751〕望雪〈紀古麻呂〉「落雪霏霏一嶺白、斜日黯黯半山金」②山などで、積もった雪がくずれ落ちること。また、その雪。多く、なだれよりも小規模なものにいう。＊氷壁〔1956～57〕〈井上靖〉三「時々落雪が不気味な音をたてて魚津の足場に散った」

六花《りっか》
〔その形が六つの弁を備えているところからいう〕雪の異称。むつのはな。＊雑俳・浜の真砂〔1730〕「六花散るやうに綿降る木綿打」

累雪《るいせつ》
厚く積もった雪。＊日本風景論〔1894〕〈志賀重昂〉一「占守《しゅむしる》や窮北不毛の絶島〔千島の内〕層氷累雪の処のみ」

臘雪《ろうせつ》
臘月に降る雪。陰暦一二月の雪。＊海道記〔1223頃〕序「富士の高峯に煙を望めば、臘雪宿して雲独り咽び」

忘雪《わすれゆき》
その冬の最後に降る雪。降りじまいの雪。また、その積もったもの。《季・春》＊雑俳・続玉柏〔1744〕「茶呼ばひに降る尼寺の忘れ雪」

綿帽子雪《わたぼうしゆき》
①大片の雪のこと。＊物類称呼〔1775〕一「雪 ゆき 東武にて、綿帽子雪といふを、西国にて、花びら雪と云」②綿帽子のように見える、木などに積もった雪。ぼうしゆき。＊狂歌・徳和歌後万載集〔1785〕四「ひとむれの奥女中とも見ゆるかなつもる木ごとの綿帽子ゆき」

綿雪《わたゆき》
もめん綿をちぎったような大片の雪。ぼたん雪より少し小さいものをいう。《季・冬》＊自然と人生〔1900〕〈徳富蘆花〉湘南雑筆・雪の日「午後は綿雪《わたゆき》片々飄々、終日間断《たへま》なく降り暮らす」

空の名前

青空《あおぞら》
〔「あおそら」とも〕晴れ渡って、青く見える空。碧空《へきくう》。蒼天《そうてん》。＊おとづれ〔1897〕〈国木田独歩〉上「少しく雲ほころび蒼空《あをぞら》の一線《ひとすぢ》」

青天井《あおてんじょう》
青空を、天井に見立てていうことば。青空。＊紅葉の賀〔1962〕〈阿波野青畝〉昭和二六年「冬薔薇や青天井に蔓まげて」

青葉空《あおばぞら》
青葉の頃の空。＊赤光〔1913〕〈斎藤茂吉〉うめの雨「青葉空雨になりたれ吾はいまこころ細ほそと別れゆくかも」

秋曇《あきぐもり》
秋の曇り空。《季・秋》＊山廬集〔1932〕〈飯田蛇笏〉「滝上や大瀬のよどむ秋曇り」

秋空《あきぞら》
「秋の空」に同じ。《季・秋》＊俳諧・続猿蓑〔1698〕秋「秋空や日和くるはず柿のいろ〈洒堂〉」

秋の空《あきのそら》
秋、晴れわたって高く見える空。秋晴れの空。あきぞら。《季・秋》＊後撰和歌集〔951～953頃〕秋下・四三三「おほかたの秋のそらだにわびしきに物思ひそふる君にもある哉〈右近〉」

秋晴《あきばれ》
青々と澄んで晴れわたった秋の空。《季・秋》＊路上〔1911〕〈若山牧水〉「秋晴のふもとをしろき雲ゆけり風の浅間の寂しくあるかな」

浅葱空・浅黄空《あさぎぞら》
あさぎ色の空。青い空。晴れわたった空。＊俳諧・浅黄空〔1822頃〕「元日や上上吉の浅黄空」

朝曇《あさぐもり》
①朝方の曇り空。＊新古今和歌集〔1205〕秋下・四九二「さびしさはみ山の秋の朝ぐもり霧にしをるる槙のした露〈後鳥羽院〉」②特に、夏の朝、靄《もや》が立ちこめて曇ったような空。《季・夏》＊葛飾〔1930〕〈水原秋桜子〉「葭切《よしきり》のをちの鋭声《とごゑ》や朝ぐもり」

朝空《あさぞら》
朝方の空。朝のさわやかな空。＊破戒〔1906〕〈島崎藤村〉一・四「朝空を望むやうな新しい生涯に入る迄」

朝晴《あさばれ》
朝の晴れわたった空。＊俳諧・七番日記－文化一〇年〔1813〕一一月「朝晴にぱちぱち炭のきげん哉」

天《あま》
（「あめ」の古形といわれる）ひろびろとした大空。あめ。＊万葉集〔8C後〕一五・三六〇二「青によし奈良の都にたなびける安麻《アマ》の白雲見れど飽かぬかも〈作者未詳〉」

雨曇《あまぐもり》
雨が降りそうな曇り空。＊俳諧・俳諧新選〔1773〕五・雑「雨曇雁聞く夜や水の音〈梨一〉」

雨空《あまぞら》
雨が降りそうな、曇り空。また、雨が降っている空。＊歌舞伎・花街模様薊色縫（十六夜清心）〔1859〕序幕「雲足早き雨空も、思ひがけなく吹きつれて」

天つ空《あまつそら》
天。空。大空。あまつみそら。＊古今和歌集〔905～914〕恋五・七五一「久方のあまつそらにもすまなくに人はよそにぞ思ふべらなる〈在原元方〉」

天つ御空《あまつみそら》
大空。天空。あまつそら。＊万葉集

〔8C後〕一〇・二三二二「はなはだも降らぬ雪ゆゑこちたくも天三空《あまつみそら》は曇らひにつつ〈作者未詳〉」

天原《あまのはら》

（「はら」はひろびろとした平らな所をさす語）広く大きな空。＊古今和歌集〔905〜914〕羇旅・四〇六「あまの原ふりさけみればかすがなるみかさの山にいでし月かも〈安倍仲麿〉」（補注）（富士山が天に高くそびえ立っているところから）「富士」にかかる枕詞。また、「空」の枕詞としても用いる。

天《あま》の御《み》空《そら》

（「み」は美称の接頭語）天空。あまつみそら。＊万葉集〔8C後〕五・八九四「天地《あめつち》の 大御神たち 大和の 大国霊《おほくにみたま》 ひさかたの 阿麻能見虚《アマノみそら》ゆ 天翔《あまかけ》り 見渡し給ひ〈山上憶良〉」

天《あめ》

天。空。＊古事記〔712〕下・歌謡「雲雀は 阿米《アメ》にかける」

天《あめ》の海《うみ》

大空の青く広大なのを海にたとえていうことば。あまのはら。天海《てんかい》。＊万葉集〔8C後〕七・一〇六八「天海《あめのうみ》に雲の波立ち月の船星の林に漕ぎ隠る見ゆ〈人麻呂歌集〉」

暗天《あんてん》

暗い空。＊考史遊記〔1954〕〈桑原武夫〉「暗天をカラスが二羽哀号して北に飛ぶ」

一天《いってん》

空全体。空一面。＊保元物語〔1220頃か〕上・法皇崩御の事「一天暮れて、月日の光をうしなへるが如く」

凍空《いてぞら》

凍りついたように寒々とした冬の空。寒天。寒空《さむぞら》。《季・冬》＊雪峡〔1951〕〈飯田蛇笏〉「凍空の鳴らざる鐘を仰ぎけり」

陰天《いんてん》

くもった空。＊忠直卿行状記〔1918〕〈菊池寛〉一「数日来の陰天名残なく晴れて」

薄曇《うすぐもり》

空一面に、薄い雲がかかっている曇り空。＊俳諧・猿蓑〔1691〕四「かげろふや柴胡《さいこ》の糸の薄曇〈芭蕉〉」

上大空《うわのおおぞら》

空の上の方。大空。＊千五百番歌合〔1202〜03頃〕六五四番「友さそひ浦わの霧に飛ぶかりはうはのおほ空にかくる玉章〈後鳥羽院〉」

上空《うわのそら》

空の上の方。天の上。＊源氏物語〔1001〜14頃〕夕顔「山のはの心もしらでゆく月はうはの空にて影やたえなむ」

雲外《うんがい》

はるかかなたの空。＊仮名草子・浮世物語〔1665頃〕四・七「『雲外に鴈《かり》を聞て夜る声を』と唱へさまに」

雲漢《うんかん》

大空。＊談義本・銭湯新話〔1754〕一・摂津国有馬茹湯の話「其地長谿を度《わたり》て入る山有、蒼然として雲漢に隣る」

雲霄《うんしょう》

雲のある空。空。＊新撰朗詠集〔12C前〕下・山寺「裳梨嶺遠し、雲霄の雪。

楊柳寺深し、天祿の塵〈輔仁親王〉」

雲天《うんてん》 雲のかかった空。

円蓋《えんがい》 大空。天。

円清《えんせい》 ①天。空。②春の空。

炎天《えんてん》 燃えるように暑い盛夏の空。《季・夏》＊偸盗〔1917〕〈芥川龍之介〉三「この炎天にひるがへる燕の数よりも」

遠天《えんてん・おんてん》 空の遠くの方。＊赤光〔1913〕〈斎藤茂吉〉死にたまふ母「遠天《をんてん》を流らふ雲にたまきはる命は無しと云へばかなしき」

大空《おおぞら》**・大虚** （「おおぞら」とも）広々とした空。空をその広大なところからいう美称。＊源氏物語〔1001～14頃〕蓬生「おほ空の星の光を、たらひの水にうつしたる心地して」

沖《おき》**つ雲居**《くもい》 沖の空。＊壬二集〔1237～45〕「こぎきゆるおきつ雲井のあまを舟おのが河瀬のみなと入るらし」

海天《かいてん》 海上の空。＊花柳春話〔1878～79〕〈織田純一郎訳〉附録三「一声の号砲海天に響き、汽船早く已に土馬に着す」

外天《がいてん》 ①他国、または他の土地の空。＊浮世草子・西鶴織留〔1694〕二・二「不老門のひがしに武蔵野の満月外天のひかりに同じからず」②南の空。＊史記抄〔1477〕一二・張陳「歴家の星を考る事はよくも不知ぞ。天をも、北をば内天と云、南をば外天と云ぞ」

客天《かくてん》 旅路の空。旅先。

霞《かすみ》**の空**《そら》 霞のかかっている空。＊新古今和歌集〔1205〕春上・三九「しるらめや霞の空をながめつつ花もにほはぬ春を歎くと〈中務〉」

片空《かたそら》 片方の空。天の一方。＊出観集〔1170～75頃〕秋「雨はれて月のおもては清けれどなほかた空の雲は消えあへず」

夏天《かてん》 夏の空。夏の天。《季・夏》＊白幡南町〔1958〕〈大野林火〉昭和二九年「夏天ちかく放ち飼はれし馬の艶」

寒空《かんくう》 冬の空。さむぞら。寒天。

漢霄《かんしょう》 （「漢」は天の川、「霄」は空の意）夜空。

寒天《かんてん》 冬の空。さむぞら。《季・冬》＊蠅男〔1937〕〈海野十三〉生きてゐる主人「夜はいたく更けてゐた。仰ぐと、寒天には一杯の星がキラキラ輝いてゐた」

漢天《かんてん》 天の川の見える空。＊三国伝記〔1407～46頃か〕一一・一六「去鴈胡地に喚て老鶴漢天に叫べり」

きなけつ 秋の空。《季・秋》＊古今打聞〔1438

自然

頃〕上「きなけつとながむる末は八重霞龍田の山は色もめなくに〈上野峯雄〉きなけとは秋のそらなり」

九霄《きゅうしょう》 天の最も高いところ。大空。九天。 ＊太平記〔14C後〕二一・天下時勢粧事「悲心遠く九霄の雲を望んで、只時の変有らん事を待つ計也」

穹蒼《きゅうそう》 (弓形で青々している意から)青空。大空。天。蒼空。

九天《きゅうてん》 高い天。天上。大空。 ＊日本霊異記〔810～824〕中・序「恵船軽く浮かびて、帆影は九天に扇《あふ》ぐ」

穹窿《きゅうりゅう》 (中央が高く弓形をなす意)弓形に見える大空。天空。蒼穹《そうきゅう》。 ＊春と修羅〔1924〕〈宮沢賢治〉一本木野「こんなあかるい穹窿と草をはんにちゅっくりあるくことはいったいなんといふおんけいだらう」

皎天《きょうてん》 (「皎」は、白い、明るいの意)しらじらと明けてゆく空。夜明けの空。また、明るい月夜。こうてん。

郷天《きょうてん》 故郷の空。

暁天《ぎょうてん》 (「きょうてん」とも)明けがたの空。夜明けの空。

金天《きんてん》 (五行説で、秋と西とが金に配されるところから)秋の空。秋天。また、西の空。 ＊読本・南総里見八犬伝〔1814～42〕八・八四回「金天変化瞬間に隈なくなりし月光に」

空海《くうかい》 海のように、はてしない大空。空の海。 ＊光悦本謡曲・白楽天〔1464頃〕「八大竜王は八りんの曲を奏し、空海にかけりつつ、舞ひ遊ぶ小忌衣《おみごろも》の」

空界《くうかい》 虚空。大空。天空。

空中《くうちゅう》 (古くは「くうぢゅう」とも)大空のうち。なかぞら。そら。 ＊読本・椿説弓張月〔1807～11〕続・四〇回「一団の燐火《おにび》、空中より飛来って、王女の懐へ入ると斉しく」

空天《くうてん》 はてしなくひろびろとした空。大空。天空。 ＊断橋〔1911〕〈岩野泡鳴〉一〇「あれほど活気ある火力を根としながらも、空天につっ立った煙りは周囲の圧迫に負けて倒れるのであるから」

空冥《くうめい》 大空。虚空《こくう》。天。 ＊悪魔〔1903〕〈国木田独歩〉八・三「空冥杳《はるか》に他の群星と共に輝やくを見る」

雲居《くもい》**の空**《そら》**・雲井の空** 雲の浮かんでいる空。大空の高み。 ＊讃岐典侍日記〔1108頃〕上「雲のたたずまひ空のけしき、思ひしり顔に、村雲がちなるを見るにも雲井の空といひけん人もことわりと見えてかきくらさるる心地ぞする」

曇空《くもりぞら》

自然

雲におおわれて日のささない空。＊いさなとり〔1891〕〈幸田露伴〉四九「曇り空の降りさうで降らぬ境界に居むよりは」

高空《こうくう》
高い空。上空。上天。＊雪の下の蟹〔1969〕〈古井由吉〉「白い靄の柱がひとすじすうっと立って〈略〉蚕糸の乱流のような先端を高空の澄んだ青の中へ徐々に融かしている」

絳霄《こうしょう》
赤い色の空。＊佳人之奇遇〔1885～97〕〈東海散士〉一二「絳霄寂として繊雲なし」

広天《こうてん》
広大な空。

江天《こうてん》
川に接し、その上にひろがっている空。

昊天《こうてん》
〔「昊」は夏空の意〕①四天の一つ。夏の空。《季・夏》＊俳諧・増山の井〔1663〕夏「夏 朱明、昊天」②広い空。大空。天。＊曾我物語〔南北朝頃〕六・曾我にて虎が名残をしみし事「是や、名翼は、かうてんにあそべ共、小沢にうつり九そうのうれへにあひ」

紅天《こうてん》
日光の反射によって赤く見える空。＊浄瑠璃・源氏六条通〔1708〕三「雪も晴れ行夕日かげ、是紅天の暮つかた」

高天《こうてん》
高い空。また、秋の空。＊太平記〔14C後〕一二・大内裏造営「軈《やがて》雷内裏の上に鳴落鳴騰って、高天も地に落ち、大地も裂るが如し」

虚空《こくう》
天と地の間。空。＊名語記〔1275〕三「はねおひて、虚空をとぶ禽をとりとなづく」

梢《こずえ》の空《そら》
梢のあるあたりの空。また、梢をとおして見える空。＊散木奇歌集〔1128頃〕春「しら河のこすゑの空をみわたせば松こそ花のたえま也けり」

小春空《こはるぞら》
冬の初め頃のおだやかに晴れた空。《季・冬》＊雑俳・童の的〔1754～75〕一「小春空・麦は生れて香に匂ふ」

西天《さいてん・せいてん》
西方の空。＊雪中梅〔1886〕〈末広鉄腸〉上・二「今や日輪は已に西天に傾くも」

五月曇《さつきぐもり》
五月雨《さみだれ》のころの曇りがちな空。梅雨《つゆ》曇《ぐもり》。《季・夏》

五月空《さつきぞら》**・皐月空**
①五月雨《さみだれ》のころの曇りがちな空。梅雨《つゆ》空《ぞら》。《季・夏》＊浄瑠璃・義経新高館〔1719〕三「無常にも泣く恋にも泣く、袂の時雨袖の雨、空に知られぬ五月《さつき》空《ぞら》やと、皆人哀れを催ふせり」②五月のさわやかに晴れわたった空。五月晴れ。

五月晴《さつきばれ》
①五月雨《さみだれ》の合間の晴れた空。つゆばれ。《季・夏》＊俳諧・樗庵麦水発句集〔1783頃〕夏「朝虹は伊吹に凄し五月晴」②五月のさわやかに晴れわたっ

自然

た空。さつきぞら。《季・夏》＊智恵子抄〔1941〕〈高村光太郎〉風にのる智恵子「五月晴《さつきばれ》の風に九十九里の浜はけむる」

寒空《さむぞら》
（「さむそら」とも）冬の寒々とした空。寒天。《季・冬》＊千曲川のスケッチ〔1912〕〈島崎藤村〉七・巡礼の歌「寒空には初冬らしい雲が望まれた」

時雨空《しぐれぞら》
時雨の降っている空。時雨の空。＊二日物語〔1892～1901〕〈幸田露伴〉此一日・三「力なき日はいつしか光り薄れて時雨空《しぐれぞら》の雲の往来定めなく」

時雨の空《しぐれのそら》
「時雨空《しぐれぞら》」に同じ。＊詞花和歌集〔1151頃〕秋・一三五「名残なくしぐれのそらは晴れぬれどまだ降るものは木の葉なりけり〈源俊頼〉」

時化空《しけぞら》
しけそうな様子の空。荒れ模様の空。＊浄瑠璃・菅原伝授手習鑑〔1746〕二「時気空《しけぞら》も吹き晴て、下たり日和に直った」

紫霄《ししょう》
（太陽や月の光によって紫色に染まるところから）大空。天上。

四天《してん》
四時の天。春を蒼天《そうてん》、夏を昊天《こうてん》、秋を旻天《びんてん》、冬を上天《じょうてん》といい、それを総称していう語。＊譬喩尽〔1786〕七「四天のこと、蒼天〈春也〉昊天〈夏也〉旻天〈秋也〉上天〈冬也〉」

秋陰《しゅういん》
秋の曇り空。《季・秋》＊不如帰〔1898～99〕〈徳富蘆花〉下・四「今は秋陰暗として、空に異形の雲満ち」

秋昊《しゅうこう》
秋の空。秋天。

秋天《しゅうてん》
秋のそら。秋空。《季・秋》＊俳諧・蕪村句集〔1784〕秋「鳴立て秋天ひきなかめ哉」

秋旻《しゅうびん》
（「旻」は空、特に秋の空の意）秋の澄みわたった空。秋天。

春陰《しゅんいん》
春の曇り空。《季・春》＊人音〔1941〕〈西島麦南〉「映画館出て春陰の影に遇ふ」

春天《しゅんてん》
春の空。《季・春》＊川端茅舎句集〔1934〕「春天に鳩をあげたる伽藍かな」

霄漢《しょうかん》
おおぞら。高い天。虚空。雲漢。＊明六雑誌-一五号〔1874〕西学一斑・四〈中村正直訳〉「小さき種子より次第に萌芽し、次第に枝葉繁茂し、つひには霄漢を凌ぐ巨材となれり」

上空《じょうくう》
そらの上の方。高いそら。また、ある地点の上にあるそら。

上天《じょうてん》
（「しょうてん」とも）①そら。天。あめ。＊歌謡・山家鳥虫歌〔1772〕上・近江美濃「上天の星は末代変らず」②四天の一つ。冬の空。《季・冬》＊俳諧・増山の井〔1663〕冬「冬 元英〔爾雅〕上天」

暑天《しょてん》 暑い盛夏の空。炎天。＊西洋聞見録〔1869〜71〕〈村田文夫〉前・上「暑天に炎風塵を起すことあれば」

曙天《しょてん》 あかつきの空。夜明けがたの空。暁天《ぎょうてん》。

垂天《すいてん》 雲などが天から垂れ下がっている空。＊黄旗〔1935〕〈山口誓子〉「西方に垂天と遠き枯野を見き」

青漢《せいかん》 大空。＊平家物語〔13C前〕二・山門滅亡「堂舎高くそびへて、三重の構へを青漢の内に挿み」

青穹《せいきゅう》 青い大空。青空。

青空《せいくう》 あおぞら。青く晴れた空。青天。蒼空。青穹《せいきゅう》。＊海潮音〔1905〕〈上田敏訳〉大饑餓「青空かくも荘厳に、大水更《たいすゐ》に神寂びて」

晴空《せいくう》 はれたそら。晴天。＊花柳春話〔1878〜79〕〈織田純一郎訳〉三一「星光晴空に現出して黄昏正に近し」

青霄《せいしょう》 あおぞら。澄んだ空。＊佳人之奇遇〔1885〜97〕〈東海散士〉一三「アコロポリの水晶塔を望めば、皚皚《がいがい》として青霄を摩し」

青天《せいてん》 青くすみわたった空。晴れた空。青空。蒼天。晴天。＊俳諧・猿蓑〔1691〕五「おもひ切たる死ぐるひ見よ〈史邦〉青天に有明月の朝ぼらけ〈去来〉」

星躔《せいてん》 星空。＊海道記〔1223頃〕矢矧より豊河「月星躔に露はなれば明暁をはやめて豊河の宿に泊りぬ」

清天《せいてん》 清らかに澄んだ空。＊談義本・根無草〔1763〜69〕後・五「事に臨で祈るといふは、人欲の私をしりぞけ、浮雲を払て清天を望む、これ一心の誠より、基本にかへるなり」

晴天《せいてん》 （「せいでん」とも）晴れわたった空。青天。＊東関紀行〔1242頃〕柏原より株瀬川「秋の最中の晴天、清き川瀬にうつろひて」

雪天《せってん》 今にも雪が降り出しそうな空。ゆきぞら。

蒼穹《そうきゅう》 あおあおとしている空。あおぞら。おおぞら。蒼天。蒼空。＊死霊-一章〔1946〜48〕〈埴谷雄高〉「蒼穹にまたたく星辰へ—つまり、涯もない無限の空間へ」

霜空《そうくう》 霜がおりた日の寒そうな空。

蒼空《そうくう》 あおぞら。おおぞら。蒼天。蒼穹。＊山高水長〔1898〕独歩吟〈国木田独歩〉亡友を懐ひて「天のはるばる雲きえて、悠々たり蒼空の色」

蒼昊《そうこう》

あおぞら。そら。天。蒼天。

早天《そうてん》
夜明けの空。

蒼天《そうてん》
（「そうでん」とも）①青々とした空。あおぞら。大空。＊浄瑠璃・蝉丸〔1693頃〕三「さうてんに月日の光なく、あん夜に燈火影暗き盲目の御かたち」②四天の一つ。春の空をいう。《季・春》

霜天《そうてん》
霜の置いた、冬の明け方の空。霜の降りそうな空。霜空。＊俳諧・飛梅千句〔1679〕賦何一字露顕俳諧「雪の色や枩に藤灰不断香〈友雪〉霜天にかね名山の音〈西鶴〉」

空路《そらじ》
そら。天空。＊測量船〔1930〕〈三好達治〉鹿「いつとは知らない間にすっかり色の変った空路に、昼まから浮むでゐた白い月」

空《そら》の海《うみ》
海のような大空。空を大海に見立てていう語。＊拾遺和歌集〔1005～07頃か〕雑上・四八八「そらの海に雲の浪たち月の舟星のはやしにこぎかくる見ゆ〈柿本人麻呂〉」

太虚《たいきょ》・大虚
おおぞら。虚空。＊光悦本謡曲・殺生石〔1503頃〕「石に精あり。水に音あり。風は大虚にわたる」

太空《たいくう》・大空
おおぞら。そら。＊吾輩は猫である〔1905～06〕〈夏目漱石〉四「大空は万物を覆ふ為め大地は万物を載せる為に出来て居る」

高天《たかあめ》
高い空。また、空の高いところ。＊赤光〔1913〕〈斎藤茂吉〉細り身「いつくしく瞬きひかる七星《ななほし》の高天《たかあめ》の戸にちかづきにけり」

高空《たかぞら》
澄みきって高く見える空。

高天原《たかまのはら》
（「たかあまのはら」の変化した語。天上界。日本神話中の聖地で、神々が住んだところの意から転じて）大空。天空。あまのはら。＊風雅和歌集〔1346～49頃〕賀・二二六七「くもりなくたかまの原に出し月やを万代のかがみなりけり〈藤原実夏〉」

旅空《たびぞら》
「旅の空」に同じ。＊俳諧・七番日記-文化七年〔1810〕一〇月「旅空に是も栄花の紙子哉」

旅《たび》の空《そら》
旅先でながめる空。旅空。＊源氏物語〔1001～14頃〕須磨「初雁は恋しき人のつらなれやたびのそら飛ぶ声の悲しき」

宙《ちゅう》
そら。大空。宇宙。虚空。

沖虚《ちゅうきょ》・冲虚
大空。＊日本霊異記〔810～824〕上・二八「五色の雲に挂《かか》りて、沖虚の外に飛び、仙宮の賓と携り」

中空《ちゅうくう》
（「宙空」とも）空の中ほど。なかぞら。虚空《こくう》。中天。半天。＊宝の山

〔1891〕〈川上眉山〉一「そは大凧に打乗りて稍中空に登りし頃」

中霄《ちゅうしょう》
なかぞら。中天。

中天《ちゅうてん》
①天のまんなか。天の中心。天心。＊吾輩は猫である〔1905～06〕〈夏目漱石〉九「誓って落日を中天に挽回せずんば已まずと云ふ意気込みで」②なかぞら。空中。中空。＊雲のゆき来〔1965〕〈中村真一郎〉四「暁に旅宿を発って、月がまだ中天に輝いているのを見ると」

長空《ちょうくう》
遠くまでつづいている空。はてしなく広がっている空。

朝空《ちょうくう》
朝の空。あさぞら。＊思出の記〔1900～01〕〈徳富蘆花〉一・一〇「群山を踏まへて一峯昂然あたりを払って朝空に立つ高鞍山の頂に向った」

長天《ちょうてん》
長く広い空。＊俳諧・桃青門弟独吟廿歌仙〔1680〕巌翁独吟「長天も地につきにけり庭の雪 氷のはしら風のつっばり」

朝天《ちょうてん》
朝の空。

夏 空《つやなつのそら》
夏の朝の空のことという。＊古今打聞〔1438頃〕上「つやなつのそらのむら雲とびわけてしでのたをさの初音鳴わたる〈小野篁〉つやなつの空とは夏の朝也」

梅雨曇《つゆぐもり》
梅雨期の、どんよりと雨雲に覆われた曇り空。《季・夏》＊紋章〔1934〕〈横光利一〉「梅雨曇り皮嚢よく匂ふ朝」

梅雨空《つゆぞら》
梅雨期の雨雲におおわれた空。梅天《ばいてん》。《季・夏》＊疑惑〔1913〕〈近松秋江〉「五月空《つゆぞら》の黒い雲が圧被《おっかぶ》さるやうに低く垂れ下って」

梅雨晴《つゆばれ》
つゆの期間が過ぎて晴れわたった空。また、梅雨の合間の晴天。《季・夏》＊俳諧・おらが春〔1819〕「入梅晴や二軒並んで煤払ひ」

低空《ていくう》
空の低いところ。地面・水面に近い空間。＊海に生くる人々〔1926〕〈葉山嘉樹〉三「手の届きさうな低空を、雪雲が横飛びに飛んだ」

天《てん》
地上をおおう空間。高く広くつらなって空をなすもの。大空。あめ。＊枕草子〔10C終〕一四三・殿などのおはしまさで後「天に張り弓といひたりし」

天界《てんかい》
（「てんがい」とも）おおぞら。天空。＊日本風景論〔1894〕〈志賀重昂〉五「虹の天界に現はる一回に一個若くは二個に止る」

天外《てんがい》
はるかな空。＊読本・椿説弓張月〔1807～11〕残・五七回「仙人の驥《うま》なりといへば九皐に鳴き、天外に逍遙

天涯《てんがい》

自然

空のはて。空のかぎり。＊私の詩と真実〔1953〕〈河上徹太郎〉詩人との邂逅「すべてのビルの頂きはクリーム色に輝き、それに連る天涯は薔薇色に霞んでゐる」

天蓋《てんがい》 大空。＊冥府〔1954〕〈福永武彦〉「一面の雲に覆われた灰色の天蓋がうすぼんやりした光線をいつまでも漂わせた」

天穹《てんきゅう》 大空。天空。＊思出の記〔1900～01〕〈徳富蘆花〉五・七「夕立雲がむらむらむらむら天穹を捲き上って居る」

天空《てんくう》 はてしなくひろびろとした空。大空。＊破戒〔1906〕〈島崎藤村〉七・三「天空の一角にあたって、黄ばんで燃える灰色の雲のやうなは」

天経《てんけい》 (太陽の通る道の意から転じて)空。＊狐の裁判〔1884〕〈井上勤訳〉一「天経地維《ちゐ》も、砕けるかと思ふばかりの声を発《はな》ち」

天上《てんじょう》 天のうえ。空のうえ。高い空。＊わかれ道〔1896〕〈樋口一葉〉下「天上《てんじょう》のお月さまさも皓々と照し給ふを」

天中《てんちゅう》 天のまん中。天の中央。また、天空。

天辺《てんぺん》 天のはて。空の際。また、空の高い所。上空。＊太平記〔14C後〕二一・先帝崩御事「旧臣后妃泣々鼎湖の雲を瞻《せん》望《ぼう》して、恨を天辺《へん》の月に添へ」

冬天《とうてん》 ふゆぞら。《季・冬》＊七曜〔1942〕〈山口誓子〉「冬天に子等の喚声一郭なす」

東天《とうてん》 東の空。特に、明け方の東の空。しののめの空。＊経国美談〔1883～84〕〈矢野龍渓〉後・一七「曙光遙に東天に発す暁霧尚ほ平野に横り」

鳥曇《とりぐもり》 春、ガン・カモなどの渡り鳥が北に帰る頃の曇り空。《季・春》＊俳諧・韻塞〔1697〕三月「ゆく春に佐渡や越後の鳥曇〈許六〉」

曇天《どんてん》 くもり空。＊奇怪な再会〔1920〕〈芥川龍之介〉八「庭の向うに続いた景色も、曇天を映した川の水と一しょに、荒涼を極めたものだった」

中空《なかぞら》 空の中ほど。空中。(イ)空の中を漠然とさす。昴の意を掛けて用いる場合もある。＊伊勢物語〔10C前〕二一「中そらに立ちゐる雲のあともなく身のはかなくもなりにける哉」(ロ)天頂と地平線との中間に当たる空。＊玉葉和歌集〔1312〕夏・三八五「出でて後まだ程もへぬ中空に影しらみぬるみじか夜の月〈藤原実兼〉」

眺《ながめ》**の空**《そら》 もの思いをしながらながめる空。多く「ながめ」に「長雨」を掛ける。＊源氏物語〔1001～14頃〕賢木「心の通ふならば、いかに、ながめの空も物忘れし侍らむ」

名《な》残《ごり》の空《そら》
①なごりを惜しみながら別れる時の空。＊千載和歌集〔1187〕恋三・八三八「かへりつる名残の空をながむればなぐさめがたき有明の月〈藤原兼実〉」②過ぎ去った一年をふり返る気持で仰ぐその年最後の空。大晦日の空。《季・冬》＊俳諧・季寄新題集〔1848〕冬・一二月「名残空」

夏《なつ》空《ぞら》
「夏の空」に同じ。《季・夏》＊火垂るの墓〔1967〕〈野坂昭如〉「夏空にキラキラと光り彼方とみるうち」

夏《なつ》の空《そら》
夏の太陽のぎらぎら輝く空。夏空。《季・夏》＊霊芝〔1937〕〈飯田蛇笏〉昭和一〇年「わが浴《ゆあ》むたくましき身に夏の空」

南《なん》天《てん》
（「なんでん」とも）南の空。＊不如帰〔1898～99〕〈徳富蘆花〉上・七・二「航海中当直の夜など、真黒き空に金剛石を撒き散らしたる様な南天を仰ぎて」

鰊曇《にしんぐもり》
北海道近海にニシンが回游してくる三～五月頃に多い曇り空。《季・春》

野《の》分《わき》晴《ばれ》
野分が吹き荒れたあとの晴天。《季・秋》

梅《ばい》天《てん》
梅雨時の空。《季・夏》＊国原〔1942〕〈阿波野青畝〉「梅天と長汀とありうまし国」

初《はつ》空《そら》
①はじめてその季節らしくなった空。＊千五百番歌合〔1202～03頃〕五番「けさよりは雪げの雲のあとはれて緑にかへる春の初空〈源通光〉」②元日の空。正月の空。《季・新年》＊俳諧・七番日記－文化八年〔1811〕一月「初空へさし出す獅子の首かな」

初《はつ》晴《ばれ》
新春、初の晴天。元旦の晴天。《季・新年》

初《はつ》御《み》空《そら》
元日の空。初空。《季・新年》＊俳諧・俳諧四季部類〔1780〕正月「初空 初みそら」

花《はな》曇《ぐもり》
桜の咲く四月頃の曇り空。《季・春》＊為尹千首〔1415〕春「なにとなく雨にはならぬ花曇り咲べき頃やきさらぎの空」

春《はる》曇《ぐもり》
春季に多い薄曇りの空。

春《はる》雨《さめ》の空《そら》
春雨の降る頃の空。＊弘長百首〔1261〕春「山のはの霞むと見ゆるあさあけにやがてふりぬる春雨の空〈藤原家良〉」

春《はる》空《ぞら》
「春の空」に同じ。《季・春》＊火の島〔1939〕〈中村草田男〉昭和一三年「春空に身一つ容るるだけの塔」

春《はる》の空《そら》
なごやかに晴れた春の空。春天。はるぞら。《季・春》＊風雅和歌集〔1346

～49頃〕春上・四「朝日さすみもすそ川の春の空長閑なるべき世の気色哉〈後鳥羽院〉」

晴空《はれぞら》 はれたそら。晴天。＊富士〔1940～41〕〈岡本かの子〉「丸く見渡せる晴れ空をしら雲が一日じゅうゆるく亙《わた》って過ぎた」

半穹《はんきゅう》 半円の空。＊思出の記〔1900～01〕〈徳富蘆花〉五・七「西の半穹を目がけて逆落しに」

半空《はんくう》 天のなかほど。なかぞら。半天。中天。中空。＊経国美談〔1883～84〕〈矢野龍渓〉前・八「堂々たる大厦半空に聳えて」

半霄《はんしょう》 なかぞら。半空。中空。中霄。＊春と修羅第二集〈宮沢賢治〉山火〔1924〕「半霄くらい稲光りから わづかに風が洗はれる」

半天《はんてん》 ①天の半分。＊浮雲〔1887～89〕〈二葉亭四迷〉一・四「此時日は〈略〉尚ほ余残の影を留めて、西の半天を薄紅梅に染た。顧みて東方の半天を眺むれば」②なかぞら。半空。中空。中天。＊俳諧・桃青門弟独吟廿歌仙〔1680〕嵐蘭独吟「水碧りに砂の岸を倒つふり 龍に落馬の半天の雲」

晩天《ばんてん》 夕方の空。ゆうぞら。

旻天《びんてん》 (「びんてん」とも)①そら。天。＊真理一斑〔1884〕〈植村正久〉二「我を忘れ地に跪きて旻天に号哭したりと聞く」②四天の一つ。秋の空。＊浮世草子・近代艶隠者〔1686〕五・三「旻天に霽《はれ》たるゆふ虹のごとく」

浮天《ふてん》 (「浮」は、高いさまの意)高い空。空。＊海道記〔1223頃〕手越より蒲原「浮天の浪は雲を汀にて、月のみ舟、夜出でて漕」

冬曇《ふゆぐもり》 冬のどんよりとした曇り空。＊浅草紅団〔1929～30〕〈川端康成〉一七「冬曇《ふゆぐもり》の大河の上で、弓子を気づかひながら、梅吉の頬は青ざめて来たのだが」

冬空《ふゆぞら》 「冬の空」に同じ。《季・冬》＊俳諧・猿蓑〔1691〕五「冬空のあれに成たる北颪〈凡兆〉旅の馳走に有明しをく〈芭蕉〉」

冬の空《ふゆのそら》 冬の寒々とした空。寒天。さむぞら。ふゆぞら。《季・冬》＊広本拾玉集〔1346〕二「風わたる花のあたりの春雨は冬の空にもありけるものを」

碧虚《へききょ》 「碧空《へきくう》」に同じ。

碧空《へきくう》 晴れわたった空。あおぞら。碧天。碧虚。碧霄《へきしょう》。＊三国伝記〔1407～46頃か〕五・二四「即天晴て碧空明々たり」

碧霄《へきしょう》 「碧空《へきくう》」に同じ。

碧天《へきてん》
晴れわたった空。あおぞら。碧虚。碧空。碧霄。＊地蔵菩薩霊験記〔16Ｃ後〕五・一三「鬼王どもに引立られて碧天遥に上り」

碧落《へきらく》
青空。大空。＊李陵〔1943〕〈中島敦〉三「己は草の上に仰向けにねころんで快い疲労感にウットリと見上げる碧落の高さ、広さ、潔さ」

北天《ほくてん》
北方の空。北国の空。

星合《ほしあい》の空《そら》
牽牛・織女の二星が会うという、七夕の夜の空。《季・秋》＊義孝集〔974頃〕「露くだる星合の空をながめつついかでことしの秋を暮さん」

星空《ほしぞら》
星がたくさん輝いている空。＊星を造る人〔1922〕〈稲垣足穂〉「もう頭の上は残りくまなく晴れた星空になってゐましたから」

星《ほし》の国《くに》
空。天空。＊大観本謡曲・龍虎〔1516頃〕「星の国にと行く雲の、はてしはあらじ人心」

星原《ほしはら》
星の群れ集まっている所。星の多く出ている空。＊夫木和歌抄〔1310頃〕八「いまぞしる雲の林のほしはらやそらにみたるるほたる成けり〈源経信〉」

暮天《ぼてん》
夕ぐれの空。暮れかかっている空。

真澄空《ますみぞら》
少しの曇りもなく澄みわたった空。＊あらたま〔1921〕〈斎藤茂吉〉箱根漫吟「ま澄空《すみぞら》にさやかに照れる高山の谿ふかぶかと陰をつくりぬ」

丸天井《まるてんじょう》・円天井
大空、青空をたとえていう。

み空《そら》
〔「み」は接頭語〕空の美称。＊万葉集〔8Ｃ後〕一二・二八七九「三空《みそら》行く名の惜しけくも吾れは無し逢はぬ日まねく年の経ぬれば〈作者未詳〉」

水無月空《みなづきぞら》
六月の空。＊邪宗門〔1909〕〈北原白秋〉朱の伴奏・黒船「濡れ焙ぶる水無月ぞらの日の名残」

空《むな》しき空《そら》・虚しき空
大空。虚空。＊古今和歌集〔905～914〕恋一・四八八「我が恋はむなしきそらに満ちぬらし思ひやれども行く方もなし〈よみ人しらず〉」

夜天《やてん》
夜の空。よぞら。＊桐の花〔1913〕〈北原白秋〉感覚の小函「不可思議な夜天のパノラマに伝へるであらう」

山際《やまぎわ》
空の、山に接して見える部分。山の稜線のそばの空。＊枕草子〔10Ｃ終〕一・春はあけぼの「やうやうしろくなり行く、山ぎはすこしあかりて」

夕曇《ゆうぐもり》
夕方の曇り空。＊俳諧・太祇句選〔1772～77〕後篇・春「几巾白し長閑過ての夕くもり」

夕空《ゆうぞら》

日が暮れかかって夜になろうとしている時分の空。夕方の空。日暮れ時の空。＊俳諧・江戸蛇之鮓〔1679〕冬「継《つぎ》馬や夕空くれて岩城炭〈風虎〉」

幽《ゆう》天《てん》
西北の天。転じて、冬の天の意にも用いる。

夕《ゆう》焼《やけ》空《ぞら》
夕焼けで赤く染まった空。＊雪国〔1935～47〕〈川端康成〉「峰にだけ淡い日向を残す頃になると、頂の雪の上は夕焼空であった」

行《ゆき》合《あい》の空《そら》
①二つの季節が行きかう空。ある季節が去り、次の季節に移り変わろうとする頃の空。＊新古今和歌集〔1205〕夏・二八二「夏衣かたへ涼しくなりぬなりよや深けぬらんゆきあひの空〈慈円〉」②牽牛《けんぎゅう》・織女の二星が相会う空。七夕《たなばた》の夜の空。＊金葉和歌集〔1124～27〕秋・一五一「万代に君ぞ見るべき七夕のゆきあひの空を雲の上にて〈土佐内侍〉」

雪《ゆき》空《ぞら》
雪が降り出しそうな空。雪もよいの空。《季・冬》＊俳諧・ありそ海〔1695〕冬「雪空や片隅さびし牛のるす〈丈草〉」

養《よう》花《か》天《てん》
桜の咲く頃の曇り空。《季・春》＊雪峡〔1951〕〈飯田蛇笏〉昭和二五年「樺嵐嶺々をつらねて養花天」

夜《よ》空《ぞら》
よるの空。＊収穫〔1910〕〈前田夕暮〉下「白栄《しろばえ》の夜空にあかるし風遠く凪ぎて一樹のかげ黒き街」

寥《りょう》廓《かく》
おおぞら。天空。空。

遼《りょう》空《くう》
はるかにひろがる空。遠い空。

遼《りょう》天《てん》
はるかな空。高い空。

擬音語・擬態語

日本語の大きな特徴の一つとして、擬音語・擬態語の豊富さが挙げられるでしょう。擬音語・擬態語を使いこなすことによって、文章は生き生きとしたものになります。

一 様子・状態を表す擬音語・擬態語を「分類一覧」で示した意味ごとに分類し、それぞれに解説を付して使われ方の微妙な違いがわかるようにしました。

二 項目の下の数字1～3は、その語が多くどのようなことばと接続して用いられるかを示しています。

1…「な」「に」「の」「だ」などを伴って用いる。
2…「と」を伴って用いる。
3…「と」「する」を伴って用いる。

「擬音語・擬態語の分類一覧」（五十音順。数字は分類番号を示す）

あいまいな 1
合う 2
あける 63
あたたかい 3
あつい 4
あらわす 5
あらわれる 5
歩く 6
あわてる 7
言う 8
痛い 9
痛む 9
浮かぶ 10
浮く 10
打つ 11
多い 12
起き上がる 39
怒っている 13
怒る 13
遅い 14
落ち着かない 7
落ちる 15
驚く 16

重い 17
折る 18
折れる 18
かたい 19
かみつく 20
かむ 20
乾く 21
考える 22
感じる 23
気にしない 69
切る 24
切れる 24
くっつく 25
元気がない 26
元気な 27
こする 28
こすれる 28
こわがる 41
刺す 29
寒い 30
騒ぐ 31
沈む 32
締まる 33

締める 33
閉める 47
しわがよる 71
吸う 34
少ない 35
進む 36
すばやい 61
すべる 37
座る 38
たくさんある 12
たたく 11
立つ 39
食べる 40
ためらう 41
ちらかる 42
疲れる 43
冷たい 30
強い 44
照る 45
溶ける 46
閉じる 47
とぶ 48
流す 49

流れる 49
泣く 50
逃げる 51
にじむ 52
ぬれる 53
粘る 25
眠る 54
寝る 54
伸びる 55
飲む 56
吐く 57
走る 58
働かない 59
働く 60
話す 8
はやい 61
晴れる 45
光る 62
ひらく 63
吹く 64
ふくらむ 65
ぶつかる 66
太る 65

降る 67
ふるえる 68
平気である 69
へこむ 70
曲がる 71
見える 72
乱れる 42
見る 72
燃える 73
焼ける 74
やせる 70
破る 75
破れる 75
やわらかい 76
ゆるい 77
ゆるむ 77
揺れる 78
酔っている 79
喜ぶ 80
弱い 81
笑う 82

1 あいまいな ようす

あやふや[1] 回答・返事などが不明瞭である。
あわあわ[2] 景色・色などが薄くて輪郭が不明瞭である。
うやむや[1] 結論・責任などを不明確なまま済ます。
どんより[3] 空・目などが濁って暗い。
ぼーっ[2] 景色・意識などが全体に霞んでよく見えない。
ぼやっ・ぼやーっ[2] 景色・意識などの輪郭が不明瞭ではっきりととらえられない。
ほんのり[3] 物の一部に薄い色がついている。
ぼんやり[3] 景色・意識などの輪郭が不明瞭にかすんで、はっきりととらえられない。
もうもう[2] 景色などが煙やほこりなどで隠されて不明瞭である。
もやもや[3]**・もやーっ**[2] 形の輪郭が不明瞭なものが存在している。
もわーっ[2] 湯気などがたちこめて視界が不明瞭である。

2 合う ようす→閉じる

かっきり[2] 数値などが完全に一致する。
かっちり[3] 部品・仕事などが規格に合っている。
きちん[2] 物事の細部まで完全に合う。
きっかり[2] 数値などが完全に一致する。
きっちり[3] 物事の細部まですきまなく完全に合う。
しっくり[3] 人間関係や物事が対象と適切に心地よく合う。
ちゃん[2] 服装・組織などが基準や規格に合っている。
とんとん[1] 収支などのバランスが合う。
どんぴしゃり[1] 対象の状態が予想した状態と完全に一致する。
ぴたっ・ぴたり[2] 対象とすきまなく密着して合う。
ぴったり[3] 対象の条件に一つ残らず完全に合う。
ぴっちり[3]**・ぴちっ**[2] 服などがゆるみなく体に密着する。

3 あたたかい ようす→照る

うらうら[2] 春の日ざしが差し込んで心地よく暖かい。
ぬくぬく[3] 暖かい場所にもぐって心地よく感じる。
ほかほか[1,3]**・ほっかほか**[1] 体温・食物などが暖かくて心がなごむ。
ぽかぽか[3] 体温や日光などが暖かく心地よく感じる。
ほっこり[2] 芋などが暖かいさま。
ぽっぽっ[2] 食物などが湯気を立てるように温かい。
ほのぼの[3] 愛情などに接して心の中が温かく感じる。
ほやほや[1] 料理・結婚など、できたばかりで湯気が立っている。
ほんわか[3] 雰囲気などが暖かくて

擬

心地よい。

4 あつい ようす→照る・焼ける

かっ・かーっ[2] 夏の太陽や火・酒・怒りなどで急激に熱くなる。

かっか[3]**・かっかっ**[2] 火・酒・怒りなどで持続的に熱く感じる。

じりじり[3] 夏の太陽や火などで持続的に焼けるように感じる。

むしむし[3] 梅雨時など温度と湿度の両方が高くて不快である。

むわっ[2] 部屋の中などが人いきれなどで蒸し暑い。

むんむん[3] 部屋の中などに熱気がこもっている。

5 あらわれる・あらわす ようす

さっ[2] 物事が非常に素早く一瞬に現れる。

どろどろ[2] おばけなどがゆっくり姿を現す。

にゅっ[2] 比較的小さくて意外な長い物が突然伸びて現れる。

ぬっ[2] 大男など大きな物が突然現れる。

ひょこひょこ[2] 人などが気軽に何度も姿を現す。

ひょっこり・ひょっくり[2] 人や動物などが予期していない時に姿を現す。

ふらり・ふらっ[2] 予期していない人などが目的もなく突然現れる。

ぽっかり[2] 満月などが突然ある場所に現れる。

ぽろり・ぽろん[2] 粒状の物・本音などが不意にこぼれ出る。

6 歩く ようす→進む・走る

うろうろ[3] 目的もなくあたりを歩き回る。

えっちらおっちら[2] 遠い距離を労力をかけて出かけていく。

かっぽかっぽ[2] 馬などがひづめの音を一歩一歩響かせながら歩く。

さっさっ・さっさ[2] 足を小気味よく動かして速く歩く。

しゃなりしゃなり[2] 着飾った女性などが気取って歩く。

すたすた[2] 軽く地面を蹴りながら身軽に速く歩く。

せかせか[3] あせっている気持ちで小股で速く歩く。

ちょこちょこ[3] 短い足または小股で小刻みに歩く。

てくてく[2] かなりの距離を一歩一歩踏みしめながら歩く。

とことこ[2] 子供などが小股で小刻みに歩く。

とぼとぼ[2] かなりの距離を落胆したように歩く。

のこのこ[2] 恥ずかしがるふうもなく平気でやって来る。

のそのそ[2] 大男などが鈍そうな動きでやって来る。

のっしのっし[2] 大男などが大股で一歩一歩踏みしめながら悠然と歩く。

のろのろ[3] 鈍い動きでなかなか進まずに歩く。

ひょこひょこ[2] 気軽にそのあたりを歩き回る。

ふらふら[3] 目的もなくその辺りをさまよい歩く。

ぶらぶら[3] 目的もなくその辺りを気楽にさまよい歩く。

ぽっくりぽっくり[2] 馬などがひづめを地面に打ちつけて一歩ずつ歩く。

よたよた[3] 老人や病人などが不安定な足取りで歩く。

よちよち[2] 幼児などが慣れない足取りで体を揺らして歩く。

よぼよぼ[3] 老人などがひざを折り曲げながら不安定に歩く。

よろよろ[3] 老人や病人などが今にも倒れそうに揺れながら歩く。

7 あわてる・落ち着かない ようす

↓騒ぐ

あくせく[3] 他をかえりみる余裕もなく落ち着かないようすで事を行う。

あたふた[3] 突然の出来事に接してあわてて動き回る。

いそいそ[3] うれしいことへの期待で落ち着かないでいる。

いらいら[3] 思うようにならないことへの焦りと怒りで落ち着かない。

うきうき[3] 喜びや期待で心がはずんで落ち着かない。

うずうず[3] やりたい気持ちを押さえられずに落ち着かない。

おたおた[3] 突然の事件に接してどうしてよいかわからず、ただあわてる。

おどおど[3] 何かを恐れる気持ちで落ち着かず、堂々と行動できない。

おろおろ[3] 驚きや心配のため落ち着かず、適切な行動ができない。

きょときょと[3] 珍しさや不安などから、目をあちこち動かして見る。

きょろきょろ[3] 心配・不安・疑問などで落ち着かずにあたりを見回す。

じたばた[3] 適切な判断ができず、あせって物事を処理しようとする。

しどろもどろ[1] あわてたりして、話の内容やことばが不明瞭になる。

じりじり[3] 思うようにならないことへの焦りで落ち着かない。

せかせか[3] 早くしたい気持ちで落ち着かずに急いで行動する。

そそくさ[2] 早く終わらせたい気持ちで、あわただしく落ち着かずに行動する。

そわそわ[3] 他に気になることがあって落ち着かない。

どきどき[3] 心配や恐怖などで心臓の鼓動が強く速くなり落ち着かない。

どぎまぎ[3] 相手に真実などを見透かされて驚きうろたえ、落ち着かない。

ばたばた・どたばた[3] さまざまな雑事に追われて落ち着かない。

はらはら[3] どうなることかと心配で落ち着かない。

びくびく[3] 恐れて落ち着かず、心も体もふるえる。

へどもど[3] うろたえたりあせったりして、ことばが出てこない。

むずむず[3] したいことができず、もどかしい気持ちで落ち着かない。

やきもき[3] 悪い結果への心配と思うようにならない焦りで落ち着かない。

わくわく[3] 期待・喜び・楽しさなどのために落ち着かない。

わさわさ[3] やることがたくさんあって集中できず落ち着かない。

8 言う・話す ようす

うまうま[2] 乳幼児が乳を求める時などに口を開閉しながら声を出す。

がたがた[2] 不平・文句などをうるさく言いつのる。

がみがみ[2] 上位者が小言などを何度も強い口調で言う。

がやがや[3] 大勢の人が集まり、口々に何かを言ってうるさい。

きっぱり[2] 強いことばで言い切る。

ぎゃあぎゃあ[2] 小言や文句などを大声で何度も言う。

きんきん[2] 文句などを甲高い声で言う。

ぐずぐず[2] はっきりとではなく、文句や不平をにおわせて、あれこれと言う。

くだくだ・ぐだぐだ[2] 同じ内容の話を繰り返ししつこく話す。

くどくど[2] 言い訳や愚痴など、同じことをうるさいほど繰り返して言う。

ごたごた[2] 不平・不満など煩雑な内容をたくさん言う。

ごちゃごちゃ[2] 複雑な内容をたくさん言う。

ごちょごちょ[2] よく聞こえないが、いろんなことを耳元でたくさん言う。

ごにょごにょ[2] よく聞こえないが、いろんなことを口の中で不明瞭に言う。

ざっくばらん[1] 内情や心底を隠さずに率直に言う。

しどろもどろ[1] 弁解などが口からなめらかに出ず脈絡のないことを言う。

しのごの[2] 文句や言い訳をあれこれ言う。

しんみり[3] 少し悲しい気持ちの沈んだ口調で言う。

ずけずけ[2] 遠慮する気持ちがなくあからさまに言う。

ずばずば[2] 核心や重点を遠慮なく指摘する。

ずばり・ずばっ[2] 核心や重点を一言で明快に指摘する。

すらすら[2] 口からことばがよどみなく出てくる。

たらたら[2] 不満・不平を長々と際限なくもらす。

つけつけ[2] 思ったとおりに苦情や批判をはっきり言う。

つべこべ[2] 言い訳など口答えをしてうるさい。

ぬけぬけ[2] 自慢などを照れずに遠慮なく言ってのける。

はきはき[3] 返事やことばが活発で明るい。

ひいこら[2] 苦境におちいってあえいで言う。

ぴしゃり・ぴしゃっ[2] 強い口調で言い切ったり相手の申し出を完全に拒絶したりする。

ひそひそ[2] まわりの人に聞こえないように小声で言う。

ぶうぶう[2] 不平・不満・文句などを盛んに言う。

ふがふが[3] 入れ歯などが外れて空気がもれる口で何か言う。

ぶつくさ[2] 不平不満などを口の中でいろいろつぶやく。

ぶつぶつ[2] 不満・念仏などを口の中でつぶやく。

べちゃくちゃ・べちゃべちゃ[2] 無意味な話を大声で盛んに話す。

ぺちゃくちゃ・ぺちゃぺちゃ[2] 無意味な話を軽い口調で盛んに話す。

べらべら[2] 言う必要のないことまで際限もなく大声で話し続ける。

ぺらぺら[2] 言う必要のないことまで際限もなく軽く話し続ける。外国語などをよどみなく話す。

ぼそっ[2] それまで黙っていた人が低く小さい声で一言だけ言う。

ぼそぼそ[2] 低く小さい声で不明瞭に言う。

ぽつり[2] それまで黙っていた人が一言だけ言う。

ぽつりぽつり・ぽっつりぽっつり[2] それまで黙っていた人が少しずつ話し始める。

ぽんぽん[2] 次々と威勢よくたたみかけて言う。

むにゃむにゃ[2] 寝言など、わけのわからないことを口の中で言う。

もぐもぐ[2] 口をあまり開けずにこもった声で何か言う。

もごもご[2] 口をあまり開けずにはっきりしないことばで何か言う。

やいのやいの[2] しつこく要求したりやかましく口を出したりする。

れろれろ[1] 酒・麻薬などで中枢神経が麻痺し舌がもつれたままで言う。

9 痛む・痛い ようす→感じる

いらいら・いがいが[2] のどの粘膜などが刺激されて少し痛む。

がんがん[3] 頭などが割れるように持続的に痛む。

きりきり[3]**・きりきりっ**[2] 胃などがとがったもので刺されるように痛む。

ごろごろ[3] 目に異物が入って涙が出て痛む。

じーん[2] 傷などが深部にしみこむように痛む。

しくしく[3] 傷や虫歯などが、水がしみるように持続的に痛む。
じんじん[3] 傷などが深部に響いて持続的に痛む。
ずきずき[3]**・ずきずきっ**[2] 傷などが表面・深部ともに激しく痛む。
ずきんずきん・ずっきんずっきん[2] 傷などが心臓の鼓動とともに激しく痛む。
ちかちか[3] 目が光線などに刺激されて断続的に痛む。
ちくちく[3] 針などで連続的に刺されるような痛みを感じる。
ちくっ・ちくん[2] 皮膚などが針や虫などに刺されたように痛む。
ちくり[2] 皮膚や心などが針などでちょっと刺されたように痛む。
ちりちり[3] 傷や皮膚などが熱いものに触れて焼けるように痛む。
ぴりっ・ぴりり[2] 皮膚や粘膜などが瞬間的にしびれて痛む。
ひりひり[3] 皮膚や粘膜などが熱く敏感になって持続的に痛む。
ぴりぴり[3] 皮膚などが熱くしびれるように断続的に痛む。

10 浮く・浮かぶ ようす

ぷかぷか[3] 軽くて比較的大きな物が波などに揺られて浮かぶ。
ぷかりぷかり[2] 軽くて比較的大きな物が波の間に見え隠れする。
ふわっ・ふわり・ふわーっ[2] 軽い物が空中などに瞬間的に浮き上がる。
ふわふわ[3]**・ふわりふわり**[2] 軽い物が水中や空中を沈まずにただよう。
ふんわり[2] 軽くて比較的大きな物が静かに空中に浮かんでいる。
ぽっかり[2] 軽くて比較的大きなかたまりが空中に浮かんでいる。

11 打つ・たたく ようす→ぶつかる

がつん[2] 硬くて重い物で打って衝撃を与える。
かん・かーん[2] バットなど硬い物でボールなど軽い物を打つ。
がん・がーん[2] 硬い物で強く打つ。
がんがん[2] ドラム缶など硬くて重い物を何度も打つ。
こつん[2] 硬くて比較的小さい物で軽く打つ。
ごつん[2] 硬くて比較的大きい物で強く打つ。
こんこん[2] 木づちなど硬くて比較的小さい物で何度もたたく。
ちゃんちゃんばらばら[2] 刀と刀などを打ち合わせて戦う。また、そのように争う。
とんてんかんとんてんかん[2] 鍛冶屋などが大小さまざまなつちでたたく音。
とんとん[2] 戸・まな板・階段などを軽く何度も打つ。
どんどん[2] 戸などを強く何度もたたく。
ばしっ・ばちっ・ばしん[2] 比較的大きな面で強くたたく。
ばしばし・ばちばち・ばしんばしん[2]

比較的大きな面で何度も強くたたく。
はた[2] 膝などを手で軽く打つ。
ぱちぱち[2] 手など小さな面を軽く何度も打ち合わせる。
はっし[2] 刀などで勢いよく強く打つ。
ばんばん[2] 比較的大きな面で何度も強く叩く。
びしっ・ぴしっ[2] むちなど細く長い物で一回強く打つ。
びしびし・ぴしぴし[2] むちなど細く長い物で何度も強く打つ。
ぴしゃぴしゃ・ぴちゃぴちゃ[2] 平手など小さな面で何度も軽くたたく。
ぴしゃり・ぴしゃっ[2] 平手など小さな面で一回だけ軽くたたく。
ぺたぺた・ぴたぴた[2] 平手など平たいもので何度も軽くたたく。
ぺったんぺったん[2] もちなど粘る物を何度もつく。
ぽかすか・ぼかすか・ぽかぽか[2] こぶしで容赦なく何度もなぐる。
ぽかっ・ぽかり[2] こぶしで突然なぐる。
ぽんぽん[2] ボールなどを軽く何度も打つ。

12 多い・たくさんある ようす

うじゃうじゃ[3] 群衆や虫などがたくさん群れて動いている。
うようよ[3] 生き物がたくさん集まって動いている。
がっぽがっぽ[2] 商売などで金が持続的にたくさんもうかる。
がっぽり[2] 金が一度にたくさんもうかる。
がぼがぼ・がばがば[2] 飲食物をどんどん大量に飲み食いする。金がどんどんもうかる。
ぎっしり[2] 物が容器の中にすきまなくたくさん詰まっている。
ごっそり・ごそっ[2] 物が一度に大量に取られたり消費されたりする。
ごてごて[3] 飾りなどを不必要にたくさんつける。
ざくざく[2] 宝などが大量に現れる。
じゃかすか[2] 金などを惜しみなく大量に消費する。
じゃんじゃん[2] 物事が休みなく盛んに行われる。
ずらずら[2] 同じような物が次々に並んで来る。
ぞろぞろ[2] 人や物事が次々と一列に連なってたくさん出てくる。
たっぷり[3] 物があまるほど大量にあって余裕がある。
だぶだぶ・だぶんだぶん[1 3] 物が必要以上に大量にあって余計だ。
たわわ[1] 木の実などが多くなって枝が重そうである。
たんまり[2] 金などを満足できるだけ十分に得る。
どかどか[2] 大勢の人や物などが遠慮なく踏み込む。
どっ・どーっ[2] 大量の物事が一度に押し寄せる。

どっさり[2] 大量の物が存在する。
どばっ[2] 大量の物事が一度に押し寄せる。
どやどや[2] 大勢の人が騒ぎながら出入りする。
なみなみ[2] 容器に液体をあふれるほど大量につぐ。
びっしり[2] 大量の物がすきまなく存在する。
ふさふさ[3] 毛などが豊富にあって房のようになっている。
みっしり[2] すきまなくたくさんある。
わいわい[2] 大勢の人が大声で騒ぐ。
わんさ・わんさか[2] 大量の物や人が一度に押し寄せる。

13 怒る・怒っている ようす

いらいら[3] 自分の思うように進まないので焦りと怒りを感じる。
かちん[2] 不快なことを言われて怒りが瞬間的に起こる。
かっ[2] 瞬間的な激しい怒りで体が熱くなる。
かっか[3] 激しい怒りで興奮する。
かりかり[3] 神経がたかぶって、怒りやすい。
かんかん[1] 激しい怒りで頭に血がのぼる。
きっ[2] 瞬間的な怒りで態度や目つきがきつくなる。
くさくさ[3] 不快なことや怒りで気分が晴れない。
つっけんどん[1] 怒っているようなようすで無愛想に応対する。
つん[2]**・つんつん**[3] 怒っているように不機嫌で、口をきかない。
つんけん[3] 怒っているように人と応対する。
とげとげ[3] 神経がたかぶっていてすぐ怒る。
ぷいっ[2] 不満・怒りなどで横を向いて口をきかない。
ぶすっ[2] 不満・怒りなどで口を結んで開かない。
ぷっ・ぷーっ[2] 不満や怒りで頬をふくらませる。
ぷりぷり・ぷんぷん[3] 不満や怒りで頬をふくらませて機嫌が悪い。
むかっ[2] 怒りが瞬間的にこみあげてくる。
むかむか[3] 激しい怒りが腹の底からわきあがってくる。
むしゃくしゃ[3] 原因はわからないがなんとなく腹が立って不快だ。
むすっ[2] 怒っているようなようすで押し黙っている。
むっ[2] 相手の言動に腹を立て、不愉快な気持ちになる。
むらむら[3] 激しい怒りが腹の底からわきあがってくる。

14 遅い ようす

ぐずぐず[3] 必要な物事をすぐしないで、動作がのろい。
じっくり[2] 深く考えてから落ち着いて行動する。
じわじわ・じわーっ[2] 少しずつ確実に進んでいく。

そろそろ[2] 心配しながら非常にゆっくりと行う。
だらだら[3] やる気もなく能率もあがらない状態でし続ける。
とろとろ[2] 仕事などがゆっくりで、思うようにはかどらない。
のこのこ[2] まわりを気にせずゆっくり歩いたり出てきたりする。
のそのそ[3] 一つ一つの動作が遅くてなかなか行動しない。
のたくさ[3] 動作が遅くてなかなか進まない。
のたのた[3] 一歩ずつゆっくり歩く。
のろくさ[3] 動作がいらいらするほど遅くて進まない。
のろのろ[3] 動作が遅くてなかなか進まない。
ぼちぼち・ぼつぼつ[2] 仕事などに少しずつ取り組む。
もたもた[3] 動作がにぶく、適切な行動がとれない。
ゆっくり[3] 行動・動作・進展の速度などが遅い。
ゆったり[3] 行動・動作・進展の速度などが遅くて余裕がある。
ゆるり[2] 動作などが落ち着いていて余裕がある。

15 落ちるようす

かたん・かたり・かったん[2] 軽く硬い物が倒れたり落ちたりする。
がたん・がたり・がったん[2] 重く大きい物が急に倒れたり落ちたりする。
がらがら[2] 重く大きい物が次々に崩れて落ちる。
ことん・ことり・こっとん[2] 軽く小さい物が倒れたり落ちたりする。
ごとん・ごとり・ごっとん[2] 重い物が倒れたり落ちたりする。
すとん・すとーん[2] あまり重くない物がまっすぐに落ちる。
たらたら[2] 液体が垂れて落ちる。
どかっ[2] 大きなかたまりが一度に落ちる。
どさっ・どさり[2] 大きな重い物が一度に落ちる。
どすん[2] 大きな重い物が落ちて衝撃が響く。
ぱらっ・ぱらり[2] 雨・髪など軽い物が少量落ちかかる。
はらはら[2] 涙・花びらなど軽い物が静かに次々と落ちる。
ぽたっ[2] 雨・涙など液体の一滴が落ちる。
ぼたぼた[2] 大粒の液体が次々と垂れ落ちる。
ぽたぽた[2] しずくが続けて垂れ落ちる。
ぽたん・ぽったん[2] ひとかたまりの比較的小さい物が高い所から落ちる。
ぽちゃん・ぽっちゃん[2] ひとかたまりの比較的小さい物が液体の中へ落ちる。
ぽつり・ぽっつり・ぽつん[2] 雨などのしずくが一粒落ちる。
ぽとり[2] 小さな物が軽く落ちる。
ぽとん・ぽっとん[2] 小さな物が一

つ、下に落ちる。

ほろっ・ほろり・ほろほろ[2] 涙などが目から落ちる。

ぽろぽろ[2] 涙・ごはん粒などが次々にこぼれ落ちる。

16 驚く ようす

あっ[2] 意外な事実に気づいて非常に驚く。

ぎくっ・ぎくり[2] 不意に秘密などに触れられ、驚きや恐怖を感じる。

ぎょっ・ぎょぎょっ[2] 意外な物事を見聞きして驚き、衝撃を受ける。

ぐさっ[2] 弱点などを突かれて驚き、傷つく。

けっ[2] 意外な物事を見聞きして驚きあきれる。

げっ[2] 意外な物事を見聞きして驚きうろたえる。

どきっ・どきり・どっきり[2] 突然おどかされたり驚いたりして激しく動悸が打つ。

はっ[2] 意外な真理や真相などに突然気づいて驚く。

びくっ・びくり[2] 一瞬恐怖を感じて身をふるわせる。

びっくり[3] 非常に驚く。

ひやっ・ひやり[2] 悪い結果を予想して瞬間的に恐怖を感じる。

17 重い ようす

ごとり・ごっとり・ごっとん[2] 重く大きな物が一回動く。

ずっしり・ずしっ・ずしり[2] 比較的大きな物の重みが一か所にかかる。

でん[2] 重い物が一か所にあって容易に動きそうもない。

どさっ・どさり[2] 重い物が高い所から落ちる。

どさん[2] 重い物を高い所から落とす。

どすん・どっすん[2] 重い物が高い所から落ちてあたりに響く。

どっかり・どっか[2] 重い物が一か所に場所を占める。

どっしり[3] 重い物が落ち着いていて軽々しく動かないように見える。

18 折れる・折る ようす

がくん[2] 関節など、はまっていた物が急に外れる。

がっくり・がくり[2] まっすぐ伸びていた物が衝撃を受けて折れる。

ぱきっ・ぱきり[2] 薄板など硬くて薄い物が急に折れる。

びしっ・びしり[2] 小枝など細くて硬く弾力のある物が折れる。

ぴしっ[2] 小枝やガラス板などが小さく折れたり割れたりする。

ぼきっ・ぼきり・ぼっきり[2] 硬い棒状の物が衝撃を受けて折れる。

ぽきっ・ぽきり[2] 硬くて軽い棒状の物が衝撃を受けて折れる。

ぼきぼき[2] 硬い棒状の物を何度も折る。

ぽきぽき[2] 硬くて軽い棒状の物を何度も折る。

ぽきん[2] 硬くて軽い棒状の物が完全に折れて分離する。

ぽっきり[2] 硬くて軽い棒状の物が完全に折れて元に戻らなくなる。

19 かたい ようす→かむ・ぶつかる

かちかち・かちんかちん[1] 食品・体などがこわばって非常に硬い。

がちがち・がちんがちん[1] 氷などもともと硬い物がさらに硬くなる。

かりかり[2] 硬い物の表面を少しずつ削ったり砕いたりする。

がりがり[2] 非常に硬い物の表面を少しずつ削ったり砕いたりする。

きちきち・ぎちぎち[1] 物がすきまなく詰まって固められている。

ぎゅっ・きゅっ・ぎゅーっ[2] ゆるんでいた物を締めつけて硬くする。

こちこち・こちんこちん[1] 食品などの水分がなくなったりして硬く固まっている。

ごわごわ[1,3] 布などの表面が弾力を失って硬く荒くなる。

しこしこ[3] 弾力のある食品などをかむとき、歯ごたえがある。

しゃきしゃき[3] 繊維のある食品などをかむとき、歯ぎれがよい。

20 かむ・かみつく ようす→食べる

がっぷり[2] 口の奥深くまでかみついて離さない。

がぶっ・がぶり[2] 一度に深くかみつく。

かりかり[2] 軽くて硬い物を口を開けて何度もかむ。

がりがり[2] 氷・骨など硬い物を口を開けて何度もかむ。

かりっ[2] リンゴなど比較的硬い物を一口かんで口に入れる。

がりっ[2] 氷など非常に硬い物を一口かんで口に入れる。

くちゃくちゃ[2] ガムなどを口の中で音をたてながら何度もかむ。

ぐちゃぐちゃ[2] 口の中でつばなどの水分にひたしながら何度もかむ。

こりこり[2] 比較的硬い物を口の中で何度もかむ。

こりっ[2] 比較的硬い物を一口かんで口に入れる。

しこしこ[2] イカなど歯ごたえのある物を十分によくかむ。

しゃきしゃき[2] セロリなど繊維のある物を何度もかむ。

にちゃにちゃ[2] 柔らかい物を口の中でつばとこね合わせながらかむ。

ばりばり[2] 比較的硬い物をかんで割りながら口に入れる。

ぱりぱり[2] 薄くて硬い物をかんで割りながら口に入れる。

ぽりぽり[2] せんべいなど小さくて硬い物をかんで割りながら口に入れる。

もぐもぐ[2] 食べ物を口を閉じたままあごを動かして何度もかむ。

21 乾くようす

かさかさ[1,3]**・かっさかさ**[1] 肌などの表面が乾燥してすべりが悪い。

がさがさ[1,3]**・がっさがさ**[1] 肌などの表面が乾燥して凹凸ができひっかかる。

かすかす[1,3] 食物などの内部の水分が不足して繊維がひっかかる。

からから・からっから[1] 表面が全体的に乾燥して軽くなる。

からっ・からり[2] 全体的に乾燥して快い。

さっぱり[3] 表面が乾燥して粘らないので快い。

さらさら[3] 髪などが適度に乾燥してよくすべる。

さらっ・さらり[2] 布などの表面が適度に乾燥して快い。

ぱさぱさ[1,3] 肌・食品などに本来あるべき水分が不足していて不快だ。

ぼそぼそ[3] 食品などに本来あるべき水分が不足していてまずい。

22 考えるようす

じっ・じーっ[2] 一つのことを動かずに思考を集中させて考える。

じっくり[2] 一つのことを落ち着いて持続的に考える。

しみじみ[2] 過去の出来事などをいろいろな感情を交えて回顧する。

つくづく[2] 過去の行為や将来のことなどをあれこれと考える。

つくねん[2] 不特定のことを何となく思う。

つらつら 過去・現在の状況などをあれこれと考える。

とくと 一つのことを念を入れていねいに考える。

とっくり[2] ある出来事の因果関係などを究明しながら考える。

よくよく 一つのことを繰り返しいろいろな角度から考える。

23 感じるようす→痛む

うすうす[2] 確信はないがぼんやりと感じる。

うっすら[2] ほんのかすかであるが印象的に感じる。

きゅーん[2] いたましさ・悲しみなどの強い感動で胸が痛くなる。

きゅん[2] 好意や恋愛感情などで一瞬胸が切なくなるように感じる。

ぐさっ[2] 相手の言動に衝撃を受けてダメージを感じる。

ぐっ[2] 相手の話などに感情を強く動かされる。

しみじみ[3] 心の深い所にまでしみこんでくるように感じる。

じわっ・じわり・じんわり[2] 心の深い所にまで少しずつ及んでくる。

じん・じーん[2] 心の奥にまで届いて感動し涙がわくように感じる。

しんみり[3] 相手の状況などに同情して少し悲しく感じる。

ずきずき[3] 体や心の傷などが深部まで激しく痛む。

ずきん[2] 心の傷などに触れられて痛みを感じる。

ちくり[2] 良心などがとがめて心に

痛みを感じる。

ひしひし[2] 自分自身のこととして強く身にしみて感じる。

びりびり[3] 物事の状況などが皮膚を刺激するように強く感じられる。

ぴん[2] 物事が直観的にわかる。

びんびん[2] 物事の状況などが全身に響くように強く感じられる。

ぼんやり[3] 対象の状況がかすんでいて不明瞭に感じる。

むずむず[3] 肌に虫がはっているようなかゆみを感じる。

24 切れる・切る ようす

さっくり・さくり・さくっ[2] 食物などを鋭利な刃物で抵抗なく切る。

ざっくり・ざくり[2] 力をこめて刃物などで大きく深く切る。

じょきじょき[2] はさみで厚い布などを何度もはさんで切る。

すかすか[2] 刃物などが鋭利で抵抗なくよく切れる。

ずたずた[1] 刃物などで何度も切られて破れそうになる。

すっぱり・すぱっ・すぱり[2] 鋭利な刃物で完全に切り落とす。

すぱすぱ[2] 刃物が鋭利で一つ一つ完全に切り離せる。

ずばり[2] 刃物で一気に切り込んだり裁ち落としたりする。

ちょきちょき[2] はさみで紙や植木などを何度もはさんで切る。

ちょきん・ちょきり・ちょっきん[2] はさみで完全に切り落とす。

ばっさばっさ[2] さむらいなどが刀で相手を次々と倒すように切る。

ばっさり・ばさっ[2] 刃物などで大きく思い切って切り落とす。

ぶつっ・ぷつっ[2] 綱・縄などが突然完全に切れる。

ぷっつり[2] 綱・縄などが切れてしまう。きずなや関係などが完全に断ち切れる。

ぶつぶつ[2] つながっていたものが細かく切れてまとまりがなくなる。

25 くっつく・粘る ようす ↓にじむ・ぬれる

いちゃいちゃ[3] 男女がなれなれしく話したり触れあったりする。

ぎとぎと[3] 物の表面が油などで粘ってくっつく。

くちゃくちゃ[3] 口の中で食物がつばと混じって歯や歯茎にくっつく。

にちゃにちゃ[3] 柔らかい物がつぶれながら互いにくっつく。

ぬらぬら[3] 油や粘液などで表面が粘りながらすべる。

ねちねち[3] しつこくくっついて、ねばつく。

ねっとり[3] 汗や油などで粘って離れにくい。

ねとねと[3] 油などで粘ってくっつき、離そうとすると糸を引く。

ねばねば[3] 油・水分・繊維などで粘って糸を引く。

擬

ぴたっ[2]**・ぴたり**[2]**・ぴったり**[3] 対象の表面が完全にすきまなく密着する。
べたべた・べったり[3] 物の表面が水や油などでぬれてくっつく。
ぺたぺた[3] 物の表面に、薄い物が続けざまに吸いつくようにくっつく。
ぺたん・ぺたっ・ぺったり[2] 物の表面に、薄い物が吸いつくようにくっつく。
べっとり[3] 汗・血など粘り気のある濃い液体が多くついている。
べとべと[1][3] 汗・油などが粘ってくっつく。

26 元気がない ようす

がくっ[2] 精神的な衝撃を受けて急激に落ち込む。
がっかり[3] 不本意な結果に対して失望・落胆して元気を失う。
がっくり[3] 体力や気力が急激になくなる。
ぎゃふん[2] 相手に言い負かされて元気がなくなる。
ぐったり[3] 疲労・病気などのために体の力が抜ける。
くよくよ[3] 後悔や反省を繰り返して元気がない。
げっそり[3] 病気や心配などで急激にやせて元気がなくなる。
げんなり[3] あまりのひどさにあきれてやる気をそがれ元気を失う。
しおしお[2] しかられたり負けたりして気落ちし、元気をなくす。
しょんぼり[3]**・しょぼん**[2] 孤独・悲しみなどで一人寂しく立ちつくす。
すごすご[2] 疲れたようなようすで元気なくその場を立ち去る。
とぼとぼ[2] 疲れや無気力などのために元気なく歩く。
へなへな[2] 体の力が抜けて元気なくその場に座り込む。
よたよた[3] 病人や老人などが不安定な足取りでよろめきながら歩く。
よぼよぼ[3] 老人が不安定な足取りで元気なくよろめき歩く。
よれよれ[1] 体に張りがなくなすがままになって崩れる。
よろよろ[3] 病人や老人などが今にも倒れそうな足取りで歩く。

27 元気な ようす

いきいき[3] 顔の表情や体の動きがよくて活力がある。
ぎんぎん[1] エネルギーに満ちてよく活動する。
しゃきっ[2]**・しゃっきり**[3] 体に芯と弾力があり、行動が的確である。
しゃん[2] 体に芯が入ってまっすぐに立っている。
しゃんしゃん[3] 年齢の割に体に力があり行動的である。
すくすく[2] 子供などが順調に健康に成長する。
ばりばり[2] 活動・活力が最盛期にある。

ぱりぱり[1] 張り切っていて威勢がよい。

ぴかぴか・ぴっかぴか[1] 新入生などが期待と喜びで輝いて見える。

ぴちぴち[3] 若い女性などに勢いがあって元気である。

ぴんしゃん[3] 老人などが年齢の割に元気で行動している。

ぴんぴん[3] 元気で生き生きしている。

もりもり[2] 元気・意欲などが次々にわいてくる。

28 こすれる・こする ようす

かさかさ[3] 枯れ葉・紙など薄くて軽い物どうしが軽くこすれる。

がさがさ[3] 薄くて軽い物がこすれて、少し騒がしい音を立てる。

かさこそ[2] 軽い物がこすれていろいろ動く。

がさごそ[3] 比較的大きな物がこすれていろいろ動く。

きいきい[2] 硬い物どうしがこすれて金属的な高い音を立てる。

ぎいぎい[2] 硬くて重い物どうしがこすれて、やや濁った鈍い音を立てる。

ぎこぎこ[2] 硬くて重い物どうしが無理にこすれて鈍い音を立てる。

ぎしぎし[2] 固定されているべき物がこすれて重い音を立てる。

ぎりぎり[2] ロープなどが締まりながらこすれる。

ごしごし[2] 硬い物を押しつけながら力を入れてこする。

ごりごり[2] 硬い物が当たってこすれる。

さくさく[2] 雪など非常に軽い物を踏んだりした時の音。

ざくざく[2] 小判など小さくて硬い物どうしがこすれあう。

さやさや[2] 木の葉や絹など薄くて軽い物がごく軽くふれ合ってこすれる。

さらさら[3] 髪など軽くて乾燥した物どうしがすべってこすれる。

ざらざら[3] 紙やすりなど表面の粗い物がこすれてひっかかる。

じゃらじゃら[3] 小銭や金属の束など小さくて硬い物がぶつかってこすれる。

しゃりしゃり[3] かき氷など粒の細かい物がぶつかってこすれる。

じゃりじゃり[3] 小石や砂などがぶつかってこすれる。

ぞりぞり[2] ひげなどが刃物などにぶつかってこすれる。

29 刺す ようす

ぐさぐさ[2] 刃物などで何度も続けてかなり深く刺す。

ぐさっ・ぐさり[2] 刃物などで一度にかなり深く刺す。

ずぶり・ずぶっ[2] 刃物などで根元まで非常に深く刺す。

ちくちく[2] 細い針などで表面を何度も少し刺される。

ちくっ・ちくり・ちくん[2] 細い針などで表面を一度だけ鋭く刺され

る。
ぶすっ・ぶすり[2] 刃物などでやや硬い物を一度にかなり深く刺す。
ぶすぶす[2] 刃物などでやや硬い物を何度も刺して穴を開ける。
ぷつっ[2] とがった物で張っている物の表面を刺す。

30 寒い・冷たい ようす
しんしん[2] 外気温度がどんどん下がって冷えてくるのを感じる。
じんじん[3] 冷気などで体がしびれるほど冷えてくるのを感じる。
すうすう[3] すきま風が吹きこんでくるようで寒い。
すかすか[3] 体のまわりに空気の移動を感じて肌寒い。
ぞーっ[2] 冷気・恐怖などのために鳥肌が立って背筋が寒くなる。
ぞくぞく[3] 冷気・発熱などのために寒気を感じる。
ちりちり[3] 冷気などのために皮膚の表面が少し痛いように感じる。
ひえびえ[3] 風や空気などが冷たく感じられる。
ひやひや[3] 冷房などのために室温が下がり過ぎているように感じる。
ひやり・ひやっ[2] 冷たい物を押しつけられて一瞬衝撃を受ける。
ひんやり[3] 冷たさを感じる。

31 騒ぐ ようす→あわてる
がやがや[3] 大勢の人が集まってうるさく騒いでいる。
きゃあきゃあ[2] 人や動物が喜びや恐怖の高い声を出している。
ぎゃあぎゃあ[2] 人や動物が意味不明の大声を出してうるさい。
ごたごた[3] やっかいな問題などについて争いが起こる。
ざわざわ[3] 群衆や木立などがこすれ合って落ち着かない。
じたばた[3] 無意味な動きをしたり声を出したりしてもがく。
すったもんだ 口論・喧嘩・訴訟などのもめごと。
てんやわんや[1] 人が大勢出入りしたり物を移動したりして非常に混乱している。
どさくさ 事件などであたりが混乱している状態。
どたどた[3] 人や動物が乱暴に音を立てて動き回る。
どたばた[3]**・どたんばたん**[2] 仕事・事件などのために人が乱暴に動き回る。
どやどや[2] 大勢の人が集まって話しながら出入りする。
どんちゃん 大勢の人が飲んだり食べたり歌ったりの大騒ぎをする。
ばたばた[3] 忙しく動き回って騒ぐ。
やっさもっさ[2] 大勢の人が混乱して騒ぐ。
わあわあ[2] 泣き声や叫び声などを持続的にあげて騒ぐ。
わいわい[2] 大勢の人が集まって楽しく話したり食べたりする。

擬

32 沈むようす

ざぶん・ざんぶ[2] 大きく波しぶきをあげて水の深い所へ飛び込む。
ずっぷり[2] 水の深い所まで入って十分にぬらす。
ずぶずぶ[2] 池・沼・砂地などに持続的に引き込まれて沈んでいく。
どっぷり[2] 水などの深い所までつかって沈み動かない。
どぶん[2] 水の深い所に落ちて沈む。
どぼん[2] 底まで落ちていくように沈む。

33 締まる・締めるようす

きっちり[2] すきまができないように適度に強く締める。
きゅうきゅう[2] ひも・規則などで締めつけ続ける。
ぎゅうぎゅう[2] ひも・規則などで不快なほどきつく締めつけ続ける。
きゅっ[2] ひも・帯などがゆるまないように適度に強く締める。
ぎゅっ[2] ひも・帯などをかなりきつく締める。
ぎりぎり[2] ロープ・縄などを非常にきつく締めつけ続ける。
きりっ・きりり[2] ひも・帯などを心地よく強く締める。
しっかり[2] ゆるんで解けないように適度に強く締める。
じわじわ[2] ひもなどを力を少しずつ加えて持続的に締めつける。
じんわり[2] ひもなどを少し締めた力が後から感じられる。

34 吸うようす

すうすう[2] 鼻から空気を規則的に吸う。
すぱすぱ[2] たばこの煙などを唇を使って口から連続的に吸う。
ずるずる[2] 粘り気のある液体をすすり上げる。
ちゅうちゅう[2] 液体をストローや唇など細い所から持続的に吸う。
ちゅっ[2] 唇をすぼめて触れさせ瞬間的に吸う。
つるつる[2] そばなどすべりやすい物を吸いながら食べる。
ぷかぷか・ぷかーぷかー[2] たばこの煙などを吸っては口から吐く。

35 少ないようす

うっすら[2] 厚み・濃度などが低い。
けちけち[3] 金などを出し惜しみして少ししか出さない。
ちびちび・ちびりちびり[2] なくなるのを惜しんで少しずつ使う。
ちょっ・ちょい・ちょこっ・ちょびっ[2] 量・程度などが少しだが存在する。
ちょっくら 時間・数量などを少しだけ必要とする。
ちょっぴり 量・程度などが少しである。
ちょぼちょぼ[2] 少量ずつあちこちに存在する。
ちらほら[3] 物事があちこちで少しずつ見られる。
ぴいぴい[3] 所持金がいつも少なく

擬

生活が苦しい。
ぼちぼち[2] 量は少ないがあることはある。
ぽつぽつ・ぽつりぽつり[2] 物事があちこちで少しずつ行われる。
ぽつん・ぽつり[2] 広い所にたった一つだけ存在する。

36 進む ようす→走る

おせおせ[1] 有利な状況でたたみかけるように進む。
がんがん[2] まわりにかまわずエネルギーをたくさん使って突き進む。
ぐいぐい[2] 後ろに続く物を引っ張るように先へ進む。
ぐんぐん[2] 次第に加速しながら先へ進む。
さっさっ[2] 細かいことにとらわれずに気軽に進む。
しゃにむに 抵抗をはねのけながら強引に進む。
じゃんじゃん[2] 物事が景気よく次々と進む。
じりじり[2] 少しずつ相手の方に迫って行く。
ずい・ずーい[2] 家の奥などへ遠慮なく上がりこむ。
すいすい[2] 何の抵抗も受けずに気持ちよく進む。
ずかずか[2] 相手の領域に無遠慮に踏み込む。
すらすら[2] 何の抵抗も受けずに気持ちよく自然に進む。
するする[2] 何の抵抗も受けずに自然に進む。
ずんずん[2] 進む早さが早いのでいつのまにか先へ来ている。
すんなり[2] 何の抵抗も受けず、穏やかに事が進む。
だーっ[2] 勢いをつけて一度に突っ走って進む。
たったっ[2] 細かいことは飛ばしながら先へ走って進む。
つかつか[2] ためらわずに大股で相手に近寄る。
どしどし[2] 目的に向かって積極的に進む。
とんとん[2] まわりの状況が自分に都合よくいった結果うまく進む。
どんどん[2] 物事の進行・進捗の程度が大きい。
ばんばん[2] 物事の進行・進捗の程度が大胆に大きい。
びゅんびゅん[2] 風を切って飛ばすほど速く進む。
ほいほい[2] 調子よく相手に応じながら気軽に進む。
ぼちぼち・ぼつぼつ[2] 少しずつだが着実に前に進む。
めきめき[2] 以前に比べて目に見えて程度が進む。
めっきり[2] 気づいたら以前に比べて目に見えて程度が進んでいた。

37 すべる ようす

すってん・すってーん[2] 床などで足がすべって倒れる。
ずでんどう[2] 体重のある人などが、

地響きを立ててすべりながら倒れる。

すべすべ[1,3] 肌などのきめがこまかくて滑らかである。

するする[2] 物事の表面が滑らかにすべってうまく進む。

するっ・するり[2] 物の表面を滑らかにすべっていくように事がうまく運ぶ。

つるっ・つるり[2] 床など物の表面が光ってすべる。

つるつる[1,3] 床など物の表面が光ってよくすべる。

ぬるっ・ぬるり[2] 表面が粘液などでぬれていて触ると不快にすべる。

ぬるぬる[1,3] 表面が粘液などでぬれていて不快にすべる。

38 座る ようす

くたくた[2] 足の力が一度に抜けてその場に座り込む。

しゃん[2] 背筋を伸ばしてまっすぐに座る。

ちょこん・ちょこなん[2] 広い所に小さくかしこまって座る。

でん[2] 重そうな人が簡単には動かないようすで堂々と座る。

どっかり・どっか[2] 重そうな人が全然動かないようすで座る。

へたへた[2] 体全体の力が一度に抜けてその場に崩れる。

ぺたり・ぺったり・ぺたん[2] 尻を床に直接つけて低い座高で座る。

へなへな[2] 体全体の力が一度に抜けて、弱々しくその場に崩れる。

39 立つ・起き上がる ようす

がばっ[2] 横になっていた物が急に一度に起き上がる。

さっ[2] 座っていた人が率先して気軽に立ち上がる。

しゃん[2] 体に芯が入っているようにまっすぐに立つ。

すっ[2] 座っていた人が何気なく気軽に立ち上がる。

すっく[2] 座っていた人がまっすぐ棒状に立つ。

どーん[2] 大きな物が急に目の前に立ちはだかる。

ぱっ[2] 座っていた人が素早い反応で立ち上がる。

ひょい[2] 座っていた人が身軽に立ち上がる。

ぴん[2] 髪などもともとやわらかい物が硬くなって勢いよく立つ。

ぼさっ[2] 何も考えていないふうで無意味に立ち続ける。

むくっ[2] 頭など横になっていた物の一部が急に持ち上がる。

むくむく[2] 雲などが次々と大きく持ち上がる。

むっくり[2] 人や動物など横になっていた物が急に体を持ち上げる。

40 食べる ようす→かむ・吸う

がつがつ[3] 飢えているようすで下品に次々と食べる。

くちゃくちゃ[2] 口の中でつばと

いっしょにかみながら汚らしく食べる。

ずるずる[2] うどんなどを音を立ててすすりながら汚らしく食べる。

つるつる[2] そばなどを軽い音を立ててすすりながら食べる。

ばくばく[2] 口を大きく開けたり閉じたりしながら豪快に食べる。

ぱくぱく[2] 口を大きく開けたり閉じたりしながら盛んに食べる。

ぺろぺろ[2] 舌を使ってなめとりながら口へ運ぶ。

ぺろり・ぺろっ[2] 盛ってあった食物を全部きれいに食べ尽くす。

むしゃむしゃ[2] 柔らかい物を口の中でかみながら下品に食べる。

もぐもぐ[2] 口を閉じてよくかんで食べる。

もそもそ[2] 水分の不足している物をまずそうに食べる。

もりもり[2] 大量の食物を次々と食べる。

わしわし[2] 大量の食物を短時間に豪快に食べる。

41 ためらう・こわがる ようす

いじいじ[3] 子供や弱者が臆病で素直でなく積極的な行動が取れない。

うじうじ[3] 決断力が不足しているために積極的な行動が取れない。

おずおず[3] 心配や自信のなさのために決断した行動が取れない。

おそるおそる いかにも恐れているようすで行動する。

おどおど[3] 恐怖や心配のために態度に落ち着きがない。

きょときょと[3] 心配や自信のなさのために落ち着かずにあたりを見回す。

ぐじぐじ[3] 決断力が不足しているために適切な反応ができない。

こわごわ[2] 悪い結果になるのではないかと、おびえながら行動する。

たじたじ[2] 相手の勢いに押されこわがって引き下がる。

どぎまぎ[3] 弱点を突かれたりして落ち着きを失い行動できない。

びくびく[3] 恐怖や心配のために精神的・肉体的にふるえる。

へどもど[3] 自信のなさなどのために適切な応答ができず口ごもる。

まごまご[3] 自信のなさなどのためにそのあたりをむだに動き回る。

もじもじ[3] 心配や恥ずかしさなどのために落ち着かずに体を動かす。

42 ちらかる・乱れる ようす

くしゃくしゃ[1] 紙くず・髪など柔らかい物が入り乱れている。

ぐしゃぐしゃ[1] 本来あった形が失われて崩れている。

くちゃくちゃ[1] 本来まっすぐであった物にしわが寄っている。

ぐちゃぐちゃ[1] 本来あった形が崩れて全体が乱雑に混じっている。

ごしゃごしゃ[1,3] 机の中などが入り乱れて物の所在がわからない。

ごたごた[1,3] いろいろな物事が入

擬

り乱れて混乱している。

ごちゃごちゃ[1,3] いろいろな物事が混じって区別がつかない。

ごみごみ[3] 不快なものが多数ちらばって汚い。

しっちゃかめっちゃか[1] 物事が予想・期待される状態から大きく外れている。

ばさばさ[1] 髪・書類などまとめてあった物が乱れている。

ばらばら[1] たくさんある物がそろっていなくて全体に散っている。

めためた[1] 対象の壊れ方がひどくて手がつけられない。

めちゃくちゃ[1] 対象の状態があきれるほど無秩序で手がつけられない。

めちゃめちゃ[1] 対象の状態が嘆かわしいほど無秩序で手がつけられない。

43 疲れる ようす

うんざり[3] 対象のしつこさにあきれ精神的に疲れていやになる。

がっかり[3] 非常に消耗して気力もなくなる。

くたくた[1] 非常に疲れて体に力が入らなくなる。

ぐったり[3]**・ぐたっ**[2] 体に力が入らずまっすぐに立っていられない。

ぐんなり[3] 体に力が入らず柔らかくしおれている。

げっそり[3] 非常に消耗したので肉がやせ、気力もなくなる。

げんなり[3] 対象のあまりのすごさにあきれて精神的に疲れる。

ばてばて[1] これ以上動けないほど疲れる。

へとへと[1] これ以上動けないほど疲れて息もたえだえである。

44 強い ようす

がっしり[3] 骨組みが堅固で重い物をよく支えられる。

がっちり[3] 骨組みや組織の結合が強くて簡単にはこわれない。

がんがん[2] 行動や進行の程度が激しく勢いがある。

ぐいぐい[2] 強い力で物を連続的に引っ張る。

ぐん[2] 強い力で物が一回引っ張られる。

ぐんぐん[2] 強い力で押したり引いたりして進む。

ばったばった[2] 敵を次々となぎ倒す。

びしっ[2] 細く長い物で強く打って衝撃を与える。

びしびし[2] 細く長い物で連続的に打つ。

もりもり[3] 筋肉などが盛り上がって強そうに見える。

45 照る・晴れる ようす

→あたたかい・あつい

うらうら[2] 春の太陽がのどかに暖かく照る。

かっ[2] 強い日光が一時に熱く照り

つける。

かっか[3] 強い日光が長時間照りつけて熱くなる。

からっ[2] よく晴れて湿度が少なく乾燥して快い。

からり[2] 天候が回復して晴れ上がり、湿度が少なく快い。

かんかん[2] 夏の強い日差しが上から直接照りつける。

ぎらぎら[3] 真夏の太陽が強く照りつける。

さんさん[2] 暖かい日差しが部屋の中などに豊富に差し込む。

じりじり[2] 火で焼かれるように太陽の熱と光が照りつける。

すかっ[2] 雲が一つもなく気持ちよく晴れあがる。

ぽかぽか[3] 寒い所に暖かい日差しが差し込み空気が暖まる。

46 溶ける ようす

とろっ・とろり[2] 固体がとけて液体になり流れ出す。

どろっ・どろり[2] 固体がとけて濃い液体になり流れ出す。

とろとろ[1,2] 固体がとけて粘る液体となっている。

どろどろ[1,2] 固体がとけて、重くて濃い液体となっている。

べたべた[1,2] 固体の表面がとけて粘るようになる。

べとべと[1,2] 固体の表面がとけてくっつくようになる。

47 閉じる・閉める ようす

かちり[2] かぎなど硬くて小さい物をひっかけてはめる。

きっちり[2] 引き出しなどをすきまがないように完全に閉める。

きりり[2] 口などを絶対開けまいとして強く閉める。

ばたん[2] 開閉ドアなどを大きな音を立てて閉める。

ぱたん[2] 開閉ドアや本などを軽い音を立てて閉じる。

ぴしゃり・ぴしゃっ[2] 引き戸などを勢いよく閉めてふさぐ。

ぴたっ・ぴたり[2] ドアなどを完全に閉めて密着させる。

ぴったり[2] ドアなどを完全に閉めてすきまをなくす。

48 とぶ ようす→走る・はやい

しゅるしゅる[2] 花火などがある距離を尾を引いて音を出しながら飛ぶ。

すいすい[2] トンボなどが高く低く軽いようすで飛ぶ。

ちらちら[3] たくさんの小さい物が目の前を飛び交う。

ばたばた[2] 水鳥などが大きな翼をはばたかせて飛ぶ。

ぱたぱた[2] 小鳥などが小さな翼をはばたかせて飛ぶ。

ひゅうひゅう[2] 弾丸など小さい物がいくつも高速で飛ぶ。

びゅうびゅう[2] 暴風や比較的大きな物が非常に速く飛ぶ。

ぴゅうぴゅう[2] 風や比較的大きな

物が風を切って飛ぶ。

ひゅるひゅる[2] 花火などがある距離を尾を引いて飛ぶ。

びゅんびゅん[2] 自動車などを飛ぶように走らせる。

ひょい[2] 小さな物を身軽に簡単にとび越える。

ぴょん[2] 小さく身軽にとびはねる。

ぴょんぴょん[2] 小さく身軽にとびはねて進む。

ひらひら[3] 蝶など薄くて軽い物が風に乗りながら軽く飛ぶ。

ひらりひらり[2] 軽い物が身軽にひるがえりながら飛ぶ。

ふわふわ[3] 雲などごく軽い物が空中に浮かんでただよう。

49 流れる・流す ようす→降る

ごーっ[2] 大量の水がうずを作って流れ下る。

ざあざあ[2] 大量の水が連続的に流れる。

ざーっ[2] 大量の水が一度に流れる。

さらさら[2] 小川など深さの浅い水が静かに流れる。

しゃあしゃあ[2] 小便などが細い口を通って勢いよく流れ出る。

じゃあじゃあ[2] 水道の水などが蛇口などを通って勢いよく流れる。

せんせん[2] 谷川などの清らかな水が細い川となって流れる。

だーっ[2] 大量の濁流などが障害を乗り越えて一度に流れる。

だくだく[2] 汗などが大量に流れ落ちる。

たらたら[2] 汗・血などがしずくを作って流れ落ちる。

だらだら[2] 汗・血などが大粒のしずくとなって流れ落ちる。

ちょろちょろ[2] 小川など少量の水が細い流れになって流れる。

どうどう[2] 滝など大量の水が上から下へ連続的に流れ落ちる。

どーっ[2] 大量の水が一度に勢いよく流れ落ちる。

どくどく[2] 血などが内部からあふれるように次々と流れ出る。

はらはら[2] 涙などがいくすじも流れ下る。

50 泣く ようす

あーん[2] 子供などが大きな口を開けて泣く声。

うえーん[2] いくじなしの子供などが口をへの字に開けて泣く声。

うるうる[3] 目に涙がいっぱいたまって泣きそうになっている。

えーんえーん[2] 子供などが訴えるように泣く声。

おいおい[2] 大人などが情けなさそうに泣く。

おぎゃあおぎゃあ[2] 赤ん坊のうぶ声。または赤ん坊が泣く声。

おんおん[2] 泣き声を飲みこみながら泣く声。

ぎゃあぎゃあ[2] きかん気の子供などが大声で持続的に泣きわめく。

ぎゃーっ[2] きかん気の子供などが大声で泣きわめく声。

ぐすぐす[3] 鼻水が出て呼吸のたびに鼻が鳴る。
くすん[2] 泣こうとして鼻を小さく鳴らす。
さめざめ[2] 情けない気持ちで涙を流して静かに泣く。
しくしく[2] 鼻をすすり声を出さないで泣く。
ひいひい[2] 情けない声で悲鳴をあげながら泣く。
ほろっ・ほろり[2] 同情や感動で心が動いて涙が瞬間的に落ちる。
ぽろぽろ[2] 大粒の涙が次々と下にこぼれ落ちる。
めそめそ[3] いくじなしの子供などが声を出さずにいつまでも泣く。
よよ[2] 女性などが力なく泣きくずれる。
わあわあ[2] あたりをかまわずに大声で泣きわめく。
わーん[2] あたりをかまわずに大声で泣く。
わんわん[2] あたりに響く大声で泣きわめく。

51

逃げる ようす→走る・はやい

えっさっさ[2] 二、三人で調子を合わせて走って逃げる。
すたこら・すたこらさっさ[2] 委細かまわずその場を急ぎ足で離れる。
するり[2] たくみに身をかわして逃げる。
どっ[2] 大勢が一度にその場から逃げ去る。
ばたばた[2] 慌てて騒ぎながらその場から急いで逃げる。
わらわら[2] 慌てて途方に暮れながらよろめき逃げる。

52

にじむ ようす
→くっつく・ぬれる

じくじく・じゅくじゅく[3] 気持ちの悪い水分が持続的にあふれてにじむ。
しっとり[3] 適度な水分がにじんでしめり気がある。
じっとり[3] 水分がたくさんにじんで不快だ。
じわじわ[2] 水分が少しずつにじんであふれてくる。
じわっ・じわーっ[2] 水分が少しにじんであふれる。
じんわり[2] 水分が中にしみこむように少しあふれる。
べっとり[3] 汗などが表面に濃くあふれる。
べとべと[1,3] 汗などが表面について粘る。

53

ぬれる ようす
→くっつく・にじむ

ぐしょぐしょ・ぐちょぐちょ[1] 衣服などが肌に通るまで完全にぬれる。
ぐっしょり[3] 衣服などが肌に通るまで完全にぬれて重い。
しっとり[3] 肌・地面などが適度な水分でうるおう。

じっとり[3] 肌に汗などがあふれて不快だ。
しっぽり[2] 春雨など温かい水分に包まれる。
しとしと[2] 静かに降る雨などに打たれる。
じとじと[3] 断続的に降る雨などで水分がにじむようで不快だ。
じめじめ[3] 断続的に降る雨などで湿気が多くて不快だ。
ずっぷり[2] 大量の水の中などに体がひたって根元まで完全にぬれる。
どっぷり[2] 液体の中に十分につかってぬれる。
ぬめぬめ[3] 表面が水分と粘り気で光っている。
ぬらぬら[3] 表面が粘り気と水分でぬれている。
ぬるぬる[1,3] 表面が油・粘液などでぬれてすべる。
びしゃっ・ぴしゃっ[2] 水たまりの水などがはねてぬれる。
びしょびしょ・びしゃびしゃ[1] 大量の水でひどくぬれる。
ひたひた[1] 物がちょうど浸るくらいの深さに水がある。
びちびち[1] 水分があふれて表面が完全にぬれる。
びちゃびちゃ・びちょびちょ[1] 大量の水分がはねあがってぬれる。
びっしょり[2] 衣服などが大量の汗などでひどくぬれる。
びっちょり[2] 衣服などが大量の水などで完全にぬれる。
べちゃべちゃ[1,3] 食物などに水分が多くてしまりがない。

54 眠る・寝る ようす

うつらうつら[3] 浅い眠りと不明瞭な目覚めが交互にくる。
うとうと[3] 浅い眠りが持続する。
くうくう[2] 鼻を鳴らしながらよく眠っている。
ぐうぐう[2] いびきをかきながらよく眠っている。
ぐうすか[2] いびきをかいたり止めたりしながらよく眠っている。
ぐっすり[2] 深い眠りで完全に熟睡する。
こっくりこっくり[3] 眠りに落ちる時、首を前後に振り動かす。
ことっ[2] 非常な疲れなどのためあっけなく眠りに落ちてしまう。
ころっ[2] 横になると非常に簡単に眠りに落ちてしまう。
こんこん[2] 深い眠りに落ちて簡単には目覚めない。
すうすう[2] 規則的に呼吸しながら眠る。
すやすや[2] 安らかな寝息を立てて眠る。
とろっ[2] 短時間浅い眠りに落ちる。
とろとろ[3] 精神がゆるんで浅い眠りに入る。
ばたんきゅー[2] すぐ横になって寝入ってしまう。

55 伸びる ようす

ぐんぐん[2] 伸びる速度が目に見えて大きい。

すくすく[2] 子供や植物などが健康に順調に伸びる。

すらっ[2] 背が高くやせていてかっこうがよい。

すらり[2] 足などが細長くてかっこうがよい。

すんなり[2] 体つきなどに凹凸が少なく細くてかっこうがよい。

にょきにょき[2] 細長いものが続いていくつも現れ出て伸びる。

にょっきり[2] 竹の子などが意外な所に不意に大きく伸びて出る。

のびのび[3] 束縛されずに自由に育つ。

ひょろひょろ[3] 長さばかりが不健康に伸びる。

56 飲む ようす→吸う

がばがば[2] ビールなどを大きな口を開いて大量に飲み続ける。

がばっ[2] ビールなどを大きな口を開いて一度に大量に飲む。

がぶがぶ[2] 水などを大量に飲み続ける。

がぶっ・がぶり[2] 水などを口を大きく開閉して一度に大量に飲む。

きゅっ・きゅーっ[2] 冷水・冷酒など少量の液体を一気に飲む。

ぐいぐい[2] 強い酒などを少量ずつ続けてあおって飲む。

ぐっ・ぐーっ[2] ビールや酒などを一気に飲み干す。

ぐびぐび[2] 酒などをのどを鳴らしながらあおって飲む。

ぐびりぐびり[2] 酒などをのどを鳴らしながらあおって続けて飲む。

ごくごく[2] 水などをのどを鳴らしながら続けて飲む。

ごくっ・ごくり[2] つばなどをのどを鳴らして飲み込む。

ごくん・ごっくん[2] 生つばなどをのどを鳴らして飲み下す。

ずるずる[2] スープなどを音を立ててすすりながら汚らしく飲む。

ちゅうちゅう[2] ジュースなどを細い管から吸って飲む。

ぴちゃぴちゃ[2] 犬などが舌を出してなめながら飲む。

57 吐く ようす

おえっ[2] 吐きそうになって胃の中の気体を口から出す。

げえげえ[2] 胃から液体や気体を続けて吐く。

げっ[2] 胃から液体や気体を一回吐く。

げろげろ[2] 胃から内容物を続けて吐く。

ぷっぷっ[2] 口の中の物を唇をすぼめて何度も吐き出す。

ぺっ[2] 口の中のつばやガムなどを、舌を前に出して一気に吐き出す。

ぺっぺっ[2] 口の中の物を舌を前に出して何度も吐き出す。

むかっ[2] 吐きたい気分になって胃から気体などがこみあげる。

むかむか[3] 吐きたい気分が続いている。

58 走るようす

→とぶ・逃げる・はやい

さっさっ[2] 要領よく軽い足取りで走る。

すいすい[2] 自転車などが風を切って気持ちよく走る。

たったかたったか[2] 軽く地面を蹴りながら足早に走って去る。

たったっ[2] 軽く地面を蹴りながら足早に走る。

ちょこちょこ[3] 短い足または小股で小刻みに走る。

とことこ[2] 子供などが短い足または小股でかわいらしく走る。

とっと[2] 素早く決断してその場からできるだけ早く離れる。

とっとことっとこ[2] 軽い足取りで着実にかなりの距離を走る。

ぱかぱか[2] 馬などがひづめを鳴らしながら走る。

びゅーっ・びゅーん[2] スポーツカーなどが高速で走る。

びゅんびゅん[2] スポーツカーなどが加速しながら高速で突っ走る。

59 働かないようす

うだうだ[3] やる気が起こらないまま有意義なことをしない。

ぐうたら[1] 精神的にたるんでいて行動を起こさない。

ぐだぐだ[3] やる気が起こらないので行動を起こさない。

ごろごろ[3] 部屋の中で寝てばかりいて仕事や運動をしない。

のうのう[2] まわりを気にせず楽にしていて働かない。

のらくら[2] なまけて気楽に遊んでいる。

のらりくらり[2] まわりの期待や督促を気にせず気楽に遊んでいる。

のんびり[3] 仕事をしないで体と心を弛緩させて休める。

のんべんだらり[2] 仕事をしないでだらしなく時を過ごす。

ぶらぶら[3] 仕事をせずにあちこち遊び歩いて暮らしている。

60 働くようす

がんがん[2] エネルギッシュに積極的に仕事にぶつかっていく。

きびきび[3] 運動や仕事などの動作に勢いとリズムがある。

きりきり[2] コマが回るように休みなく働き続ける。

こつこつ[2] 一つの事をあきずに着実にゆっくりし続ける。

しこしこ[2] 一つの事に専念して他に目を向けず、持続的に行う。

せっせ[2] 一つの事を着実に一生懸命行う。

てきぱき[3] 目的にあった行動を無駄なく順序よく次々に行う。

ばりばり[2] エネルギッシュに積極的に次々と仕事をこなしていく。

擬

61 はやい・すばやい ようす

↓とぶ・走る

うろちょろ[3] 邪魔な物があたりを素早く動き回る。
こそこそ[3] あやしげなようすでかげで素早く動き回る。
ごそごそ[3] よくわからないことを見えない所でしている。
さっ[2] 反応がよくて動作が素早い。
さっさ・さっさっ[2] 手ぎわがよくて行動が素早い。
すっ・すっすっ[2] 自発的に素早く動く。
すぱっ[2] 刃物で一瞬のうちに切るように物事を行う。
すらすら[2] 物事がよどみなく順調に気持ちよく進む。
だっ・だーっ[2] 一度に勢いよく走り出したり事を始めたりする。
ちょこまか[3] 落ち着きなく細かく動き回る。
ちょろちょろ[3] 小さい物が細かく動き回る。
とっと[2] 手早くかたづけてその場をすぐに立ち去る。
びゅーっ[2] スポーツカーなどが非常に高速で風を切って進む。
びゅんびゅん[2] スポーツカーなどが非常に高速で持続的に進む。
ひょいひょい[2] 障害物などを次々に身軽に飛び越える。
ひらり・ひらっ[2] 障害物や攻撃などを素早くかわす。

62 光る ようす

きらっ・きらり[2] 小さい物が光を発して一瞬鋭く美しく光る。
ぎらっ・ぎらり[2] 小さい物が光を発して一瞬強く光る。
きらきら[3] 宝石などが何度も美しく光る。
ぎらぎら[3] 真夏の太陽などが光を発しながら何度も強く光る。
きんきらきん[1] 非常にはでな装飾が光り輝いて見える。
ちかちか[3] 鈍い光が断続的に光ったり消えたりする。
つやつや[1,3] 肌などの表面がなめらかで光を反射して明るく見える。
てかっ[2] なめらかな表面のものが光を一瞬反射する。
てかてか[1,3] 表面につやがあって光をよく反射する。
てらてら[3] 表面がぬれていて鈍い光をよく反射する。
ぬめぬめ[3] 表面がぬれていて柔らかく鈍い光をよく反射する。
ぴかっ・ぴかり[2] 稲妻などが光を発して一瞬鋭く光る。
ぴかぴか[1,3] 表面がよく磨かれてつやがあり、光をよく反射する。
らんらん[2] 猛獣の目などが暗い所で鋭く光る。

63 ひらく・あける ようす

あーん[3] 口を大きく開けてそのままにしておく。
あんぐり[3] あきれたとき、物を食べるときなどに口を大きく開く。

がーっ[2] 声を出しながら口を大きく開けていく。

かっ[2] 怒り・威嚇などで目や口を大きく開く。

がばっ[2] 突然口や穴などが大きく開く。

からり[2] 引き戸などが軽くすべって一度に開く。

ぎーっ[2] 開閉ドアなどが重い音を立てて開く。

ばかっ[2] 大きな穴などが急に開いて空間ができる。

ぱかっ・ぱっかり[2] 箱のふたなどが一度に軽く開いて空間ができる。

ぱくっ・ぱくり[2] 口を一度に大きく開いてから閉じる。

ぱちくり[3] 驚きなどでまぶたを大きく開閉して目を見張る。

ぱちぱち[3] まぶたを何度も開けたり閉じたりする。

ぱっくり[2] 傷口などが閉じないで大きく開いたままになる。

ぱっちり[3] 目を大きく見開く。また、目が大きく美しい。

ぽかん[2] 途方に暮れて口を半開きにする。

ぽけっ[2] 精神が集中していないので口が無意識に半開きになる。

ぽっかり[2] 心の中などに突然深い穴が開いて空虚な感じがする。

64 吹くようす

ごーっ[2] 強い風が大きな物音を立てながら吹きすさぶ。

さやさや[2] 微風が木の葉などの軽い音を立てながらやさしく吹く。

さわさわ[2] 軽風が木の葉などの軽い音を立てながら爽やかに吹く。

すうすう[3] すきま風などが何となく吹きこんでくる。

すーっ[2] すきま風や微風を体に感じる。

そよそよ[2] やわらかい風が静かにやさしく吹く。

ひゅーっ[2] 少し強い風が音を立てて吹く。

びゅーっ[2] 強風が音を立てて吹き過ぎる。

ぴゅーっ[2] 少し強い風が耳元で音を立てて吹き過ぎる。

ひゅうひゅう[2] かなりの強風で電線などが音を立てる。

びゅうびゅう[2] 台風などの強風が持続的に吹く。

ぴゅうぴゅう[2] 木枯らしなどの冷たい強風が持続的に吹く。

ふーっ[2] 唇をすぼめて細い息を吐きかける。深いため息をつく。

ぷーっ[2] 唇をすぼめて細い息を吐き風船などをふくらませる。

ふうふう[2] 唇をすぼめて細い息を連続して吐く。

ぷうぷう[2] 小型の金管楽器などを吹く。

ぶぉーっ[2] ほら貝や大型の金管楽器などを吹く。

65 ふくらむ・太る ようす

ころころ[3] 子犬などが体全体に丸く肉がついている。
でっぷり[3] 中年男性などが腹などに脂肪や肉がついて太っている。
でぶでぶ[1,3] しまりのない肉や脂肪でみっともなく太っている。
ぱんぱん[1,3] 中身がふくらんで表面がはち切れそうになっている。
ぷーっ[2] 風船・パンなどが内部のガスでふくらむ。
ふかふか[1,3] ふとんなどまるみがあって柔らかそうに見える。
ぷくっ[2] 虫さされなどで比較的小さい場所の表面が盛り上がる。
ぶくぶく[1,3] 空虚な中身で表面が大きくふくらんでいる。
ぷくぷく[2] 水の表面にあわなどが次々にふくらんで浮き上がる。
ふっくら[3] ふとんなど表面が豊かに柔らかくふくらんでいる。
ふっくり[3] 子供の頬などが豊かに柔らかくふくらんでいる。
ぶよぶよ[1,3] 柔らかい中身で表面が不定型にふくらんでいる。
ふんわか[3] 肌ざわりが柔らかそうで軽くふくらんでいる。
ふんわり[3] 肌ざわりが柔らかくて軽そうである。
ぽっちゃり・ぽってり[3] 全体に太って丸い。
ぽちゃぽちゃ[3] 体の肉づきがよく、丸くて柔らかい。
ぼてぼて[3] 不必要な衣類や肉などがついて太って見える。
むくむく[2] 犬などが長くてやわらかい毛などで太って見える。
むちむち・むっちり[3] 充実した肉ではち切れそうに太っている。

66 ぶつかる ようす→打つ

かしゃかしゃ[2] 写真のシャッターなど、硬くて軽い物が何度か音をたてる。
かしゃっ[2] 写真のシャッターなど、硬くて軽い物が一瞬音をたてる。
かたかた[3] 窓など硬くて軽い物が何度もぶつかる。
がたがた[3] ドアなど重い物が何度もぶつかる。
かたこと[2] 包丁とまな板など硬くて軽い物がぶつかりあって、複雑な音がする。
がたごと・がたんごとん[2] 列車と線路など重い物がぶつかりあって、複雑な音がする。
がたぴし[2] 雨戸など重い物がぶつかったりきしんだりする。
かちかち[2] 時計や拍子木などが、軽くて硬い音を連続的にたてる。
がちがち[2] 歯など硬くて比較的重い物どうしが何度もぶつかりあって音をたてる。
かちっ・かちり[2] かけ金など軽くて硬い物がふれあって小さい音をたてる。
かちゃかちゃ[2] かぎの束など軽くて硬い物どうしが何度もぶつかりあう。

がちゃがちゃ[2] 重くて硬い物が何度もぶつかりあう。
かちゃん[2] かぎなどが軽い金属音を立ててはまる（外れる）。
がちゃん[2] ちょうつがいなどが重い金属音を立ててはまる（外れる）。
かつかつ[2] つえなど軽くて硬い物が低い音を立てて何度もぶつかる。
かっちんかっちん[2] 時計などが小さな金属音を規則的に立てている。
がつん[2] 硬くて重い物どうしが強くぶつかって衝撃を受ける。
からから[2] 下駄など、硬い物がふれあって軽い音をたてる。
がらがら[2] 重い物が崩れたり移動したりして濁った音をたてる。
からころ[2] 下駄など軽くて硬い物が軽快な音を立てている。
がん・がーん[2] 固くて重い物が強くぶつかって衝撃を受ける。
がんがん[2] 重い物が何度もぶつかって音をたてる。
こちこち[2] 時計などが硬くてこもった音を立て続けている。
こつこつ[2] 靴と床など硬い物どうしが何度もぶつかる。
こっとんこっとん[2] 水車などが硬くて軽い音を立てている。
こつん[2] 小さくて硬い物がぶつかって音をたてる。
ごつん[2] 重い物がぶつかって大きな音をたてる。
ことこと[2] なべぶたなどが軽いこもった音をたてる。
ごとごと[2] 夜汽車などが重く低い音を立てて走る。
じゃらじゃら[3] パチンコの玉など小さくて硬く重い物どうしがぶつかりあう。
ちゃりん[2] 硬貨など小さな金属が硬い物にぶつかる音が響く。
どーん・どん[2] 非常に重い物が強くぶつかって響きわたる。
どかん[2] 大きくて重い物がぶつかって衝撃を受ける。
どしん[2] 大きくて重い物がぶつかってあたりが震える。
どんどん[2] 大きくて重い物が何度もぶつかる。
ばーん[2] 大きくて重い物が広い面積で勢いよくぶつかる。

67 降る ようす→流れる

こんこ・こんこん[2] 雪やあられが次々と降る。
ざあざあ[2] 大量の雨が持続的に降る。
さーっ[2] 通り雨などが軽く一時に降る。
ざーっ[2] 夕立などかなり大量の雨が一時に降る。
さわさわ[2] 春雨など快い雨が比較的少量降る。
しとしと[2] 比較的少量の雨が静かに降る。
じとじと[2] 梅雨時など少量の雨が

持続的に降って湿っている。

しょぼしょぼ[2] 少量の雨が寂しいようすで降る。

しんしん[2] 雪が音もなく持続的に降り積もる。

ちらほら[3] 空から雪がまばらに散り落ちて来る。

はらはら[2] 粉雪などがごく軽いようすで少量降る。

ばらばら[2] 大粒の雨や雹などが急に降って来る。

ぱらぱら[2] 少量の雨やあられなどが急に降って来る。

びしゃびしゃ[2] 雨やみぞれなどが路上にたまりながら降る。

びちゃびちゃ[2] 雨やみぞれなどが水たまりにはねをあげながら降る。

ぽつぽつ[2] 雨が一粒ずつまばらに落ちて来る。

68 ふるえる ようす→揺れる

がくがく[3] 関節などが大きく動くように全体が上下左右に震える。

がたがた[3] 体や物の全体が左右に激しく震える。

ざわざわ[3] 気味の悪さなどで体の表面に鳥肌が立って震える。

ぞくぞく[3] 寒さなどで体の表面が細かく震える。

ぞっ[2] 寒さ・恐怖などで体の表面が一瞬震える。

びくっ[2] 驚き・恐怖などで体全体が一瞬けいれんする。

ひくひく[3] 体の異常などで一部または全体がけいれんする。

びくびく[3] 体の異常などで一部または全体が大きくけいれんする。

びりびり[3] 窓ガラスなどが大きな音に共鳴して震える。

ぶるっ[2] 寒さなどで体の表面に鳥肌が立ち一瞬全身が震える。

ぶるぶる[3] 寒さ・恐怖などで体全体が細かく震える。

わなわな[3] 恐怖・怒りなどで体全体が大きく震える。

69 平気である・気にしない ようす

あっけらかん[2] 悪いことをしても反省したり後悔したりしない。

いけしゃあしゃあ[2] 他人の迷惑をかえりみずに物事をする。

けろり・けろっ[2] 悪事や重大事を経験しても何の影響も受けない。

さばさば[3] 物事に執着が少なく、深く考えない。

しゃあしゃあ[2] 他人の迷惑を全くかえりみずに何でもする。

しれっ[2] 何も気にかけず平然としている。

ずけずけ[2] 遠慮すべきことまで無遠慮に何でも言う。

ぬけぬけ[2] 自慢やのろけなどを照れずに平気で言う。

のほほん[2] 何事も気にしないで平気でいる。

70 へこむ・やせる ようす

げっそり[3]・**げそっ**[2] 頬などの肉が急に落ちてやせる。

ぺこっ[2] ゴムまりなどふくらんでいた物の一部が一回へこむ。

ぺこぺこ[1] ゴムまりなどふくらんでいる物の一部が何度もへこむ。

ぺこん[2] ゴムまりなどふくらんでいた物の一部がへこんで戻らない。

ぺしゃっ・ぺしゃり・ぺしゃん[2] ふくらんでいた物全体が平らにつぶれる。

ぺしゃんこ・ぺちゃんこ[1] ふくらんでいた物が平らにつぶれて戻らない。

ぽこっ・ぽこん[2] ふくらんでいた物の一部が丸い穴になってへこむ。

71 曲がる・しわがよる ようす

→やわらかい

うねうね[3] 道・蛇など長い物の全体が大きく蛇行しながら続く。

ぎくぎく[3] 硬い物が角ばって何度も曲がる。

くにゃくにゃ[1,3] 柔らかく自在に曲がってつかみどころがない。

ぐにゃぐにゃ[1,3] 柔らかく自在に曲がって自立していない。

くにゃっ[2] 物の一部が突然柔らかく曲がる。

ぐにゃっ・ぐにゃり[2] 物の一部が突然柔らかく曲がる。

くねくね[3] 長いものが小さく蛇行しながら続く。

しなしな[3] 女性の体などが左右に振れながら色っぽく曲がる。

しゃなりしゃなり[2] 着飾った女性などが腰を振りながら色っぽく歩く。

しわくちゃ[1] 紙幣・皮膚などの表面に多数のしわが寄って戻らない。

しわしわ[1] 布などの表面に多数のしわがある。

しんなり[3] 物が軟らかく曲がるようす。

ちりちり[1,3] パーマなどで細かく縮んでしわがよる。

にょろにょろ[3] 蛇など長くてすべる物が蛇行しながらはう。

72 見る・見える ようす

ありあり[2] 現実にはない物や感情が明瞭に見える。

かっ[2] 目を大きく見開いてにらむ。

きっ[2] 怒りなどで目つきや態度をきつくしてにらむ。

きょときょと[3] 落ち着かないようすで何度もまばたきしながら見る。

きょろきょろ[3] 落ち着かないようすであたりを何度も見回す。

ぎょろぎょろ[2] 大きな目を動かしてあたりを見回す。

ぎろり・ぎろっ[2] 大きな目で獲物をねらうように鋭くにらむ。

ぐっ[2] 焦点を鋭く合わせて強くにらむ。

しげしげ[2] 対象を評価しながら近くから何度も繰り返しよく見る。

じっ・じーっ[2] 視点を対象から動かさないでよく見る。
じろじろ[2] 無遠慮に何度も繰り返しよく見る。
じろっ・じろり[2] 冷たくにらむように相手を見る。
すけすけ[1] 物の向こう側や内部が透けてよく見える。
ちらちら[2] 見ないふりをしながら目のはしで何度も見る。
ちらっ・ちらり[2] 目のはしに対象が一瞬ひっかかるように見える。
つくづく[2] 感慨にふけりながら何度も見る。
はっきり[3] 対象が明瞭に見える。
ぼんやり[3] 物の形や輪郭が不明瞭に見える。
まざまざ[2] 実際に目の前で起こっているように実感して見える。
まじまじ[2] 目をそらさないでじっと見つめる。

73 燃える ようす

かっか[2] 太陽や火が持続的に熱く燃える。
がんがん[2] ストーブの火などが勢いよく熱く燃える。
ちょろちょろ[3] 火が小さい炎で持続的に燃える。
ちろちろ[3] ろうそくの火などが小さい炎で揺れながら燃える。
とろとろ[2] 火が弱い状態で長時間燃える。
ぱっぱっ[2] 火が大きな炎で勢いよく燃える。
ぶすぶす[3] 炎をあげずに煙だけ出してくすぶる。
ぼうぼう[2] 火事など大きな炎が連続的に燃え上がる。
ぼーっ[2] たき火など炎が一瞬大きく燃え上がる。
ぽっぽっ[2] 火がときどき大きな炎で持続的に燃える。
めらめら[2] 燃えやすい物に火がついて急に勢いよく燃え上がる。

74 焼ける ようす→あつい・照る

こんがり[2] 食べ物などに適度なこげめがついてうまそうに焼ける。
じゃーっ[2] 熱したフライパンなどに食物を入れて焼く時に出る音。
じゅうじゅう[2] 肉など脂肪分の多い物を焼いた時に出る音。
じゅーっ[2] 食物の脂肪分などが焼けて溶け出す音。
じりじり[3] 太陽や火などで持続的に熱く焼ける。
ちりちり[3] 太陽や火などで持続的に焼かれて縮む。

75 破る・破れる ようす

ずたずた[1] 何度も切り裂いて原形がわからないほどに破る。
ばりっ[2] ベニヤ板など大きな硬い物を勢いよく破る。
ぱりっ[2] 障子紙など薄い物の一部を破る。
ばりばり[2] 硬い物を大きな音を立てて破る。

ぱりぱり[2] 障子紙など薄い物を何度も破る。
びりっ[2] 布などを勢いよく破る。
ぴりっ[2] 紙など薄い物を勢いよく破る。
びりびり[2] 服・ポスターなど比較的厚い物を何度も破る。
べりっ[2] ポスターなど貼ってある物を勢いよく破ってはがす。
ぺりっ[2] 湿布など貼ってある薄手の物を勢いよくはがす。
べりべり[2] 一面に張ってある厚手の物を何度も破る。
ぼろぼろ[1] 布などが細かく破れて原形がわからなくなっている。

76 やわらかい ようす

→ふくらむ・曲がる

うねうね[3] 道・蛇など長い物が軟らかく蛇行する。
くたくた[1,3] 内部に芯がなく自立できないようすで平らになる。
ぐたぐた[1] 原形がわからなくなるほど柔らかく変化する。
ぐちょぐちょ[1,3] 水分を多量に含んで柔らかい。
ぐつぐつ[2] 原形がわからなくなるほど柔らかくなる。
くにゃくにゃ[1,3] よくすべって軟らかくつかみどころがない。
ぐにゃぐにゃ[1,3] 内部に芯がなく自立できないようすで軟らかい。
くにゃっ[2] 物の一部が急に軟らかく曲がる。
ぐにゃっ[2] 物の一部が急に軟らかく曲がって支えられなくなる。
しなしな[3] 女性の体などが弾力があって軟らかくくねる。
しんなり[3] もともと硬く突っ張っていた物が軟らかくなる。
しんねり[3] 一見柔らかいが内部に芯があって歯ごたえがある。
たぷたぷ・たぷんたぷん[2] 表面に余分なたるみがあって柔らかく揺れる。
とろとろ[1,2] 固体だった物が軟らかくとけて液体になる。
どろどろ[1,2] 固体だった物が軟らかくとけて重い液体になる。
なよなよ[3] 芯がなくて柔らかく弱々しい。
にょろにょろ[3] 蛇などすべりやすい物が軟らかく蛇行しながらはう。
ふかふか[1,3] 内部に多量の空気を含んで柔らかい。
ふっくら[3] まんじゅうなど内部が充実してふくらんで柔らかい。
ふっくり[3] 子供の頬などが柔らかくふくらんでいる。
ぷっくり[3] もちなどの一部が空気を含んで柔らかくふくらむ。
ふにゃーっ・ふにゃっ[2] 押すと抵抗なく柔らかくへこむ。
ふにゃふにゃ[1,3] 張りやしまりがなく柔らかい。
ふわーっ・ふんわり[2] 軽い物が柔らかく浮き上がる。
ふわふわ[1,3] 綿など軽い物が多量の空気を含んで柔らかい。

へなへな[3] 支えが外れて弱々しく崩れる。

へろへろ[3] 支えや芯となる物が失われて自立できなくなる。

むちむち[3] 肉付きがよく弾力がある。

もりもり[3] 筋肉などが盛り上がって充実した弾力がある。

やんわり[2] 物の言い方などが柔らかくて刺激が少ない。

77 ゆるむ・ゆるい ようす

がばがば[13] 服や靴などが体より大きくてすきまがありすぎる。

がぼがぼ[13] 服や靴などが体より大きくてすきまがありすぎ体が動く。

ぐずぐず[13] 帯など堅く締めてあった物がゆるんで形が崩れる。

くたくた[13] 張ってあった物がゆるんで垂れ下がる。

ぐたぐた・ぐだぐだ[13] ロープなどが締まりがなくなって崩れる。

だぶだぶ[13] 服などが体より大きくて外側がたるむ。

ぱかぱか[13] 容器のふたなどが大きすぎて密着しない。

ぶかぶか[13] 服や靴などが体より大きくてすきまができる。

ゆるゆる[13] 帯・ひもなど堅く締めてあった物がゆるんで支えられなくなる。

78 揺れる ようす→ふるえる

がたがた[3] 車・列車など重い物が不安定に揺れてぶつかる。

がたくりがたくり[2] 荷車など重い物が不安定・不規則に揺れてぶつかる。

くらくら[3] めまいなど体の平衡が取れずまっすぐ立っていられない。

ぐらぐら[3] 物や体などが全体的に大きく持続的に揺れる。

ぐらっ・ぐらり[2] 建物や体などが急に大きく揺れる。

ごとごと[3] 列車など重い物が規則的に揺れてぶつかる。

ごとんごとん[2] 重い物がゆっくりと規則的に揺れてぶつかる。

ふらふら[13] めまい・疲労・酔いなどで体の平衡が取れず揺れる。

ぶらぶら[3] 上から下がっている物が揺れ動く。

ぷらぷら[3] 軽い物が風などで揺れる。

ぶらん[2] 比較的大きな重い物が上から垂れ下がって揺れる。

ゆさゆさ[3] 大きな重い物の全体がゆっくり持続的に揺れる。

ゆらゆら[3] 大きな重い物の上部がゆっくり持続的に揺れる。

ゆらり・ゆらっ[2] 大きな重い物の上部が軽くゆっくりと揺れる。

79 酔っている ようす

うーい[2] 胃から酒気をおびたガスを吐き出す音。

ぐでんぐでん[1] 酒に非常に酔って正体をなくす。
ひっく[2] 酒気のために横隔膜がけいれんして起こるしゃっくり。
へべれけ[1] 酒に非常に酔って視点が定まらずことばも不明瞭である。
べろんべろん・べろべろ[1] 酒に非常に酔って体全体の自由がきかなくなる。
ほろり・ほろっ[2] 酒などに少し酔って気持ちがよくなっている。
れろれろ[1] 酒・麻薬などで舌がもつれてことばが不明瞭になる。

80 喜ぶ ようす

いそいそ[3] 好ましいことへの期待で落ち着かずに出かける。
うきうき[3] 好ましいことへの期待で楽しそうである。
うはうは[2] 多額の利益などを得た喜びを発散している。
ほいほい[2] 深く考えずに喜んで応じる。
ほくほく[3] 多額の利益などを得た喜びからうれしそうに笑っている。
るんるん[1,3] 好ましいことへの期待で気分や足取りが軽い。
わくわく[3] 好奇心や期待で落ち着かず早く先へ進みたい。

81 弱い ようす

しょぼしょぼ[3] 元気がなくなって目などを力なくまばたきする。
しょんぼり[3]**・しょぼん**[2] 元気なく一人で寂しそうにしている。
ひよひよ[1,3] 体つきなどが細くて頼りなさそうである。
ひょろひょろ[1,3]**・ひょろり**[2] 体の太さの割に長く伸びて頼りない。
ふにゃふにゃ[1,3] 内部に芯や弾力がなく押しても抵抗がない。
へたへた[2] 急に力が抜けたようにその場にくずおれる。
へなへな[2] 内部の芯が失われて力なく崩れる。
へにゃっ[2] 内部の芯が失われて弱々しく崩れる。
めそめそ[3] 意志が弱く力のない声で弱々しく泣く。
めろめろ[1] 相手の力や勢いに負けたり愛情におぼれたりして、しまりがなくだらしない。
やわやわ[2] 肌などが柔らかく傷つきやすそうである。
やんわり[2] 意見など相手に衝撃を与えないように柔らかく言う。
よぼよぼ[1,3] 老人などが衰え弱って体が思うように動かない。
よろよろ[3] 足もとがしっかりしないで今にも倒れそうだ。

82 笑う ようす

あははは[2] 大きく口を開けて明るく笑う。
いひひひ[2] 口を横に引いて陰険に笑う。
うはうは[3] 多額の利益などを得て

喜び、大声で下品に笑う。
うふふふ[2] 口をほとんど開けずに秘密めかして笑う。
えへへへ[2] 照れながら恥ずかしそうに笑う。
えへらえへら[2] 不適切な時にしまりなく笑う。
おほほほ[2] 女性などが口をあまり開けずに笑う。
からから・かんらかんら[2] 大きく口を開けて豪快に笑う。
きゃあきゃあ[2] 子供や女性などが甲高い声で騒ぎながら笑う。
きゃっきゃっ[2] 子供などが喜んではねまわりながら笑う。
ぎゃははは[2] 非常に好都合な事に接して下品に笑う。
くすくす[2] こらえきれずに、声をひそめて笑う。
くっくっ[2] こみあげる声を抑えながら笑う。
けけけけ[2] 口を横に引いて高い声で不気味に笑う。
けたけた[2] 高い声で軽薄そうに笑う。
げたげた[2] 大声で下品に笑う。
けらけら[2] 高い声で無邪気に笑う。
げらげら[2] 大声で無遠慮に笑う。
にこっ[2]**・にこり**[2]**・にっこり**[3] 声を出さずに唇を横に引いてほほえむ。
にこにこ[3] 声を出さずにうれしそうな顔をする。
にたっ・にたり[2] 喜びを隠しきれずに下品にほほえむ。
にたにた[3] 喜びを隠しきれずに気持ち悪く笑う。
にっ・にーっ[2] 歯をむき出して笑った顔をする。
にやっ・にやり[2] 内心の喜びを隠しきれず思わず笑う。
にやにや[3] 内心の喜びを隠しきれず薄笑いする。
にんまり[3] 自分の望む結果になったので得意になって笑いをうかべる。
はははは[2] 男性などが屈託なく明るく笑う。
ひひひひ[2] 悪人などが狡猾そうに笑う。
ぷっ・ぷーっ[2] 滑稽な事を見聞きして吹き出す。
ふふふふ[2] 内心の喜びを隠しきれず含み笑いする。
ふふん[2] 対象を馬鹿にして鼻の先で笑う。
へへへへ[2] いたずらがばれたりして照れ笑いする。
へらへら[3] だらしなく軽薄に笑う。
ほくほく[3] 多額の利益などを得て喜びを隠しきれない。
ほほほほ[2] 女性などが口をすぼめて高い声で笑う。
わははは[2] 大声で明るく豪快に笑う。

擬

【れ】

冷雨 ……314
零雨 ……314
霊雨 ……314
霊雲 ……364
嶺雲 ……364
冷汗三斗 ……288
霊験あらたか ……288
冷風 ……343
烈風 ……343
連雨 ……314
蓮雨 ……314
レンズ雲 ……364

【ろ】

廊下とんび ……288
狼藉者 ……288
臘雪 ……376
臈たける ……288
漏斗雲 ……364
狼狽 ……288
老婆心 ……288
ロール雲 ……364
隴を得て蜀を望む ……289
六甲颪 ……343
ろは ……289
路傍の人 ……289
呂律 ……289
論語読みの論語知らず ……289

【わ】

若葉雨 ……314
若葉風 ……343
我儘雨 ……314
病葉 ……289
忘雪 ……376
私雨 ……314
綿雲 ……364
綿帽子雪 ……376
綿雪 ……376
渡る世間に鬼はない ……289
和風 ……343
笑う ……290
藁屋の雨 ……314
理ない仲 ……290
わりを食う ……290
破鐘 ……290
割れ鍋にとじ蓋 ……290
腕白 ……290

余風 ……342
夜深 ……282
世迷い言 ……282
夜目遠目笠のうち ……282
蓬生嵐 ……342
夜もすがら ……282
四方の嵐 ……343
よもや ……282
四方山 ……282
よよ ……282
寄り合い ……282
よりけり ……283
縒りをかける ……283
よりを戻す ……283
よるべない ……283
慶雲 ……363
宜しきを得る ……283
夜半 ……283
よんどころない ……283

【ら】

雷雨 ……314
雷雲 ……363
来駕 ……284
雷名 ……284
来臨 ……284
落雪 ……376
落風 ……343
洛陽の紙価を高からしむ ……284
埒があかない ……284
埒もない ……284
辣腕 ……284
乱雲 ……363
濫觴 ……285
乱層雲 ……364
爛漫 ……285

【り】

梨園 ……285
鯉魚風 ……343
陸軟風 ……343
陸風 ……343
六花 ……376
立志伝中の人 ……285
律の風 ……343
理不尽 ……285
流雲 ……364
柳眉を逆だてる ……285
流風 ……343
流々 ……286
涼雨 ……314
寥廓 ……390
遼空 ……390
料簡 ……286
燎原の火 ……286
梁山泊 ……286
領袖 ……286
遼天 ……390
涼飆 ……343
涼風 ……343
両々相俟って ……286
緑雨 ……314
霖 ……314
霖雨 ……314
鱗雲 ……364
悋気 ……287
綸言汗のごとし ……287
凛と ……287

【る】

累雪 ……376
類は友を呼ぶ ……287
坩堝 ……287
縷々 ……287

行合の空 ……………………390
雪垢 ……………………375
雪下 ……………………342
雪風 ……………………342
雪雲 ……………………363
雪解風 ……………………342
雪煙 ……………………375
雪時雨 ……………………313
雪垂 ……………………375
雪垂 ……………………375
雪空 ……………………390
雪の上葺き ……………………375
雪の友 ……………………375
雪の果て ……………………375
雪の花 ……………………375
雪花 ……………………375
雪帽子 ……………………375
雪交 ……………………313
雪交 ……………………313
雪綿 ……………………375
雪を欺く ……………………277
ゆくりなく ……………………277
夕立 ……………………313
楡風 ……………………342
弓の矢風 ……………………342
ゆめゆめ ……………………278
由々しい ……………………278
忽せ ……………………278
弓手 ……………………278

【よ】

宵越し ……………………278
宵闇 ……………………278
羊雲 ……………………363
妖雲 ……………………363
羊角 ……………………342
養花天 ……………………390
南風 ……………………342
陽性梅雨 ……………………313
羊腸 ……………………279
羊頭狗肉 ……………………279
杳として ……………………279
陽風 ……………………342
要領 ……………………279
夜風 ……………………342
余儀ない ……………………279
欲の皮が突っ張る ……………………279
横雨 ……………………313
横風 ……………………342
横紙破り ……………………279
横雲 ……………………363
横車を押す ……………………280
横様雨 ……………………313
横雨 ……………………313
横時雨 ……………………313
横風 ……………………342
横吹雪 ……………………376
横降 ……………………313
横やり ……………………280
横雪 ……………………376
横恋慕 ……………………280
夜雨 ……………………313
夜さり ……………………280
夜時雨 ……………………313
由無い ……………………280
よしなに ……………………280
誼を通じる ……………………281
よしんば ……………………281
縁 ……………………281
夜空 ……………………390
与太 ……………………281
夕立 ……………………314
夕立雲 ……………………363
与太郎 ……………………281
夜っぴて ……………………281
夜なべ ……………………281

野暮用 ……272
病膏肓に入る ……273
山颪 ……341
山蔓・山鬘 ……362
山颪 ……341
山勘 ……273
山際 ……389
山雲 ……362
山風 ……341
山下風 ……341
山背 ……341
山谷風 ……341
山っ気 ……273
大和撫子 ……273
山の神 ……273
山松風 ……341
山廻 ……312
やまやま ……274
山雪 ……375
山笑う ……274
山をはる ……274
闇雲 ……363
病み付き ……274
病む ……274
矢も楯もたまらず ……274
彌時雨 ……312
遣らずの雨 ……274
不遣の雨 ……312
やらずぶったくり ……274
やるかたない ……275
やるせない ……275
野郎 ……275
夜郎自大 ……275
やわか ……275
和風 ……341
柔肌 ……275
やんごとない ……275
やんちゃ ……276
やんぬるかな ……276

【ゆ】

湯浴み ……276
油雲 ……363
木綿鬘 ……363
夕風 ……341
夕雲 ……363
夕曇 ……389
夕暮れ ……276
夕景色 ……276
夕東風 ……341
夕雨 ……312
夕さり ……276
夕潮風 ……342
夕時雨 ……312
夕下風 ……342
有終の美を飾る ……276
融通 ……276
夕空 ……389
夕立 ……312
夕立雨 ……313
夕立雲 ……363
夕立様 ……313
夕立の雨 ……313
夕つ方 ……277
幽天 ……390
夕映え ……277
夕映雲 ……363
雄風 ……342
融風 ……342
夕べ ……277
夕間暮 ……277
夕霙 ……313
夕焼雲 ……363
夕焼空 ……390
夕山風 ……342
ゆかしい ……277

面目ない ……265
面妖 ……265

【も】

猛雨 ……312
濛雨 ……312
蒙古風 ……341
猛雪 ……375
毛頭ない ……266
猛風 ……341
蒙を啓く ……266
没義道 ……266
もぎり ……266
目論見 ……266
猛者 ……266
裳裾風 ……341
餅雪 ……375
もっけの幸い ……266
沐猴にして冠す ……266
もっさり ……266
勿体ない ……267
以て瞑すべし ……267
もてなし ……267
戻風 ……341
元の木阿彌 ……267
戻梅雨 ……312
紅葉を散らす ……268
桃栗三年柿八年 ……268
両肌脱ぐ ……268
門外漢 ……268
紋切り型 ……268
門前の小僧習わぬ経を読む ……268
もんどり打つ ……268

【や】

八色雲 ……362
八色の雲 ……362
夜雨 ……312
八重雨 ……312
八重雲 ……362
八重棚雲 ……362
八重の潮風 ……341
八重歯 ……268
八重旗雲 ……362
八百雲 ……362
やおら ……269
矢風 ……341
やきが回る ……269
やきもき ……269
薬石 ……269
役不足 ……269
八雲 ……362
やけっぱち ……269
自棄のやんぱち ……270
焼け木杭に火がつく ……270
夜光雲 ……362
易きにつく ……270
安物買いの銭失い ……270
夜雪 ……375
やたら ……270
矢継ぎ早 ……270
夜天 ……389
宿六 ……271
柳腰 ……271
柳に雪折れ無し ……271
やにさがる ……271
やにわに ……271
屋根摺 ……375
藪入り ……271
やぶから棒 ……272
吝か ……272
藪の中 ……272
藪蛇 ……272
野暮 ……272
野暮天 ……272

みみっちい ……………………258
見目麗しい ……………………258
身持ちがいい ……………………258
雅 ……………………258
雅やか ……………………258
深山風 ……………………340
御雪・深雪 ……………………374
冥加に余る ……………………259
妙ちきりん ……………………259
猛風 ……………………340
冥利 ……………………259
妙齢 ……………………259
身を知雨 ……………………311

【む】

六日の菖蒲 ……………………259
向風 ……………………340
迎えの雲 ……………………361
昔取った杵柄 ……………………259
麦嵐 ……………………340
麦の秋風 ……………………340
むくつけき ……………………259
無辜 ……………………259
向こう三軒両隣 ……………………260
虫が好かない ……………………260
虫酸が走る ……………………260
虫の息 ……………………260
娘十八番茶も出花 ……………………260
無体 ……………………260
無茶 ……………………260
むちゃくちゃ ……………………261
六つの花 ……………………374
無手勝流 ……………………261
無鉄砲 ……………………261
胸算用 ……………………261
空しき空・虚しき空 ……………………389
胸突き八丁 ……………………261
胸三寸 ……………………261
無名氏 ……………………262
むら風 ……………………341
群雲・叢雲・村雲 ……………………362
紫 ……………………262
紫の雲 ……………………362
群雨・叢雨・村雨 ……………………312
群時雨・叢時雨・村時雨 ……………………312
群群時雨 ……………………312
斑斑雪 ……………………375
無類 ……………………262

【め】

迷宮入り ……………………262
明鏡止水 ……………………262
瞑する ……………………262
目一杯 ……………………262
明眸皓歯 ……………………263
目顔 ……………………263
目から鱗が落ちる ……………………263
目腐れ金 ……………………263
目くじら ……………………263
恵の雨 ……………………312
めくるめく ……………………263
滅相もない ……………………263
愛でる ……………………264
目処が立つ ……………………264
娶る ……………………264
目には目歯には歯 ……………………264
目の正月 ……………………264
目の保養 ……………………264
目端が利く ……………………264
目鼻がつく ……………………264
目安 ……………………264
目病み女に風邪引き男 ……………………265
めろめろ ……………………265
目を皿のようにする ……………………265
面食らう ……………………265
面子 ……………………265

真風 ……………………………340
斑雪 ……………………………374
まだるっこい ………………251
松風 ……………………………340
松の雪 …………………………374
松吹く風 ………………………340
まつりあげる ………………252
待てしばし …………………252
まどろむ ………………………252
俎板の鯉 ………………………252
目交 ……………………………252
眦を決する …………………252
正南風 …………………………340
目映い …………………………252
魔風 ……………………………340
まほろば ………………………253
忠実忠実しい ………………253
繭雲 ……………………………361
眉唾物 …………………………253
丸天井・円天井 ……………389
回風 ……………………………340
満艦飾 …………………………253
まんざら ………………………253
卍巴 ……………………………253
万年雪 …………………………374

【み】

ミイラ取りがミイラになる
……………………………………254
魅入られる …………………254
身から出た錆 ………………254
砌 ………………………………254
身綺麗 …………………………254
三行半 …………………………254
見巧者 …………………………254
見知り越し …………………255
水菓子 …………………………255
水風 ……………………………340
瑞風 ……………………………340
水茎の跡 ………………………255
水くさい ………………………255
水商売 …………………………255
水取雨 …………………………311
瑞穂の国 ………………………255
水増雲 …………………………361
見澄ます ………………………255
瑞瑞しい ………………………255
水も滴るいい女 ……………255
水もの …………………………256
水も漏らさぬ ………………256
水をあける …………………256
水を打ったような …………256
水を向ける …………………256
味噌 ……………………………256
身空 ……………………………256
み空 ……………………………389
霙 ………………………………311
味噌をつける ………………256
道草を食う …………………257
密雲 ……………………………361
密会 ……………………………257
蜜月 ……………………………257
密雪 ……………………………374
三つ巴 …………………………257
三つ指をつく ………………257
嬰児 ……………………………257
緑の黒髪 ………………………257
水無月空 ………………………389
港風 ……………………………340
南風 ……………………………340
南東風 …………………………340
南疾風 …………………………340
峰雲 ……………………………361
身二つになる ………………257
見紛う …………………………258
身罷る …………………………258

芳心 ……246
芳信 ……246
豊年 ……374
朋輩 ……246
傍風 ……339
暴風 ……339
暴風雨 ……311
暴風雪 ……374
這々の体 ……247
芳名 ……247
暴霖 ……311
暮雲 ……361
墨守 ……247
木鐸 ……247
北天 ……389
北東貿易風 ……339
木訥 ……247
朴念仁 ……247
北風 ……339
ぽくぽく ……247
ぼけなす ……247
反故 ……248
鉾先 ……248
埃風 ……339
鉾を収める ……248
星合の空 ……389
星空 ……389
星の国 ……389
星の出入 ……339
星原 ……389
歩障雲 ……361
暮雪 ……374
細雲・繊雲 ……361
臍を噛む ……248
絆される ……248
牡丹雪 ……374
暮天 ……389
仏作って魂を入れず ……248
ほとぼりが冷める ……248
骨っ節 ……248
骨のある ……249
ほの字 ……249
暮風 ……339
ほまち ……249
洞ヶ峠 ……249
蒲柳 ……249
ぼる ……249
惚れる ……250
ほろほろ雨 ……311
本雨 ……311
盆雨 ……311
本懐 ……250
ぼんくら ……250
本卦帰り ……250
盆東風 ……339
ポンコツ ……250
本降 ……311

【ま】

まあゆ ……339
舞風 ……339
枚挙 ……250
紛う ……250
魔風 ……339
間がなすきがな ……251
摩訶不思議 ……251
巻風 ……339
巻雲・惓雲 ……361
まぐれ ……251
真東風 ……339
まごつく ……251
馬子にも衣装 ……251
真風 ……340
間尺に合わない ……251
真澄空 ……389
ますらおぶり ……251

無聊 ……240
古風 ……338
古里 ……240
振る舞う ……240
古雪 ……373
無礼講 ……241
分を弁える ……241
刎頸の交わり ……241
粉骨砕身 ……241
分際 ……241
分身 ……241
粉雪 ……373
噴飯物 ……241
分不相応 ……242
分別 ……242

【へ】

平気の平左 ……242
平々凡々 ……242
碧雲 ……360
辟易 ……242
碧虚 ……388
碧空 ……388
碧霄 ……388
碧天 ……389
碧落 ……389
へこたれる ……242
へそが茶をわかす ……243
臍繰り ……243
べそをかく ……243
辺風 ……338
下手の横好き ……243
へたばる ……243
べた雪 ……373
へちゃむくれ ……243
へっぴり腰 ……243
別嬪 ……244
ペテンにかける ……244
へなちょこ ……244
紅差し指 ……244
紅雪 ……373
への河童 ……244
へばり東風 ……338
へべれけ ……245
へぼ ……245
べらぼうめ ……245
べらんめえ ……245
片雲 ……360
弁慶の泣きどころ ……245
弁慶読み ……245
偏西風 ……338
片積雲 ……361
片雪 ……373
片層雲 ……361
変てこ ……245
偏東風 ……338
辺風 ……339
片乱雲 ……361

【ほ】

暮雨 ……311
法雨 ……311
暴雨 ……311
芳雲 ……361
崩雲 ……361
貿易風 ……339
法界悋気 ……246
奉加帳 ……246
判官贔屓 ……246
芳紀 ……246
蜂起 ……246
芳志 ……246
放射状雲 ……361
放射能雨 ……311
帽子雪 ……374
芳情 ……246

比良の八講荒れ ……………337
尾流雲 ……………360
昼行灯 ……………235
ビル風 ……………338
尾籠 ……………235
広戸風 ……………338
ピンからキリまで ……………235
貧者の一灯 ……………235
貧すれば鈍す ……………235
旻天 ……………388
蘋風 ……………338
便風 ……………338

【ふ】

不一 ……………236
風雨 ……………310
風炎 ……………338
風樹の嘆 ……………236
風声鶴唳 ……………236
風雪 ……………372
風馬牛 ……………236
風来坊 ……………236
笛吹けども踊らず ……………236
敷衍 ……………236
ふがいない ……………237
深みにはまる ……………237
不羈 ……………237
吹 ……………373
吹越の雪 ……………373
不帰の客となる ……………237
吹降 ……………310
不香の花 ……………373
覆盆の雨 ……………310
伏魔殿 ……………237
含むところがある ……………237
富士颪・不二颪 ……………338
不躾 ……………237
富士額 ……………238
富士南 ……………338
不肖 ……………238
無粋 ……………238
襖風 ……………338
衾雪 ……………373
風情 ……………238
扶桑 ……………238
不祥雲 ……………360
舞台風 ……………338
二時雨 ……………311
札付 ……………238
牡丹雪 ……………374
不調法 ……………238
吹掛降 ……………311
払暁 ……………239
物故 ……………239
不束 ……………239
不定風 ……………338
ふて寝 ……………239
筆の遊び ……………239
浮天 ……………388
不徳の致すところ ……………239
懐刀 ……………239
腑に落ちない ……………239
舟を漕ぐ ……………240
吹雪・雪吹 ……………373
不夜城 ……………240
冬雲 ……………360
冬曇 ……………388
冬ざれ ……………240
冬空 ……………388
冬の雨 ……………311
冬の風 ……………338
冬の雲 ……………360
冬の空 ……………388
扶揺 ……………338
無頼漢 ……………240
ブリザード ……………373

肘笠雨 ……………………………309
肘笠の雨 …………………………309
大雨 ………………………………309
飛雪 ………………………………372
微雪 ………………………………372
ひそみに倣う ……………………229
ひた押し …………………………229
ひたと ……………………………229
直降 ………………………………309
大雨 ………………………………310
左団扇 ……………………………229
左前 ………………………………229
大雨 ………………………………310
畢竟 ………………………………230
引っ込みがつかない ……………230
羊雲 ………………………………360
筆舌に尽くしがたい ……………230
日照雨 ……………………………310
日照雲・旱雲 ……………………360
一雨 ………………………………310
一廉 ………………………………230
一くさり …………………………230
一雨 ………………………………310
一入 ………………………………230
一頻り ……………………………230
一時雨 ……………………………310
一湿 ………………………………310
一筋縄 ……………………………230
一つ穴の狢 ………………………231
ひとつあゆ ………………………337
一旗揚げる ………………………231
一肌脱ぐ …………………………231
一片雲 ……………………………360
一吹風 ……………………………337
一降 ………………………………310
人身御供 …………………………231
一村雨 ……………………………310
一村時雨 …………………………310
一目惚れ …………………………231
火ともし頃 ………………………231
人もなげに ………………………231
ひと悶着 …………………………231
一渡り ……………………………231
雛形 ………………………………232
日向雨 ……………………………310
鄙びる ……………………………232
日ならずして ……………………232
微に入り細を穿つ ………………232
髀肉の嘆 …………………………232
終日 ………………………………232
檜舞台 ……………………………232
火の車 ……………………………233
雲雀東風 …………………………337
雲雀殺 ……………………………372
悲風 ………………………………337
微風 ………………………………337
火ぶたを切る ……………………233
秘め事 ……………………………233
秘めやか …………………………233
ひもじい …………………………233
白雨 ………………………………310
百年河清をまつ …………………233
百鬼夜行 …………………………233
剽悍 ………………………………233
氷晶雲 ……………………………360
飄然 ………………………………234
平仄が合わない …………………234
瓢箪鯰 ……………………………234
飄風 ………………………………337
豹変 ………………………………234
兵六玉 ……………………………234
比翼の鳥 …………………………234
日和雨 ……………………………310
日和風 ……………………………337
日和見 ……………………………234
平蜘蛛のようになる ……………235

腹芸 ……226
ぱらぱら雨 ……308
張り子の虎 ……226
春嵐 ……336
春一番 ……336
春風 ……336
春雲 ……359
春曇 ……387
春雨 ……309
春雨 ……309
春雨の空 ……387
春三番 ……337
春時雨 ……309
春驟雨 ……309
春空 ……387
春の雨 ……309
春の風 ……337
春の雲 ……359
春の空 ……387
春の初風 ……337
春の雪 ……372
春疾風 ……337
春雪 ……372
馬齢 ……226
晴空 ……388
破廉恥 ……226
晩雲 ……359
挽歌 ……226
万感こもごもいたる ……226
半穹 ……388
半空 ……388
半夏雨 ……309
万死に値する ……226
半霄 ……388
半鐘泥棒 ……227
半畳を入れる ……227
斑雪 ……372
反対貿易風 ……337
半天 ……388
晩天 ……388
坂東太郎 ……359
はんなり ……227
般若湯 ……227
晩風 ……337
万雷の拍手 ……227
万緑叢中紅一点 ……227

【ひ】

氷雨 ……309
贔屓 ……227
引いては ……228
氷雨 ……309
飛雨 ……309
微雨 ……309
飛雲 ……359
微雲 ……359
比叡颪 ……337
東風 ……337
ひ風 ……337
日方 ……337
鼻下長 ……228
引かれ者の小唄 ……228
氷雲 ……359
日暮れて道遠し ……228
微醺 ……228
鬚の塵を払う ……228
引けをとらない ……228
飛行機雲 ……359
飛行雲 ……360
彦太郎 ……360
備後入道 ……360
膝栗毛 ……228
膝とも談合 ……229
大雨 ……309
氷雨 ……309
肘雨 ……309

運雨 ……308
箸が転んでもおかしい年頃 ……220
端くれ ……220
はしたない ……221
波状雲 ……359
走雲 ……359
走梅雨 ……308
はすっぱ ……221
裸一貫 ……221
旗風 ……335
旗雲 ……359
肌に粟が生じる ……221
はだら雪 ……371
はだれ ……371
はだれ雪 ……372
八月爛 ……308
破竹 ……221
八十八夜の別れ霜 ……222
蜂の巣をつついたよう ……222
八面六臂 ……222
初秋風 ……335
初嵐 ……335
初風 ……336
ばつが悪い ……222
初冠雪 ……372
初東風 ……336
初時雨 ……308
初瀬風・泊瀬風 ……336
初空 ……387
初春雨 ……308
初晴 ……387
初御空 ……387
初深雪 ……372
初雪 ……372
はつれ雪 ……372
破天荒 ……222
鳩に豆鉄砲 ……222
花明かり ……222
花筏 ……223
花風 ……336
花簪 ……223
鼻薬 ……223
花曇り ……223
花曇 ……387
鼻毛を抜く ……223
鼻毛を読む ……223
鼻白む ……223
鼻っ柱が強い ……223
鼻につく ……224
花の雨 ……308
花の風 ……336
花の下風 ……336
花の夕立 ……308
花冷え ……224
花弁雪 ……372
花道 ……224
餞 ……224
洟もひっかけない ……224
鼻を明かす ……224
花を持たせる ……224
埴生の宿 ……225
憚り様 ……225
憚りながら ……225
羽振りがよい ……225
浜風 ……336
浜西風 ……336
浜松風 ……336
はめをはずす ……225
はもじ ……225
早起きは三文の得 ……226
疾風 ……336
暴雨 ……308
速雨・暴雨 ……308
早梅雨 ……308
疾風・早手 ……336

鼠の嫁入 ……………………307
熱雲 ……………………358
熱風 ……………………334
根無雲 ……………………358
涅槃西風 ……………………334
涅槃雪 ……………………371
寝待ち月 ……………………216
根雪 ……………………371
嶺渡 ……………………334
懇ろ ……………………216

【の】

能ある鷹は爪をかくす ………216
濃雲 ……………………358
嚢中の錐 ……………………216
能天気 ……………………216
野風 ……………………335
軒の下風 ……………………335
残り香 ……………………216
残の雪 ……………………371
残る雪 ……………………371
残んの月 ……………………217
残んの雪 ……………………217
のこんの雪 ……………………371
のたうつ ……………………217
のっぴきならない ……………217
野辺の送り ……………………217
野間風 ……………………335
野良風 ……………………335
矩をこえる ……………………217
乗るか反るか ……………………217
のろける ……………………218
野分 ……………………335
野分雲 ……………………359
野分晴 ……………………387

【は】

場あたり ……………………218
沛雨 ……………………307
梅雨・黴雨 ……………………307
灰雲 ……………………359
沛然 ……………………218
梅天 ……………………387
肺腑 ……………………218
梅風 ……………………335
梅霖 ……………………308
パウダースノー ……………371
はえ ……………………335
はえの風 ……………………335
馬鹿雨 ……………………308
羽風 ……………………335
葉風 ……………………335
馬鹿風 ……………………335
はかない ……………………218
掃き溜めに鶴 ……………………219
馬脚 ……………………219
破鏡 ……………………219
白雨 ……………………308
麦雨 ……………………308
白雲 ……………………359
薄雲 ……………………359
はくがつく ……………………219
莫逆 ……………………219
白砂青松 ……………………219
白雪 ……………………371
薄雪 ……………………371
伯仲 ……………………219
白鳥の歌 ……………………220
白眉 ……………………220
魄飛雨 ……………………308
薄氷を踏む ……………………220
麦風 ……………………335
爆風 ……………………335
薄明 ……………………220
伯楽 ……………………220
箱入り ……………………220

波路の雲 ……………………358
涙雨……………………209,307
涙の雨 ……………………307
波の花 ……………………210
波枕 ……………………210
軟風 ……………………334
なよら風 ……………………334
ならい風 ……………………334
習い性となる ……………………210
ならぬ勘忍するが勘忍 ………210
楢の下風 ……………………334
楢の葉風 ……………………334
並び大名 ……………………210
ならわし ……………………210
馴れ初め ……………………210
難儀 ……………………210
何たる ……………………211
南天 ……………………387
南東貿易風 ……………………334
垂んとする ……………………211
南風 ……………………334
軟風 ……………………334
難風 ……………………334

【に】

新枕 ……………………211
鳰の浦風 ……………………334
匂やか ……………………211
苦虫 ……………………211
賑々しい ……………………211
肉薄 ……………………211
逃げ水 ……………………212
西風 ……………………334
鰊曇 ……………………387
二世を契る ……………………212
二束三文 ……………………212
二足の草鞋 ……………………212
二進も三進も ……………………212
似て非なる ……………………213
二の足を踏む ……………………213
二の腕 ……………………213
二の句が継げぬ ……………………213
布雲 ……………………358
二の舞を演ずる ……………………213
二の矢が継げない ……………………213
鈍雲 ……………………358
膠無い ……………………213
日本晴れ ……………………214
二枚舌 ……………………214
二枚目 ……………………214
入道雲 ……………………358
入梅 ……………………307
俄雨 ……………………307
俄風 ……………………334
俄時雨 ……………………307
俄雪 ……………………371
人間万事塞翁が馬 ……………………214

【ぬ】

糠雨 ……………………307
ぬか星 ……………………214
ぬか喜び ……………………214
抜き差しならない ……………………215
盗人雨 ……………………307
盗風 ……………………334
沼風 ……………………334
濡衣 ……………………215
濡れそぼつ ……………………215
濡れ場 ……………………215
濡れ羽色 ……………………215
濡雪 ……………………371

【ね】

寧日 ……………………215
願わくは ……………………215
猫毛雨 ……………………307

豊の雪 ……371
豊旗雲 ……358
虎が雨 ……306
虎が涙 ……306
虎が涙雨 ……306
どら猫 ……203
虎の尾を踏む ……203
虎の巻 ……204
どら息子 ……204
とり ……204
鳥雲 ……358
鳥曇 ……386
鳥無き里の蝙蝠 ……204
取り成す ……204
鳥の羽風 ……333
泥縄 ……204
嫩雲 ……358
頓知 ……205
頓珍漢 ……205
曇天 ……386
どんでん返し ……205
とんとん拍子 ……205
丼勘定 ……205
とんぼ返り ……205

【な】

なあなあ ……206
泣いて馬謖を斬る ……206
儺追風 ……333
なおざり ……206
長雨・霖 ……306
長雨・霖 ……306
ながし ……333
流し目 ……206
長瀬風 ……333
中空 ……386
長丁場 ……206
仲睦まじい ……206
長雨・霖 ……307
眺の空 ……386
流風 ……333
流れに棹さす ……206
なかんずく ……206
長押 ……207
なけなし ……207
名残り ……207
名残の空 ……387
名残の夕立 ……307
名残の雪 ……371
情けは人のためならず ……207
生さぬ仲 ……207
なじか ……208
名代 ……208
菜種梅雨……307,333
雪崩雪 ……371
夏嵐 ……333
夏風 ……333
夏雲 ……358
夏空 ……387
夏の雨 ……307
夏の風 ……333
夏の雲 ……358
夏の空 ……387
七重の膝を八重に折る ……208
名無しの権兵衛 ……208
七下の雨 ……307
何が無し ……208
何くれ ……208
名にし負う ……208
難波風 ……333
何をか言わんや ……209
嬲る ……209
鈍ら ……209
怠け者の節句働き ……209
生半可 ……209
生兵法は大怪我のもと ……209

桃源郷 ……………………………196
投合 ……………………………196
慟哭 ……………………………197
同日の談ではない ……………197
塔状雲 ……………………………357
藤四郎 ……………………………197
陶然 ……………………………197
冬天 ……………………………386
東天 ……………………………386
動顚 ……………………………197
滔々 ……………………………197
唐突 ……………………………197
堂に入る ……………………………197
掉尾 ……………………………198
東風 ……………………………332
凍風 ……………………………332
どう降 ……………………………306
唐変木 ……………………………198
胴間声 ……………………………198
瞠目 ……………………………198
到来物 ……………………………198
登龍門 ……………………………198
棟梁 ……………………………198
蟷螂の斧 ……………………………198
不通坊 ……………………………332
遠山雪 ……………………………370
通雨 ……………………………306
通風 ……………………………332
通雲 ……………………………358
どか雪 ……………………………370
時しもあれ ……………………………199
時風 ……………………………332
時の雨 ……………………………306
毒牙にかかる ……………………………199
得心 ……………………………199
毒舌 ……………………………199
独壇場 ……………………………199
とこう ……………………………199
常しなえ ……………………………199
常永久 ……………………………199
床の秋風 ……………………………332
床の浦風 ……………………………333
土左衛門 ……………………………200
どさ回り ……………………………200
度しがたい ……………………………200
年増 ……………………………200
土砂降 ……………………………306
徒手空拳 ……………………………200
斗酒なお辞せず ……………………………201
土性骨 ……………………………201
徒食 ……………………………201
塗炭 ……………………………201
土壇場 ……………………………201
何方風 ……………………………333
椽麺棒 ……………………………201
とちる ……………………………201
とつおいつ ……………………………202
毒気に当てられる ……………………………202
毒気を抜かれる ……………………………202
どっこいどっこい ……………………………202
取っ付き ……………………………202
突拍子 ……………………………202
突風 ……………………………333
とっぷり ……………………………203
どどめ色 ……………………………203
とにもかくにも ……………………………203
とばかり ……………………………203
とば口 ……………………………203
怒髪天を衝く ……………………………203
鳶が鷹を産む ……………………………203
富正月 ……………………306, 370
友垣 ……………………………203
共白髪 ……………………………203
友待つ雪 ……………………………370
土用間 ……………………………333
土用東風 ……………………………333

露払い ……………………………189
梅雨晴 ……………………………385
面魂 ……………………………190
つらつら ……………………………190
面の皮が厚い ……………………………190
鶴の一声 ……………………………190
連れ合い ……………………………190
つれない ……………………………190
強者 ……………………………191

【て】

泥雨 ……………………………305
低空 ……………………………385
亭主の好きな赤烏帽子 ………191
体たらく ……………………………191
丁寧 ……………………………191
体よく ……………………………192
鼎立 ……………………………192
手風 ……………………………332
出替雨 ……………………………305
敵に塩を送る ……………………………192
覿面 ……………………………192
手ぐすねを引く ……………………………192
木偶坊 ……………………………192
手こずる ……………………………192
手塩 ……………………………193
手ずから ……………………………193
手だれ ……………………………193
鉄火 ……………………………193
轍鮒 ……………………………193
鉄砲雨 ……………………………305
鉄面皮 ……………………………193
手鍋を提げる ……………………………194
掌を返す ……………………………194
点前 ……………………………194
照雨 ……………………………305
照梅雨 ……………………………306
照梅雨 ……………………………306
照降雨 ……………………………306
手練手管 ……………………………194
手六十 ……………………………194
手を焼く ……………………………194
天 ……………………………385
天界 ……………………………385
天外 ……………………………385
天涯 ……………………………385
天蓋 ……………………………386
天気雨 ……………………………306
点鬼簿 ……………………………194
天泣 ……………………………306
天穹 ……………………………386
天空 ……………………………386
天狗風 ……………………………332
天経 ……………………………386
電光石火 ……………………………194
天使が通る ……………………………195
天上 ……………………………386
天上天下唯我独尊 ……………195
天職 ……………………………195
恬淡 ……………………………195
天中 ……………………………386
天手古舞い ……………………………195
恬として ……………………………195
天王山 ……………………………195
天風 ……………………………332
天辺 ……………………………386
伝法 ……………………………195
店屋物 ……………………………196
てんやわんや ……………………196

【と】

凍雨 ……………………………306
凍雲 ……………………………357
洞雲 ……………………………357
等閑に付する ……………………196
同衾 ……………………………196

提灯持ち ……………………183
長天 ……………………385
朝天 ……………………385
超弩級 ……………………183
掉尾 ……………………183
長風 ……………………331
朝風 ……………………332
張本人 ……………………183
鳥目 ……………………183
頂門の一針 ……………………184
蝶よ花よ ……………………184
跳梁 ……………………184
猪口才 ……………………184
ちょろまかす ……………………184
ちょんちょこりん ……………………184
ちらちら雪 ……………………370
塵風 ……………………332
繊雲 ……………………357
地を掃う ……………………184
椿事 ……………………185
鎮守 ……………………185
珍糞漢 ……………………185

【つ】

終ぞ ……………………185
朔日の雪 ……………………370
朔日降 ……………………305
追風 ……………………332
梅雨入・入梅・墜栗花 ……………………305
梅雨入雨・入梅雨 ……………………305
束雪 ……………………370
月時雨 ……………………305
月並 ……………………185
月に叢雲花に風 ……………………186
月の雨 ……………………305
月の雲 ……………………357
筑波颪 ……………………332
筑波東北風 ……………………332
作雨 ……………………305
付け文 ……………………186
旋風・辻風 ……………………332
培う ……………………186
土風 ……………………332
土気色 ……………………186
筒井筒 ……………………186
津々浦々 ……………………186
恙ない ……………………186
突っ慳貪 ……………………187
突っ転ばし ……………………187
慎む ……………………187
慎ましい ……………………187
慎ましやか ……………………187
美人局 ……………………187
つづら折 ……………………187
伝 ……………………188
夙に ……………………188
角を矯めて牛を殺す ……………………188
茅花流 ……………………332
潰しが効く ……………………188
つましい ……………………188
爪弾き ……………………188
詳らか ……………………189
褄を取る ……………………189
飄風・旋風 ……………………332
旋風・飄 ……………………332
爪に火をともす ……………………189
詰め腹を切る ……………………189
艶事 ……………………189
艶っぽい ……………………189
夏空 ……………………385
梅雨・黴雨 ……………………305
梅雨雨 ……………………305
梅雨雲 ……………………357
梅雨曇 ……………………385
露時雨 ……………………305
梅雨空 ……………………385

玉響 ……176
玉を転がす ……176
たゆたう ……176
たらい回し ……176
鱈腹 ……176
たわわ ……177
暖雨 ……305
淡雲 ……356
断雲 ……357
啖呵 ……177
端倪すべからず ……177
探勝 ……177
丹精 ……177
端正 ……177
旦夕に迫る ……178
団雪 ……370
断腸の思い ……178
端的 ……178
堪能する ……178
丹波太郎 ……357
段平雪 ……370
暖風・煖風 ……331
短兵急 ……178
断末魔 ……178
団欒 ……179

【ち】

知音 ……179
ちぎれ雲 ……357
逐電 ……179
ちぐはぐ ……179
竹馬の友 ……179
竹風 ……331
地形性降雨 ……305
血潮 ……179
遅日 ……180
千々に乱れる ……180
地の塩 ……180
遅風 ……331
乳房雲 ……357
地方風 ……331
巷風・衢風 ……331
血祭り ……180
血迷う ……180
血道をあげる ……180
魑魅魍魎 ……180
茶化す ……181
ちゃち ……181
茶茶を入れる ……181
茶腹 ……181
茶坊主 ……181
ちゃらんぽらん ……181
ちゃんちゃらおかしくてお臍が茶を沸かす ……181
宙 ……384
沖虚・冲虚 ……384
中空 ……384
中元 ……182
中原に鹿を追う ……182
中霄 ……385
柱石 ……182
中層雲 ……357
紐帯 ……182
中天 ……385
昼夜風 ……331
長雨 ……305
彫雲・雕雲 ……357
朝雲 ……357
長空 ……385
朝空 ……385
長広舌 ……182
重畳 ……182
手水 ……182
打擲 ……183
蝶蝶雲 ……357
丁々発止 ……183

泰山北斗 ……168
大車輪 ……168
大食漢 ……168
大所高所 ……168
泰西 ……168
大雪 ……370
堆雪 ……370
頽雪 ……370
泰然自若 ……168
泰斗 ……168
大の字 ……168
大風 ……330
台風・颱風 ……330
大福帳 ……169
太平楽 ……169
多雨 ……304
たおやか ……169
手弱女 ……169
高天 ……384
高東風 ……330
高空 ……384
高西 ……330
高天原 ……384
滝降 ……304
卓越風 ……330
濯枝雨 ……304
沢風 ……331
筍生活 ……169
筍梅雨 ……331
筍流 ……331
竹の時雨 ……304
竹屋の火事 ……170
他山の石 ……170
出風 ……331
嗜み ……170
窘める ……170
黄昏 ……170
三和土 ……170
佇まい ……171
多々ますます弁ず ……171
畳水練 ……171
蹈鞴を踏む ……171
多端 ……171
立雲 ……356
立ち待ち月 ……171
駄賃 ……172
龍巻 ……331
伊達 ……172
蓼食う虫もすきずき ……172
立てば芍薬座れば牡丹歩く姿は百合の花 ……173
奉る ……173
棚上げ ……173
棚雲 ……356
掌を返す ……173
棚引く ……173
谷風 ……331
田西風 ……331
谷町 ……174
狸寝入り ……174
束風 ……331
謀る ……174
手挟む ……174
荼毘 ……174
旅烏 ……174
旅空 ……384
旅の空 ……174, 384
太平雪 ……370
誑かす ……175
玉風 ……331
偶さか ……175
玉梓・玉章 ……175
玉の緒 ……175
玉の輿 ……175
玉箒 ……176
玉虫色 ……176

宋襄の仁 ……161
層積雲 ……356
早雪 ……370
旱天 ……384
蒼天 ……384
霜天 ……384
送梅 ……304
送梅雨 ……304
そうは烏賊のきんたま ……161
送梅の雨 ……304
糟粕をなめる ……161
そうは問屋が卸さない ……161
総花 ……162
走馬灯 ……162
総領の甚六 ……162
曾我の雨 ……304
惻隠の情 ……162
息災 ……162
息女 ……162
仄聞 ……163
齟齬 ……163
そこはかとない ……163
粗餐 ……163
粗品 ……163
俎上に載せる ……163
素雪 ……370
粗相 ……163
そそ風 ……330
そそくさ ……164
楚楚とした ……164
漫雨 ……304
漫ろ歩き ……164
漫風 ……330
粗茶 ……164
そつがない ……164
率爾ながら ……164
ぞっとしない ……164
袖笠雨 ……304
袖風 ……330
袖すり合うも他生の縁 ……164
袖にする ……165
袖の下 ……165
袖の羽風 ……330
素読 ……165
その手は桑名の焼き蛤 ……165
戯 ……304
戯雨 ……304
側風・傍風 ……330
側杖を食う ……165
素振りにも見せない ……166
そぼ濡れる ……166
そぼ降る ……166
そぼろ雨 ……304
杣山風 ……330
微風 ……330
そよとの風 ……166
空路 ……384
空の海 ……384
其れ者 ……166
遜色 ……166
存じ寄り ……166
村風 ……330

【た】

大雨 ……304
大雲 ……356
堆雲 ……356
滞雲 ……356
大往生 ……166
大儀 ……167
太虚 ……384
太空・大空 ……384
及公出でずんば ……167
太公望 ……167
太鼓判 ……167
醍醐味 ……167

積雲 ……………………………355
碩学 ……………………………154
関風 ……………………………329
赤雪 ……………………………369
積雪 ……………………………369
関の山 …………………………154
赤貧洗うが如し ………………154
石尤風・石郵風 ………………329
積乱雲 …………………………355
積淋・積霖 ……………………304
世間体 …………………………154
世故に長ける …………………155
世知辛い ………………………155
節東風 …………………………329
雪雲 ……………………………356
雪花 ……………………………369
絶海 ……………………………155
折檻 ……………………………155
積巻雲 …………………………356
切磋琢磨 ………………………155
雪子 ……………………………369
切歯扼腕 ………………………156
接待 ……………………………156
舌代 ……………………………156
折衷 ……………………………156
雪天 ……………………………383
刹那 ……………………………156
切ない …………………………156
切に ……………………………157
節の西風 ………………………329
切羽詰まる ……………………157
雪庇 ……………………………370
雪風 ……………………………329
瀬戸際 …………………………157
是非に及ばず …………………157
瀬踏み …………………………157
千雲 ……………………………356
仙雲 ……………………………356
繊雲 ……………………………356
詮方無い ………………………157
詮議 ……………………………158
千言万語 ………………………158
千載一遇 ………………………158
穿鑿 ……………………………158
洗車雨 …………………………304
千秋楽 …………………………158
禅譲 ……………………………158
詮ずる所 ………………………159
栴檀香風 ………………………329
詮無い …………………………159
旋風 ……………………………330
煎餅布団 ………………………159
千三屋 …………………………159
旋嵐風 …………………………330
千両役者 ………………………159
千慮の一失 ……………………159

【そ】

疎雨・疏雨・踈雨 ……………304
叢雲 ……………………………356
層雲 ……………………………356
蒼海の一粟 ……………………159
喪家の狗 ………………………160
蒼穹 ……………………………383
走狗 ……………………………160
霜空 ……………………………383
蒼空 ……………………………383
総ぐるみ ………………………160
造詣 ……………………………160
象牙の塔 ………………………160
双肩 ……………………………160
蒼昊 ……………………………383
糟糠の妻 ………………………160
相好をくずす …………………161
雑言 ……………………………161
造作をかけます ………………161

頭巾雲 ……355
すげない ……147
助平 ……147
頰付き ……148
遊び ……148
荒む ……148
杜撰 ……148
筋金入り ……148
筋雲 ……355
涼風 ……329
煤雲 ……355
すすどい ……149
鈴を転がすよう ……149
裾風 ……329
裾野雨 ……303
すったもんだ ……149
すってんてん ……149
すっとこどっこい ……149
捨て石 ……149
素敵 ……150
捨て台詞 ……150
捨て鉢 ……150
図抜ける ……150
脛をかじる ……150
ずぶ ……151
ずぶろく ……151
すべからく ……151
図星をさされる ……151
ずぼら ……151
墨雲 ……355
すみません ……151
墨を流したよう ……152
擂粉木隠 ……369
すれっからし ……152
寸志 ……152
寸鉄人を刺す ……152

【せ】

青雨 ……303
凄雨 ……303
青雲 ……355
晴雲 ……355
青漢 ……383
青穹 ……383
青空 ……383
晴空 ……383
晴耕雨読 ……152
正鵠を射る ……152
精彩を放つ ……153
青山 ……153
青霄 ……383
晴雪・霽雪 ……369
星霜 ……153
清濁併せ呑む ……153
掣肘を加える ……153
青天 ……383
星躔 ……383
清天 ……383
晴天 ……383
青天の霹靂 ……153
青天白日 ……153
成敗 ……154
清貧 ……154
西風 ……329
青風 ……329
腥風 ……329
凄風・凄風 ……329
清風 ……329
声望 ……154
清遊 ……154
青嵐 ……329
洒涙雨 ……303
積雨 ……304
赤雲 ……355

知らぬが仏 ……………………141
白南風 ……………………328
白羽の矢を立てる ……………141
虱つぶし ……………………141
白山風 ……………………328
白雪 ……………………369
しらを切る ……………………141
尻馬に乗る ……………………141
尻をはしょる ………………142
尻を割る ……………………142
白い物 ……………………369
四六時中 ……………………142
白無垢 ……………………142
師走風 ……………………328
刺を通じる ……………………142
深雨 ……………………303
新雨 ……………………303
迅雨 ……………………303
甚雨 ……………………303
迅雲 ……………………354
陣雲 ……………………354
陣笠 ……………………142
人口に膾炙する ……………142
真骨頂 ……………………143
斟酌 ……………………143
心中立 ……………………143
真珠雲 ……………………355
信賞必罰 ……………………143
深々 ……………………143
深雪 ……………………369
新雪 ……………………369
深窓の令嬢 ……………………143
進退谷まる ……………………143
身体髪膚 ……………………144
心胆を寒からしむ ……………144
新地 ……………………144
しんどい ……………………144
心頭を滅却すれば火もまた涼し
……………………144
しんにゅうを掛ける …………144
しんねこ ……………………144
人品骨柄卑しからぬ …………145
信風 ……………………328
神風 ……………………328
晨風 ……………………328
迅風 ……………………328
甚風 ……………………328
陣風 ……………………328
塵風 ……………………329
神妙 ……………………145

【す】

翠雨 ……………………303
瑞雨 ……………………303
垂雲 ……………………355
翠雲 ……………………355
瑞雲 ……………………355
随喜の涙 ……………………145
酔狂 ……………………145
水魚の交わり ………………145
推敲 ……………………145
推参 ……………………145
酔生夢死 ……………………146
瑞雪 ……………………369
垂涎 ……………………146
好いたらしい ………………146
垂天 ……………………383
水風 ……………………329
水泡に帰する ………………146
酸いも甘いもかみ分ける ……146
翠嵐 ……………………329
すかたん ……………………146
素寒貧 ……………………147
隙風 ……………………329
数寄者 ……………………147
数寄者 ……………………147

宿雪 ……369
熟梅雨 ……302
出処進退 ……136
入来 ……136
春陰 ……382
春雨 ……302
順雨 ……302
春雲 ……354
旬液 ……302
春秋 ……136
春秋に富む ……136
春秋の筆法 ……136
春雪 ……369
春天 ……382
旬の雨 ……302
春風 ……328
順風 ……328
春風駘蕩 ……137
春霖 ……302
暑雨 ……302
小雨 ……303
瘴雨 ……303
蕭雨 ……303
祥雲 ……354
障雲 ……354
瘴雲 ……354
瘴雲霾雨 ……303
霄漢 ……382
上空 ……382
上戸 ……137
しょうことなし ……137
笑止 ……137
上梓 ……137
瀟洒 ……138
嫋々 ……138
精進 ……138
小心翼翼 ……138
小生 ……138
小雪 ……369
丈雪 ……369
上層雲 ……354
掌中の珠 ……138
上天 ……382
松濤 ……328
情に棹をさす ……138
松風 ……328
祥風 ……328
商風 ……328
衝風 ……328
常風 ……328
正札付 ……139
笑味 ……139
小用 ……139
笑覧 ……139
曙雲 ……354
絮雲 ……354
食指 ……139
食傷 ……139
如才ない ……140
しょってる ……140
暑天 ……383
曙天 ……383
序の口 ……140
絮風 ……328
しょぼ雨 ……303
しょぼくれる ……140
しょぼしょぼ雨 ……303
しょぼ降 ……303
白河夜船 ……140
白雲 ……354
知らざあ言って聞かせやしょう ……141
白小雲 ……354
白雨 ……303
白子雲 ……354
知らぬ顔の半兵衛 ……141

品を作る ……………………………130
指南 ………………………………130
老舗 ………………………………130
四の五の言う …………………130
篠突く ……………………………301
篠突雨 ……………………………131
篠の小吹雪 ………………………327
東雲……………………………131,353
忍び逢い …………………………131
忍び音 ……………………………131
篠を突く …………………………301
屡雨 ………………………………301
柴くり ……………………………301
柴榑雨 ……………………………301
時風 ………………………………327
渋皮が剥ける …………………131
繁吹雨 ……………………………301
雌伏 ………………………………131
渋渋雨 ……………………………301
時分時 ……………………………132
島風 ………………………………327
風巻 ………………………………327
締雪 ………………………………368
地道 ………………………………132
しみったれ ………………………132
凍雪 ………………………………368
湿 …………………………………302
下総東風 …………………………327
霜風 ………………………………327
耳目を驚かす …………………132
仕舞屋 ……………………………132
邪雲 ………………………………353
社翁雨 ……………………………302
社翁の雨 …………………………302
しゃかりき ………………………132
邪剣 ………………………………132
車軸 ………………………………302
車軸の雨 …………………………302
車軸降 ……………………………302
車軸を流す ………………………133
じゃじゃ馬 ………………………133
しゃしゃり出る …………………133
洒脱 ………………………………133
鯱張る ……………………………133
若干 ………………………………134
弱冠 ………………………………134
舎弟 ………………………………134
斜に構える ………………………134
娑婆 ………………………………134
斜風 ………………………………328
洒落臭い …………………………134
秋陰 ………………………………382
秋雨 ………………………………302
驟雨 ………………………………302
渋雨 ………………………………302
秋雲 ………………………………354
湿雲 ………………………………354
秋旻 ………………………………382
十三里 ……………………………135
重々 ………………………………135
秋雪 ………………………………368
終雪 ………………………………369
秋霜烈日 …………………………135
集中豪雨 …………………………302
袖珍 ………………………………135
秋天 ………………………………382
秋波 ………………………………135
十八番 ……………………………135
愁眉を開く ………………………135
秋旻 ………………………………382
秋風 ………………………………328
終風 ………………………………328
衆目が一致する …………………136
秋霖 ………………………………302
珠玉 ………………………………136
宿雨 ………………………………302

然らずんば ……122
然り ……122
然るに ……122
然るべき ……122
然るべく ……122
然れども ……123
敷居が高い ……123
敷島の道 ……123
頻波雲 ……353
試金石 ……123
忸怩 ……123
地下り ……327
四苦八苦 ……123
時雨 ……123, 301
時雨雲 ……353
時雨空 ……382
時雨の雨 ……301
時雨の空 ……382
時化 ……124
時化・湿気 ……301
時化空 ……382
時化降 ……301
而して ……124
自業自得 ……124
至極 ……124
地獄の沙汰も金次第 ……124
地獄耳 ……125
詩心 ……125
しこたま ……125
肉置き ……125
獅子吼 ……125
獅子身中の虫 ……125
死して後已む ……125
しじま ……126
肉叢 ……126
私淑 ……126
紫霄 ……382
爾汝の交わり ……126
垂 ……368
垂雪 ……368
市井 ……126
咫尺 ……126
地蔵雨 ……301
事大 ……126
下風 ……327
下雲 ……353
舌先三寸 ……127
したした雨 ……301
耳朶に触れる ……127
下町 ……127
しだらない ……127
したり顔 ……128
慕わしい ……128
舌を巻く ……128
地団太 ……128
七面倒臭い ……128
疾雨 ……301
湿雲 ……353
失敬 ……128
膝行 ……129
尻腰 ……129
十指に余る ……129
十種雲形 ……353
湿雪 ……368
十把一からげ ……129
疾風 ……327
湿風 ……327
しっぽり ……129
四天 ……382
しどけない ……129
しとしと雨 ……301
しとど ……129
茵 ……130
しどろもどろ ……130
しなだれる ……130
信濃太郎 ……353

鞘当て ……………………………116
清か ………………………………117
さやぐ ……………………………117
明けし・清けし …………………117
白湯 ………………………………117
座右 ………………………………117
小夜嵐 ……………………………326
小夜風 ……………………………327
小夜時雨 …………………………300
さよなら三角また来て四角
……………………………………117
小夜の寝覚め ……………………117
小夜更けて ………………………117
ざら ………………………………117
浚の風 ……………………………327
復習う ……………………………118
さらば ……………………………118
粗目雪 ……………………………368
さりとて …………………………118
さりとは …………………………118
さりながら ………………………118
さるほどに ………………………118
笊耳 ………………………………118
沢風 ………………………………327
さわけ ……………………………300
鰆東風 ……………………………327
山雨 ………………………………300
惨雨 ………………………………300
残雨 ………………………………300
山雲 ………………………………353
桟雲 ………………………………353
残雲 ………………………………353
残菊 ………………………………119
三国一の花嫁 ……………………119
ざんざ雨 …………………………300
ざんざ降 …………………………300
三三五五 …………………………119
ざんざん降 ………………………300
三下 ………………………………119
三枝の礼 …………………………119
三十六計逃げるにしかず ………119
三すくみ …………………………119
酸性雨 ……………………………300
山雪 ………………………………368
残雪 ………………………………368
去んぬる …………………………120
三羽烏 ……………………………120
三白 ………………………………368
酸鼻 ………………………………120
山風 ………………………………327
三枚目 ……………………………120

【し】

地雨 ………………………………300
じあゆ ……………………………327
思案投げ首 ………………………120
糸雨 ………………………………300
私雨 ………………………………300
時雨 ………………………………300
慈雨 ………………………………300
紫雲 ………………………………353
潮追風 ……………………………327
潮風・汐風 ………………………327
潮騒 ………………………………120
潮路 ………………………………120
しおしお …………………………301
潮垂れる …………………………121
塩花 ………………………………121
撓雪 ………………………………368
斯界 ………………………………121
仕掛降 ……………………………301
如かず ……………………………121
地方風 ……………………………327
鹿爪らしい ………………………121
歯牙にもかけない ………………121
然のみならず ……………………121

孤塁 ……111
これはしたり ……111
これみよがし ……111
ご覧じろ ……111
頃しも ……112
殺し文句 ……112
声色 ……112
小脇に抱える ……112
権化 ……112

【さ】

ざあざあ降 ……299
小雨 ……299
さあらぬ ……112
砕雨 ……299
細雨 ……299
彩雲・綵雲 ……352
塞雲 ……352
催花雨 ……299
細工は流々 ……112
西天 ……381
賽は投げられた ……112
細風 ……326
洒涙雨・灑涙雨 ……299
佐保風 ……326
棹さす ……113
早乙女 ……113
逆風 ……326
逆捩じ ……113
先駆け ……113
先風 ……326
幸う ……113
朔風 ……326
桜雨 ……299
桜風 ……326
鮭颪 ……326
細雨 ……299
細波雲・漣雲 ……352
細雪 ……368
さし ……113
差し金 ……114
さ梅雨 ……299
さすれば ……114
誘い水 ……114
さぞかし ……114
さぞや ……114
沙汰の限り ……114
定めし ……114
五月雨 ……299
五月雲 ……352
五月曇 ……381
五月空・皐月空 ……381
五月の雨 ……300
五月晴 ……381
札びら ……114
殺風 ……326
薩摩守 ……115
さてこそ ……115
さても ……115
左党 ……115
里雪 ……368
さなきだに ……115
真雪 ……368
差配 ……115
鯖雲 ……353
さはさりながら ……115
さばを読む ……115
砂風 ……326
様々 ……116
さまで ……116
五月雨……116,300
五月雨雲 ……353
寒風 ……326
寒空 ……382
さめざめ ……116
座持ち ……116

小癪 ……………………………105
御酒 ……………………………105
小正月 …………………………105
後生大事 ………………………105
後生だから ……………………106
古色蒼然 ………………………106
鼓吹 ……………………………106
梢の空 …………………………381
梢の雪 …………………………367
伍する …………………………106
錮雪 ……………………………367
こそ雨 …………………………299
姑息 ……………………………106
ご足労 …………………………106
こぞの雪 ………………………367
御託を並べる …………………106
ごたごたする …………………107
御多分に漏れず ………………107
東風 ……………………………325
東風の返しの風 ………………326
こぢんまり ……………………107
小体 ……………………………107
小手先 …………………………107
小手をかざす …………………107
異浦風 …………………………326
言霊 ……………………………107
こととて ………………………107
事触れ …………………………108
言祝ぐ …………………………108
事寄せる ………………………108
粉雨 ……………………………299
粉吹雪 …………………………367
粉雪 ……………………………367
こなをかける …………………108
小憎らしい ……………………108
小糠雨 …………………………299
小糠雪 …………………………367
木末 ……………………………108
木の下隠れ ……………………108
木下風 …………………………326
木の下月夜 ……………………108
木の下闇 ………………………108
木芽雨 …………………………299
木芽風 …………………………326
木の芽時 ………………………108
子は鎹 …………………………108
小鼻 ……………………………109
小腹 ……………………………109
小春風 …………………………326
小春空 …………………………381
小春日和 ………………………109
小半時 …………………………109
小膝を叩く ……………………109
小鬢をかすめる ………………109
胡風 ……………………………326
湖風 ……………………………326
御不浄 …………………………109
小ぶり …………………………109
小降 ……………………………299
御幣 ……………………………109
ごぼう抜き ……………………109
細雨 ……………………………299
こましゃくれる ………………110
小股の切れ上がった …………110
小町 ……………………………110
塵風・芥風 ……………………326
小耳に挟む ……………………110
小娘 ……………………………110
ごめんあそばせ ………………110
ごめん下さい …………………111
こもごも ………………………111
木漏れ日 ………………………111
小雪 ……………………………367
粉雪 ……………………………367
孤立無援 ………………………111
五里霧中 ………………………111

高層雲 ……………………………352
広天 ………………………………381
江天 ………………………………381
昊天 ………………………………381
紅天 ………………………………381
高天 ………………………………381
紅灯の巷 …………………………101
郷に入っては郷に従え ………101
黄梅雨 ……………………………298
黄梅の雨 …………………………298
業腹 ………………………………101
光風 ………………………………324
好風 ………………………………324
江風 ………………………………325
荒風 ………………………………325
香風 ………………………………325
高風 ………………………………325
剛風 ………………………………325
業風 ………………………………325
口吻を洩らす ……………………101
高野の大糞流 ……………………298
紺屋の白袴 ………………………101
甲羅を経る ………………………101
紅涙を絞る ………………………101
甲論乙駁 …………………………101
孤雲 ………………………………352
五雲 ………………………………352
呉越同舟 …………………………102
氷雲 ………………………………352
小風 ………………………………325
小金 ………………………………102
黄金雲 ……………………………352
黄金の雨 …………………………298
木枯・凩 …………………………325
ごきげんよう ……………………102
小気味よい ………………………102
故旧忘れがたし …………………102
小器用 ……………………………102
故郷の風 …………………………325
小綺麗 ……………………………102
黒雨 ………………………………298
虚空 ………………………………381
黒雲 ………………………………352
小首をかしげる …………………102
谷風 ………………………………325
黒風 ………………………………325
黒風白雨 …………………………298
極楽とんぼ ………………………103
極楽の西風 ………………………325
虎仮威し …………………………103
虎仮にする ………………………103
こけら落とし ……………………103
沽券にかかわる …………………103
糊口をしのぐ ……………………103
ここであったが百年目 ………103
呱々の声を上げる ………………103
粉米雪・小米雪 …………………367
心祝い ……………………………104
心配り ……………………………104
心尽くし …………………………104
心づけ ……………………………104
心映え ……………………………104
心ばせ ……………………………104
ここを先途と ……………………104
小雨 ………………………………298
御祭風 ……………………………325
小賢しい …………………………104
小雨 ………………………………299
御自愛下さい ……………………104
こし雨 ……………………………299
腰折れ文 …………………………104
五色の雲 …………………………352
腰だめ ……………………………105
こじつける ………………………105
五日風 ……………………………325
腰弁 ………………………………105

巻雲 ……………………………351
玄雲 ……………………………351
狷介…………………………………95
懸河の弁……………………………95
剣が峰………………………………95
玄関…………………………………95
けんけん……………………………95
乾坤一擲……………………………96
巻積雲 …………………………351
巻層雲 …………………………351
言質…………………………………96
剣突を食わせる……………………96
喧伝…………………………………96
捲土重来……………………………96
現なま………………………………96
剣呑…………………………………96
犬馬の齢……………………………96
犬馬の労……………………………96
権柄ずく……………………………97
けんもほろろ………………………97
験を担ぐ……………………………97
妍を競う……………………………97
言を俟たない………………………97

【こ】

小味…………………………………97
小雨 ……………………………298
恋風…………………………………97
恋敵…………………………………97
小粋…………………………………98
こいさん……………………………98
恋路…………………………………98
希は…………………………………98
恋のさや当て………………………98
恋文…………………………………98
恋患い………………………………98
紅一点………………………………98
光陰矢のごとし……………………98
好雨 ……………………………298
江雨 ……………………………298
行雨 ……………………………298
紅雨 ……………………………298
降雨 ……………………………298
膏雨 ……………………………298
豪雨 ……………………………298
行雲 ……………………………351
黄雲 ……………………………351
絳雲 ……………………………351
甲乙…………………………………99
口角泡を飛ばす……………………99
高歌放吟……………………………99
交誼…………………………………99
好誼…………………………………99
厚誼…………………………………99
高空 ……………………………381
肯綮にあたる………………………99
膏血を絞る…………………………99
巧言令色鮮し仁 ………………100
孝行をしたいときには親はなし
……………………………………100
後顧の憂い ……………………100
嚆矢とする ……………………100
好事門を出でず ………………100
黄雀雨 …………………………298
黄雀風 …………………………324
絳霄 ……………………………381
工場雪 …………………………367
後塵を拝する …………………100
好事家 …………………………100
後生畏るべし …………………100
高積雲 …………………………351
江雪 ……………………………367
紅雪 ……………………………367
降雪 ……………………………367
豪雪 ……………………………367
浩然の気を養う ………………100

雲脚・雲足 ……………………349
雲居・雲井 ……………………349
雲居の空・雲井の空 …………380
雲居の雪・雲井の雪 …………366
雲の帯 …………………………350
雲の梯 …………………………350
雲の堤 …………………………350
雲の波 …………………………350
雲の錦 …………………………350
雲の根 …………………………350
雲の旗手 ………………………350
雲の峰 …………………………350
雲の八重山 ……………………350
雲旗 ……………………………350
雲叢 ……………………………350
曇空 ……………………………380
雲を霞 ……………………………90
燻らす ……………………………90
鞍替え ……………………………90
車風 ……………………………324
暮れ方 ……………………………90
紅の雨 …………………………297
暮れなずむ ………………………90
暮の雪 …………………………367
黒い風 …………………………324
黒雲 ……………………………351
黒南風 …………………………324
黒文字 ……………………………91
くわばら …………………………91
薫陶 ………………………………91
薫風 ……………………………324

【け】

毛雨 ……………………………297
鯨飲馬食 …………………………91
恵雨 ……………………………297
軽雨 ……………………………297
恵雲 ……………………………351
渓雲 ……………………………351
軽雲 ……………………………351
慶雲・景雲 ……………………351
謦咳に接する ……………………91
圭角がある ………………………91
炯眼 ………………………………91
稽古 ………………………………91
鶏口となるも牛後となるなかれ
……………………………………92
閨秀 ………………………………92
警世 ………………………………92
勁雪 ……………………………367
恵贈 ………………………………92
迎梅雨 …………………………297
勁風 ……………………………324
恵風 ……………………………324
景風 ……………………………324
軽風 ……………………………324
気圧される ………………………92
逆旅 ………………………………92
逆鱗 ………………………………92
怪訝 ………………………………92
けじめ ……………………………93
下足 ………………………………93
外題学問 …………………………93
けだし ……………………………93
下駄を預ける ……………………93
けちがつく ………………………93
けちょんけちょん ………………93
月下氷人 …………………………94
結構毛だらけ猫灰だらけ ………94
結集 ………………………………94
月旦 ………………………………94
気取る ……………………………94
けなげ ……………………………94
下馬評 ……………………………94
閲する ……………………………95
けれん ……………………………95

郷天 ……………………………380
暁天 ……………………………380
郷党……………………………85
狂飆 ……………………………323
狂風 ……………………………323
強風 ……………………………323
驚風 ……………………………323
暁風 ……………………………323
梟雄……………………………85
玉雪 ……………………………366
局地風 …………………………323
極風 ……………………………323
綺羅星…………………………85
霧雨 ……………………………297
霧雲 ……………………………349
霧雨 ……………………………297
きりす …………………………297
桐一葉…………………………86
霧降 ……………………………297
切雲 ……………………………349
銀花・銀華 ……………………366
槿花一朝の夢…………………86
金科玉条………………………86
金看板…………………………86
欣喜雀躍………………………86
琴瑟相和す……………………86
金字塔…………………………86
金城湯池………………………86
錦上花を添う …………………87
金子……………………………87
銀雪 ……………………………366
琴線……………………………87
銀箭 ……………………………297
銀竹 ……………………………297
金天 ……………………………380
金時の火事見舞い ……………87
銀流し …………………………87
金風 ……………………………323

【く】

食い初め ………………………87
苦雨 ……………………………297
空海 ……………………………380
空界 ……………………………380
ぐうたら ………………………87
空中 ……………………………380
空天 ……………………………380
空冥 ……………………………380
草いきれ ………………………87
腐っても鯛 ……………………88
草の雨 …………………………297
草葉……………………………88
草を結ぶ ………………………88
奇しき …………………………88
櫛の歯を挽く …………………88
葛の裏風 ………………………323
葛の上風 ………………………323
葛の下風 ………………………324
薬降 ……………………………297
曲者……………………………88
下り ……………………………324
管を巻く ………………………88
件………………………………88
口が奢る ………………………89
口さがない ……………………89
口三味線 ………………………89
くちばしが黄色い ……………89
口八丁手八丁 …………………89
口幅ったい ……………………89
口を糊する ……………………89
轡を並べる ……………………89
愚の骨頂 ………………………90
首っ丈 …………………………90
首っ引き ………………………90
颶風 ……………………………324
くみしやすい …………………90

季節風 ……322
気息奄々 ……81
北雨 ……296
危殆に瀕する ……81
北颪 ……322
北風 ……322
来たか長さん待ってたホイ ……81
着た切り雀 ……81
北気 ……322
北東風 ……322
北時雨 ……296
北雨吹 ……296
北山颪 ……322
北山時雨 ……296
気違雨 ……296
几帳面 ……81
生粋 ……81
吉左右 ……82
狐雨 ……296
キツネにつままれる ……82
狐の御祝儀 ……296
狐の嫁入 ……296
黄梅雨 ……296
木で鼻をくくったよう ……82
奇天烈 ……82
奇特 ……82
きな臭い ……82
きなけつ ……379
気に病む ……82
後朝の別れ ……82
甲子降 ……296
木の股から生まれる ……82
木の芽時 ……83
気働き ……83
黍嵐 ……323
踵を接する ……83
驥尾に付す ……83
気ぶっせい ……83
気骨が折れる ……83
気紛雨 ……296
きまりが悪い ……83
奇妙奇天烈 ……83
生娘 ……83
肌理細やか ……83
鬼面人を驚かす ……84
肝いり ……84
虐雪 ……366
逆旋風 ……323
逆風 ……323
久雨 ……296
急雨 ……297
久闊を叙する ……84
鳩首 ……84
九霄 ……380
牛耳る ……84
穹蒼 ……380
窮鼠猫を噛む ……84
九天 ……380
急風 ……323
穹窿 ……380
暁闇 ……84
暁雪 ……366
強雨 ……297
暁雨 ……297
狂雲 ……349
峡雲 ……349
暁雲 ……349
杏花雨 ……297
強記 ……84
経木 ……85
胸襟を開く ……85
矜持 ……85
狭斜 ……85
莢状雲 ……349
行水 ……85
皎天 ……380

雁首……………………………74
管見……………………………74
眼光紙背に徹す………………74
閑古鳥…………………………75
莞爾……………………………75
雁字搦め………………………75
感謝感激雨あられ……………75
含羞……………………………75
冠省……………………………75
漢霄……………………………379
勘定……………………………75
寒心……………………………75
冠雪……………………………366
寒雪……………………………366
頑是無い………………………75
間然するところが無い………76
勧善懲悪………………………76
神立……………………………295
神立雲…………………………348
肝胆相照らす…………………76
邯鄲の夢………………………76
寒天……………………………379
漢天……………………………379
干天の慈雨……………………76
寒の雨…………………………296
芳しい…………………………76
顔………………………………76
汗馬の労………………………76
乾風……………………………322
寒風……………………………322
緩風……………………………322
岸風……………………………322
眼福……………………………77
完膚なきまで…………………77
雁風呂…………………………77
甘露の雨………………………296
閑話休題………………………77

【き】

利いた風………………………77
生一本…………………………77
忌諱に触れる…………………78
喜雨……………………………296
気宇壮大………………………78
奇雲……………………………349
帰雲……………………………349
輝雲……………………………349
勢風……………………………322
既往は咎めず…………………78
机下……………………………78
気が置けない…………………78
気が差す………………………78
奇貨とする……………………78
きかん坊………………………78
帰去来…………………………78
聞くならく……………………79
菊日和…………………………79
機嫌気づま……………………79
希覯本・稀覯本………………79
鬼哭啾啾………………………79
聞こし召す……………………79
ぎこちない……………………79
気骨……………………………79
騎虎の勢い……………………79
鬼才……………………………80
気さく…………………………80
気散じ…………………………80
来し方行く末…………………80
岸雲……………………………349
雉も鳴かずば撃たれまい……80
汽車は出て行く煙は残る……80
気丈夫…………………………80
帰心矢の如し…………………81
帰省……………………………81
鬼籍……………………………81

火風 ……………………………321
花風・華風 ……………………321
和風 ……………………………321
荷風 ……………………………321
禍福は糾える縄の如し …………69
かぶりを振る ……………………69
画餅に帰す ………………………69
壁新聞 ……………………………69
壁に耳あり障子に目あり ………69
果報 ………………………………69
鎌鼬 ………………………………69
鎌風 ……………………………321
蝦蟇口 ……………………………69
鎌雲 ……………………………348
かまける …………………………70
かまとと …………………………70
かまびすしい ……………………70
かまをかける ……………………70
神送の風 ………………………321
神風 ……………………………321
紙風 ……………………………321
神立風 …………………………321
雷雲 ……………………………348
雷さんにへそをとられるぞ ……70
神は細部に宿り給う ……………70
神も仏もあるものか ……………70
がむしゃら ………………………70
かもじ ……………………………70
下問を恥じず ……………………71
茅屋の雨 ………………………295
空風・乾風 ……………………321
からきし …………………………71
烏天狗 ……………………………71
烏の濡れ羽色 ……………………71
空茶でごめんなさい ……………71
空梅雨 …………………………295
からっ穴 …………………………71
がらっぱち ………………………71
からっぺた ………………………71
空梅雨 …………………………295
搦め手 ……………………………71
唐様 ………………………………71
我利我利亡者 ……………………72
仮初め ……………………………72
借りてきた猫 ……………………72
雁の使い …………………………72
雁の羽風 ………………………321
画龍点睛 …………………………72
雁渡 ……………………………321
夏霖 ……………………………295
枯れ尾花 …………………………72
枯れ木も山の賑わい ……………72
枯れ薄 ……………………………72
苛斂誅求 …………………………73
川嵐 ……………………………322
可愛い子には旅をさせよ ………73
川風 ……………………………322
かわきり …………………………73
彼誰時 ……………………………73
川の字に寝る ……………………73
厠 …………………………………73
河原風 …………………………322
駕を枉げる ………………………73
甘雨 ……………………………295
寒雨 ……………………………295
寒雲 ……………………………348
閑雲・間雲 ……………………348
閑雲野鶴 …………………………73
巻措くあたわず …………………73
願掛け ……………………………74
鑑みる ……………………………74
干戈を交える ……………………74
侃々諤々 …………………………74
汗顔の至り ………………………74
寒空 ……………………………379
寒九の雨 ………………………295

駆け出し……………………………63
掛け値なし…………………………63
架け橋………………………………63
華甲…………………………………63
かこつ………………………………63
籠に乗る人担ぐ人…………………63
風上…………………………………64
笠雲 ………………………………347
風雲 ………………………………348
翳風 ………………………………321
笠時雨 ……………………………295
がさつ………………………………64
笠に着る……………………………64
笠の雪・傘の雪 …………………366
風花 ……………………………64, 366
傘鉾雲 ……………………………348
河岸…………………………………64
かしこ………………………………64
かしこまりました…………………64
火事場の馬鹿力……………………64
鹿島立ち……………………………64
牙城…………………………………65
華燭…………………………………65
臥薪嘗胆……………………………65
花信風 ……………………………321
霞の空 ……………………………379
霞を食う……………………………65
掠雲 ………………………………348
風薫る………………………………65
珂雪 ………………………………366
風の吹きまわし……………………65
風光る………………………………65
下層雲 ……………………………348
片雨 ………………………………295
片方…………………………………65
片男波………………………………65
片陰…………………………………66
片雲 ………………………………348
片恋…………………………………66
片時雨 ……………………………295
かたじけない………………………66
固唾…………………………………66
片空 ………………………………379
片便り………………………………66
片肌を脱ぐ…………………………66
片腹痛い……………………………66
がたぴし……………………………66
帷子雪 ……………………………366
片降 ………………………………295
片棒を担ぐ…………………………66
片山時雨 …………………………295
堅雪 ………………………………366
語るに落ちる………………………67
花鳥風月……………………………67
喝采を浴びる………………………67
渇しても盗泉の水を飲まず……67
合従連衡……………………………67
闊達…………………………………67
買って出る…………………………67
合点…………………………………67
喝破…………………………………67
割烹…………………………………68
刮目してみる………………………68
夏天 ………………………………379
合点…………………………………68
家督…………………………………68
角の雲 ……………………………348
門松は冥土の旅の一里塚………68
かどわかす…………………………68
鼎の軽重を問う……………………68
金切り声……………………………68
金釘流………………………………68
かなでる……………………………68
鉄床雲 ……………………………348
金棒引き……………………………69
かばかり……………………………69

お持たせ……58
御許に……58
面映い……58
親の風……319
御山洗……294
小止みない……59
おられ風……319
折り紙付き……59
おりから……59
おりしも……59
折節……59
おりまぜ……319
颪……319
おろ降……294
女坂……59
御の字……59
御字の雨……294
乳母日傘……59
温風……320
御身……60

【か】

快雨……294
怪雨……294
怪雲……347
海雲……347
甲斐甲斐しい……60
会議は踊る……60
諧謔……60
懐郷……60
かいぐりかいぐりとっとのめ……60
邂逅……60
骸骨を乞う……60
快哉を叫ぶ……60
膾炙……61
鎧袖一触……61
海恕……61
甲斐性……61
回状……61
回雪・廻雪……366
快男児……61
海天……379
外天……379
快刀乱麻……61
海軟風……320
回風……320
怪風……320
海風……320
槐風……320
凱風……320
海容……61
貝寄風……320
隗より始めよ……61
海陸風……320
偕老同穴……62
花雨……294
夏雨……294
過雨……295
夏雲……347
返風……320
返しの風……320
返梅雨……295
がえんずる……62
顔に紅葉を散らす……62
薫る風……320
がき……62
掻時雨……295
蝸牛角上の争い……62
鶴雪……366
かくて……62
客天……379
岳父……62
香しい……62
雅兄……63
陰膳……63

遅かりし由良助……………………50
お粗末さまでした………………50
恐れ入谷の鬼子母神……………50
お平らに…………………………51
おたふく…………………………51
おためごかし……………………51
小田原評定………………………51
おだを上げる……………………51
おたんちん………………………51
おちゃっぴい……………………51
お茶の子さいさい………………51
お茶目……………………………51
お茶を挽く………………………52
お中食……………………………52
乙…………………………………52
お遣い物…………………………52
おっかない………………………52
お次の方…………………………52
億劫がる…………………………52
おっつかっつ……………………53
おっと合点承知の助……………53
押っ取り刀………………………53
おつむ……………………………53
おつむてんてん…………………53
おてしょ…………………………53
お手数ですが……………………53
お手許……………………………53
お手やわらかに…………………53
おでん……………………………53
お天道さまに申し訳ない………54
おてんば…………………………54
お通し……………………………54
侠気………………………………54
男坂………………………………54
男前………………………………54
お土砂をかける…………………54
おととい来やがれ………………54
弟待つ雪 ………………………365
おどろおどろしい………………54
驚き桃の木山椒の木……………54
同じ穴のムジナ…………………55
鬼の霍乱…………………………55
十八番……………………………55
お運び（を）いただく…………55
伯母様・叔母様・小母様 ……365
お鉢が回る………………………55
お早うお帰り……………………55
お早うございます………………55
お払い箱…………………………55
尾羽を打ち枯らす………………56
お日柄……………………………56
お引き回しのほど………………56
お膝送り…………………………56
お膝を崩して……………………56
おひゃらかす……………………56
尾鰭………………………………56
お福わけ…………………………56
おぼこ……………………………56
思し召し…………………………56
朧雲 ……………………………347
朧月夜……………………………57
おませ……………………………57
おまんまの食い上げ……………57
御御足……………………………57
おみ御付け………………………57
御御折り…………………………57
御神酒徳利………………………57
おみそれしました………………57
お土産……………………………58
おめざ……………………………58
お召しになる……………………58
お目玉……………………………58
お目もじ…………………………58
思い立ったが吉日………………58
思い半ばに過ぐ…………………58
面差し……………………………58

負うた子に浅瀬を教わる……45
横着……45
逢魔が時……45
近江小太郎……347
大雨……294
大荒……294
大風……318
大空・大虚……379
大つごもり……45
大西風……319
大抜……294
大旗雲……347
大盤ぶるまい……45
大片雪……365
大降……294
大風呂敷を広げる……45
大見得を切る……45
大南……319
大向こう……45
大雪……365
大夕立……294
おおわらわ……46
お蚕ぐるみ……46
おかず……46
おかちん……46
お門違い……46
岡ぼれ……46
お釜を起こす……46
おかめ……46
岡目八目……47
岡焼き……47
お冠……47
沖風……319
荻風……319
息嘯の風……319
沖つ風……319
沖つ雲居……379
沖つ潮風……319
沖つ春風……319
荻の上風……319
沖南風……319
おきゃん……47
お口直し……47
お口汚し……47
奥手……47
おくびにもださない……47
奥床しい……48
お蔵入り……48
送梅雨……294
送梅雨……294
送南風……319
おけらになる……48
おこがましい……48
御下・御降……294
御降……365
お先棒を担ぐ……48
おさつ……48
おざなり……48
おさんどん……48
おしあな……319
おしあな東風……319
お仕着せ……49
お下地……49
お湿り……49
御湿……294
おじゃが……49
お釈迦様でも気がつくまい……49
お釈迦になる……49
おしゃな……319
おしゃま……49
おしゃれ……49
おじゃん……49
お相伴……50
おしろい……50
お裾分け……50
お草草……50

烏有 ……………………………39
うらうら ……………………………39
浦風 ……………………………318
うらなり ……………………………39
浦西 ……………………………293,318
うらむらくは ……………………………40
裏目に出る ……………………………40
浦山風 ……………………………318
うらやむ ……………………………40
売り家と唐様で書く三代目 ……40
瓜実顔 ……………………………40
鱗雲 ……………………………346
胡乱 ……………………………40
上風 ……………………………318
上大空 ……………………………378
上の空 ……………………………40
上空 ……………………………378
蟒 ……………………………40
上前をはねる ……………………………40
雲影 ……………………………347
雲煙・雲烟 ……………………………347
雲霞 ……………………………41
雲海 ……………………………347
雲塊 ……………………………347
雲外 ……………………………378
雲漢 ……………………………378
雲根 ……………………………347
雲霄 ……………………………378
蘊蓄・薀蓄 ……………………………41
雲天 ……………………………379
温風 ……………………………318

【え】

液雨 ……………………………293
えげつない ……………………………41
似非 ……………………………41
絵空事 ……………………………41
枝切風 ……………………………318
枝雲 ……………………………347
得たり賢し ……………………………41
得たりやおう ……………………………41
衣紋を繕う ……………………………41
えり足 ……………………………42
襟につく ……………………………42
襟を正す ……………………………42
煙雨 ……………………………293
鴛鴦の契り ……………………………42
円蓋 ……………………………379
えんがちょ ……………………………42
えんこする ……………………………42
円清 ……………………………379
宛然 ……………………………42
婉然 ……………………………43
嫣然 ……………………………43
炎天 ……………………………379
遠天 ……………………………379
縁は異なもの味なもの ……………43
炎風 ……………………………318
艶福家 ……………………………43
閻魔さまに舌を抜かれるぞ ……43
縁を結ぶ ……………………………43

【お】

おあいそ ……………………………43
お生憎様 ……………………………43
お足許の悪いところ ……………44
追風 ……………………………318
お医者様でも草津の湯でも ……44
おいそれと ……………………………44
おいちょかぶ ……………………………44
追風 ……………………………44,318
置いてきぼり ……………………………44
おいとまする ……………………………44
お色直し ……………………………44
滃雲 ……………………………347
扇の風 ……………………………318

色めき立つ……34
色をつける……34
色をなす……34
曰く言い難し……34
岩雲……346
鰯雲……346
鰯の頭も信心から……34
言わずもがな……34
いわんや……34
淫雨……293
陰雨……293
陰雲……346
陰天……378
引導を渡す……35
陰風……317
陰霖……293

【う】

卯雨……293
有為……35
初孫……35
烏雲……346
うがった……35
浮き足立つ……35
浮雲……346
浮き名……35
憂き身をやつす……35
雨脚……293
ウグイス嬢……35
鶯鳴かせたこともある……36
有卦に入る……36
烏合の衆……36
丑雨……293
潮風……318
丑の風……318
薄雲……346
薄雲……378
薄雪……365
有象無象……36
雨足……293
うそつきは泥棒の始まり……36
うそぶく……36
嘘も方便……36
うたかた……36
雨沢……293
うたた……37
うだつが上がらない……37
内弁慶……37
内股膏薬……37
空蝉……37
現を抜かす……37
移り香……37
腕を撫す……37
優曇華……38
鰻登……38
うなだれる……38
畝雲……346
うねくる……38
卯の時雨……293
卯の花くたし……38
卯の花腐……293
鵜の目、鷹の目……38
雨飛……293
初心……38
うべなるかな……39
味酒……39
倦まず弛まず……39
馬の骨……39
馬の耳に念仏……39
海風……318
有無を言わせず……39
梅東風……318
梅の雨……293
梅の下風……318
梅は酸い酸い十三年……39
梅若の涙雨……293

一抹……………………………27
一目置く…………………………27
一揖……………………………27
一陽来復…………………………27
一翼を担う………………………27
一縷……………………………27
一蓮托生…………………………27
矞雲 ……………………………346
一介……………………………28
一家言…………………………28
一喝……………………………28
いっかな…………………………28
一掬の涙…………………………28
一騎当千…………………………28
慈しむ…………………………28
いっこく者………………………28
一糸乱れぬ………………………28
一尺八寸 ………………………346
一宿一飯…………………………29
一生懸命…………………………29
一炊の夢…………………………29
一世一代…………………………29
一張羅…………………………29
一丁字を識らず…………………29
一天 ……………………………378
一天にわかにかき曇る…………29
一杯食わす………………………29
一颪 ……………………………317
偽の時雨 ………………………292
凍颪 ……………………………317
凍雲 ……………………………346
凍空 ……………………………378
いでたち…………………………30
凍雪 ……………………………365
糸雨 ……………………………292
糸雨 ……………………………293
愛しい…………………………30
井戸端会議………………………30
いとはん…………………………30
田舎の学問より京の昼寝………30
いなさ …………………………317
稲妻……………………………30
いなせ…………………………30
稲葉の雲 ………………………346
否めない…………………………31
否や……………………………31
戌亥・乾 ………………………317
犬が西向きゃ尾は東……………31
犬の川端歩き……………………31
いの一番…………………………31
豕雲 ……………………………346
命あっての物種…………………31
衣鉢を継ぐ………………………31
意表……………………………31
威風堂々…………………………32
伊吹颪 …………………………317
いぶし銀…………………………32
今しも…………………………32
未だし…………………………32
居待月…………………………32
今業平…………………………32
忌み言葉…………………………32
いみじくも………………………33
芋嵐 ……………………………317
いやが上にも……………………33
彌栄を祈る………………………33
いやしくも………………………33
彌彌雪 …………………………365
畏友……………………………33
入相……………………………33
入雲 ……………………………346
色男金と力はなかりけり………33
色好み…………………………33
色無き風 ………………………317
色の白いは七難隠す……………33
いろはにこんぺいとう…………33

暗雲 ……………………………345
暗天 ……………………………378
安堵……………………………19
塩梅……………………………20
暗風・闇風 ……………………317

【い】

いい面の皮……………………20
許嫁……………………………20
家風 ……………………………317
いかがわしい…………………20
雷雲 ……………………………345
いかばかり ……………………20
伊香保風 ………………………317
いがみあう ……………………20
いかもの食い…………………21
怒り心頭に発する……………21
いかんせん……………………21
遺憾（に思う） ………………21
粋………………………………21
生き馬の目を抜く……………21
意気地…………………………21
熱風 ……………………………317
幾ばく…………………………21
幾村雨 …………………………292
いけず…………………………22
いけずうずうしい……………22
いけぞんざい…………………22
いざ鎌倉………………………22
居酒屋…………………………22
潔しとせず……………………22
些か……………………………22
勇み足…………………………22
勇み肌…………………………23
十六夜…………………………23
漁火……………………………23
石部金吉………………………23
衣食足りて礼節を知る………23
いすかの嘴……………………23
居住まい………………………23
出雲入道 ………………………345
いずれ菖蒲か杜若……………24
伊勢風 …………………………317
伊勢清の雨 ……………………292
居候……………………………24
磯時雨 …………………………292
いそしむ………………………24
磯の鮑の片思い………………24
磯松風 …………………………317
磯山風 …………………………317
いたいけ………………………24
いたく…………………………24
痛くもない腹を探られる……24
頂き立ち………………………24
いたたまれない………………24
鼬雲 ……………………………345
鼬ごっこ………………………24
韋駄天…………………………25
板に付く………………………25
痛み入る………………………25
至り……………………………25
一衣帯水………………………25
一雨 ……………………………292
一雲 ……………………………346
一隅を照らす…………………25
一言居士………………………25
一期一会………………………26
一言半句………………………26
一助……………………………26
一陣の雨 ………………………292
一陣の風 ………………………317
一途……………………………26
一日千金………………………26
逸早く…………………………26
一木一草………………………26
一枚看板………………………26

痘痕も靨……………………………14
あばら屋……………………………15
阿鼻叫喚……………………………15
油風 ………………………………316
油がみへ火の付いたよう ………15
油雲 ………………………………344
油照り ……………………………15
油を売る …………………………15
油を絞る …………………………15
天 …………………………………377
雨足・雨脚 ………………………292
雨足が早い ………………………15
天翔る ……………………………16
雨風 ………………………………316
天雲 ………………………………344
雨雲 ………………………………345
雨曇 ………………………………377
雨東風 ……………………………316
雨空 ………………………………377
数多 ………………………………16
天つ嵐 ……………………………316
天津少女 …………………………16
天つ風 ……………………………316
天つ雲 ……………………………345
あまつさえ ………………………16
天つ空 ……………………………377
天つ御空 …………………………377
遍く ………………………………16
天の河霧 …………………………345
天邪鬼 ……………………………16
天の白雲 …………………………345
天原 ………………………………378
天の御空 …………………………378
雨宿り ……………………………16
雨夜の品定め ……………………17
余風 ………………………………316
天 …………………………………378
雨風 ………………………………316
雨台風 ……………………………316
天の海 ……………………………378
天の時雨 …………………………292
雨喜 ………………………………292
肖る ………………………………17
彩雲 ………………………………345
綾取る ……………………………17
奇に ………………………………17
文目 ………………………………17
文目も分かず ……………………17
東風 ………………………………316
あらあらかしこ …………………18
洗い出す …………………………18
抗う ………………………………18
嵐……………………………292,316
嵐雨 ………………………………292
嵐雲 ………………………………345
あらたか …………………………18
荒梅雨 ……………………………292
荒南風 ……………………………316
新雪 ………………………………365
あられもない ……………………18
有明 ………………………………18
有明夕立 …………………………292
蟻が鯛なら芋むしゃ鯨 …………18
有体 ………………………………18
有無雲 ……………………………345
蟻の子一匹逃がさない …………18
ありのすさび ……………………19
亜流 ………………………………19
ある時ばらいの催促無し ………19
あるまじき ………………………19
あれかし …………………………19
淡雲 ………………………………345
沫雪・泡雪 ………………………365
淡雪 ………………………………365
あわよくば ………………………19
暗雨 ………………………………292

秋の日は釣瓶落とし ……………8
秋の雪 ……………364
秋晴 ……………377
商人 ……………8
灰汁 ……………9
悪態 ……………9
悪太郎 ……………9
あくどい ……………9
悪党 ……………9
悪風 ……………315
胡坐 ……………9
揚げ足 ……………9
あげ雨 ……………291
上げ膳据え膳 ……………10
明けの雪 ……………365
曙 ……………10
明けやらぬ ……………10
あこがれる ……………10
阿漕 ……………10
あご北風 ……………315
朝雨 ……………291
朝風 ……………315
浅葱空・浅黄空 ……………377
朝雲 ……………344
朝曇 ……………377
嘲る ……………10
朝東風 ……………315
朝時雨 ……………291
朝空 ……………377
朝立 ……………292
朝戸風 ……………315
朝の雪 ……………365
浅はか ……………10
朝晴 ……………377
朝ぼらけ ……………10
朝まだき ……………10
朝飯前 ……………10
朝焼雲 ……………344
朝雪 ……………365
朝夕立・朝白雨 ……………292
足が出る ……………11
あしらう ……………11
足を洗う ……………11
飛鳥風・明日香風 ……………315
与って力がある ……………11
梓に上す ……………11
アスピリンスノー ……………365
あずまや ……………11
徒雲 ……………344
徒桜 ……………11
安達太郎 ……………344
あだっぽい ……………12
徒情 ……………12
徒花 ……………12
あたぼう ……………12
あだやおろそか ……………12
あたら ……………12
新しき酒は新しき皮袋に ……………12
あたりきしゃりきくるまひき ……………12
当り前 ……………13
当たりめ ……………13
あたりを払う ……………13
あちゃらか ……………13
厚かましい ……………13
圧巻 ……………13
あっけらかん ……………13
暑さ寒さも彼岸まで ……………14
羹に懲りて膾［齏］を吹く ……14
当て馬 ……………14
後釜 ……………14
後の白波 ……………14
穴があったら入りたい ……………14
あなぜ ……………316
穴場 ……………14
あに図らんや ……………14

五十音引き索引

「後世に残したい日本語」「自然を友として—雨・風・雲・雪・空の名前」（「擬音語・擬態語」は除く）に収録して解説を施したことばを五十音順に配列し、掲載したページを示した。

【あ】

相合傘 ……5
靄雲 ……343
合縁奇縁・相縁奇縁 ……5
靄気 ……343
愛想 ……5
相成る ……5
あいの風 ……314
合いの手 ……6
逢い引き ……6
愛別離苦 ……6
相棒 ……6
相身互い ……6
阿吽の呼吸 ……6
あえか ……6
あえの風 ……314
青嵐 ……315
青息吐息 ……6
青北 ……315
青臭い ……7
青雲 ……343
青東風 ……315
青空 ……376
青田風 ……315
青梅雨 ……291
青天井 ……376
青二才 ……7
青は藍より出でて藍より青し …7
青葉空 ……377
足掻く ……7
赤雲 ……344
赤提灯 ……7
赤風 ……315
暁 ……7
赤っ恥 ……7
贖う ……7
垢抜ける ……8
茜雲 ……344
赤の他人 ……8
赤札 ……8
赤巻紙青巻紙黄巻紙 ……8
赤雪 ……364
上がり花 ……8
秋嵐 ……315
秋風 ……315
秋風が吹く ……8
秋雲 ……344
秋曇 ……377
秋小雨 ……291
秋雨 ……291
秋時雨 ……291
秋湿 ……291
秋空 ……377
秋梅雨入・秋黴雨 ……291
商う ……8
秋の雨 ……291
秋の嵐 ……315
秋の扇 ……8
秋の風 ……315
秋の雲 ……344
秋の時雨 ……291
秋の空 ……377
秋の初風 ……315

美しい日本語の辞典

二〇〇六年 四 月一〇日 第一版第 一 刷発行
二〇二三年 一一月 一五日 第二一刷発行

編 集 小学館辞典編集部
発行者 吉田 兼一
印刷所 図書印刷株式会社
製本所 牧製本印刷株式会社
発行所 株式会社 小学館
〒一〇一－八〇〇一
東京都千代田区一ツ橋二丁目三－一
電話 編集〇三－三二三〇－五一七〇
販売〇三－五二八一－三五五五

ISBN4－09－504172－2